Disney

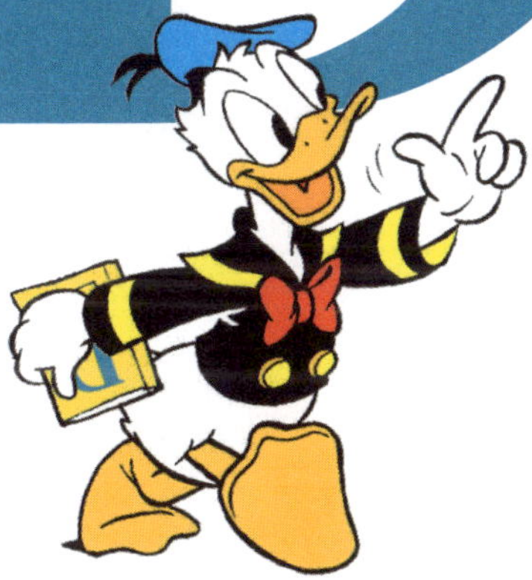

Ducktionary

Für die polyglott globetrottende Ente

COMIC COLLECTION
EGMONT

„Ducktionary – Für die polyglott globetrottende Ente"

Originalausgabe

Zusammengestellt von Janine Eck und Dominik Madecki
Mit Artikeln und einer Einleitung versehen von Janine Eck

Übersetzungen der Geschichten:
Dr. Erika Fuchs, Dominik Madecki, Harry Nützel, Sérgio Presta, Jano Rohleder, Gerd Syllwasschy, Susanne Walter

Deutschsprachige Ausgabe erschienen in der
Egmont Comic Collection
verlegt durch Egmont Verlagsgesellschaften mbH,
Alte Jakobstr. 83, 10179 Berlin

1. Auflage
Verantwortlicher Redakteur: Dominik Madecki
Lektorat: Jano Rohleder
Korrekturen: Ulrike Marotz
Lettering: Michael Möller
Gestaltung: Wolfgang Berger
Koordination: Manuela Rudolph
Printed in the EU
ISBN 978-3-7704-3998-0

Inhalt

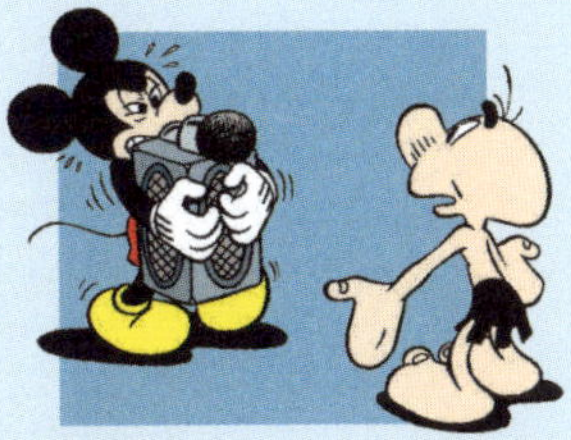
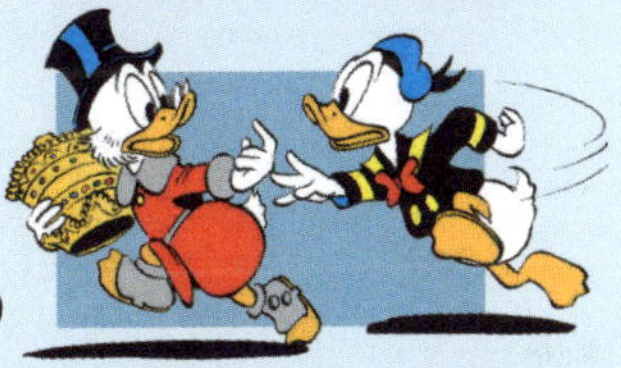
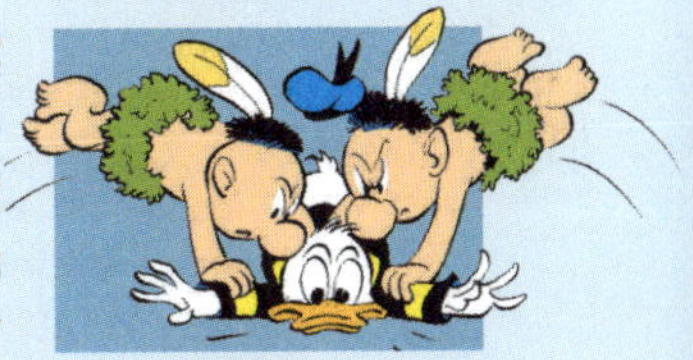
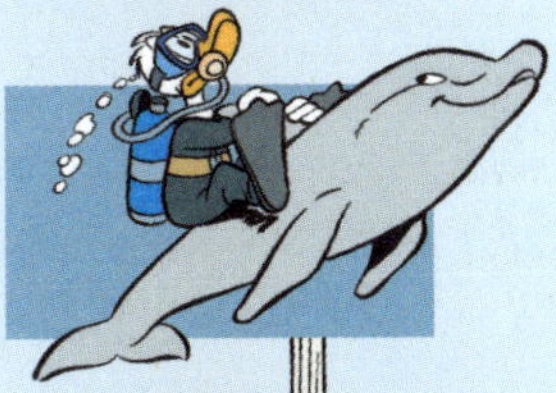
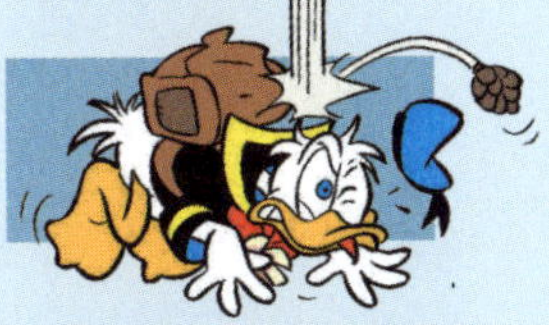
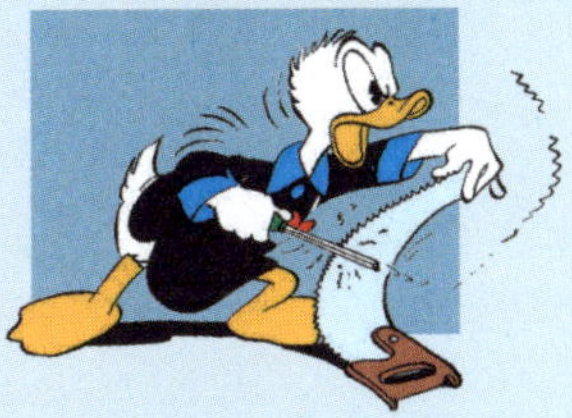

Liebe Leserinnen und Leser,

der allseits bekannte und von mir sehr geschätzte österreichische Schriftsteller Karl Kraus hat einmal gesagt: „In keiner Sprache kann man sich so schwer verständigen wie in der Sprache.“ Und doch ist das Zusammenleben auf unserem und auf den anderen Planeten dieses Universums ohne die Sprache kaum vorstellbar.

Ist unsere Sprache heute ein hochkomplexes System, so bedienten sich unsere Vorfahren noch simpler Kommunikationsformen. Sie tauschten sich mittels Gesten, Grunzen oder Quaken aus. Diese einfachen Formen der Verständigung finden auch in unserer Zeit – sei es bewusst oder unbewusst – in bestimmten, meist gefühlsbetonten Situationen Verwendung. Denken Sie nur an Donald Duck! Platzt dem für seine Wutausbrüche bekannten Entenhausener einmal der Kragen, bahnen sich Ausdrucksformen prähistorischer Sprache ihren Weg aus der Vorzeit mitten hinein in die Zivilisation!

Das erste Lebewesen, das sprechen konnte, war vermutlich der Homo quakus. Er tauchte vor etwa 150.000 Jahren auf dem Antlitz der Erde auf. Bis er jedoch die Fähigkeit zu sprechen erworben hatte, sollte es noch einmal ein paar tausend Jahre dauern. Voraussetzung für die Entwicklung der Sprache, wie wir sie heute kennen, waren der aufrechte Gang und ein tief sitzender Kehlkopf.

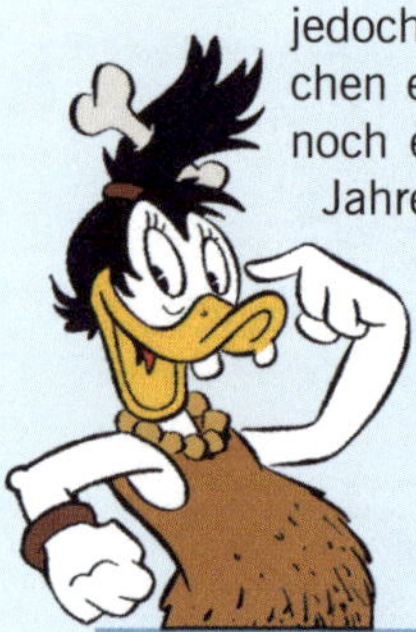

Höhlenmensch Oona ist dank des in Düsentriebs Zeitmaschine eingebauten Übersetzers der Sprache mächtig.

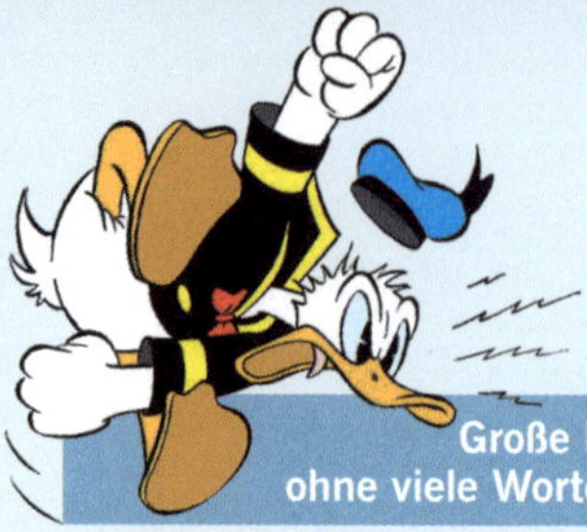

Große Emotionen, ohne viele Worte zu verlieren.

Aber lassen Sie uns, liebe Leserinnen und Leser, noch einen Moment in der Vergangenheit verweilen. Wussten Sie, dass die Anhänger des Alten Testaments die Sprachenvielfalt für eine Strafe Gottes hielten? Der nämlich hatte, so steht es geschrieben im Alten Testament, den Größenwahn der Menschheit mit der babylonischen Sprachverwirrung bestraft. Waren alle Menschen ursprünglich in der Lage, miteinander zu sprechen, genügte ein Handstreich Gottes, um jedem eine andere Sprache zu geben. Derart unfähig zur Kommunikation, beendeten die Menschen ihren gemeinsamen Plan zum Turmbau zu Babel nicht, sondern verstreuten sich stattdessen über den gesamten Erdball. Heute gehen wir jedoch davon aus, dass die ungefähr 7000 verschiedenen Sprachen entstehen konnten, weil sich die Menschen über die Erde verteilten – und nicht umgekehrt.

Reisefreudige Entenhausener zu Besuch in Paris.

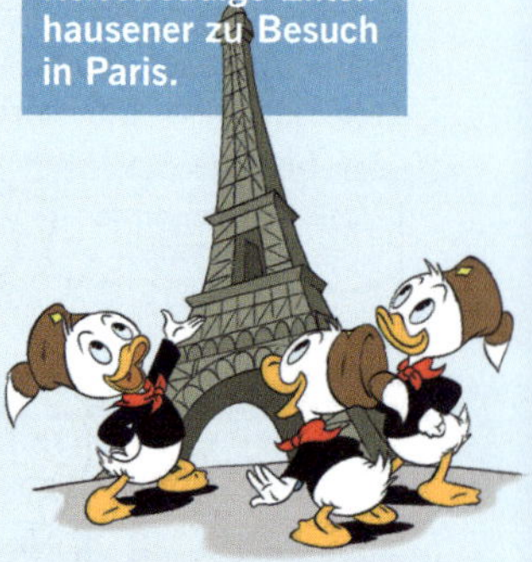

Wer reist, so wie wir Entenhausener es gerne tun, wird Erfahrung darin haben, wie es ist, kein Wort zu verstehen und auch nicht verstanden zu werden. In solchen Situationen hilft es auch nicht, langsam zu sprechen, überdeutlich zu artikulieren oder gar zu schreien. Solchermaßen lässt sich mangelnde Sprachkenntnis nämlich nicht beheben. Vielmehr greift man am besten zum vorliegenden Wörterbuch mit dem blauen D auf gelbem Grund, dem *Ducktionary*.

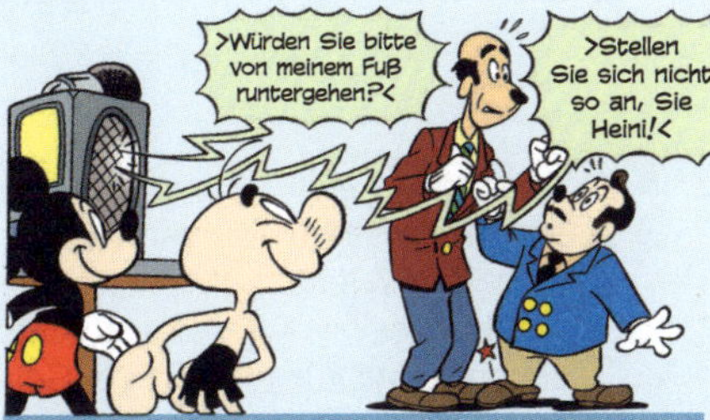

Gammas Unidolm im Einsatz auf einer Konferenz der Vereinten Nationen.

In diesem Standardwerk der Sprache veranschaulichen zahlreiche Fallbeispiele bildhaft, wie Sie Verständigungsprobleme jeglicher Art lösen können. Getreu dem Motto *„Verba docent, exempla trahunt"* (Worte lehren, Beispiele reißen mit) gehört dieses Buch in jedes Entenhausener Bücherregal.

Das *Ducktionary* folgt einer langen Tradition, die geprägt ist von der sprachlichen und fachlichen Kompetenz kundiger Wörterbuchmacher. Es ist auf die Wünsche und Bedürfnisse seiner polyglotten Benutzer zugeschnitten und berücksichtigt gleichermaßen die Entwicklung der Entenhausener Sprache. Darum unterscheidet sich die vorliegende Ausgabe

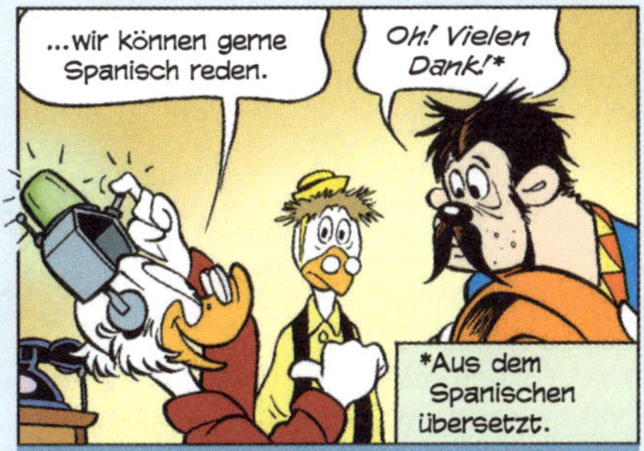

Der Babbler ermöglicht das Verstehen aller Sprachen.

des *Ducktionary* auch vollkommen von den herkömmlichen Wörterbüchern auf dem Markt. Denn das *Ducktionary* ist mehr als ein simples Nachschlagewerk. In sechs Kapiteln gehen wir der Thematik „Fremdsprache und wie damit umgehen" auf den Grund. Schließlich gibt es verschiedene Herangehensweisen an das Phänomen Sprachbarriere.

In Kapitel eins erfahren Sie am Beispiel von fünf Bildgeschichten, wie Sie möglichst schnell und ohne viel Aufwand Fremdsprachen lernen können. Dabei werden Ihnen verschiedene Methoden präsentiert: Von der Einnahme eines Mikrochips in Form einer praktischen Pille, die sich an der Magenwand festsaugt, bis hin zum Gebrauch eines Universaldolmetschers, der jede beliebige Sprache in eine übersetzt, die der Besitzer versteht. Ob diese technischen Neuerungen jedoch das Lernen einer Fremdsprache zukünftig ersetzen können, soll an dieser Stelle nicht weiter kommentiert werden.

Ein Außerirdischer zu Gast in Entenhausen.

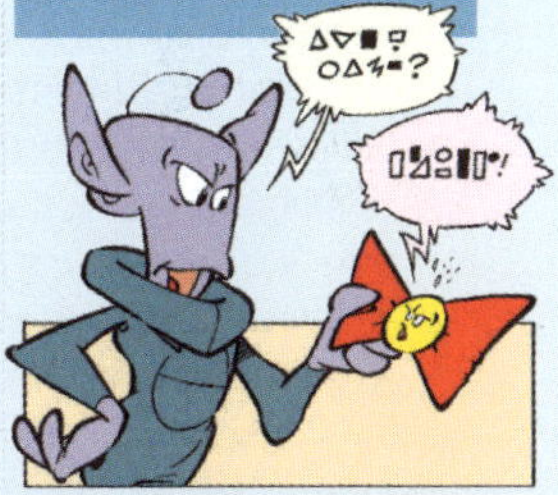

In Kapitel zwei lernen Sie Situationen zu meistern, in denen Sie sich ohne Worte bei bislang mehr oder weniger unbekannten Völkern wiederfinden. Drei Fallbeispiele zeigen die vielfältigen Möglichkeiten, sich ohne Worte zu verständigen. Dabei gehen wir sowohl auf die Zeichen- und Trommelsprache als auch auf die Verwendung des Phrasenschildes ein. In Kapitel drei unternehmen wir dann gemeinsam eine Raumfahrt zu Planeten in anderen Sonnensystemen. Zwar sind die Weltraumsprachen noch nicht ausreichend erforscht, aber wir haben im *Ducktionary* vier Exempel für Sie zusammengestellt. So sind Sie – falls Sie zufällig hierzulande oder anderswo auf einen Außerirdischen treffen – nicht ganz sprachlos.

Tierisch wird es in Kapitel vier, wenn wir uns an die Sprachbarriere zwischen Mensch und Tier und deren Überwindung machen. Vielleicht haben Sie sich immer schon gefragt, was Ihre geliebten Vierbeiner eigentlich wirklich sagen wollen, wenn sie laut bellend oder miauend vor Ihnen stehen. Wir gehen der Sache in drei beherzigenswerten Bildgeschichten auf den Grund.

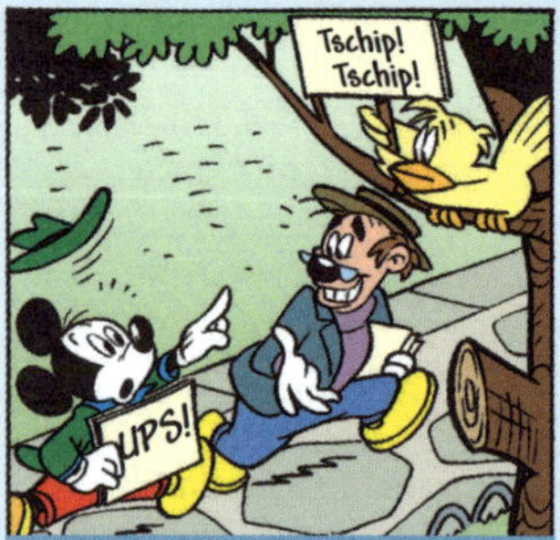

Phrasenschilder ermöglichen die lautlose Kommunikation.

In Kapitel fünf beleuchten wir dann zwei technische Errungenschaften aus dem Hause des genialen Erfinders Daniel Düsentrieb, die einzigartig sind. So informieren wir Sie über die Funktions- und Bauweise des Babblers, der bisher nur auf Zeitreisen zum Einsatz kam und nicht nur eine Verständigung mit den Wesen in fernen Vergangenheiten und Zukünften erlaubt, sondern auch im Hier und Jetzt. Außerdem schauen wir uns den Transflorator etwas näher an. Dieses auf den ersten Blick so unscheinbare Gerät ermöglicht es Ihnen, die Sprache der Pflanzen zu verstehen. Ja, wer hätte das gedacht, auch Pflanzen können sprechen!

In Kapitel sechs widmen wir uns schließlich den Missverständnissen. Sie entstehen immer dann, wenn eine Aussage oder eine Sache falsch gedeutet wird. Sie werden sehen: Missverständnisse können unglaublich unterhaltsam sein, können aber auch in die Katastrophe führen.

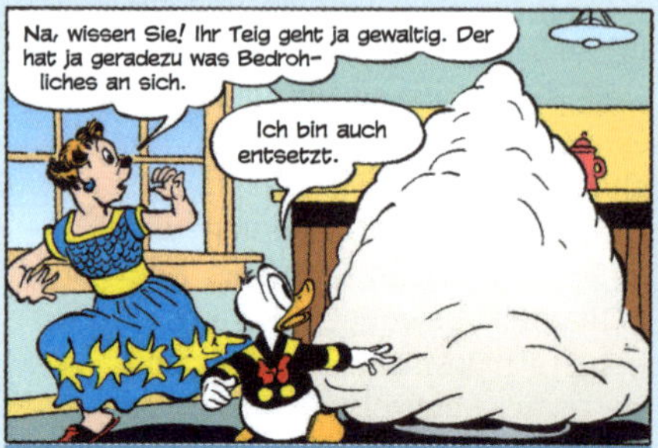

Ein Missverständnis kann in die Katastrophe führen.

Darüber hinaus verdeutlicht eine Fülle von Anhängen die Vielfalt der Entenhausener Sprache. Ein besonders in Entenhausen weit verbreitetes Sprachphänomen ist die Verwendung von Onomatopöien. Eine Auswahl dieser auch als Lautmalereien bekannten Ausdrucksformen finden Sie als kleines Kompendium im Anhang. Und abschließend können Sie noch die wichtigsten Mimiken eines typischen Durchschnittsbürgers unserer Stadt nachschlagen. Anhand unseres berühmtesten Entenhauseners, Donald Duck, lernen Sie eine Sprache jenseits von Vokabeln und Grammatik kennen: die Sprache des Gesichtsausdrucks. Aber genug der Worte …

… und viel Vergnügen mit diesem Vademecum der Sprachenvielfalt!

Ihr Prof. Dr. Magister Dipl.
h. c. mult. usw. usf.

Primus von Quack

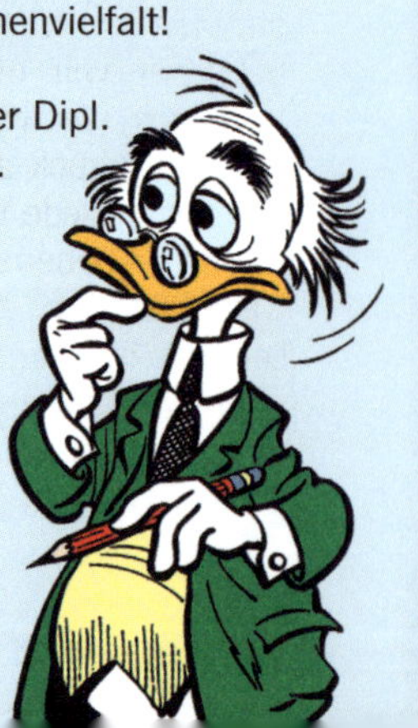

1 Sprachen lernen leicht gemacht

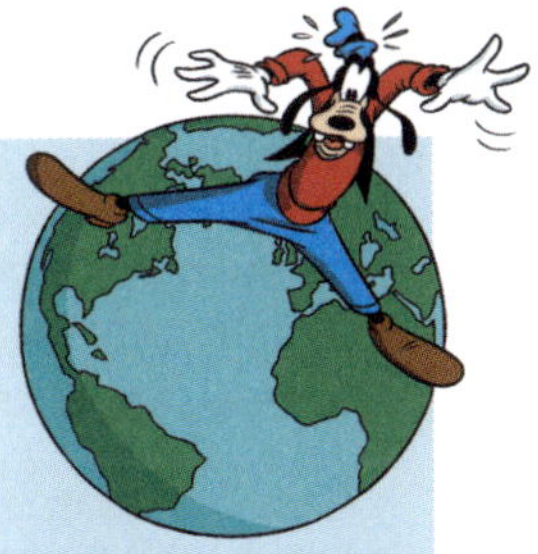

Ein hehrer Wunsch: alle Sprachen weltweit zu sprechen.

Auf der Welt werden ungefähr 7000 verschiedene Sprachen gesprochen. Und doch müssen wir, glaubt man den Sprachwissenschaftlern, nur fünf Sprachen beherrschen, um uns mit fast einem Drittel der Weltbevölkerung unterhalten zu können. Denn mehr als zweieinhalb Milliarden Bewohner unseres Planeten haben Chinesisch, Hindi beziehungsweise Urdu, Englisch, Spanisch oder Arabisch zur Muttersprache. Menschen, die fünf Fremdsprachen sprechen, sind allerdings trotzdem eher eine Seltenheit. Und selbst wir sprachaffinen Entenhausener, die wir uns gerne auf Reisen begeben und daher mit fremden Sprachen wohlvertraut sind, stoßen an unsere Grenzen, wenn wir auf bislang unbekannte Völker oder gar Außerirdische treffen.

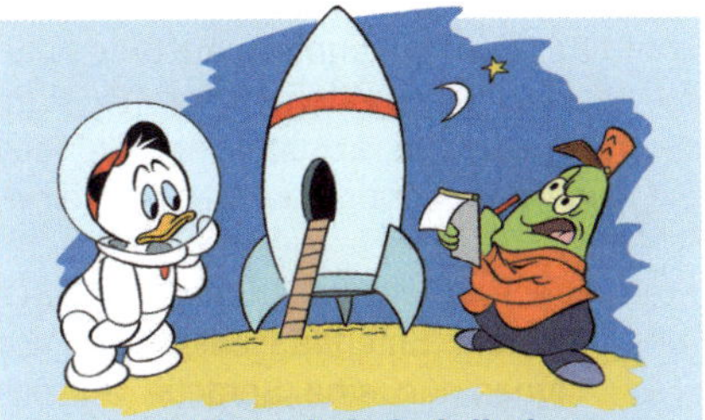

Im Dialog mit Außerirdischen.

Aus diesem Grund taucht dieser Tage immer häufiger der Wunsch auf, Fremdsprachen möglichst einfach und schnell erlernen zu können. Der moderne Entenhausener will nicht mehr stundenlang Vokabeln auswendig lernen, sondern auf Knopfdruck alle 7000 Sprachen der Welt – und jede weitere noch unbekannte dazu – beherrschen. Man wünscht, in Kataplasmisch genauso bewandert zu sein wie in Kameokargesisch. Sei es, um unabhängig von geldgierigen kleinen Angestellten zu sein, oder um seine Herzensdame beim abendlichen Dinner mit außergewöhnlichen Fremdsprachenkenntnissen zu beeindrucken. Sie sehen, liebe Leserinnen und Leser, die Gründe für den Erwerb einer Fremdsprache sind vielfältig. Und so wundert es nicht, dass hochbezahlte Wissenschaftler und Techniker mit Hochdruck an Möglichkeiten arbeiten, die das mühsame Erlernen einer Fremdsprache zum Kinderspiel machen sollen. War bislang – wie zum Beispiel bei der beschwerlichen in tibetischen Klosterschulen gelehrten Trans-Sublimations-Methode – die Mitarbeit des Lernenden selbst unerlässlich, sollen nun technische Hilfsmittel den Prozess unterstützen, ja sogar ersetzen.

Auf den folgenden Seiten gewähren wir Ihnen darum einen Einblick in den bisherigen Stand der Forschung. Der ist zwar schon fortgeschritten, weist aber – zugegebenermaßen - noch einige Tücken und Fallstricke auf. So sind die Nebenwirkungen noch lange nicht ausreichend erforscht. Oder was würden Sie sagen, wenn Sie plötzlich die Fähigkeit verlören, Ihre eigene Muttersprache zu sprechen?

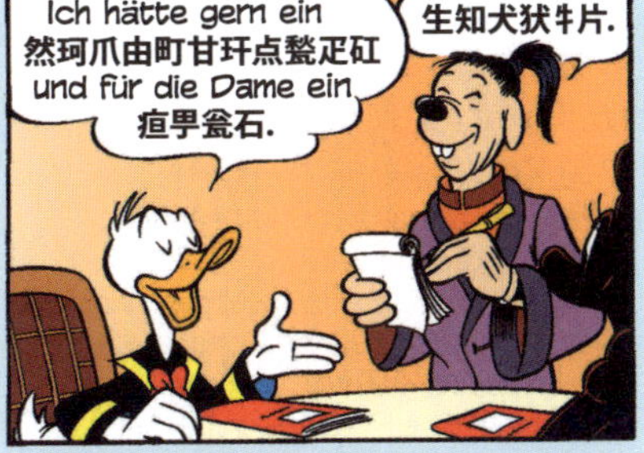

Donald Duck spricht asiatisch.

elektromechanische Übersetzer, der

[eˈlɛktromeça:nɪʃə y:bɐˈzɛtsɐ] *m*

Eine Übersetzungsmaschine, die aussieht wie ein Taucherhelm aus dem letzten Jahrhundert. Wer sie aufs Haupt setzt, kann alle Sprachen der Welt verstehen. Allerdings muss der Helm von einem Techniker alle 30 Minuten überprüft werden. Das macht den Einsatz nicht sehr benutzerfreundlich. Das ist wohl auch der Grund dafür, dass sich diese Errungenschaft nicht auf dem hiesigen Markt durchgesetzt hat.

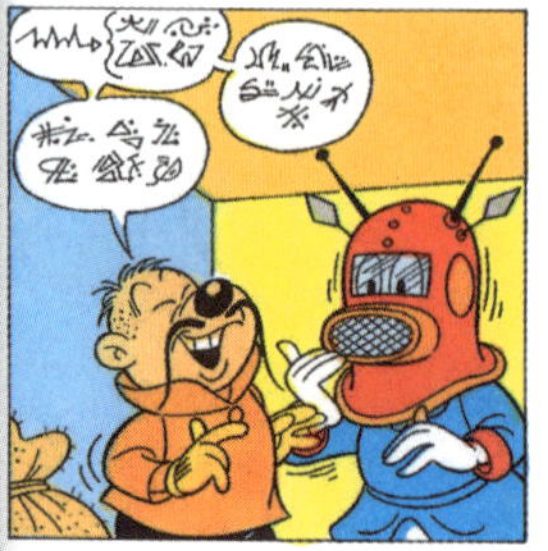

Dolmetsch-Pille, die [ˈdɔlmetʃpɪlə] *f*

Eine Tablette in der Größe einer Bohne, die durch Schlucken eingenommen wird und das Verstehen und Sprechen sämtlicher Sprachen ermöglicht. Sie ist eine Art Mikrochip, auf der sämtliche Sprachdaten gespeichert sind. Die Dolmetsch-Pille saugt sich an die Magenwand an und wird durch Magensäfte gespeist. Erste Testergebnisse ergaben jedoch, dass durch den Blutkreislauf verschiedene Impulse auf das körpereigene System einwirken. Wer die Pille länger als drei Wochen im Körper trägt, verliert die Fähigkeit, seine Muttersprache zu sprechen. Nach zwei Monaten wird die Pille ausgeschieden und das heimische Sprachvermögen stellt sich von selbst wieder ein.

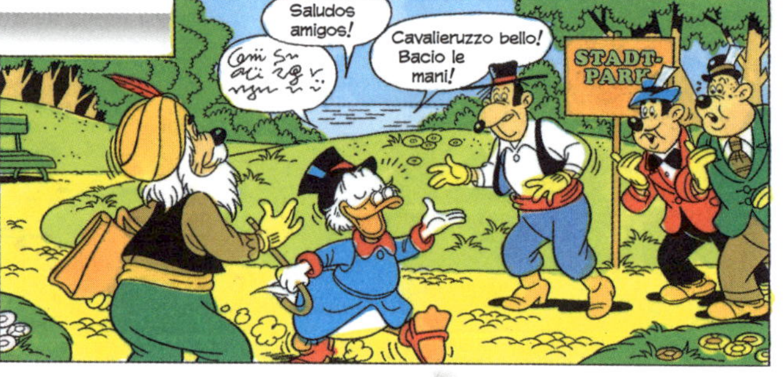

Unidolm, der [ˈʊnidɔlm] *m*

Abkürzung für „Universaldolmetscher“, der jede beliebige Sprache übersetzt in eine, die sein Besitzer versteht. Er wurde von Gamma gebaut. Sein Gehäuse ist aus Titanium, einem unzerstörbaren Metall. Der Unidolm kann wahre Wunder bewirken. Allerdings haben erste Tests auf einer Konferenz der Vereinten Nationen, wo mehr als tausend Sprachen gesprochen wurden, gezeigt, dass das Gerät nur bedingt für den Einsatz beim Menschen taugt. Stellt man es zu hoch ein, übersetzt der Unidolm nicht mehr das Gesagte, sondern das Gedachte.

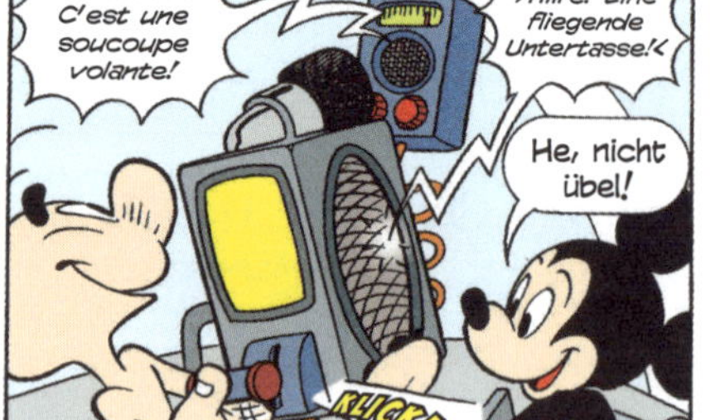

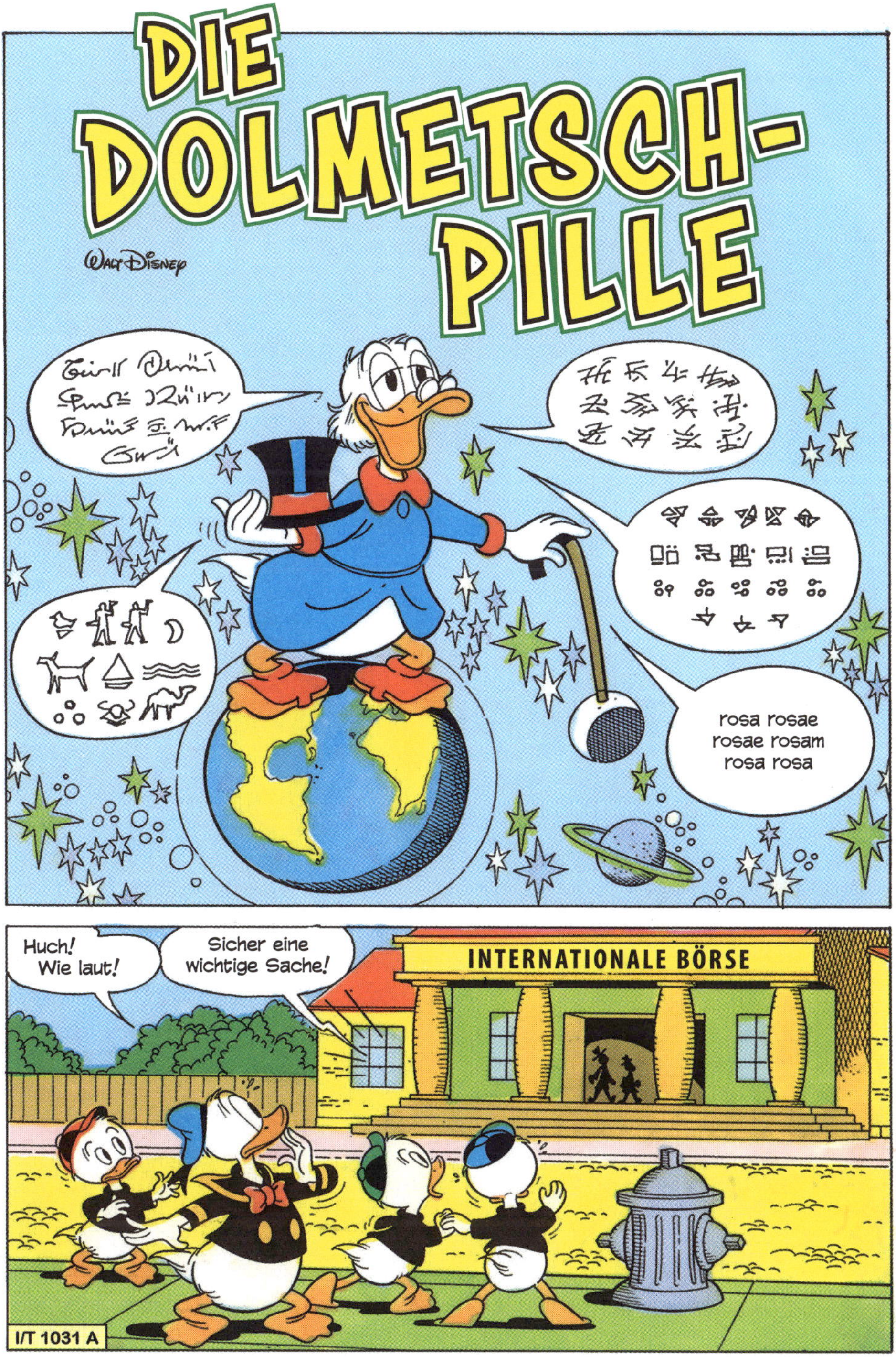

DIE DOLMETSCH-PILLE
WALT DISNEY
rosa rosae rosae rosam rosa rosa
Huch! Wie laut!
Sicher eine wichtige Sache!
INTERNATIONALE BÖRSE
I/T 1031 A

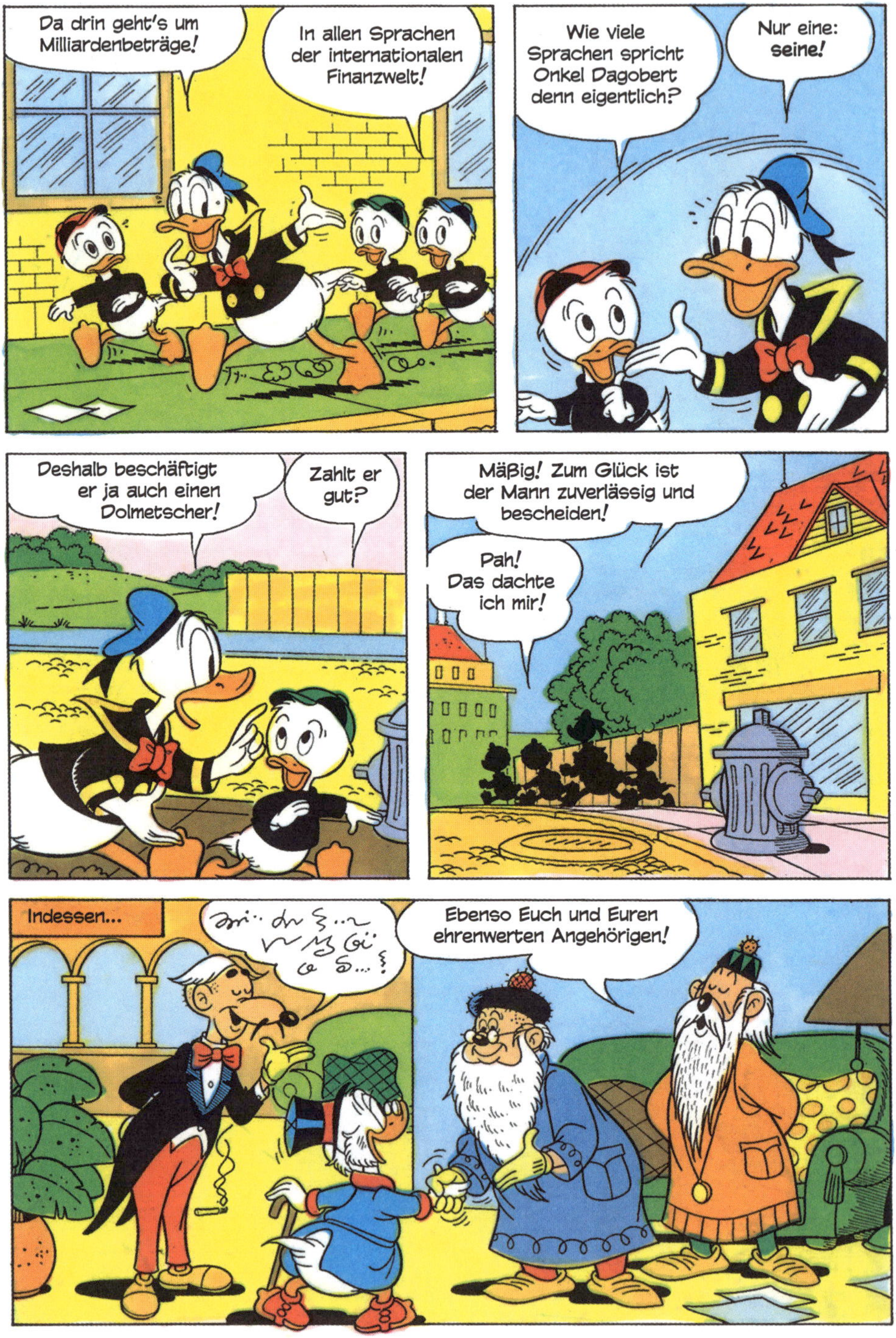
Da drin geht's um Milliardenbeträge!
In allen Sprachen der internationalen Finanzwelt!
Wie viele Sprachen spricht Onkel Dagobert denn eigentlich?
Nur eine: seine!
Deshalb beschäftigt er ja auch einen Dolmetscher!
Zahlt er gut?
Mäßig! Zum Glück ist der Mann zuverlässig und bescheiden!
Pah! Das dachte ich mir!
Indessen...
Ebenso Euch und Euren ehrenwerten Angehörigen!

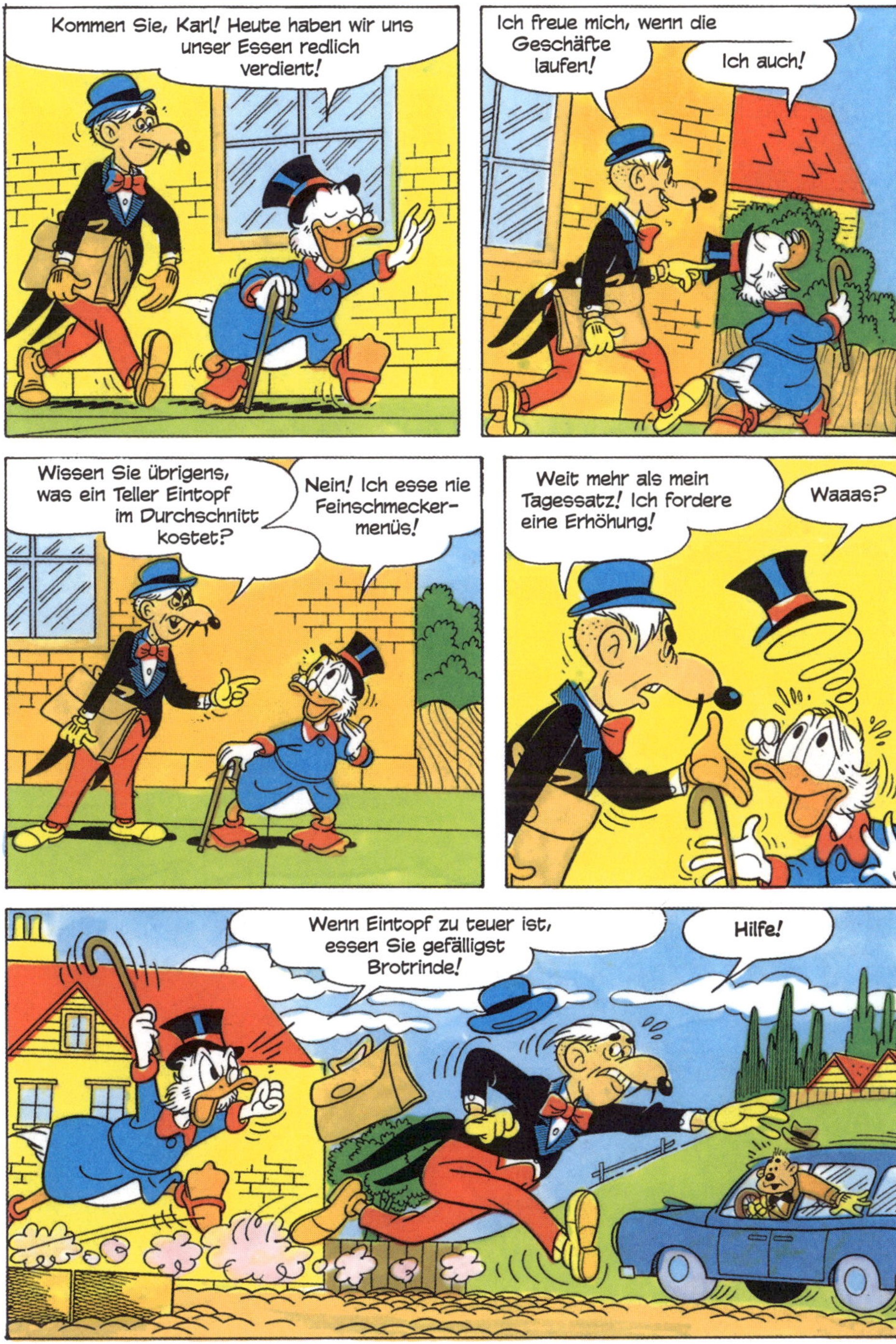

Kommen Sie, Karl! Heute haben wir uns unser Essen redlich verdient!
Ich freue mich, wenn die Geschäfte laufen!
Ich auch!
Wissen Sie übrigens, was ein Teller Eintopf im Durchschnitt kostet?
Nein! Ich esse nie Feinschmecker-menüs!
Weit mehr als mein Tagessatz! Ich fordere eine Erhöhung!
Waaas?
Wenn Eintopf zu teuer ist, essen Sie gefälligst Brotrinde!
Hilfe!

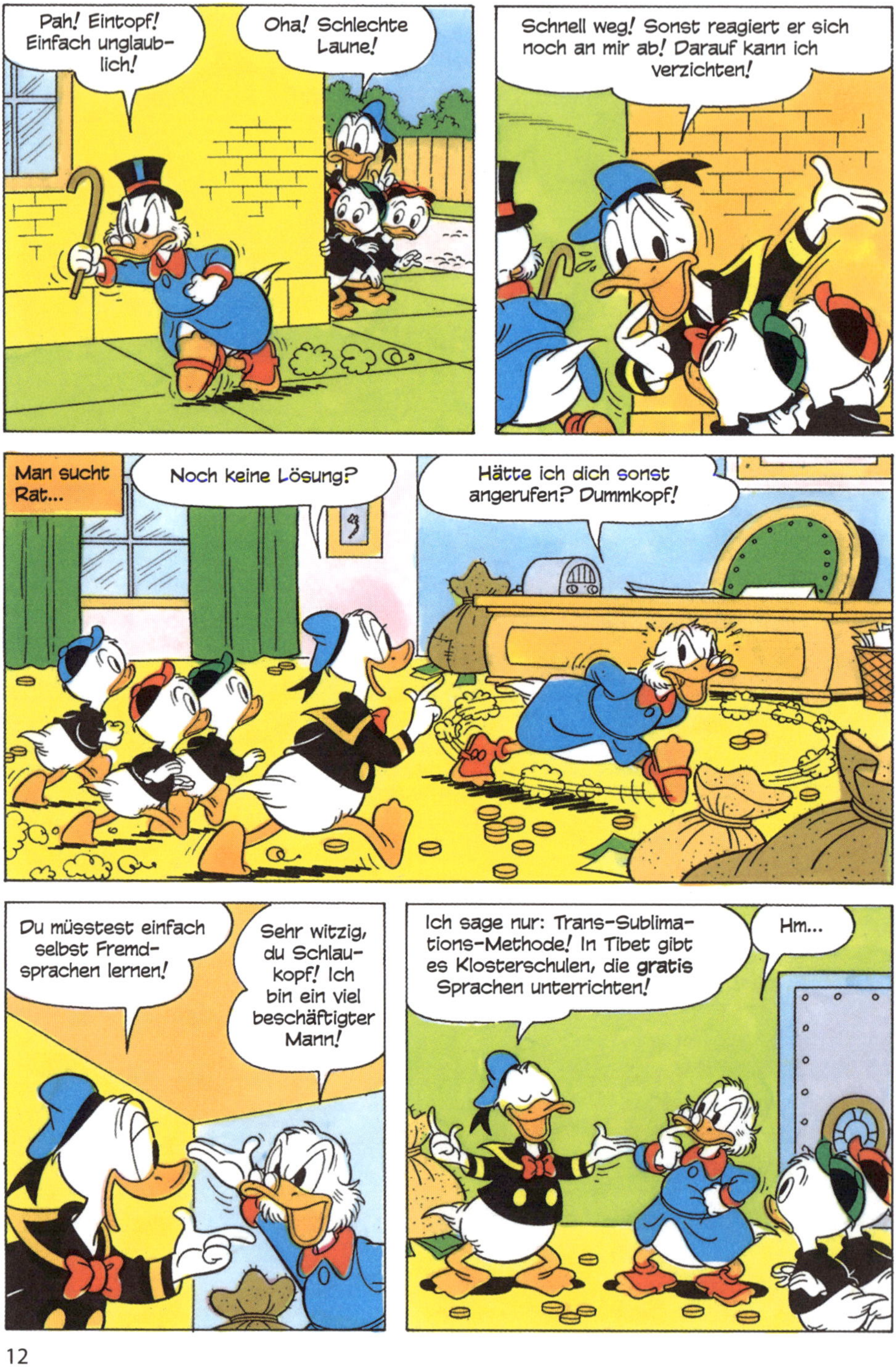
Pah! Eintopf! Einfach unglaublich!
Oha! Schlechte Laune!
Schnell weg! Sonst reagiert er sich noch an mir ab! Darauf kann ich verzichten!
Man sucht Rat...
Noch keine Lösung?
Hätte ich dich sonst angerufen? Dummkopf!
Du müsstest einfach selbst Fremdsprachen lernen!
Sehr witzig, du Schlaukopf! Ich bin ein viel beschäftigter Mann!
Ich sage nur: Trans-Sublimations-Methode! In Tibet gibt es Klosterschulen, die gratis Sprachen unterrichten!
Hm...

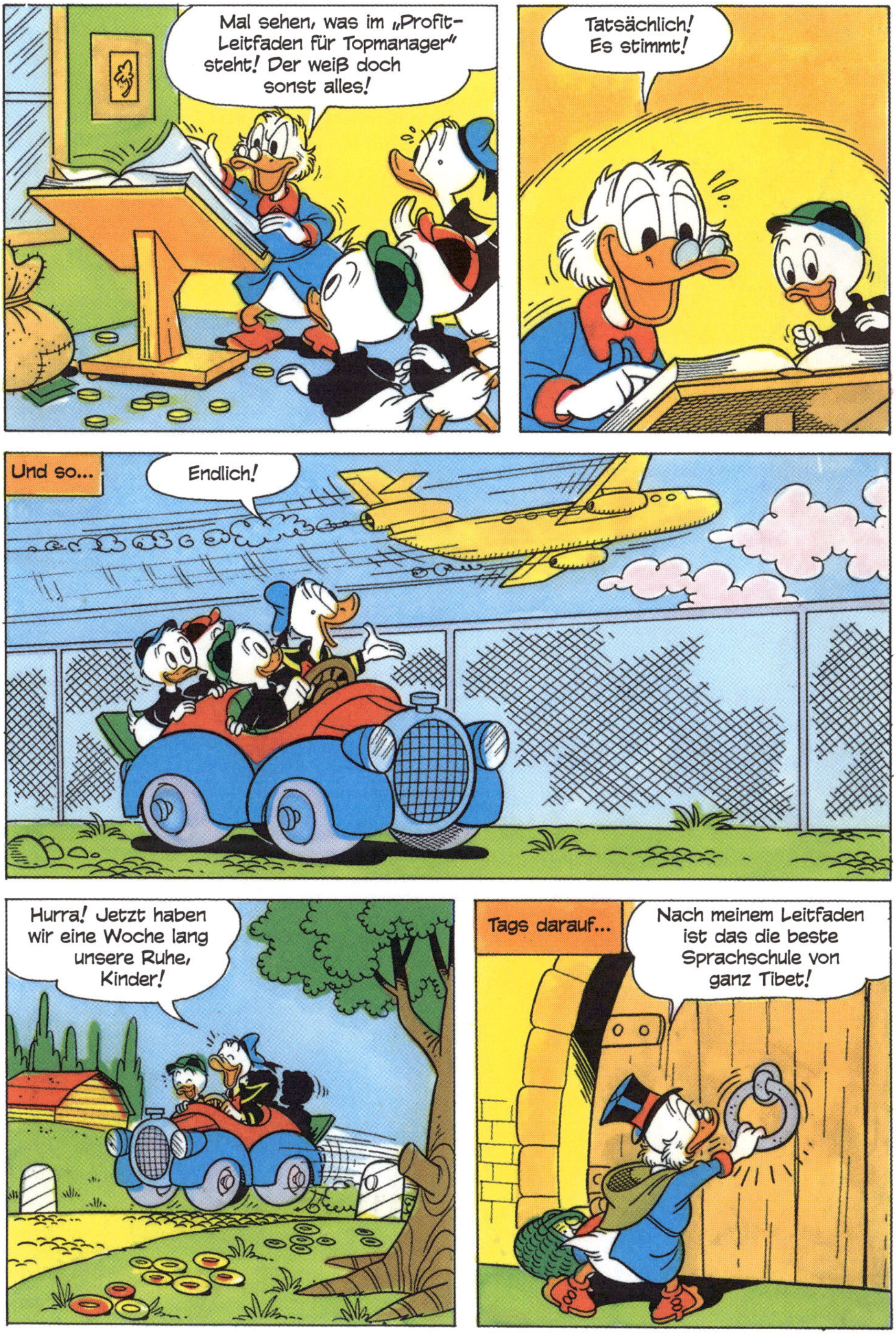

Mal sehen, was im „Profit-Leitfaden für Topmanager" steht! Der weiß doch sonst alles!
Tatsächlich! Es stimmt!
Und so...
Endlich!
Hurra! Jetzt haben wir eine Woche lang unsere Ruhe, Kinder!
Tags darauf...
Nach meinem Leitfaden ist das die beste Sprachschule von ganz Tibet!

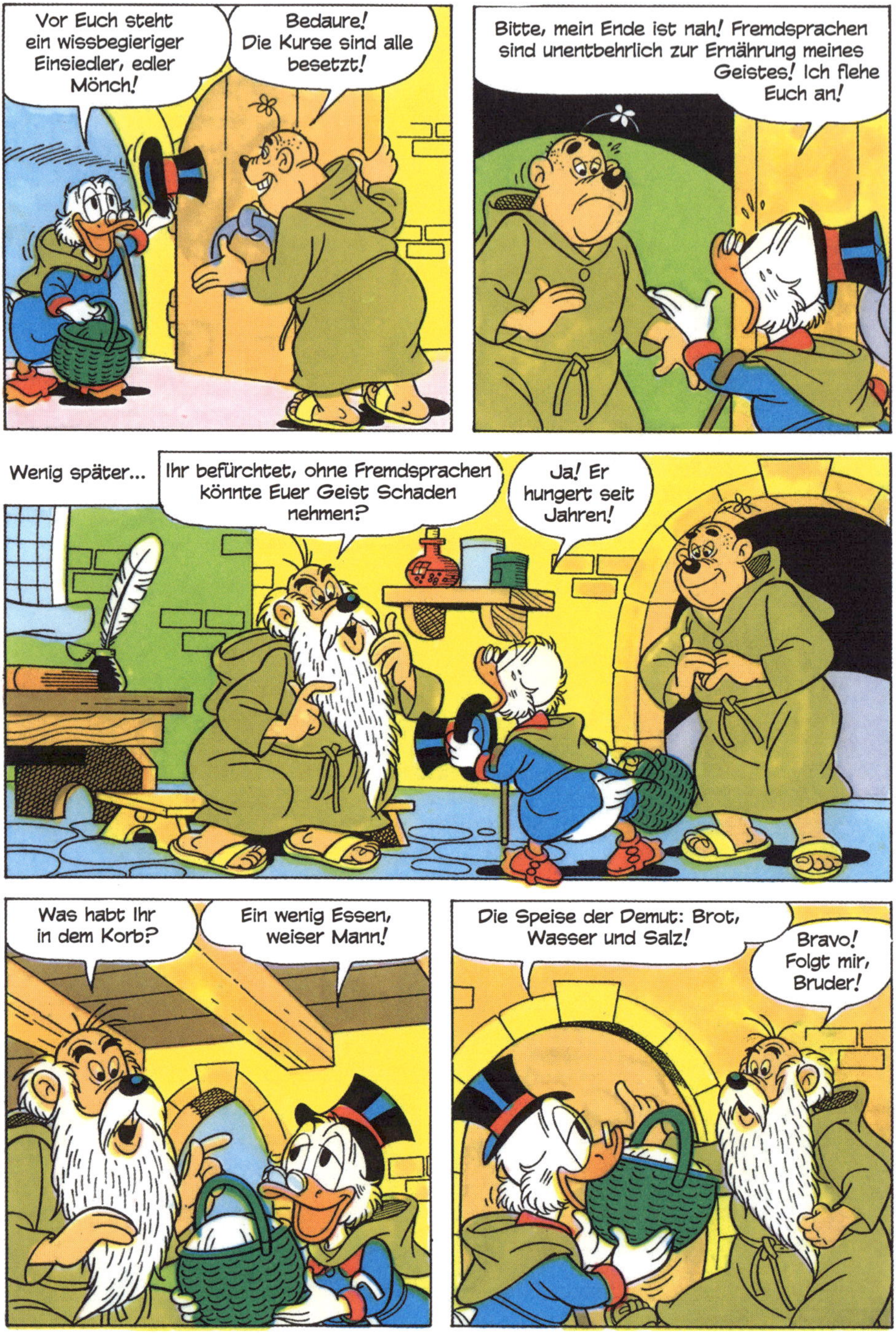
Vor Euch steht ein wissbegieriger Einsiedler, edler Mönch!
Bedaure! Die Kurse sind alle besetzt!
Bitte, mein Ende ist nah! Fremdsprachen sind unentbehrlich zur Ernährung meines Geistes! Ich flehe Euch an!
Wenig später...
Ihr befürchtet, ohne Fremdsprachen könnte Euer Geist Schaden nehmen?
Ja! Er hungert seit Jahren!
Was habt Ihr in dem Korb?
Ein wenig Essen, weiser Mann!
Die Speise der Demut: Brot, Wasser und Salz!
Bravo! Folgt mir, Bruder!

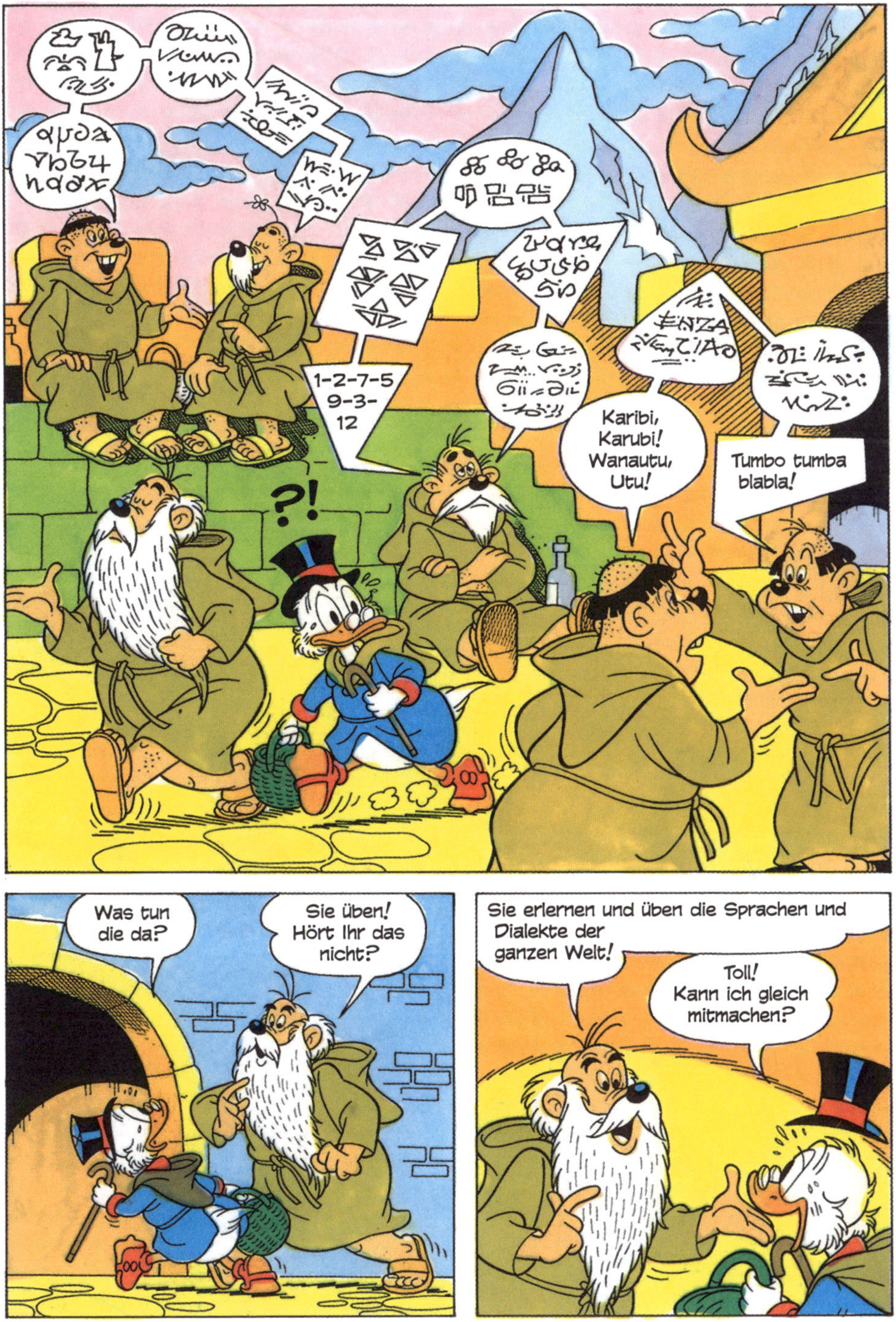

1-2-7-5
9-3-
12
?!
Karibi, Karubi! Wanautu, Utu!
Tumbo tumba blabla!
Was tun die da?
Sie üben! Hört Ihr das nicht?
Sie erlernen und üben die Sprachen und Dialekte der ganzen Welt!
Toll! Kann ich gleich mitmachen?

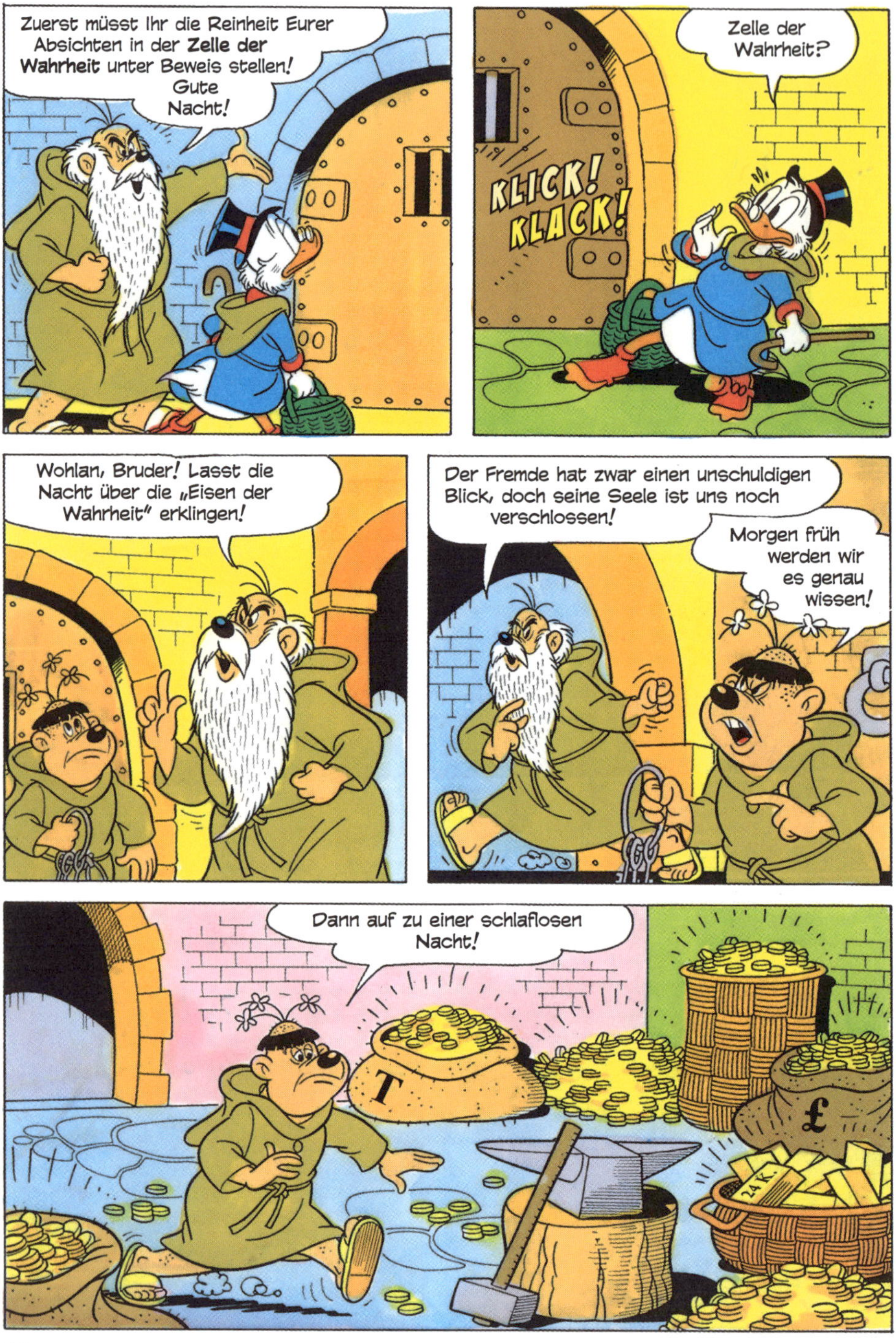
Zuerst müsst Ihr die Reinheit Eurer Absichten in der **Zelle der Wahrheit** unter Beweis stellen! Gute Nacht!
Zelle der Wahrheit?
KLICK! KLACK!
Wohlan, Bruder! Lasst die Nacht über die „Eisen der Wahrheit" erklingen!
Der Fremde hat zwar einen unschuldigen Blick, doch seine Seele ist uns noch verschlossen!
Morgen früh werden wir es genau wissen!
Dann auf zu einer schlaflosen Nacht!

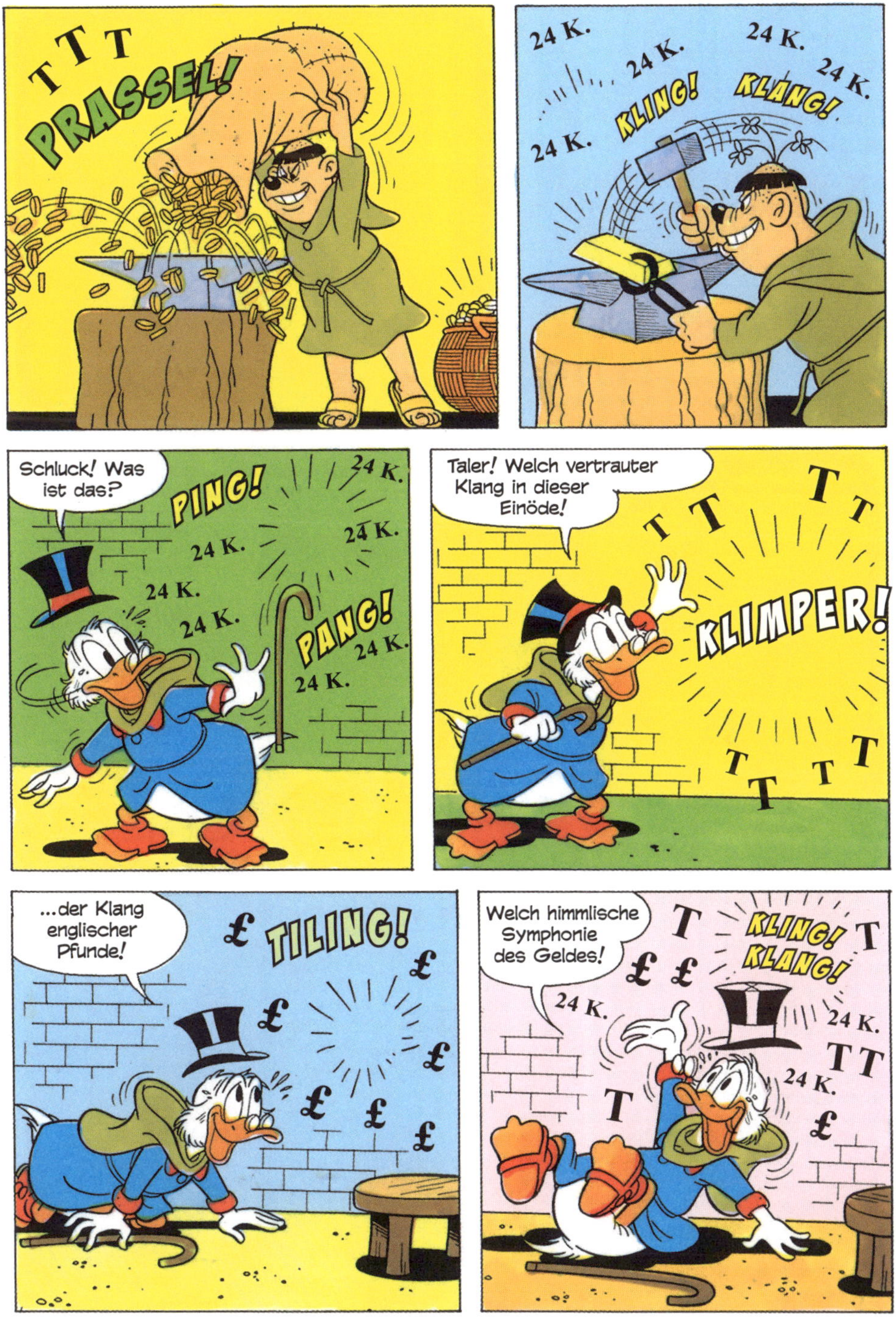
T T T
PRASSEL!
24 K.
24 K.
24 K.
24 K.
24 K.
KLING!
KLANG!
Schluck! Was ist das?
PING!
24 K.
24 K.
24 K.
24 K.
24 K.
PANG!
24 K.
24 K.
Taler! Welch vertrauter Klang in dieser Einöde!
T T T T
KLIMPER!
T T T T
...der Klang englischer Pfunde!
£
TILING!
£ £ £ £ £ £ £
Welch himmlische Symphonie des Geldes!
T T
KLING! KLANG!
£ £
24 K.
24 K.
T T
24 K.
T
£

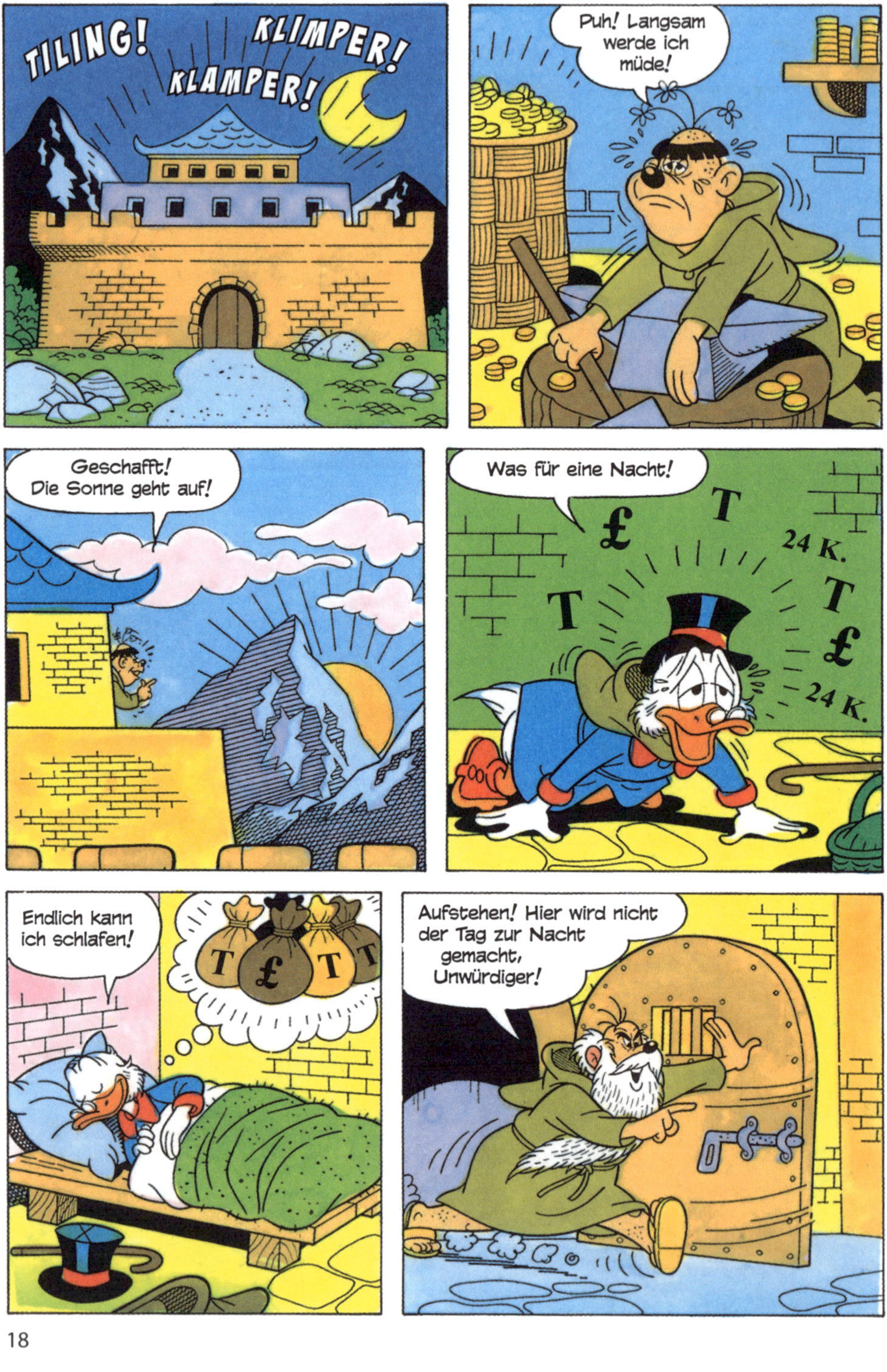
TILING!
KLIMPER!
KLAMPER!
Puh! Langsam werde ich müde!
Geschafft! Die Sonne geht auf!
Was für eine Nacht!
£
T
24 K.
T
T
£
24 K.
Endlich kann ich schlafen!
T
£
T
T
Aufstehen! Hier wird nicht der Tag zur Nacht gemacht, Unwürdiger!

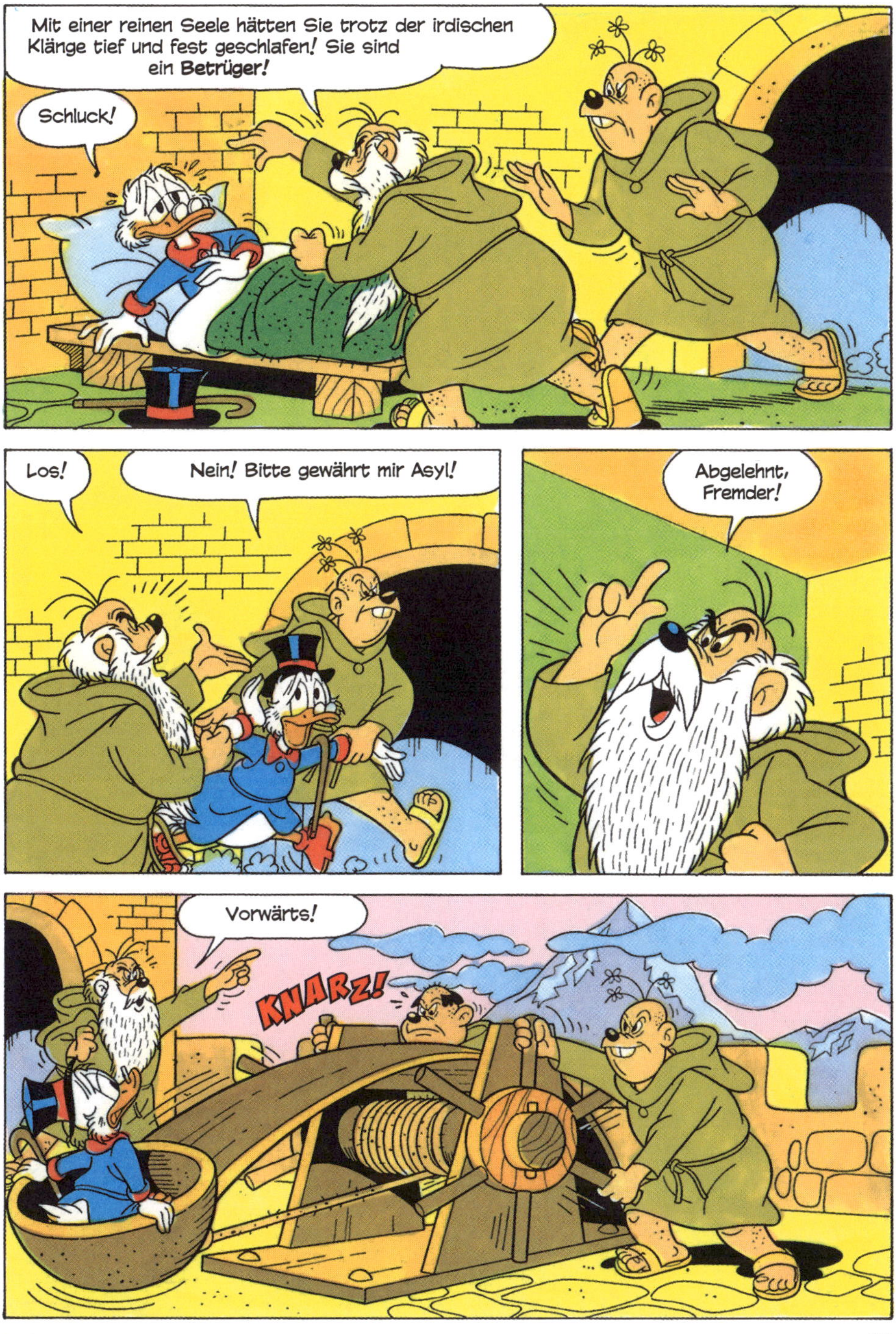
Mit einer reinen Seele hätten Sie trotz der irdischen Klänge tief und fest geschlafen! Sie sind ein **Betrüger!**
Schluck!
Los!
Nein! Bitte gewährt mir Asyl!
Abgelehnt, Fremder!
Vorwärts!
KNARZ!

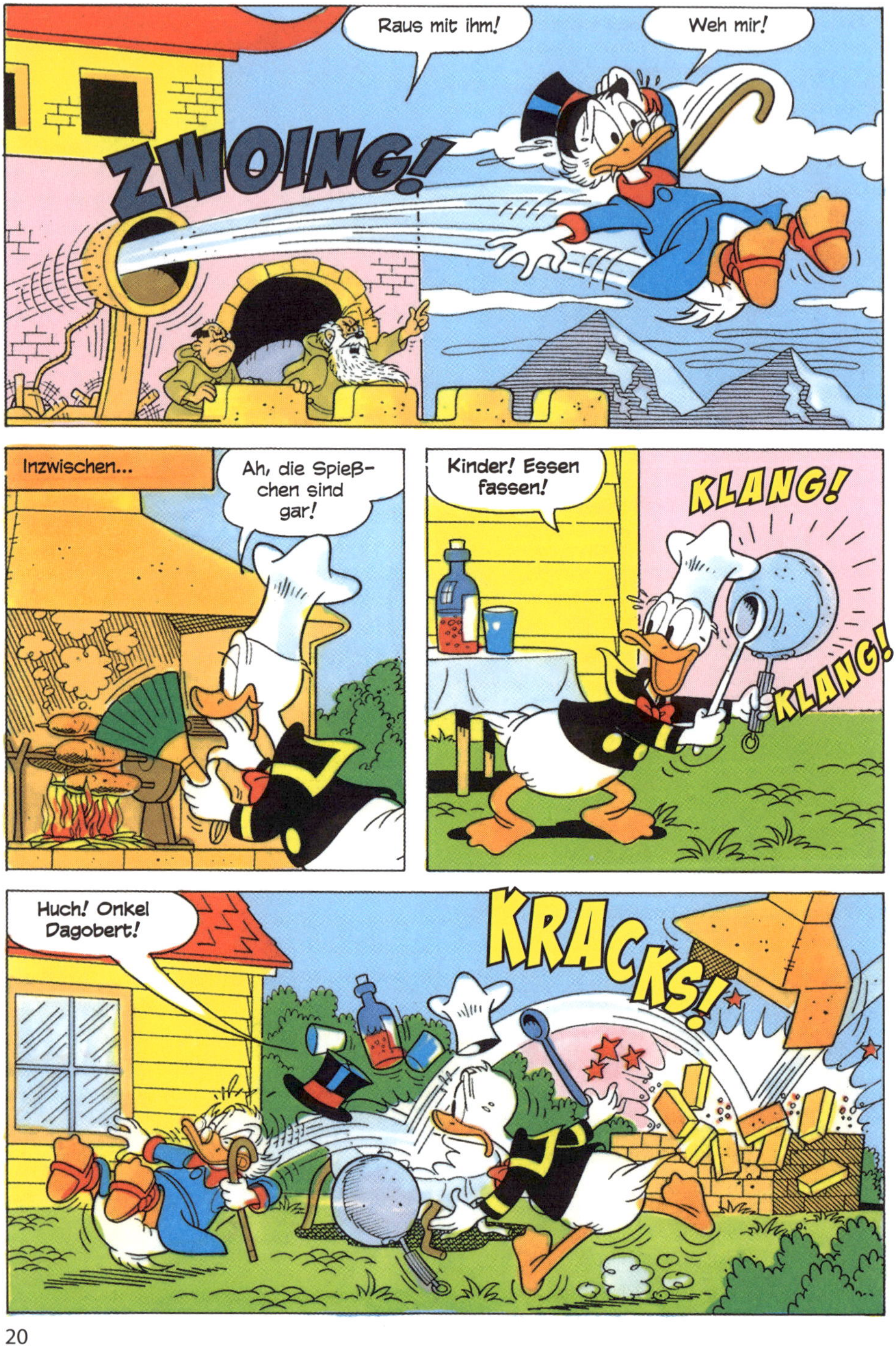
Raus mit ihm!
Weh mir!
ZWOING!
Inzwischen...
Ah, die Spieß-
chen sind
gar!
Kinder! Essen
fassen!
KLANG!
KLANG!
Huch! Onkel
Dagobert!
KRACKS!

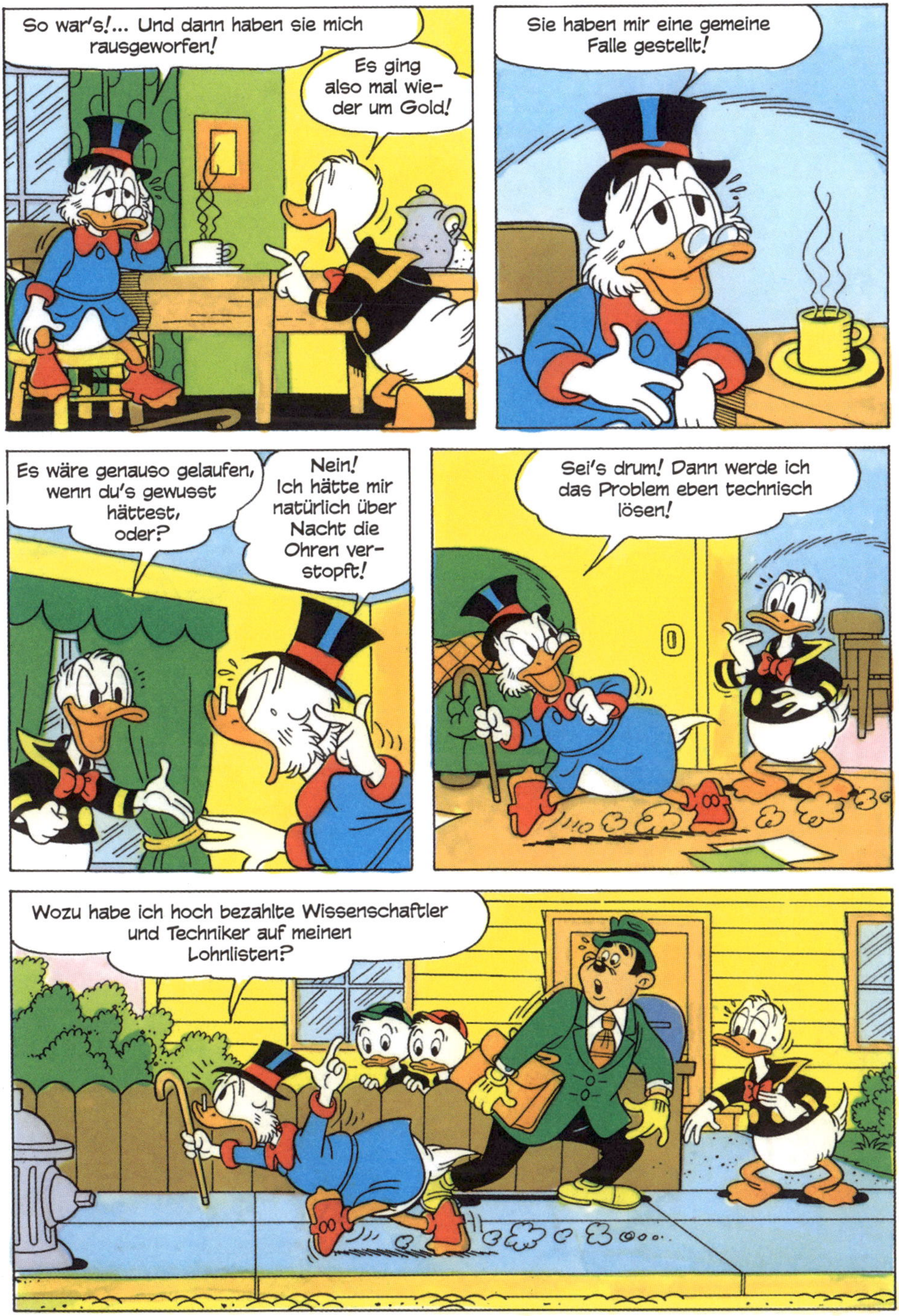
So war's!... Und dann haben sie mich rausgeworfen!
Es ging also mal wieder um Gold!
Sie haben mir eine gemeine Falle gestellt!
Es wäre genauso gelaufen, wenn du's gewusst hättest, oder?
Nein! Ich hätte mir natürlich über Nacht die Ohren verstopft!
Sei's drum! Dann werde ich das Problem eben technisch lösen!
Wozu habe ich hoch bezahlte Wissenschaftler und Techniker auf meinen Lohnlisten?

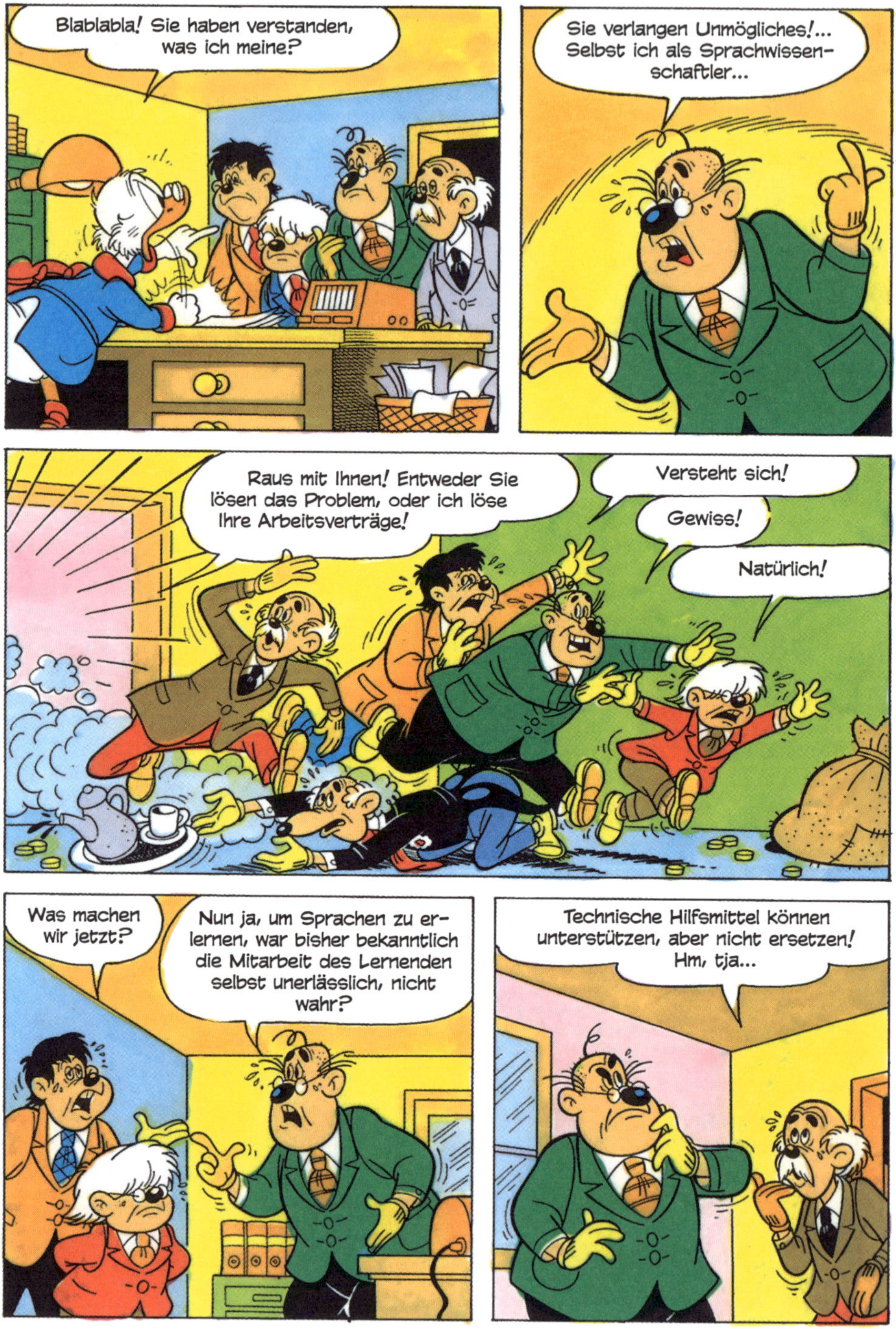

Blablabla! Sie haben verstanden, was ich meine?
Sie verlangen Unmögliches!... Selbst ich als Sprachwissen-schaftler...
Raus mit Ihnen! Entweder Sie lösen das Problem, oder ich löse Ihre Arbeitsverträge!
Versteht sich!
Gewiss!
Natürlich!
Was machen wir jetzt?
Nun ja, um Sprachen zu er-lernen, war bisher bekanntlich die Mitarbeit des Lernenden selbst unerlässlich, nicht wahr?
Technische Hilfsmittel können unterstützen, aber nicht ersetzen! Hm, tja...

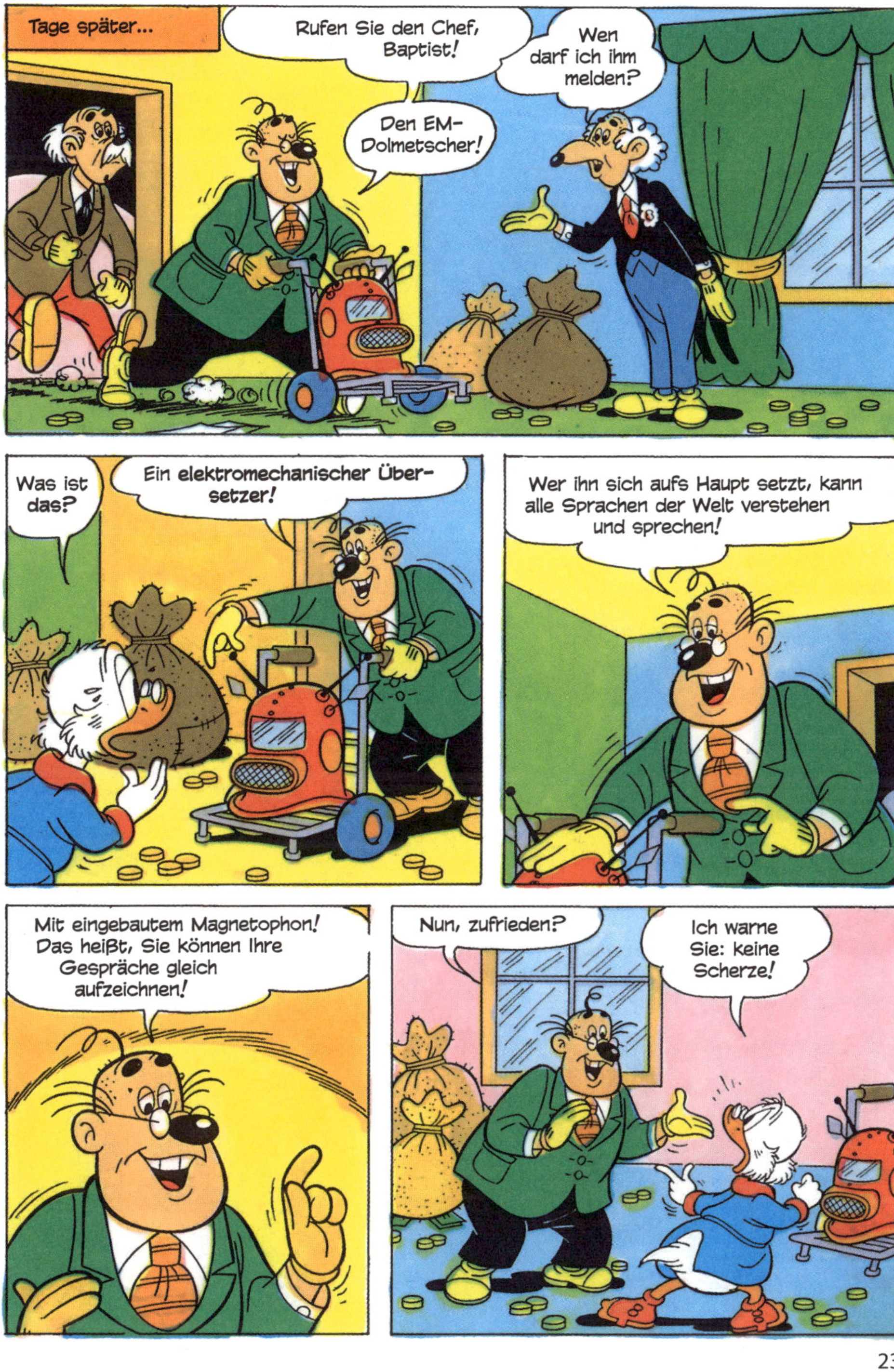
Tage später...
Rufen Sie den Chef, Baptist!
Wen darf ich ihm melden?
Den EM-Dolmetscher!
Was ist das?
Ein elektromechanischer Übersetzer!
Wer ihn sich aufs Haupt setzt, kann alle Sprachen der Welt verstehen und sprechen!
Mit eingebautem Magnetophon! Das heißt, Sie können Ihre Gespräche gleich aufzeichnen!
Nun, zufrieden?
Ich warne Sie: keine Scherze!

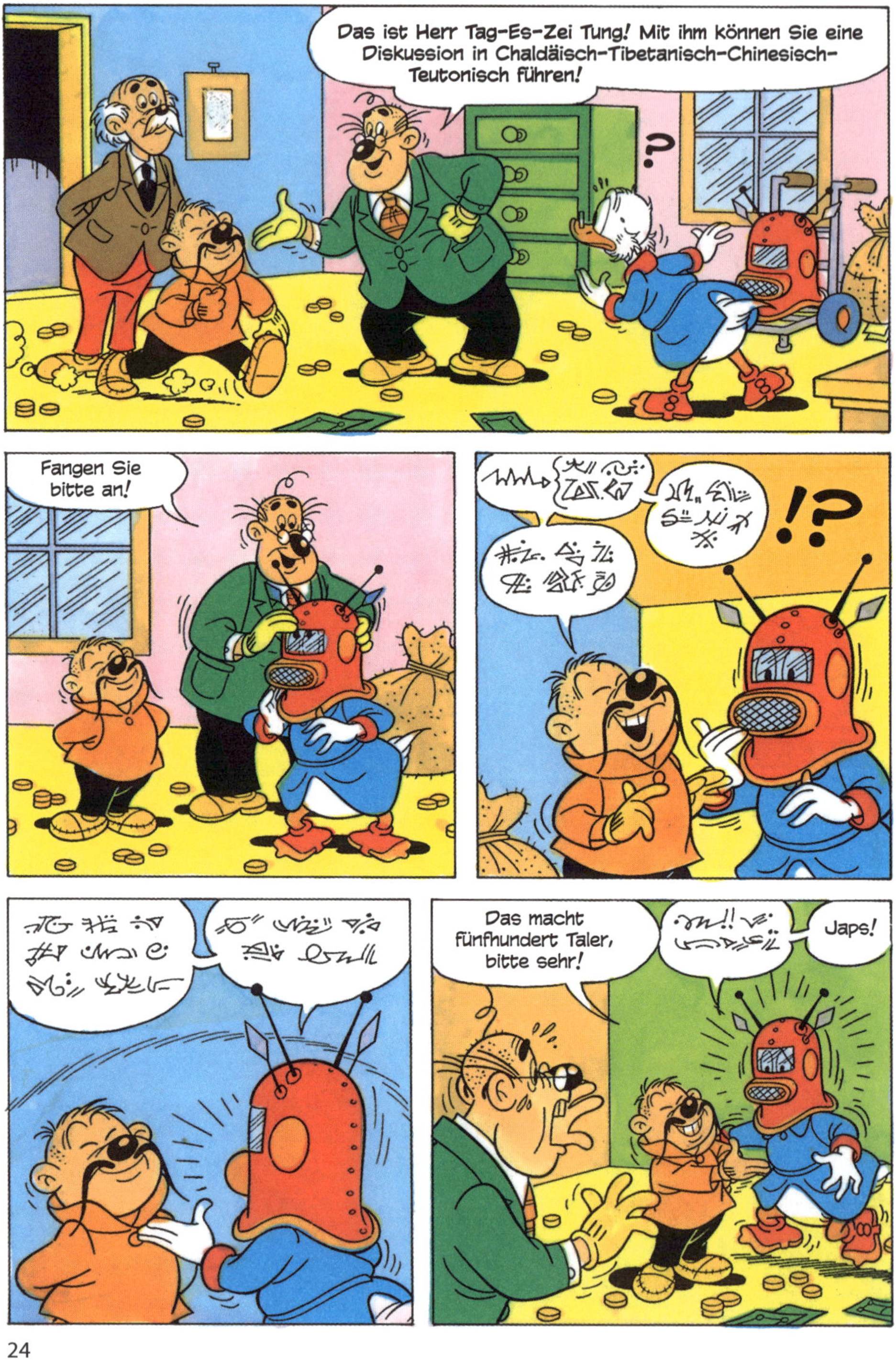

Das ist Herr Tag-Es-Zei Tung! Mit ihm können Sie eine Diskussion in Chaldäisch-Tibetanisch-Chinesisch-Teutonisch führen!
?
Fangen Sie bitte an!
!?
Das macht fünfhundert Taler, bitte sehr!
Japs!

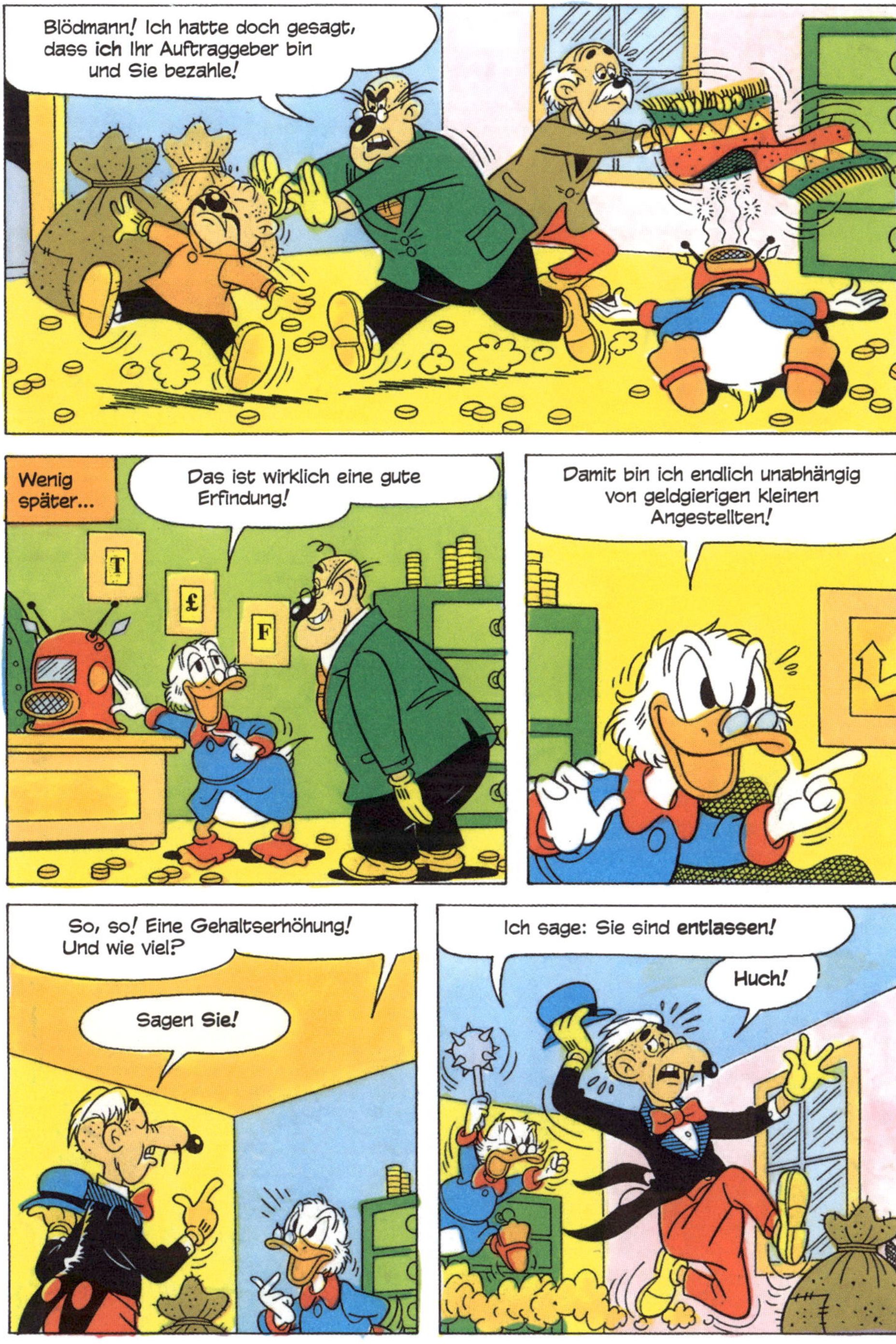
Blödmann! Ich hatte doch gesagt, dass **ich** Ihr Auftraggeber bin und Sie bezahle!
Wenig später...
Das ist wirklich eine gute Erfindung!
Damit bin ich endlich unabhängig von geldgierigen kleinen Angestellten!
So, so! Eine Gehaltserhöhung! Und wie viel?
Sagen **Sie**!
Ich sage: Sie sind **entlassen**!
Huch!

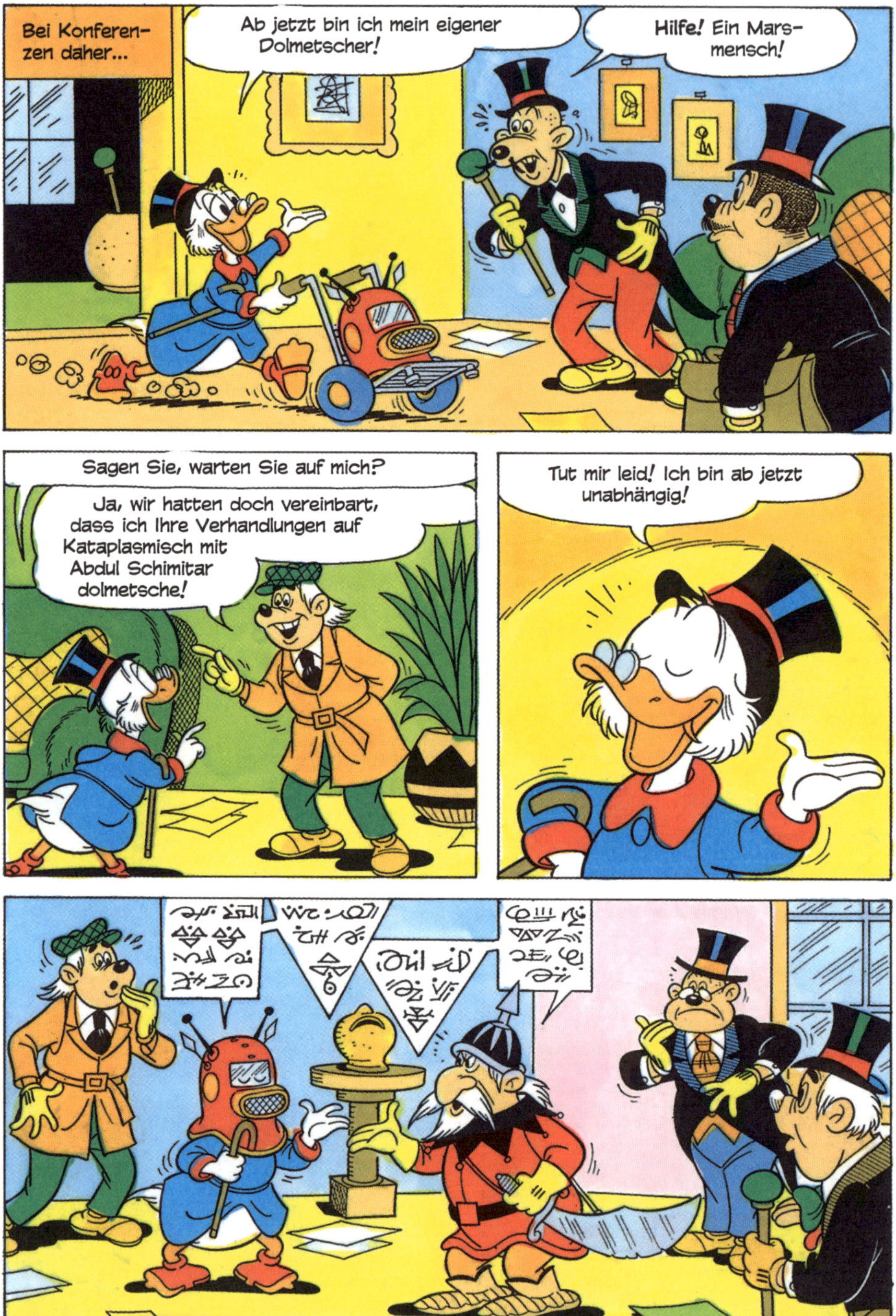
Bei Konferenzen daher...
Ab jetzt bin ich mein eigener Dolmetscher!
Hilfe! Ein Marsmensch!
Sagen Sie, warten Sie auf mich?
Ja, wir hatten doch vereinbart, dass ich Ihre Verhandlungen auf Kataplasmisch mit Abdul Schimitar dolmetsche!
Tut mir leid! Ich bin ab jetzt unabhängig!

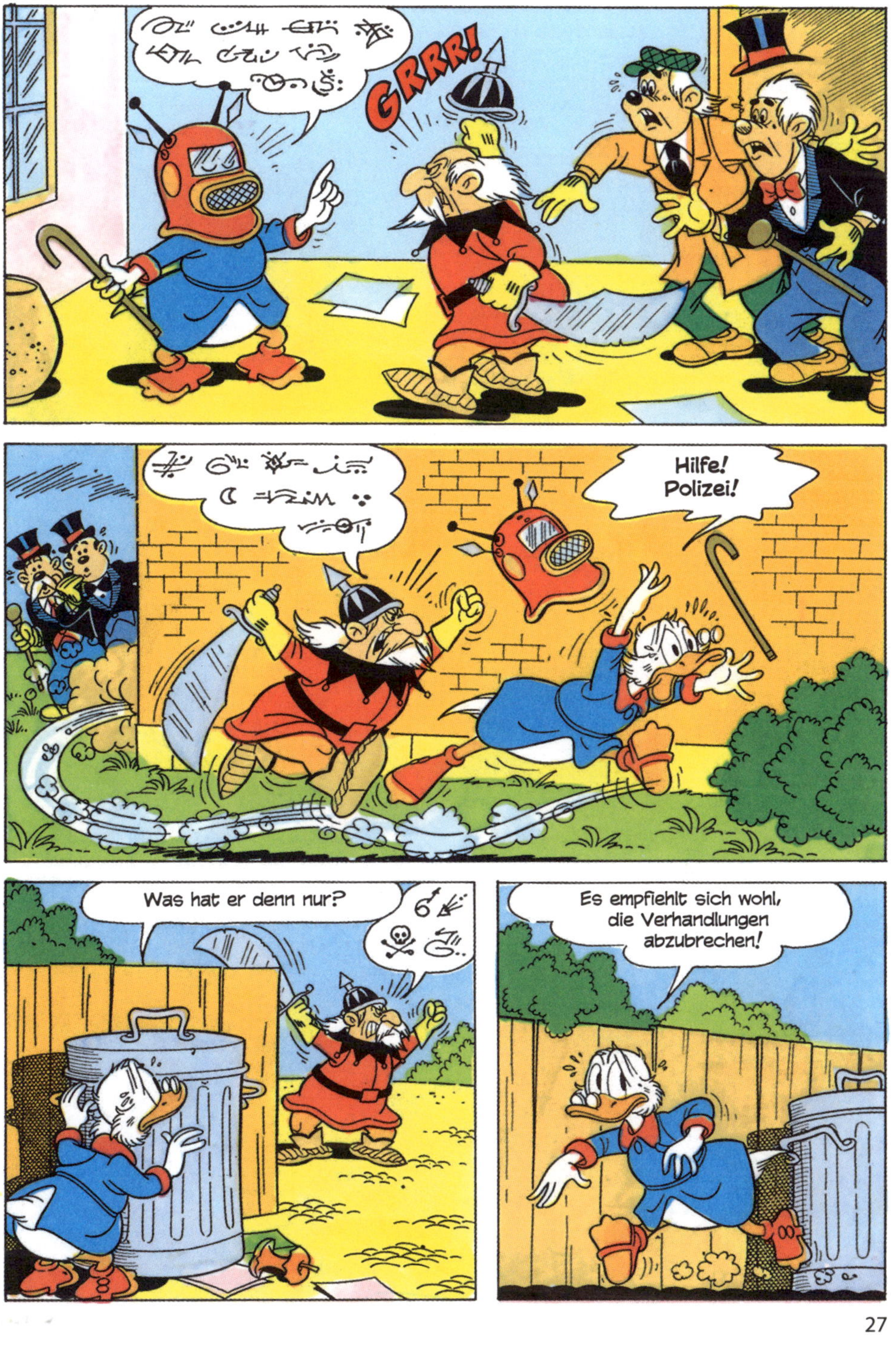
GRRR!
Hilfe! Polizei!
Was hat er denn nur?
Es empfiehlt sich wohl, die Verhandlungen abzubrechen!

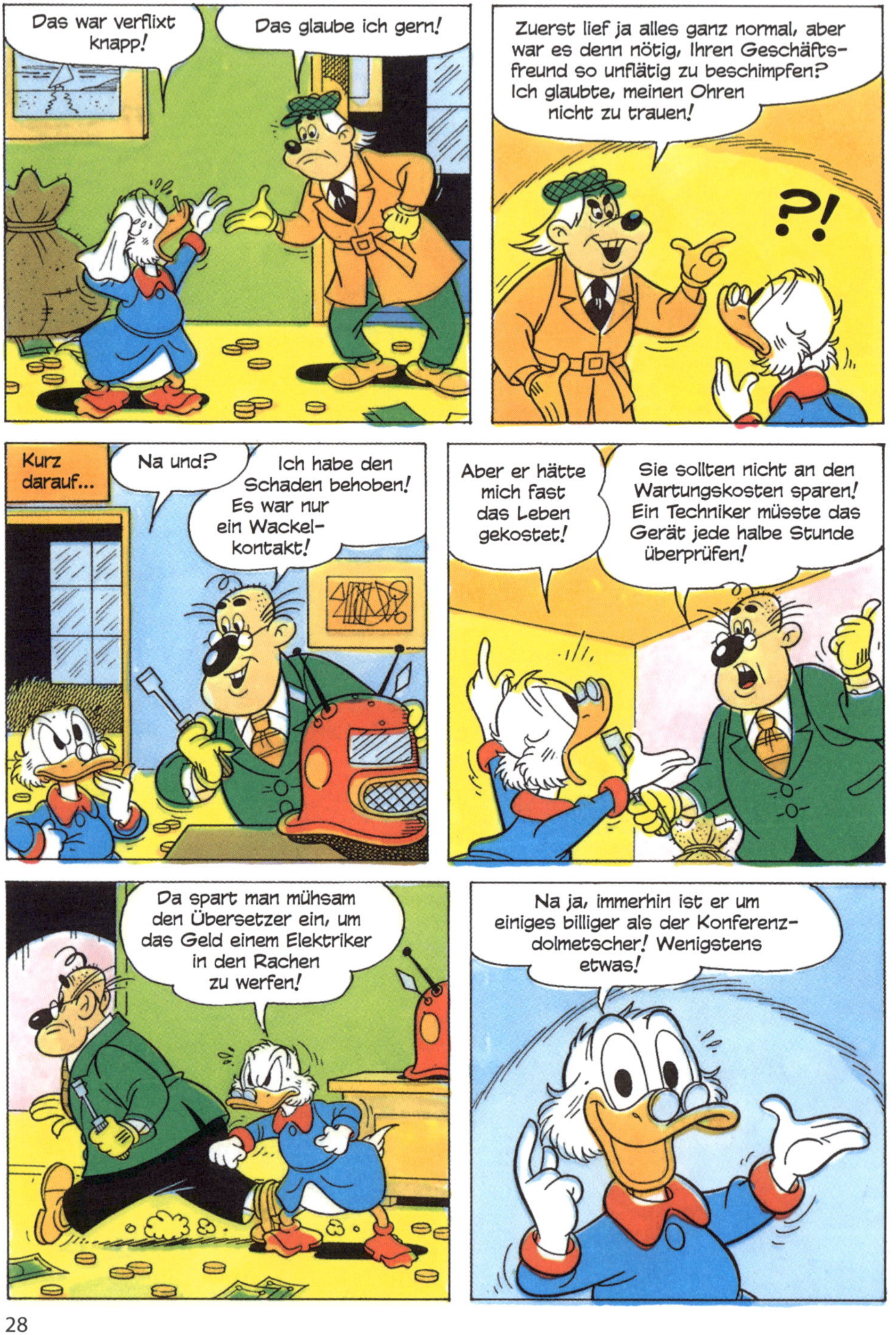
Das war verflixt knapp!
Das glaube ich gern!
Zuerst lief ja alles ganz normal, aber war es denn nötig, Ihren Geschäftsfreund so unflätig zu beschimpfen? Ich glaubte, meinen Ohren nicht zu trauen!
?!
Kurz darauf...
Na und?
Ich habe den Schaden behoben! Es war nur ein Wackelkontakt!
Aber er hätte mich fast das Leben gekostet!
Sie sollten nicht an den Wartungskosten sparen! Ein Techniker müsste das Gerät jede halbe Stunde überprüfen!
Da spart man mühsam den Übersetzer ein, um das Geld einem Elektriker in den Rachen zu werfen!
Na ja, immerhin ist er um einiges billiger als der Konferenzdolmetscher! Wenigstens etwas!

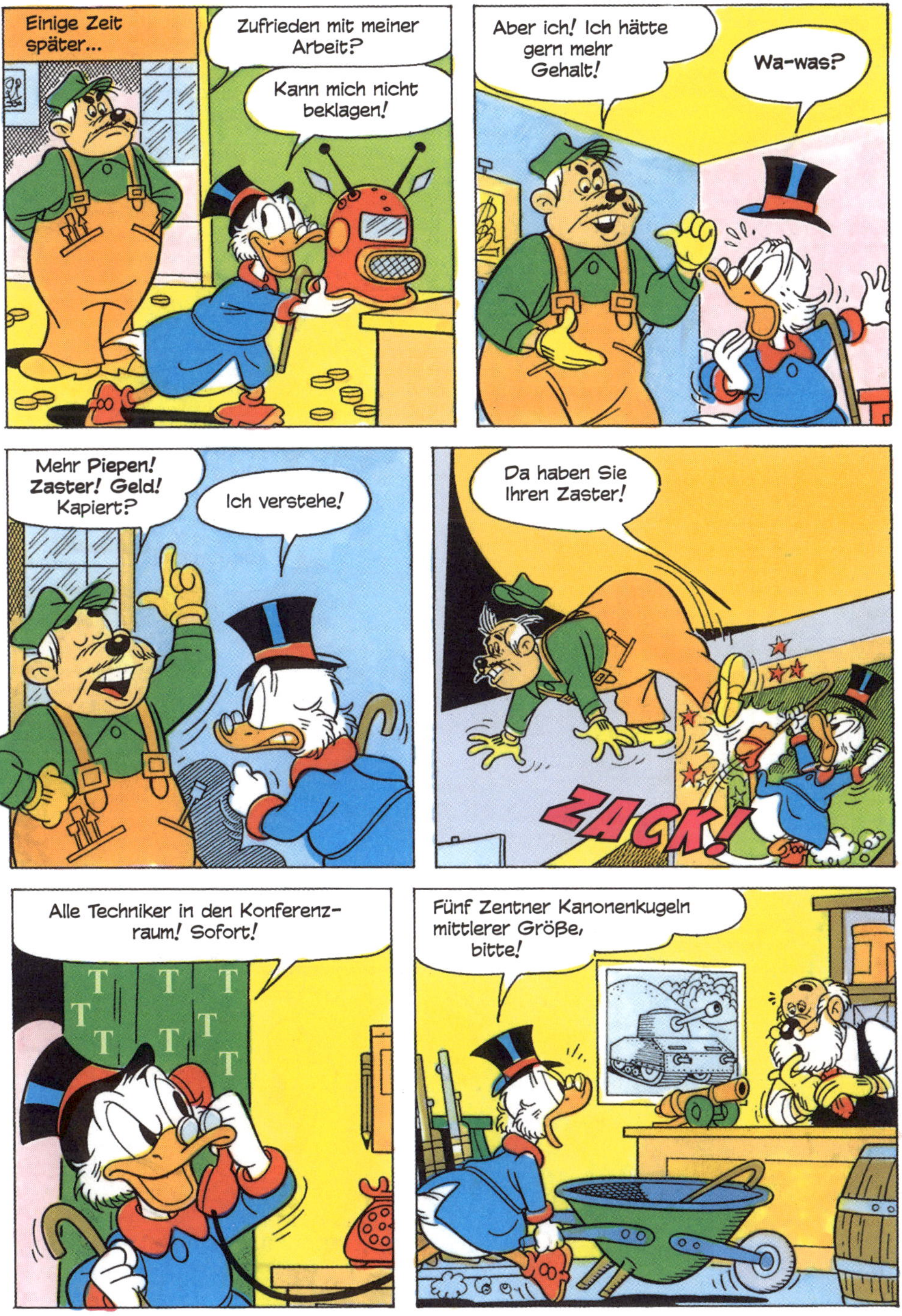

Einige Zeit später...
Zufrieden mit meiner Arbeit?
Kann mich nicht beklagen!
Aber ich! Ich hätte gern mehr Gehalt!
Wa-was?
Mehr Piepen! Zaster! Geld! Kapiert?
Ich verstehe!
Da haben Sie Ihren Zaster!
ZACK!
Alle Techniker in den Konferenzraum! Sofort!
Fünf Zentner Kanonenkugeln mittlerer Größe, bitte!

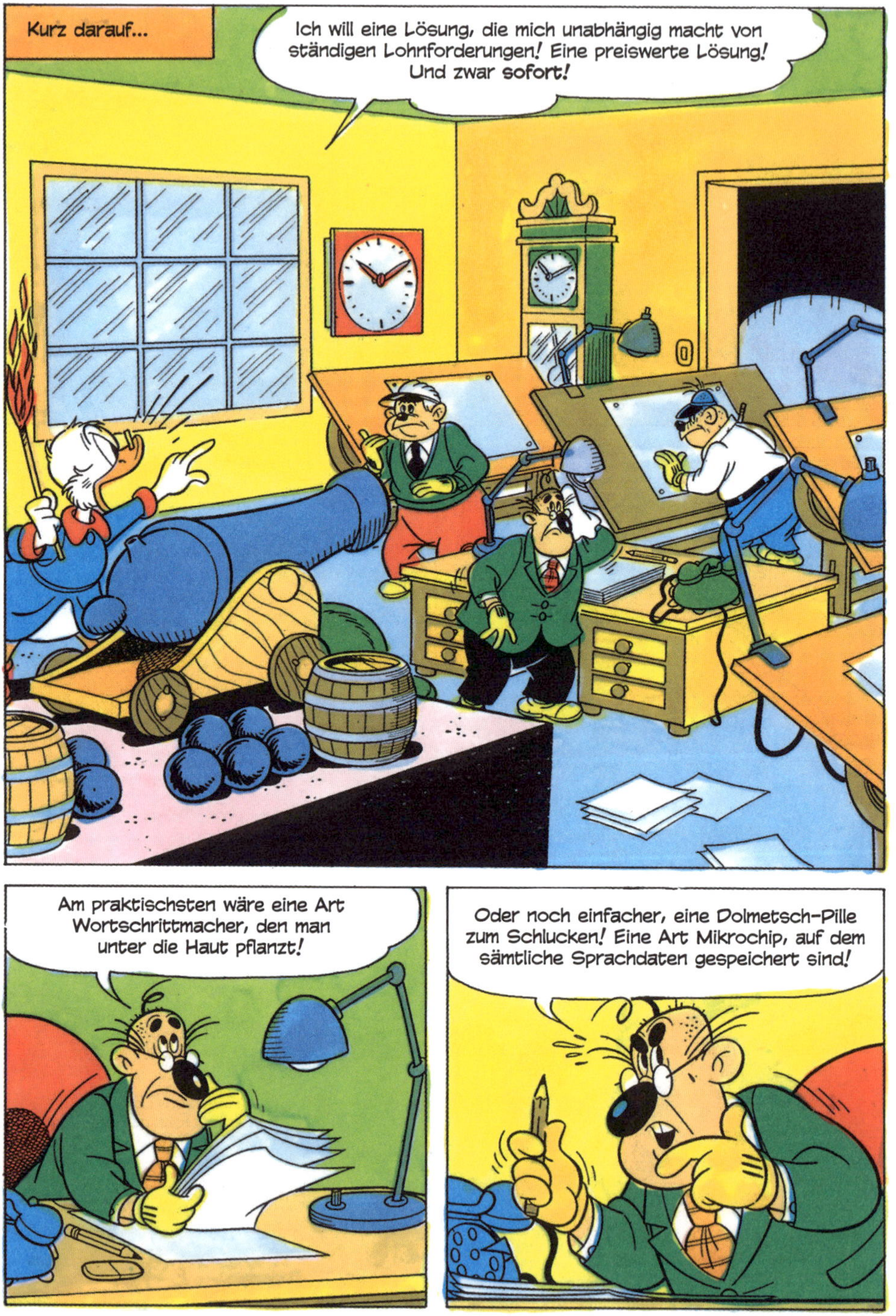
Kurz darauf...
Ich will eine Lösung, die mich unabhängig macht von ständigen Lohnforderungen! Eine preiswerte Lösung! Und zwar **sofort**!
Am praktischsten wäre eine Art Wortschrittmacher, den man unter die Haut pflanzt!
Oder noch einfacher, eine Dolmetsch-Pille zum Schlucken! Eine Art Mikrochip, auf dem sämtliche Sprachdaten gespeichert sind!

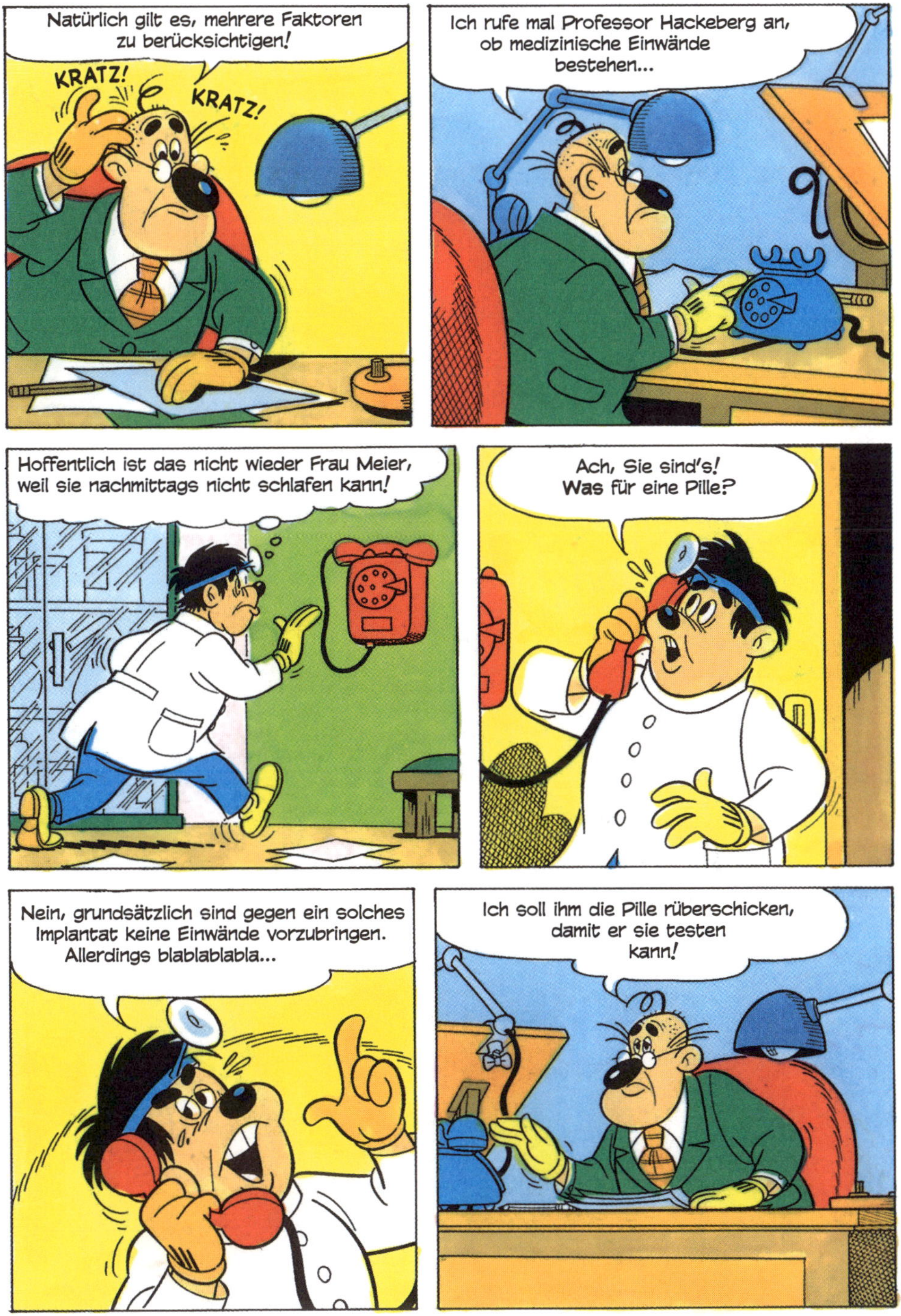
Natürlich gilt es, mehrere Faktoren zu berücksichtigen!
KRATZ! KRATZ!
Ich rufe mal Professor Hackeberg an, ob medizinische Einwände bestehen...
Hoffentlich ist das nicht wieder Frau Meier, weil sie nachmittags nicht schlafen kann!
Ach, Sie sind's! Was für eine Pille?
Nein, grundsätzlich sind gegen ein solches Implantat keine Einwände vorzubringen. Allerdings blablablabla...
Ich soll ihm die Pille rüberschicken, damit er sie testen kann!

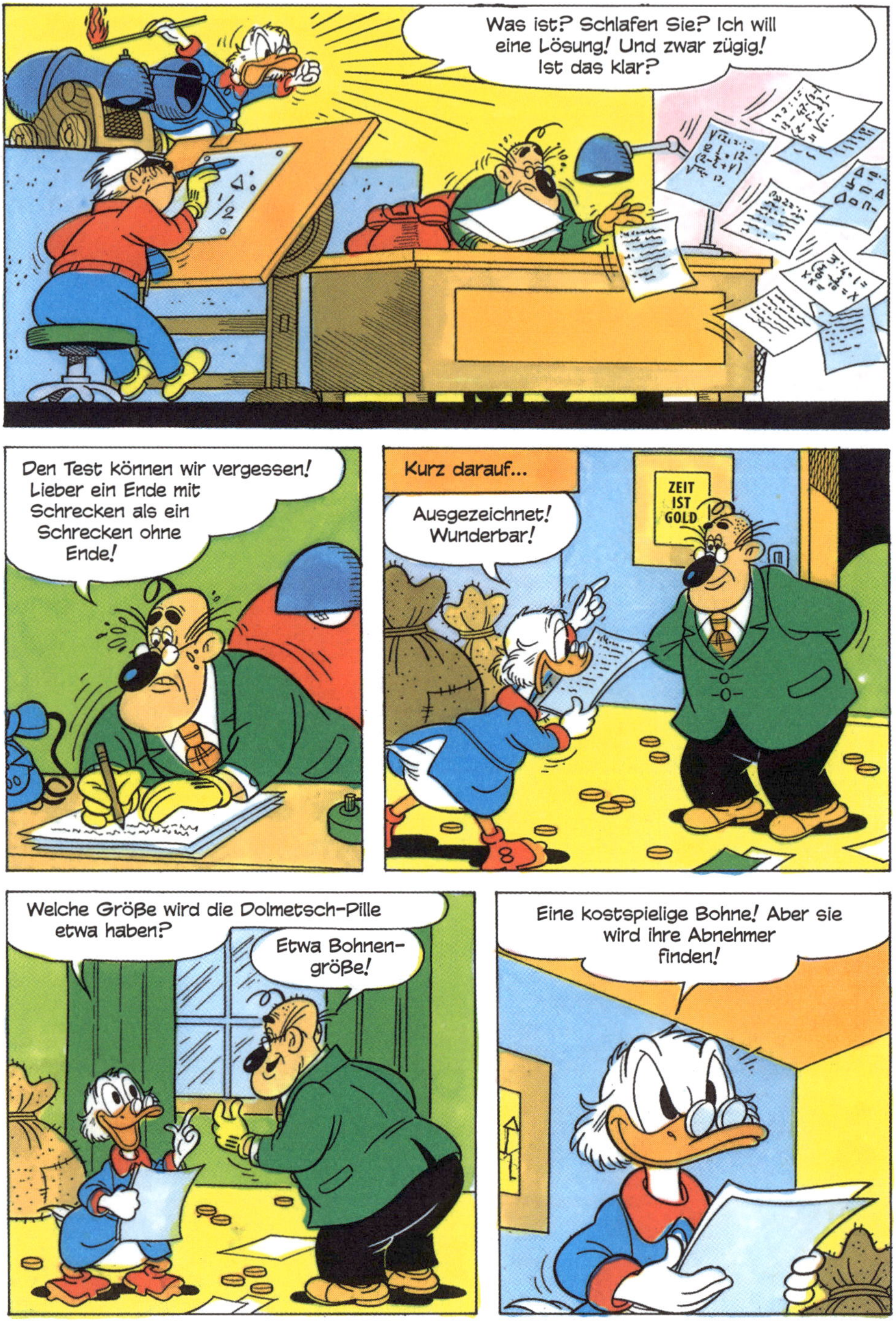
Was ist? Schlafen Sie? Ich will eine Lösung! Und zwar zügig! Ist das klar?
Den Test können wir vergessen! Lieber ein Ende mit Schrecken als ein Schrecken ohne Ende!
Kurz darauf...
Ausgezeichnet! Wunderbar!
ZEIT IST GOLD
Welche Größe wird die Dolmetsch-Pille etwa haben?
Etwa Bohnengröße!
Eine kostspielige Bohne! Aber sie wird ihre Abnehmer finden!

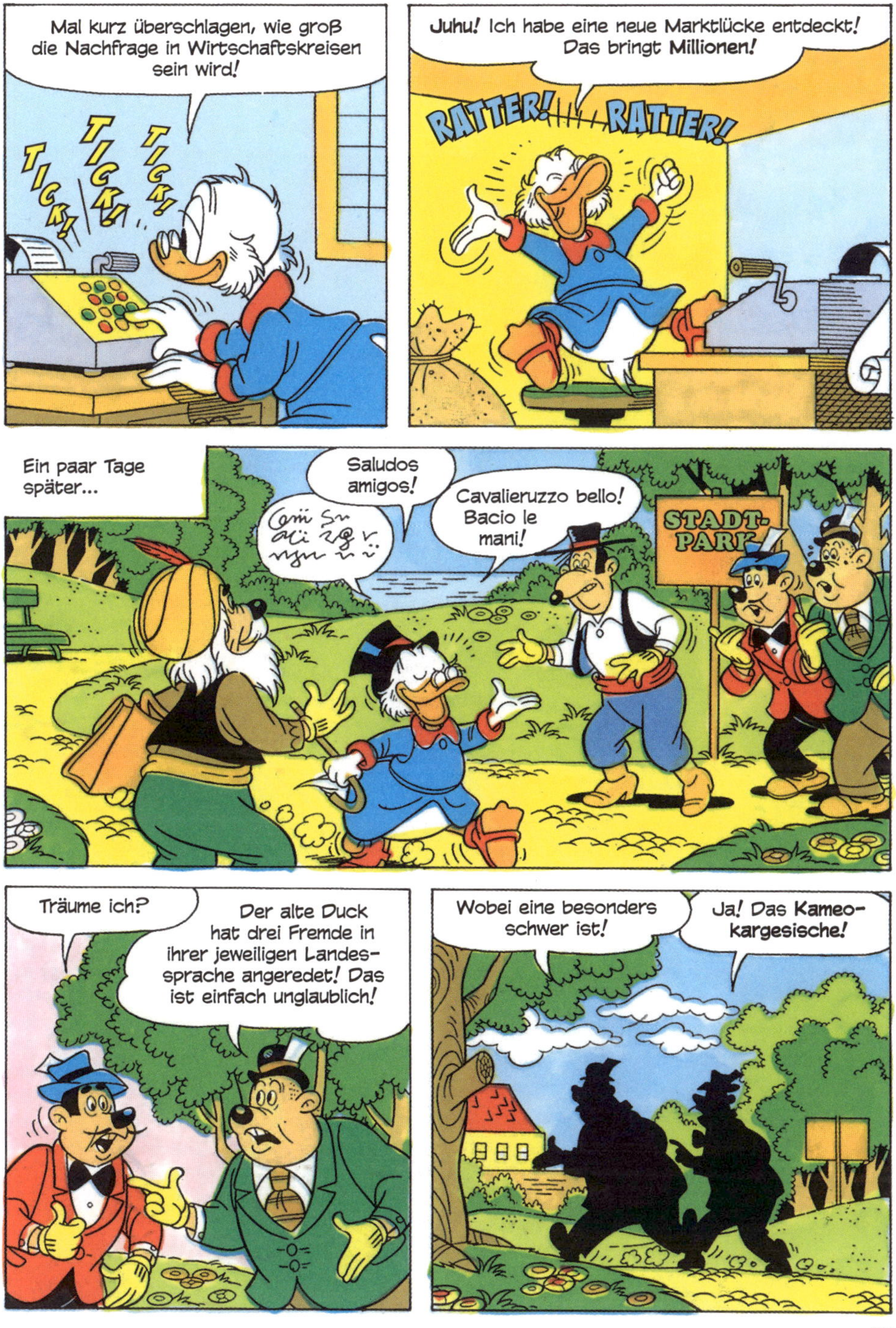

Mal kurz überschlagen, wie groß die Nachfrage in Wirtschaftskreisen sein wird!
TICK! TICK! TICK!
Juhu! Ich habe eine neue Marktlücke entdeckt! Das bringt Millionen!
RATTER! RATTER!
Ein paar Tage später...
Saludos amigos!
Cavalieruzzo bello! Bacio le mani!
STADT-PARK
Träume ich?
Der alte Duck hat drei Fremde in ihrer jeweiligen Landessprache angeredet! Das ist einfach unglaublich!
Wobei eine besonders schwer ist!
Ja! Das Kameokargesische!

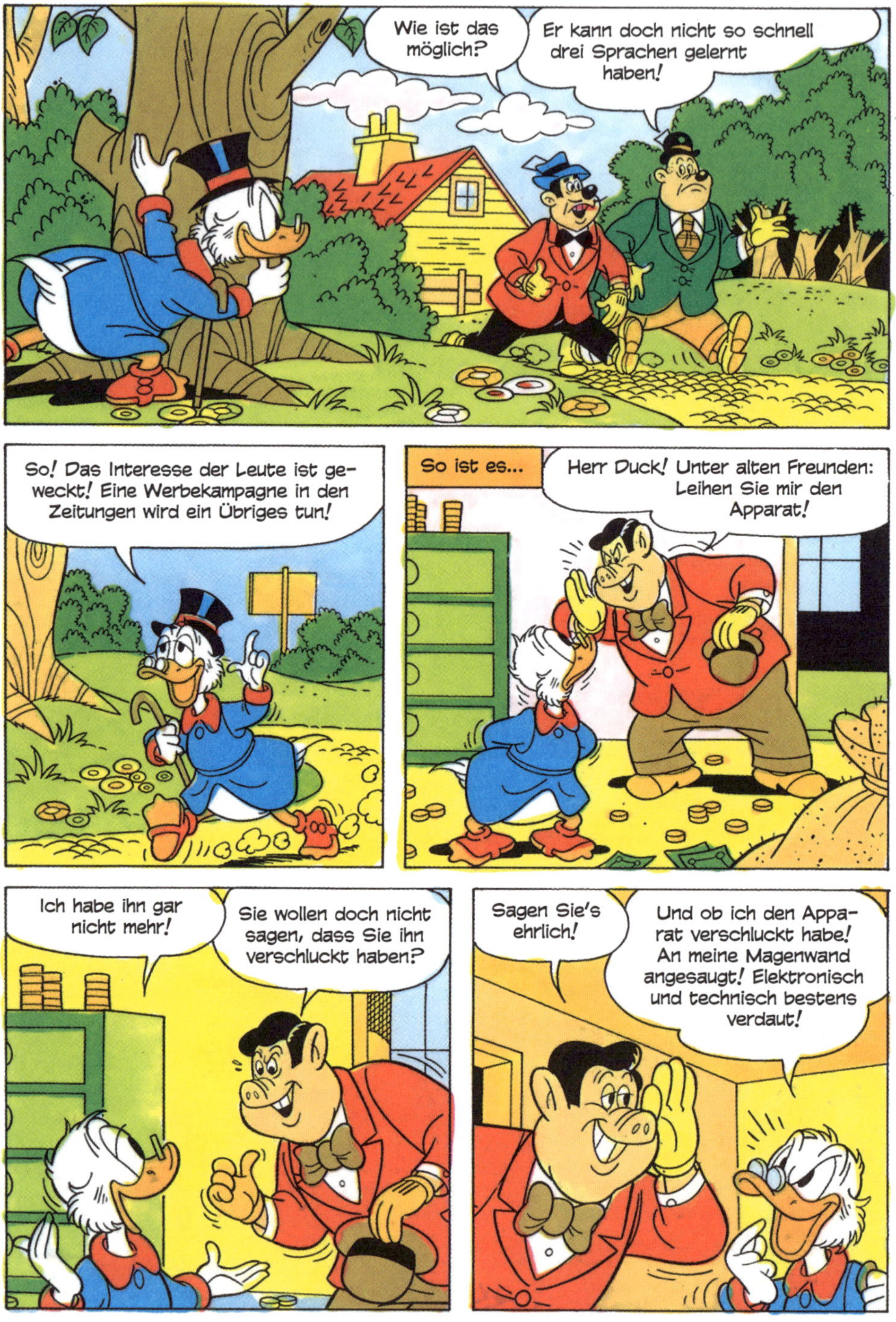
Wie ist das möglich?
Er kann doch nicht so schnell drei Sprachen gelernt haben!
So! Das Interesse der Leute ist geweckt! Eine Werbekampagne in den Zeitungen wird ein Übriges tun!
So ist es...
Herr Duck! Unter alten Freunden: Leihen Sie mir den Apparat!
Ich habe ihn gar nicht mehr!
Sie wollen doch nicht sagen, dass Sie ihn verschluckt haben?
Sagen Sie's ehrlich!
Und ob ich den Apparat verschluckt habe! An meine Magenwand angesaugt! Elektronisch und technisch bestens verdaut!

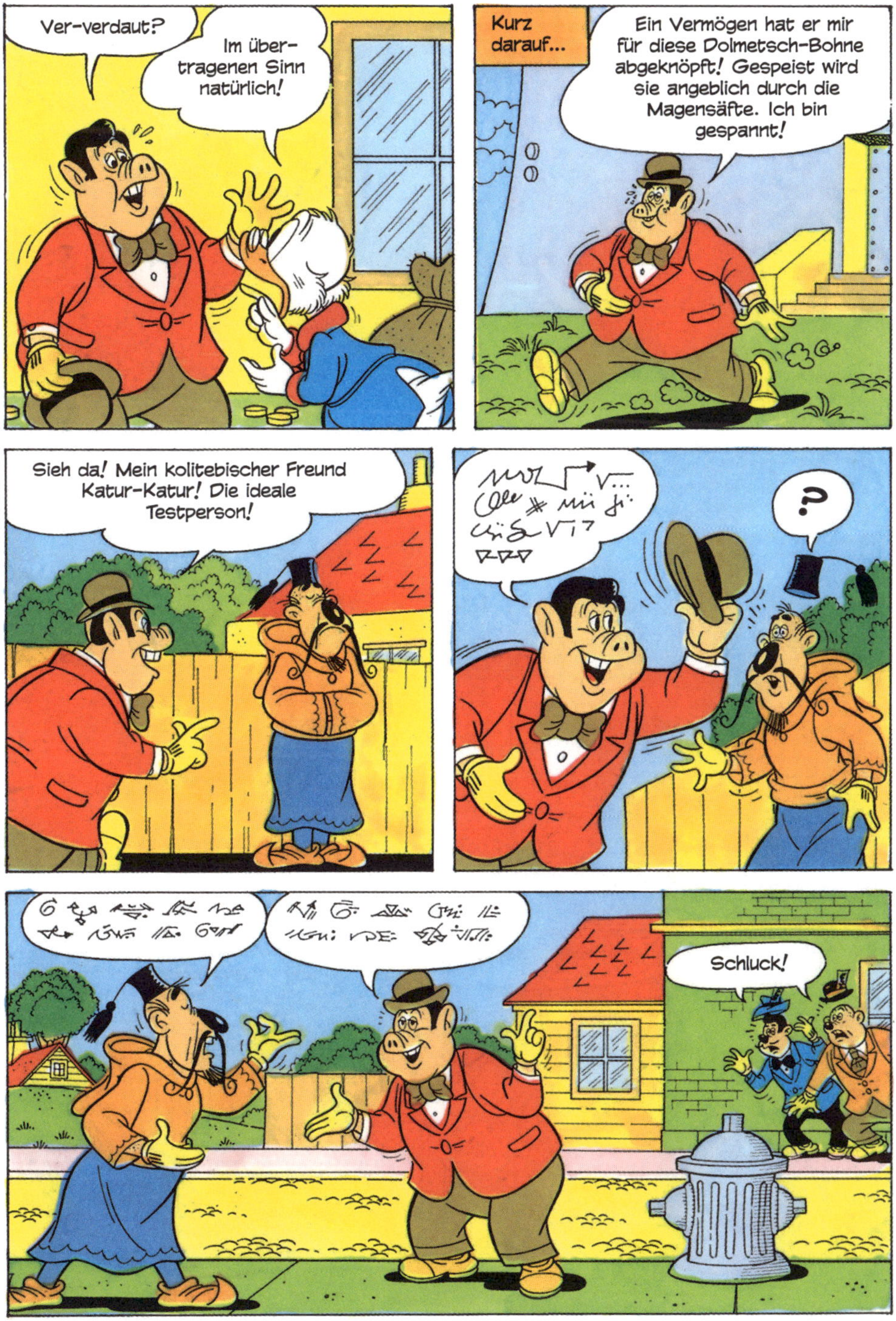
Ver-verdaut?
Im übertragenen Sinn natürlich!
Kurz darauf...
Ein Vermögen hat er mir für diese Dolmetsch-Bohne abgeknöpft! Gespeist wird sie angeblich durch die Magensäfte. Ich bin gespannt!
Sieh da! Mein kolitebischer Freund Katur-Katur! Die ideale Testperson!
?
Schluck!

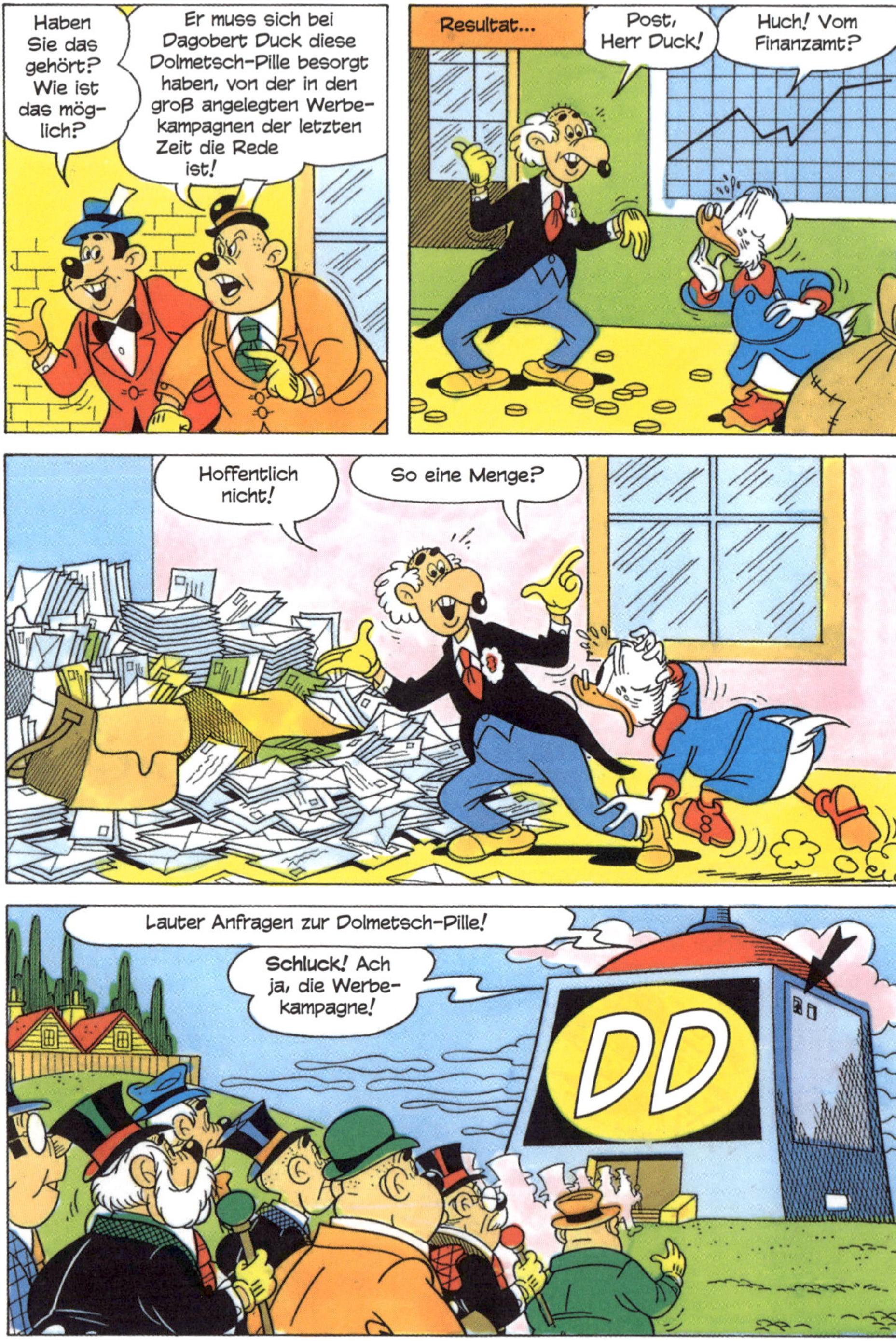
Haben Sie das gehört? Wie ist das möglich?
Er muss sich bei Dagobert Duck diese Dolmetsch-Pille besorgt haben, von der in den groß angelegten Werbekampagnen der letzten Zeit die Rede ist!
Resultat...
Post, Herr Duck!
Huch! Vom Finanzamt?
Hoffentlich nicht!
So eine Menge?
Lauter Anfragen zur Dolmetsch-Pille!
Schluck! Ach ja, die Werbekampagne!
DD

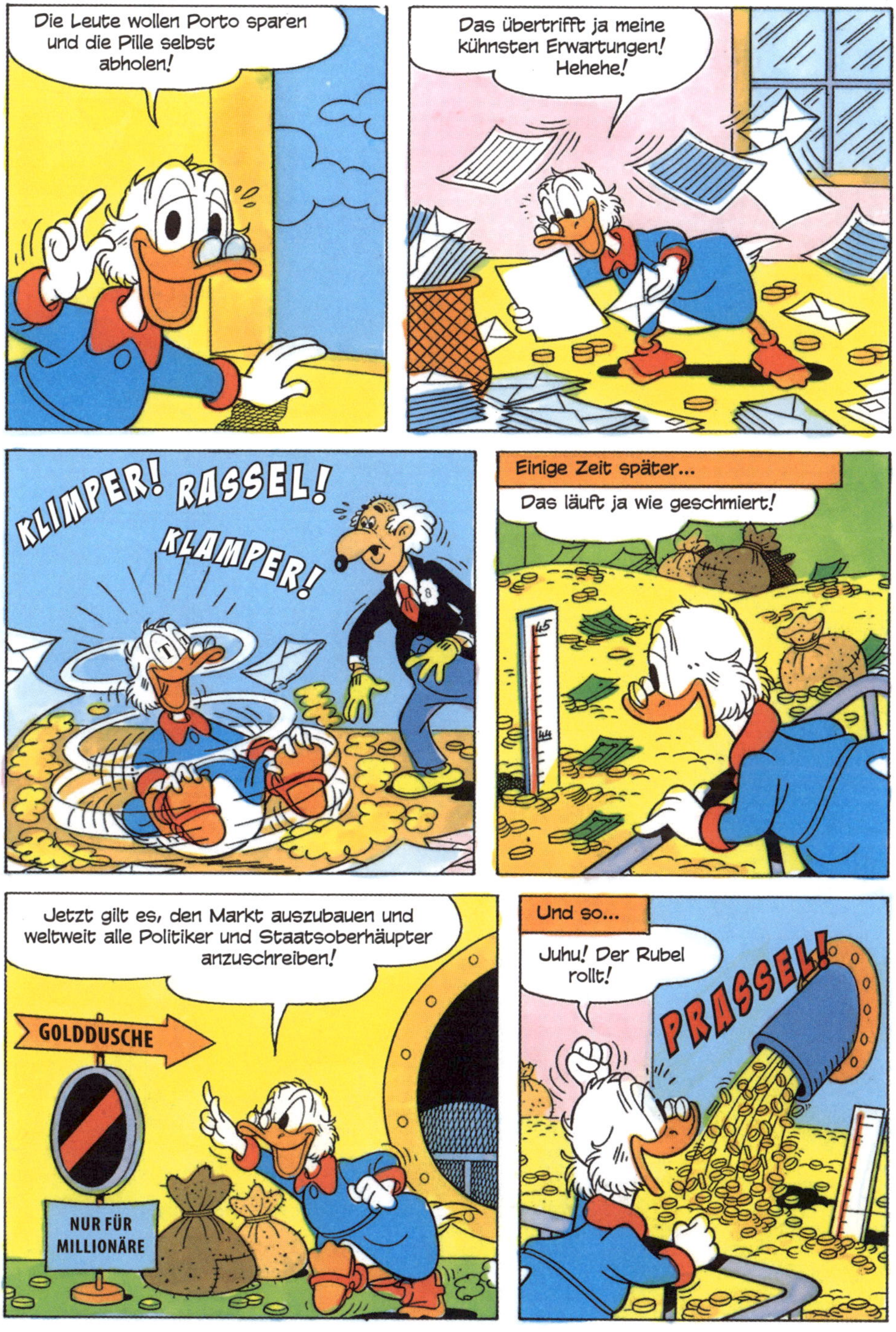
Die Leute wollen Porto sparen und die Pille selbst abholen!
Das übertrifft ja meine kühnsten Erwartungen! Hehehe!
KLIMPER! RASSEL!
KLAMPER!
Einige Zeit später...
Das läuft ja wie geschmiert!
Jetzt gilt es, den Markt auszubauen und weltweit alle Politiker und Staatsoberhäupter anzuschreiben!
GOLDDUSCHE
NUR FÜR MILLIONÄRE
Und so...
Juhu! Der Rubel rollt!
PRASSEL!

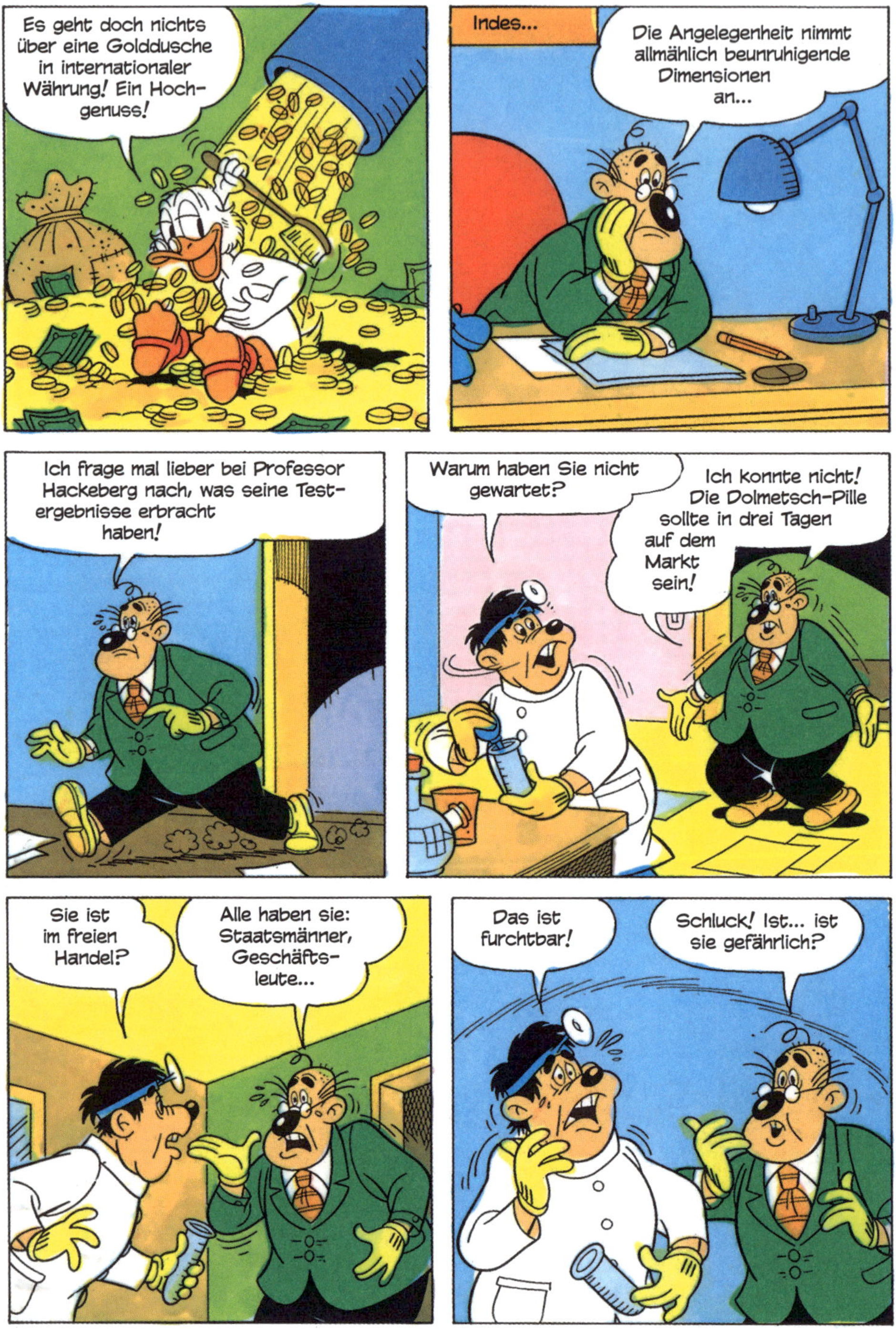
Es geht doch nichts über eine Golddusche in internationaler Währung! Ein Hochgenuss!
Indes...
Die Angelegenheit nimmt allmählich beunruhigende Dimensionen an...
Ich frage mal lieber bei Professor Hackeberg nach, was seine Testergebnisse erbracht haben!
Warum haben Sie nicht gewartet?
Ich konnte nicht! Die Dolmetsch-Pille sollte in drei Tagen auf dem Markt sein!
Sie ist im freien Handel?
Alle haben sie: Staatsmänner, Geschäftsleute...
Das ist furchtbar!
Schluck! Ist... ist sie gefährlich?

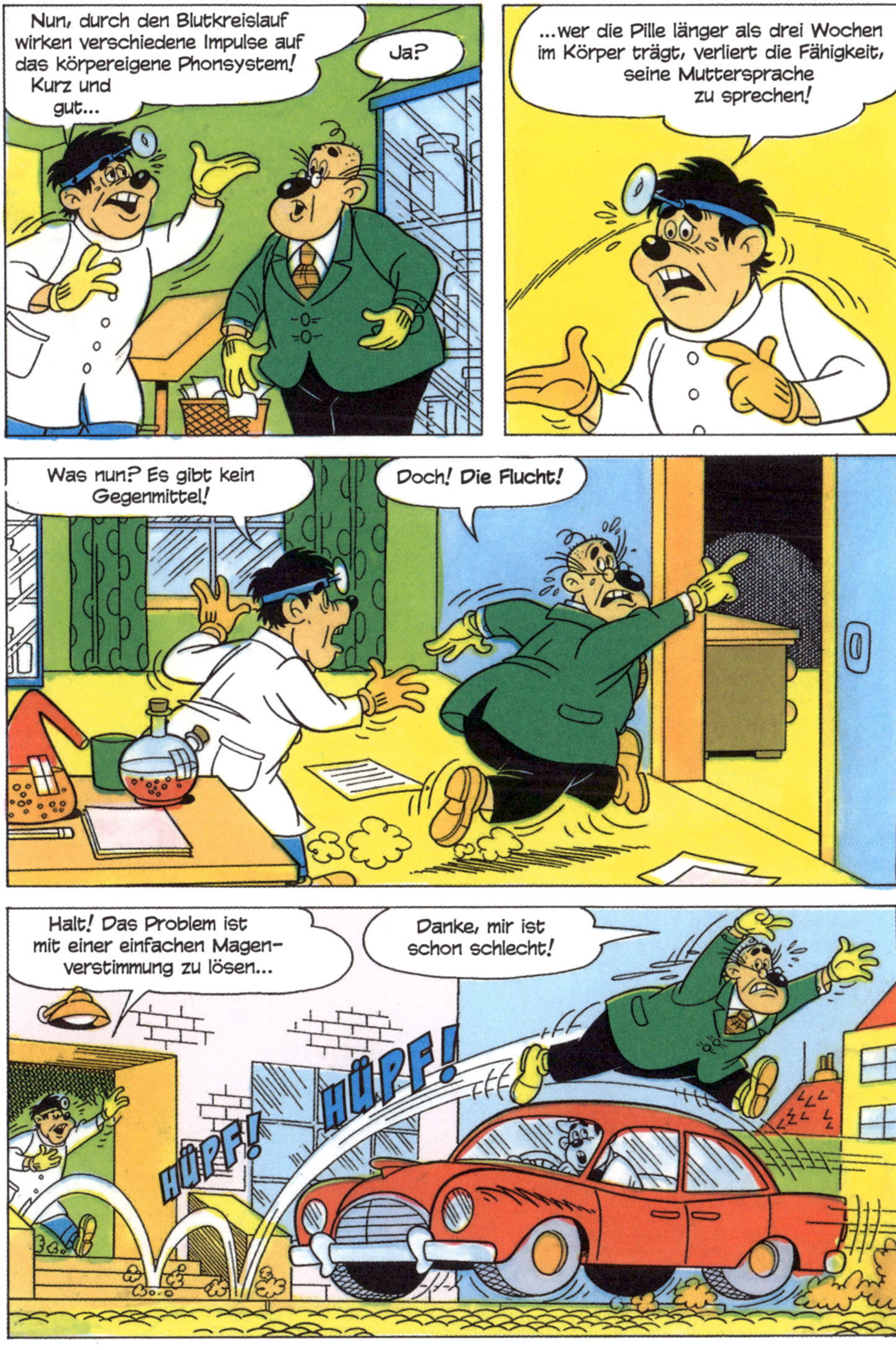
Nun, durch den Blutkreislauf wirken verschiedene Impulse auf das körpereigene Phonsystem! Kurz und gut...
Ja?
...wer die Pille länger als drei Wochen im Körper trägt, verliert die Fähigkeit, seine Muttersprache zu sprechen!
Was nun? Es gibt kein Gegenmittel!
Doch! Die Flucht!
Halt! Das Problem ist mit einer einfachen Magenverstimmung zu lösen...
Danke, mir ist schon schlecht!
HÜPF!
HÜPF!

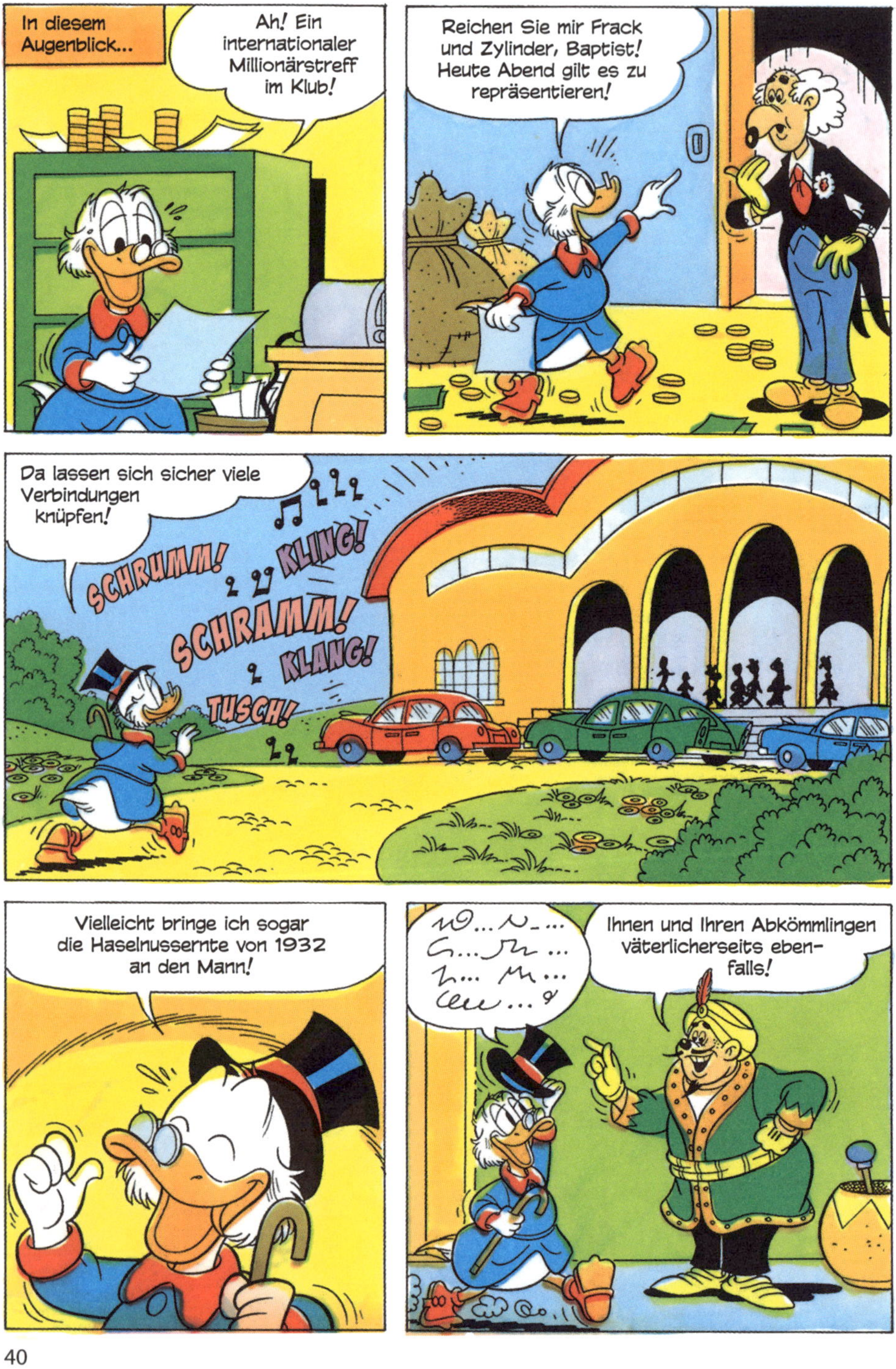
In diesem Augenblick...
Ah! Ein internationaler Millionärstreff im Klub!
Reichen Sie mir Frack und Zylinder, Baptist! Heute Abend gilt es zu repräsentieren!
Da lassen sich sicher viele Verbindungen knüpfen!
SCHRUMM!
KLING!
SCHRAMM!
KLANG!
TUSCH!
Vielleicht bringe ich sogar die Haselnussernte von 1932 an den Mann!
Ihnen und Ihren Abkömmlingen väterlicherseits ebenfalls!

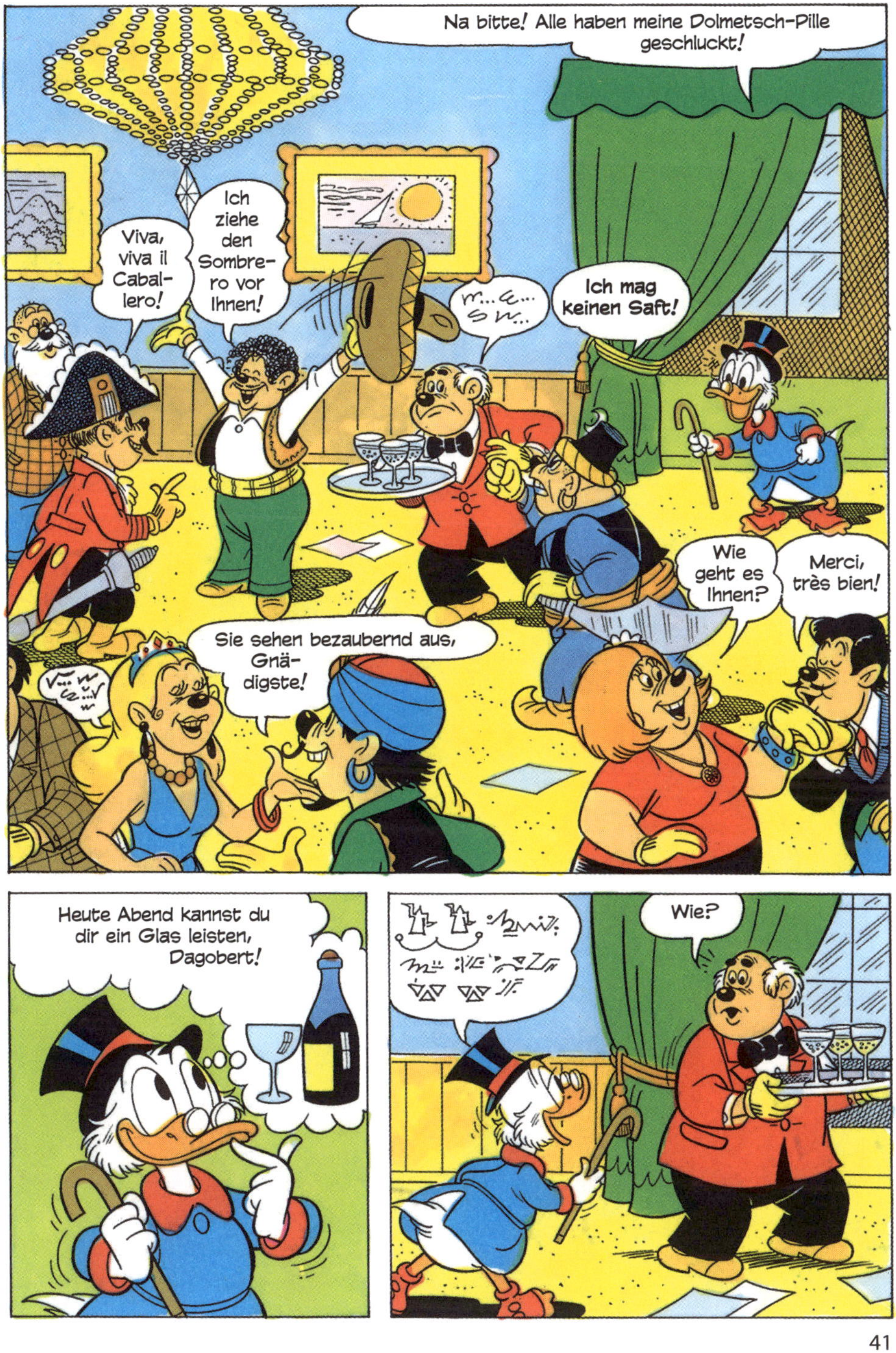
Na bitte! Alle haben meine Dolmetsch-Pille geschluckt!
Viva, viva il Caballero!
Ich ziehe den Sombrero vor Ihnen!
Ich mag keinen Saft!
Wie geht es Ihnen?
Merci, très bien!
Sie sehen bezaubernd aus, Gnädigste!
Heute Abend kannst du dir ein Glas leisten, Dagobert!
Wie?

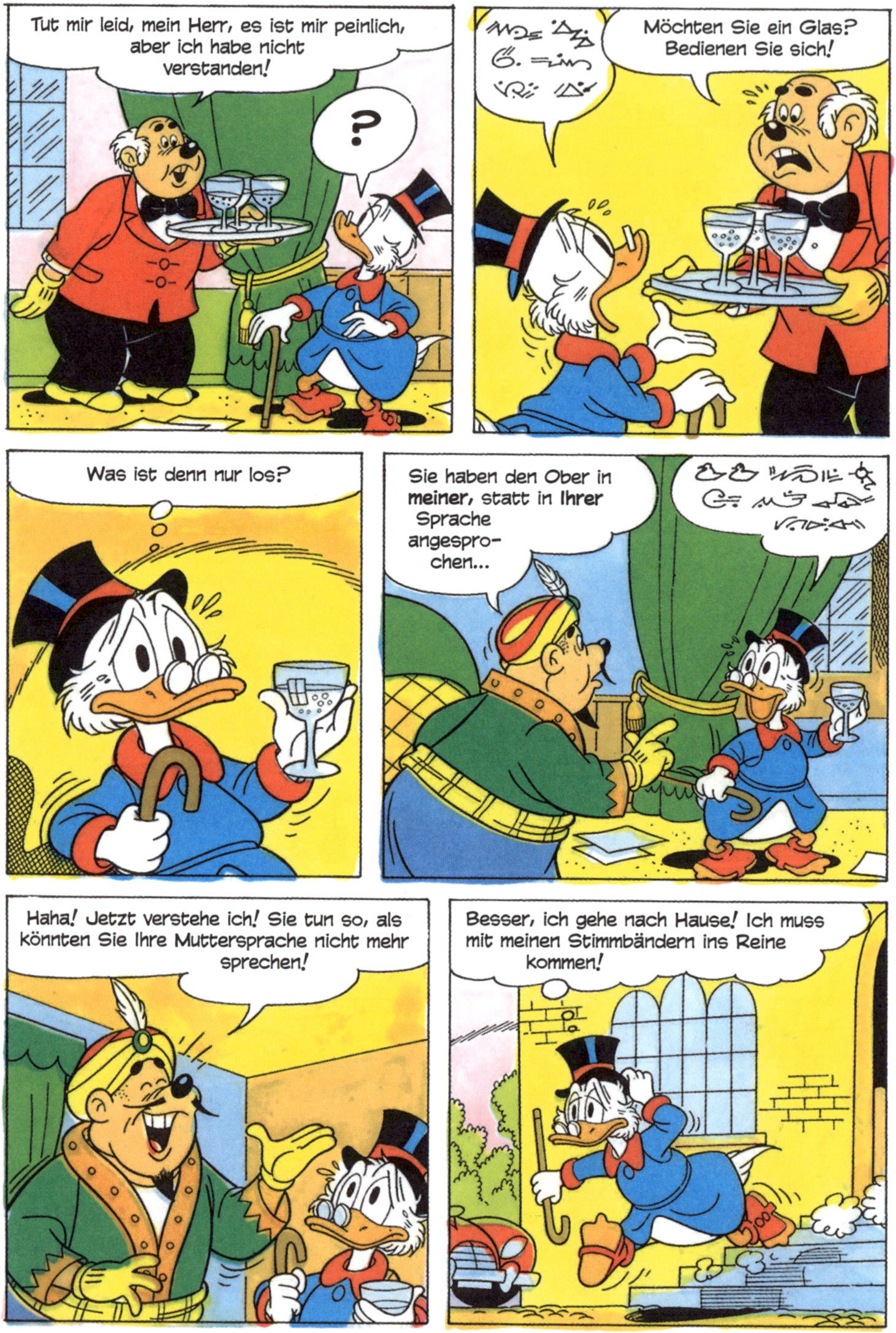

Tut mir leid, mein Herr, es ist mir peinlich, aber ich habe nicht verstanden!
?
Möchten Sie ein Glas? Bedienen Sie sich!
Was ist denn nur los?
Sie haben den Ober in **meiner**, statt in **Ihrer** Sprache angesprochen...
Haha! Jetzt verstehe ich! Sie tun so, als könnten Sie Ihre Muttersprache nicht mehr sprechen!
Besser, ich gehe nach Hause! Ich muss mit meinen Stimmbändern ins Reine kommen!

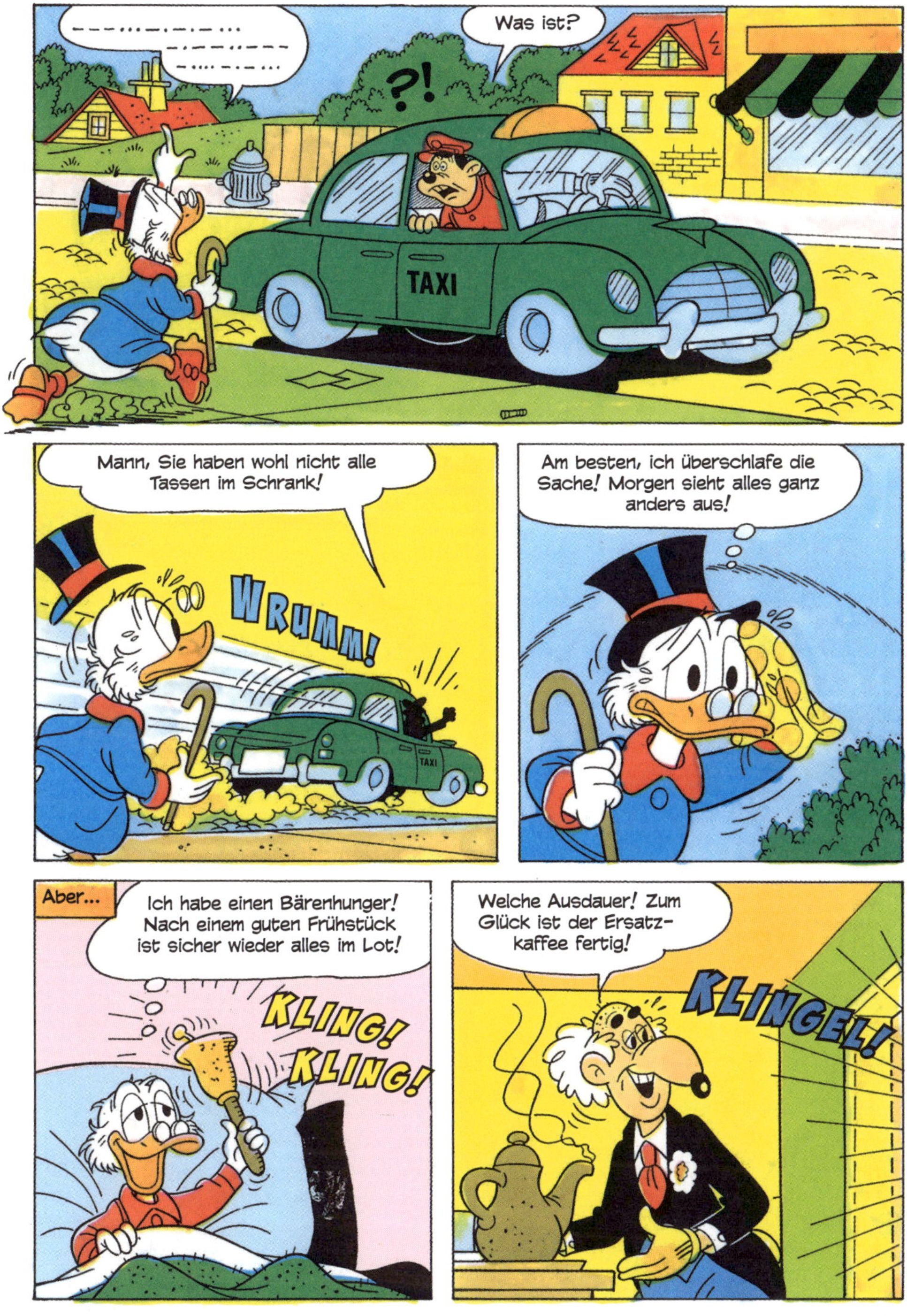
Was ist?
?!
TAXI
Mann, Sie haben wohl nicht alle Tassen im Schrank!
WRUMM!
TAXI
Am besten, ich überschlafe die Sache! Morgen sieht alles ganz anders aus!
Aber...
Ich habe einen Bärenhunger! Nach einem guten Frühstück ist sicher wieder alles im Lot!
KLING! KLING!
Welche Ausdauer! Zum Glück ist der Ersatzkaffee fertig!
KLINGEL!

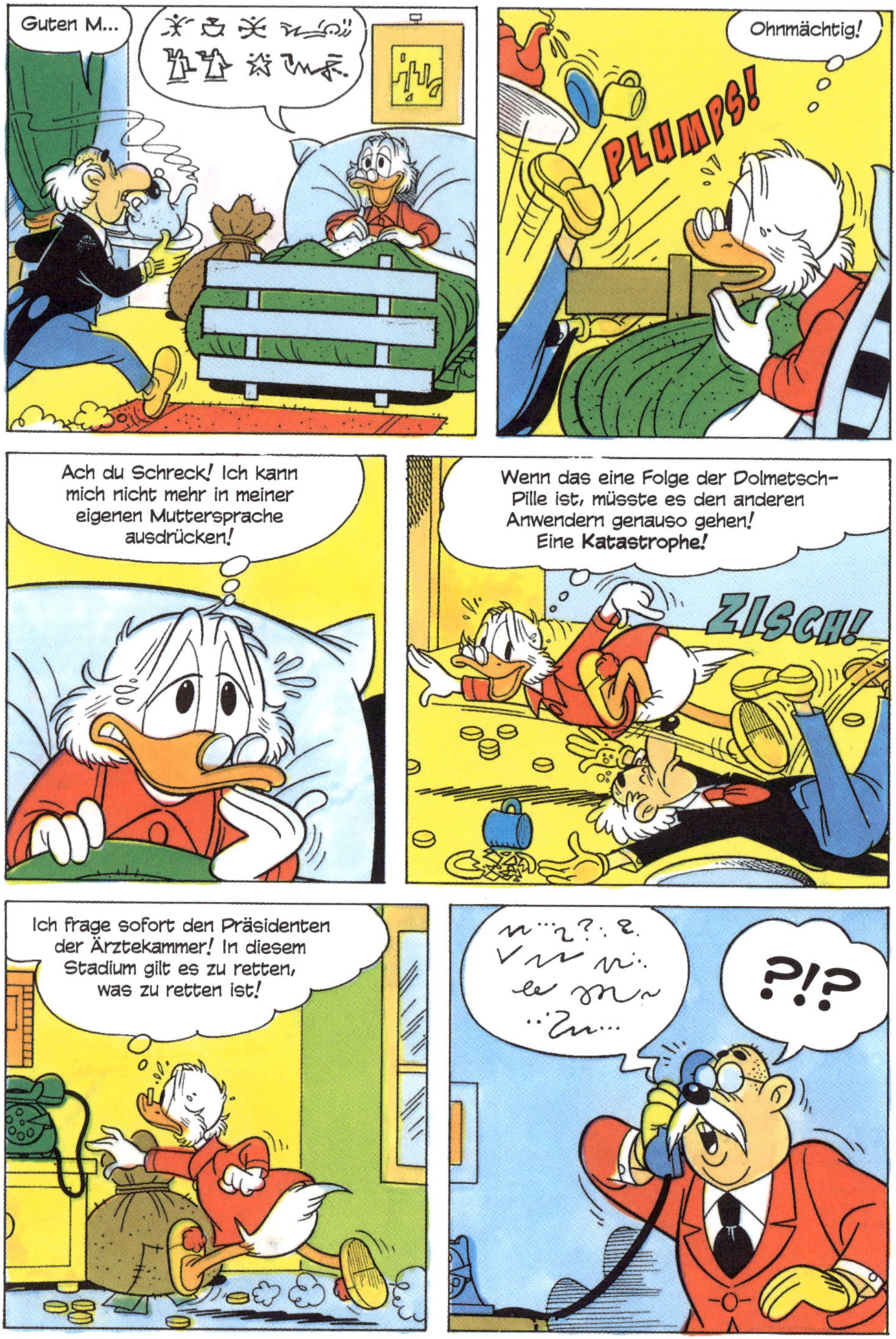

Guten M...
Ohnmächtig!
PLUMPS!
Ach du Schreck! Ich kann mich nicht mehr in meiner eigenen Muttersprache ausdrücken!
Wenn das eine Folge der Dolmetsch-Pille ist, müsste es den anderen Anwendern genauso gehen! Eine **Katastrophe!**
ZISCH!
Ich frage sofort den Präsidenten der Ärztekammer! In diesem Stadium gilt es zu retten, was zu retten ist!
?!?

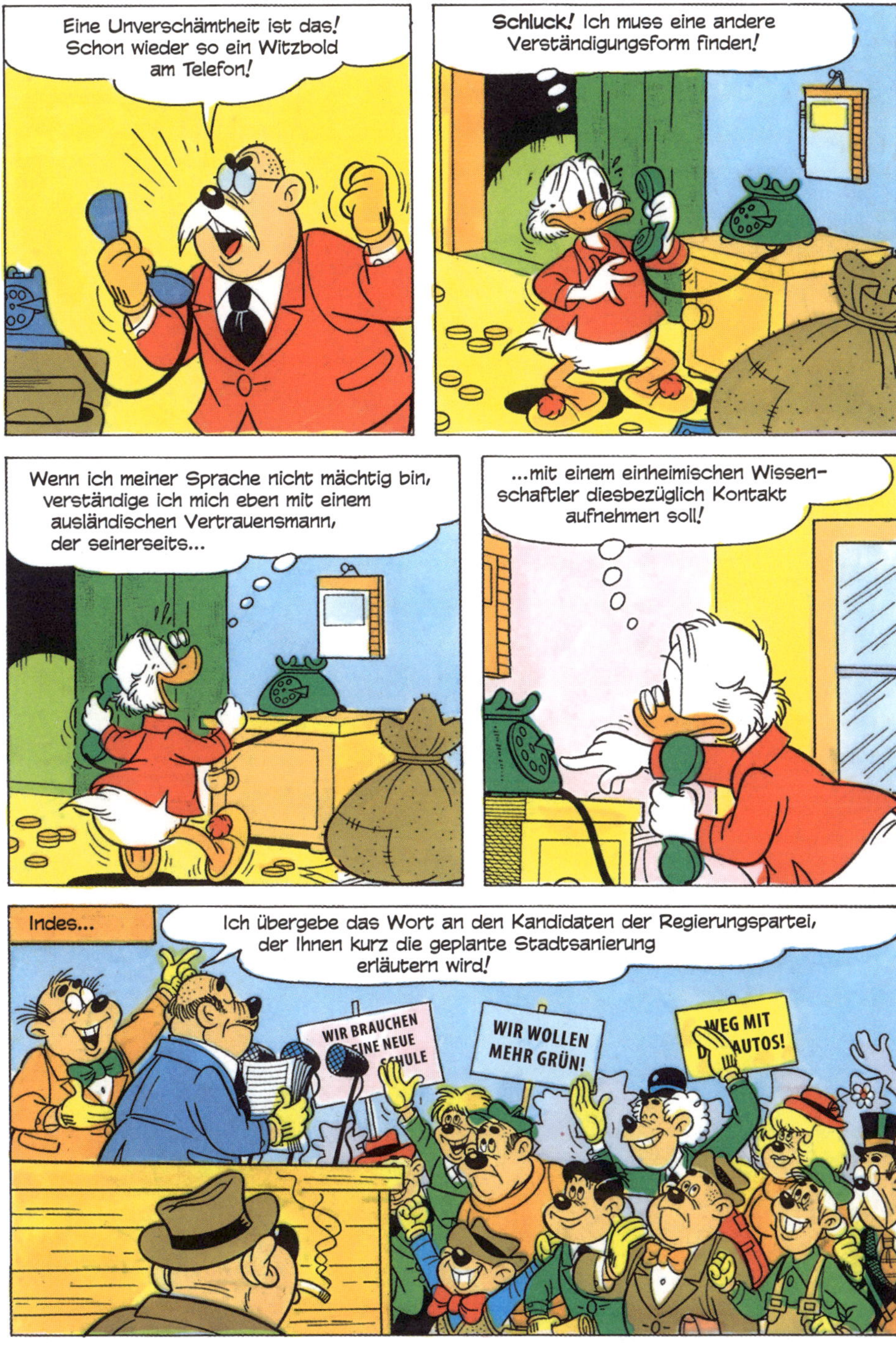
Eine Unverschämtheit ist das! Schon wieder so ein Witzbold am Telefon!
Schluck! Ich muss eine andere Verständigungsform finden!
Wenn ich meiner Sprache nicht mächtig bin, verständige ich mich eben mit einem ausländischen Vertrauensmann, der seinerseits...
...mit einem einheimischen Wissen-schaftler diesbezüglich Kontakt aufnehmen soll!
Indes...
Ich übergebe das Wort an den Kandidaten der Regierungspartei, der Ihnen kurz die geplante Stadtsanierung erläutern wird!
WIR BRAUCHEN EINE NEUE SCHULE
WIR WOLLEN MEHR GRÜN!
WEG MIT DEN AUTOS!

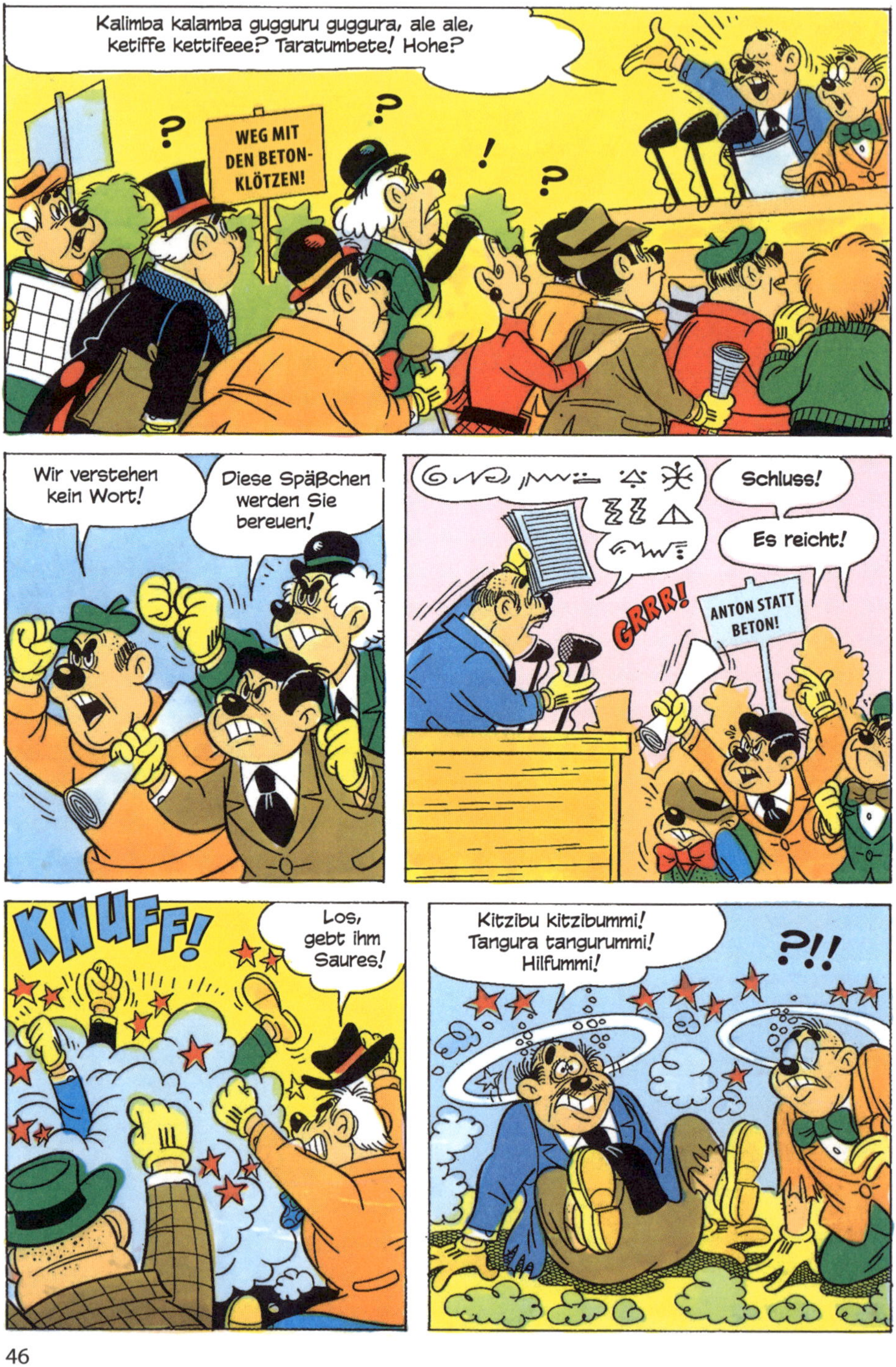
Kalimba kalamba gugguru guggura, ale ale, ketiffe kettifeee? Taratumbete! Hohe?
WEG MIT DEN BETON-KLÖTZEN!
Wir verstehen kein Wort!
Diese Späßchen werden Sie bereuen!
Schluss!
Es reicht!
GRRR!
ANTON STATT BETON!
KNUFF!
Los, gebt ihm Saures!
Kitzibu kitzibummi! Tangura tangurummi! Hilfummi!
?!!

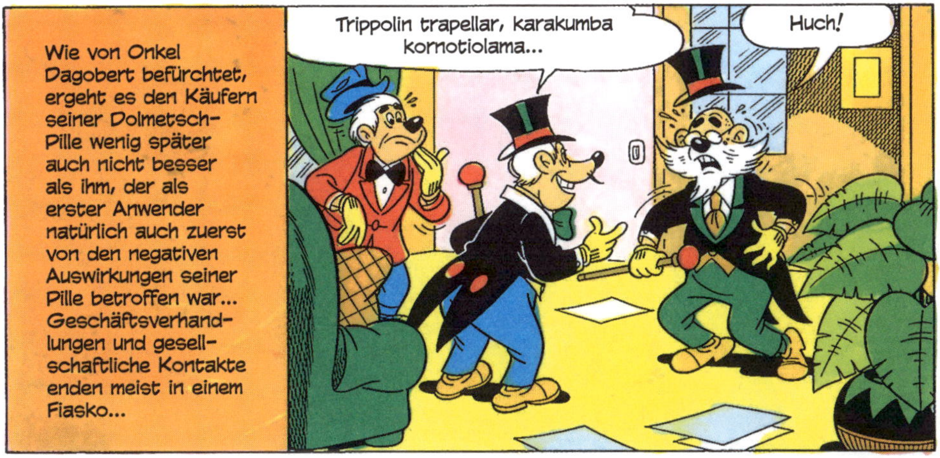
Wie von Onkel Dagobert befürchtet, ergeht es den Käufern seiner Dolmetsch-Pille wenig später auch nicht besser als ihm, der als erster Anwender natürlich auch zuerst von den negativen Auswirkungen seiner Pille betroffen war... Geschäftsverhandlungen und gesellschaftliche Kontakte enden meist in einem Fiasko...
Trippolin trapellar, karakumba kornotiolama...
Huch!

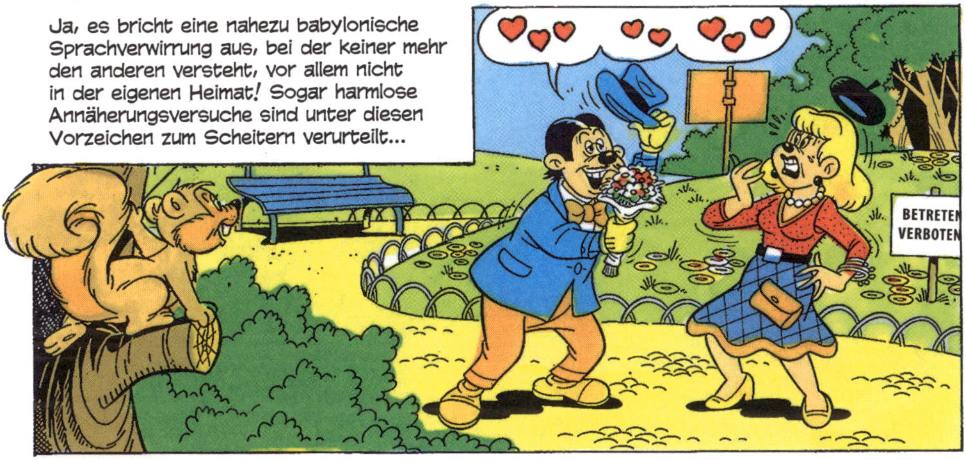
Ja, es bricht eine nahezu babylonische Sprachverwirrung aus, bei der keiner mehr den anderen versteht, vor allem nicht in der eigenen Heimat! Sogar harmlose Annäherungsversuche sind unter diesen Vorzeichen zum Scheitern verurteilt...
BETRETEN VERBOTEN

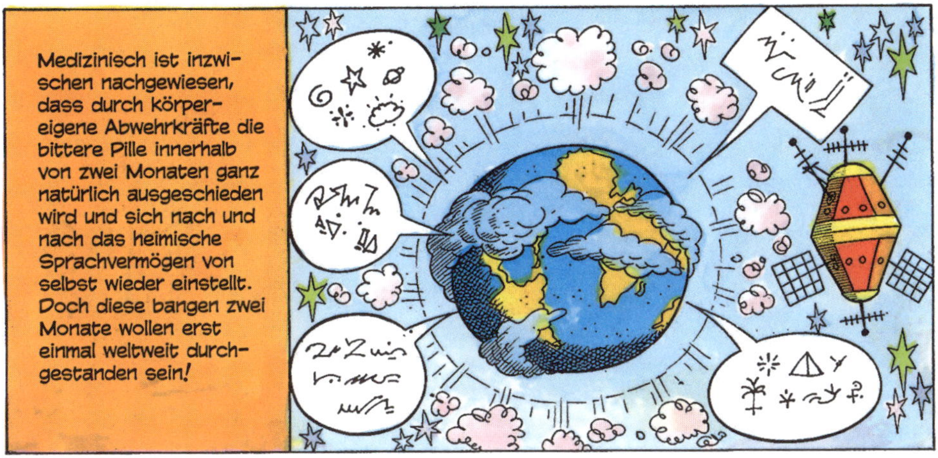
Medizinisch ist inzwischen nachgewiesen, dass durch körpereigene Abwehrkräfte die bittere Pille innerhalb von zwei Monaten ganz natürlich ausgeschieden wird und sich nach und nach das heimische Sprachvermögen von selbst wieder einstellt. Doch diese bangen zwei Monate wollen erst einmal weltweit durchgestanden sein!

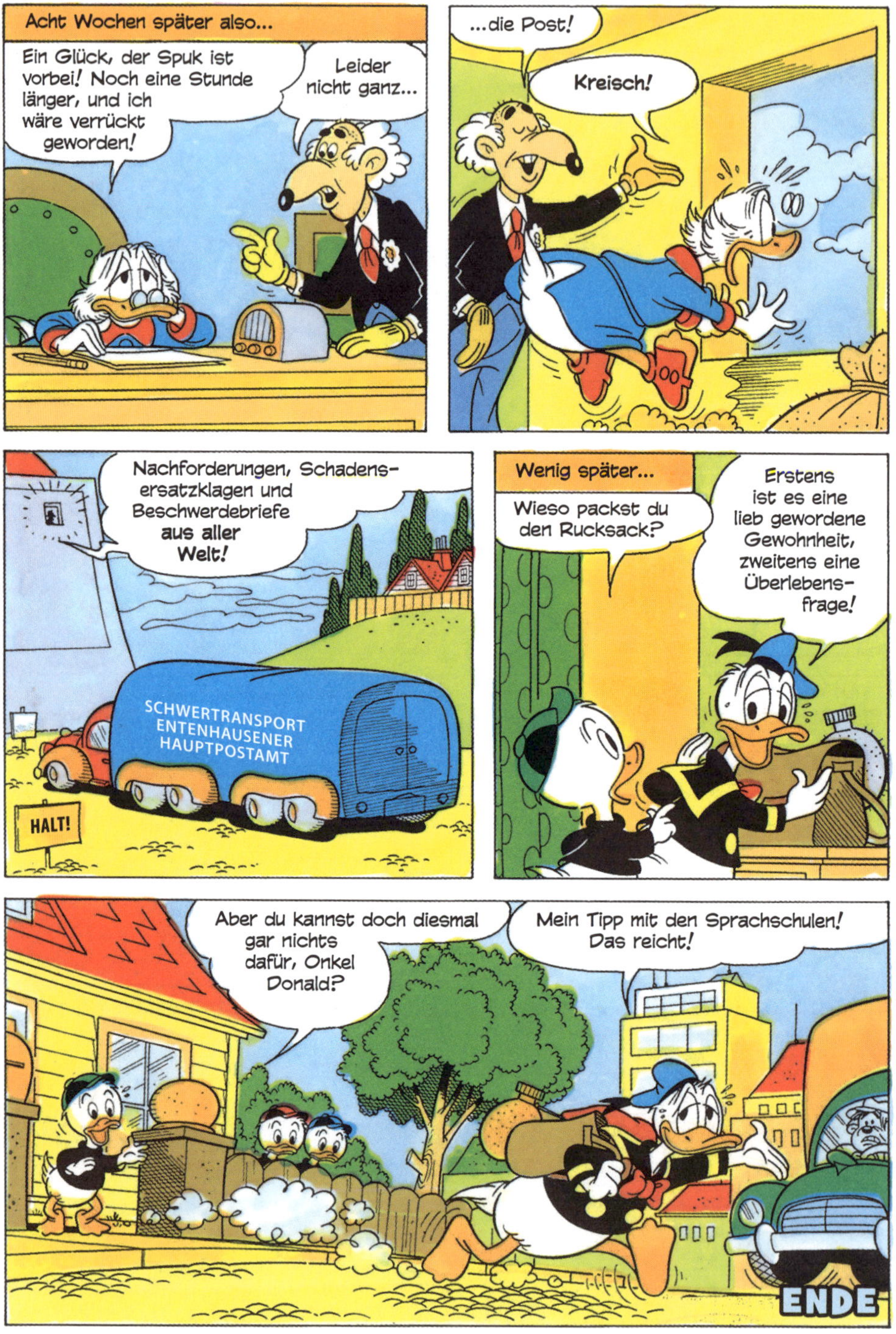
Acht Wochen später also...
Ein Glück, der Spuk ist vorbei! Noch eine Stunde länger, und ich wäre verrückt geworden!
Leider nicht ganz...
...die Post!
Kreisch!
Nachforderungen, Schadensersatzklagen und Beschwerdebriefe aus aller Welt!
SCHWERTRANSPORT ENTENHAUSENER HAUPTPOSTAMT
HALT!
Wenig später...
Wieso packst du den Rucksack?
Erstens ist es eine lieb gewordene Gewohnheit, zweitens eine Überlebensfrage!
Aber du kannst doch diesmal gar nichts dafür, Onkel Donald?
Mein Tipp mit den Sprachschulen! Das reicht!
ENDE

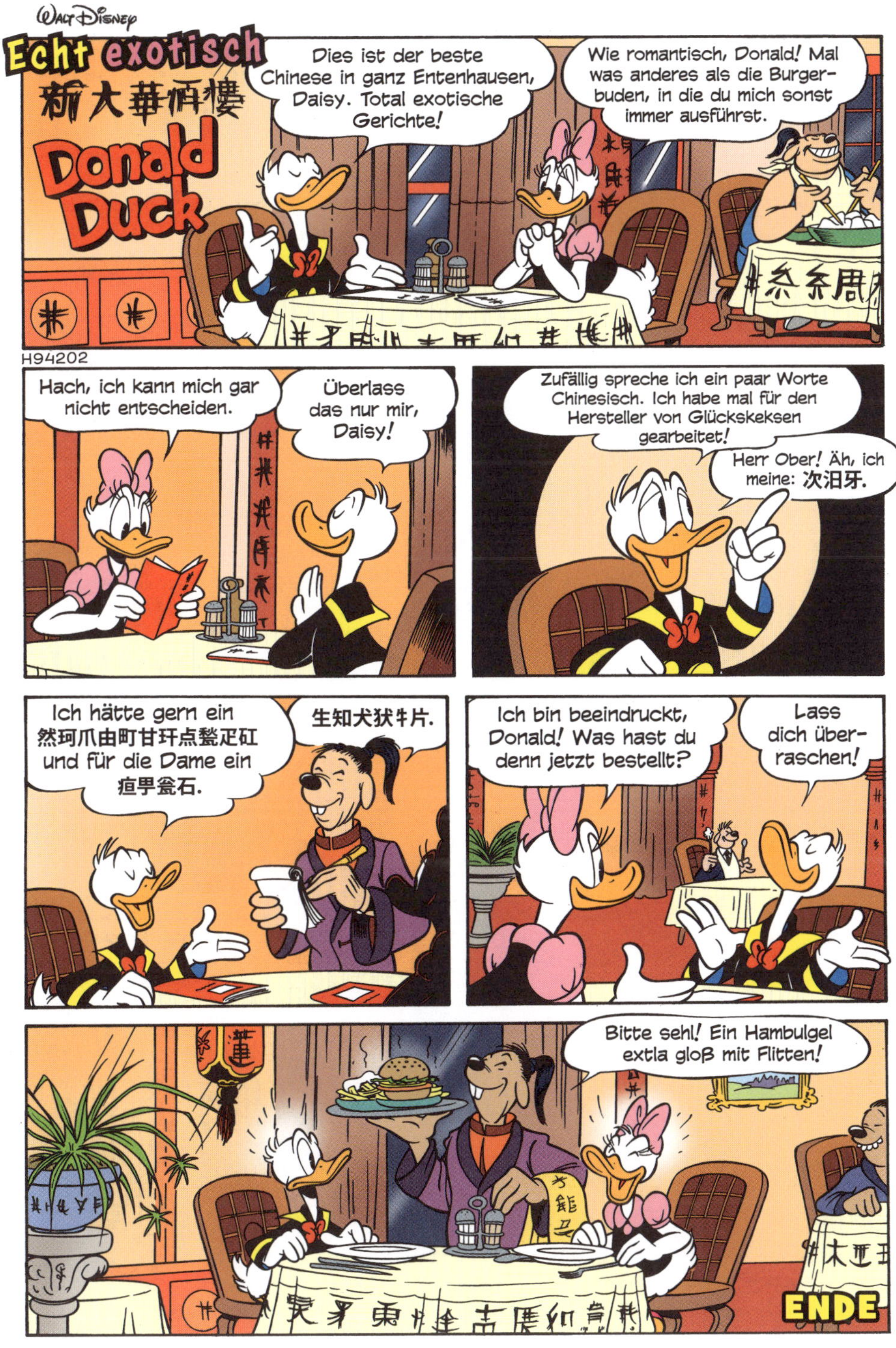
Walt Disney
Echt exotisch
Donald Duck
Dies ist der beste Chinese in ganz Entenhausen, Daisy. Total exotische Gerichte!
Wie romantisch, Donald! Mal was anderes als die Burgerbuden, in die du mich sonst immer ausführst.
H94202
Hach, ich kann mich gar nicht entscheiden.
Überlass das nur mir, Daisy!
Zufällig spreche ich ein paar Worte Chinesisch. Ich habe mal für den Hersteller von Glückskeksen gearbeitet!
Herr Ober! Äh, ich meine: 次汨牙.
Ich hätte gern ein 然珂爪由町甘玕点鍪疋砡 und für die Dame ein 疸甼瓮石.
生知犬狱牛片.
Ich bin beeindruckt, Donald! Was hast du denn jetzt bestellt?
Lass dich überraschen!
Bitte sehl! Ein Hambulgel extla gloß mit Flitten!
ENDE

ÄRGER mit dem UNIDOLM

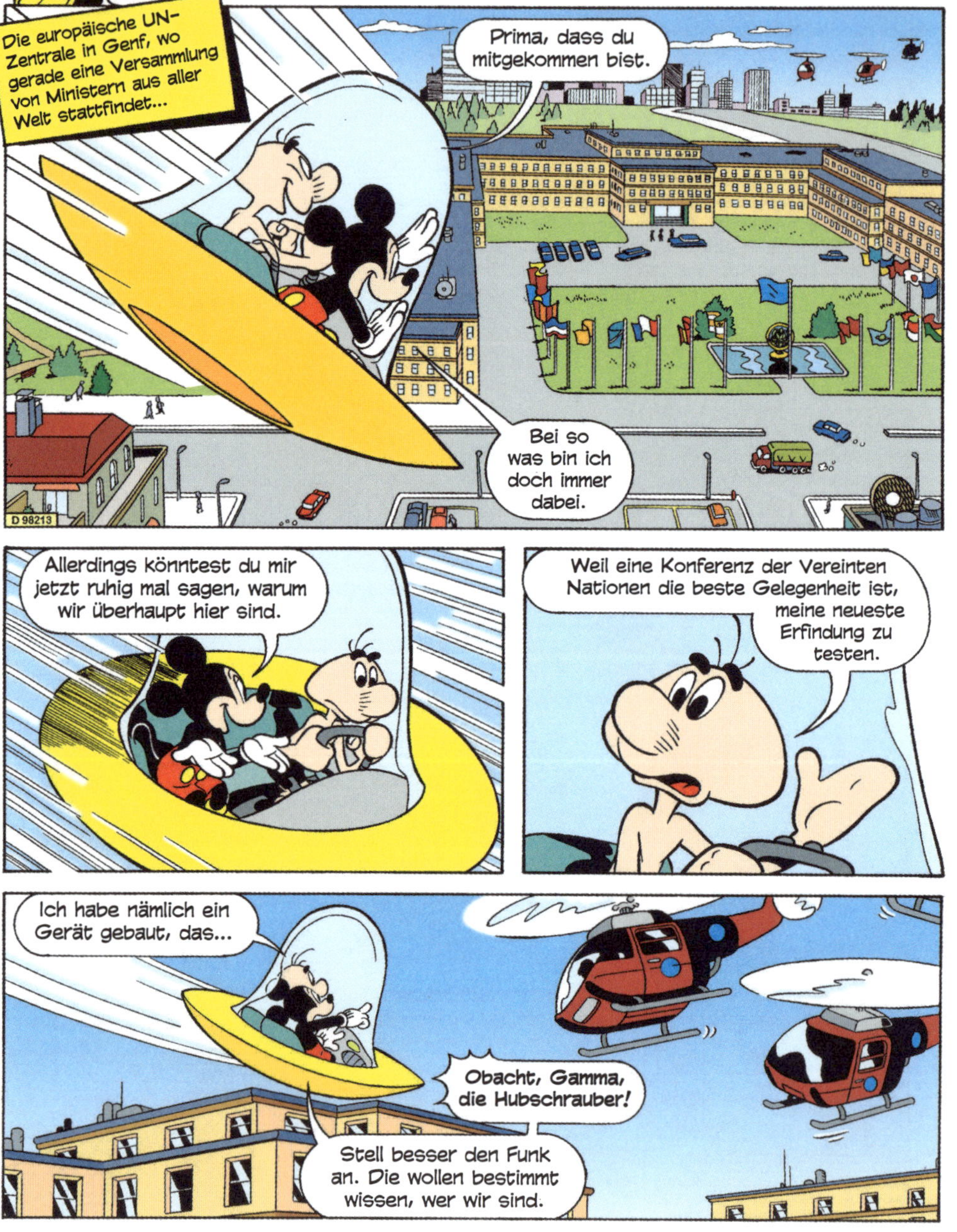

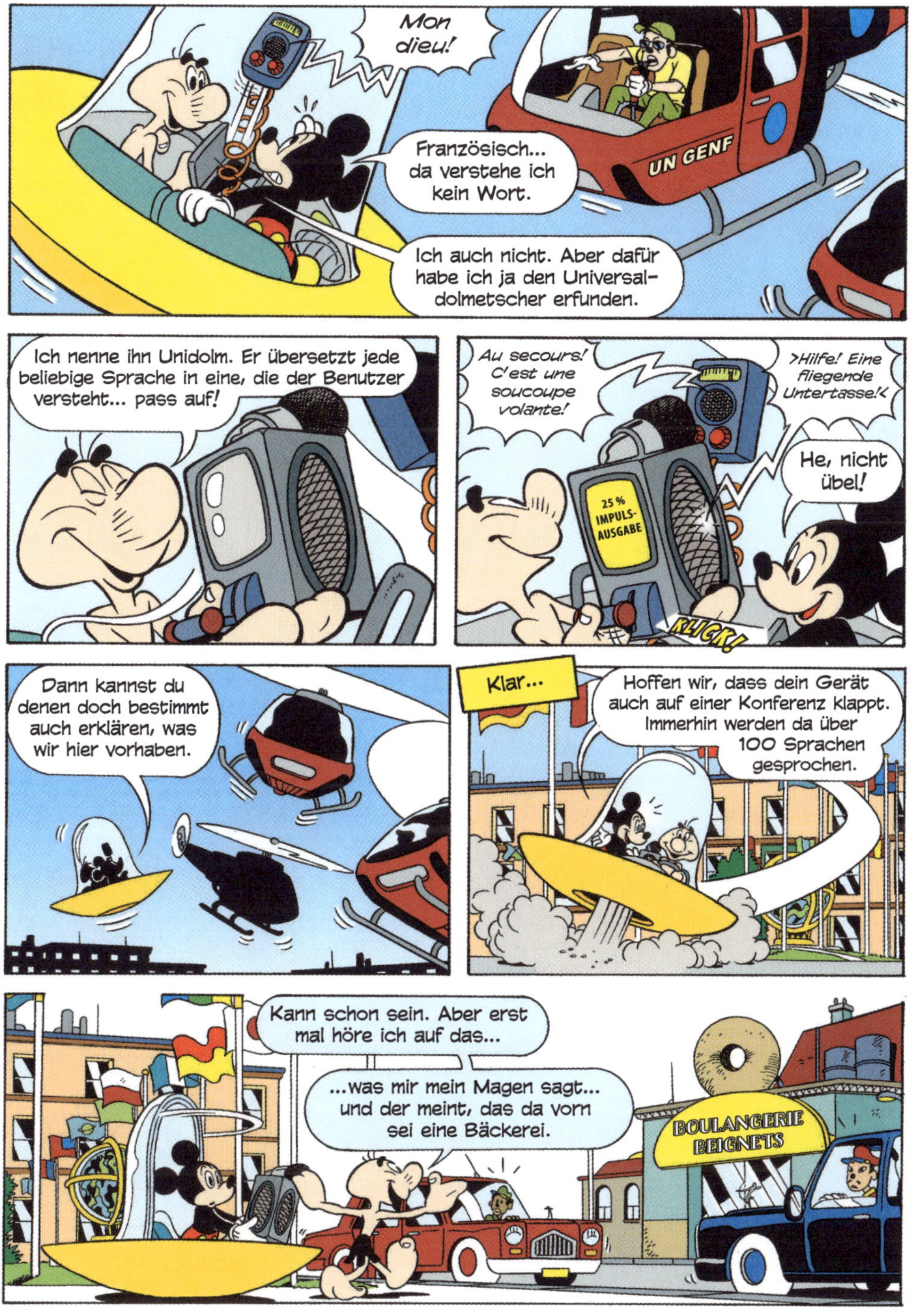
Mon dieu!
Französisch... da verstehe ich kein Wort.
UN GENF
Ich auch nicht. Aber dafür habe ich ja den Universal-dolmetscher erfunden.
Ich nenne ihn Unidolm. Er übersetzt jede beliebige Sprache in eine, die der Benutzer versteht... pass auf!
Au secours! C'est une soucoupe volante!
›Hilfe! Eine fliegende Untertasse!‹
He, nicht übel!
25 % IMPULS-AUSGABE
KLICK!
Dann kannst du denen doch bestimmt auch erklären, was wir hier vorhaben.
Klar...
Hoffen wir, dass dein Gerät auch auf einer Konferenz klappt. Immerhin werden da über 100 Sprachen gesprochen.
Kann schon sein. Aber erst mal höre ich auf das...
...was mir mein Magen sagt... und der meint, das da vorn sei eine Bäckerei.
BOULANGERIE BEIGNETS

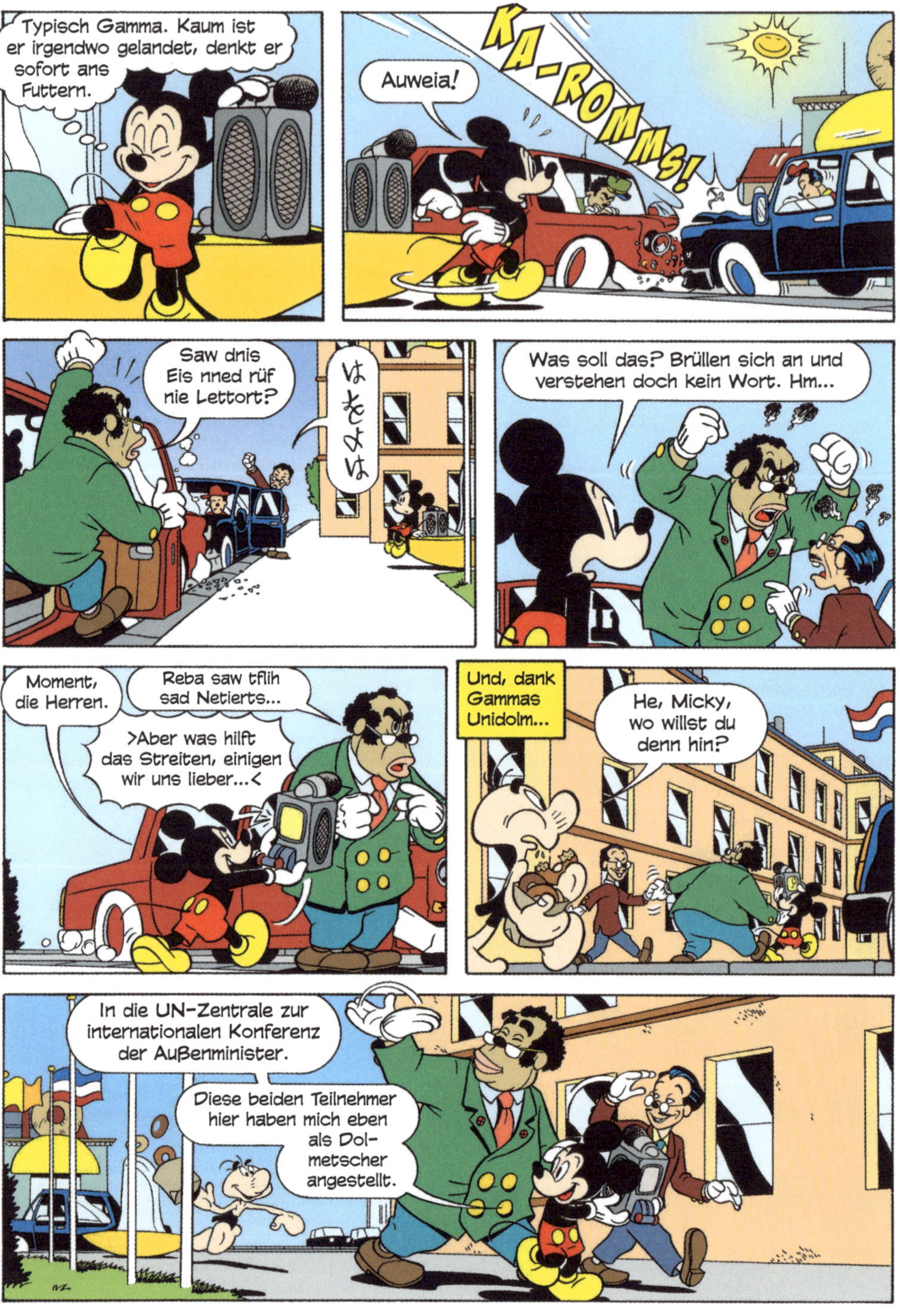
Typisch Gamma. Kaum ist er irgendwo gelandet, denkt er sofort ans Futtern.
Auweia!
KA-ROMMS!
Saw dnis Eis nned rüf nie Lettort?
はをよは
Was soll das? Brüllen sich an und verstehen doch kein Wort. Hm...
Moment, die Herren.
Reba saw tflih sad Netierts...
>Aber was hilft das Streiten, einigen wir uns lieber...<
Und, dank Gammas Unidolm...
He, Micky, wo willst du denn hin?
In die UN-Zentrale zur internationalen Konferenz der Außenminister.
Diese beiden Teilnehmer hier haben mich eben als Dolmetscher angestellt.

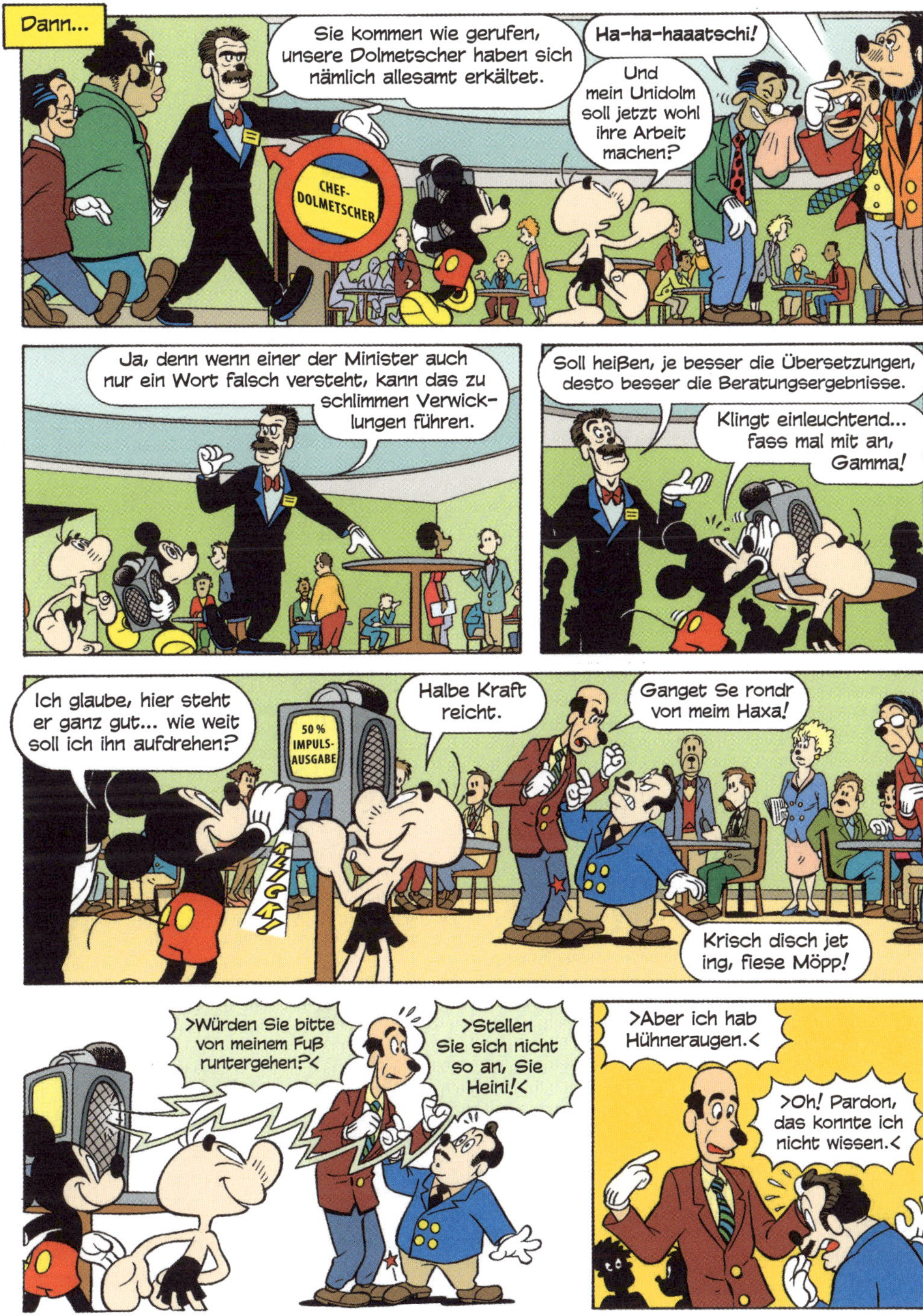

Dann...
Sie kommen wie gerufen, unsere Dolmetscher haben sich nämlich allesamt erkältet.
Ha-ha-haaatschi!
Und mein Unidolm soll jetzt wohl ihre Arbeit machen?
CHEF-DOLMETSCHER
Ja, denn wenn einer der Minister auch nur ein Wort falsch versteht, kann das zu schlimmen Verwicklungen führen.
Soll heißen, je besser die Übersetzungen, desto besser die Beratungsergebnisse.
Klingt einleuchtend... fass mal mit an, Gamma!
Ich glaube, hier steht er ganz gut... wie weit soll ich ihn aufdrehen?
50 % IMPULS-AUSGABE
KLICK!
Halbe Kraft reicht.
Ganget Se rondr von meim Haxa!
Krisch disch jet ing, fiese Möpp!
>Würden Sie bitte von meinem Fuß runtergehen?<
>Stellen Sie sich nicht so an, Sie Heini!<
>Aber ich hab Hühneraugen.<
>Oh! Pardon, das konnte ich nicht wissen.<

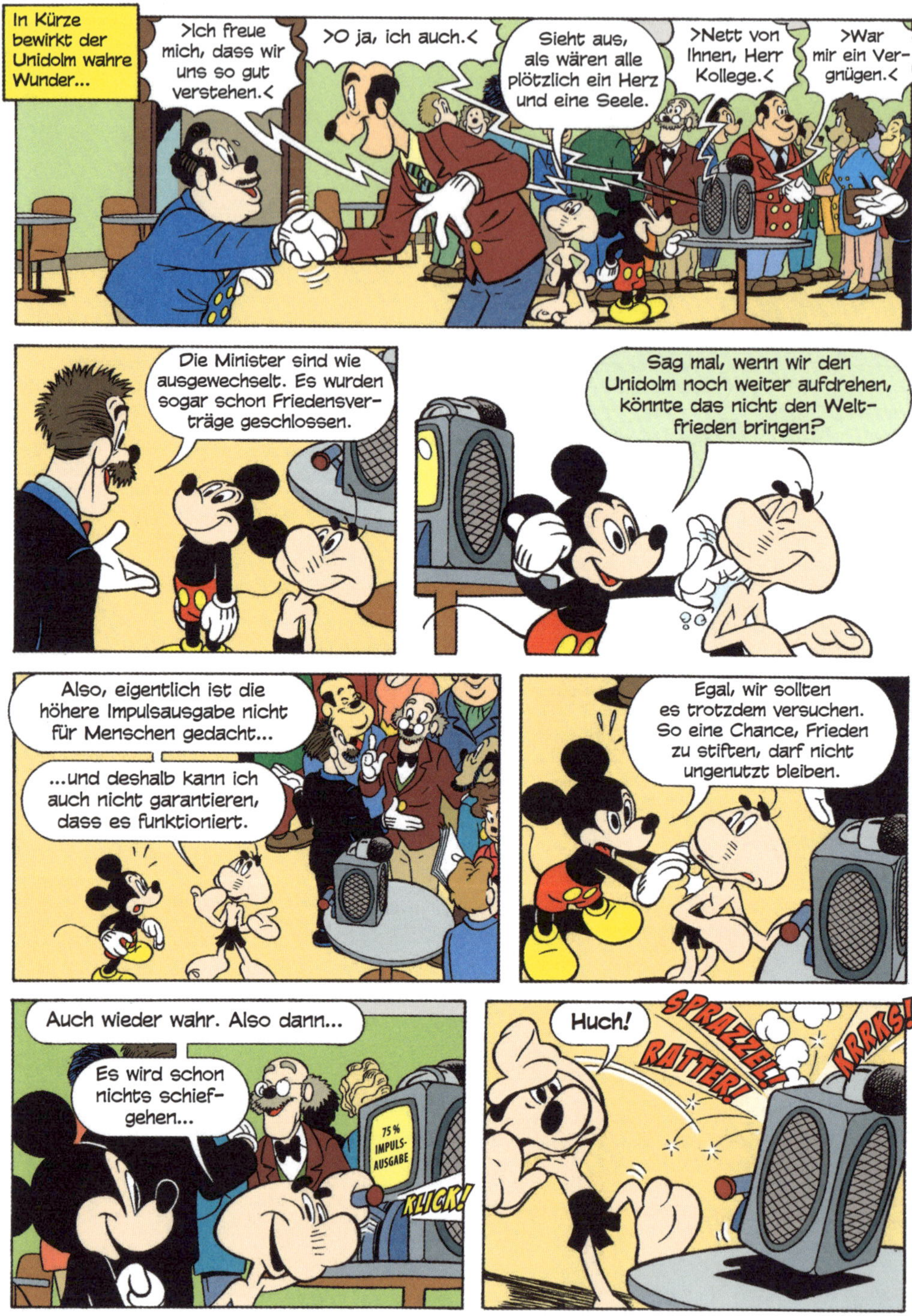
In Kürze bewirkt der Unidolm wahre Wunder...
>Ich freue mich, dass wir uns so gut verstehen.<
>O ja, ich auch.<
Sieht aus, als wären alle plötzlich ein Herz und eine Seele.
>Nett von Ihnen, Herr Kollege.<
>War mir ein Vergnügen.<
Die Minister sind wie ausgewechselt. Es wurden sogar schon Friedensverträge geschlossen.
Sag mal, wenn wir den Unidolm noch weiter aufdrehen, könnte das nicht den Weltfrieden bringen?
Also, eigentlich ist die höhere Impulsausgabe nicht für Menschen gedacht...
...und deshalb kann ich auch nicht garantieren, dass es funktioniert.
Egal, wir sollten es trotzdem versuchen. So eine Chance, Frieden zu stiften, darf nicht ungenutzt bleiben.
Auch wieder wahr. Also dann...
Es wird schon nichts schiefgehen...
75 % IMPULS-AUSGABE
KLICK!
Huch!
SPRAZZEL!
RATTER!
KRRKS!

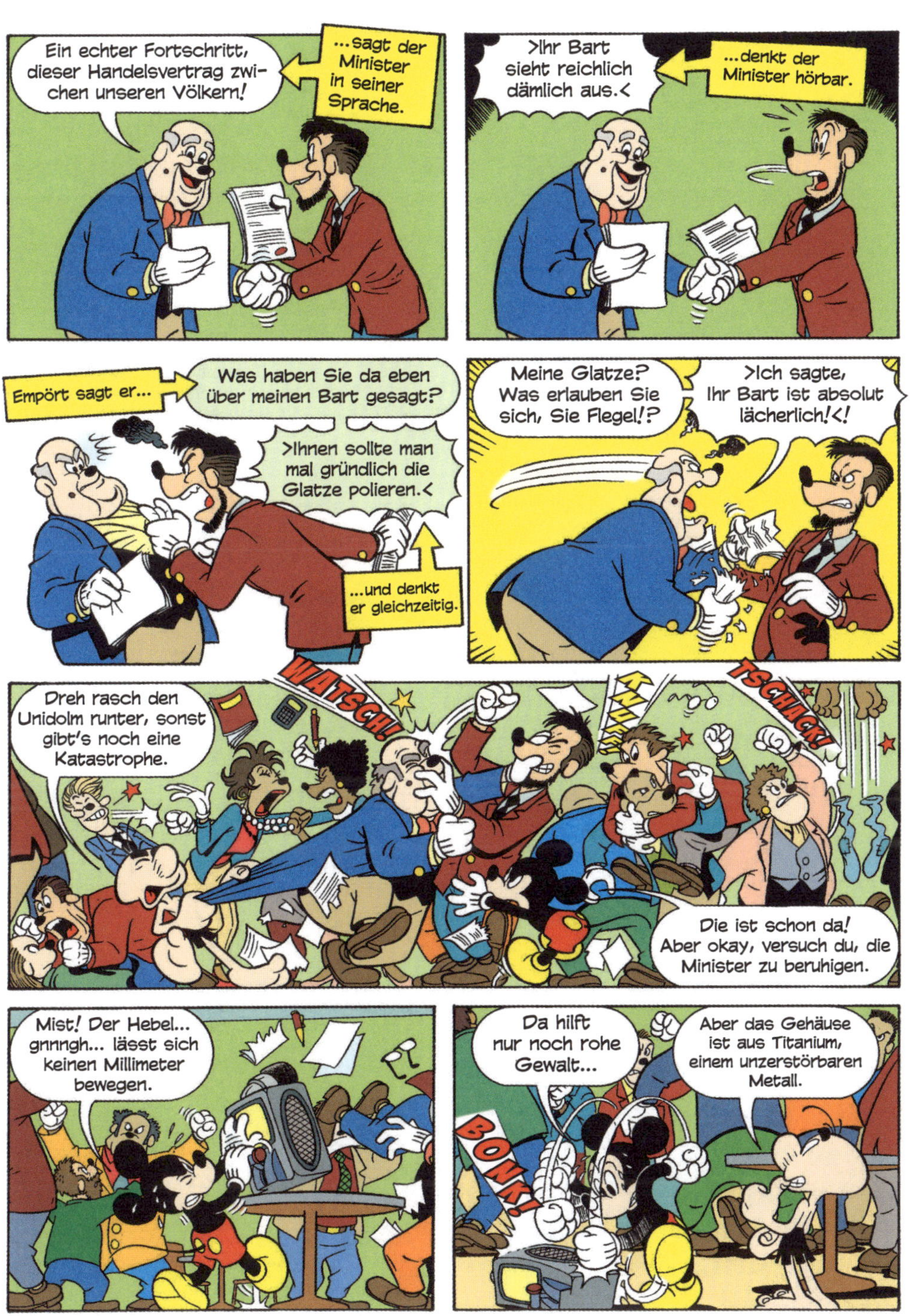
Ein echter Fortschritt, dieser Handelsvertrag zwichen unseren Völkern!
...sagt der Minister in seiner Sprache.
>Ihr Bart sieht reichlich dämlich aus.<
...denkt der Minister hörbar.
Empört sagt er...
Was haben Sie da eben über meinen Bart gesagt?
>Ihnen sollte man mal gründlich die Glatze polieren.<
...und denkt er gleichzeitig.
Meine Glatze? Was erlauben Sie sich, Sie Flegel!?
>Ich sagte, Ihr Bart ist absolut lächerlich!<!
WATSCH!
KNUFF!
TSCHACK!
Dreh rasch den Unidolm runter, sonst gibt's noch eine Katastrophe.
Die ist schon da! Aber okay, versuch du, die Minister zu beruhigen.
Mist! Der Hebel... gnnngh... lässt sich keinen Millimeter bewegen.
Da hilft nur noch rohe Gewalt...
BONK!
Aber das Gehäuse ist aus Titanium, einem unzerstörbaren Metall.

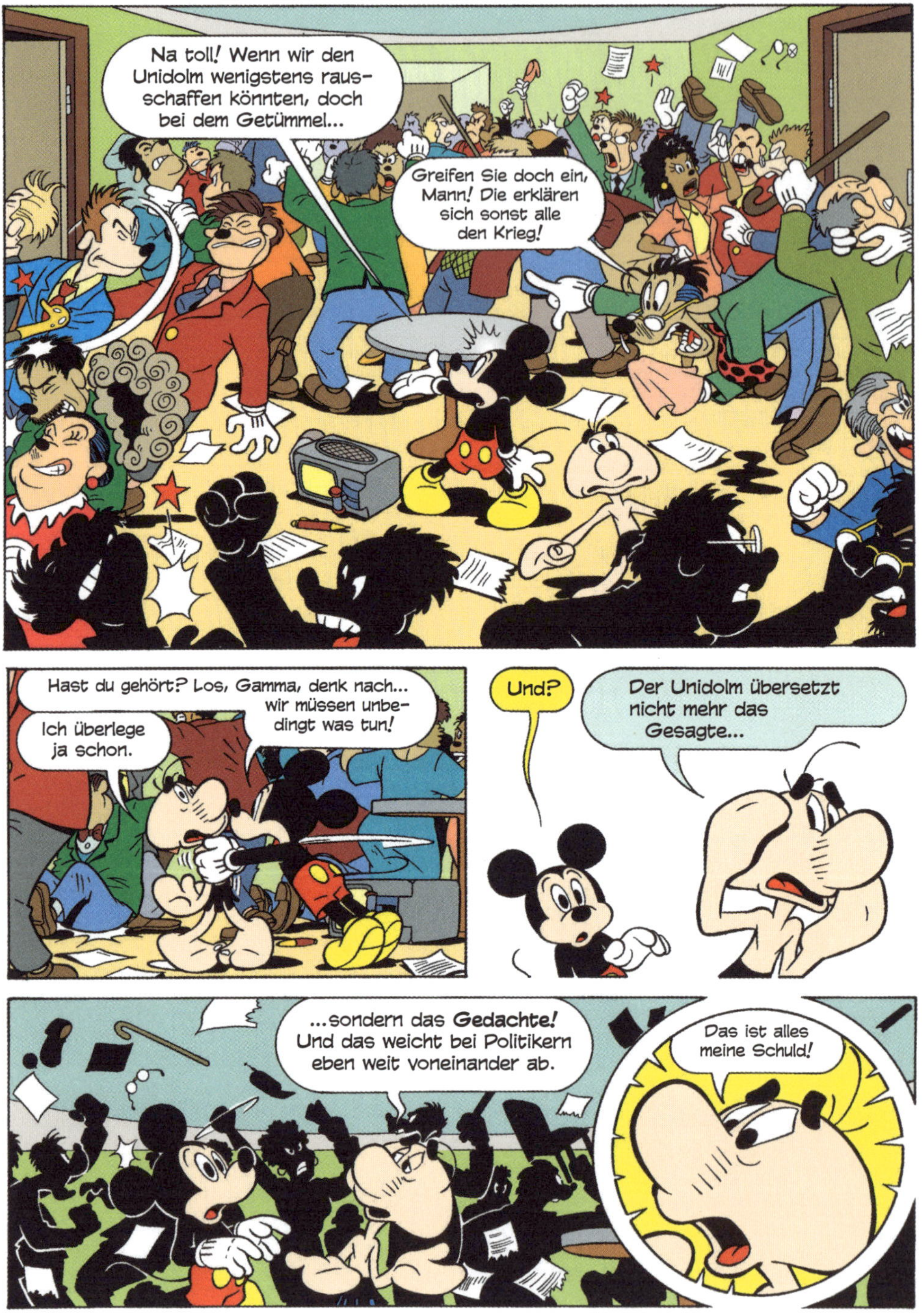
Na toll! Wenn wir den Unidolm wenigstens rausschaffen könnten, doch bei dem Getümmel...
Greifen Sie doch ein, Mann! Die erklären sich sonst alle den Krieg!
Hast du gehört? Los, Gamma, denk nach... wir müssen unbedingt was tun!
Ich überlege ja schon.
Und?
Der Unidolm übersetzt nicht mehr das Gesagte...
...sondern das **Gedachte!** Und das weicht bei Politikern eben weit voneinander ab.
Das ist alles meine Schuld!

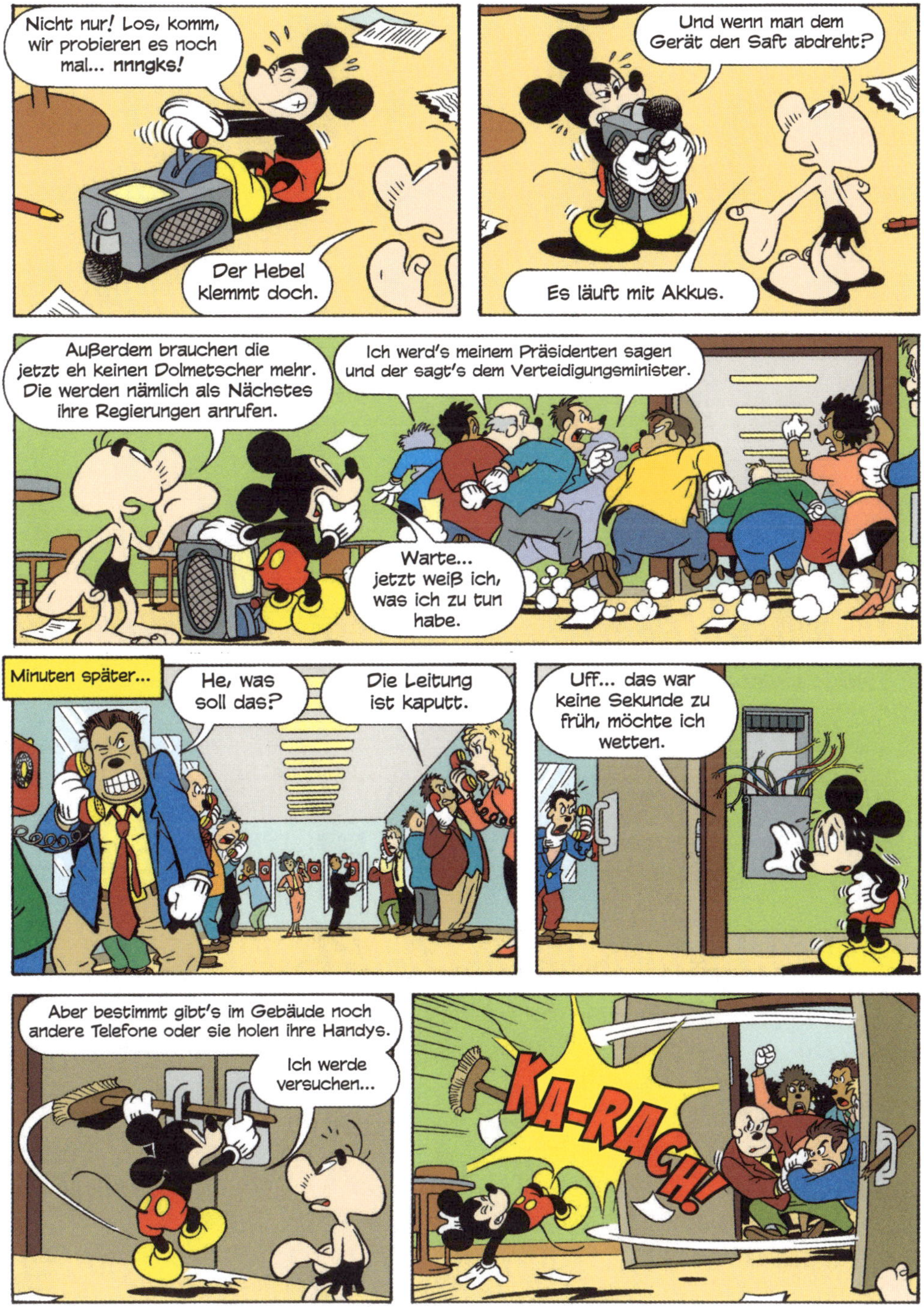
Nicht nur! Los, komm, wir probieren es noch mal... nnngks!
Der Hebel klemmt doch.
Und wenn man dem Gerät den Saft abdreht?
Es läuft mit Akkus.
Außerdem brauchen die jetzt eh keinen Dolmetscher mehr. Die werden nämlich als Nächstes ihre Regierungen anrufen.
Ich werd's meinem Präsidenten sagen und der sagt's dem Verteidigungsminister.
Warte... jetzt weiß ich, was ich zu tun habe.
Minuten später...
He, was soll das?
Die Leitung ist kaputt.
Uff... das war keine Sekunde zu früh, möchte ich wetten.
Aber bestimmt gibt's im Gebäude noch andere Telefone oder sie holen ihre Handys.
Ich werde versuchen...
KA-RACH!

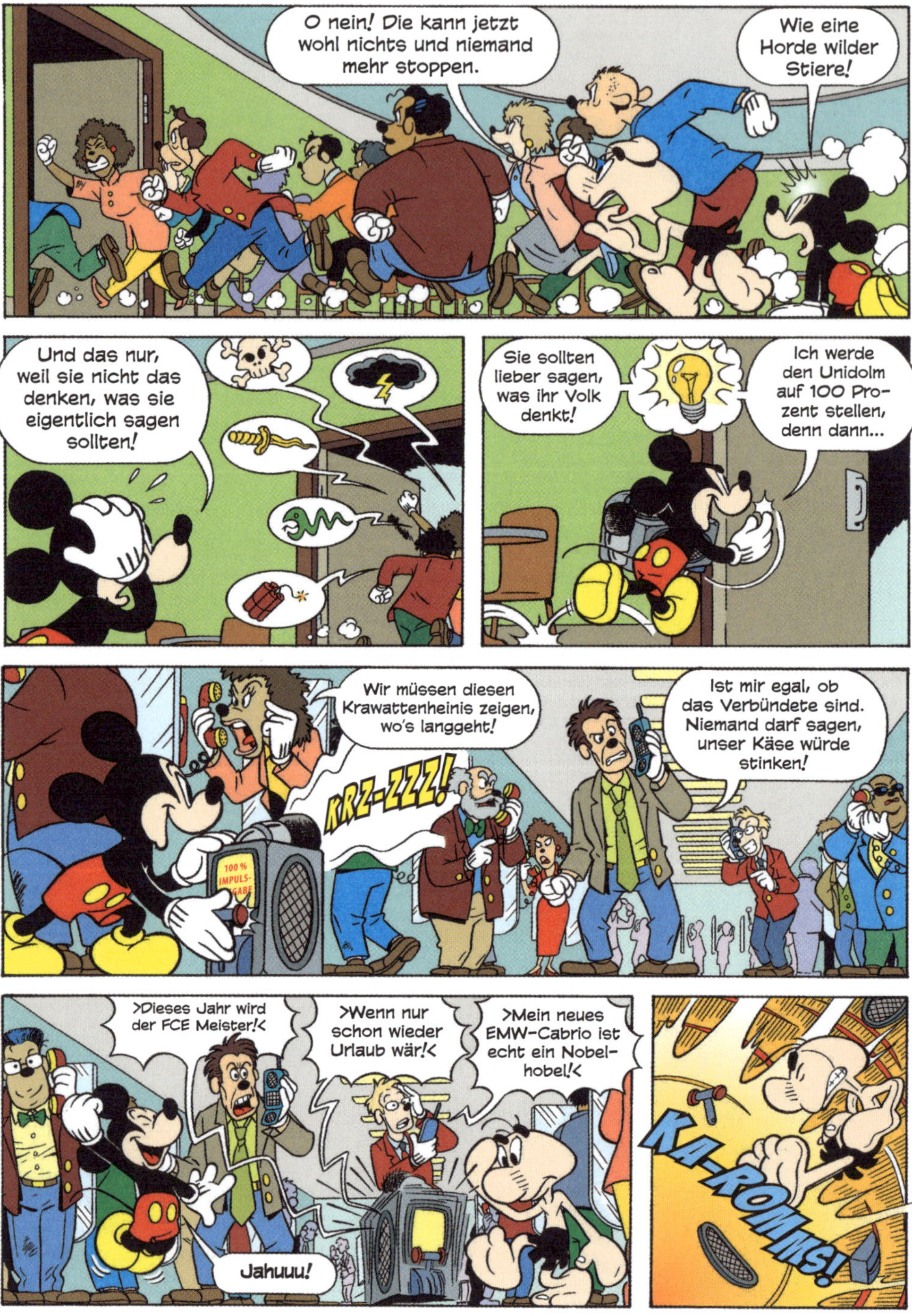

O nein! Die kann jetzt wohl nichts und niemand mehr stoppen.
Wie eine Horde wilder Stiere!
Und das nur, weil sie nicht das denken, was sie eigentlich sagen sollten!
Sie sollten lieber sagen, was ihr Volk denkt!
Ich werde den Unidolm auf 100 Prozent stellen, denn dann…
Wir müssen diesen Krawattenheinis zeigen, wo's langgeht!
KRZ-ZZZ!
Ist mir egal, ob das Verbündete sind. Niemand darf sagen, unser Käse würde stinken!
>Dieses Jahr wird der FCE Meister!<
>Wenn nur schon wieder Urlaub wär!<
>Mein neues EMW-Cabrio ist echt ein Nobelhobel!<
Jahuuu!
KA-ROMMS!

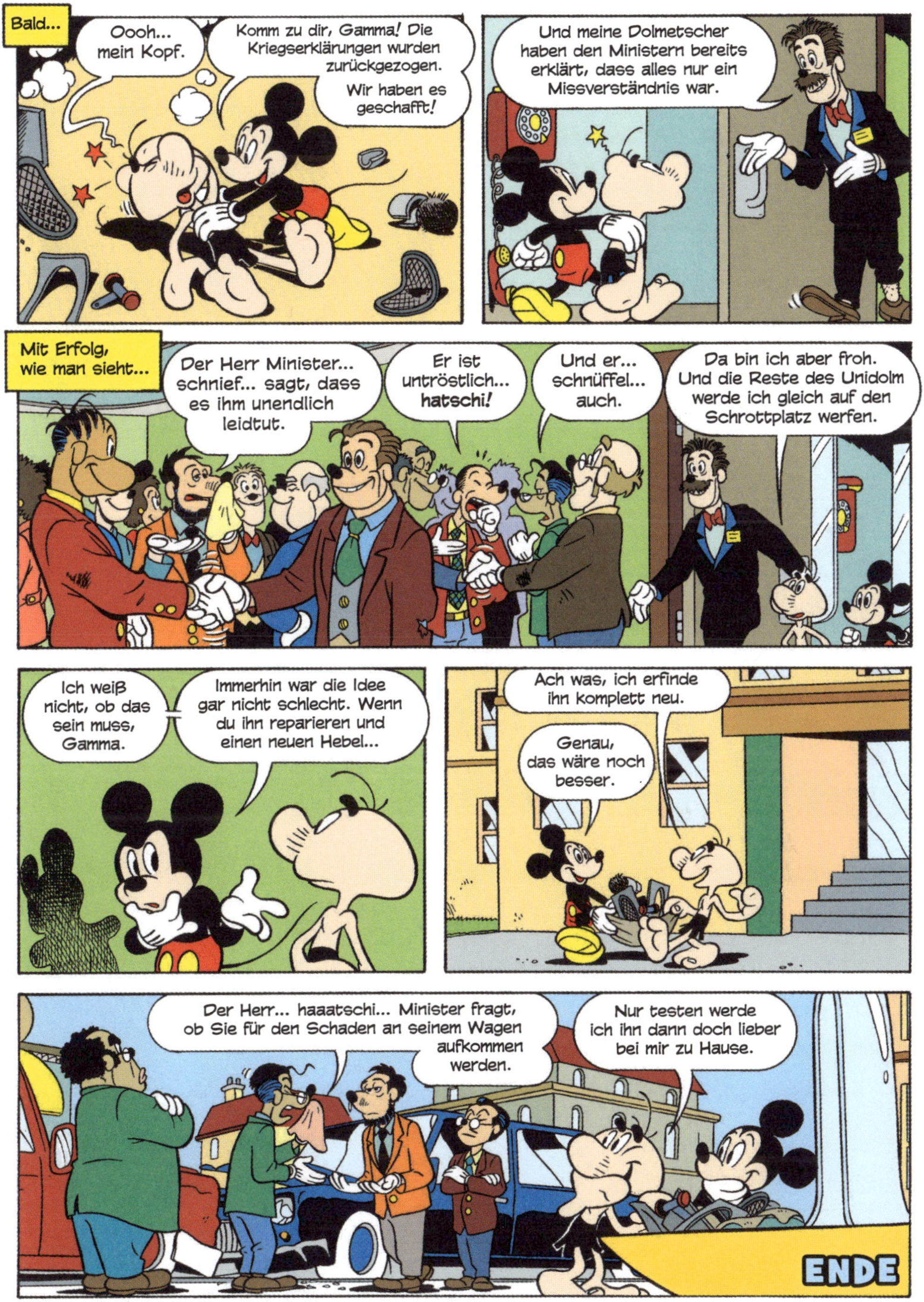
Bald...
Oooh... mein Kopf.
Komm zu dir, Gamma! Die Kriegserklärungen wurden zurückgezogen.
Wir haben es geschafft!
Und meine Dolmetscher haben den Ministern bereits erklärt, dass alles nur ein Missverständnis war.
Mit Erfolg, wie man sieht...
Der Herr Minister... schnief... sagt, dass es ihm unendlich leidtut.
Er ist untröstlich... hatschi!
Und er... schnüffel... auch.
Da bin ich aber froh. Und die Reste des Unidolm werde ich gleich auf den Schrottplatz werfen.
Ich weiß nicht, ob das sein muss, Gamma.
Immerhin war die Idee gar nicht schlecht. Wenn du ihn reparieren und einen neuen Hebel...
Ach was, ich erfinde ihn komplett neu.
Genau, das wäre noch besser.
Der Herr... haaatschi... Minister fragt, ob Sie für den Schaden an seinem Wagen aufkommen werden.
Nur testen werde ich ihn dann doch lieber bei mir zu Hause.
ENDE

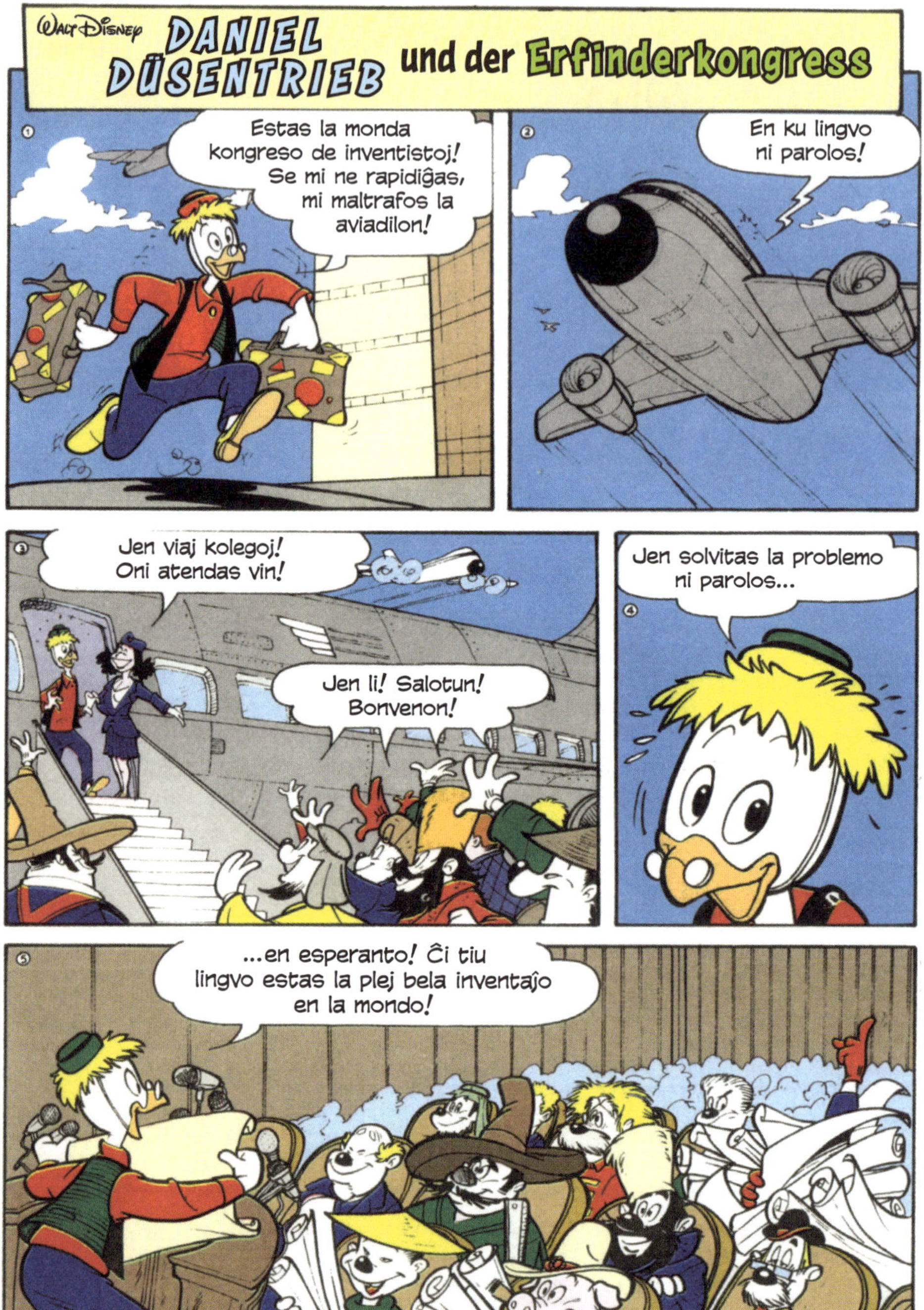

Die Dialoge dieser Geschichte sind in Esperanto geschrieben, einer so genannten „Plansprache", die konstruiert wurde, um die internationale Kommunikation zu vereinfachen. Hier der deutsche Text:

1) Heute findet der Weltkongress der Erfinder statt. Wenn ich mich nicht beeile, verpasse ich meinen Flug.
2) Aber in welcher Sprache halte ich meine Rede?
3) Ihre Kollegen haben Sie schon erwartet.
4) Da ist er ja! Hallo! Herzlich willkommen!
5) Ich hab's! Wir sprechen einfach...
6) ...Esperanto. Diese Sprache ist schließlich die schönste Erfindung der Welt.

Walt Disney DONALD SPEAKS ENGLISH

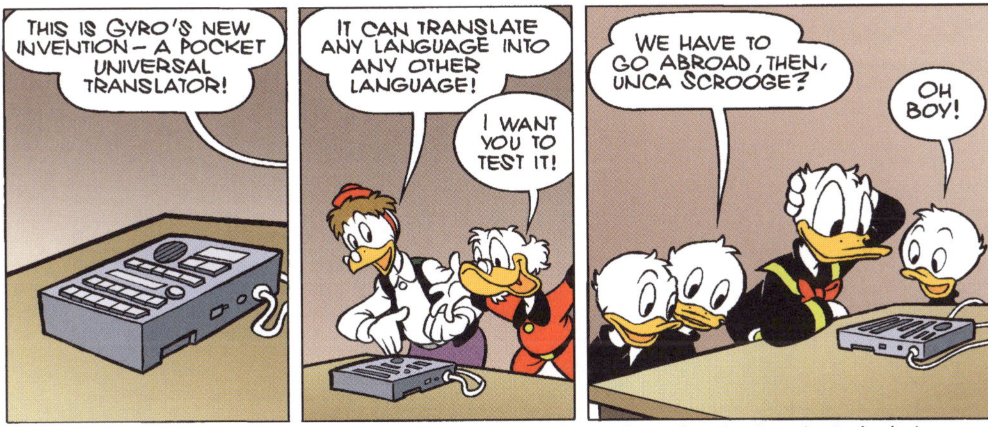

– Das ist die neueste Erfindung von Herrn Düsentrieb – ein universeller Taschen-Übersetzer!

– Er kann von jeder Sprache in jede beliebige andere übersetzen!
– Das muss ausprobiert werden!

– Bedeutet das, wir müssen ins Ausland reisen, Onkel Dagobert?
– Ist ja irre!

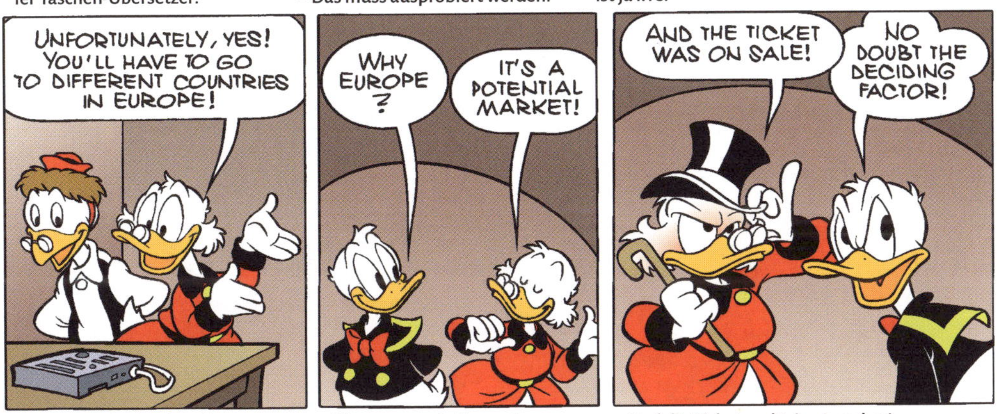

– Dummerweise ja! Ihr müsst verschiedene europäische Länder berreisen!

– Warum gerade Europa?
– Weil's ein potenzieller Markt ist!

– Und die Tickets gab's im Angebot!
– Ohne Zweifel der ausschlaggebende Punkt!

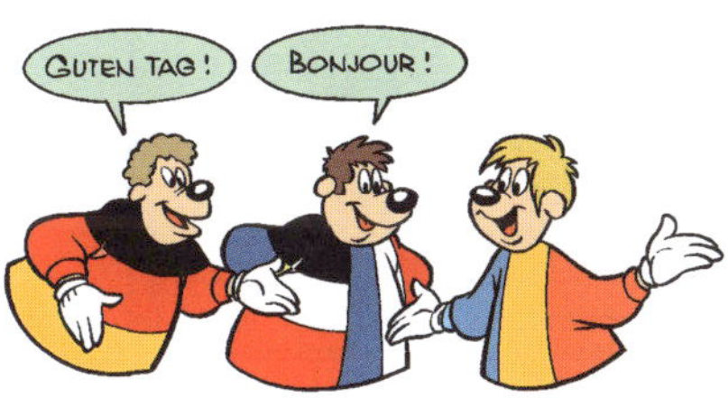

An interpreter
Ein Dolmetscher

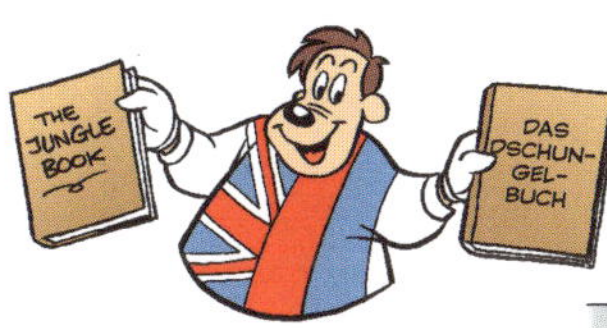

A translator
Ein Übersetzer

A foreign country
Ein fremdes Land

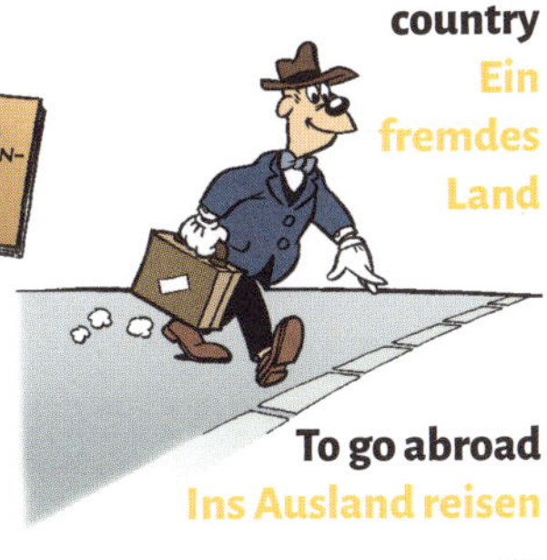

To go abroad
Ins Ausland reisen

Walt Disney

DONALD SPEAKS ENGLISH

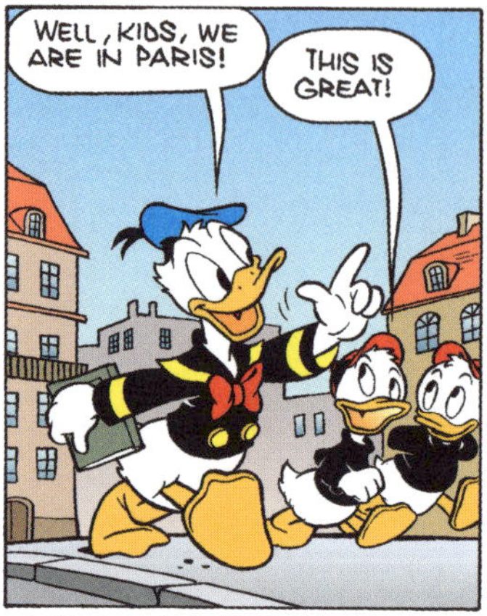

– So, Kinder, wir sind in Paris!
– Großartig!

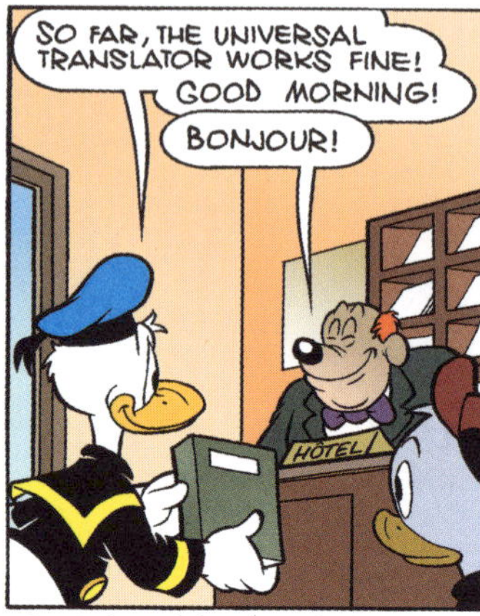

– Der Universalübersetzer funktioniert soweit bestens! Guten Morgen!

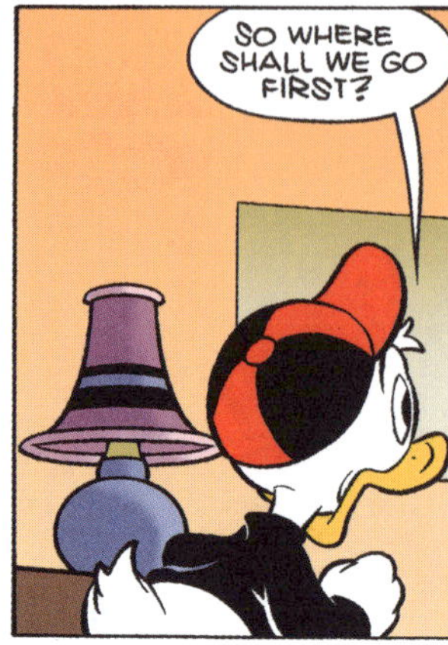

– Wohin wollen wir zuerst gehen?

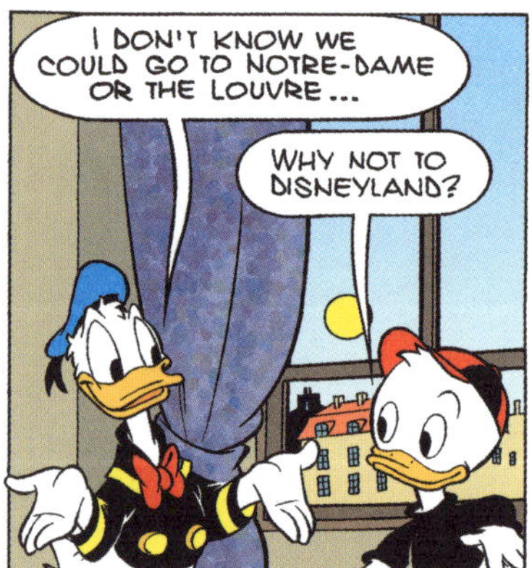

– Weiß nicht, vielleicht schauen wir uns Notre-Dame an oder den Louvre...
– Warum nicht Disneyland?

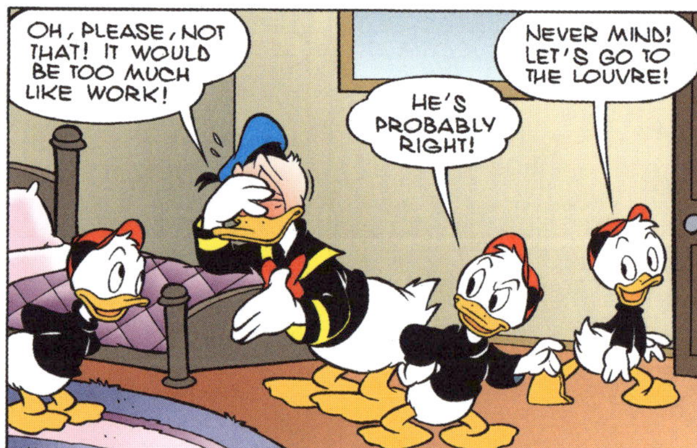

– Oh, bitte nicht, das wäre ja wie arbeiten!
– Da hat er wohl recht!
– Na, dann lasst uns doch zum Louvre gehen!

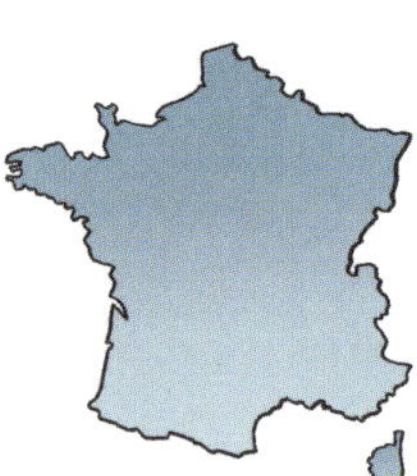

France
Frankreich

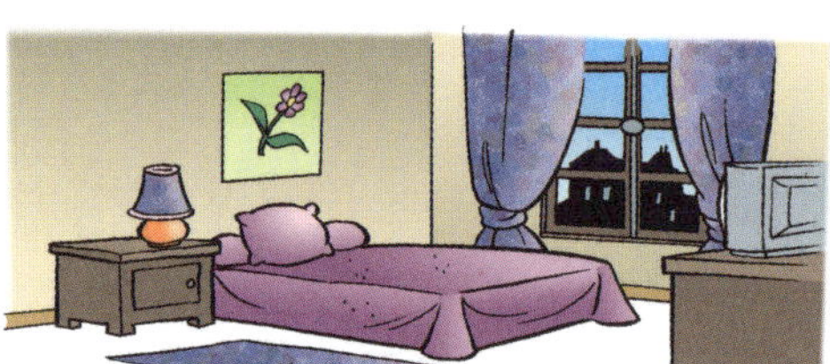

A hotel room
Ein Hotelzimmer

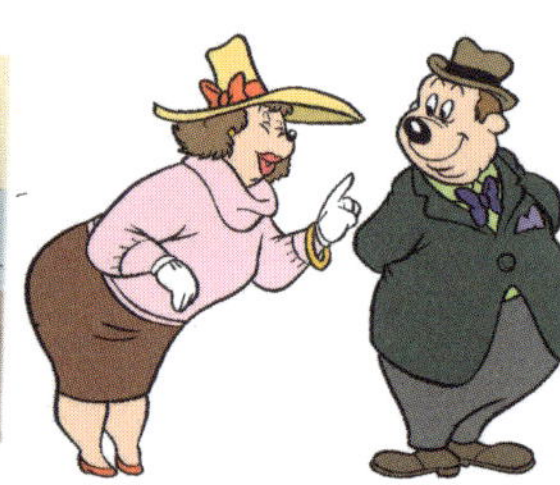

They are Frenchmen.
Dies sind Franzosen.

Walt Disney

DONALD SPEAKS ENGLISH

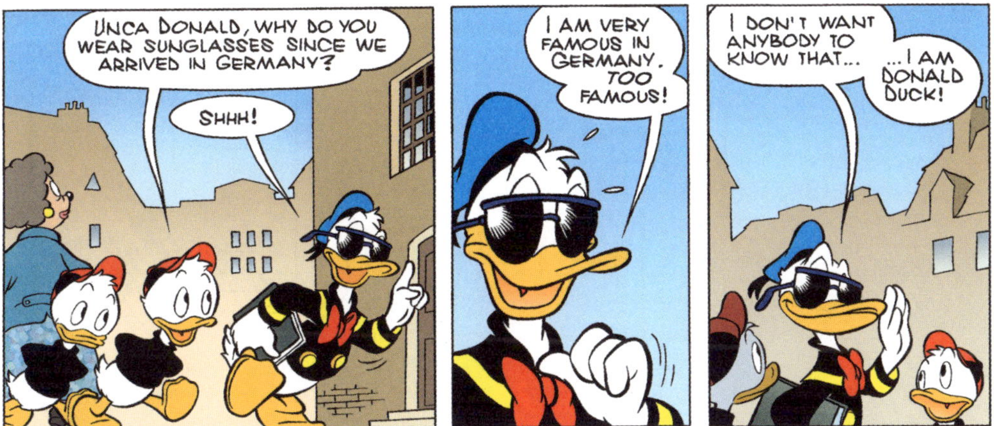

– Warum trägst du die Sonnenbrille seit wir in Deutschland angekommen sind, Onkel Donald?
– Psst!

– In Deutschland bin ich berühmt. Fast schon zu berühmt!

– Ich möchte nicht, dass jeder auf Anhieb erkennt:
– Ich bin Donald Duck!

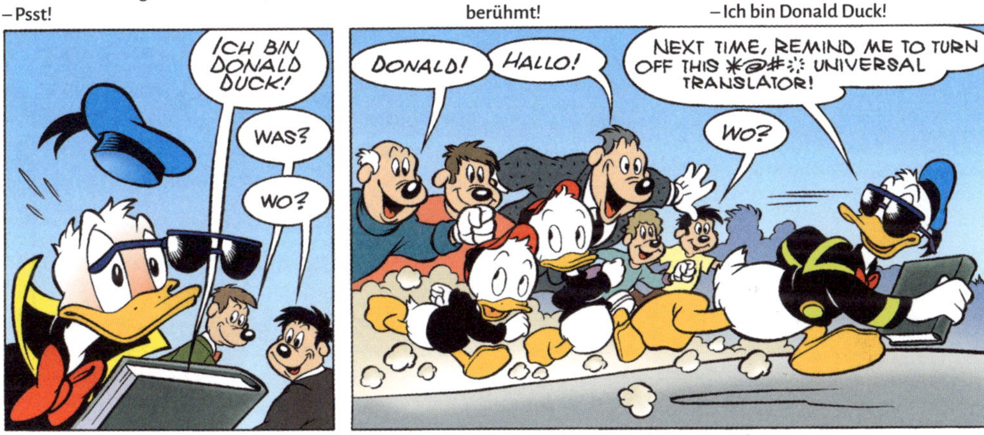

– Erinnert mich nächstes Mal daran, diesen ✱@#⁘ Universalübersetzer auszuschalten!

She is german.
Sie ist Deutsche.

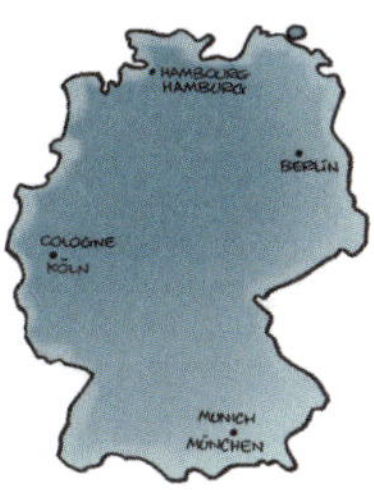

Germany
Deutschland

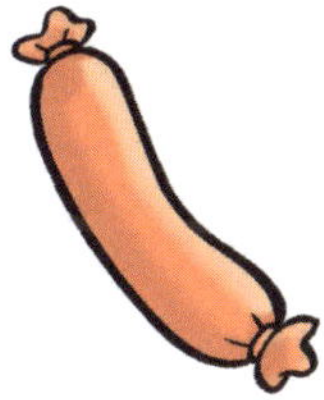

Sausage
Würstchen

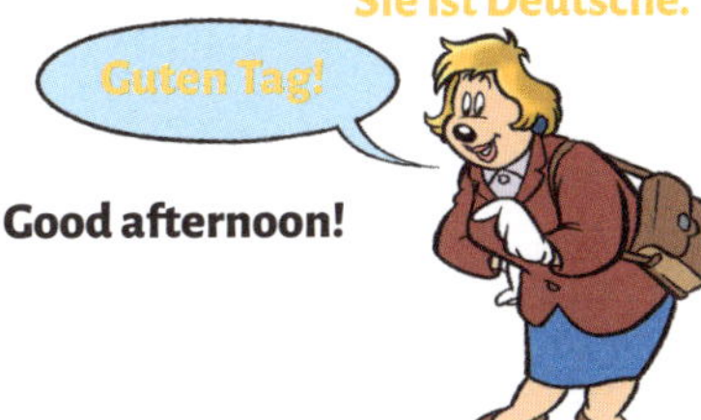

Good afternoon!

She speaks German.
Sie spricht deutsch.

2 Ohne Worte bei fremden Völkern

Der Mensch ist ein geselliges Wesen und bewegt sich vorzugsweise unter seinesgleichen. Dort ist er ein gern gesehener Gast, sofern er sich gewisser Umgangsformen zu befleißigen und sich zu verständigen weiß. Laut dem *Großen Duckhaus*, der Entzyklopädie für Wissen von A bis Z, ist Verständigung ein mögliches und in der Regel erwünschtes Ergebnis des Austauschs von Gedanken oder Meinungen zweier oder mehrerer Gesprächsteilnehmer. Im engeren Sinne bedeutet Verständigung, dass alle Beteiligten verstehen, was die Kommunikationspartner äußern, und im weiteren Sinne, dass bei unterschiedlichen Ansichten am Ende eine Einigung erzielt wird. Hat einer der Gesprächspartner nur mangelhafte oder gar keine Kenntnisse der verwendeten Sprache, tauchen oftmals Verständigungsprobleme auf. Was tun, um derlei Verständigungsprobleme zu umgehen? Damit beschäftigen sich die Bildgeschichten im folgenden Kapitel.

Denn zum Glück ist Kommunikation nicht allein mit Worten möglich, sondern auch mit Händen und Füßen. Ja, Sie lesen richtig. Ein Handschlag ist in allen Landen ebenso verständlich wie ein Tritt in den Allerwertesten. Beide zählen zur Zeichensprache, mittels derer man sich verständigen kann, ohne groß Worte verlieren zu müssen. Allerdings birgt auch die Zeichensprache die Gefahr von Missverständnissen. Nicht jede Geste und jede Handbewegung wird überall gleich gedeutet. Erkundigen Sie sich also vorher, wie eine bestimmte Bewegung mit dem Hand oder dem Fuß in einem anderen Land interpretiert wird. Sonst werden Sie womöglich im fernen Hindukusch von einem geheimnisvollen Schneemenschen gefangen genommen oder schlimmer noch, Sie landen im Topf eines Kannibalen. Eine weitere Möglichkeit der nichtlautsprachlichen Kommunikation ist die Trommelsprache, bei der die jeweilige Mitteilung durch Trommelschläge übertragen wird. Für lärmempfindliche Zeitgenossen wird diese Kommunikationsvariante jedoch nicht das erste Mittel der Verständigung sein.

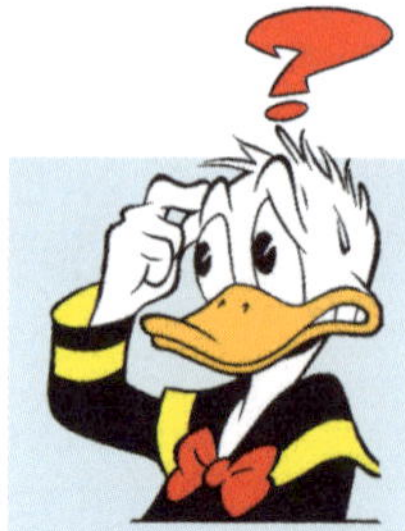

Mangelnde Sprachkenntnisse können für Unverständnis sorgen.

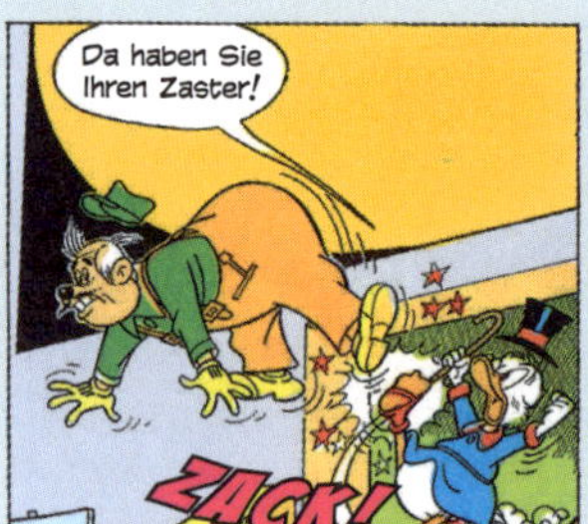

Ein Tritt in den Allerwertesten ist zumindest in Entenhausen allgemein verständlich.

Für Geräuschempfindliche empfehlen sich die Phrasenschilder aus dem ehemaligen Land Silenzia. Auf den Schildern stehen einzelne Sätze, die bei Bedarf hochgehalten werden. Eine zugegebenermaßen etwas eingeschränkte Art der Kommunikation. Wer hat schon immer für jedes Gespräch das passende Set Phrasenschilder dabei?

Sollten Sie einmal über lange Entfernungen kommunizieren müssen und weder Briefpapier noch Internet zur Verfügung haben, können Sie über den Einsatz von Rauchzeichen nachdenken. Allerdings ist hier zu beachten, dass Sie keinen Waldbrand entfachen und dass Sie möglichst freie Sicht benötigen, damit Ihre Signale auch vom Empfänger gelesen werden können. Am besten funktionieren darum Rauchzeichen in der Wüste. Sie sehen also, vielmals geehrte Leserinnen und Leser, die Formen der Kommunikation sind vielfältig und wir als Entenhausener sind nicht auf den Mund gefallen.

Zeichensprache, die

['ts aɪ ç ə n ʃ p r a: x ə] *f*

Umfasst alle nichtlautsprachlichen Verständigungssysteme zur Kommunikation. Die Zeichensprache begleitet eine Lautsprache entweder oder ersetzt sie durch Mimik, Gestik und Körpersprache. Zur Zeichensprache zählen beispielsweise Unterwasserzeichen von Tauchern, → Trommelsprachen, Signalsprachen von Flaggen und Verkehrszeichen.

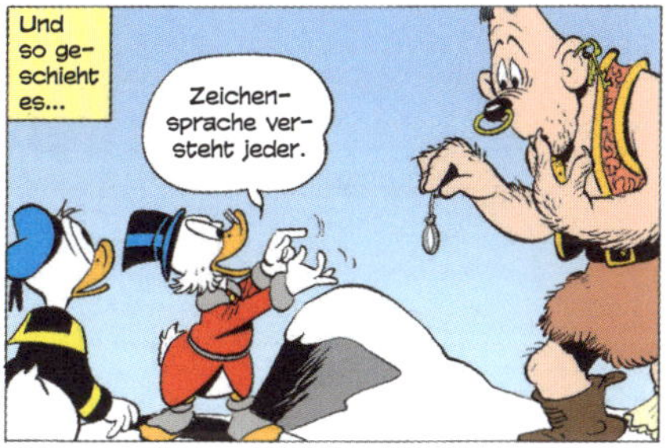

Trommelsprache, die

['t r ɔ m ə l ʃ p r a: x ə] *f*

Eine Form der Zeichensprache und nichts für sensible Ohren. Mitteilungen werden nicht durch Sprachlaute (Mitlaute und Selbstlaute), sondern durch Trommelschläge übertragen.

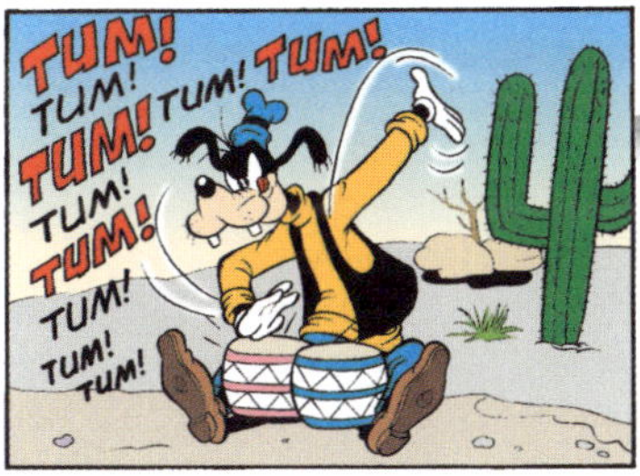

Rauchzeichen, die

['r aʊ x ts aɪ ç ə n] *f*

Ermöglichen eine Kommunikation über weite Entfernungen. Sie sind bekannt geworden besonders durch die Anwendung bei den Ureinwohnern Nordamerikas.

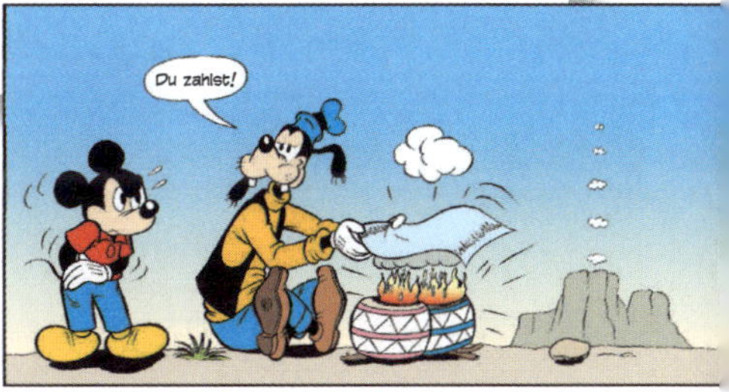

Phrasenschild, das

['f r a: z ə n ʃ ɪ l t] *n*

Das Phrasenschild ist eine besondere Art der Verständigung im ehemaligen Land Silenzia. König Silenz I. wurde derart von Migräne geplagt, dass er jegliche Geräusche in der Stadt verbot, selbst Gespräche. Unterhalten wurde sich stattdessen mit Phrasenschildern, auf denen die Sätze stehen. Polizisten trugen Spezialhelme, die ihre Sätze lesbar machten.

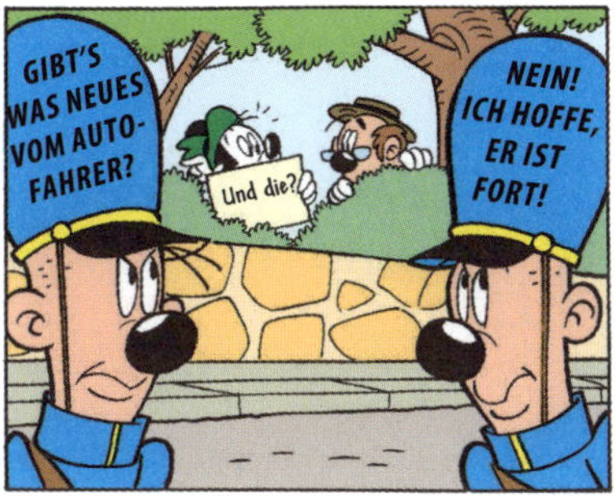

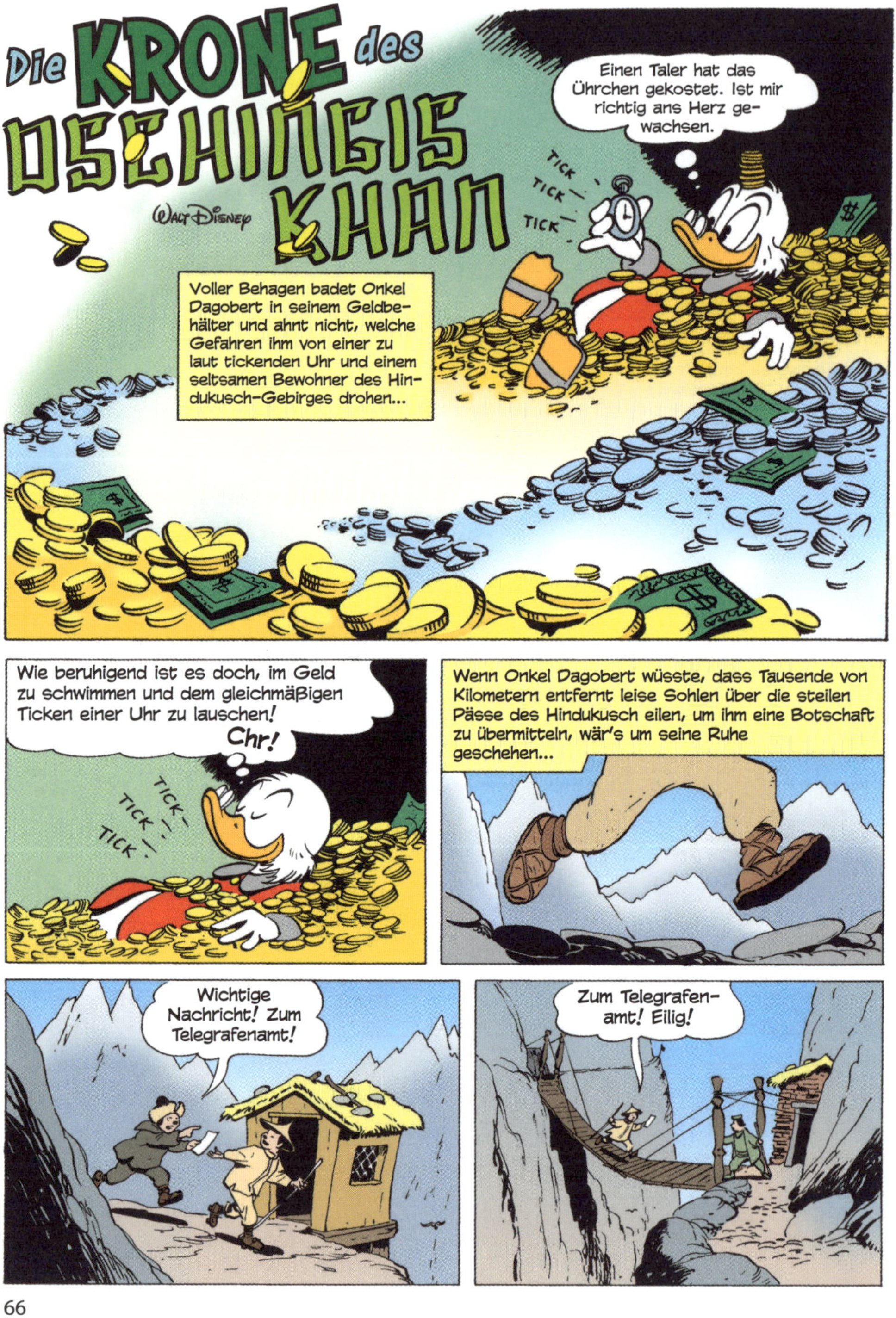

Die KRONE des DSCHINGIS KHAN
WALT DISNEY
Einen Taler hat das Ührchen gekostet. Ist mir richtig ans Herz gewachsen.
TICK TICK TICK
Voller Behagen badet Onkel Dagobert in seinem Geldbehälter und ahnt nicht, welche Gefahren ihm von einer zu laut tickenden Uhr und einem seltsamen Bewohner des Hindukusch-Gebirges drohen...
Wie beruhigend ist es doch, im Geld zu schwimmen und dem gleichmäßigen Ticken einer Uhr zu lauschen!
Chr!
TICK-TICK-TICK
Wenn Onkel Dagobert wüsste, dass Tausende von Kilometern entfernt leise Sohlen über die steilen Pässe des Hindukusch eilen, um ihm eine Botschaft zu übermitteln, wär's um seine Ruhe geschehen...
Wichtige Nachricht! Zum Telegrafenamt!
Zum Telegrafenamt! Eilig!

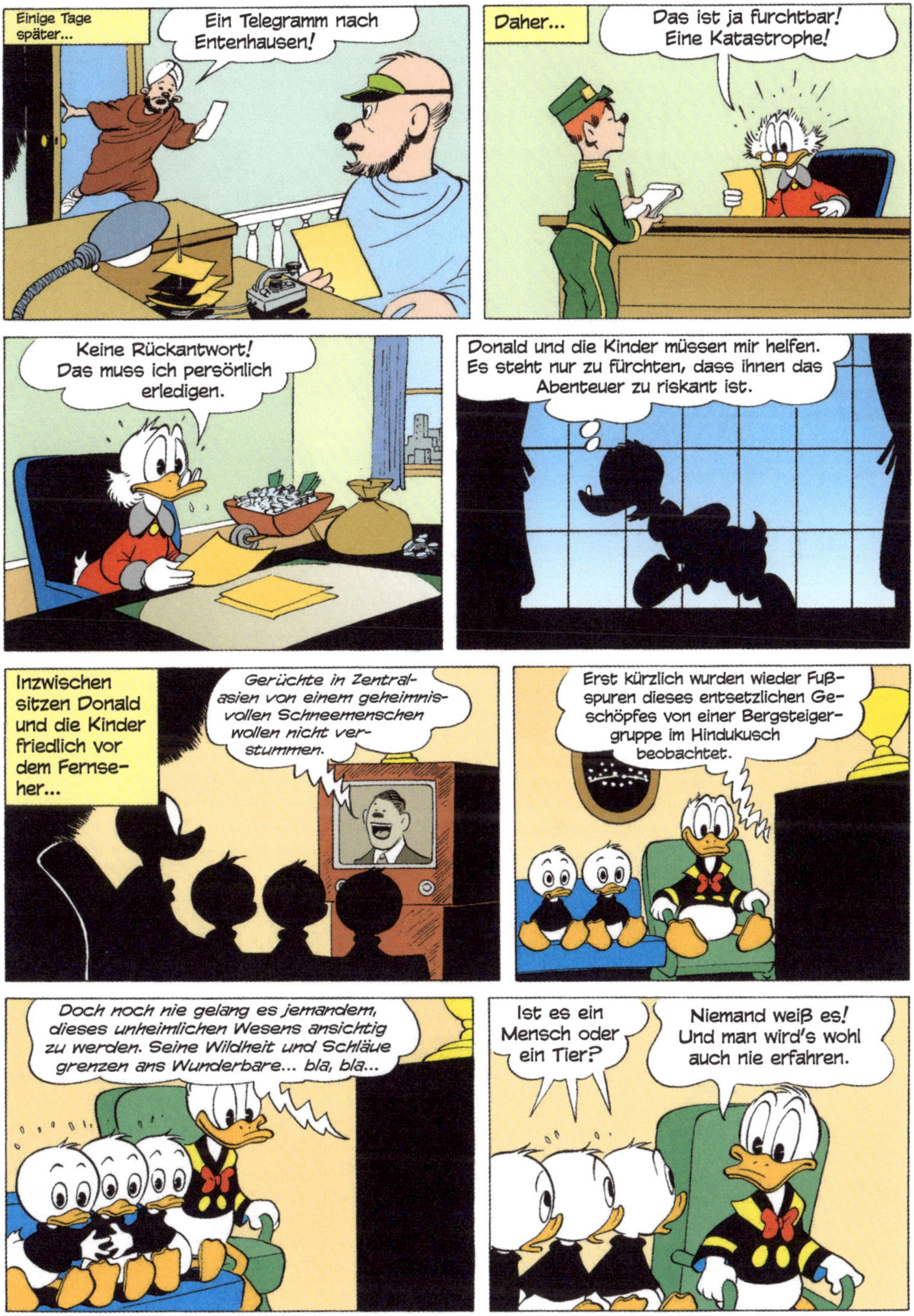
Einige Tage später...
Ein Telegramm nach Entenhausen!
Daher...
Das ist ja furchtbar! Eine Katastrophe!
Keine Rückantwort! Das muss ich persönlich erledigen.
Donald und die Kinder müssen mir helfen. Es steht nur zu fürchten, dass ihnen das Abenteuer zu riskant ist.
Inzwischen sitzen Donald und die Kinder friedlich vor dem Fernseher...
Gerüchte in Zentralasien von einem geheimnisvollen Schneemenschen wollen nicht verstummen.
Erst kürzlich wurden wieder Fußspuren dieses entsetzlichen Geschöpfes von einer Bergsteigergruppe im Hindukusch beobachtet.
Doch noch nie gelang es jemandem, dieses unheimlichen Wesens ansichtig zu werden. Seine Wildheit und Schläue grenzen ans Wunderbare... bla, bla...
Ist es ein Mensch oder ein Tier?
Niemand weiß es! Und man wird's wohl auch nie erfahren.

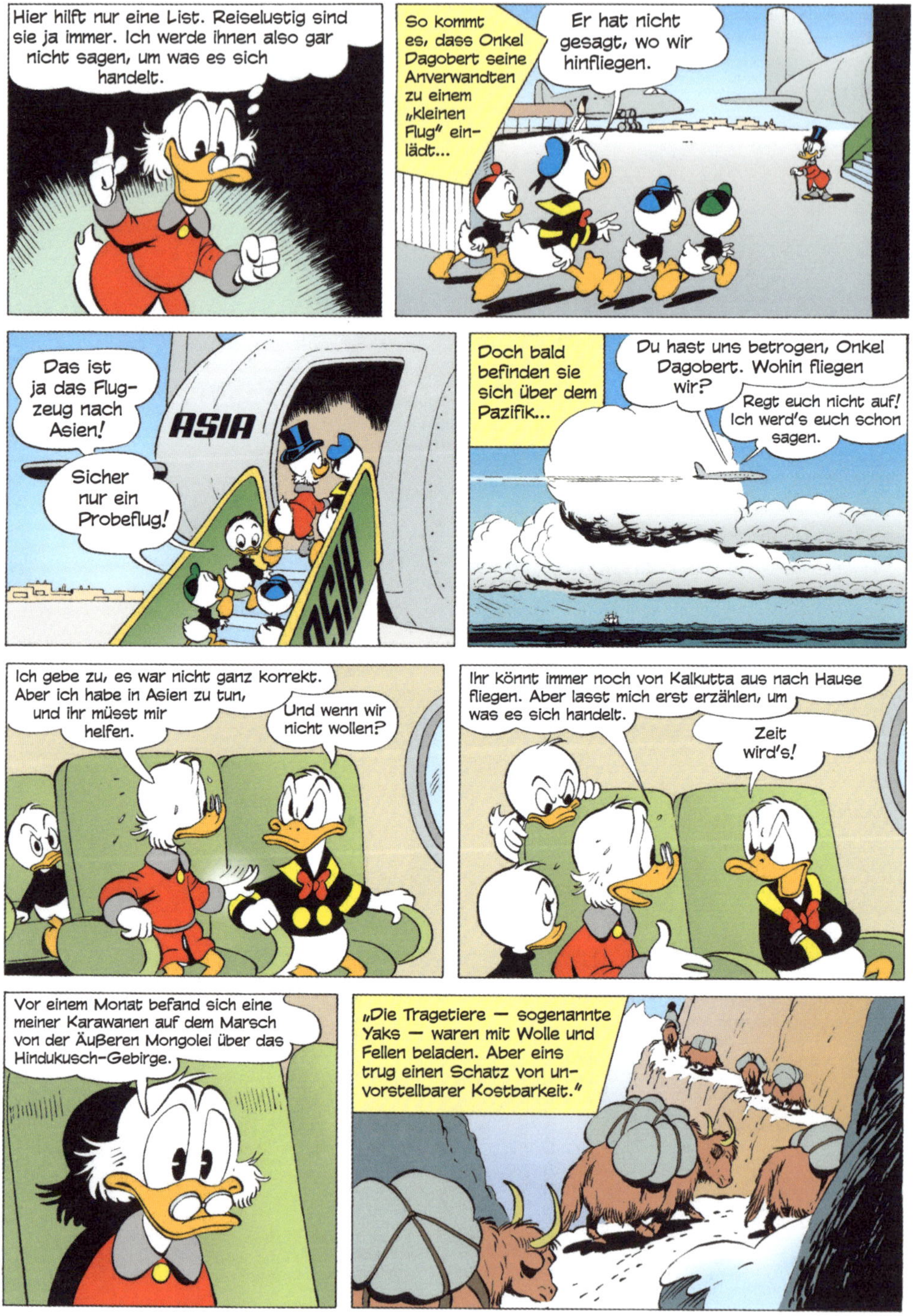
Hier hilft nur eine List. Reiselustig sind sie ja immer. Ich werde ihnen also gar nicht sagen, um was es sich handelt.
So kommt es, dass Onkel Dagobert seine Anverwandten zu einem „kleinen Flug" einlädt...
Er hat nicht gesagt, wo wir hinfliegen.
Das ist ja das Flugzeug nach Asien!
Sicher nur ein Probeflug!
ASIA
Doch bald befinden sie sich über dem Pazifik...
Du hast uns betrogen, Onkel Dagobert. Wohin fliegen wir?
Regt euch nicht auf! Ich werd's euch schon sagen.
Ich gebe zu, es war nicht ganz korrekt. Aber ich habe in Asien zu tun, und ihr müsst mir helfen.
Und wenn wir nicht wollen?
Ihr könnt immer noch von Kalkutta aus nach Hause fliegen. Aber lasst mich erst erzählen, um was es sich handelt.
Zeit wird's!
Vor einem Monat befand sich eine meiner Karawanen auf dem Marsch von der Äußeren Mongolei über das Hindukusch-Gebirge.
„Die Tragetiere — sogenannte Yaks — waren mit Wolle und Fellen beladen. Aber eins trug einen Schatz von unvorstellbarer Kostbarkeit."

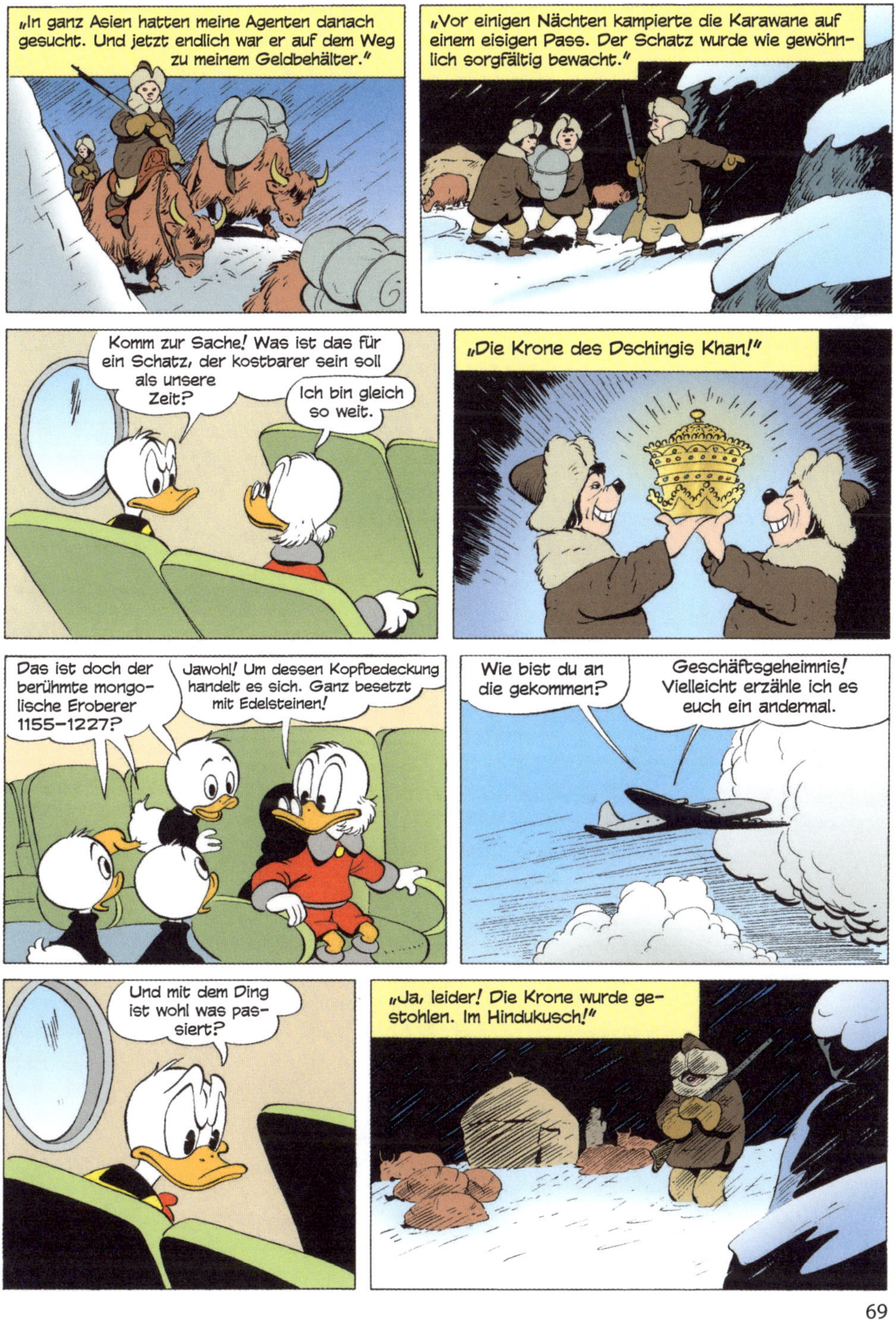
„In ganz Asien hatten meine Agenten danach gesucht. Und jetzt endlich war er auf dem Weg zu meinem Geldbehälter."
„Vor einigen Nächten kampierte die Karawane auf einem eisigen Pass. Der Schatz wurde wie gewöhnlich sorgfältig bewacht."
Komm zur Sache! Was ist das für ein Schatz, der kostbarer sein soll als unsere Zeit?
Ich bin gleich so weit.
„Die Krone des Dschingis Khan!"
Das ist doch der berühmte mongolische Eroberer 1155–1227?
Jawohl! Um dessen Kopfbedeckung handelt es sich. Ganz besetzt mit Edelsteinen!
Wie bist du an die gekommen?
Geschäftsgeheimnis! Vielleicht erzähle ich es euch ein andermal.
Und mit dem Ding ist wohl was passiert?
„Ja, leider! Die Krone wurde gestohlen. Im Hindukusch!"

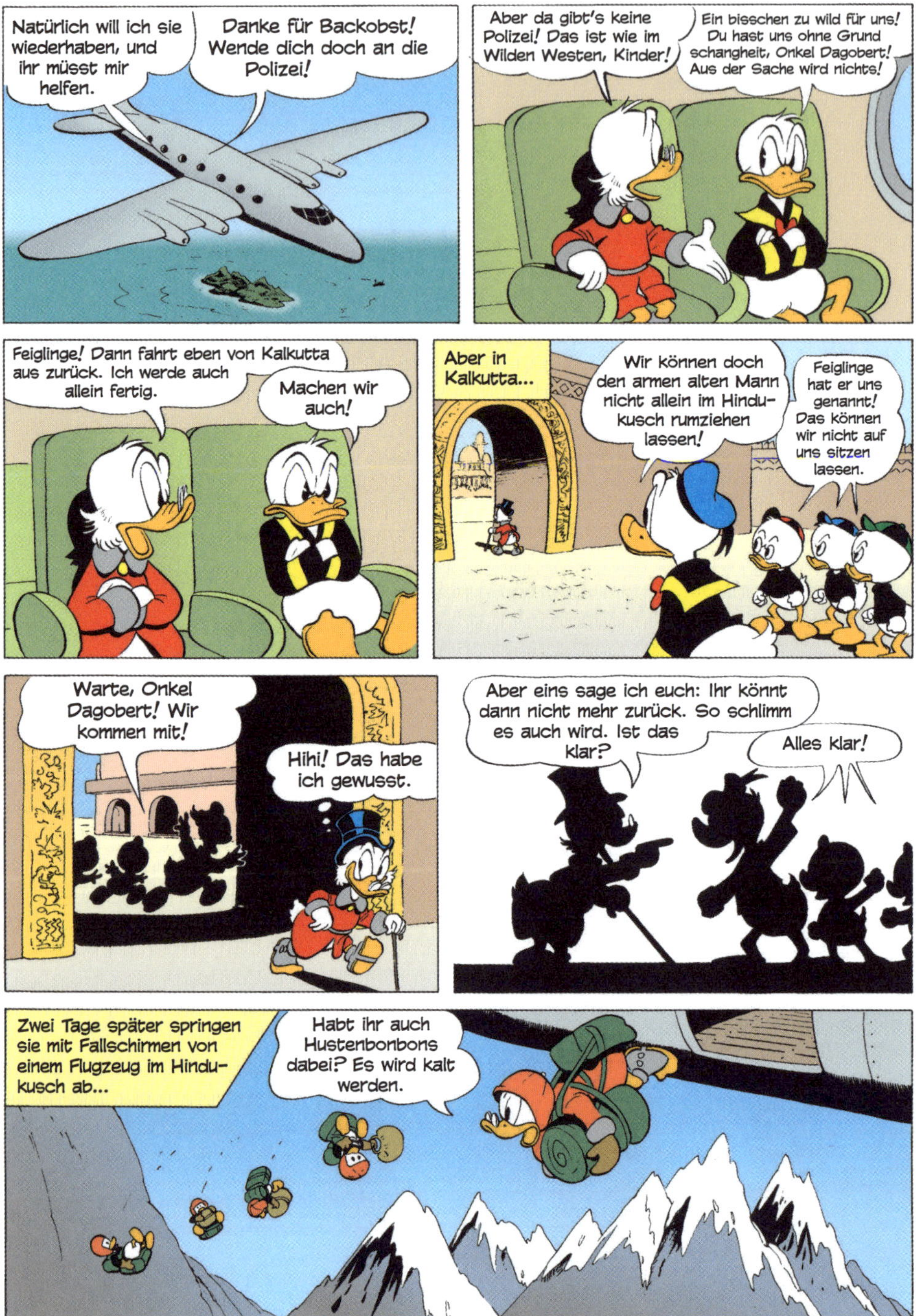

Natürlich will ich sie wiederhaben, und ihr müsst mir helfen.
Danke für Backobst! Wende dich doch an die Polizei!
Aber da gibt's keine Polizei! Das ist wie im Wilden Westen, Kinder!
Ein bisschen zu wild für uns! Du hast uns ohne Grund schanghaiht, Onkel Dagobert! Aus der Sache wird nichts!
Feiglinge! Dann fahrt eben von Kalkutta aus zurück. Ich werde auch allein fertig.
Machen wir auch!
Aber in Kalkutta...
Wir können doch den armen alten Mann nicht allein im Hindukusch rumziehen lassen!
Feiglinge hat er uns genannt! Das können wir nicht auf uns sitzen lassen.
Warte, Onkel Dagobert! Wir kommen mit!
Hihi! Das habe ich gewusst.
Aber eins sage ich euch: Ihr könnt dann nicht mehr zurück. So schlimm es auch wird. Ist das klar?
Alles klar!
Zwei Tage später springen sie mit Fallschirmen von einem Flugzeug im Hindukusch ab...
Habt ihr auch Hustenbonbons dabei? Es wird kalt werden.

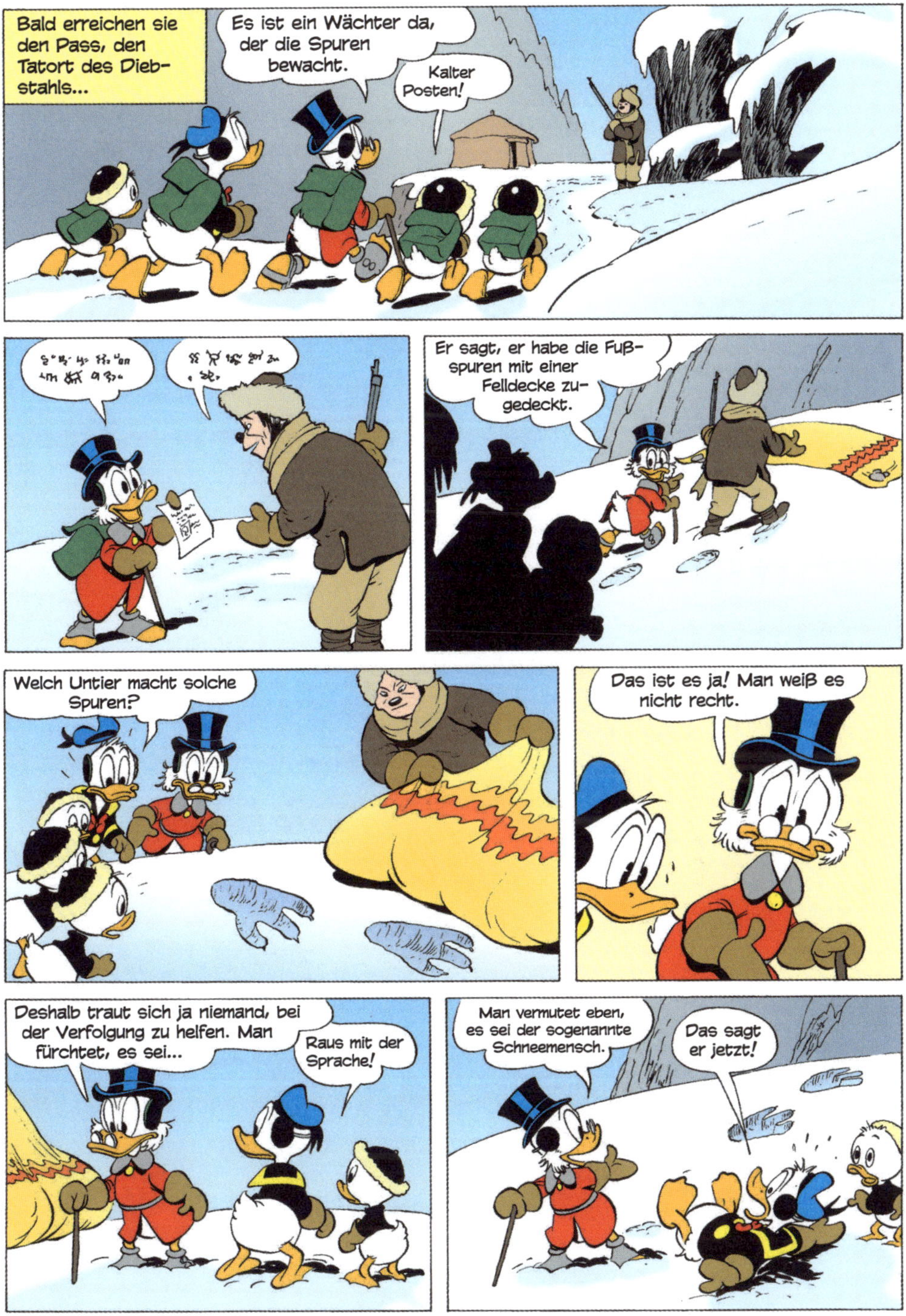
Bald erreichen sie den Pass, den Tatort des Diebstahls...
Es ist ein Wächter da, der die Spuren bewacht.
Kalter Posten!
Er sagt, er habe die Fußspuren mit einer Felldecke zugedeckt.
Welch Untier macht solche Spuren?
Das ist es ja! Man weiß es nicht recht.
Deshalb traut sich ja niemand, bei der Verfolgung zu helfen. Man fürchtet, es sei...
Raus mit der Sprache!
Man vermutet eben, es sei der sogenannte Schneemensch.
Das sagt er jetzt!

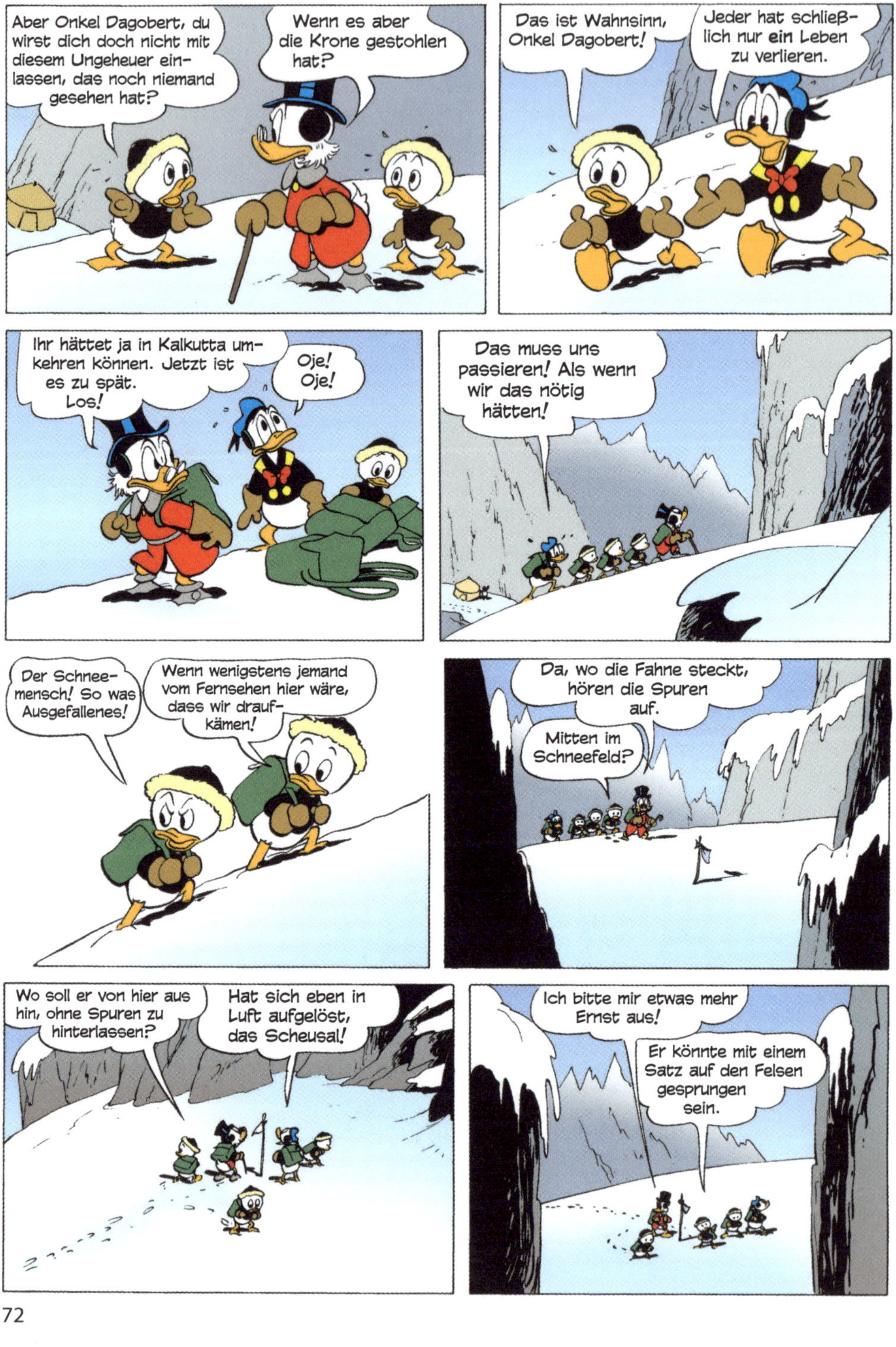

Aber Onkel Dagobert, du wirst dich doch nicht mit diesem Ungeheuer einlassen, das noch niemand gesehen hat?
Wenn es aber die Krone gestohlen hat?
Das ist Wahnsinn, Onkel Dagobert!
Jeder hat schließlich nur **ein** Leben zu verlieren.
Ihr hättet ja in Kalkutta umkehren können. Jetzt ist es zu spät. Los!
Oje! Oje!
Das muss uns passieren! Als wenn wir das nötig hätten!
Der Schneemensch! So was Ausgefallenes!
Wenn wenigstens jemand vom Fernsehen hier wäre, dass wir draufkämen!
Da, wo die Fahne steckt, hören die Spuren auf.
Mitten im Schneefeld?
Wo soll er von hier aus hin, ohne Spuren zu hinterlassen?
Hat sich eben in Luft aufgelöst, das Scheusal!
Ich bitte mir etwas mehr Ernst aus!
Er könnte mit einem Satz auf den Felsen gesprungen sein.

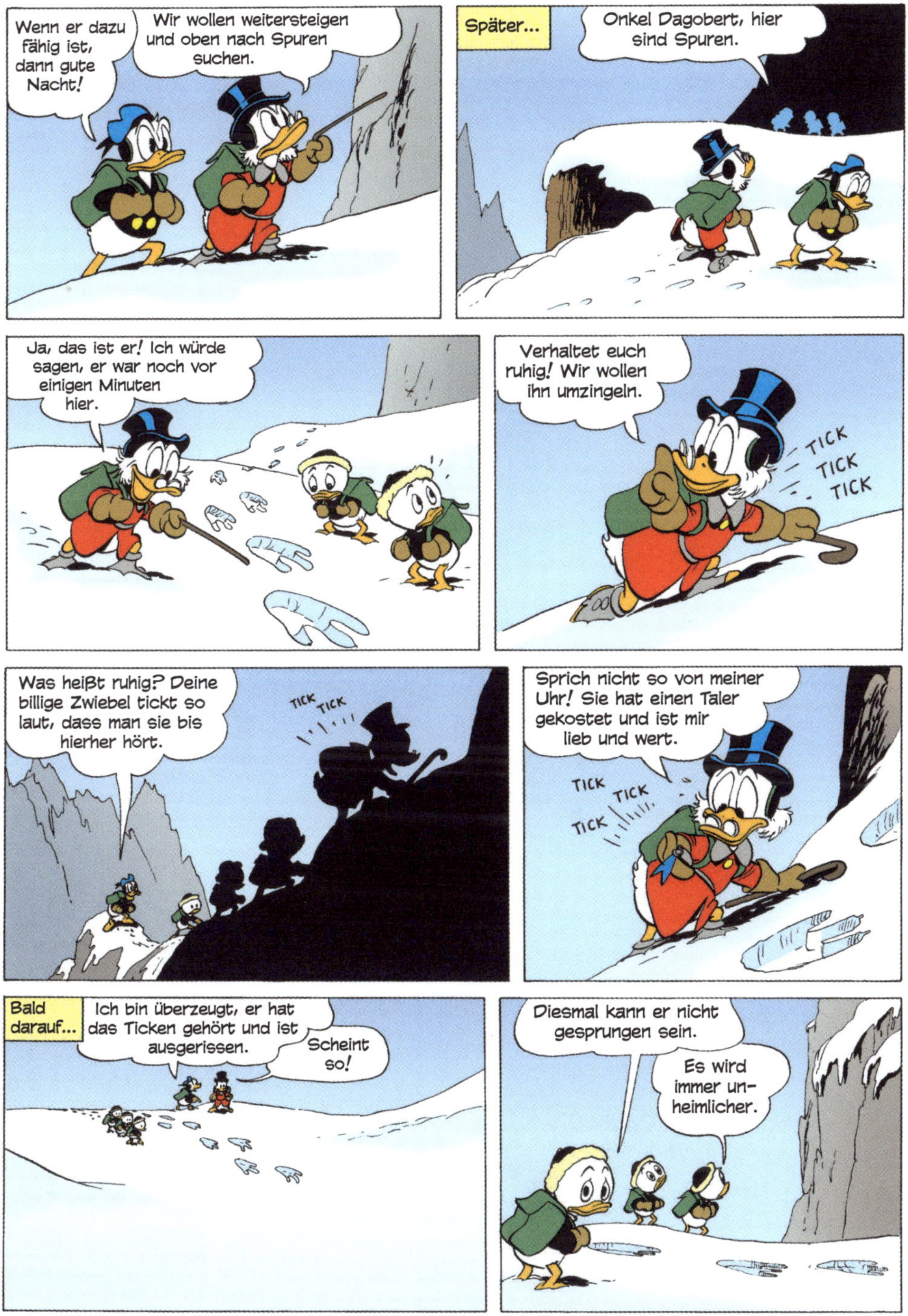

Wenn er dazu fähig ist, dann gute Nacht!
Wir wollen weitersteigen und oben nach Spuren suchen.
Später...
Onkel Dagobert, hier sind Spuren.
Ja, das ist er! Ich würde sagen, er war noch vor einigen Minuten hier.
Verhaltet euch ruhig! Wir wollen ihn umzingeln.
TICK TICK TICK
Was heißt ruhig? Deine billige Zwiebel tickt so laut, dass man sie bis hierher hört.
TICK TICK
Sprich nicht so von meiner Uhr! Sie hat einen Taler gekostet und ist mir lieb und wert.
TICK TICK TICK
Bald darauf...
Ich bin überzeugt, er hat das Ticken gehört und ist ausgerissen.
Scheint so!
Diesmal kann er nicht gesprungen sein.
Es wird immer unheimlicher.

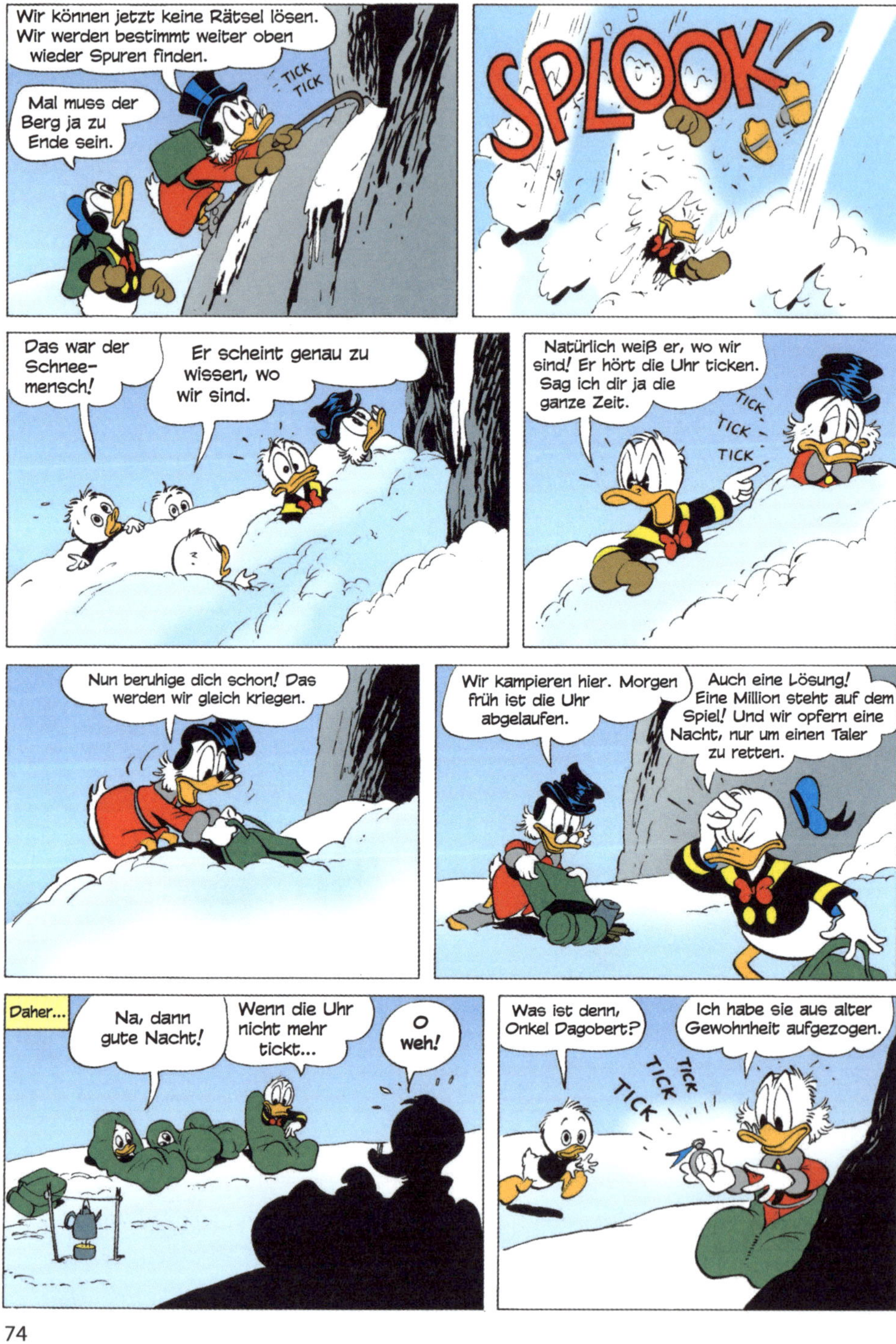
Wir können jetzt keine Rätsel lösen. Wir werden bestimmt weiter oben wieder Spuren finden.
Mal muss der Berg ja zu Ende sein.
TICK TICK
SPLOOK
Das war der Schneemensch!
Er scheint genau zu wissen, wo wir sind.
Natürlich weiß er, wo wir sind! Er hört die Uhr ticken. Sag ich dir ja die ganze Zeit.
TICK TICK TICK
Nun beruhige dich schon! Das werden wir gleich kriegen.
Wir kampieren hier. Morgen früh ist die Uhr abgelaufen.
Auch eine Lösung! Eine Million steht auf dem Spiel! Und wir opfern eine Nacht, nur um einen Taler zu retten.
Daher…
Na, dann gute Nacht!
Wenn die Uhr nicht mehr tickt…
O weh!
Was ist denn, Onkel Dagobert?
Ich habe sie aus alter Gewohnheit aufgezogen.
TICK TICK TICK

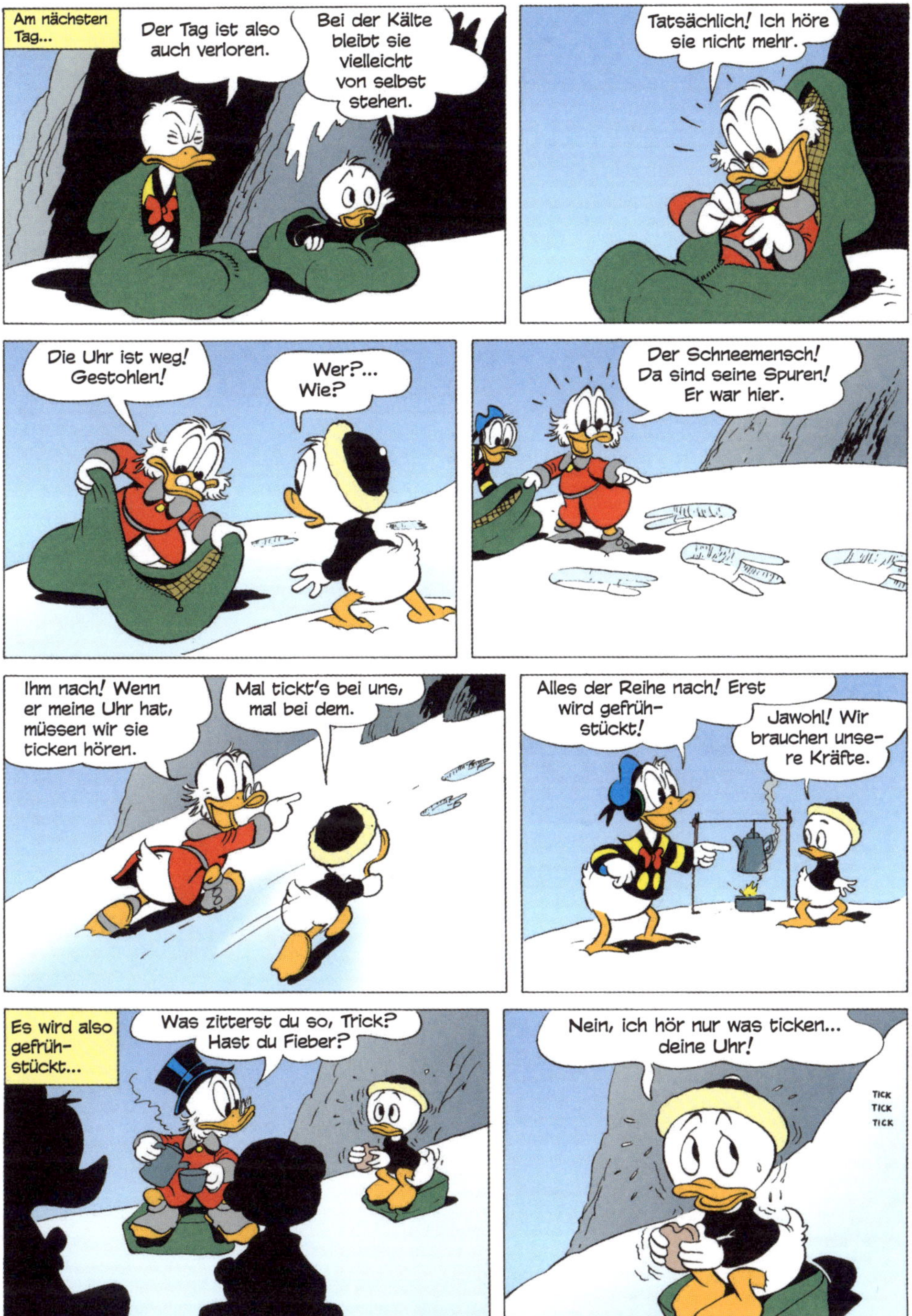
Am nächsten Tag...
Der Tag ist also auch verloren.
Bei der Kälte bleibt sie vielleicht von selbst stehen.
Tatsächlich! Ich höre sie nicht mehr.
Die Uhr ist weg! Gestohlen!
Wer?... Wie?
Der Schneemensch! Da sind seine Spuren! Er war hier.
Ihm nach! Wenn er meine Uhr hat, müssen wir sie ticken hören.
Mal tickt's bei uns, mal bei dem.
Alles der Reihe nach! Erst wird gefrühstückt!
Jawohl! Wir brauchen unsere Kräfte.
Es wird also gefrühstückt...
Was zitterst du so, Trick? Hast du Fieber?
Nein, ich hör nur was ticken... deine Uhr!
TICK
TICK
TICK

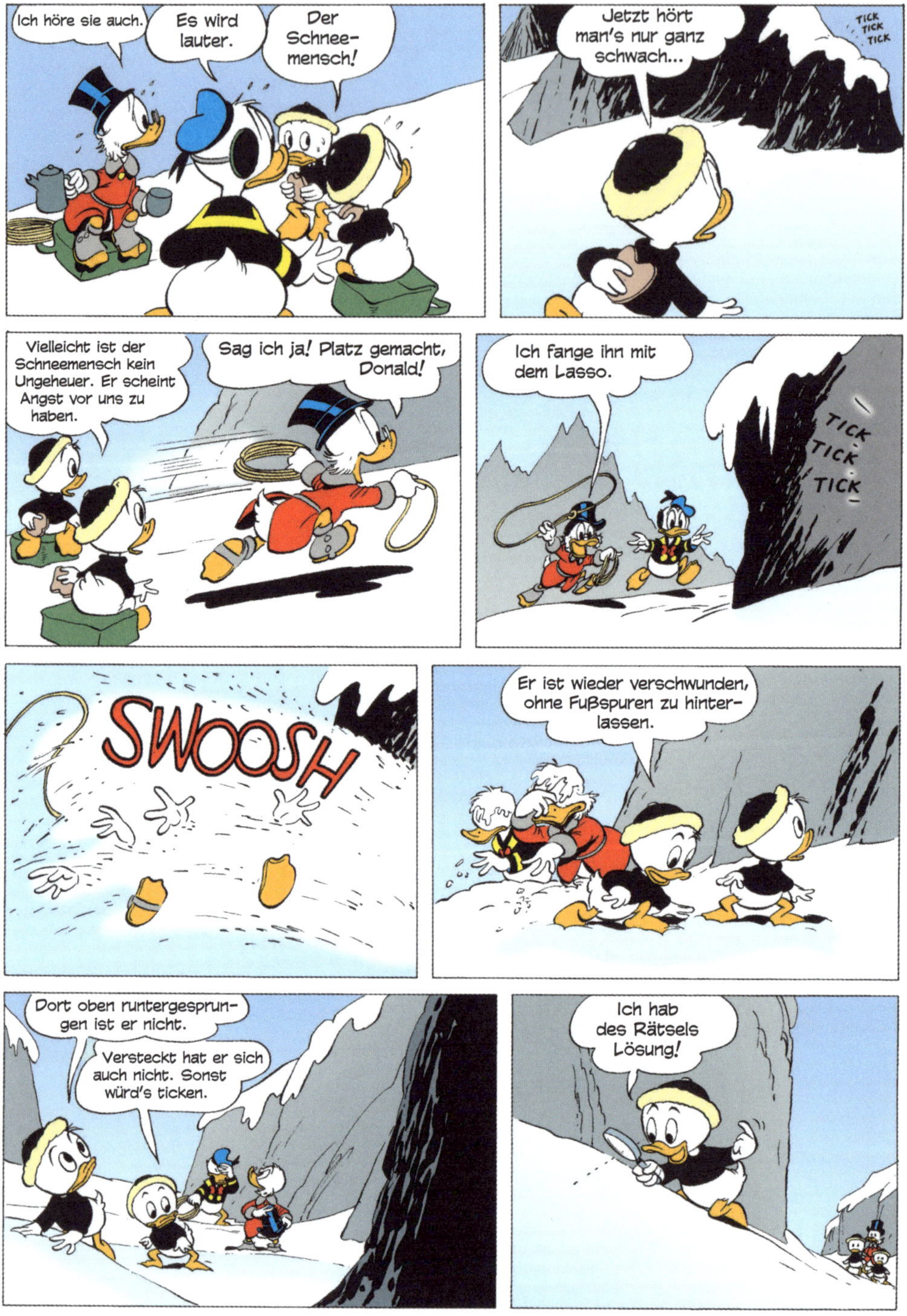
Ich höre sie auch.
Es wird lauter.
Der Schneemensch!
Jetzt hört man's nur ganz schwach...
TICK TICK TICK
Vielleicht ist der Schneemensch kein Ungeheuer. Er scheint Angst vor uns zu haben.
Sag ich ja! Platz gemacht, Donald!
Ich fange ihn mit dem Lasso.
TICK TICK TICK
SWOOSH
Er ist wieder verschwunden, ohne Fußspuren zu hinterlassen.
Dort oben runtergesprungen ist er nicht.
Versteckt hat er sich auch nicht. Sonst würd's ticken.
Ich hab des Rätsels Lösung!

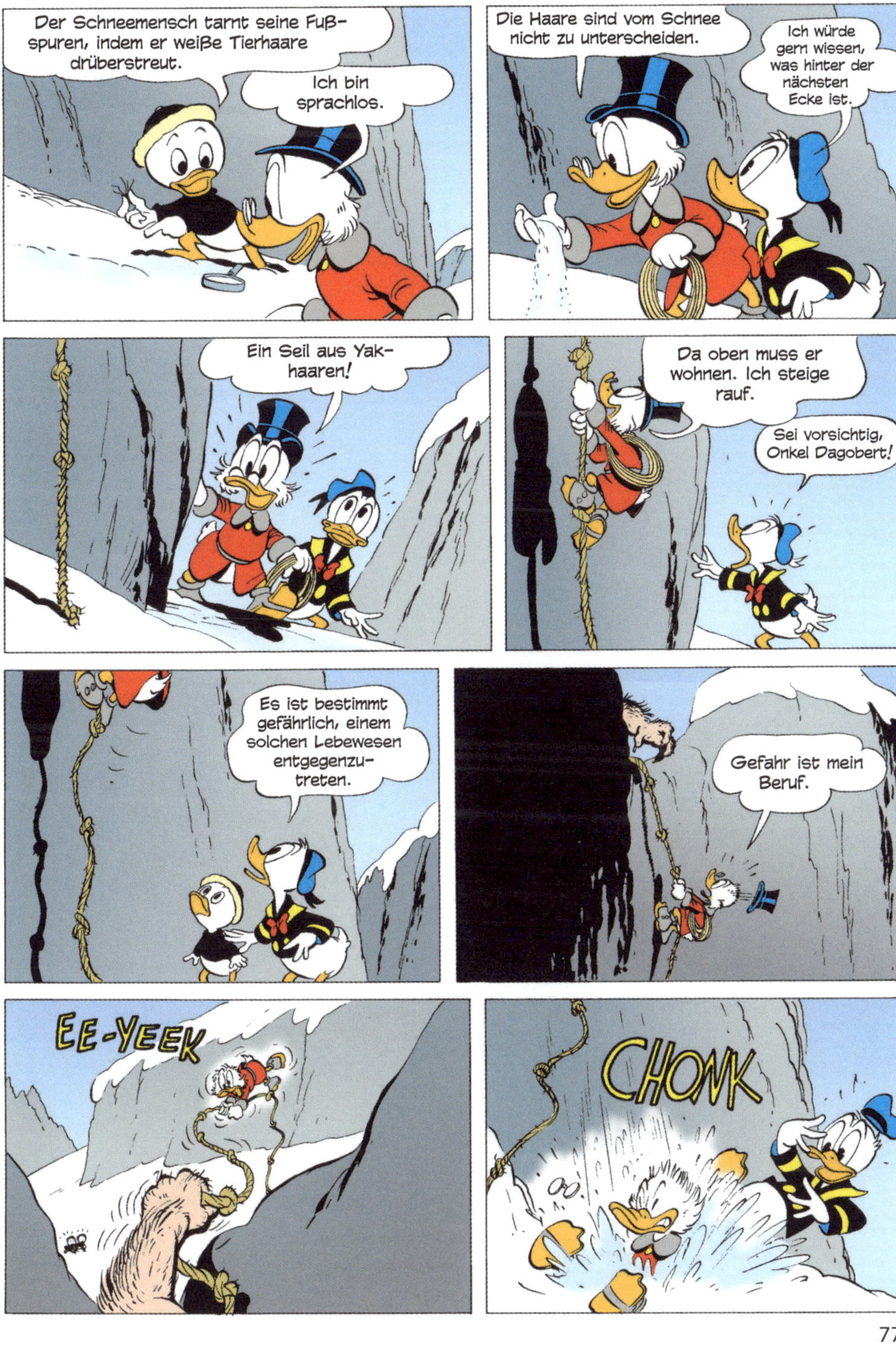
Der Schneemensch tarnt seine Fuß-
spuren, indem er weiße Tierhaare
drüberstreut.
Ich bin
sprachlos.
Die Haare sind vom Schnee
nicht zu unterscheiden.
Ich würde
gern wissen,
was hinter der
nächsten
Ecke ist.
Ein Seil aus Yak-
haaren!
Da oben muss er
wohnen. Ich steige
rauf.
Sei vorsichtig,
Onkel Dagobert!
Es ist bestimmt
gefährlich, einem
solchen Lebewesen
entgegenzu-
treten.
Gefahr ist mein
Beruf.
EE-YEEK
CHONK

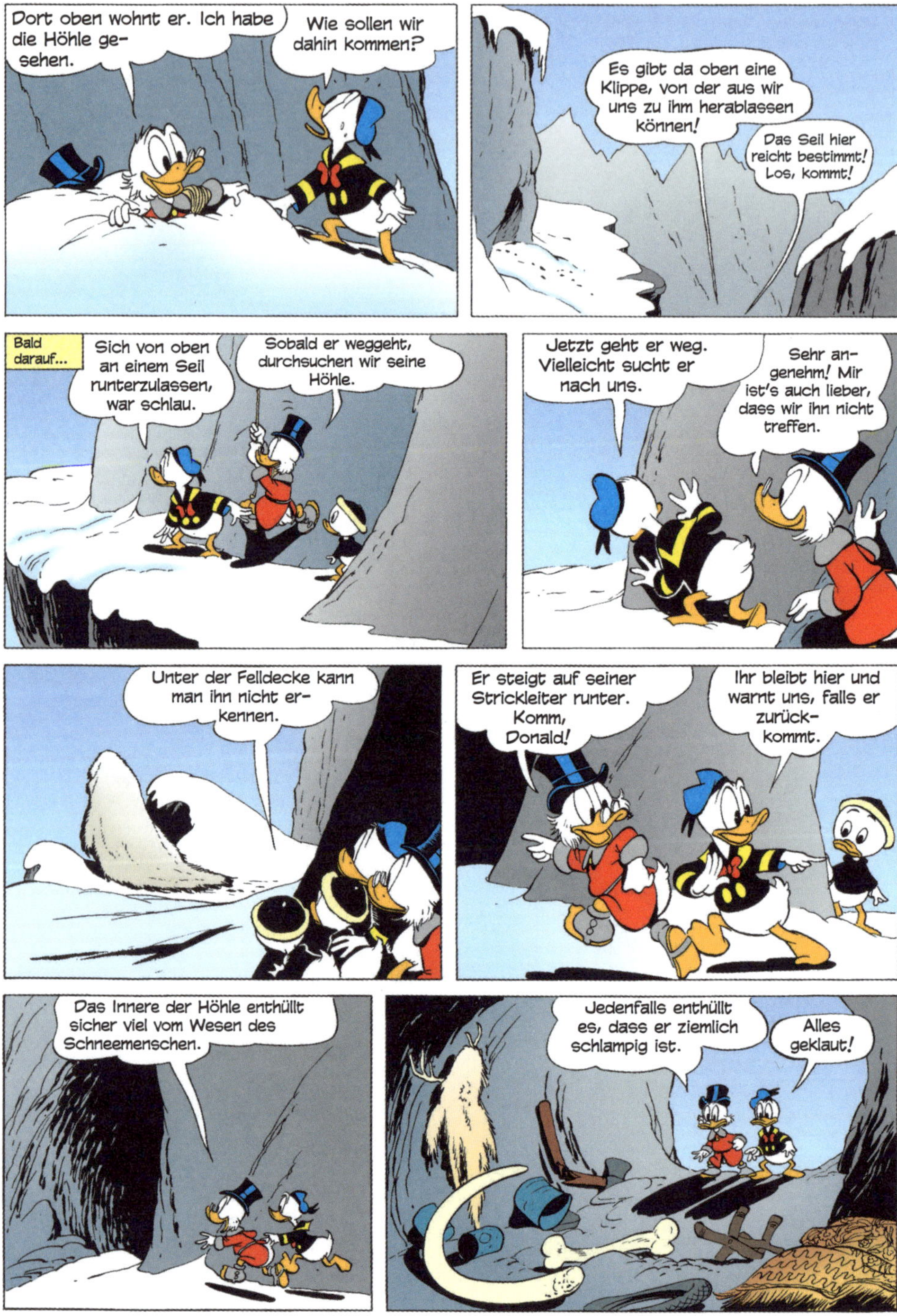

Dort oben wohnt er. Ich habe die Höhle gesehen.
Wie sollen wir dahin kommen?
Es gibt da oben eine Klippe, von der aus wir uns zu ihm herablassen können!
Das Seil hier reicht bestimmt! Los, kommt!
Bald darauf...
Sich von oben an einem Seil runterzulassen, war schlau.
Sobald er weggeht, durchsuchen wir seine Höhle.
Jetzt geht er weg. Vielleicht sucht er nach uns.
Sehr angenehm! Mir ist's auch lieber, dass wir ihn nicht treffen.
Unter der Felldecke kann man ihn nicht erkennen.
Er steigt auf seiner Strickleiter runter. Komm, Donald!
Ihr bleibt hier und warnt uns, falls er zurückkommt.
Das Innere der Höhle enthüllt sicher viel vom Wesen des Schneemenschen.
Jedenfalls enthüllt es, dass er ziemlich schlampig ist.
Alles geklaut!

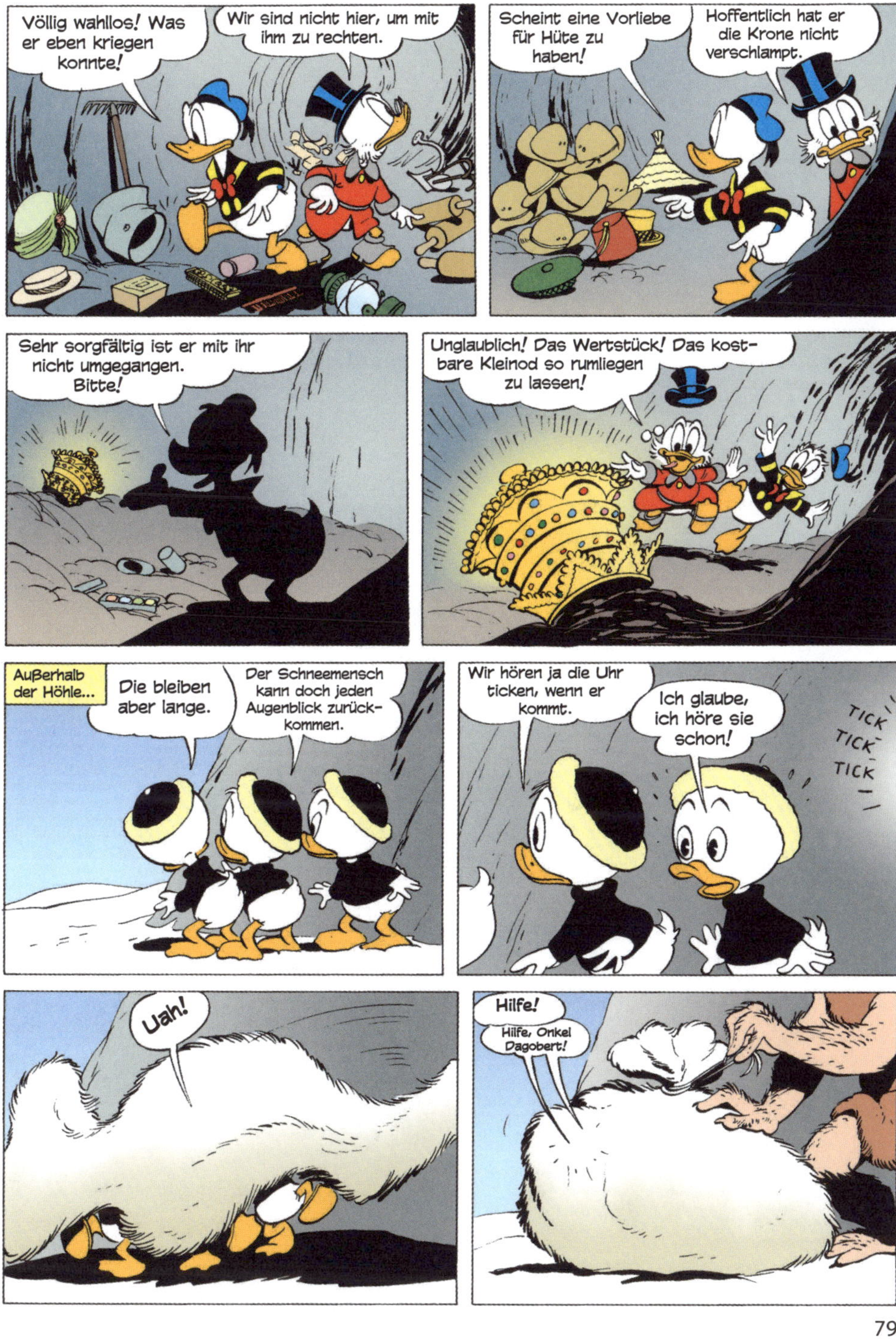

Völlig wahllos! Was er eben kriegen konnte!
Wir sind nicht hier, um mit ihm zu rechten.
Scheint eine Vorliebe für Hüte zu haben!
Hoffentlich hat er die Krone nicht verschlampt.
Sehr sorgfältig ist er mit ihr nicht umgegangen. Bitte!
Unglaublich! Das Wertstück! Das kostbare Kleinod so rumliegen zu lassen!
Außerhalb der Höhle...
Die bleiben aber lange.
Der Schneemensch kann doch jeden Augenblick zurückkommen.
Wir hören ja die Uhr ticken, wenn er kommt.
Ich glaube, ich höre sie schon!
TICK TICK TICK
Uah!
Hilfe!
Hilfe, Onkel Dagobert!

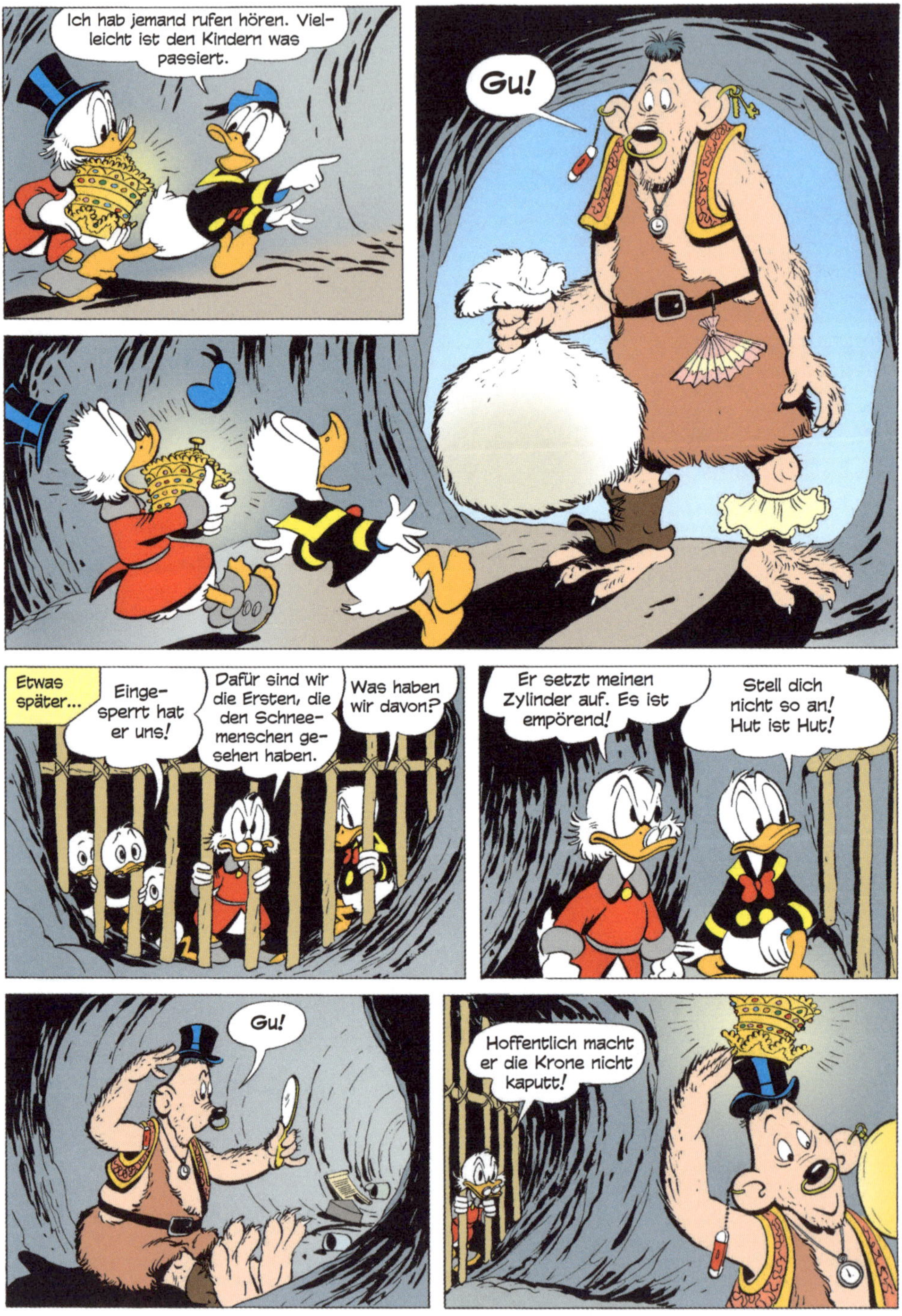

Ich hab jemand rufen hören. Vielleicht ist den Kindern was passiert.
Gu!
Etwas später...
Eingesperrt hat er uns!
Dafür sind wir die Ersten, die den Schneemenschen gesehen haben.
Was haben wir davon?
Er setzt meinen Zylinder auf. Es ist empörend!
Stell dich nicht so an! Hut ist Hut!
Gu!
Hoffentlich macht er die Krone nicht kaputt!

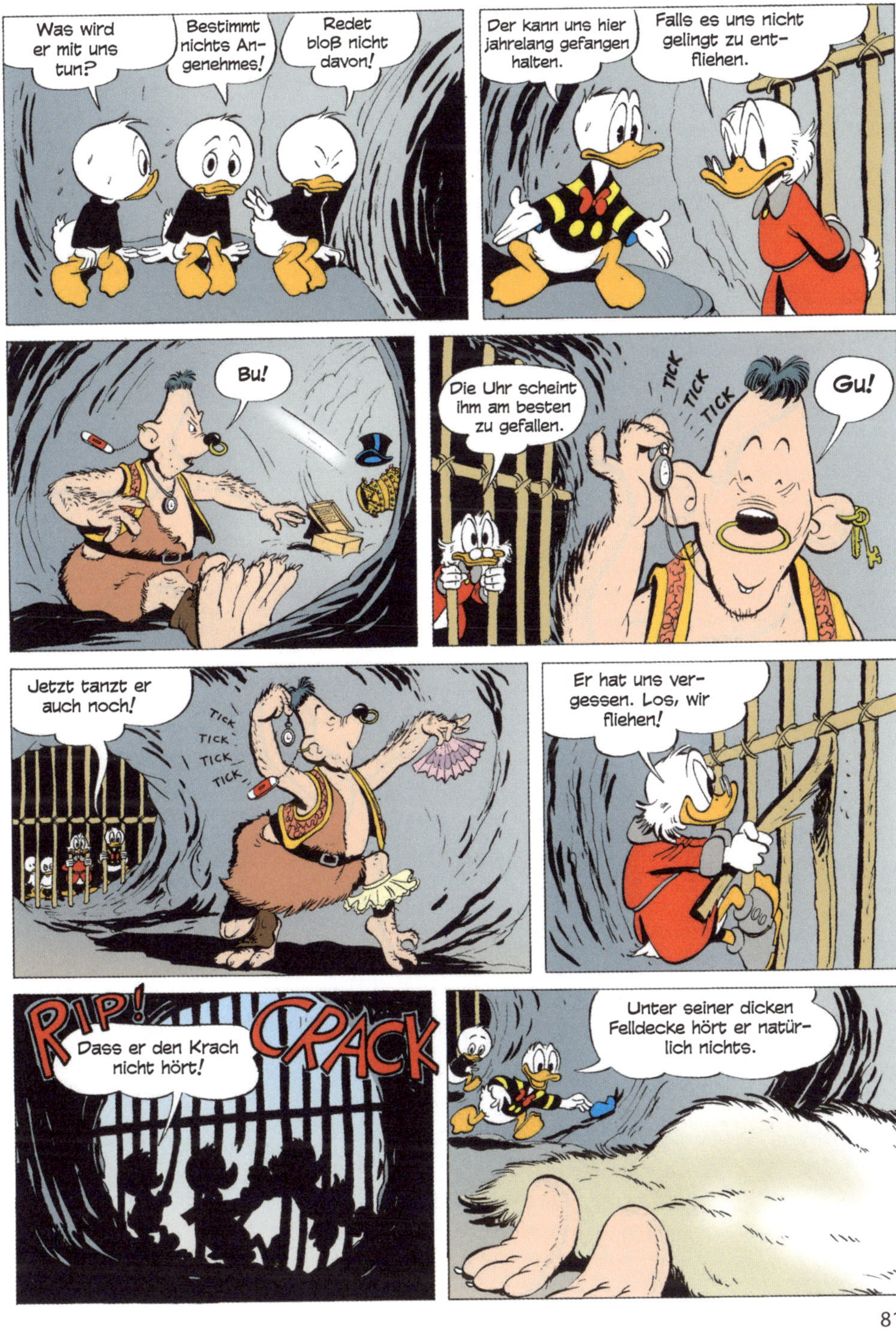
Was wird er mit uns tun?
Bestimmt nichts Angenehmes!
Redet bloß nicht davon!
Der kann uns hier jahrelang gefangen halten.
Falls es uns nicht gelingt zu entfliehen.
Bu!
Die Uhr scheint ihm am besten zu gefallen.
TICK TICK TICK
Gu!
Jetzt tanzt er auch noch!
TICK TICK TICK TICK
Er hat uns vergessen. Los, wir fliehen!
RIP!
CRACK
Dass er den Krach nicht hört!
Unter seiner dicken Felldecke hört er natürlich nichts.

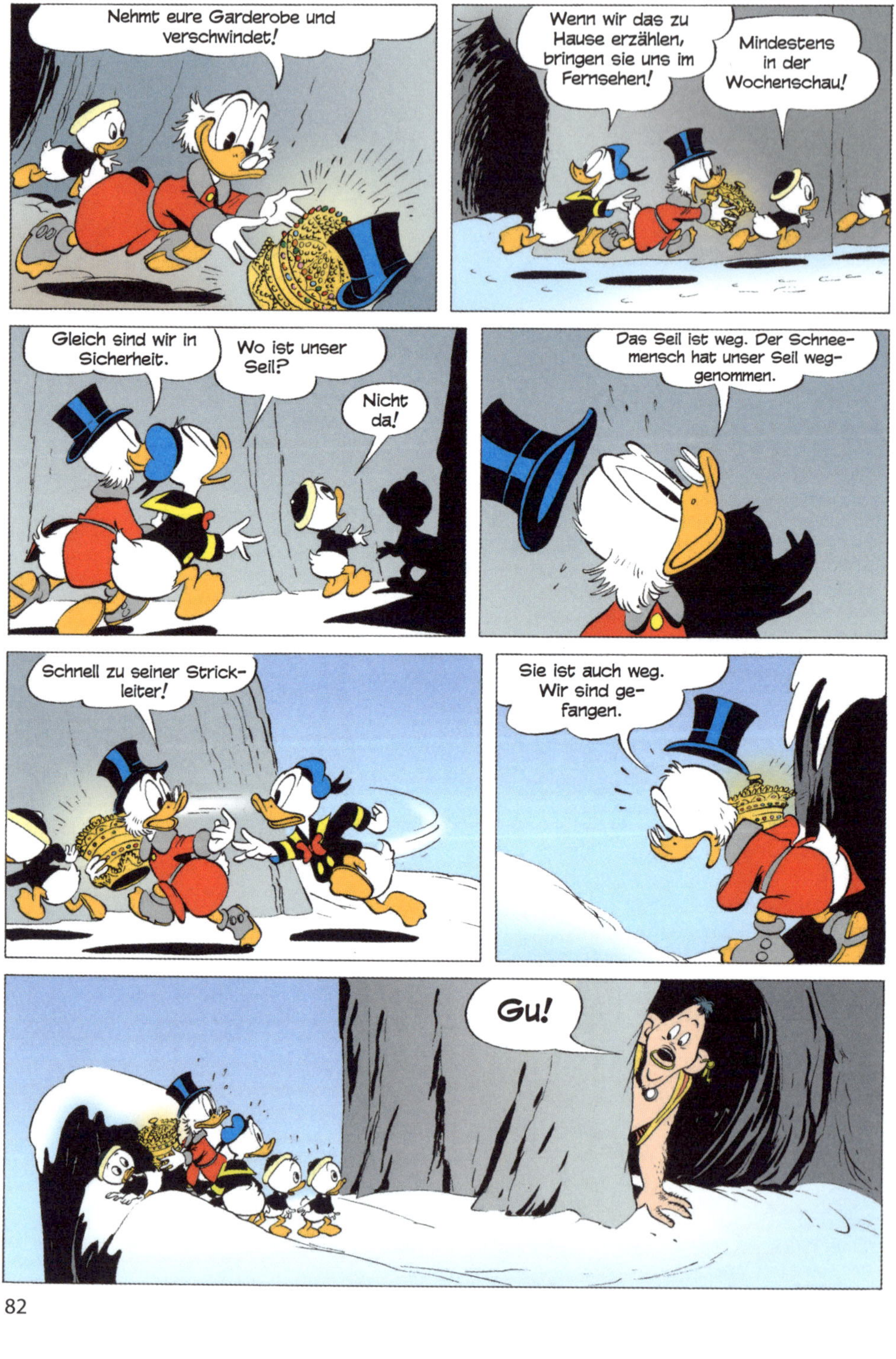
Nehmt eure Garderobe und verschwindet!
Wenn wir das zu Hause erzählen, bringen sie uns im Fernsehen!
Mindestens in der Wochenschau!
Gleich sind wir in Sicherheit.
Wo ist unser Seil?
Nicht da!
Das Seil ist weg. Der Schneemensch hat unser Seil weggenommen.
Schnell zu seiner Strickleiter!
Sie ist auch weg. Wir sind gefangen.
Gu!

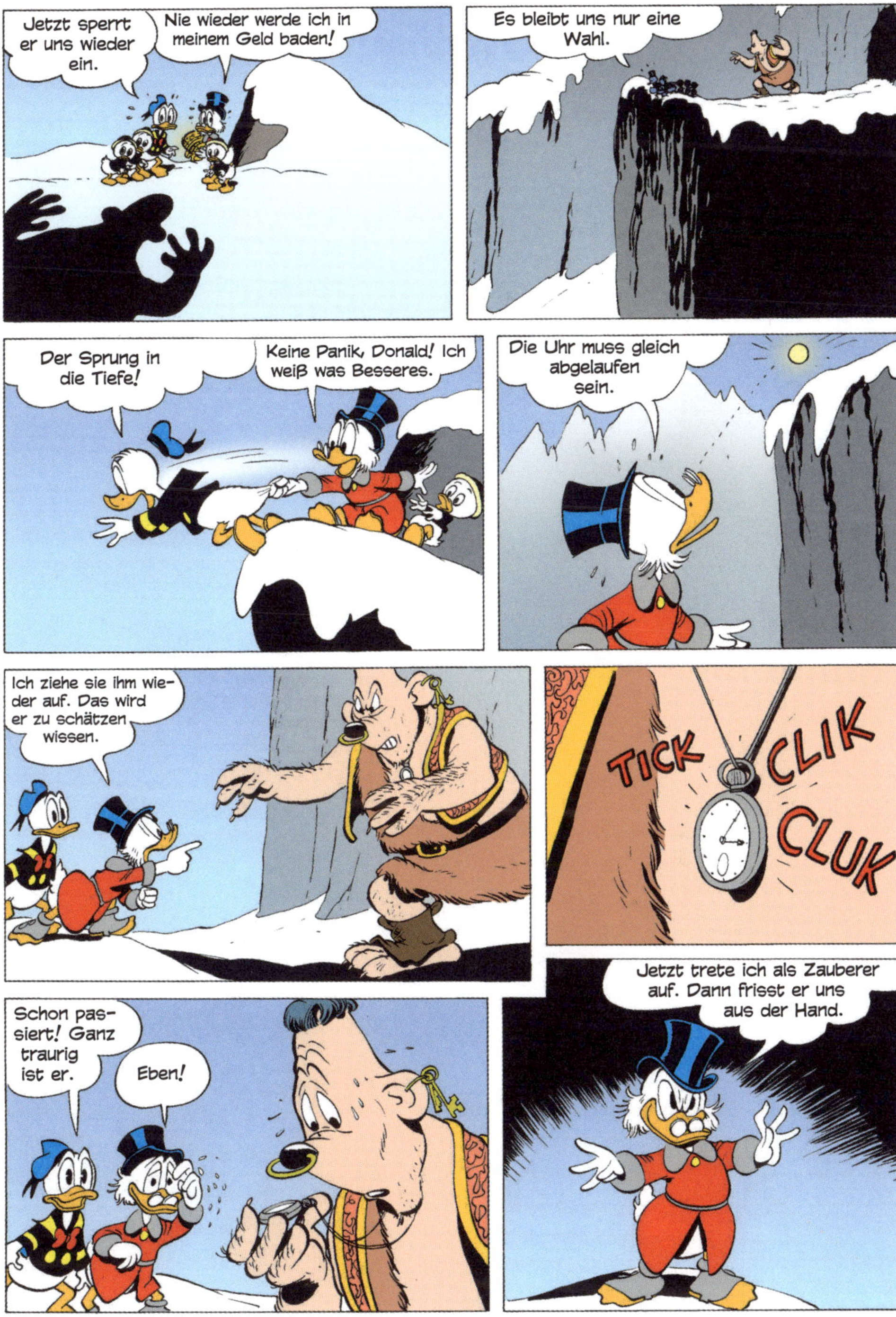
Jetzt sperrt er uns wieder ein.
Nie wieder werde ich in meinem Geld baden!
Es bleibt uns nur eine Wahl.
Der Sprung in die Tiefe!
Keine Panik, Donald! Ich weiß was Besseres.
Die Uhr muss gleich abgelaufen sein.
Ich ziehe sie ihm wieder auf. Das wird er zu schätzen wissen.
TICK
CLIK
CLUK
Schon passiert! Ganz traurig ist er.
Eben!
Jetzt trete ich als Zauberer auf. Dann frisst er uns aus der Hand.

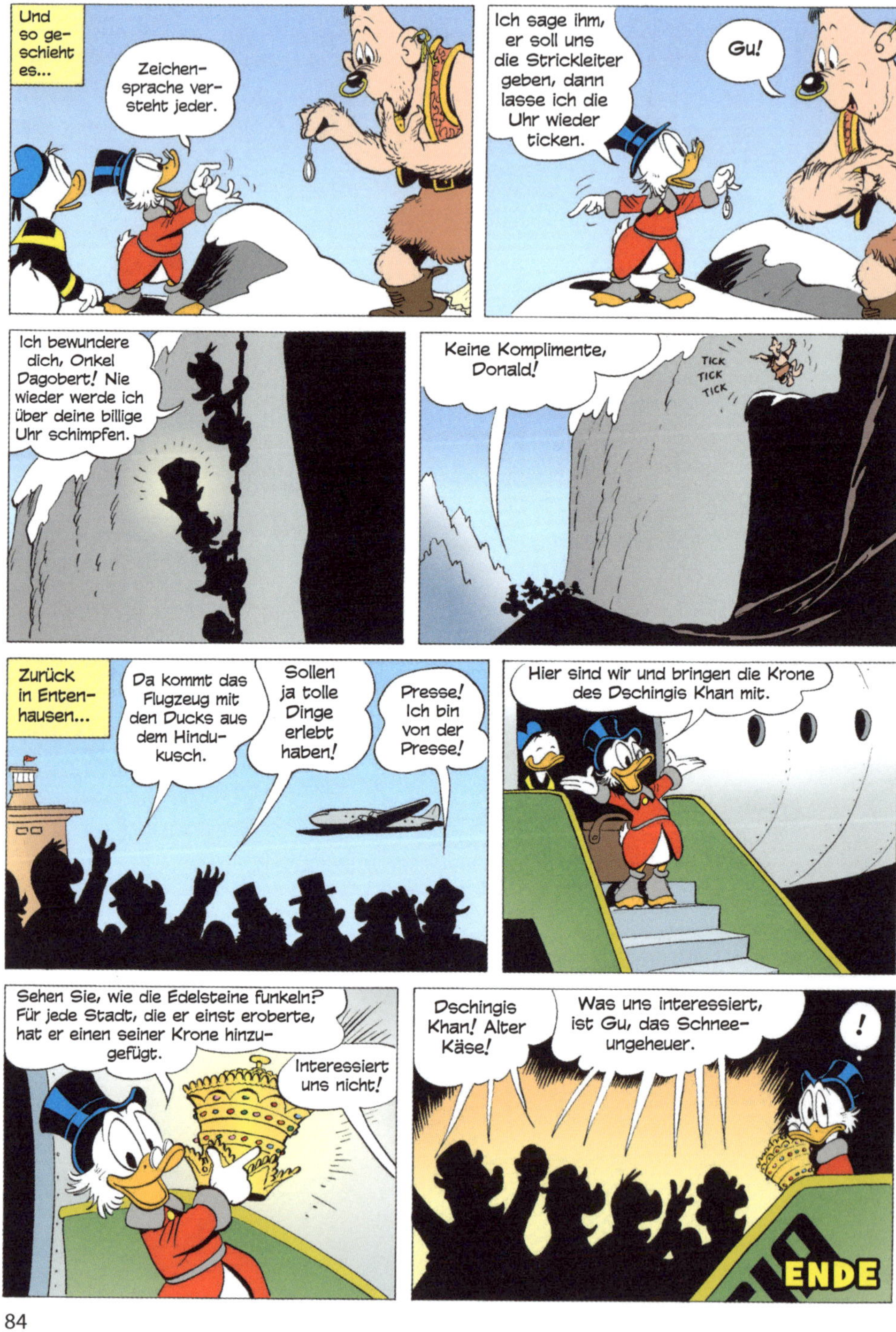

Und so geschieht es...
Zeichensprache versteht jeder.
Ich sage ihm, er soll uns die Strickleiter geben, dann lasse ich die Uhr wieder ticken.
Gu!
Ich bewundere dich, Onkel Dagobert! Nie wieder werde ich über deine billige Uhr schimpfen.
Keine Komplimente, Donald!
TICK TICK TICK
Zurück in Entenhausen...
Da kommt das Flugzeug mit den Ducks aus dem Hindukusch.
Sollen ja tolle Dinge erlebt haben!
Presse! Ich bin von der Presse!
Hier sind wir und bringen die Krone des Dschingis Khan mit.
Sehen Sie, wie die Edelsteine funkeln? Für jede Stadt, die er einst eroberte, hat er einen seiner Krone hinzugefügt.
Interessiert uns nicht!
Dschingis Khan! Alter Käse!
Was uns interessiert, ist Gu, das Schneeungeheuer.
!
ENDE

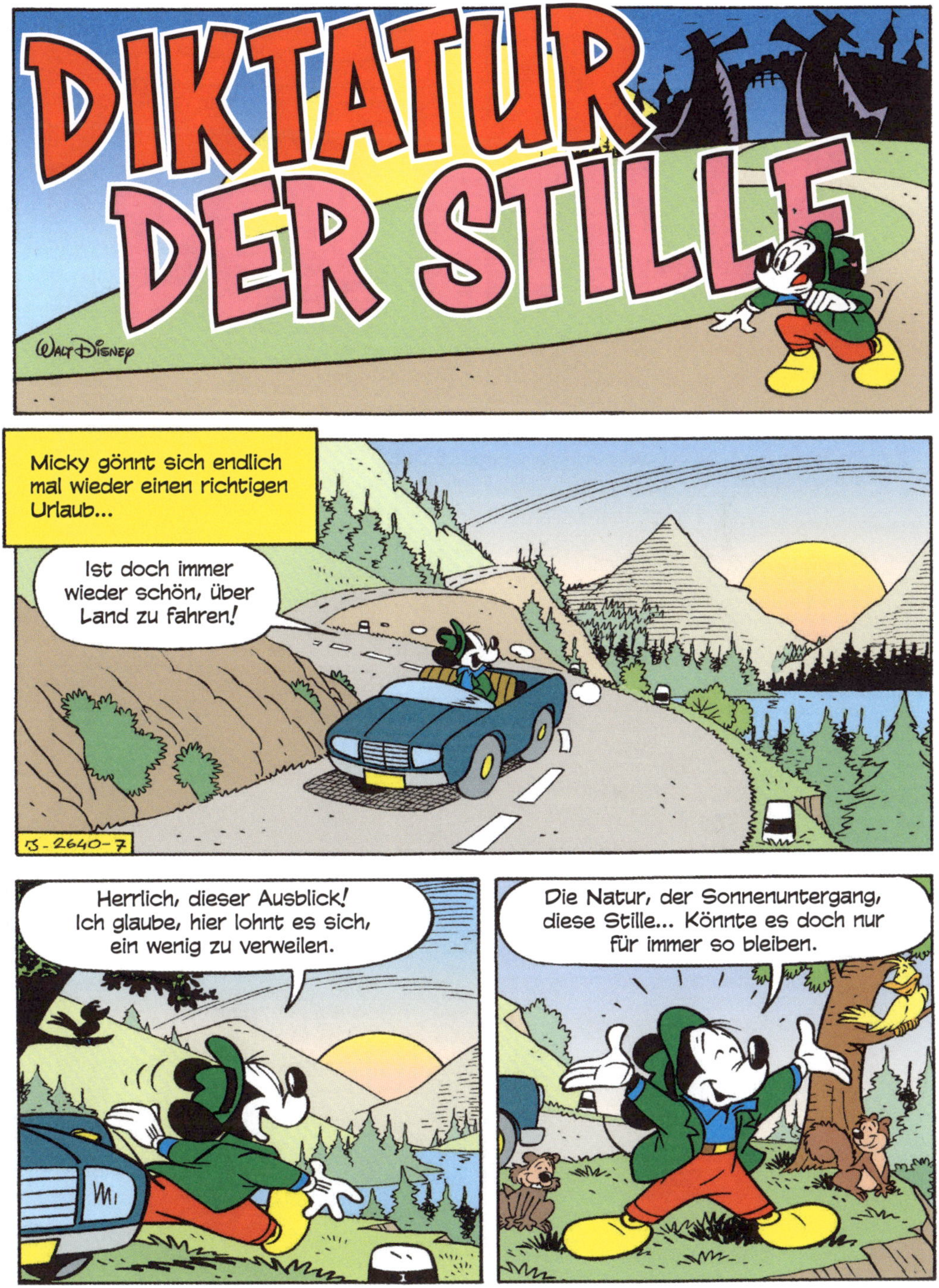
DIKTATUR DER STILLE
WALT DISNEY
Micky gönnt sich endlich mal wieder einen richtigen Urlaub...
Ist doch immer wieder schön, über Land zu fahren!
I3-2640-7
Herrlich, dieser Ausblick! Ich glaube, hier lohnt es sich, ein wenig zu verweilen.
Die Natur, der Sonnenuntergang, diese Stille... Könnte es doch nur für immer so bleiben.

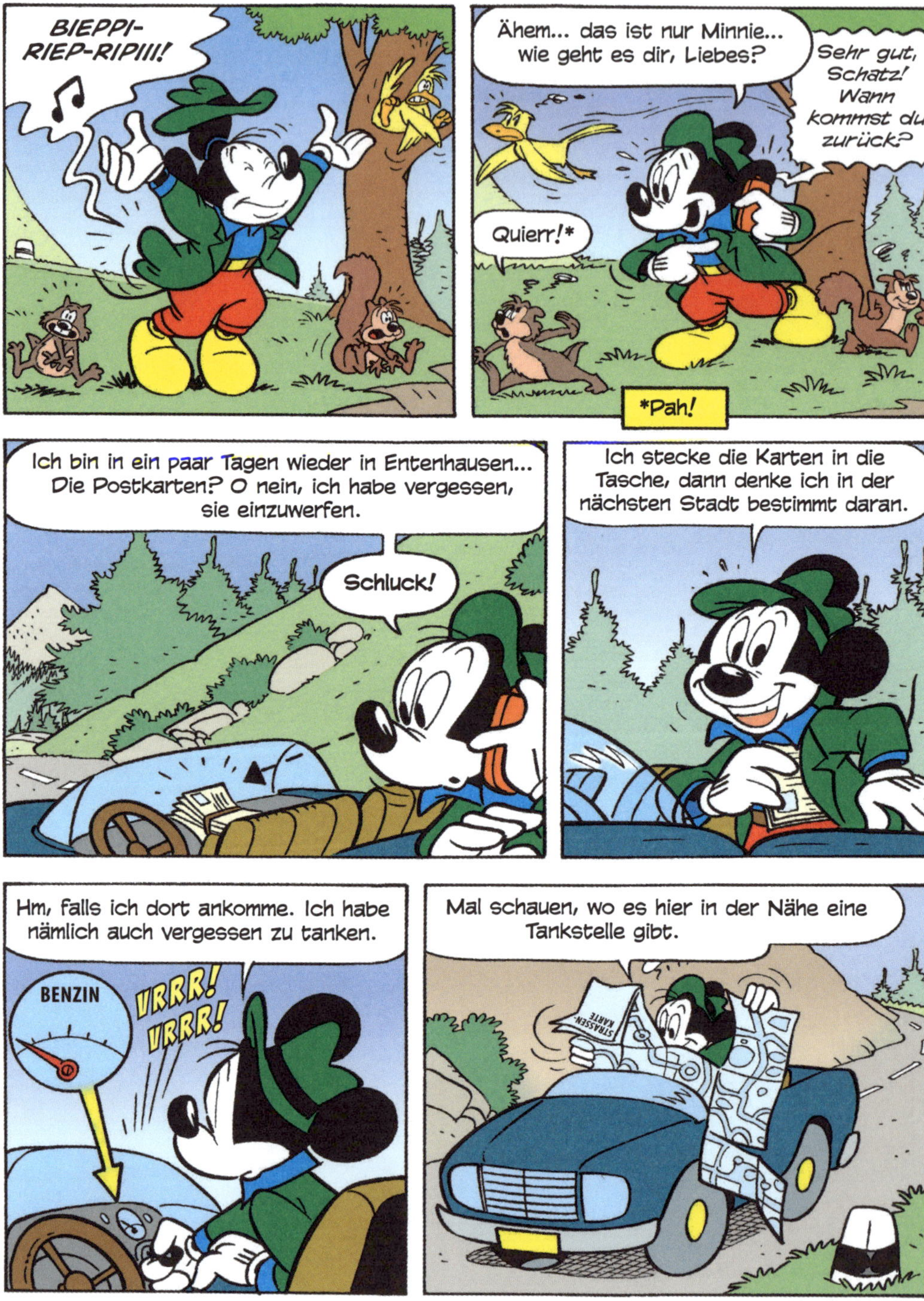
BIEPPI-RIEP-RIPIII!
Ähem... das ist nur Minnie... wie geht es dir, Liebes?
Sehr gut, Schatz! Wann kommst du zurück?
Quierr!*
*Pah!
Ich bin in ein paar Tagen wieder in Entenhausen... Die Postkarten? O nein, ich habe vergessen, sie einzuwerfen.
Schluck!
Ich stecke die Karten in die Tasche, dann denke ich in der nächsten Stadt bestimmt daran.
Hm, falls ich dort ankomme. Ich habe nämlich auch vergessen zu tanken.
BENZIN
VRRR! VRRR!
Mal schauen, wo es hier in der Nähe eine Tankstelle gibt.
STRASSEN-KARTE

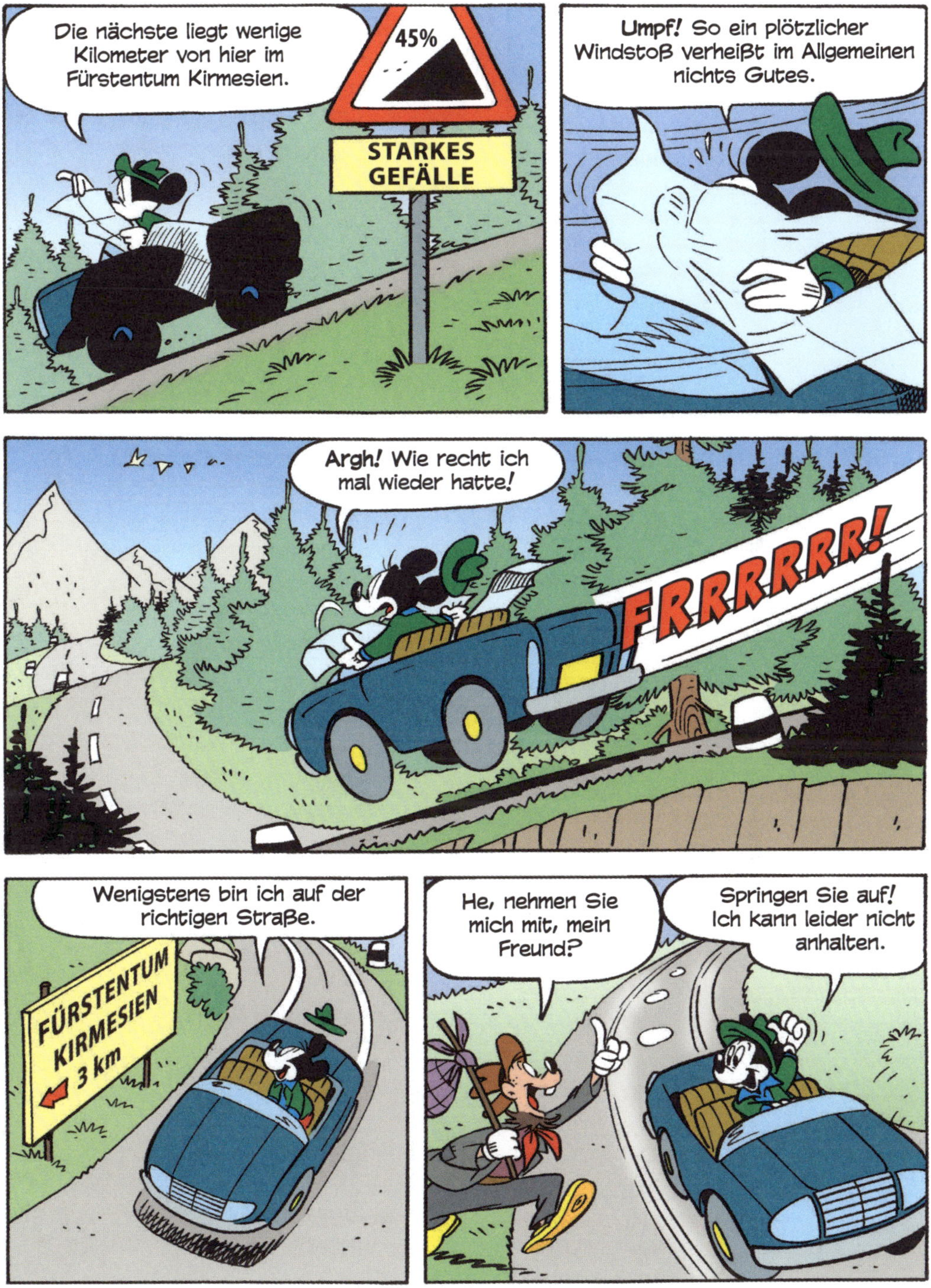
Die nächste liegt wenige Kilometer von hier im Fürstentum Kirmesien.
45%
STARKES GEFÄLLE
Umpf! So ein plötzlicher Windstoß verheißt im Allgemeinen nichts Gutes.
Argh! Wie recht ich mal wieder hatte!
FRRRRRR!
Wenigstens bin ich auf der richtigen Straße.
FÜRSTENTUM KIRMESIEN 3 km
He, nehmen Sie mich mit, mein Freund?
Springen Sie auf! Ich kann leider nicht anhalten.

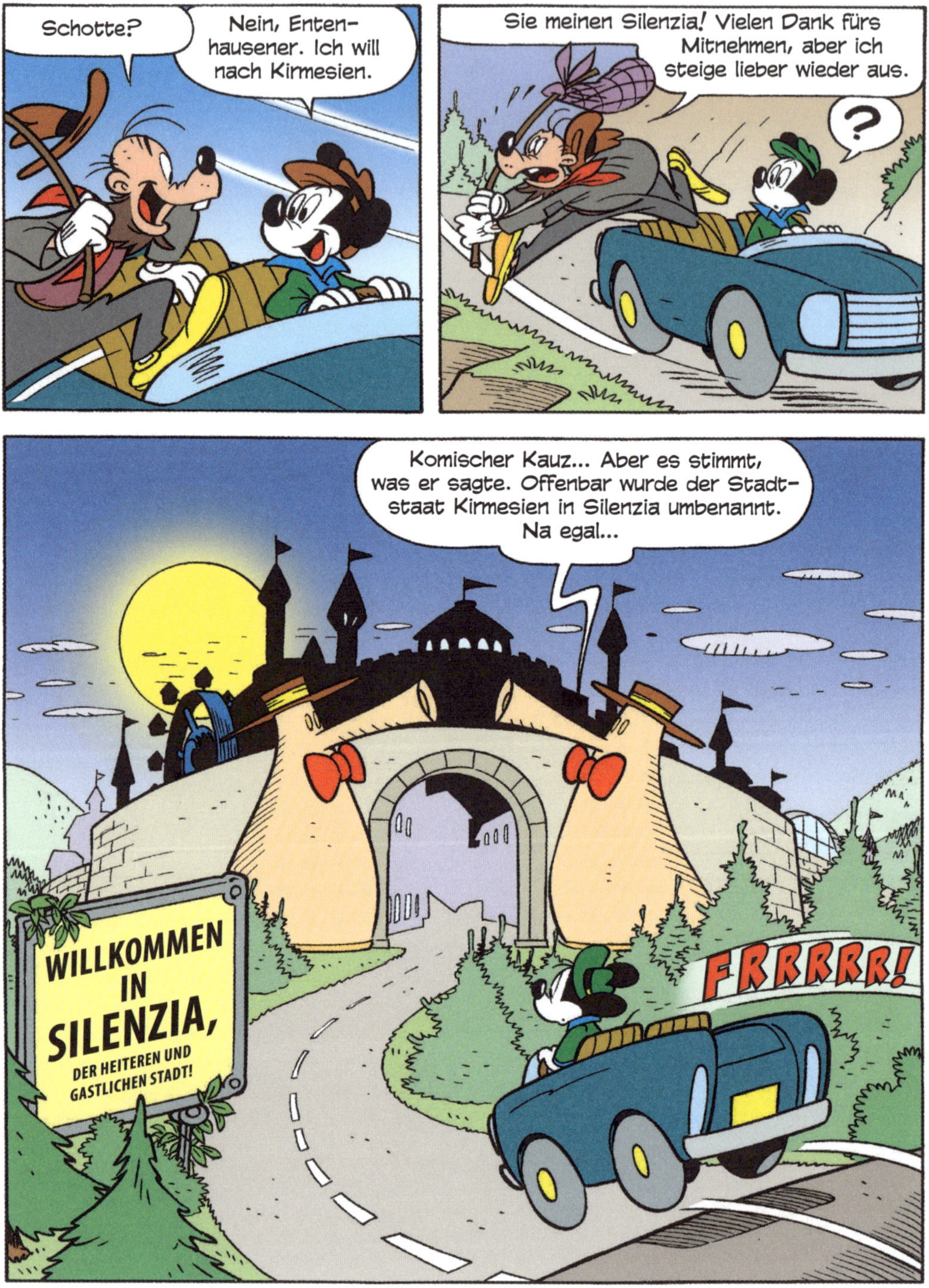
Schotte?
Nein, Entenhausener. Ich will nach Kirmesien.
Sie meinen Silenzia! Vielen Dank fürs Mitnehmen, aber ich steige lieber wieder aus.
?
Komischer Kauz... Aber es stimmt, was er sagte. Offenbar wurde der Stadtstaat Kirmesien in Silenzia umbenannt. Na egal...
WILLKOMMEN IN SILENZIA, DER HEITEREN UND GASTLICHEN STADT!
FRRRRR!

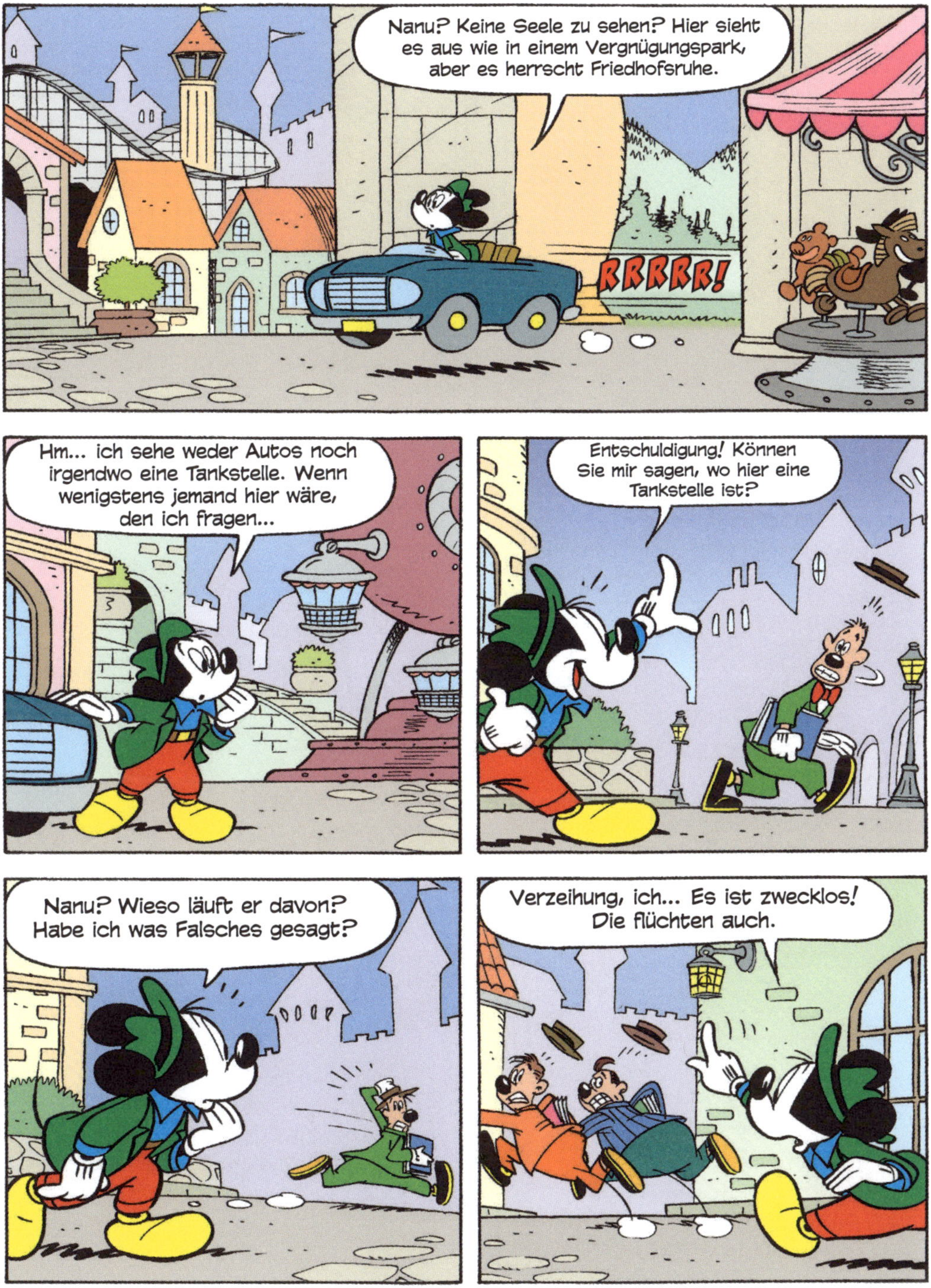
Nanu? Keine Seele zu sehen? Hier sieht es aus wie in einem Vergnügungspark, aber es herrscht Friedhofsruhe.
RRRRR!
Hm... ich sehe weder Autos noch irgendwo eine Tankstelle. Wenn wenigstens jemand hier wäre, den ich fragen...
Entschuldigung! Können Sie mir sagen, wo hier eine Tankstelle ist?
Nanu? Wieso läuft er davon? Habe ich was Falsches gesagt?
Verzeihung, ich... Es ist zwecklos! Die flüchten auch.

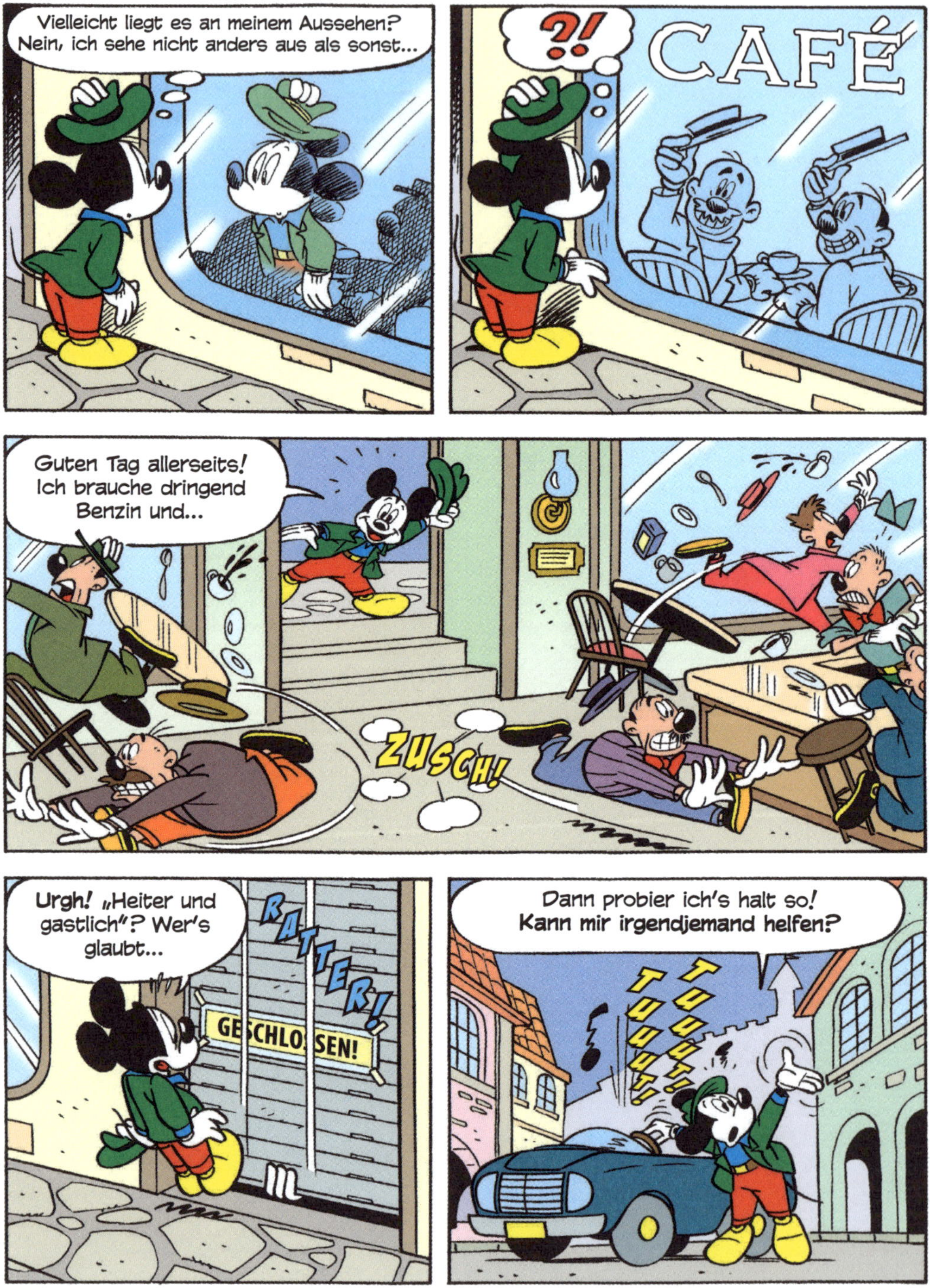
Vielleicht liegt es an meinem Aussehen? Nein, ich sehe nicht anders aus als sonst...
?!
CAFÉ
Guten Tag allerseits! Ich brauche dringend Benzin und...
ZUSCH!
Urgh! „Heiter und gastlich"? Wer's glaubt...
RATTER!
GESCHLOSSEN!
Dann probier ich's halt so! Kann mir irgendjemand helfen?
TUUUT!
TUUUT!

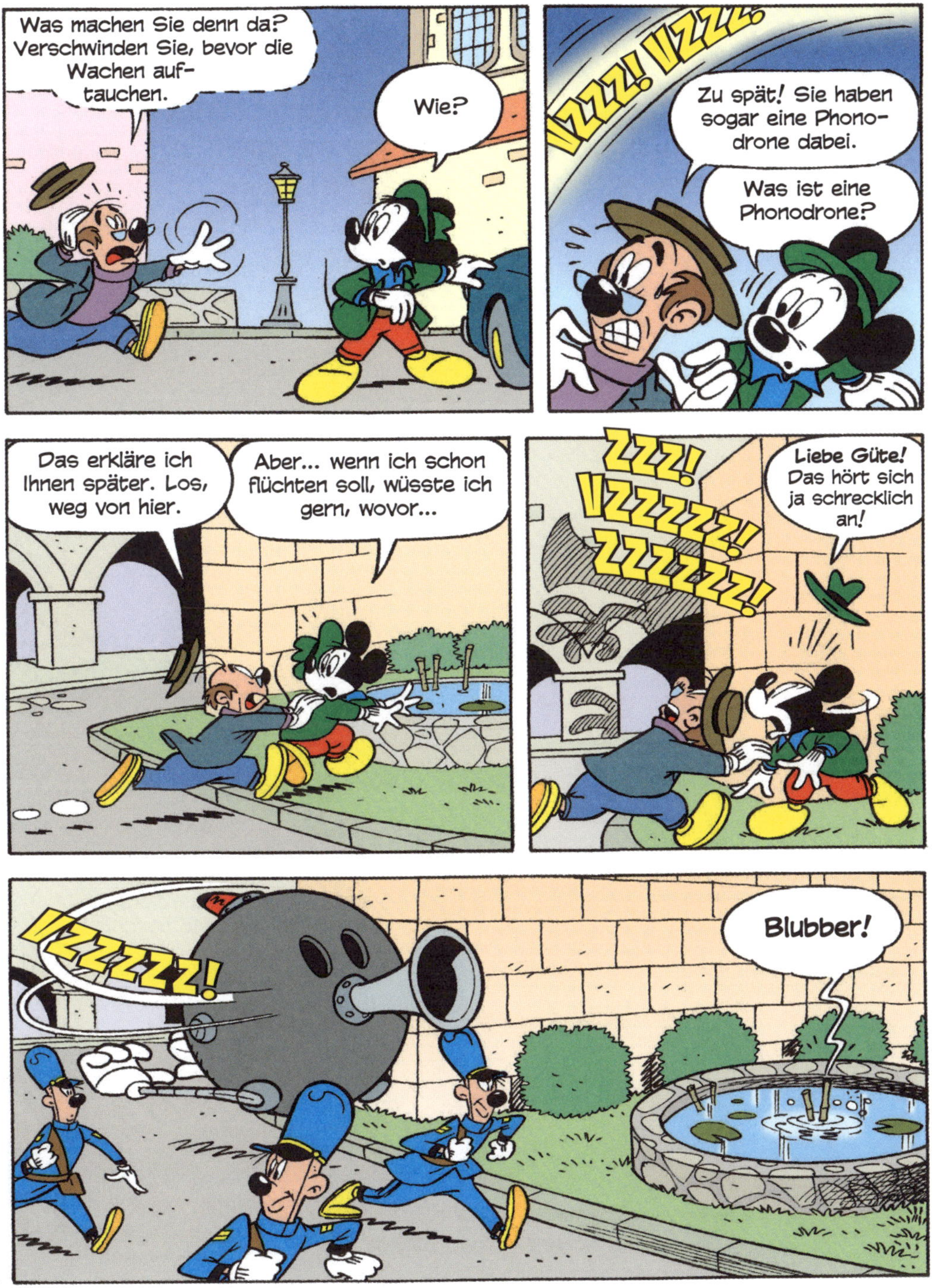
Was machen Sie denn da? Verschwinden Sie, bevor die Wachen auf- tauchen.
Wie?
VZZZ! VZZZ!
Zu spät! Sie haben sogar eine Phono- drone dabei.
Was ist eine Phonodrone?
Das erkläre ich Ihnen später. Los, weg von hier.
Aber... wenn ich schon flüchten soll, wüsste ich gern, wovor...
ZZZ! VZZZZZ! ZZZZZZ!
Liebe Güte! Das hört sich ja schrecklich an!
VZZZZZ!
Blubber!

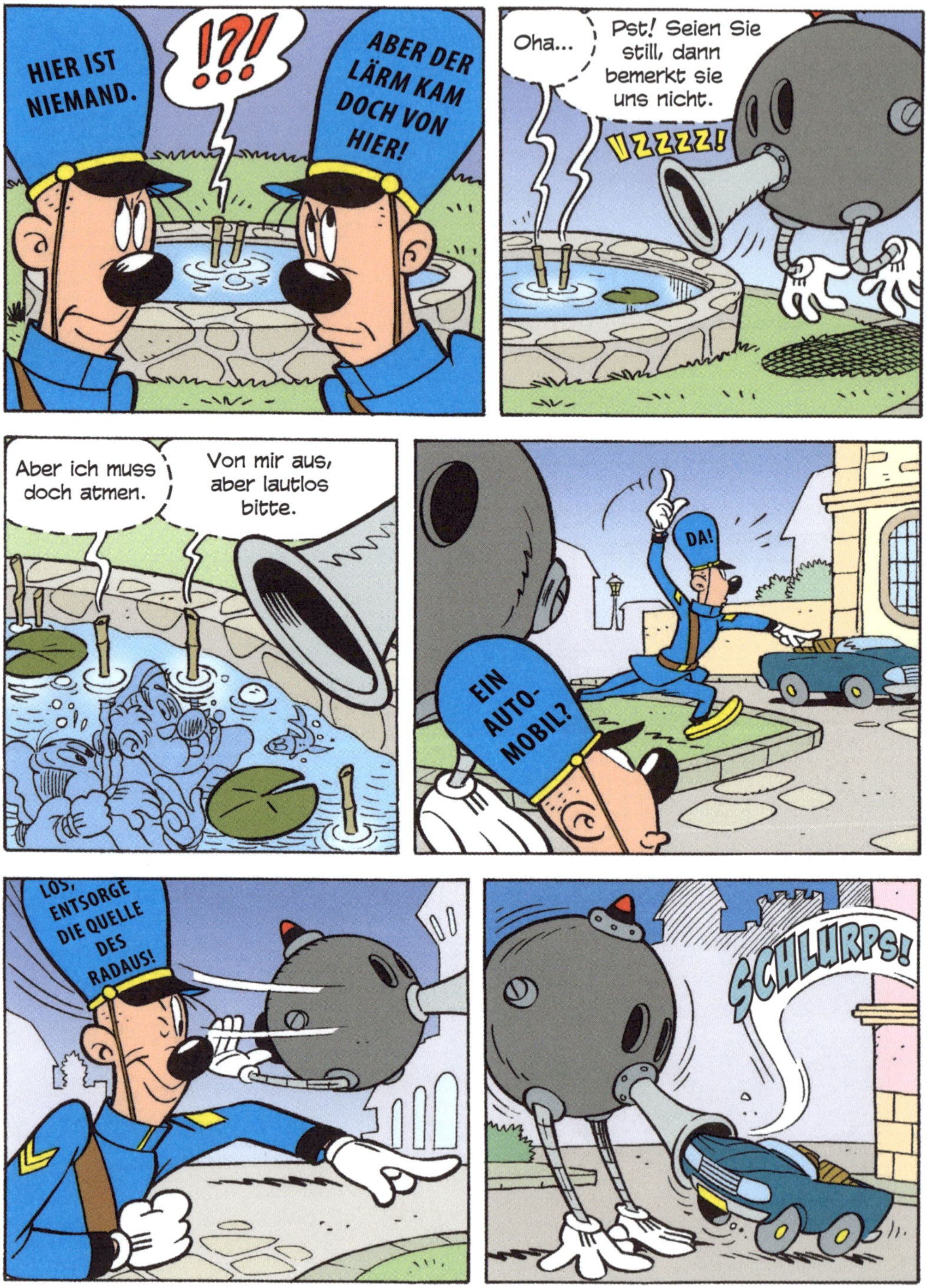
HIER IST NIEMAND.
!?!
ABER DER LÄRM KAM DOCH VON HIER!
Oha...
Pst! Seien Sie still, dann bemerkt sie uns nicht.
VZZZZ!
Aber ich muss doch atmen.
Von mir aus, aber lautlos bitte.
DA!
EIN AUTO-MOBIL?
LOS, ENTSORGE DIE QUELLE DES RADAUS!
SCHLURPS!

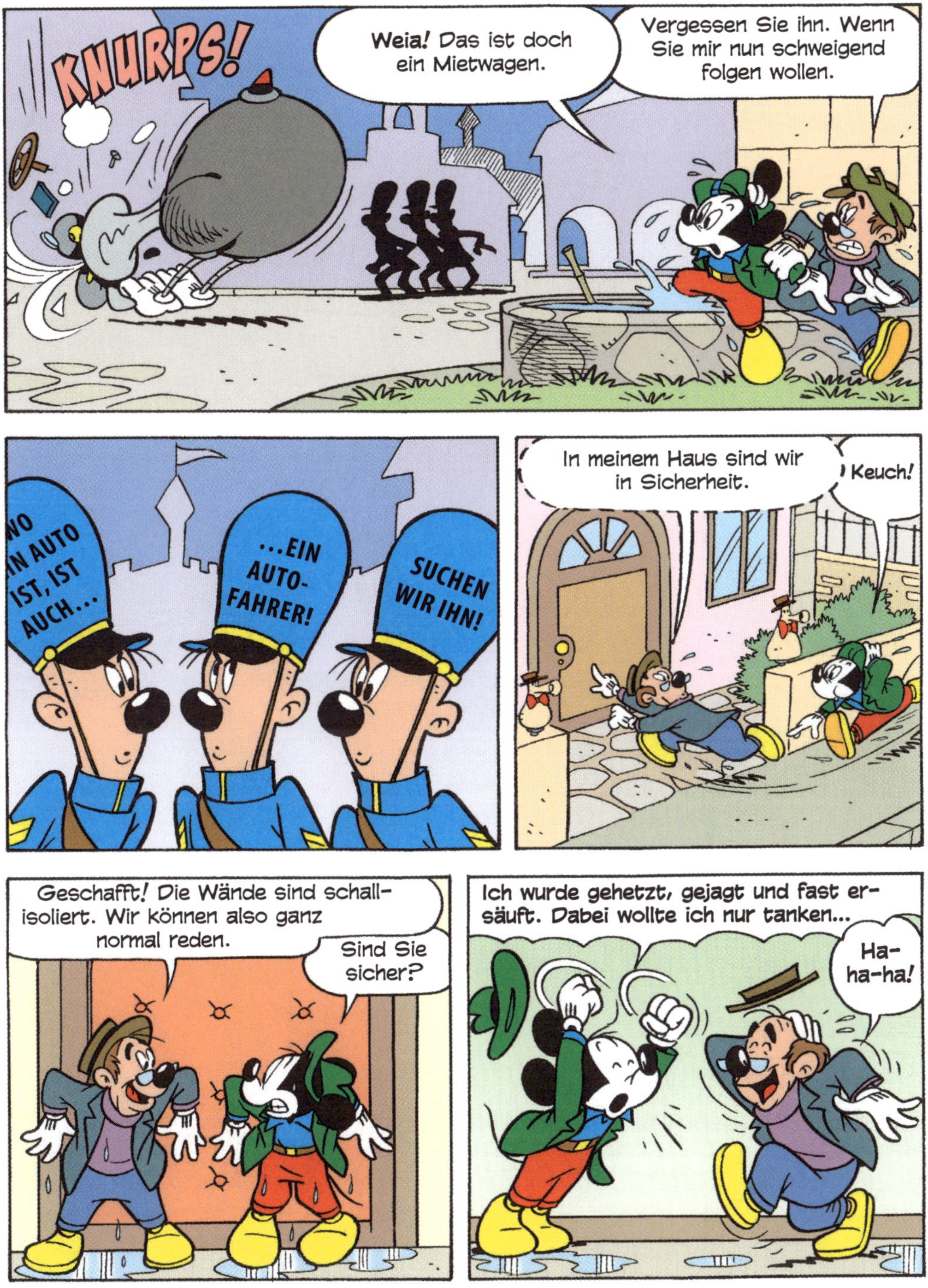
KNURPS!
Weia! Das ist doch ein Mietwagen.
Vergessen Sie ihn. Wenn Sie mir nun schweigend folgen wollen.
WO ... IN AUTO IST, IST AUCH...
...EIN AUTO-FAHRER!
SUCHEN WIR IHN!
In meinem Haus sind wir in Sicherheit.
Keuch!
Geschafft! Die Wände sind schall-isoliert. Wir können also ganz normal reden.
Sind Sie sicher?
Ich wurde gehetzt, gejagt und fast er-säuft. Dabei wollte ich nur tanken...
Ha-ha-ha!

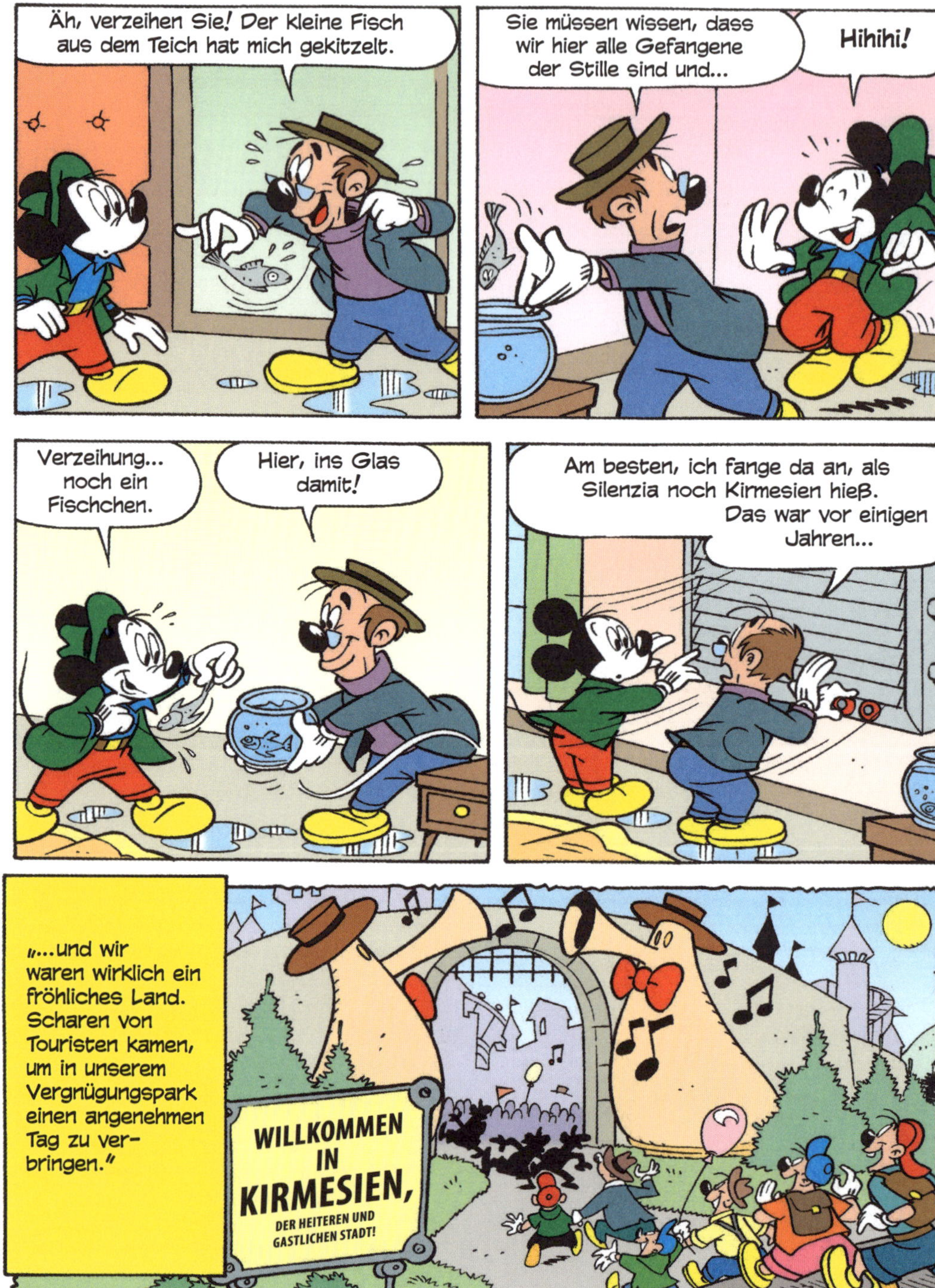

Äh, verzeihen Sie! Der kleine Fisch aus dem Teich hat mich gekitzelt.
Sie müssen wissen, dass wir hier alle Gefangene der Stille sind und...
Hihihi!
Verzeihung... noch ein Fischchen.
Hier, ins Glas damit!
Am besten, ich fange da an, als Silenzia noch Kirmesien hieß. Das war vor einigen Jahren...
„...und wir waren wirklich ein fröhliches Land. Scharen von Touristen kamen, um in unserem Vergnügungspark einen angenehmen Tag zu verbringen."
WILLKOMMEN IN KIRMESIEN,
DER HEITEREN UND GASTLICHEN STADT!

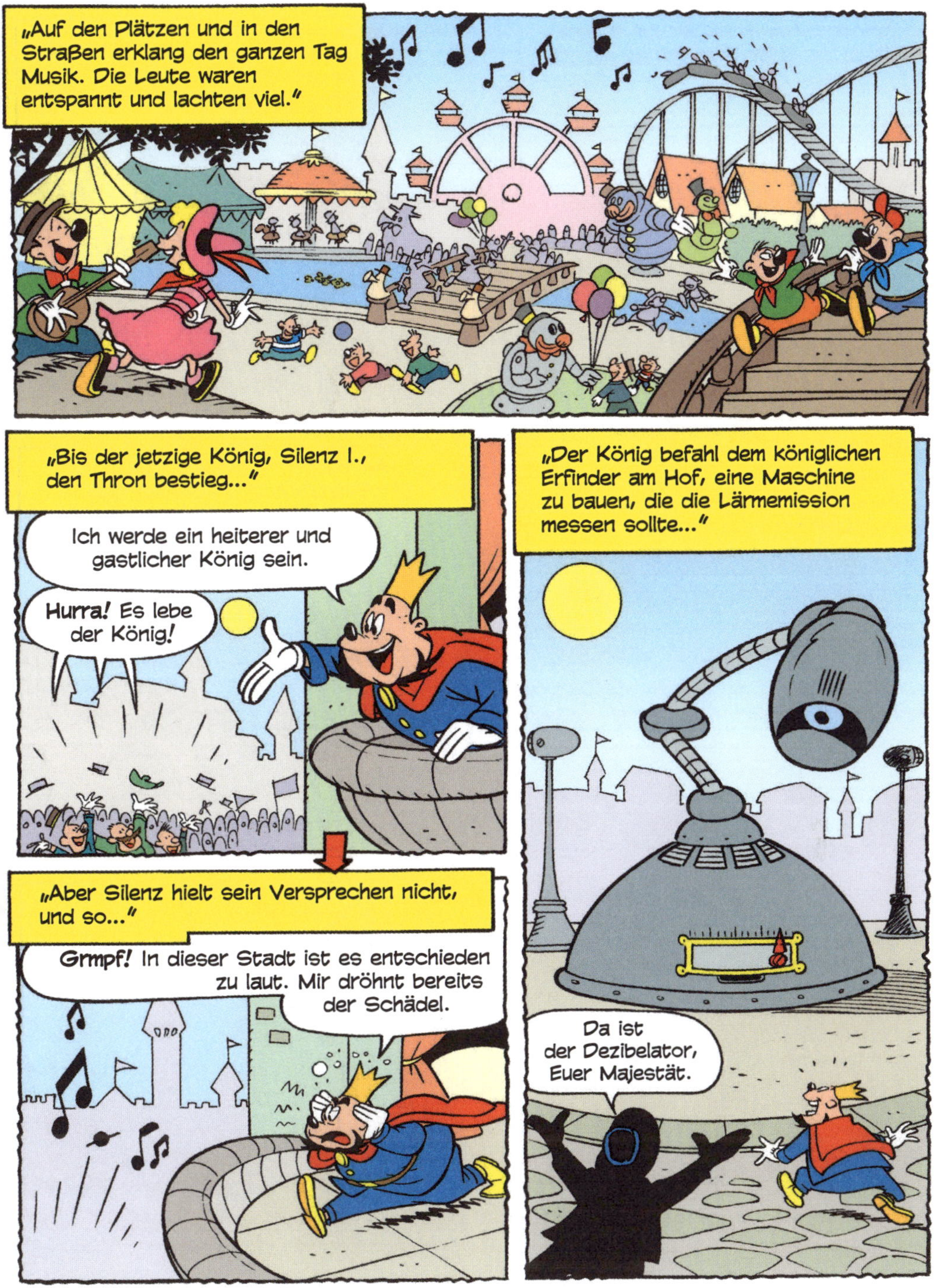
„Auf den Plätzen und in den Straßen erklang den ganzen Tag Musik. Die Leute waren entspannt und lachten viel."
„Bis der jetzige König, Silenz I., den Thron bestieg..."
Ich werde ein heiterer und gastlicher König sein.
Hurra! Es lebe der König!
„Aber Silenz hielt sein Versprechen nicht, und so..."
Grmpf! In dieser Stadt ist es entschieden zu laut. Mir dröhnt bereits der Schädel.
„Der König befahl dem königlichen Erfinder am Hof, eine Maschine zu bauen, die die Lärmemission messen sollte..."
Da ist der Dezibelator, Euer Majestät.

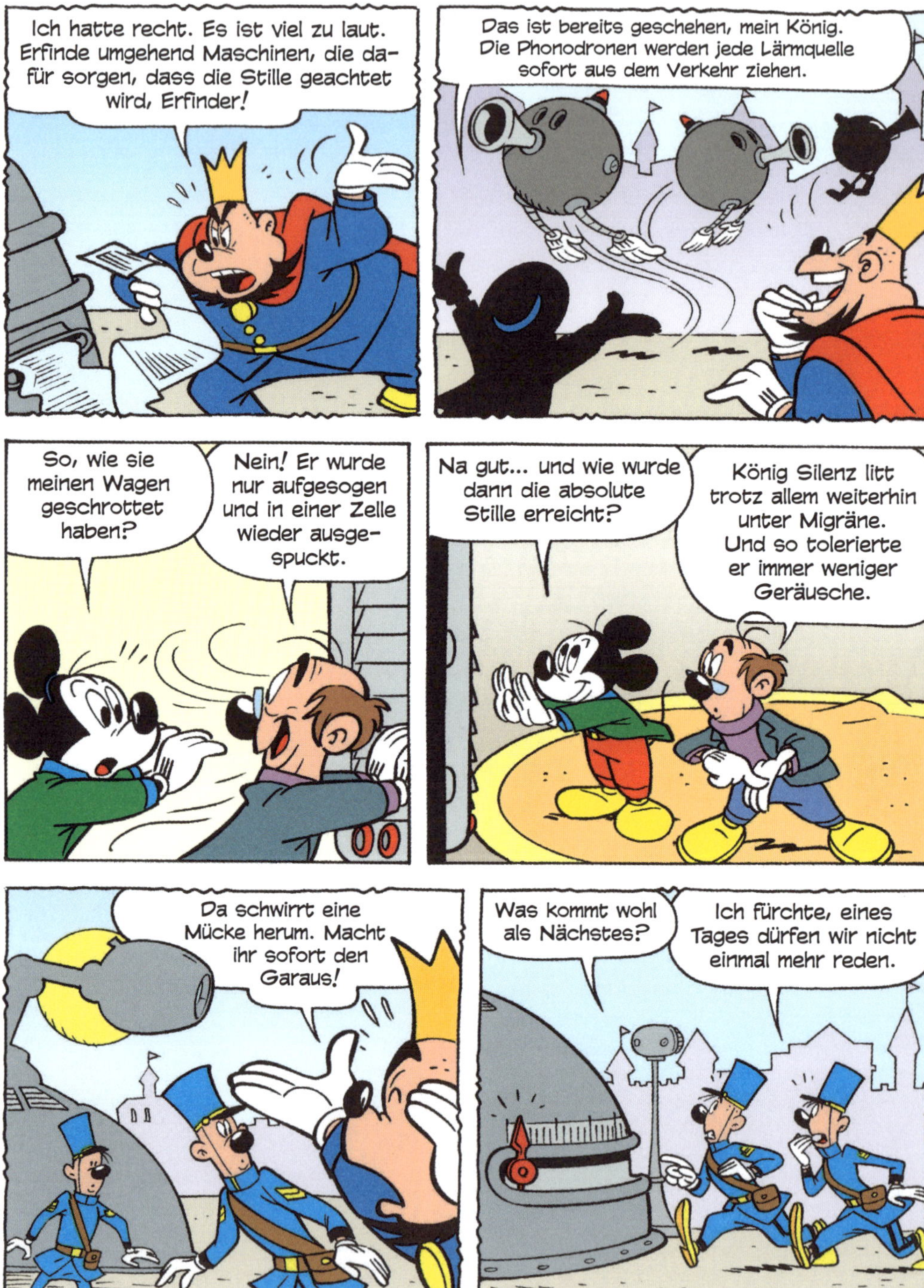

Ich hatte recht. Es ist viel zu laut. Erfinde umgehend Maschinen, die dafür sorgen, dass die Stille geachtet wird, Erfinder!
Das ist bereits geschehen, mein König. Die Phonodronen werden jede Lärmquelle sofort aus dem Verkehr ziehen.
So, wie sie meinen Wagen geschrottet haben?
Nein! Er wurde nur aufgesogen und in einer Zelle wieder ausgespuckt.
Na gut... und wie wurde dann die absolute Stille erreicht?
König Silenz litt trotz allem weiterhin unter Migräne. Und so tolerierte er immer weniger Geräusche.
Da schwirrt eine Mücke herum. Macht ihr sofort den Garaus!
Was kommt wohl als Nächstes?
Ich fürchte, eines Tages dürfen wir nicht einmal mehr reden.

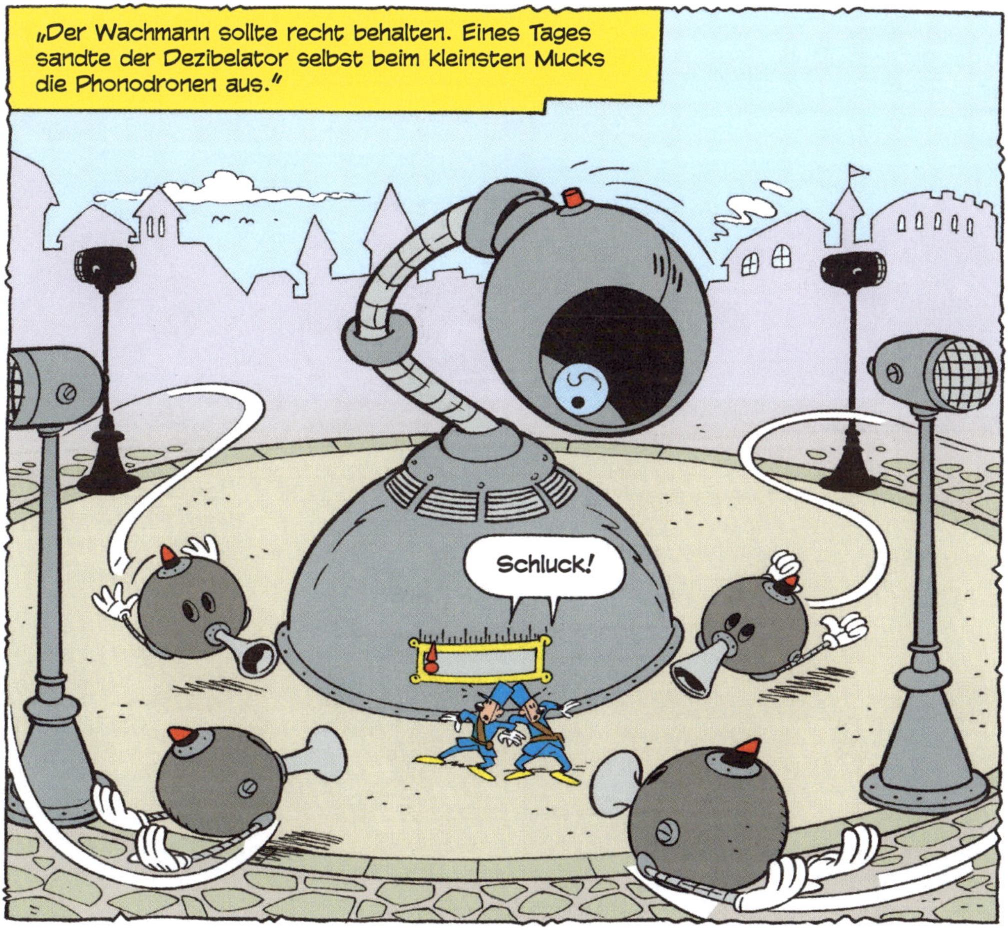
„Der Wachmann sollte recht behalten. Eines Tages sandte der Dezibelator selbst beim kleinsten Mucks die Phonodronen aus."
Schluck!

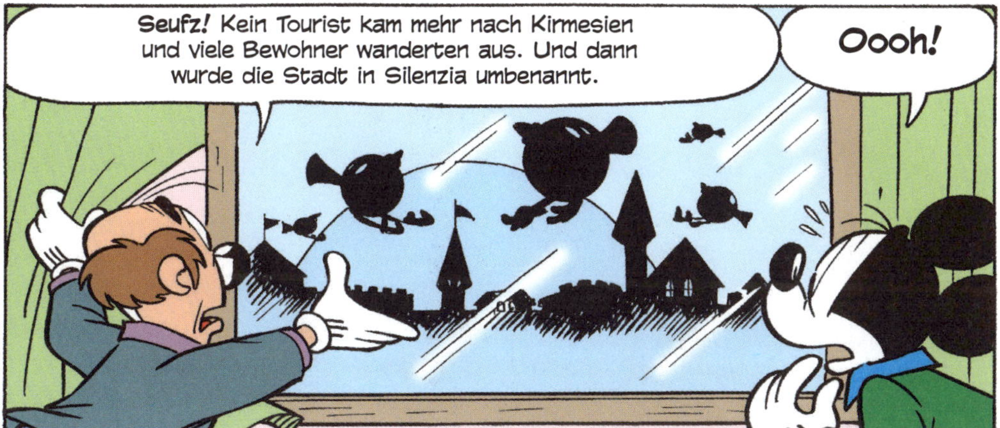
Seufz! Kein Tourist kam mehr nach Kirmesien und viele Bewohner wanderten aus. Und dann wurde die Stadt in Silenzia umbenannt.
Oooh!

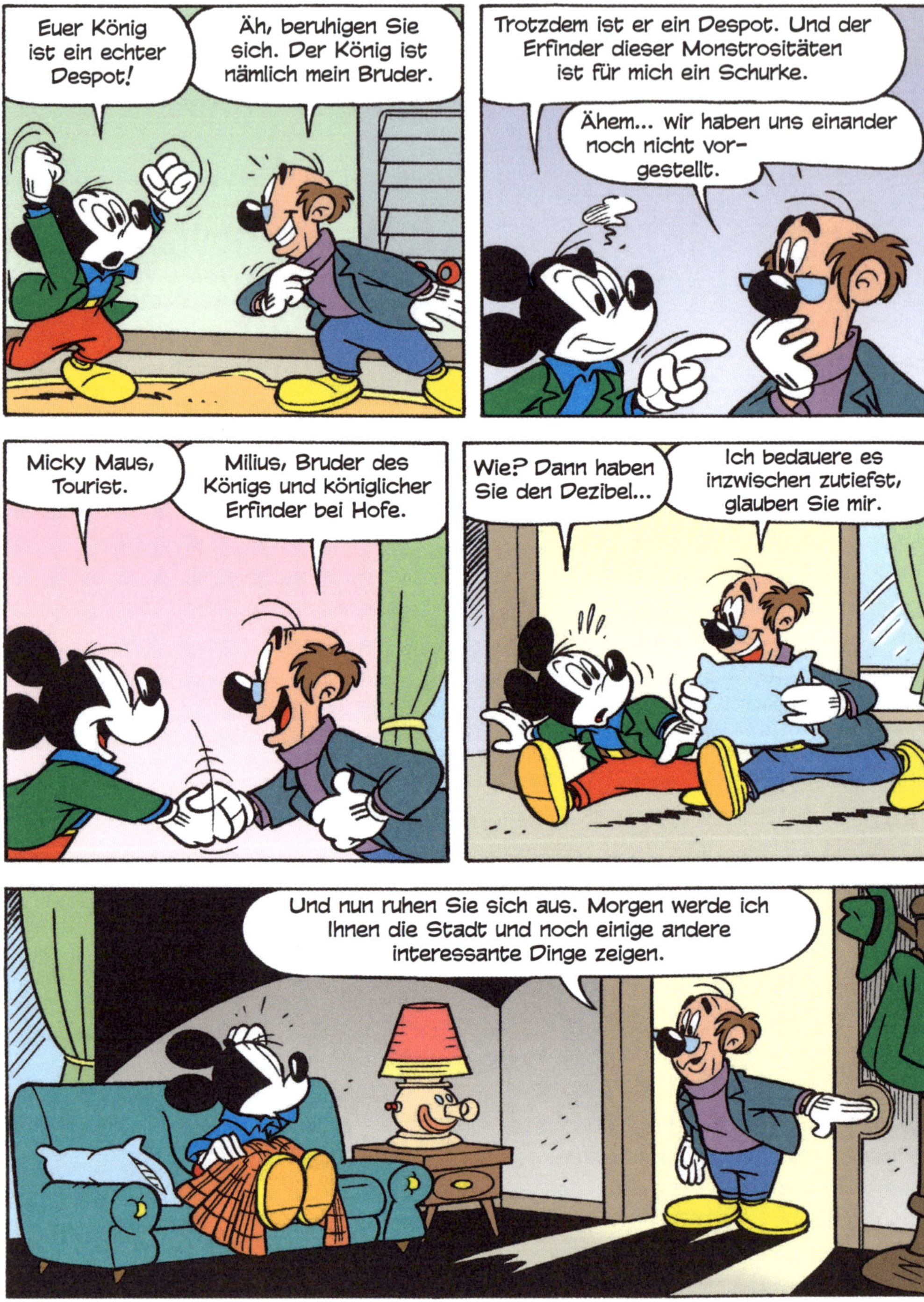
Euer König ist ein echter Despot!
Äh, beruhigen Sie sich. Der König ist nämlich mein Bruder.
Trotzdem ist er ein Despot. Und der Erfinder dieser Monstrositäten ist für mich ein Schurke.
Ähem... wir haben uns einander noch nicht vor-gestellt.
Micky Maus, Tourist.
Milius, Bruder des Königs und königlicher Erfinder bei Hofe.
Wie? Dann haben Sie den Dezibel...
Ich bedauere es inzwischen zutiefst, glauben Sie mir.
Und nun ruhen Sie sich aus. Morgen werde ich Ihnen die Stadt und noch einige andere interessante Dinge zeigen.

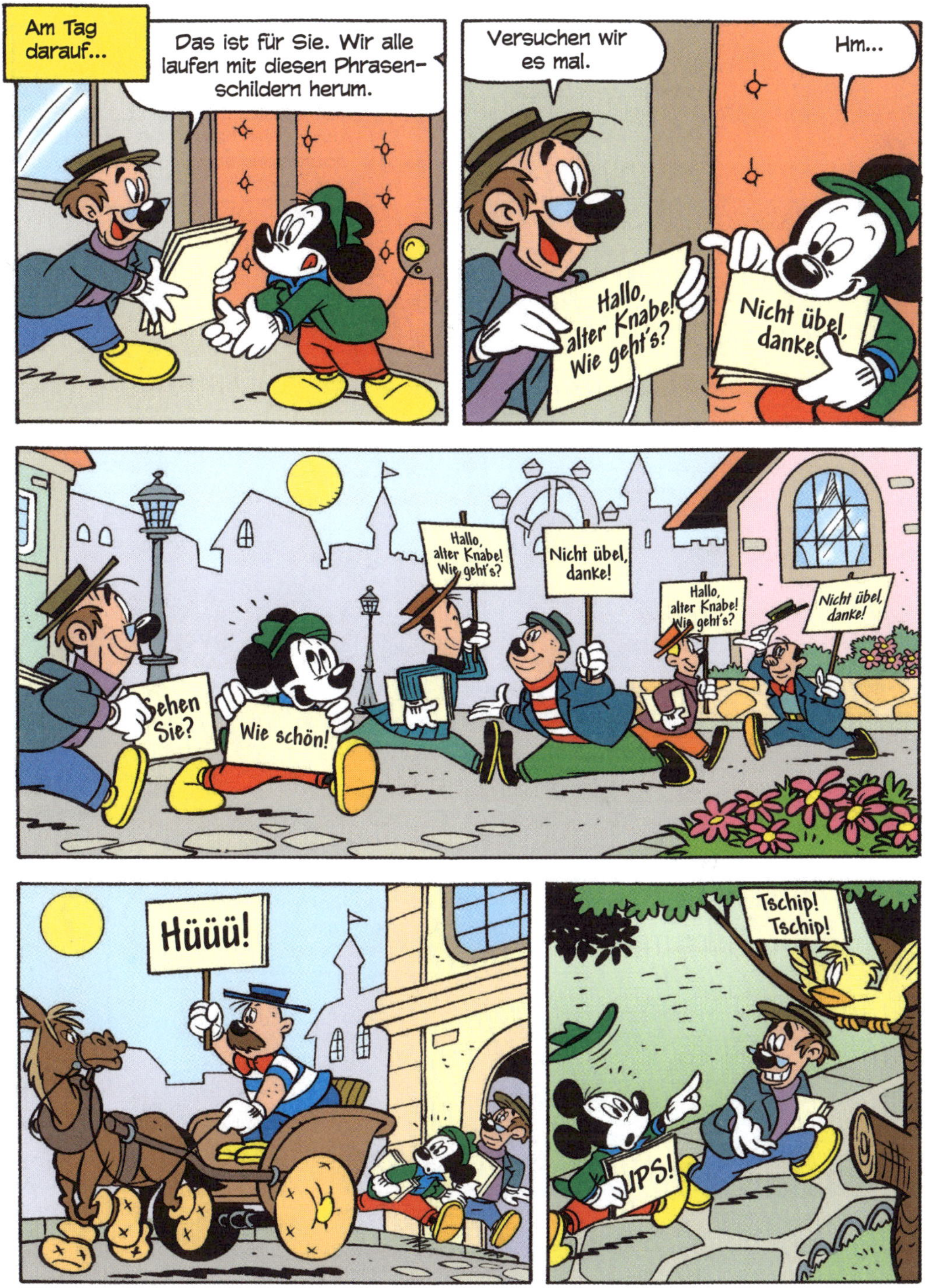
Am Tag darauf...
Das ist für Sie. Wir alle laufen mit diesen Phrasen-schildern herum.
Versuchen wir es mal.
Hallo, alter Knabe! Wie geht's?
Hm...
Nicht übel, danke!
Hallo, alter Knabe! Wie geht's?
Nicht übel, danke!
Hallo, alter Knabe! Wie geht's?
Nicht übel, danke!
Sehen Sie?
Wie schön!
Hüüü!
Tschip! Tschip!
UPS!

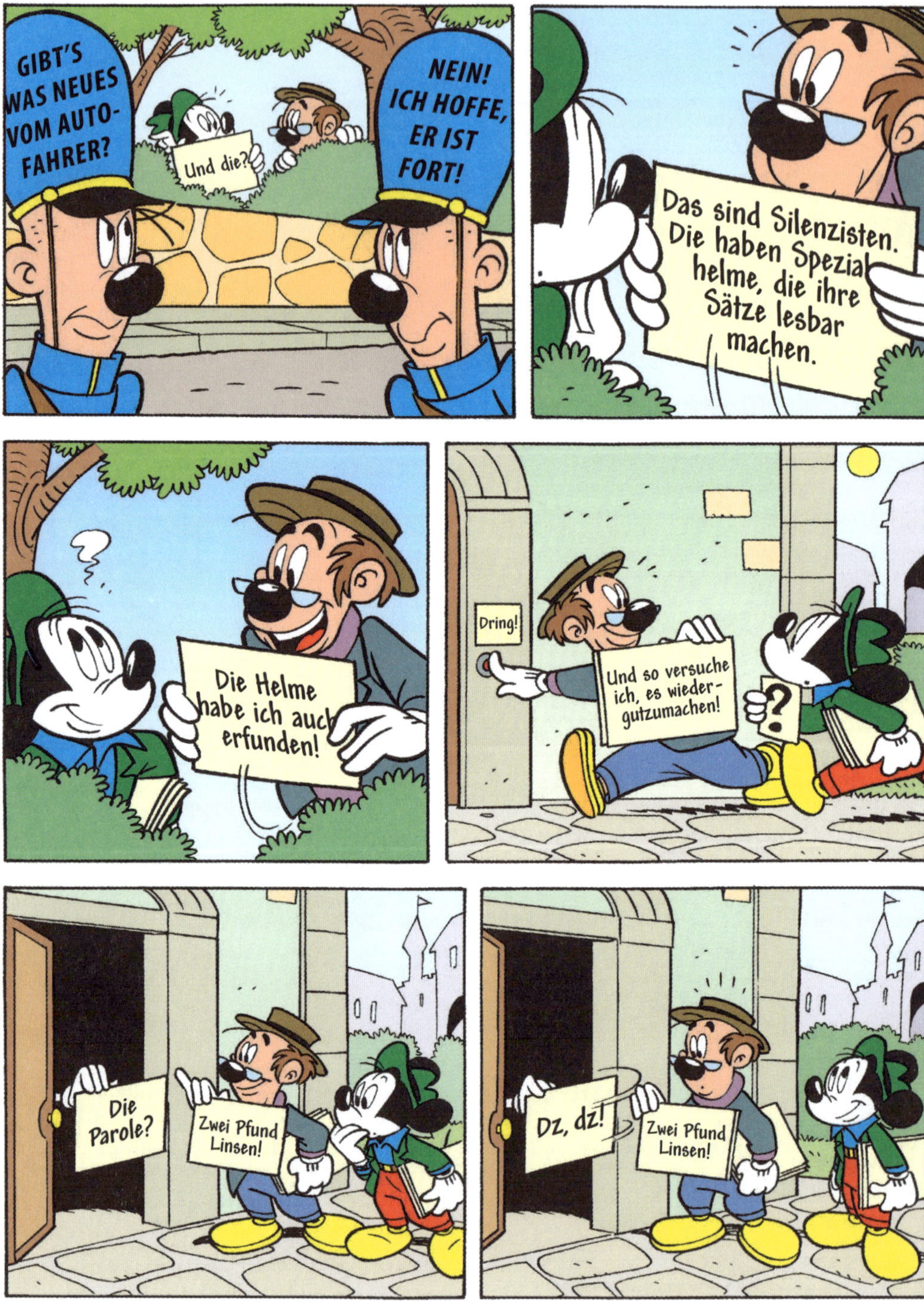
GIBT'S WAS NEUES VOM AUTO-FAHRER?
Und die?
NEIN! ICH HOFFE, ER IST FORT!
Das sind Silenzisten. Die haben Spezialhelme, die ihre Sätze lesbar machen.
Die Helme habe ich auch erfunden!
Dring!
Und so versuche ich, es wieder-gutzumachen!
?
Die Parole?
Zwei Pfund Linsen!
Dz, dz!
Zwei Pfund Linsen!

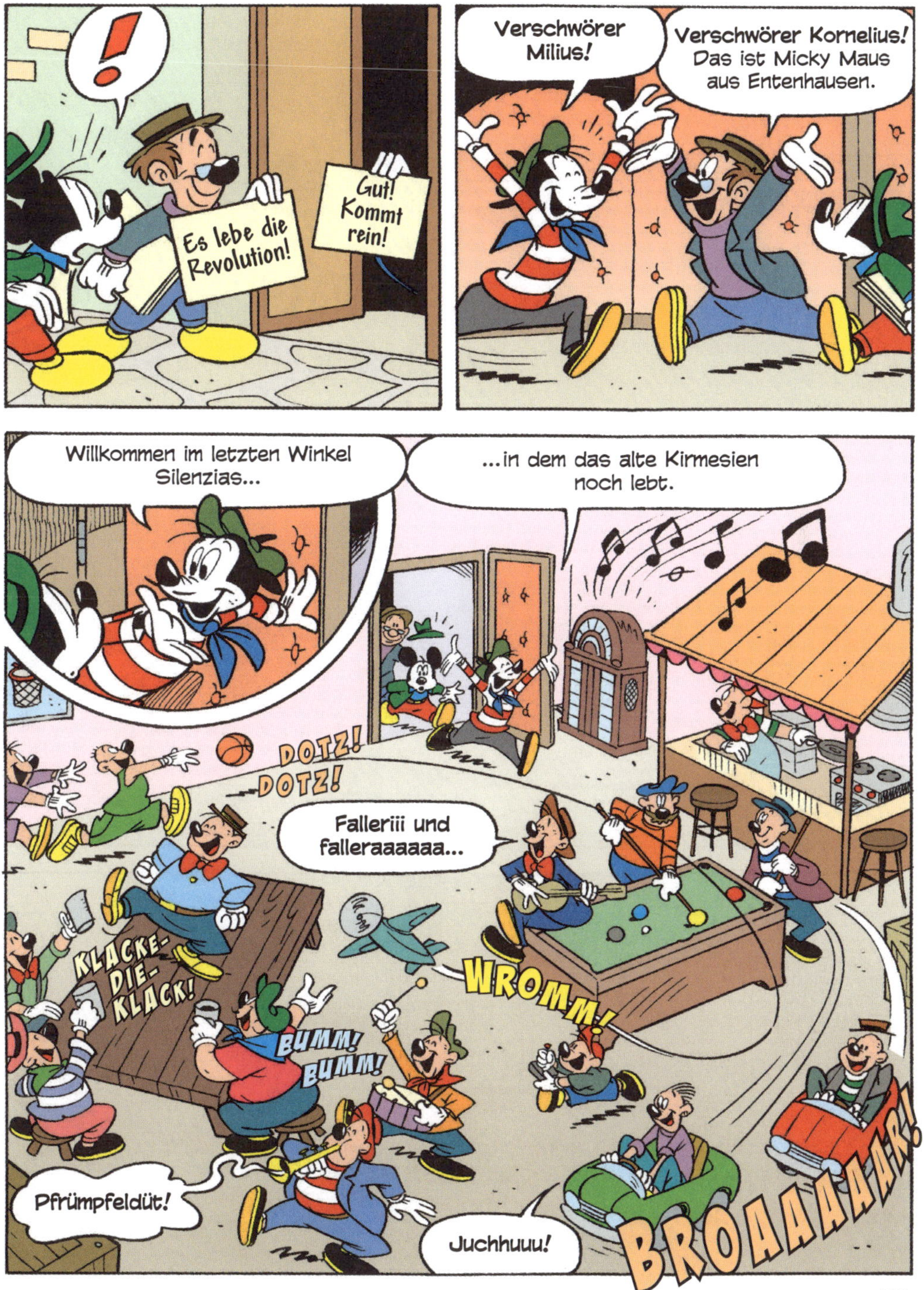
!
Es lebe die Revolution!
Gut! Kommt rein!
Verschwörer Milius!
Verschwörer Kornelius! Das ist Micky Maus aus Entenhausen.
Willkommen im letzten Winkel Silenzias...
...in dem das alte Kirmesien noch lebt.
DOTZ! DOTZ!
Falleriii und falleraaaaaa...
KLACKE-DIE-KLACK!
WROMM!
BUMM! BUMM!
Pfrümpfeldüt!
Juchhuuu!
BROAAAAAR!

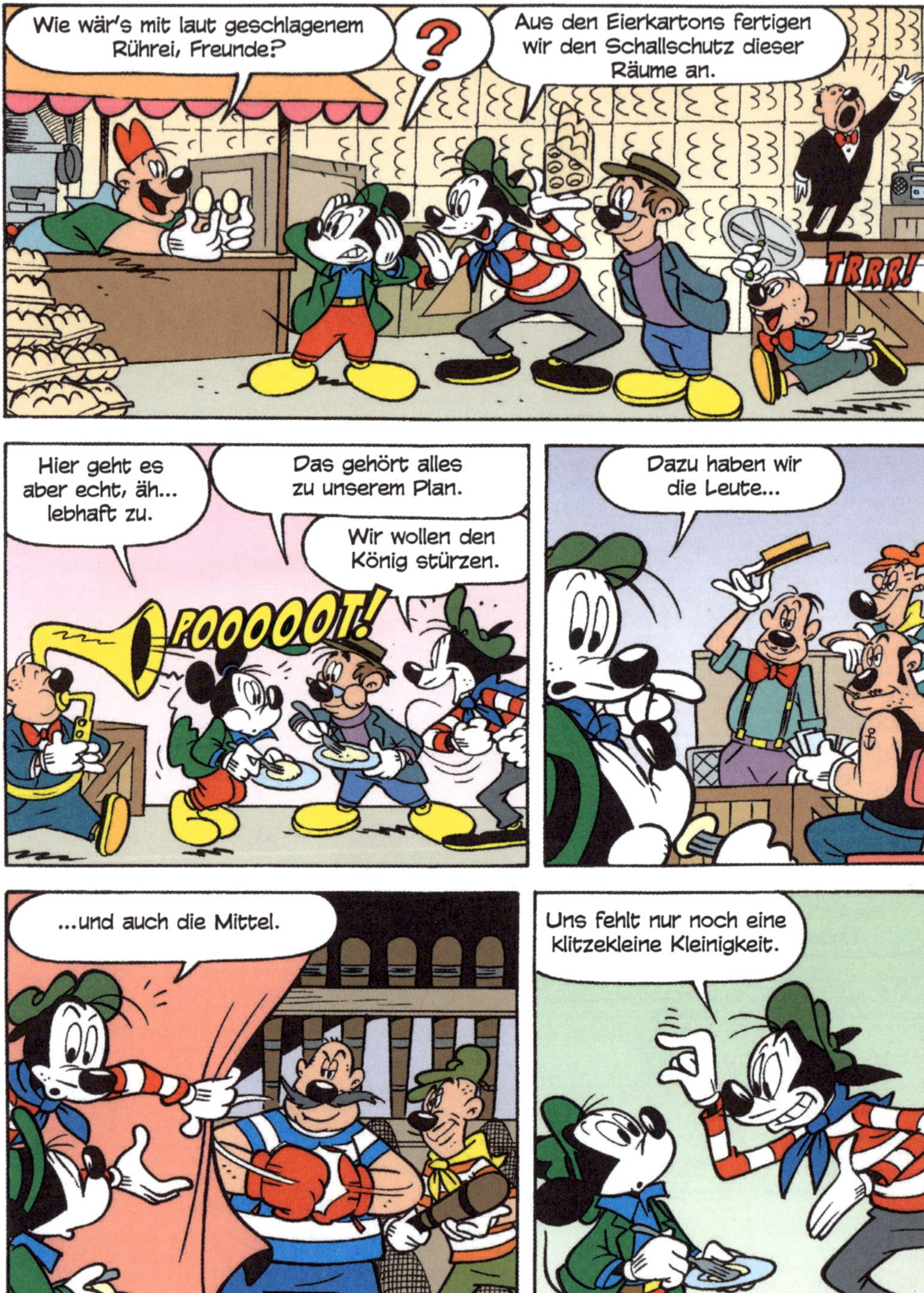

Wie wär's mit laut geschlagenem Rührei, Freunde?
?
Aus den Eierkartons fertigen wir den Schallschutz dieser Räume an.
TRRR!
Hier geht es aber echt, äh... lebhaft zu.
Das gehört alles zu unserem Plan.
Wir wollen den König stürzen.
POOOOOT!
Dazu haben wir die Leute...
...und auch die Mittel.
Uns fehlt nur noch eine klitzekleine Kleinigkeit.

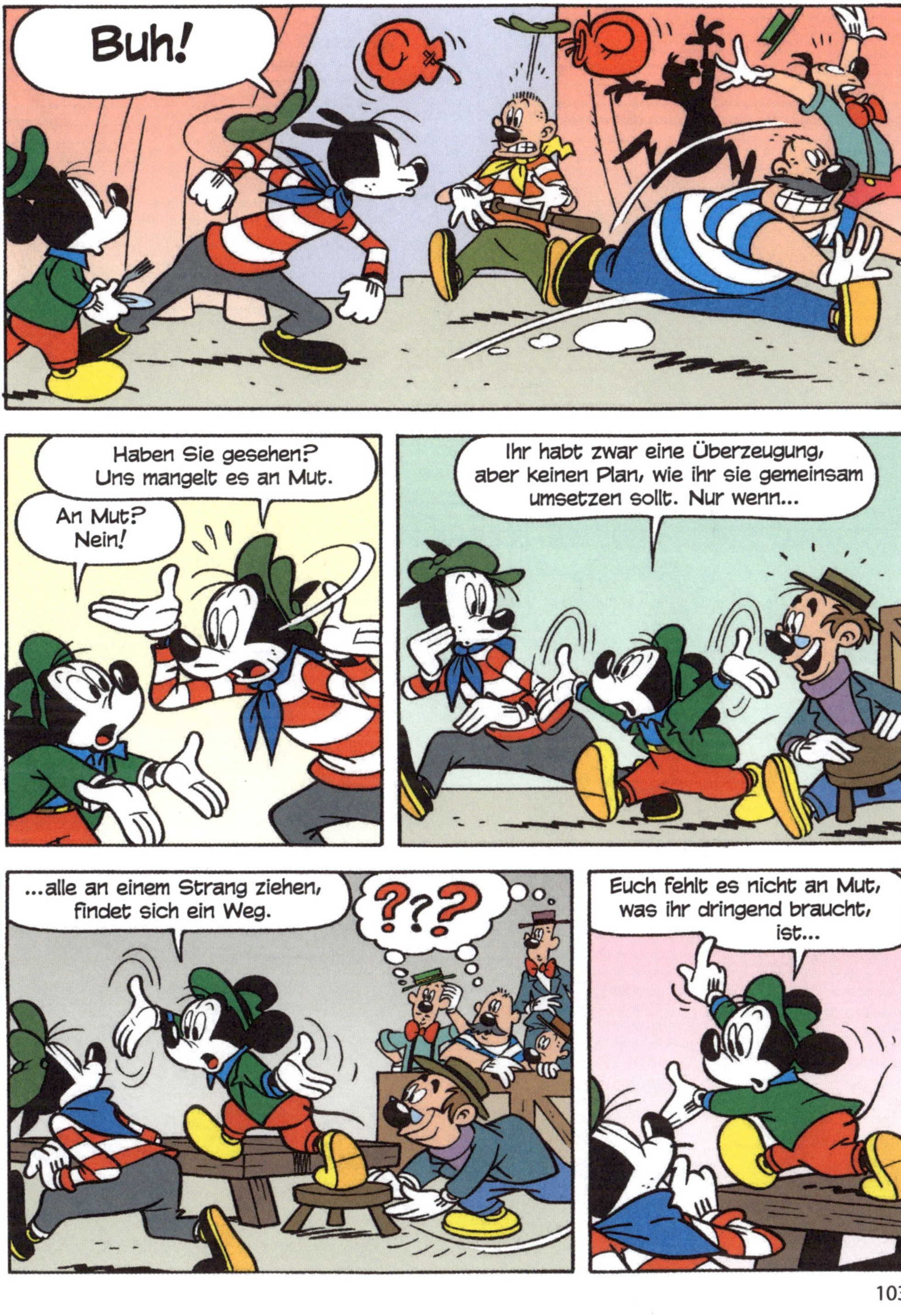
Buh!
Haben Sie gesehen? Uns mangelt es an Mut.
An Mut? Nein!
Ihr habt zwar eine Überzeugung, aber keinen Plan, wie ihr sie gemeinsam umsetzen sollt. Nur wenn...
...alle an einem Strang ziehen, findet sich ein Weg.
???
Euch fehlt es nicht an Mut, was ihr dringend braucht, ist...

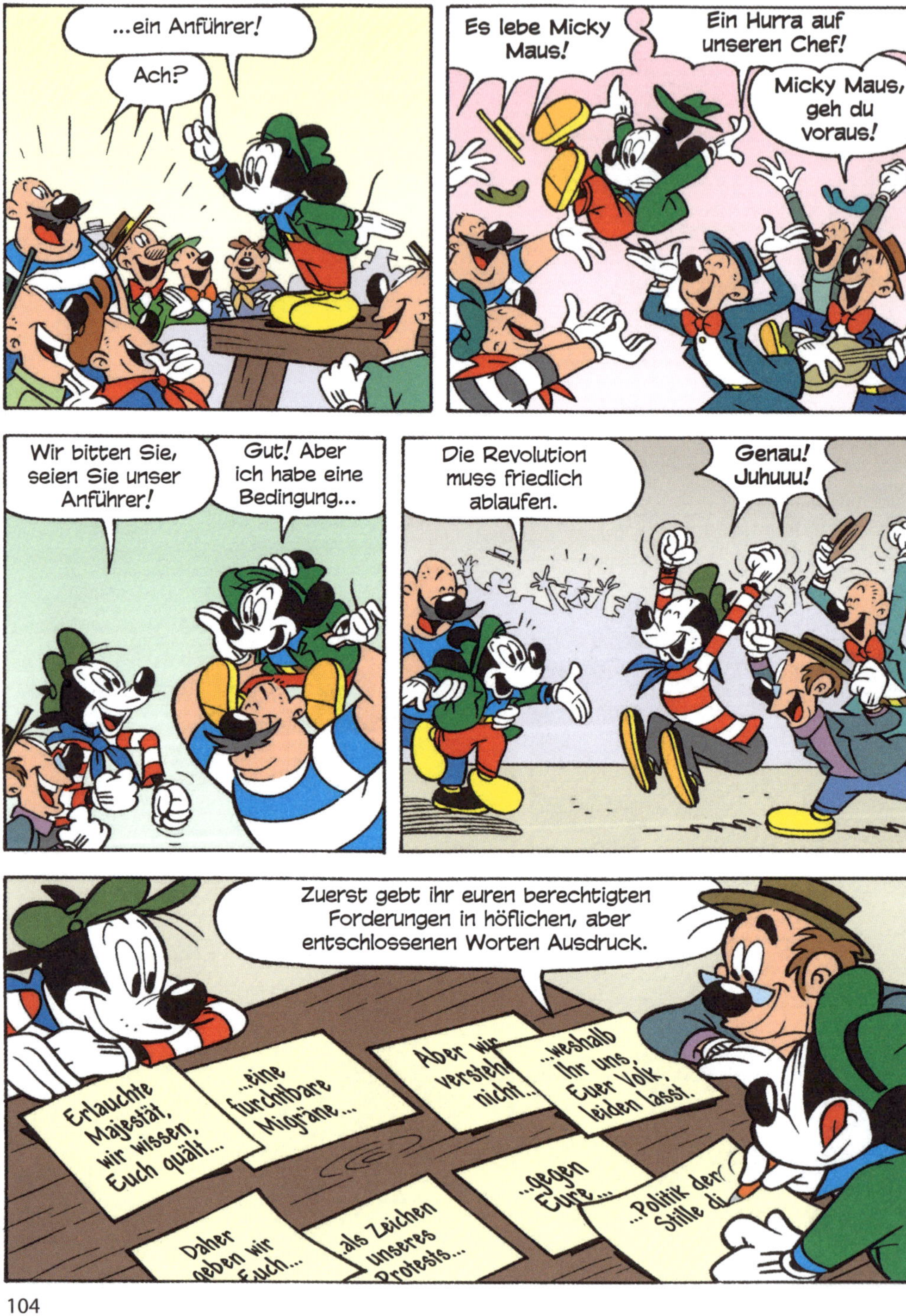
...ein Anführer!
Ach?
Es lebe Micky Maus!
Ein Hurra auf unseren Chef!
Micky Maus, geh du voraus!
Wir bitten Sie, seien Sie unser Anführer!
Gut! Aber ich habe eine Bedingung...
Die Revolution muss friedlich ablaufen.
Genau! Juhuuu!
Zuerst gebt ihr euren berechtigten Forderungen in höflichen, aber entschlossenen Worten Ausdruck.
Erlauchte Majestät, wir wissen, Euch quält...
...eine furchtbare Migräne...
Aber wir versteh nicht...
...weshalb Ihr uns, Euer Volk, leiden lasst.
...gegen Eure...
...Politik der Stille di
Daher geben wir Euch...
...als Zeichen unseres Protests...

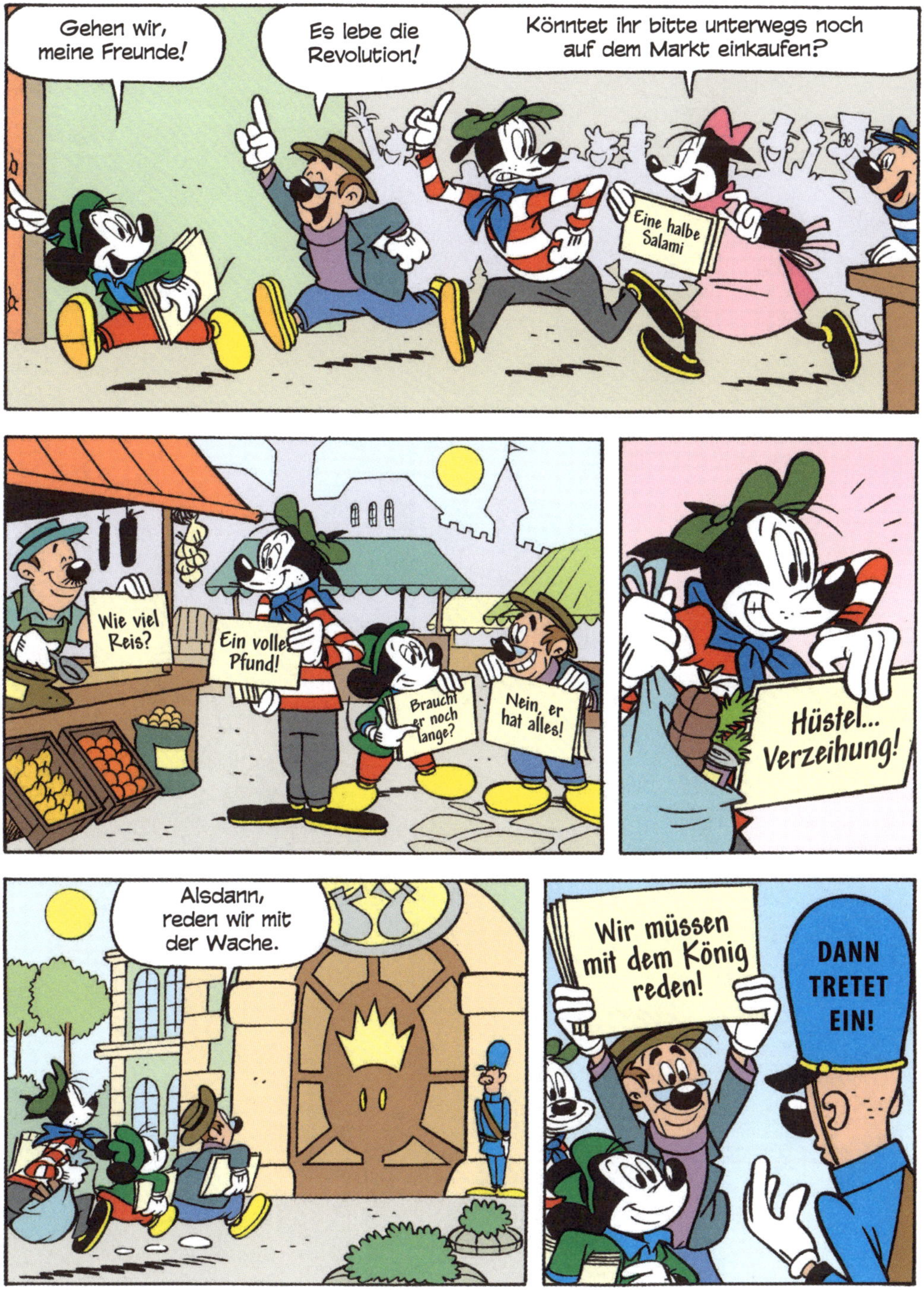
Gehen wir, meine Freunde!
Es lebe die Revolution!
Könntet ihr bitte unterwegs noch auf dem Markt einkaufen?
Eine halbe Salami
Wie viel Reis?
Ein volles Pfund!
Braucht er noch lange?
Nein, er hat alles!
Hüstel... Verzeihung!
Alsdann, reden wir mit der Wache.
Wir müssen mit dem König reden!
DANN TRETET EIN!

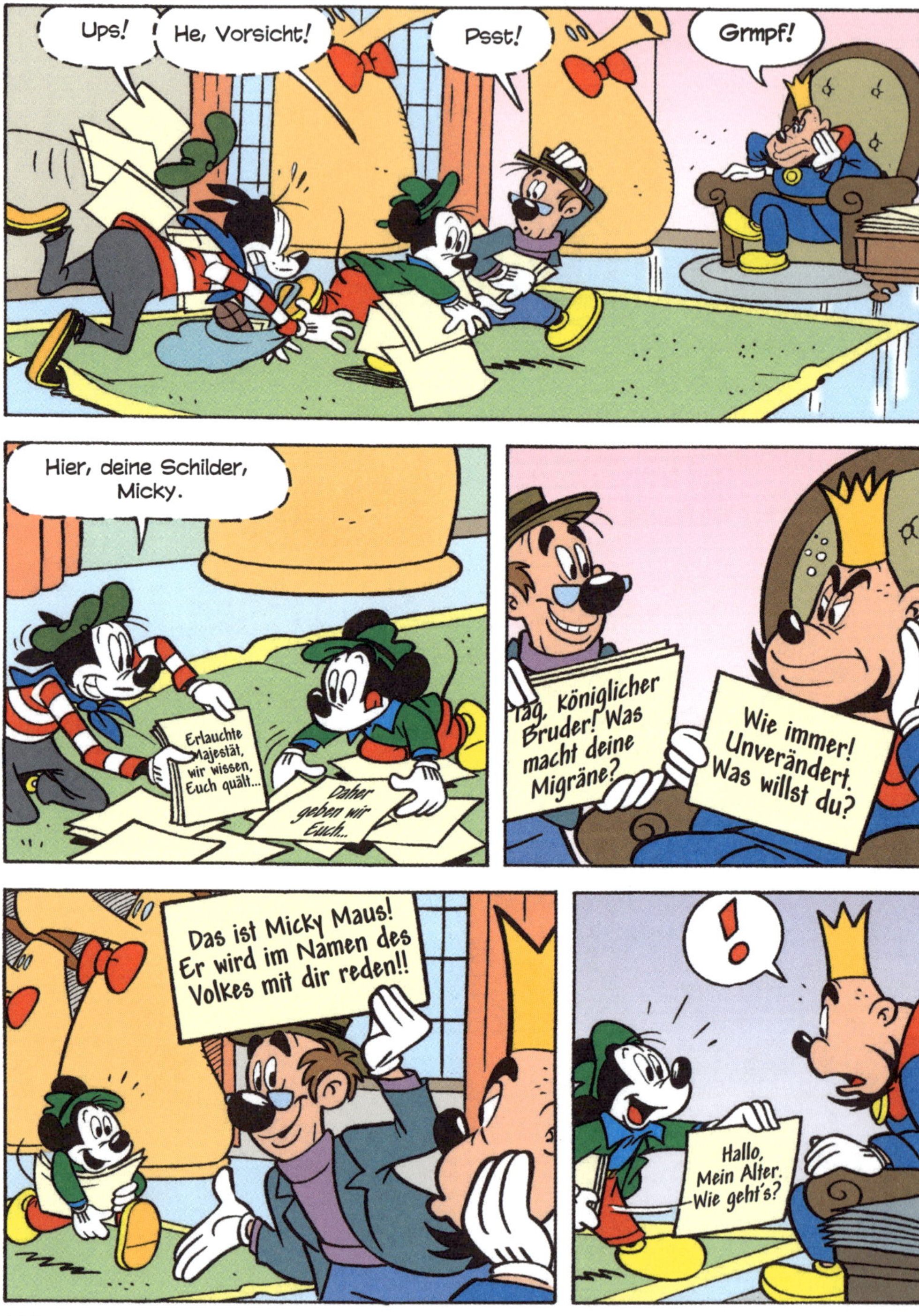
Ups!
He, Vorsicht!
Psst!
Grmpf!
Hier, deine Schilder, Micky.
Erlauchte Majestät, wir wissen, Euch quält...
Daher geben wir Euch...
Tag, königlicher Bruder! Was macht deine Migräne?
Wie immer! Unverändert. Was willst du?
Das ist Micky Maus! Er wird im Namen des Volkes mit dir reden!!
!
Hallo, Mein Alter. Wie geht's?

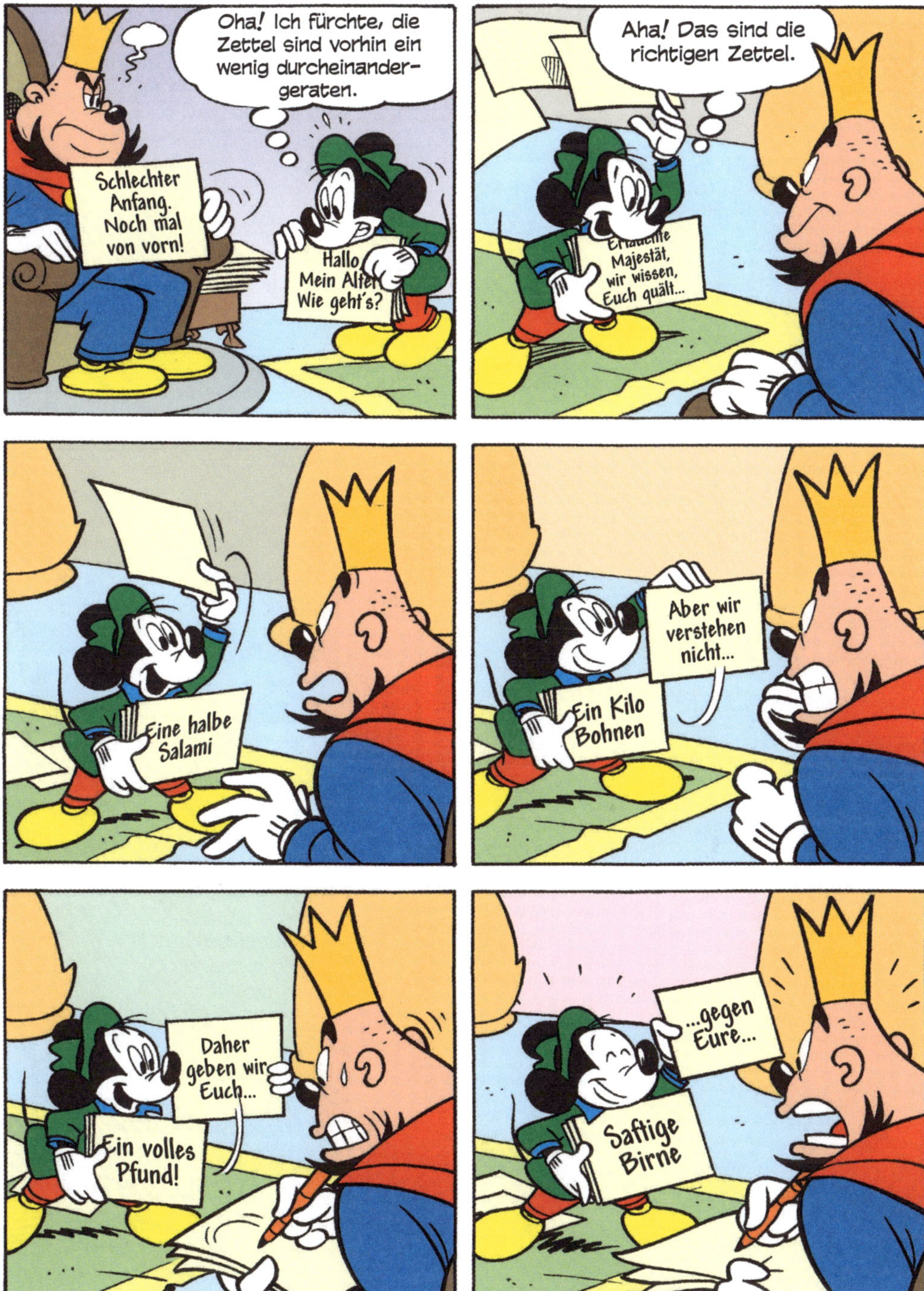
Oha! Ich fürchte, die Zettel sind vorhin ein wenig durcheinander-geraten.
Schlechter Anfang. Noch mal von vorn!
Hallo Mein Alter Wie geht's?
Aha! Das sind die richtigen Zettel.
Erlauchte Majestät, wir wissen, Euch quält...
Eine halbe Salami
Aber wir verstehen nicht...
Ein Kilo Bohnen
Daher geben wir Euch...
Ein volles Pfund!
...gegen Eure...
Saftige Birne

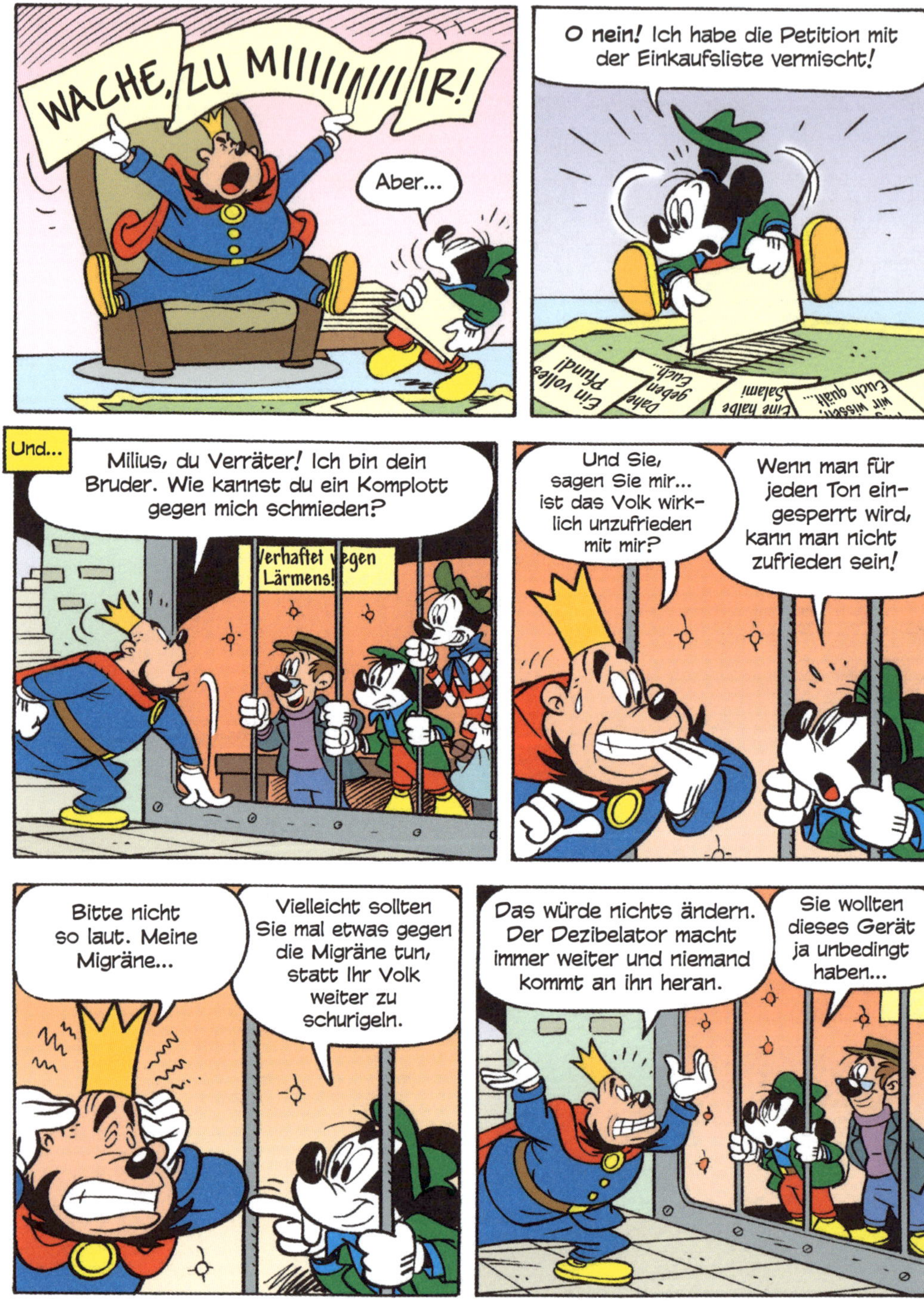
WACHE, ZU MIIIIIIIIIIR!
Aber...
O nein! Ich habe die Petition mit der Einkaufsliste vermischt!
Ein volles Pfund!
Eine halbe Salami!
Und...
Milius, du Verräter! Ich bin dein Bruder. Wie kannst du ein Komplott gegen mich schmieden?
Verhaftet wegen Lärmens!
Und Sie, sagen Sie mir... ist das Volk wirklich unzufrieden mit mir?
Wenn man für jeden Ton eingesperrt wird, kann man nicht zufrieden sein!
Bitte nicht so laut. Meine Migräne...
Vielleicht sollten Sie mal etwas gegen die Migräne tun, statt Ihr Volk weiter zu schurigeln.
Das würde nichts ändern. Der Dezibelator macht immer weiter und niemand kommt an ihn heran.
Sie wollten dieses Gerät ja unbedingt haben...

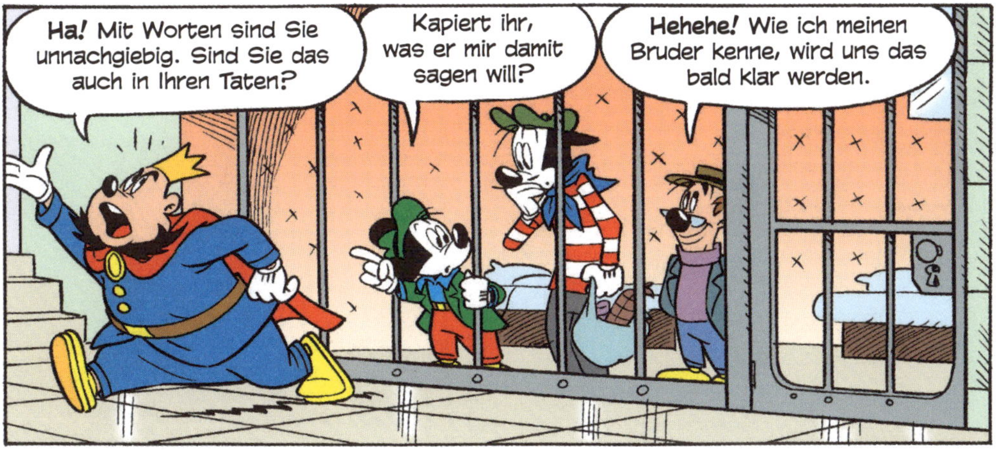
Ha! Mit Worten sind Sie unnachgiebig. Sind Sie das auch in Ihren Taten?
Kapiert ihr, was er mir damit sagen will?
Hehehe! Wie ich meinen Bruder kenne, wird uns das bald klar werden.

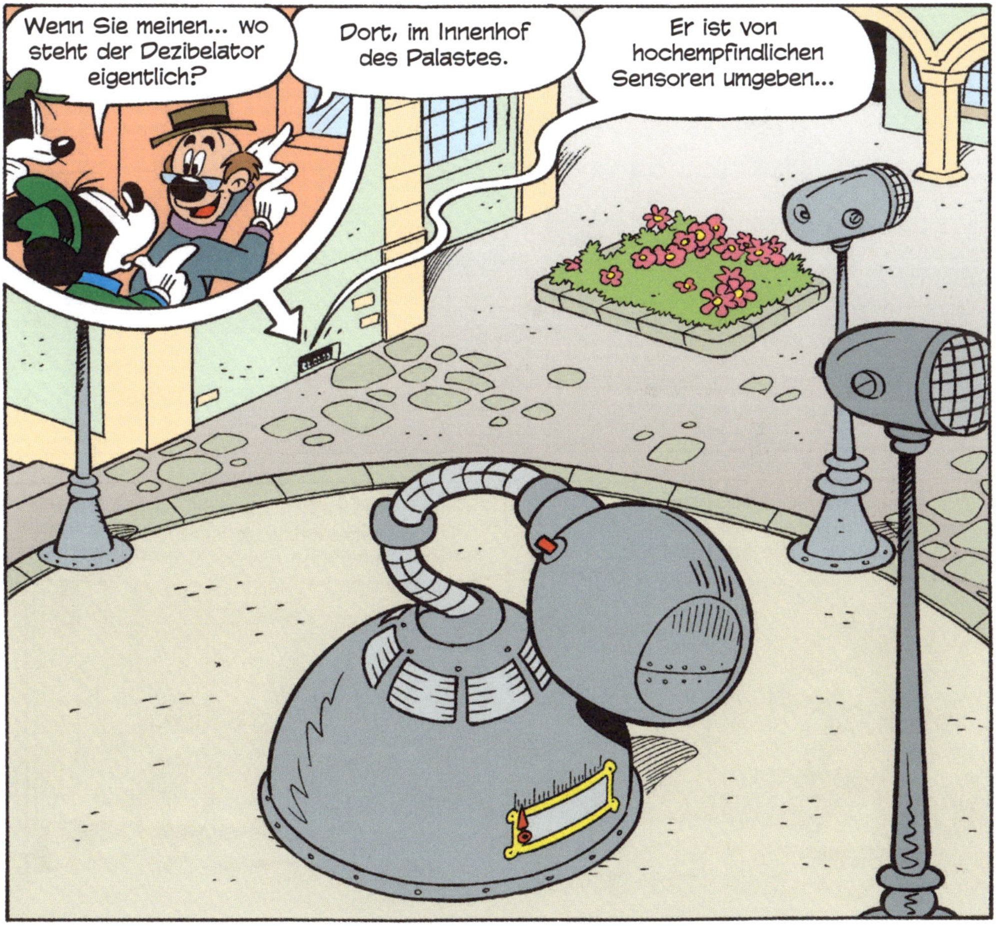
Wenn Sie meinen... wo steht der Dezibelator eigentlich?
Dort, im Innenhof des Palastes.
Er ist von hochempfindlichen Sensoren umgeben...

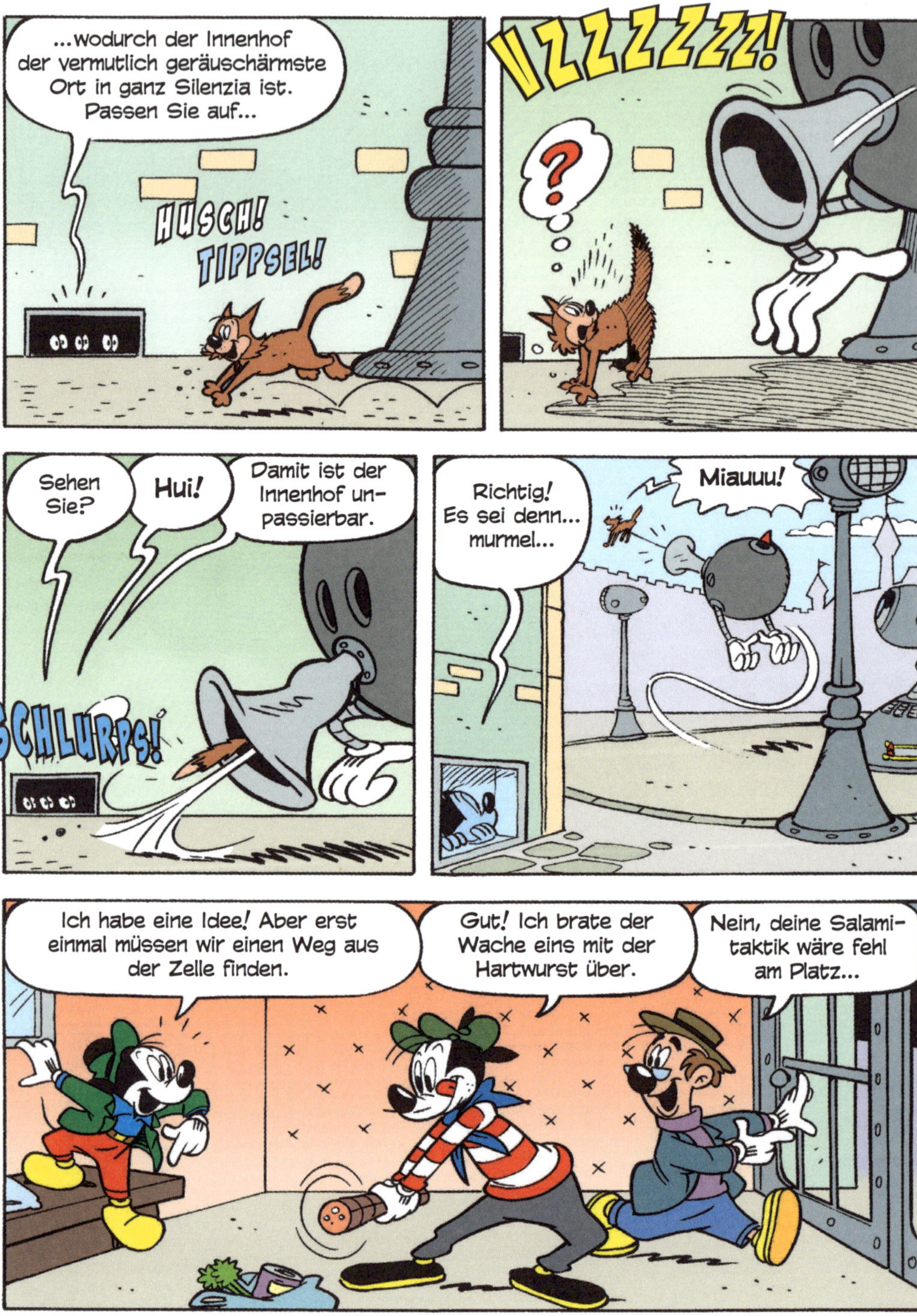
...wodurch der Innenhof der vermutlich geräuschärmste Ort in ganz Silenzia ist. Passen Sie auf...
HUSCH!
TIPPSEL!
VZZZZZZ!
?
Sehen Sie?
Hui!
Damit ist der Innenhof unpassierbar.
SCHLURPS!
Richtig! Es sei denn... murmel...
Miauuu!
Ich habe eine Idee! Aber erst einmal müssen wir einen Weg aus der Zelle finden.
Gut! Ich brate der Wache eins mit der Hartwurst über.
Nein, deine Salamitaktik wäre fehl am Platz...

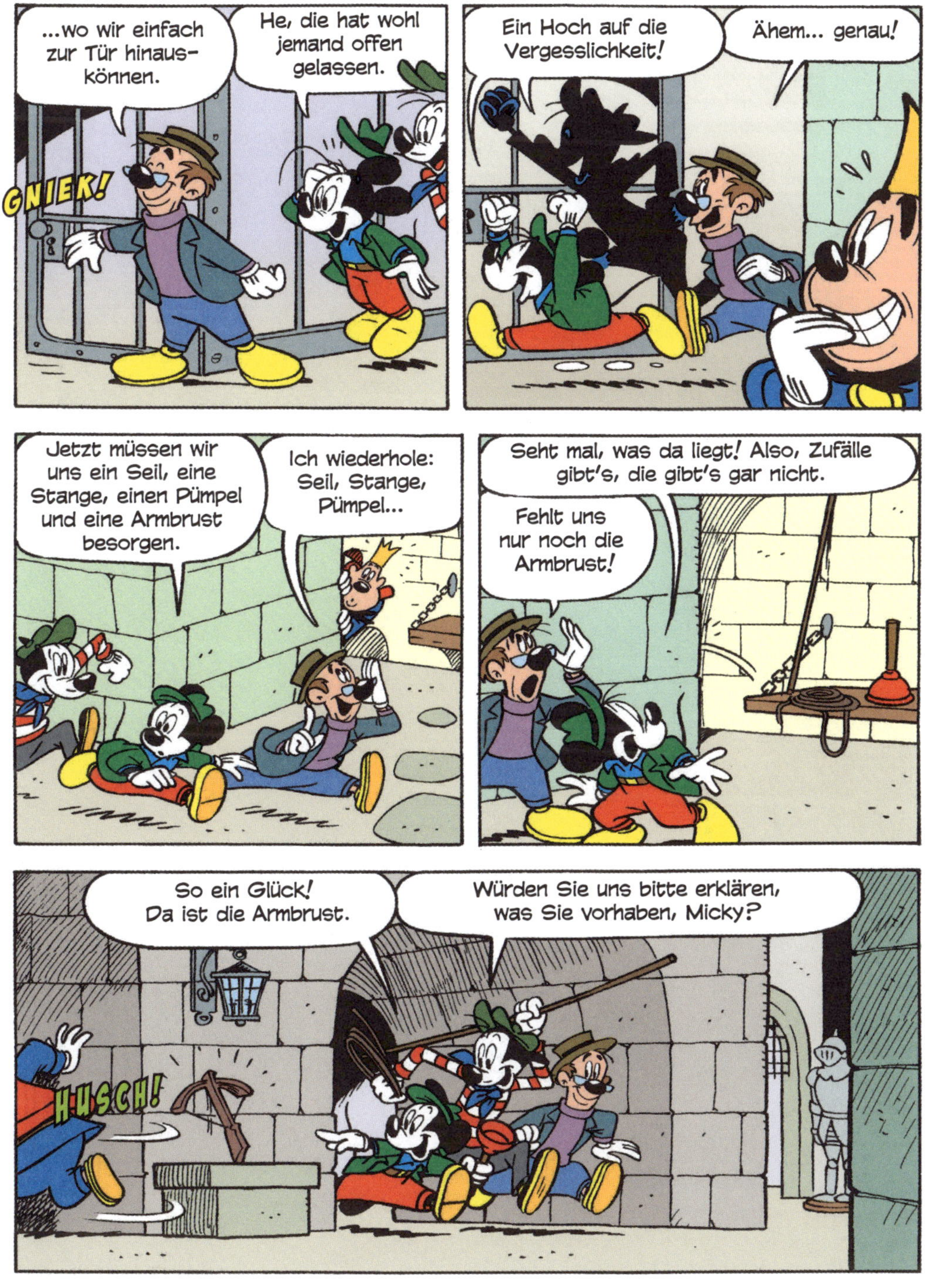
...wo wir einfach zur Tür hinaus-können.
He, die hat wohl jemand offen gelassen.
GNIEK!
Ein Hoch auf die Vergesslichkeit!
Ähem... genau!
Jetzt müssen wir uns ein Seil, eine Stange, einen Pümpel und eine Armbrust besorgen.
Ich wiederhole: Seil, Stange, Pümpel...
Seht mal, was da liegt! Also, Zufälle gibt's, die gibt's gar nicht.
Fehlt uns nur noch die Armbrust!
So ein Glück! Da ist die Armbrust.
Würden Sie uns bitte erklären, was Sie vorhaben, Micky?
HUSCH!

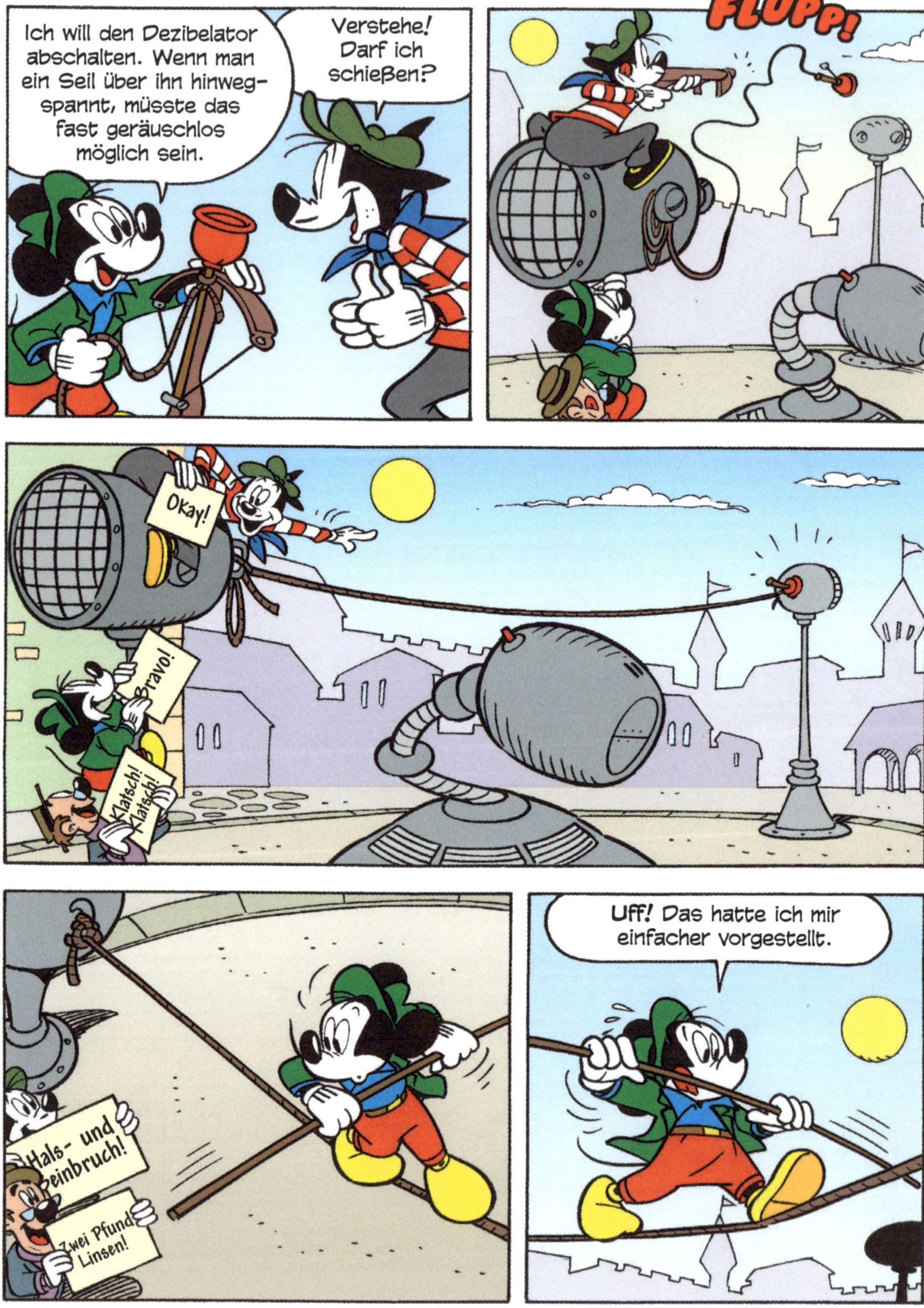
Ich will den Dezibelator abschalten. Wenn man ein Seil über ihn hinweg-spannt, müsste das fast geräuschlos möglich sein.
Verstehe! Darf ich schießen?
FLUPP!
Okay!
Bravo!
Klatsch! Klatsch!
Hals- und Beinbruch!
Zwei Pfund Linsen!
Uff! Das hatte ich mir einfacher vorgestellt.

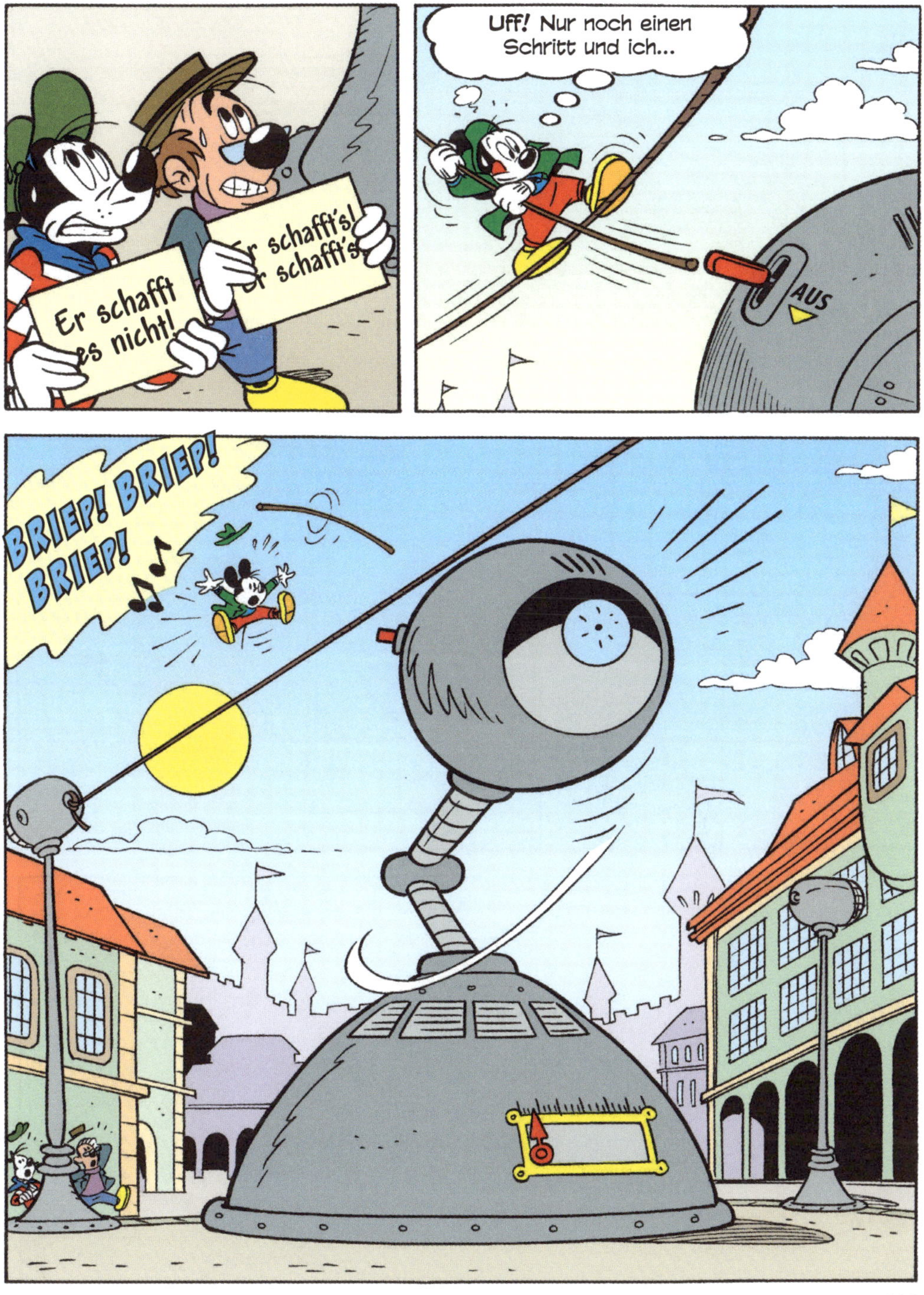
Er schafft es nicht!
Er schafft's! Er schafft's!
Uff! Nur noch einen Schritt und ich...
AUS
BRIEP! BRIEP! BRIEP!

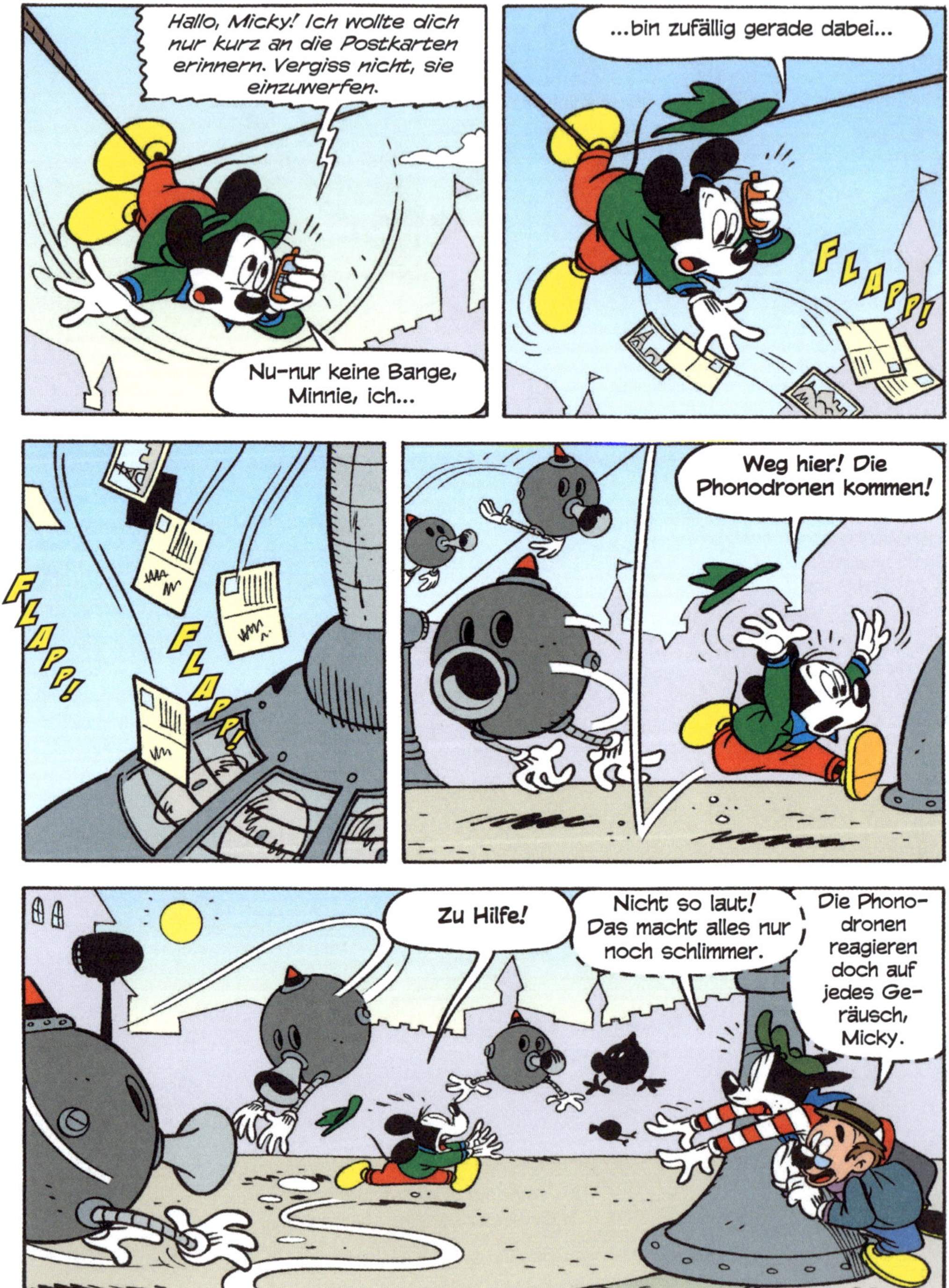
Hallo, Micky! Ich wollte dich nur kurz an die Postkarten erinnern. Vergiss nicht, sie einzuwerfen.
Nu-nur keine Bange, Minnie, ich...
...bin zufällig gerade dabei...
FLAPP!
FLAPP!
FLAPP!
Weg hier! Die Phonodronen kommen!
Zu Hilfe!
Nicht so laut! Das macht alles nur noch schlimmer.
Die Phonodronen reagieren doch auf jedes Geräusch, Micky.

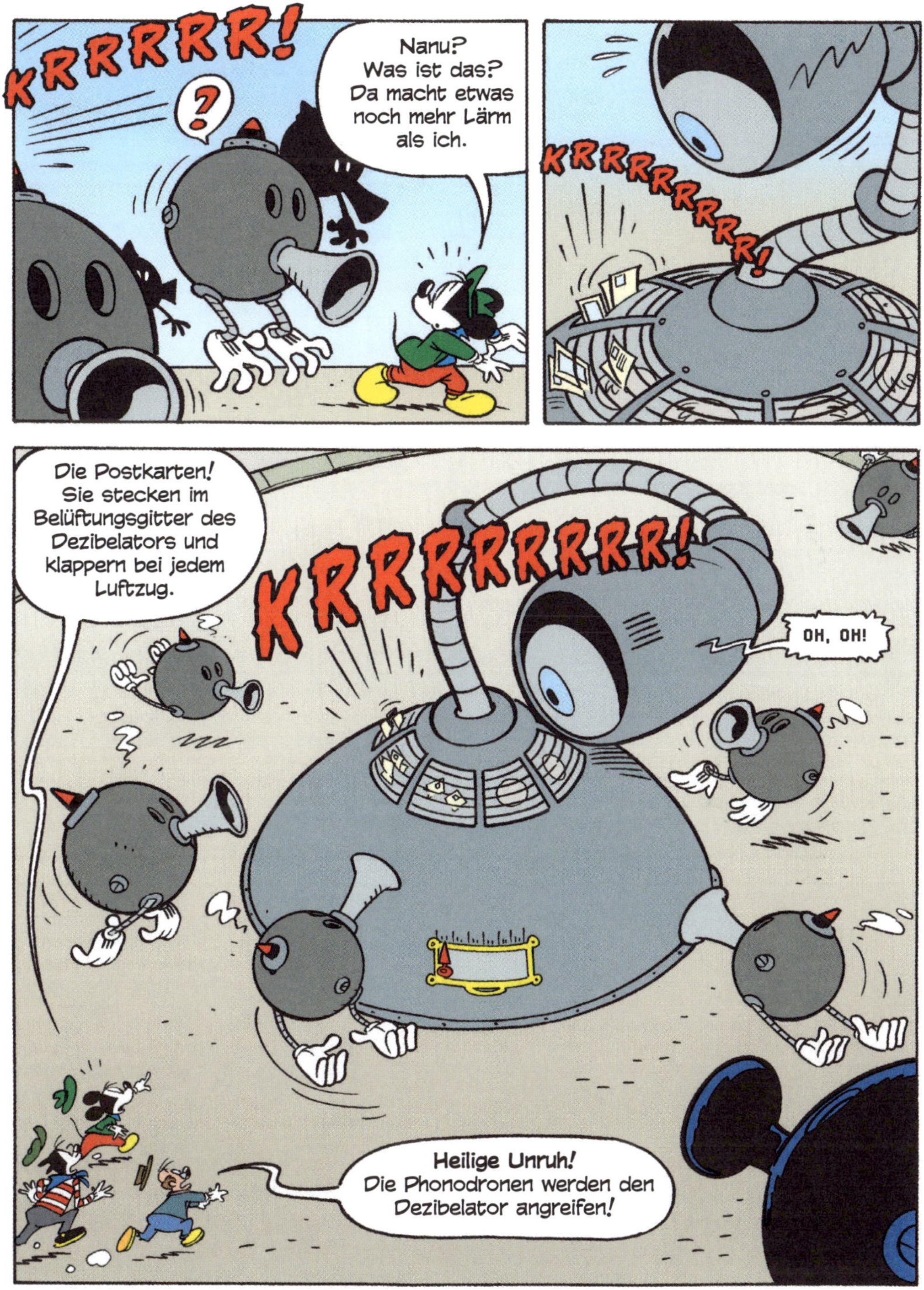
KRRRRRR!
Nanu? Was ist das? Da macht etwas noch mehr Lärm als ich.
KRRRRRRRRRR!
Die Postkarten! Sie stecken im Belüftungsgitter des Dezibelators und klappern bei jedem Luftzug.
KRRRRRRRRRR!
OH, OH!
Heilige Unruh! Die Phonodronen werden den Dezibelator angreifen!

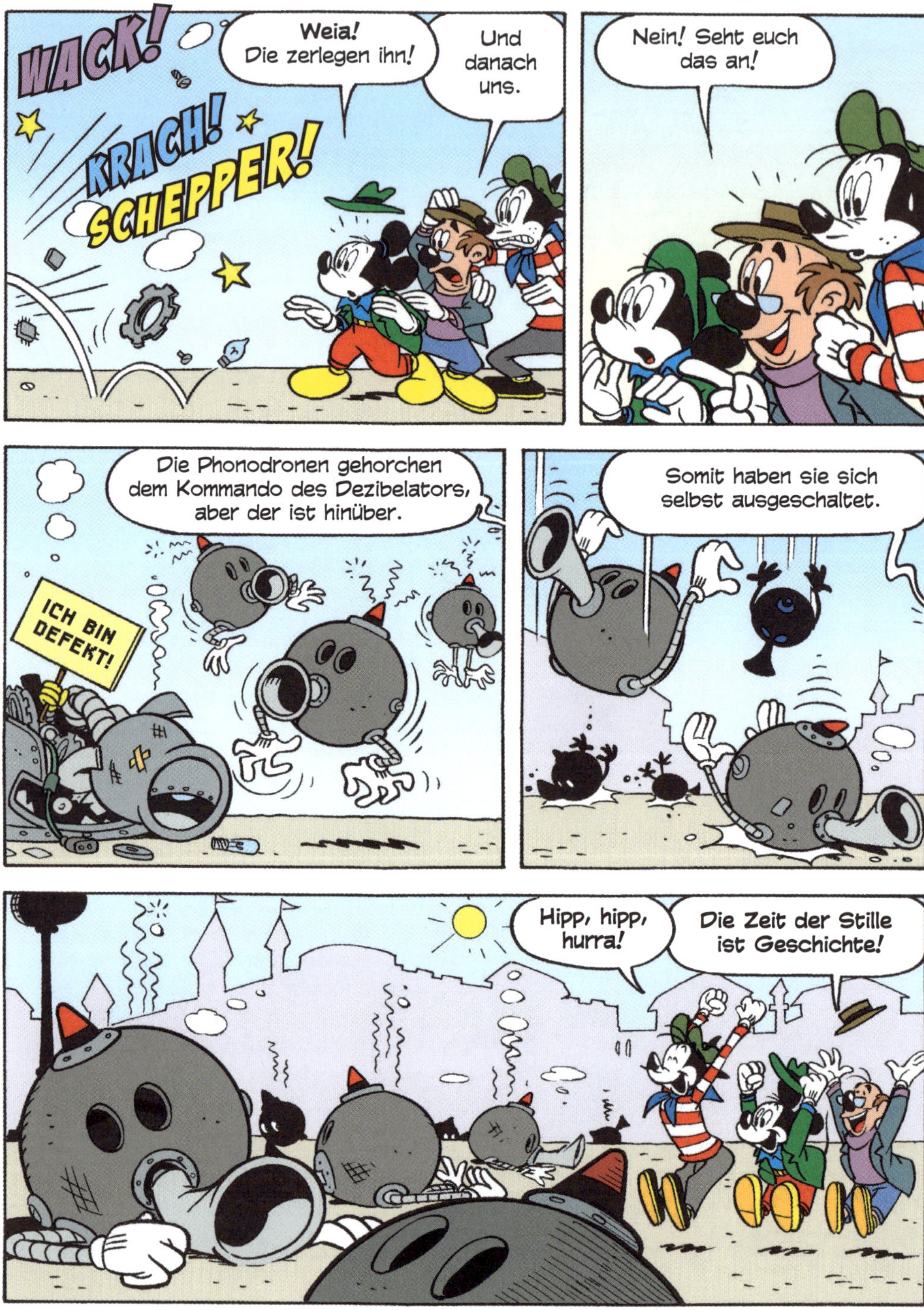
WACK!
KRACH!
SCHEPPER!
Weia! Die zerlegen ihn!
Und danach uns.
Nein! Seht euch das an!
Die Phonodronen gehorchen dem Kommando des Dezibelators, aber der ist hinüber.
ICH BIN DEFEKT!
Somit haben sie sich selbst ausgeschaltet.
Hipp, hipp, hurra!
Die Zeit der Stille ist Geschichte!

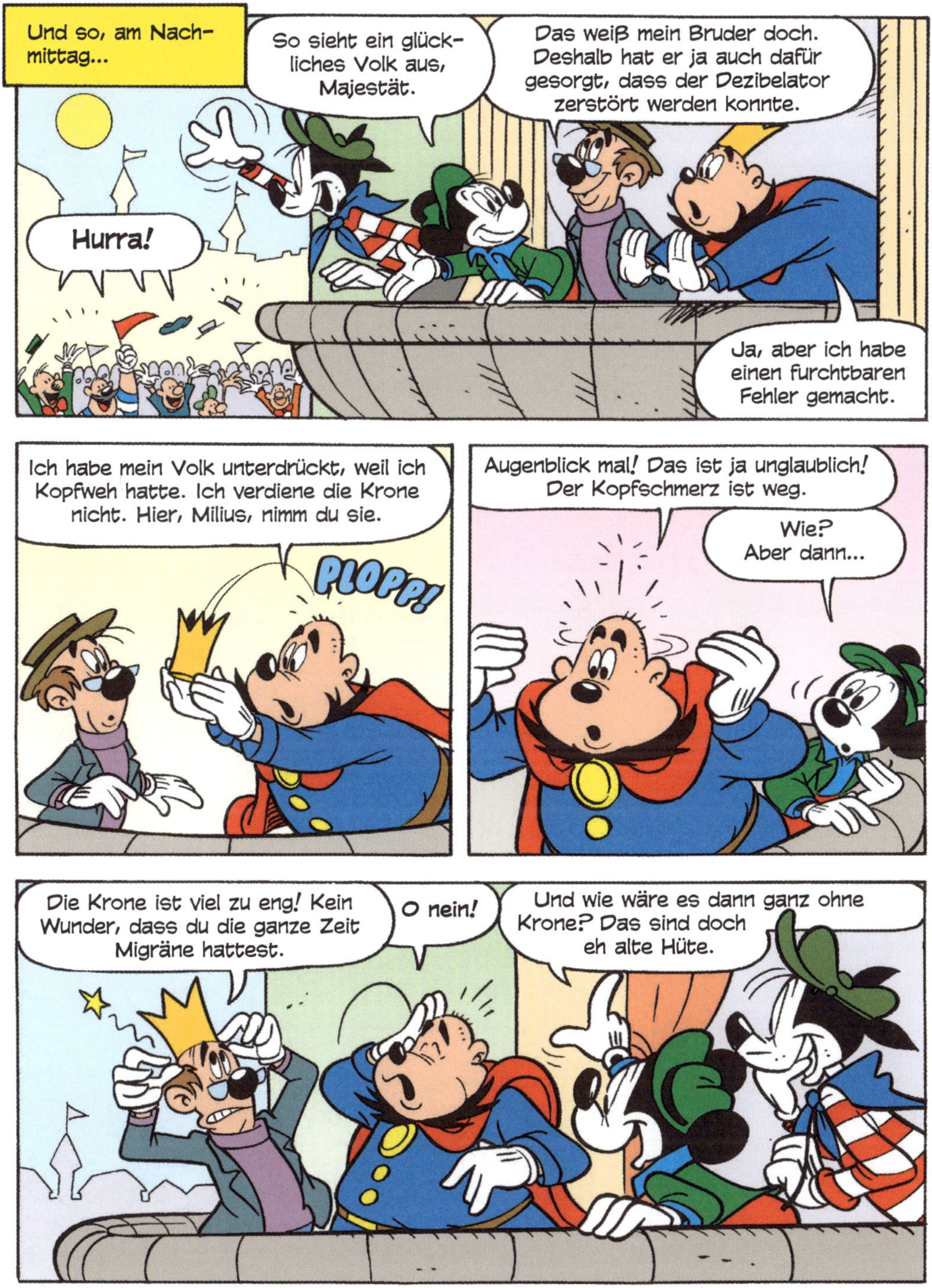
Und so, am Nachmittag...
So sieht ein glückliches Volk aus, Majestät.
Das weiß mein Bruder doch. Deshalb hat er ja auch dafür gesorgt, dass der Dezibelator zerstört werden konnte.
Hurra!
Ja, aber ich habe einen furchtbaren Fehler gemacht.
Ich habe mein Volk unterdrückt, weil ich Kopfweh hatte. Ich verdiene die Krone nicht. Hier, Milius, nimm du sie.
PLOPP!
Augenblick mal! Das ist ja unglaublich! Der Kopfschmerz ist weg.
Wie? Aber dann...
Die Krone ist viel zu eng! Kein Wunder, dass du die ganze Zeit Migräne hattest.
O nein!
Und wie wäre es dann ganz ohne Krone? Das sind doch eh alte Hüte.

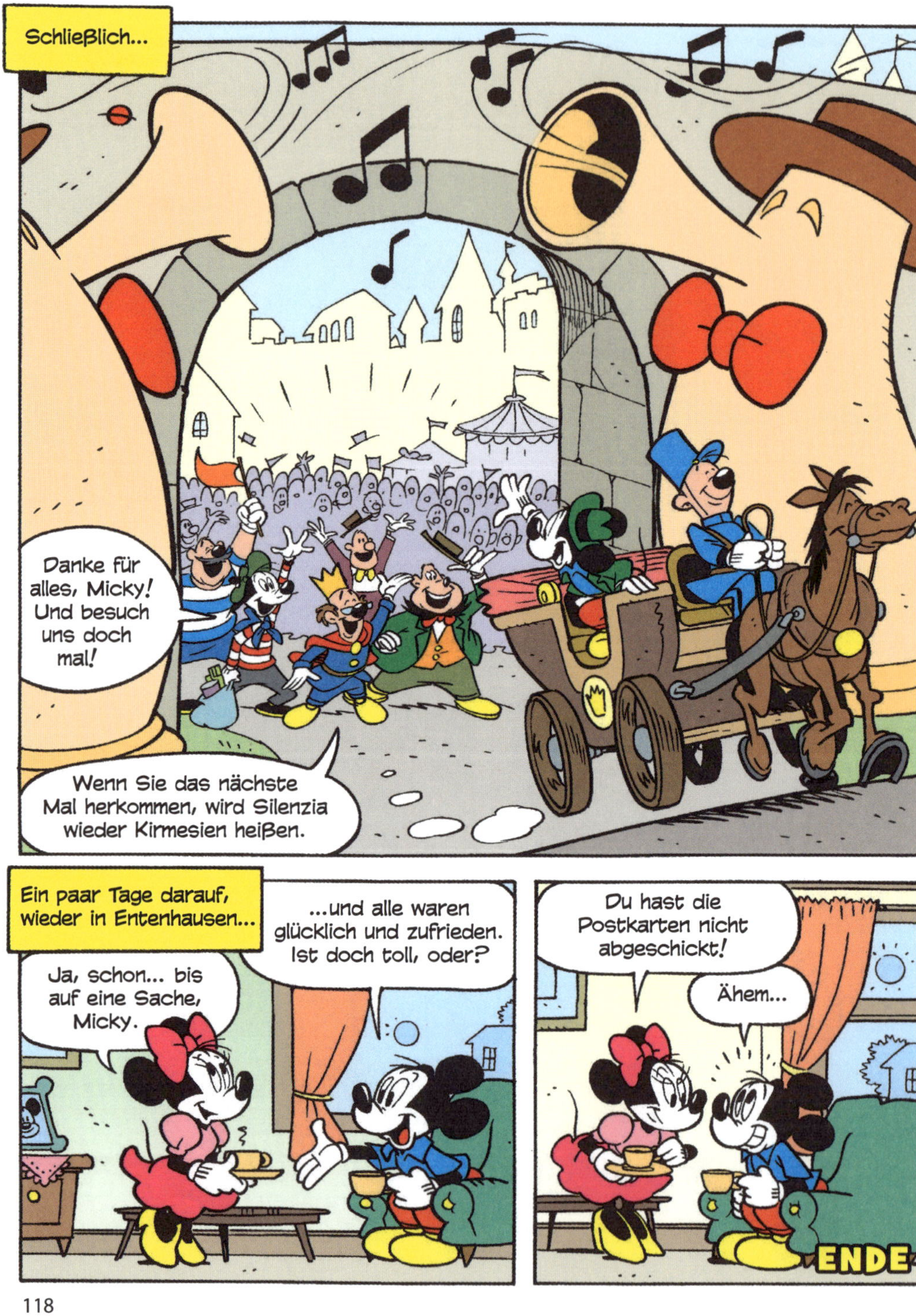
Schließlich...
Danke für alles, Micky! Und besuch uns doch mal!
Wenn Sie das nächste Mal herkommen, wird Silenzia wieder Kirmesien heißen.
Ein paar Tage darauf, wieder in Entenhausen...
...und alle waren glücklich und zufrieden. Ist doch toll, oder?
Ja, schon... bis auf eine Sache, Micky.
Du hast die Postkarten nicht abgeschickt!
Ähem...
ENDE

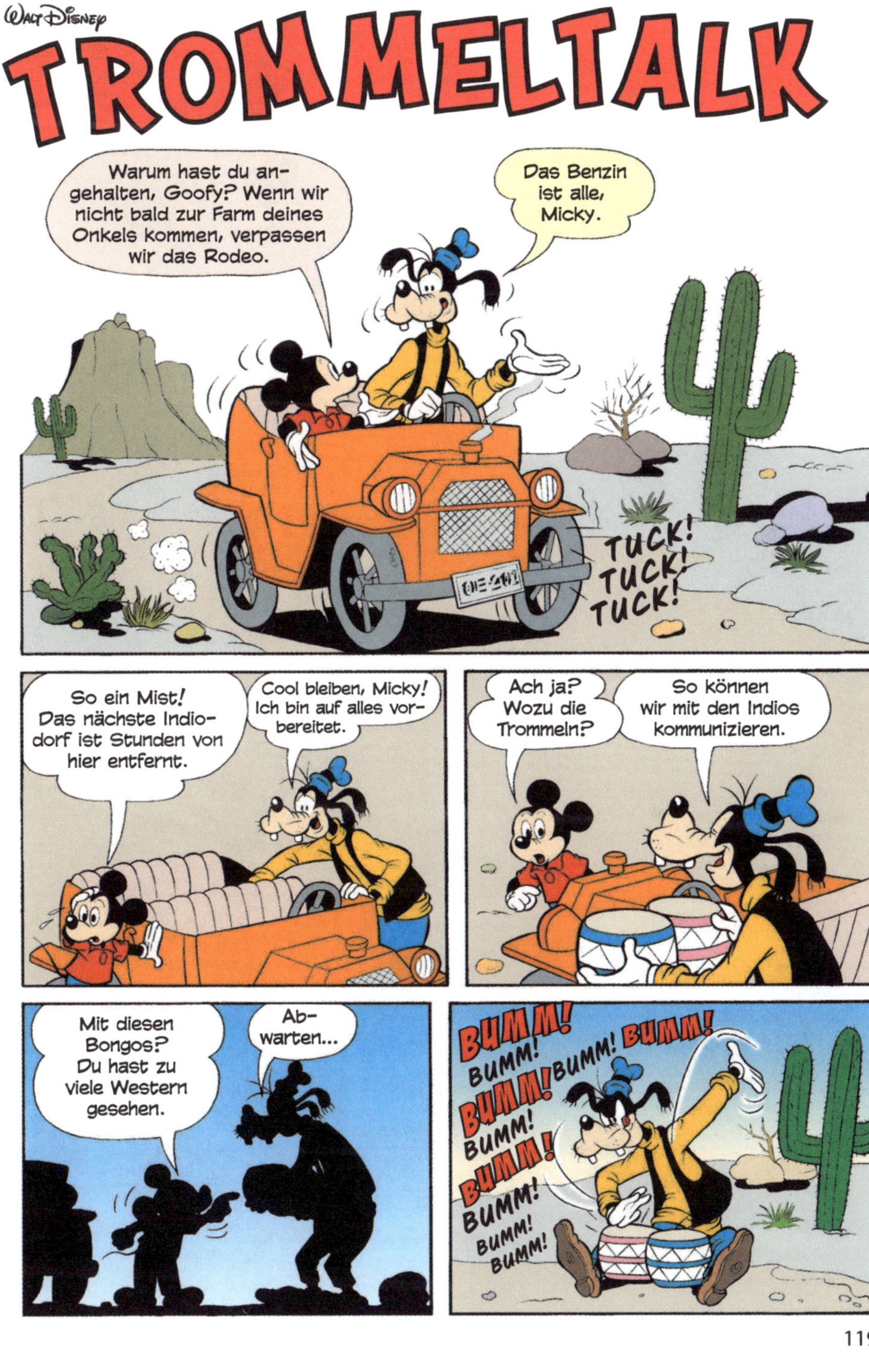
Walt Disney
TROMMELTALK
Warum hast du angehalten, Goofy? Wenn wir nicht bald zur Farm deines Onkels kommen, verpassen wir das Rodeo.
Das Benzin ist alle, Micky.
TUCK! TUCK! TUCK!
So ein Mist! Das nächste Indiodorf ist Stunden von hier entfernt.
Cool bleiben, Micky! Ich bin auf alles vorbereitet.
Ach ja? Wozu die Trommeln?
So können wir mit den Indios kommunizieren.
Mit diesen Bongos? Du hast zu viele Western gesehen.
Abwarten...
BUMM! BUMM! BUMM! BUMM! BUMM! BUMM! BUMM! BUMM! BUMM! BUMM! BUMM!

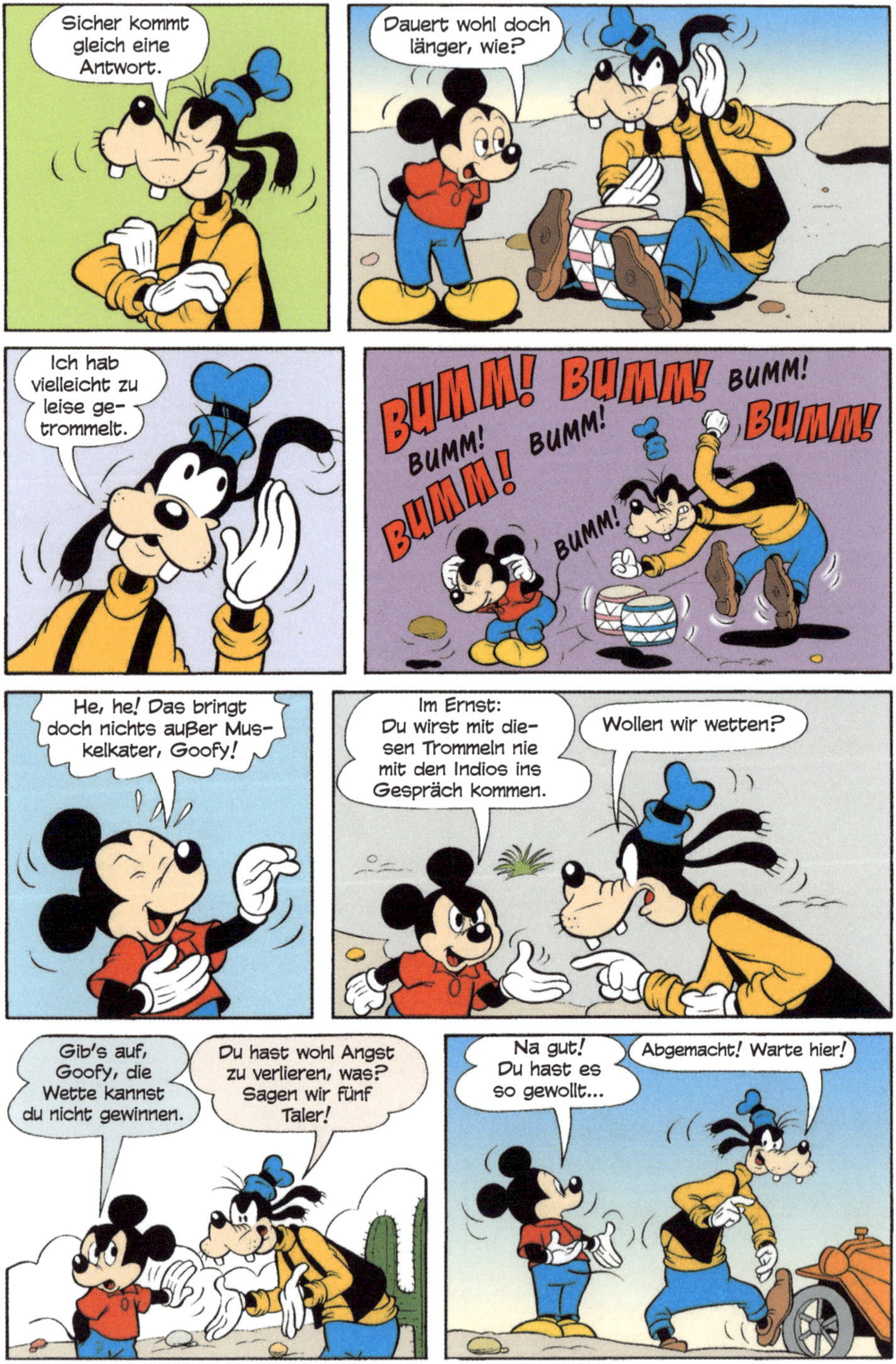
Sicher kommt gleich eine Antwort.
Dauert wohl doch länger, wie?
Ich hab vielleicht zu leise getrommelt.
BUMM! BUMM! BUMM! BUMM! BUMM! BUMM! BUMM! BUMM! BUMM!
He, he! Das bringt doch nichts außer Muskelkater, Goofy!
Im Ernst: Du wirst mit diesen Trommeln nie mit den Indios ins Gespräch kommen.
Wollen wir wetten?
Gib's auf, Goofy, die Wette kannst du nicht gewinnen.
Du hast wohl Angst zu verlieren, was? Sagen wir fünf Taler!
Na gut! Du hast es so gewollt...
Abgemacht! Warte hier!

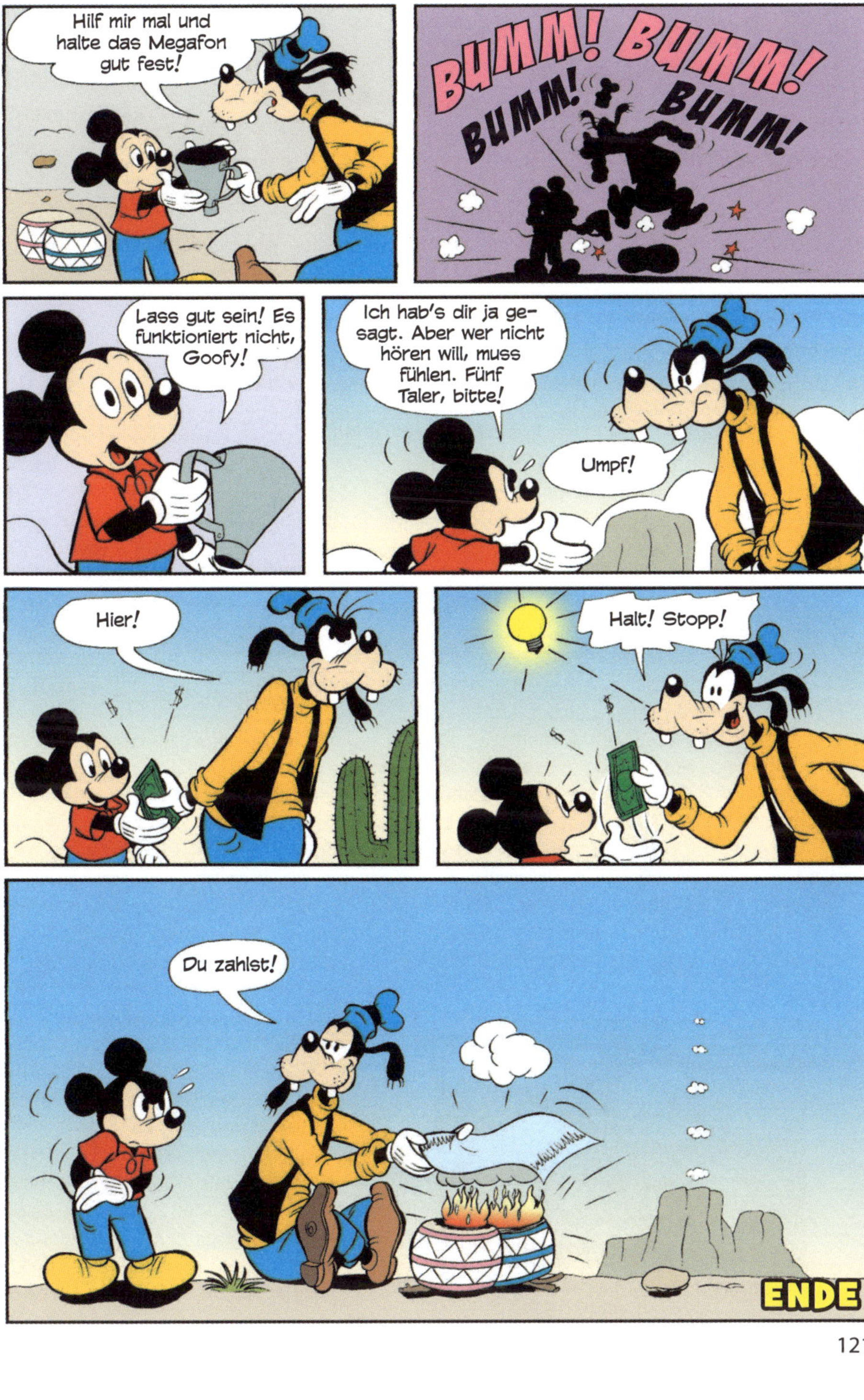
Hilf mir mal und halte das Megafon gut fest!
BUMM! BUMM!
BUMM! BUMM!
Lass gut sein! Es funktioniert nicht, Goofy!
Ich hab's dir ja gesagt. Aber wer nicht hören will, muss fühlen. Fünf Taler, bitte!
Umpf!
Hier!
Halt! Stopp!
Du zahlst!
ENDE

3 Sprachlos im Weltall

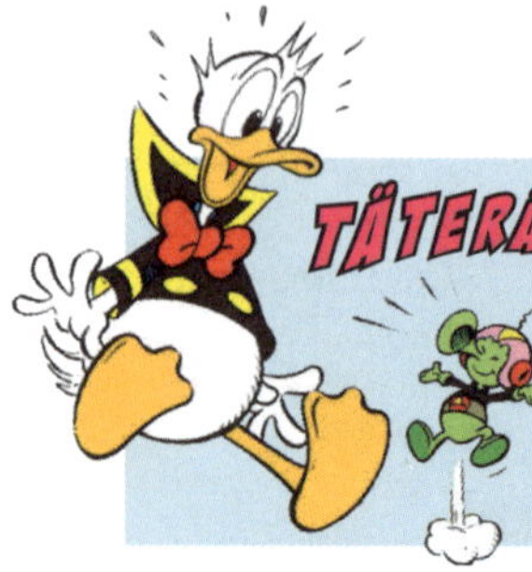

Besuch vom Planeten Trara. Täterääää heißt übrigens Hallo.

Schon lange bevor es möglich war, mit großen Fernrohren oder schnellen Raumschiffen das Weltall zu erforschen, beschäftigten sich die Menschen mit der Frage, was sich außerhalb unseres Planeten befindet. Bis heute gibt es darauf keine allumfassende Antwort. Im *Großen Duckhaus* ist nachzulesen, dass der Weltraum bei 80 Kilometern über dem irdischen Meeresspiegel beginnt und unfassbar groß ist. Allein der von uns aus sichtbare Teil hat einen Durchmesser von 93 Milliarden Lichtjahren und enthält Milliarden von Galaxien, die wiederum Milliarden oder gar Billionen Sterne umfassen können.

Reisen ins Weltall galten lange Zeit als technisch unmöglich. Doch dank des legendären Entenhausener Erfindergeists sind bis heute sowohl von Astronauten als auch von Privatpersonen etliche Raumfahrten unternommen worden. Lange Zeit waren Wissenschaftler der Meinung, dass wir Erdenbewohner die einzige Lebensform im All seien. Doch die Raumflüge Entenhausener Astronauten haben diese Theorie längst widerlegt. Wir wissen, dass Planeten mit vernunftbegabten Lebewesen existieren. Auch Geschäftsleute wie Dagobert Duck unternahmen wiederholt Expeditionen zu anderen Planeten, auf denen sie Außerirdische vorfanden. Und andersherum hat sich Entenhausen in den vergangenen Jahren als beliebtes Ausflugsziel für Außerirdische entpuppt.

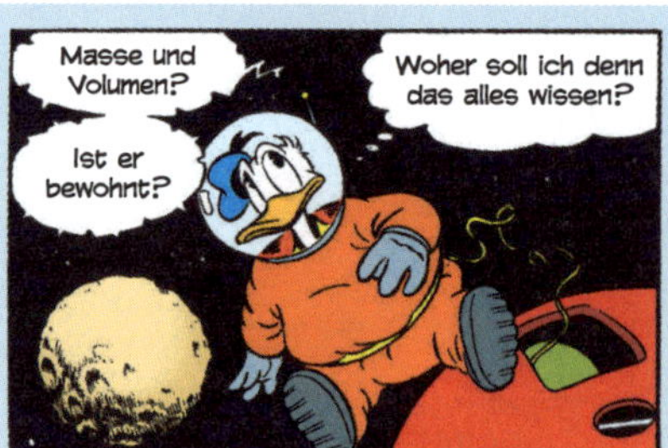

Donald Duck auf Mission im All.

Die Begegnungen zwischen der Entenhausener Bevölkerung und den außerirdischen Gästen verliefen zum großen Teil friedlich, waren aber gespickt mit zahlreichen Missverständnissen. Um genau jene Missverständnisse zu verhindern und somit gar schwerwiegende Konflikte bis hin zu einem Krieg der Sterne zu vermeiden, fragen sich Wissenschaftler wie auch Politiker nachdrücklicher als je zuvor, wie man mit außerirdischen Lebensformen ins Gespräch kommt. Bisher traf man nur auf wenige Aliens, wie die Außerirdischen auch bezeichnet werden, die unsere Sprache sprachen. Eine Kommunikation war oft nur mittels aufwendiger Übersetzermaschinen oder Telepathie, also Gedankenübertragung, möglich.

Auf den folgenden Seiten wollen wir einen ersten Eindruck vermitteln, wie eine Verständigung mit außerirdischen Wesen funktionieren kann. Auch wenn die Weltraumsprache bis jetzt wenig erforscht ist, haben wir drei Fallbeispiele gefunden, die uns einen ersten Einblick gewähren in die Sprache der Außerirdischen. Dabei zeigt sich nur zu deutlich, wie wenig ausgereift unsere bisherige Technik ist. So konnte der mit großer Hoffnung zum Einsatz gebrachte Universaldolmetscher nicht halten, was sich seine Erbauer versprachen. Mehrfach zum Einsatz gekommen, hat er bisher keine zufriedenstellenden Ergebnisse geliefert. Ja, man ist sogar der Auffassung, dass falsche Übersetzung gefährlicher ist als keine Übersetzung. So berichteten verschiedene Reisende davon, wie sie nach dem Gebrauch in Gefangenschaft landeten.

Deswegen sei an dieser Stelle vom Einsatz dieser Maschinen abgeraten. Vielmehr wird beim derzeitigen Stand der Entwicklung empfohlen, auf die Fähigkeiten der Außerirdischen zu vertrauen. Deren Technik ist häufig ausgereifter, was sich auch in Sachen Übersetzungsmaschinen bemerkbar macht. Darüber hinaus sollten Sie sich in der intergalaktischen Kommunikation stets auf die hiesigen Umgangsformen besinnen und Ihr Gegenüber – egal wie groß und grün – mit dem nötigen Respekt behandeln. Dann sollte einer erfolgreichen Verständigung nichts im Wege stehen.

Weltraumsprache, die

['vɛltraʊmʃpra:xə] *f*

Eine Weltraumsprache ist eine Sprache, die nicht auf der Erde gesprochen wird. Bisher ist noch wenig bekannt über Weltraumsprachen. Im *Schlauen Buch* des Fähnlein Fieselschweif steht auf Seite 78, im Kapitel drei, ein Eintrag über Weltraumsprachen.

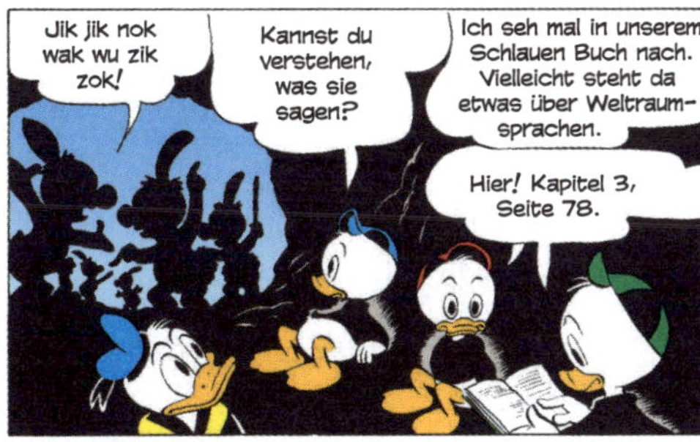

Universalübersetzer, der

['ʊni:vɛrza:ly:bɐzɛtsɐ] *m*

Eine Maschine, die Außerirdisch übersetzen soll, aber noch nicht voll einsatzfähig ist, da fehlerhafte Übersetzungen zu Missverständnissen führten.

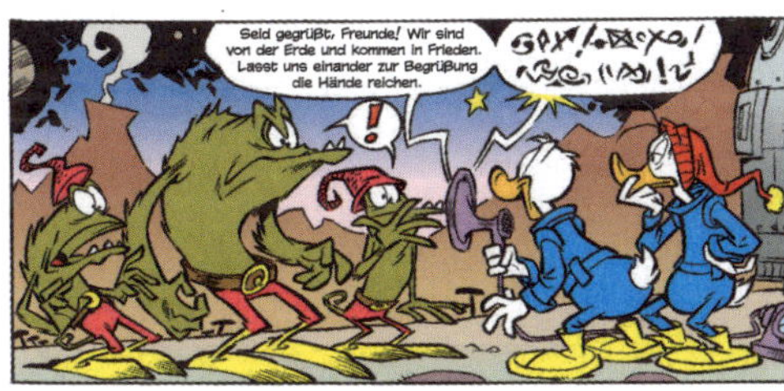

Astronawisch, das

[astro'na:vɪʃ] *n*

Sprache, die von Raumschiffen auf dem Planeten Trara gesprochen wird und zum Beispiel dazu benutzt wird mitzuteilen, welchen Geschmack der Treibstoff haben soll. „Sniksnak" bedeutet zum Beispiel Erdbeermilchshake. Die Übersetzung für das Wort „Plimplum" ist nicht überliefert.

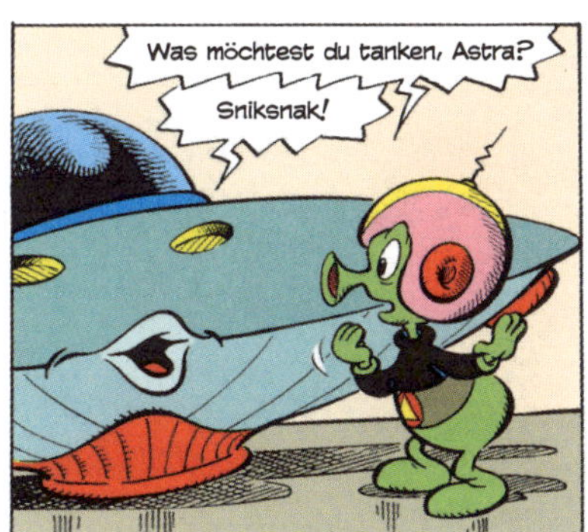

Die INSEL im ALL

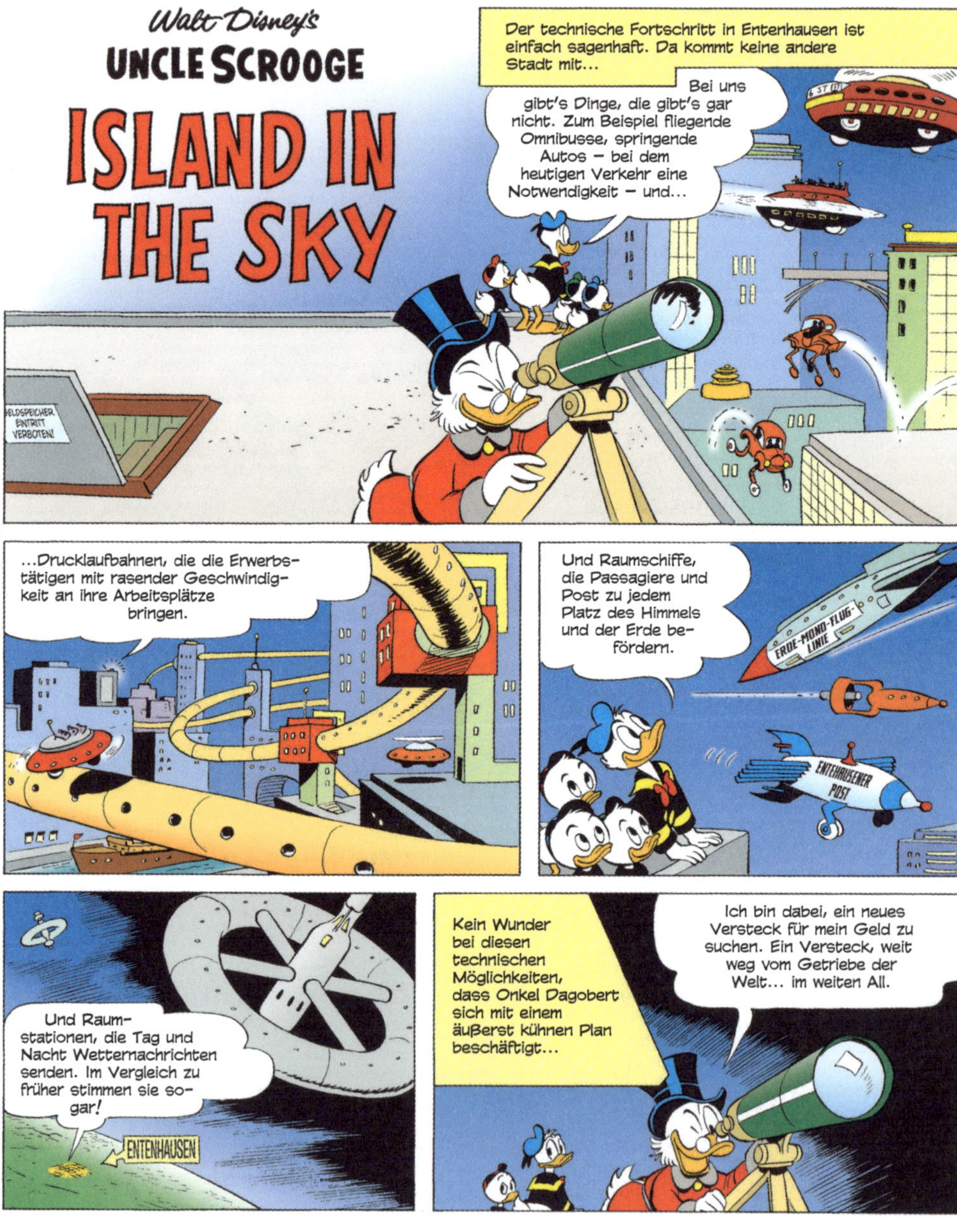

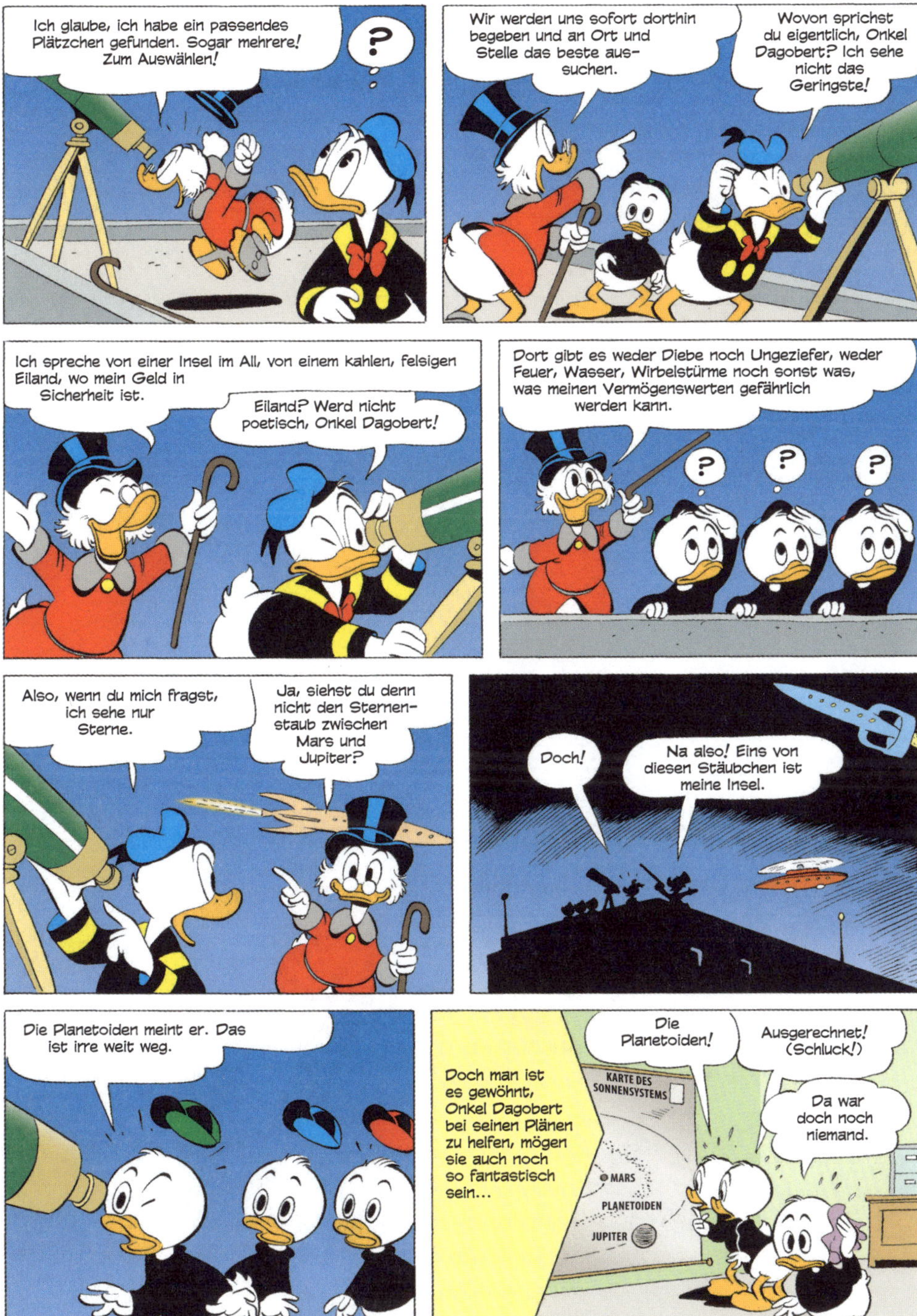
Ich glaube, ich habe ein passendes Plätzchen gefunden. Sogar mehrere! Zum Auswählen!
?
Wir werden uns sofort dorthin begeben und an Ort und Stelle das beste aussuchen.
Wovon sprichst du eigentlich, Onkel Dagobert? Ich sehe nicht das Geringste!
Ich spreche von einer Insel im All, von einem kahlen, felsigen Eiland, wo mein Geld in Sicherheit ist.
Eiland? Werd nicht poetisch, Onkel Dagobert!
Dort gibt es weder Diebe noch Ungeziefer, weder Feuer, Wasser, Wirbelstürme noch sonst was, was meinen Vermögenswerten gefährlich werden kann.
? ? ?
Also, wenn du mich fragst, ich sehe nur Sterne.
Ja, siehst du denn nicht den Sternenstaub zwischen Mars und Jupiter?
Doch!
Na also! Eins von diesen Stäubchen ist meine Insel.
Die Planetoiden meint er. Das ist irre weit weg.
Doch man ist es gewöhnt, Onkel Dagobert bei seinen Plänen zu helfen, mögen sie auch noch so fantastisch sein…
Die Planetoiden!
Ausgerechnet! (Schluck!)
Da war doch noch niemand.
KARTE DES SONNENSYSTEMS
MARS
PLANETOIDEN
JUPITER

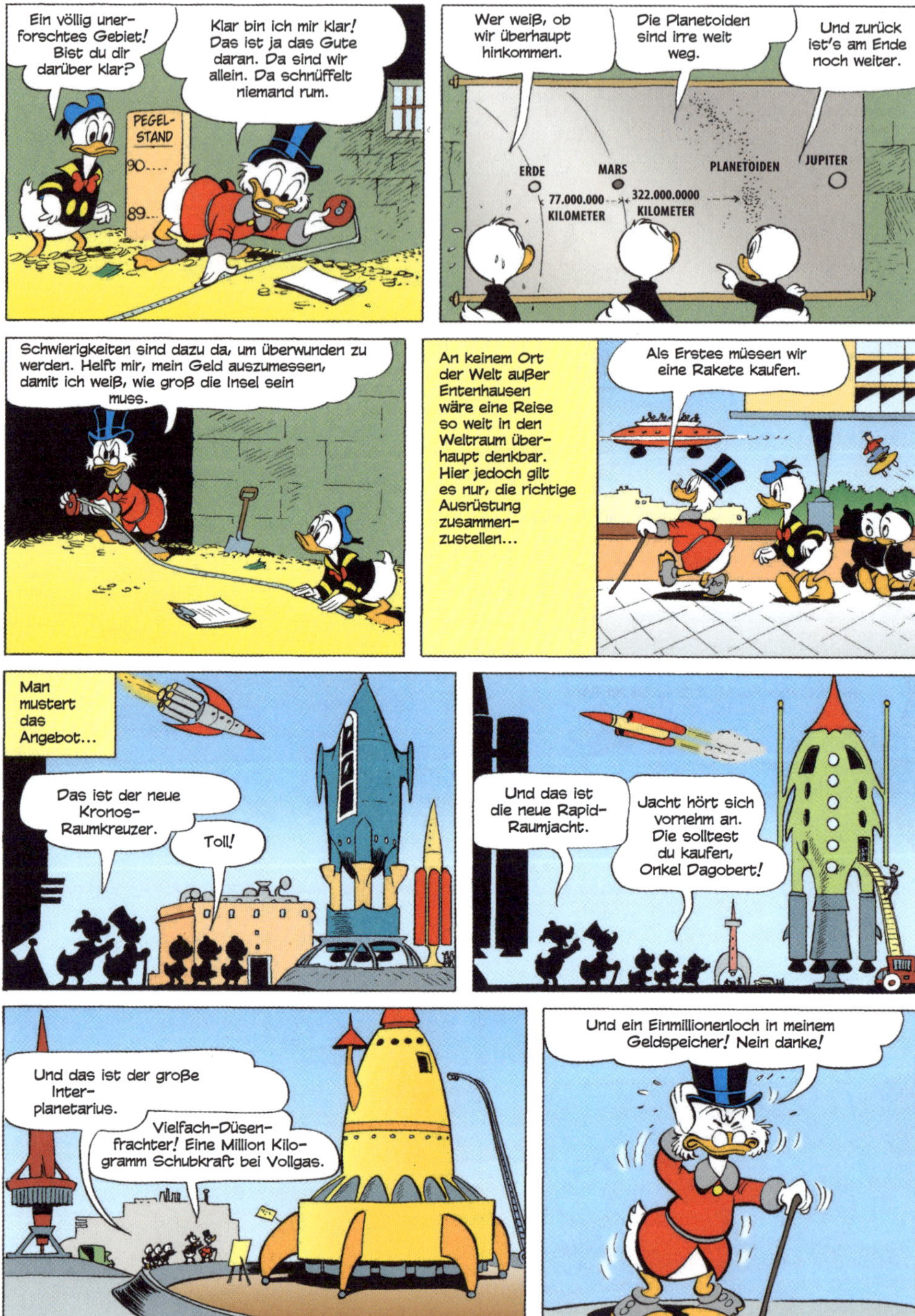
Ein völlig unerforschtes Gebiet! Bist du dir darüber klar?
Klar bin ich mir klar! Das ist ja das Gute daran. Da sind wir allein. Da schnüffelt niemand rum.
PEGEL-STAND
90....
89...
Wer weiß, ob wir überhaupt hinkommen.
Die Planetoiden sind irre weit weg.
Und zurück ist's am Ende noch weiter.
ERDE
MARS
PLANETOIDEN
JUPITER
77.000.000 KILOMETER
322.000.0000 KILOMETER
Schwierigkeiten sind dazu da, um überwunden zu werden. Helft mir, mein Geld auszumessen, damit ich weiß, wie groß die Insel sein muss.
An keinem Ort der Welt außer Entenhausen wäre eine Reise so weit in den Weltraum überhaupt denkbar. Hier jedoch gilt es nur, die richtige Ausrüstung zusammenzustellen...
Als Erstes müssen wir eine Rakete kaufen.
Man mustert das Angebot...
Das ist der neue Kronos-Raumkreuzer.
Toll!
Und das ist die neue Rapid-Raumjacht.
Jacht hört sich vornehm an. Die solltest du kaufen, Onkel Dagobert!
Und das ist der große Interplanetarius.
Vielfach-Düsenfrachter! Eine Million Kilogramm Schubkraft bei Vollgas.
Und ein Einmillionenloch in meinem Geldspeicher! Nein danke!

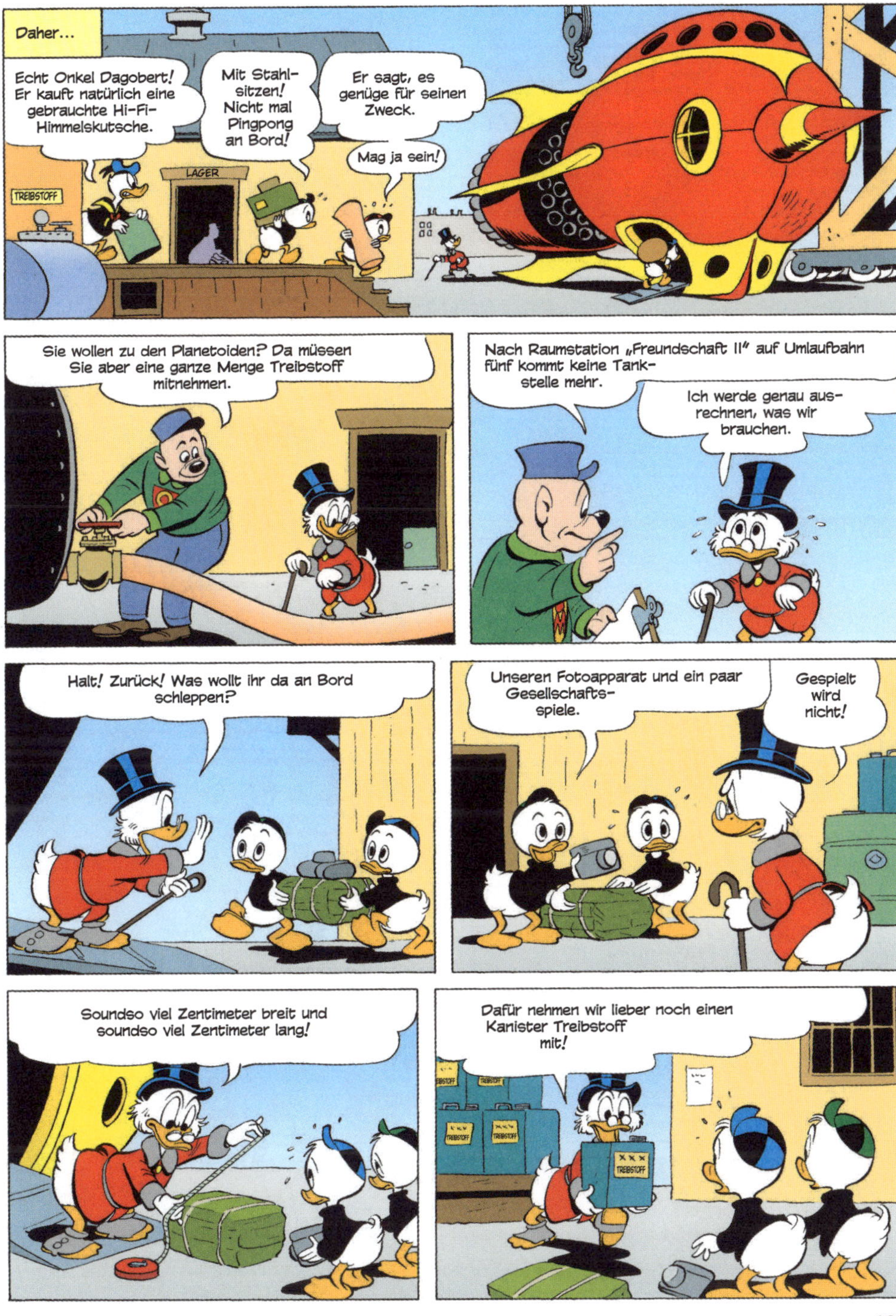
Daher...
Echt Onkel Dagobert! Er kauft natürlich eine gebrauchte Hi-Fi-Himmelskutsche.
Mit Stahlsitzen! Nicht mal Pingpong an Bord!
Er sagt, es genüge für seinen Zweck.
Mag ja sein!
LAGER
TREIBSTOFF
Sie wollen zu den Planetoiden? Da müssen Sie aber eine ganze Menge Treibstoff mitnehmen.
Nach Raumstation „Freundschaft II" auf Umlaufbahn fünf kommt keine Tankstelle mehr.
Ich werde genau ausrechnen, was wir brauchen.
Halt! Zurück! Was wollt ihr da an Bord schleppen?
Unseren Fotoapparat und ein paar Gesellschaftsspiele.
Gespielt wird nicht!
Soundso viel Zentimeter breit und soundso viel Zentimeter lang!
Dafür nehmen wir lieber noch einen Kanister Treibstoff mit!
TREIBSTOFF

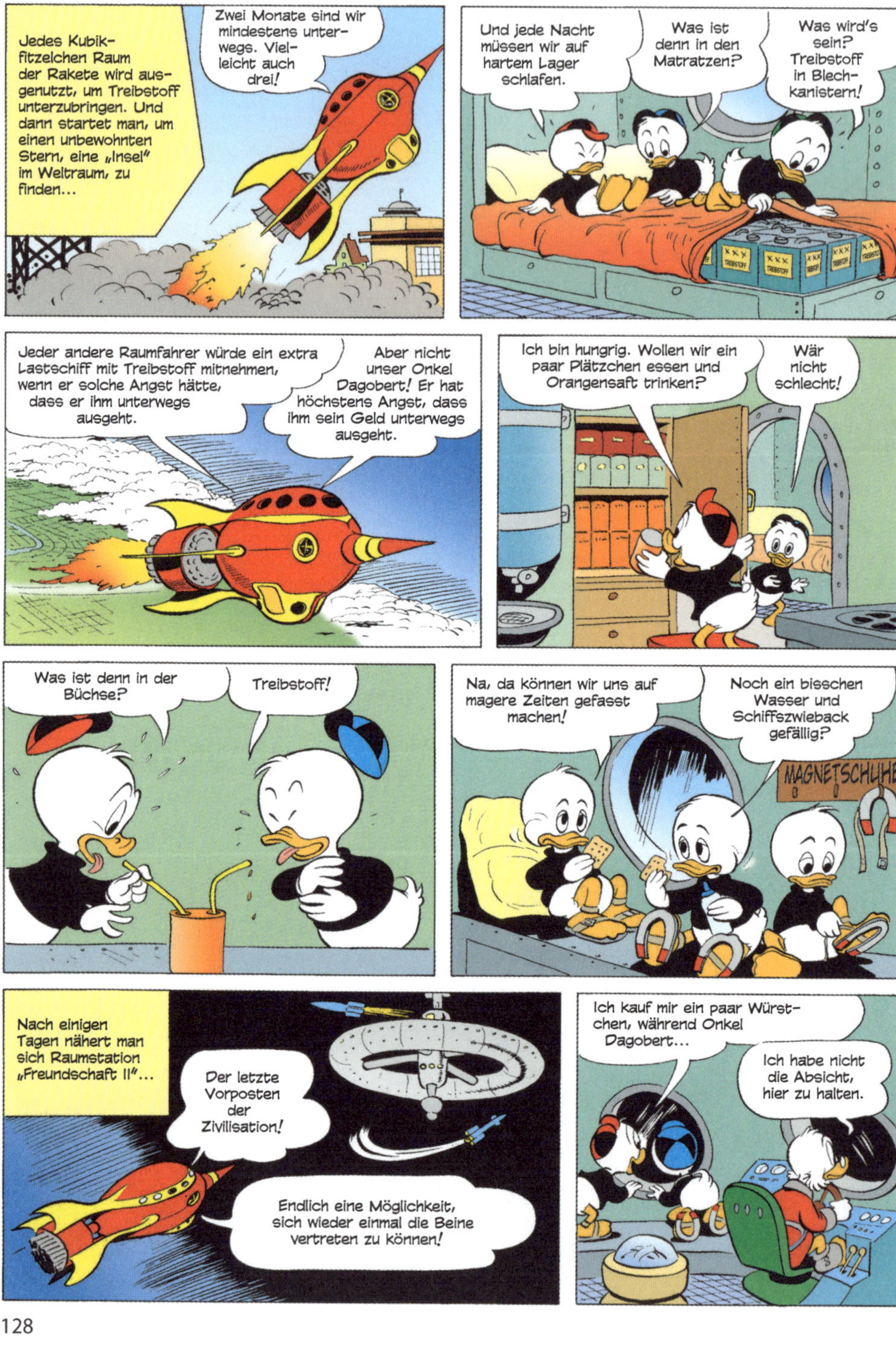

Jedes Kubikfitzelchen Raum der Rakete wird ausgenutzt, um Treibstoff unterzubringen. Und dann startet man, um einen unbewohnten Stern, eine „Insel" im Weltraum, zu finden…
Zwei Monate sind wir mindestens unterwegs. Vielleicht auch drei!
Und jede Nacht müssen wir auf hartem Lager schlafen.
Was ist denn in den Matratzen?
Was wird's sein? Treibstoff in Blechkanistern!
TREIBSTOFF
Jeder andere Raumfahrer würde ein extra Lastschiff mit Treibstoff mitnehmen, wenn er solche Angst hätte, dass er ihm unterwegs ausgeht.
Aber nicht unser Onkel Dagobert! Er hat höchstens Angst, dass ihm sein Geld unterwegs ausgeht.
Ich bin hungrig. Wollen wir ein paar Plätzchen essen und Orangensaft trinken?
Wär nicht schlecht!
Was ist denn in der Büchse?
Treibstoff!
Na, da können wir uns auf magere Zeiten gefasst machen!
Noch ein bisschen Wasser und Schiffszwieback gefällig?
MAGNETSCHUHE
Nach einigen Tagen nähert man sich Raumstation „Freundschaft II"…
Der letzte Vorposten der Zivilisation!
Endlich eine Möglichkeit, sich wieder einmal die Beine vertreten zu können!
Ich kauf mir ein paar Würstchen, während Onkel Dagobert…
Ich habe nicht die Absicht, hier zu halten.

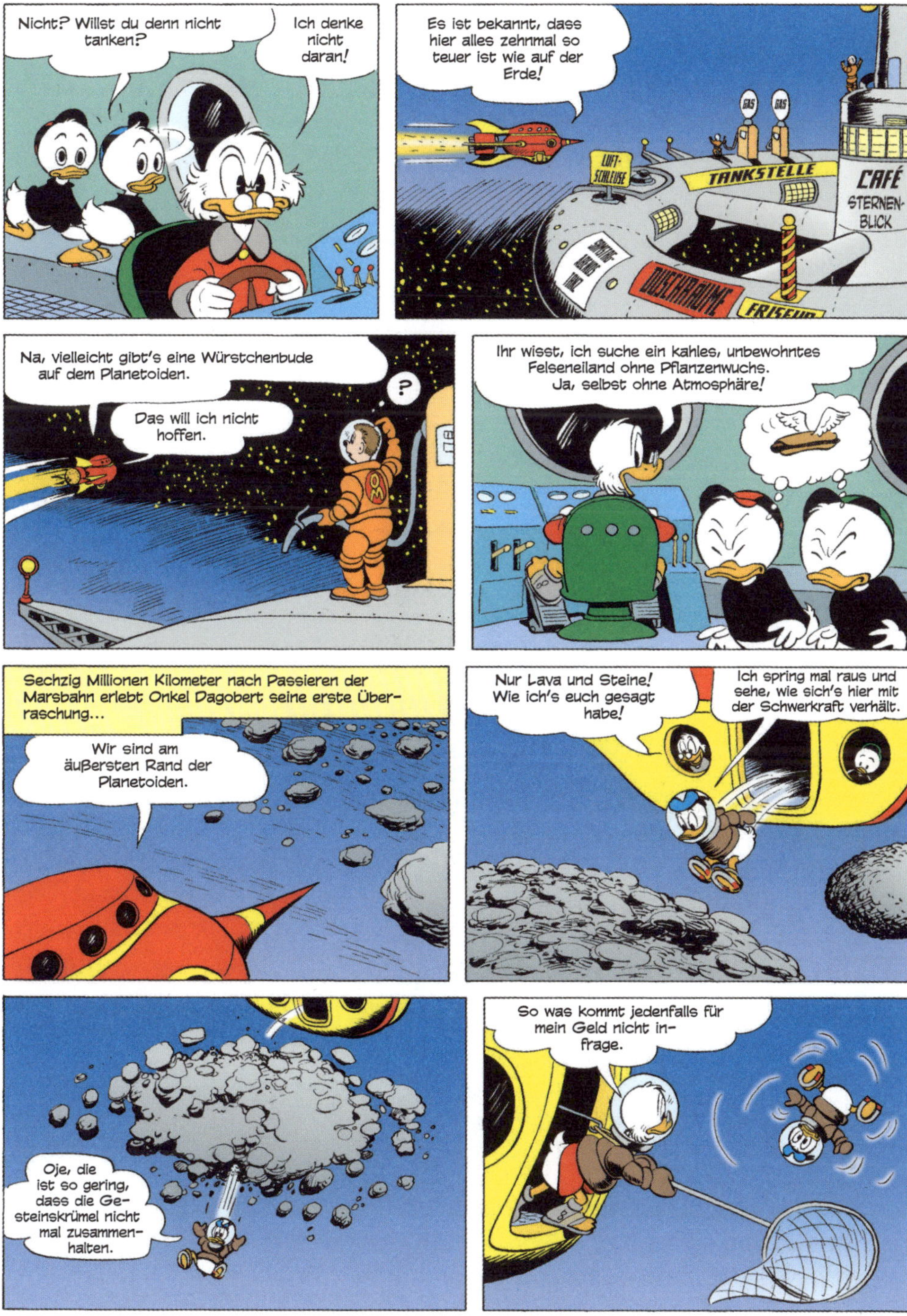
Nicht? Willst du denn nicht tanken?
Ich denke nicht daran!
Es ist bekannt, dass hier alles zehnmal so teuer ist wie auf der Erde!
LUFT-SCHLEUSE
GAS
GAS
TANKSTELLE
CAFÉ STERNEN-BLICK
DUSCHRÄUME
Na, vielleicht gibt's eine Würstchenbude auf dem Planetoiden.
Das will ich nicht hoffen.
?
Ihr wisst, ich suche ein kahles, unbewohntes Felseneiland ohne Pflanzenwuchs. Ja, selbst ohne Atmosphäre!
Sechzig Millionen Kilometer nach Passieren der Marsbahn erlebt Onkel Dagobert seine erste Überraschung…
Wir sind am äußersten Rand der Planetoiden.
Nur Lava und Steine! Wie ich's euch gesagt habe!
Ich spring mal raus und sehe, wie sich's hier mit der Schwerkraft verhält.
Oje, die ist so gering, dass die Gesteinskrümel nicht mal zusammenhalten.
So was kommt jedenfalls für mein Geld nicht infrage.

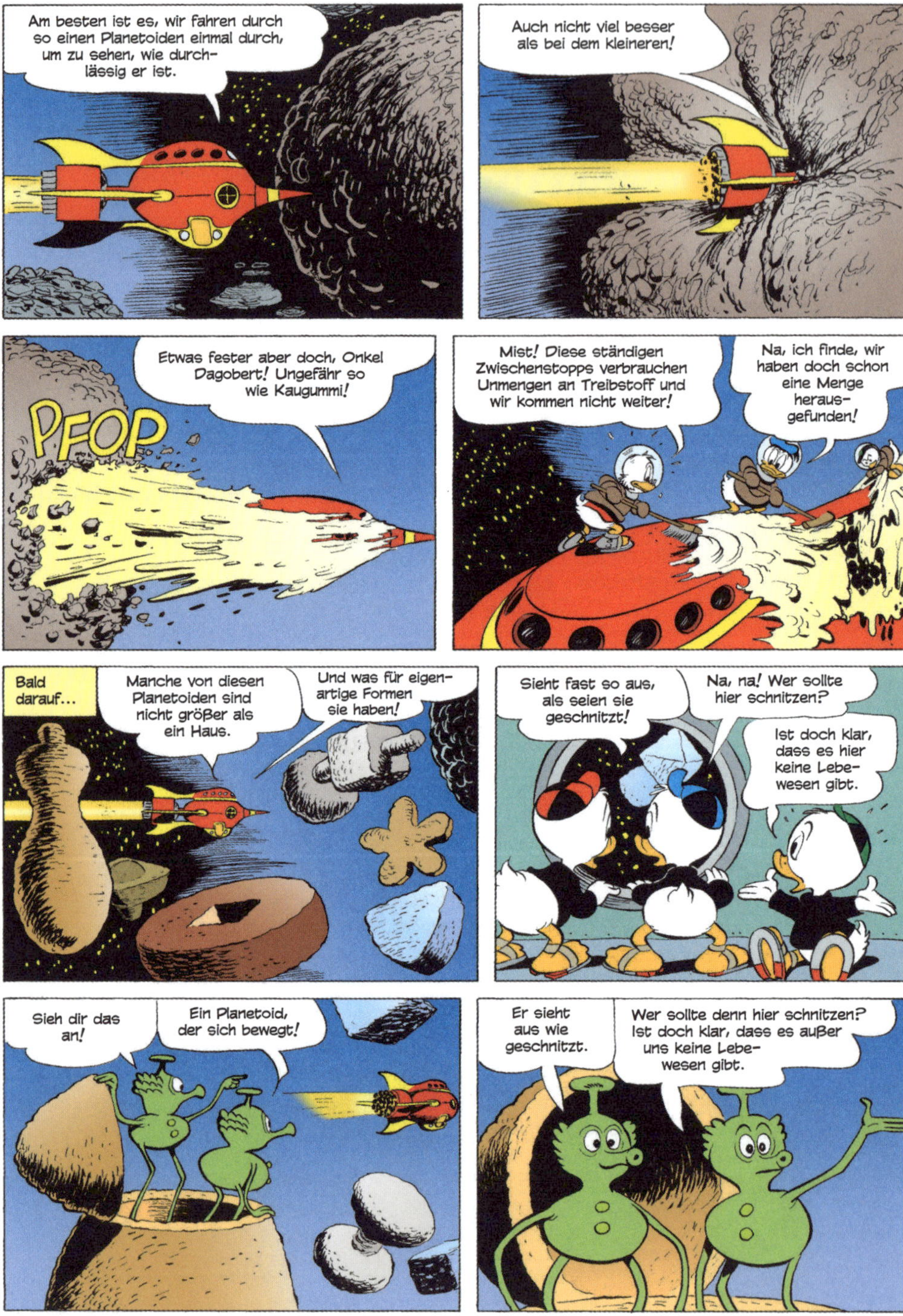
Am besten ist es, wir fahren durch so einen Planetoiden einmal durch, um zu sehen, wie durchlässig er ist.
Auch nicht viel besser als bei dem kleineren!
PFOP
Etwas fester aber doch, Onkel Dagobert! Ungefähr so wie Kaugummi!
Mist! Diese ständigen Zwischenstopps verbrauchen Unmengen an Treibstoff und wir kommen nicht weiter!
Na, ich finde, wir haben doch schon eine Menge herausgefunden!
Bald darauf...
Manche von diesen Planetoiden sind nicht größer als ein Haus.
Und was für eigenartige Formen sie haben!
Sieht fast so aus, als seien sie geschnitzt!
Na, na! Wer sollte hier schnitzen?
Ist doch klar, dass es hier keine Lebewesen gibt.
Sieh dir das an!
Ein Planetoid, der sich bewegt!
Er sieht aus wie geschnitzt.
Wer sollte denn hier schnitzen? Ist doch klar, dass es außer uns keine Lebewesen gibt.

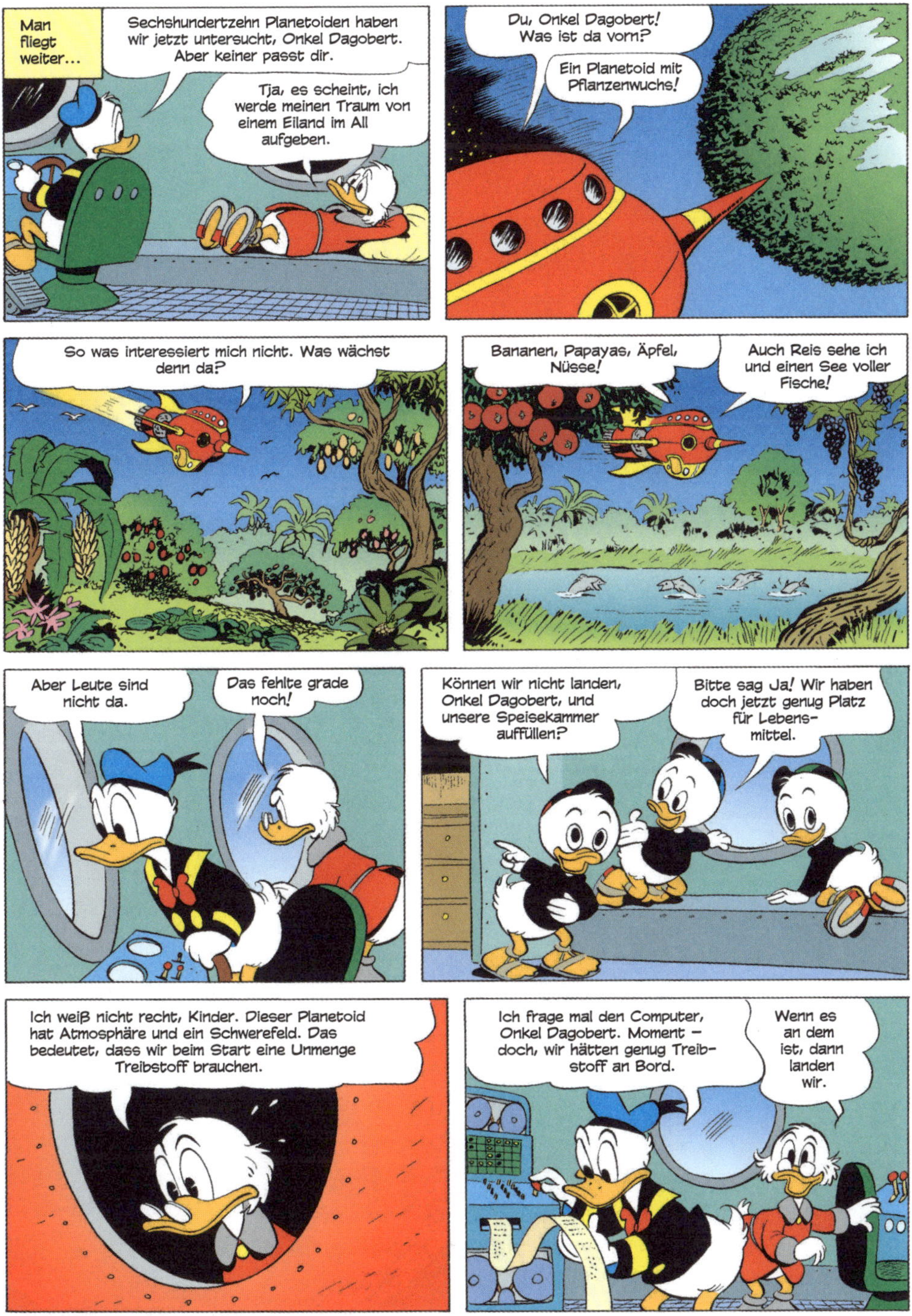
Man fliegt weiter...
Sechshundertzehn Planetoiden haben wir jetzt untersucht, Onkel Dagobert. Aber keiner passt dir.
Tja, es scheint, ich werde meinen Traum von einem Eiland im All aufgeben.
Du, Onkel Dagobert! Was ist da vorn?
Ein Planetoid mit Pflanzenwuchs!
So was interessiert mich nicht. Was wächst denn da?
Bananen, Papayas, Äpfel, Nüsse!
Auch Reis sehe ich und einen See voller Fische!
Aber Leute sind nicht da.
Das fehlte grade noch!
Können wir nicht landen, Onkel Dagobert, und unsere Speisekammer auffüllen?
Bitte sag Ja! Wir haben doch jetzt genug Platz für Lebensmittel.
Ich weiß nicht recht, Kinder. Dieser Planetoid hat Atmosphäre und ein Schwerefeld. Das bedeutet, dass wir beim Start eine Unmenge Treibstoff brauchen.
Ich frage mal den Computer, Onkel Dagobert. Moment – doch, wir hätten genug Treibstoff an Bord.
Wenn es an dem ist, dann landen wir.

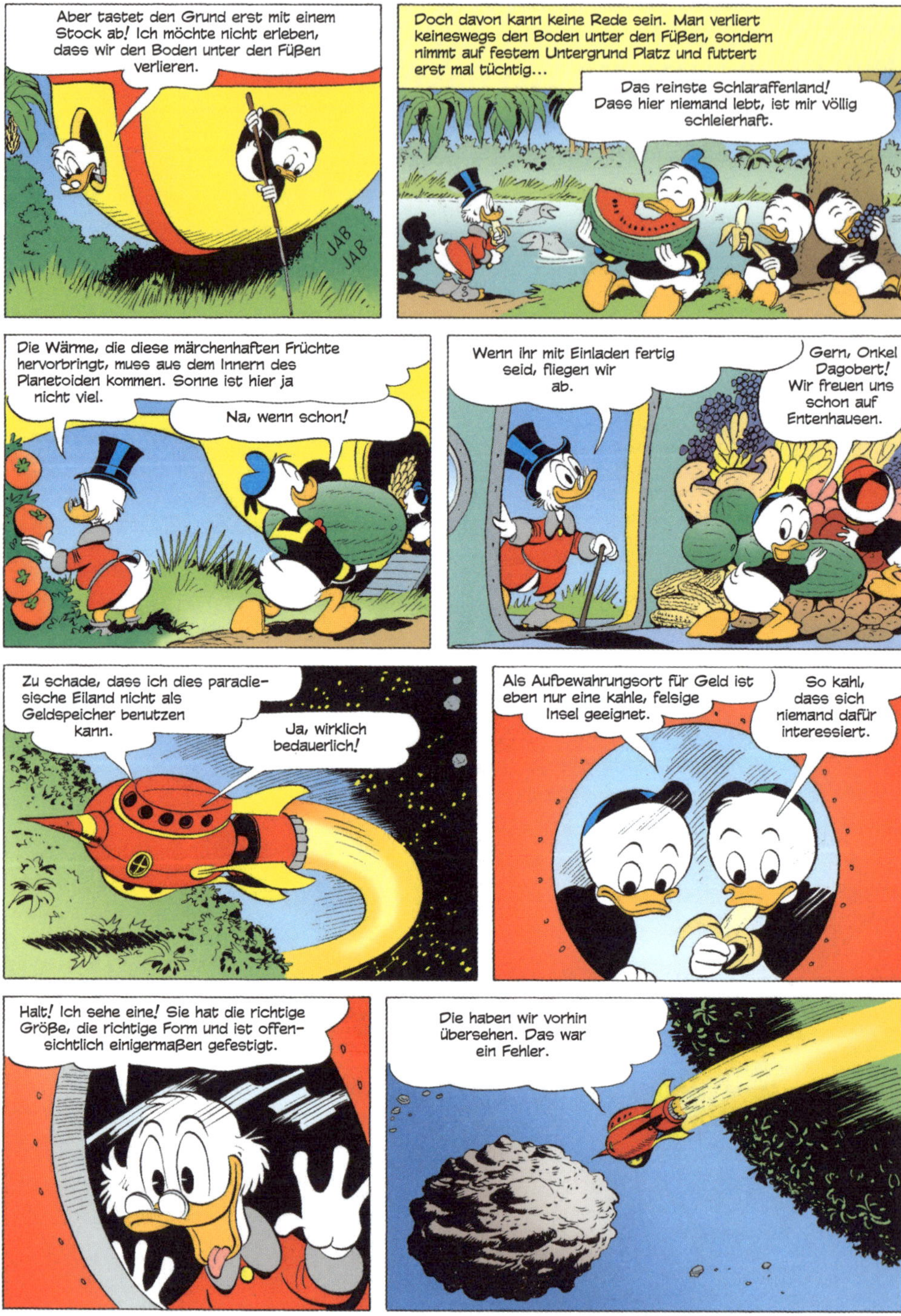

Aber tastet den Grund erst mit einem Stock ab! Ich möchte nicht erleben, dass wir den Boden unter den Füßen verlieren.
JAB JAB
Doch davon kann keine Rede sein. Man verliert keineswegs den Boden unter den Füßen, sondern nimmt auf festem Untergrund Platz und futtert erst mal tüchtig…
Das reinste Schlaraffenland! Dass hier niemand lebt, ist mir völlig schleierhaft.
Die Wärme, die diese märchenhaften Früchte hervorbringt, muss aus dem Innern des Planetoiden kommen. Sonne ist hier ja nicht viel.
Na, wenn schon!
Wenn ihr mit Einladen fertig seid, fliegen wir ab.
Gern, Onkel Dagobert! Wir freuen uns schon auf Entenhausen.
Zu schade, dass ich dies paradiesische Eiland nicht als Geldspeicher benutzen kann.
Ja, wirklich bedauerlich!
Als Aufbewahrungsort für Geld ist eben nur eine kahle, felsige Insel geeignet.
So kahl, dass sich niemand dafür interessiert.
Halt! Ich sehe eine! Sie hat die richtige Größe, die richtige Form und ist offensichtlich einigermaßen gefestigt.
Die haben wir vorhin übersehen. Das war ein Fehler.

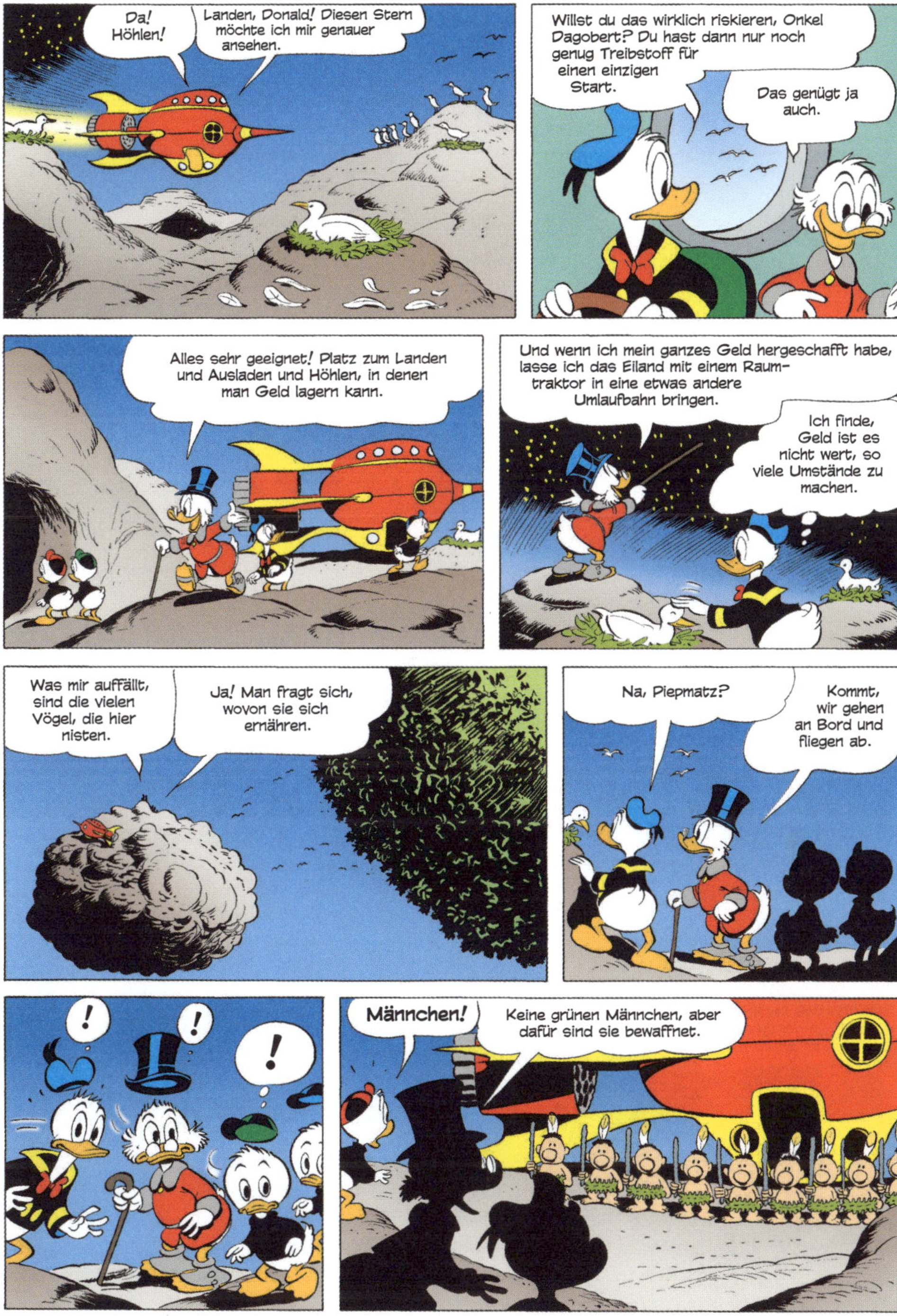
Da! Höhlen!
Landen, Donald! Diesen Stern möchte ich mir genauer ansehen.
Willst du das wirklich riskieren, Onkel Dagobert? Du hast dann nur noch genug Treibstoff für einen einzigen Start.
Das genügt ja auch.
Alles sehr geeignet! Platz zum Landen und Ausladen und Höhlen, in denen man Geld lagern kann.
Und wenn ich mein ganzes Geld hergeschafft habe, lasse ich das Eiland mit einem Raum-traktor in eine etwas andere Umlaufbahn bringen.
Ich finde, Geld ist es nicht wert, so viele Umstände zu machen.
Was mir auffällt, sind die vielen Vögel, die hier nisten.
Ja! Man fragt sich, wovon sie sich ernähren.
Na, Piepmatz?
Kommt, wir gehen an Bord und fliegen ab.
!
!
!
Männchen!
Keine grünen Männchen, aber dafür sind sie bewaffnet.

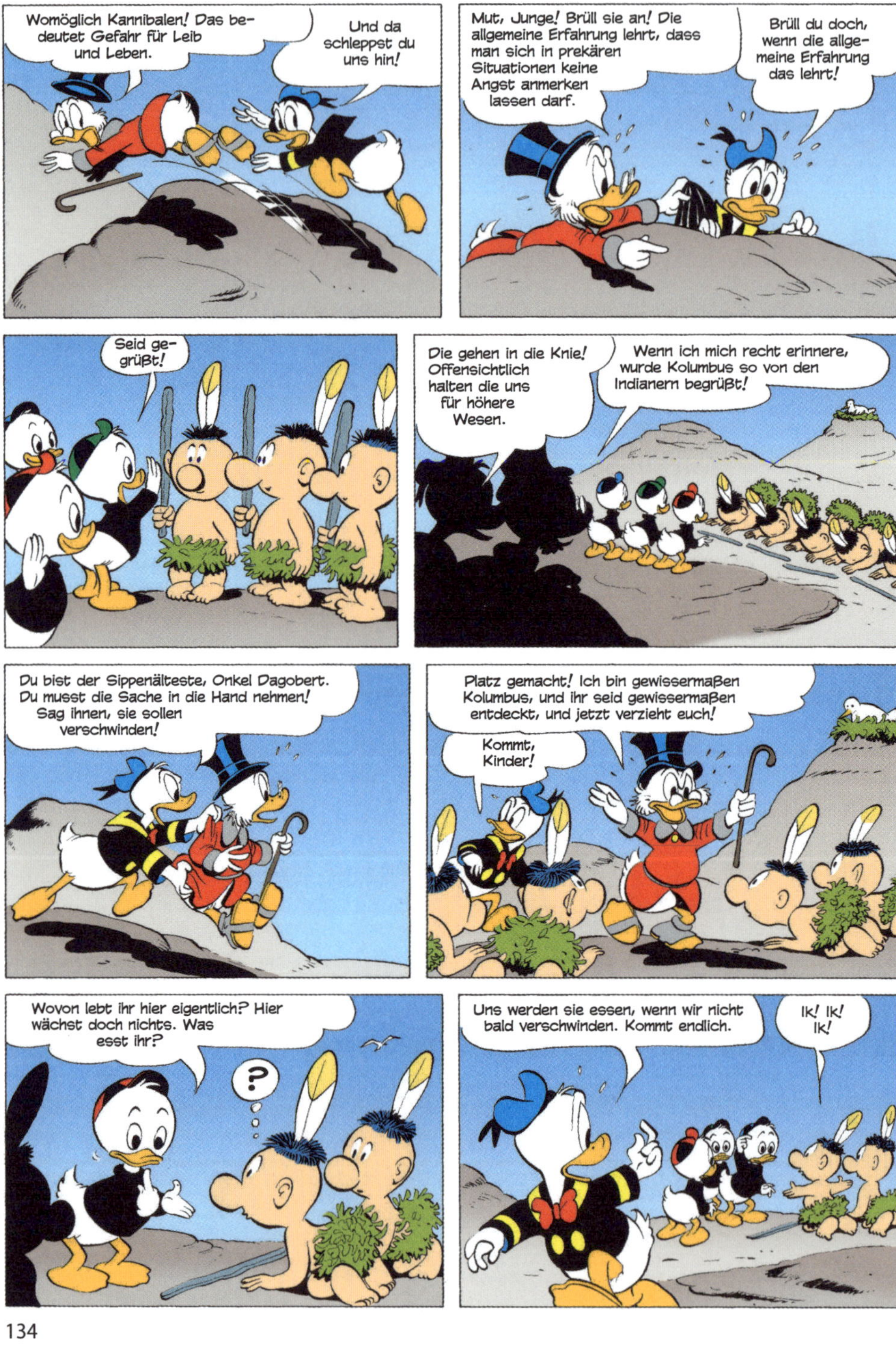
Womöglich Kannibalen! Das bedeutet Gefahr für Leib und Leben.
Und da schleppst du uns hin!
Mut, Junge! Brüll sie an! Die allgemeine Erfahrung lehrt, dass man sich in prekären Situationen keine Angst anmerken lassen darf.
Brüll du doch, wenn die allgemeine Erfahrung das lehrt!
Seid gegrüßt!
Die gehen in die Knie! Offensichtlich halten die uns für höhere Wesen.
Wenn ich mich recht erinnere, wurde Kolumbus so von den Indianern begrüßt!
Du bist der Sippenälteste, Onkel Dagobert. Du musst die Sache in die Hand nehmen! Sag ihnen, sie sollen verschwinden!
Platz gemacht! Ich bin gewissermaßen Kolumbus, und ihr seid gewissermaßen entdeckt, und jetzt verzieht euch!
Kommt, Kinder!
Wovon lebt ihr hier eigentlich? Hier wächst doch nichts. Was esst ihr?
?
Uns werden sie essen, wenn wir nicht bald verschwinden. Kommt endlich.
Ik! Ik! Ik!

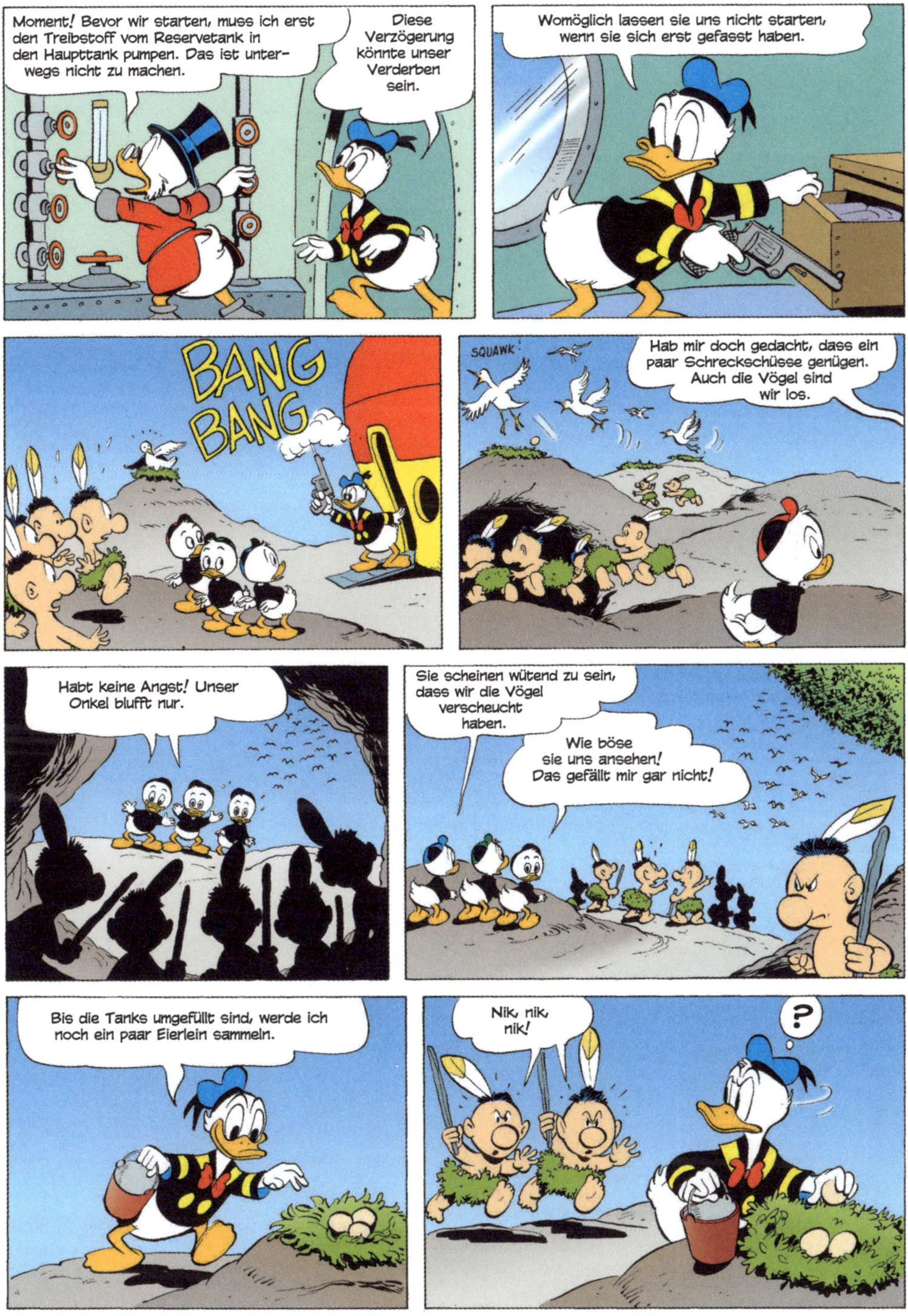
Moment! Bevor wir starten, muss ich erst den Treibstoff vom Reservetank in den Haupttank pumpen. Das ist unterwegs nicht zu machen.
Diese Verzögerung könnte unser Verderben sein.
Womöglich lassen sie uns nicht starten, wenn sie sich erst gefasst haben.
BANG BANG
SQUAWK!
Hab mir doch gedacht, dass ein paar Schreckschüsse genügen. Auch die Vögel sind wir los.
Habt keine Angst! Unser Onkel blufft nur.
Sie scheinen wütend zu sein, dass wir die Vögel verscheucht haben.
Wie böse sie uns ansehen! Das gefällt mir gar nicht!
Bis die Tanks umgefüllt sind, werde ich noch ein paar Eierlein sammeln.
Nik, nik, nik!
?

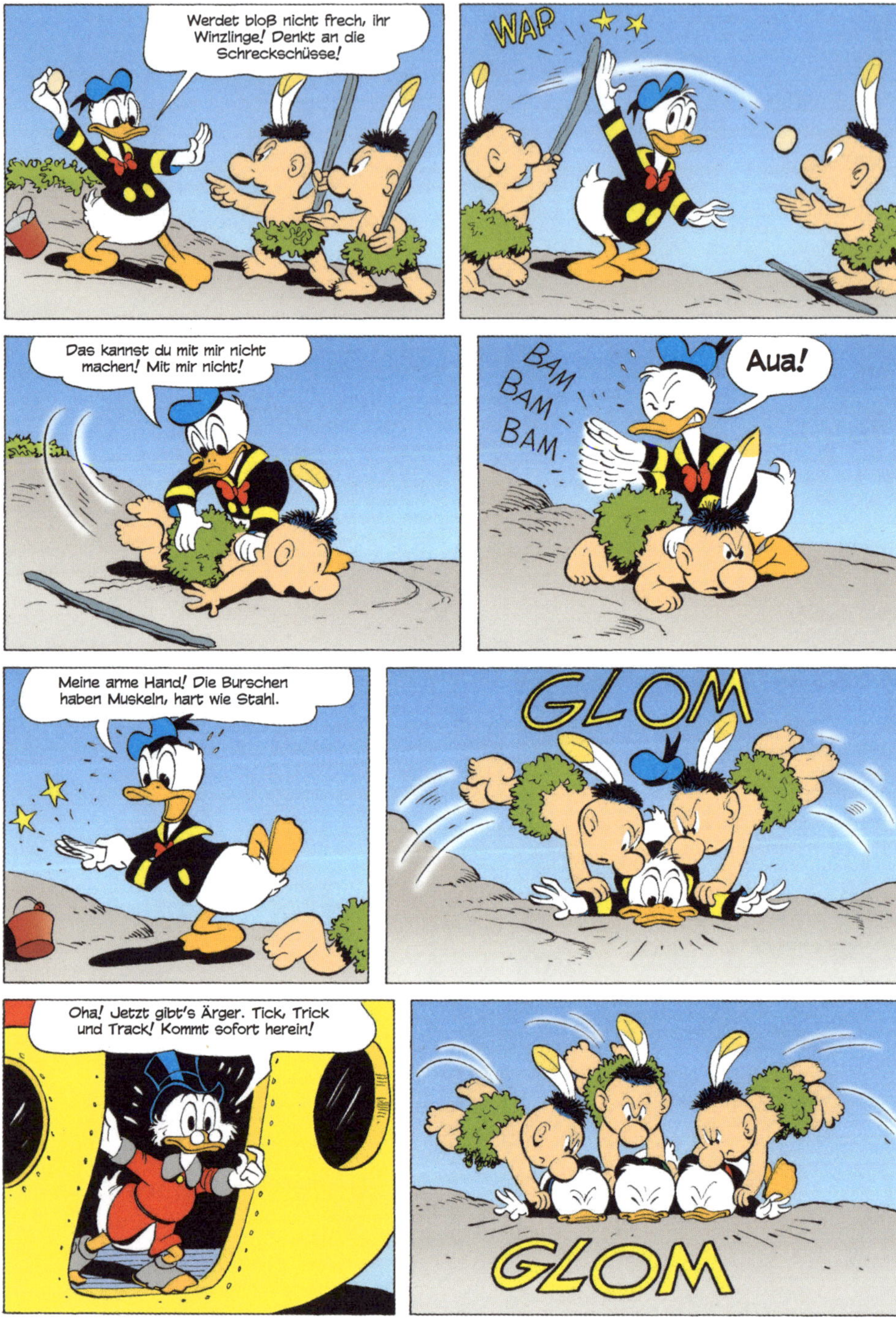
Werdet bloß nicht frech, ihr Winzlinge! Denkt an die Schreckschüsse!
WAP
Das kannst du mit mir nicht machen! Mit mir nicht!
BAM BAM BAM
Aua!
Meine arme Hand! Die Burschen haben Muskeln, hart wie Stahl.
GLOM
Oha! Jetzt gibt's Ärger. Tick, Trick und Track! Kommt sofort herein!
GLOM

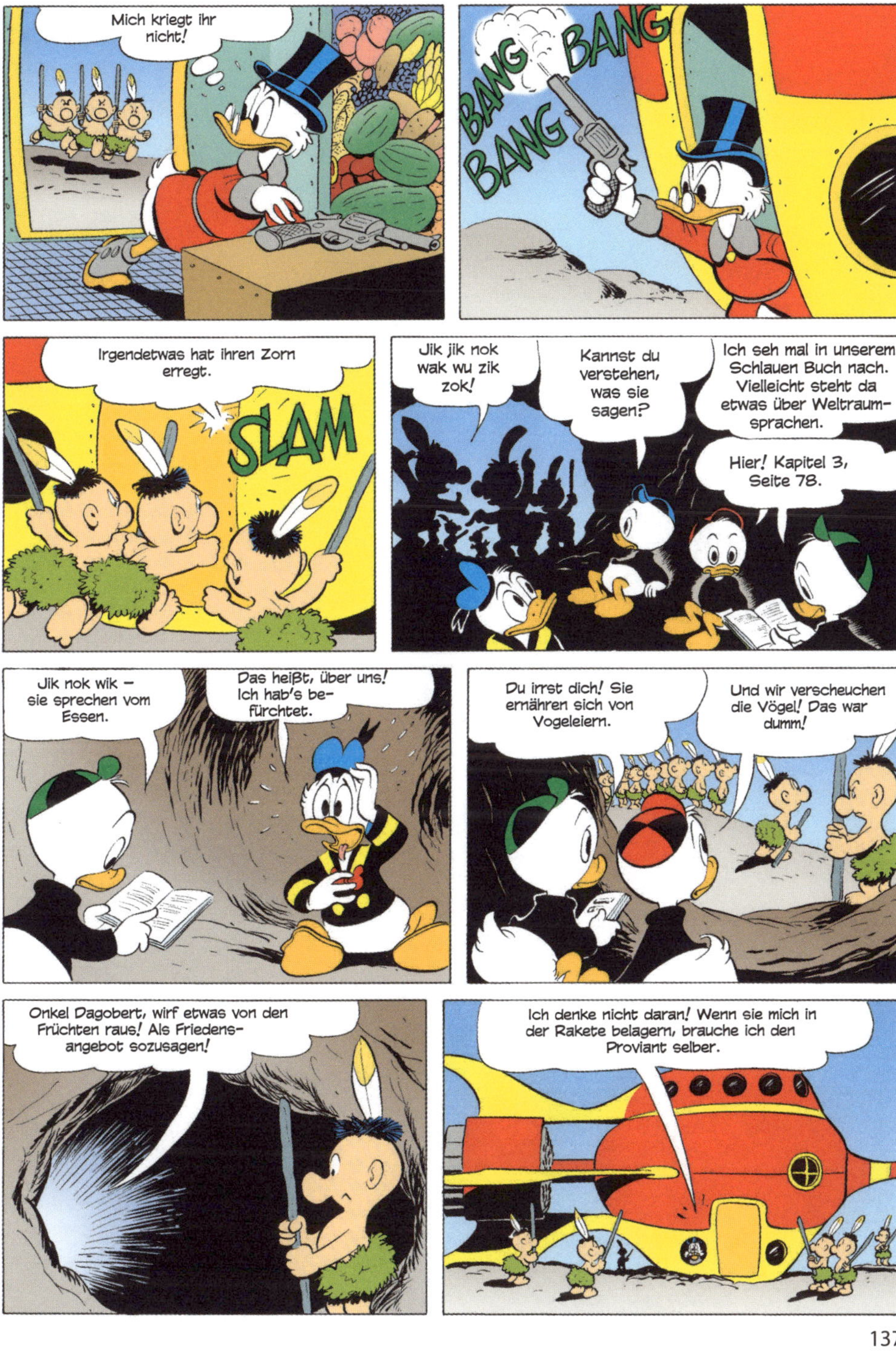

Mich kriegt ihr nicht!
BANG BANG BANG
Irgendetwas hat ihren Zorn erregt.
SLAM
Jik jik nok wak wu zik zok!
Kannst du verstehen, was sie sagen?
Ich seh mal in unserem Schlauen Buch nach. Vielleicht steht da etwas über Weltraumsprachen.
Hier! Kapitel 3, Seite 78.
Jik nok wik – sie sprechen vom Essen.
Das heißt, über uns! Ich hab's befürchtet.
Du irrst dich! Sie ernähren sich von Vogeleiern.
Und wir verscheuchen die Vögel! Das war dumm!
Onkel Dagobert, wirf etwas von den Früchten raus! Als Friedensangebot sozusagen!
Ich denke nicht daran! Wenn sie mich in der Rakete belagern, brauche ich den Proviant selber.

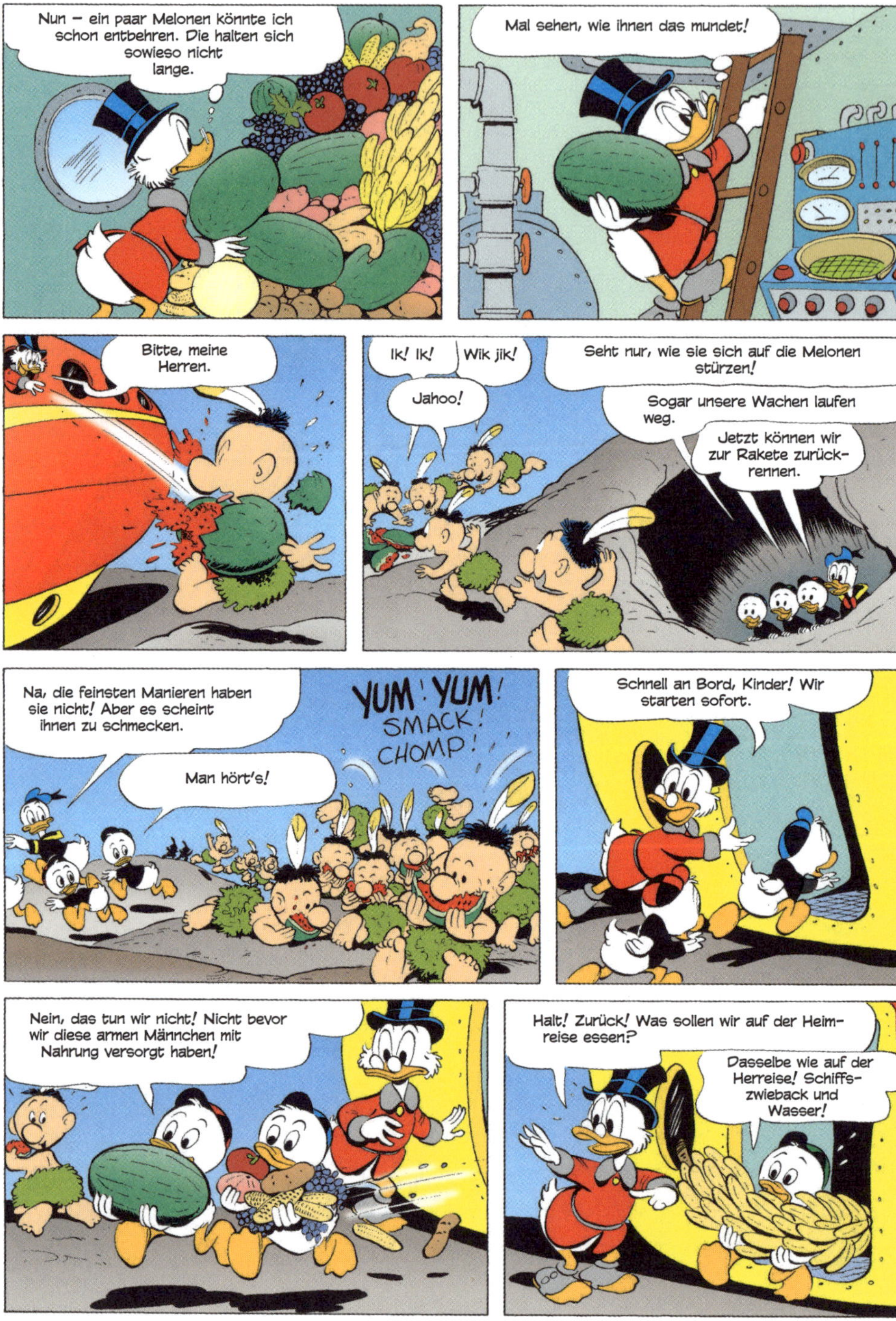
Nun – ein paar Melonen könnte ich schon entbehren. Die halten sich sowieso nicht lange.
Mal sehen, wie ihnen das mundet!
Bitte, meine Herren.
Ik! Ik!
Wik jik!
Jahoo!
Seht nur, wie sie sich auf die Melonen stürzen!
Sogar unsere Wachen laufen weg.
Jetzt können wir zur Rakete zurückrennen.
Na, die feinsten Manieren haben sie nicht! Aber es scheint ihnen zu schmecken.
YUM! YUM!
SMACK!
CHOMP!
Man hört's!
Schnell an Bord, Kinder! Wir starten sofort.
Nein, das tun wir nicht! Nicht bevor wir diese armen Männchen mit Nahrung versorgt haben!
Halt! Zurück! Was sollen wir auf der Heimreise essen?
Dasselbe wie auf der Herreise! Schiffszwieback und Wasser!

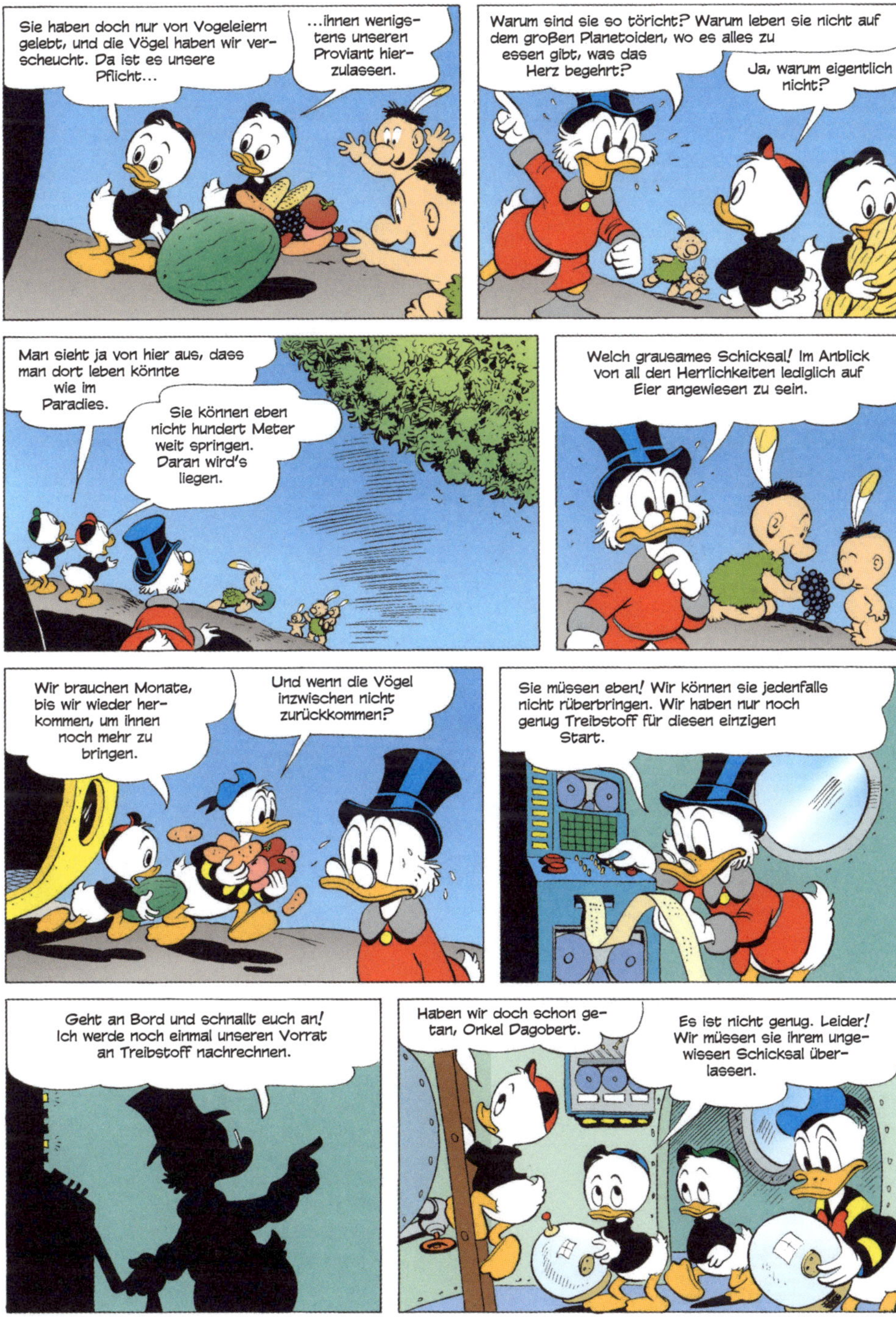
Sie haben doch nur von Vogeleiern gelebt, und die Vögel haben wir verscheucht. Da ist es unsere Pflicht…
…ihnen wenigstens unseren Proviant hierzulassen.
Warum sind sie so töricht? Warum leben sie nicht auf dem großen Planetoiden, wo es alles zu essen gibt, was das Herz begehrt?
Ja, warum eigentlich nicht?
Man sieht ja von hier aus, dass man dort leben könnte wie im Paradies.
Sie können eben nicht hundert Meter weit springen. Daran wird's liegen.
Welch grausames Schicksal! Im Anblick von all den Herrlichkeiten lediglich auf Eier angewiesen zu sein.
Wir brauchen Monate, bis wir wieder herkommen, um ihnen noch mehr zu bringen.
Und wenn die Vögel inzwischen nicht zurückkommen?
Sie müssen eben! Wir können sie jedenfalls nicht rüberbringen. Wir haben nur noch genug Treibstoff für diesen einzigen Start.
Geht an Bord und schnallt euch an! Ich werde noch einmal unseren Vorrat an Treibstoff nachrechnen.
Haben wir doch schon getan, Onkel Dagobert.
Es ist nicht genug. Leider! Wir müssen sie ihrem ungewissen Schicksal überlassen.

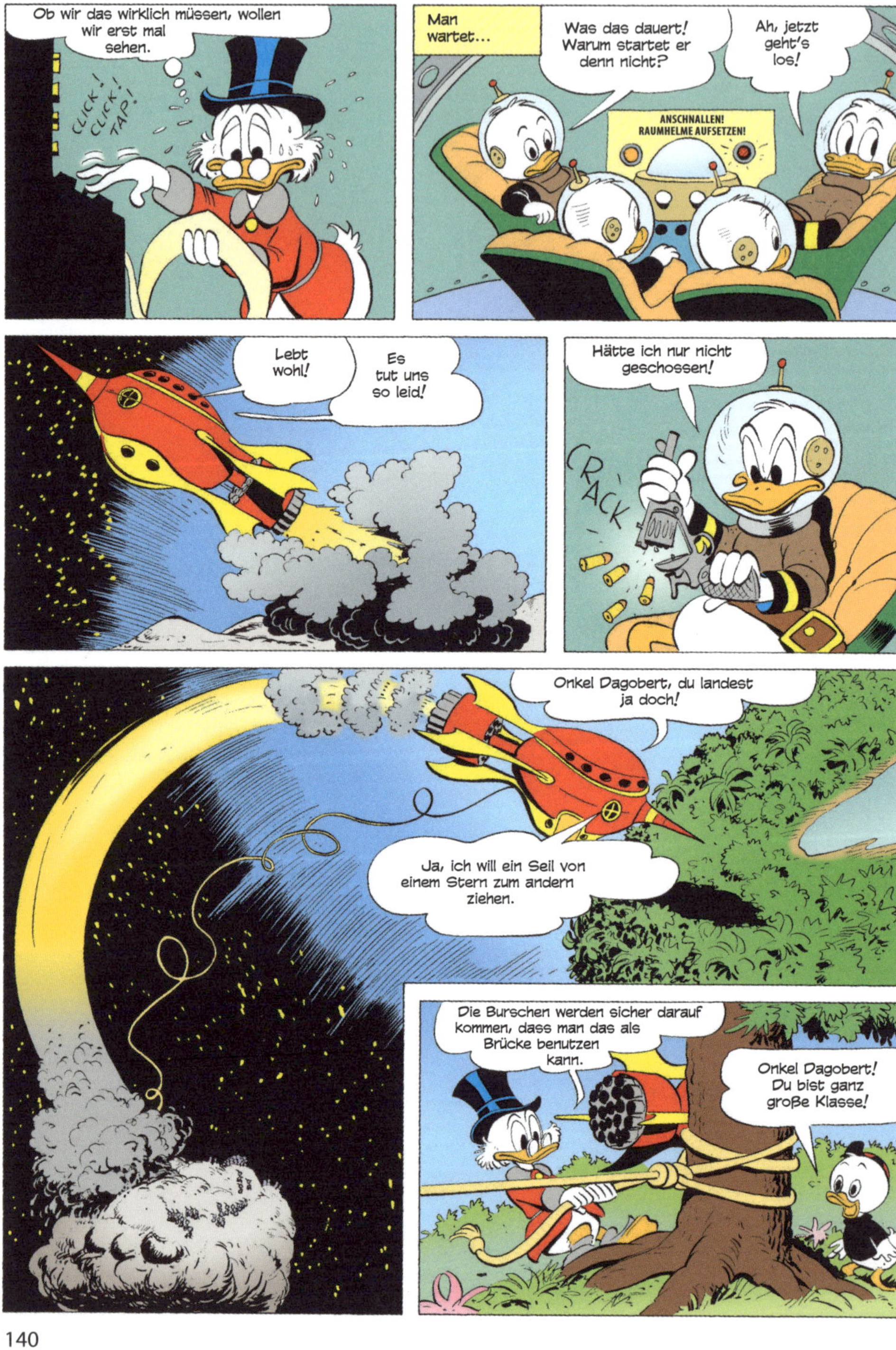

Ob wir das wirklich müssen, wollen wir erst mal sehen.
CLICK! CLICK! TAP!
Man wartet...
Was das dauert! Warum startet er denn nicht?
Ah, jetzt geht's los!
ANSCHNALLEN! RAUMHELME AUFSETZEN!
Lebt wohl!
Es tut uns so leid!
Hätte ich nur nicht geschossen!
CRACK
Onkel Dagobert, du landest ja doch!
Ja, ich will ein Seil von einem Stern zum andern ziehen.
Die Burschen werden sicher darauf kommen, dass man das als Brücke benutzen kann.
Onkel Dagobert! Du bist ganz große Klasse!

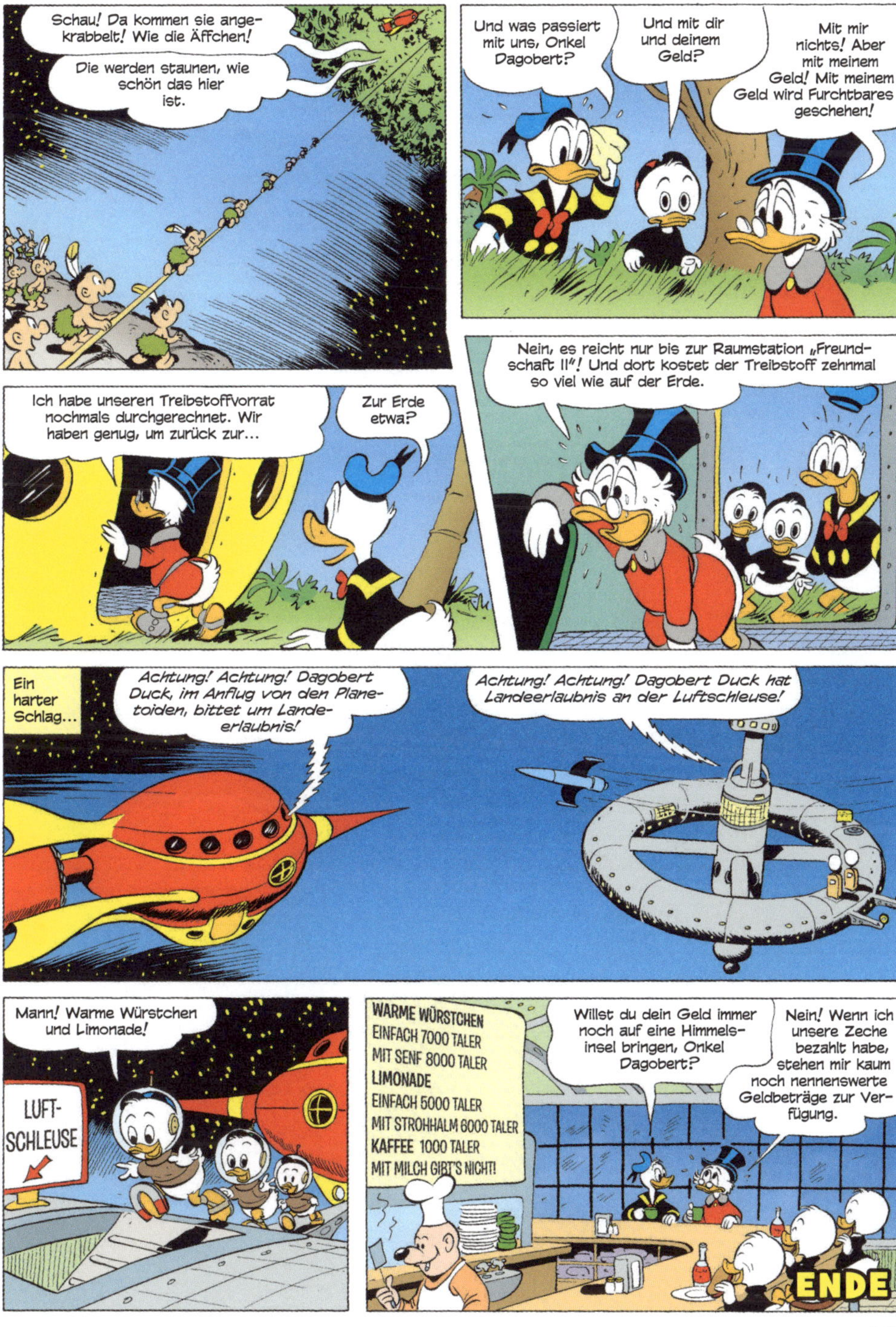

Schau! Da kommen sie angekrabbelt! Wie die Äffchen!
Die werden staunen, wie schön das hier ist.
Und was passiert mit uns, Onkel Dagobert?
Und mit dir und deinem Geld?
Mit mir nichts! Aber mit meinem Geld! Mit meinem Geld wird Furchtbares geschehen!
Ich habe unseren Treibstoffvorrat nochmals durchgerechnet. Wir haben genug, um zurück zur…
Zur Erde etwa?
Nein, es reicht nur bis zur Raumstation „Freundschaft II"! Und dort kostet der Treibstoff zehnmal so viel wie auf der Erde.
Ein harter Schlag…
Achtung! Achtung! Dagobert Duck, im Anflug von den Planetoiden, bittet um Landeerlaubnis!
Achtung! Achtung! Dagobert Duck hat Landeerlaubnis an der Luftschleuse!
Mann! Warme Würstchen und Limonade!
LUFT-SCHLEUSE
WARME WÜRSTCHEN
EINFACH 7000 TALER
MIT SENF 8000 TALER
LIMONADE
EINFACH 5000 TALER
MIT STROHHALM 6000 TALER
KAFFEE 1000 TALER
MIT MILCH GIBT'S NICHT!
Willst du dein Geld immer noch auf eine Himmelsinsel bringen, Onkel Dagobert?
Nein! Wenn ich unsere Zeche bezahlt habe, stehen mir kaum noch nennenswerte Geldbeträge zur Verfügung.
ENDE

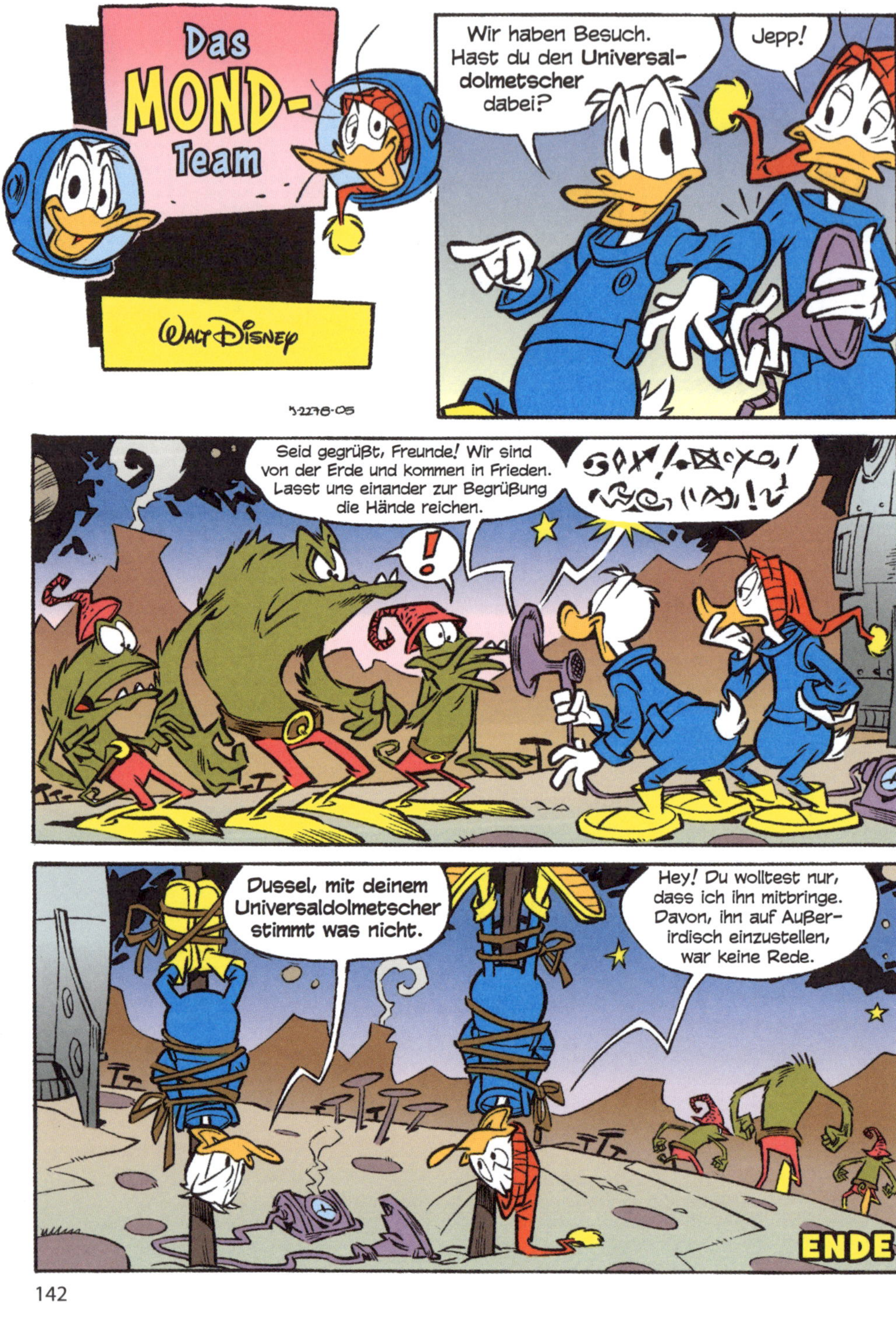

Das MOND-Team
Walt Disney
Wir haben Besuch. Hast du den Universaldolmetscher dabei?
Jepp!
Seid gegrüßt, Freunde! Wir sind von der Erde und kommen in Frieden. Lasst uns einander zur Begrüßung die Hände reichen.
!
Dussel, mit deinem Universaldolmetscher stimmt was nicht.
Hey! Du wolltest nur, dass ich ihn mitbringe. Davon, ihn auf Außerirdisch einzustellen, war keine Rede.
ENDE

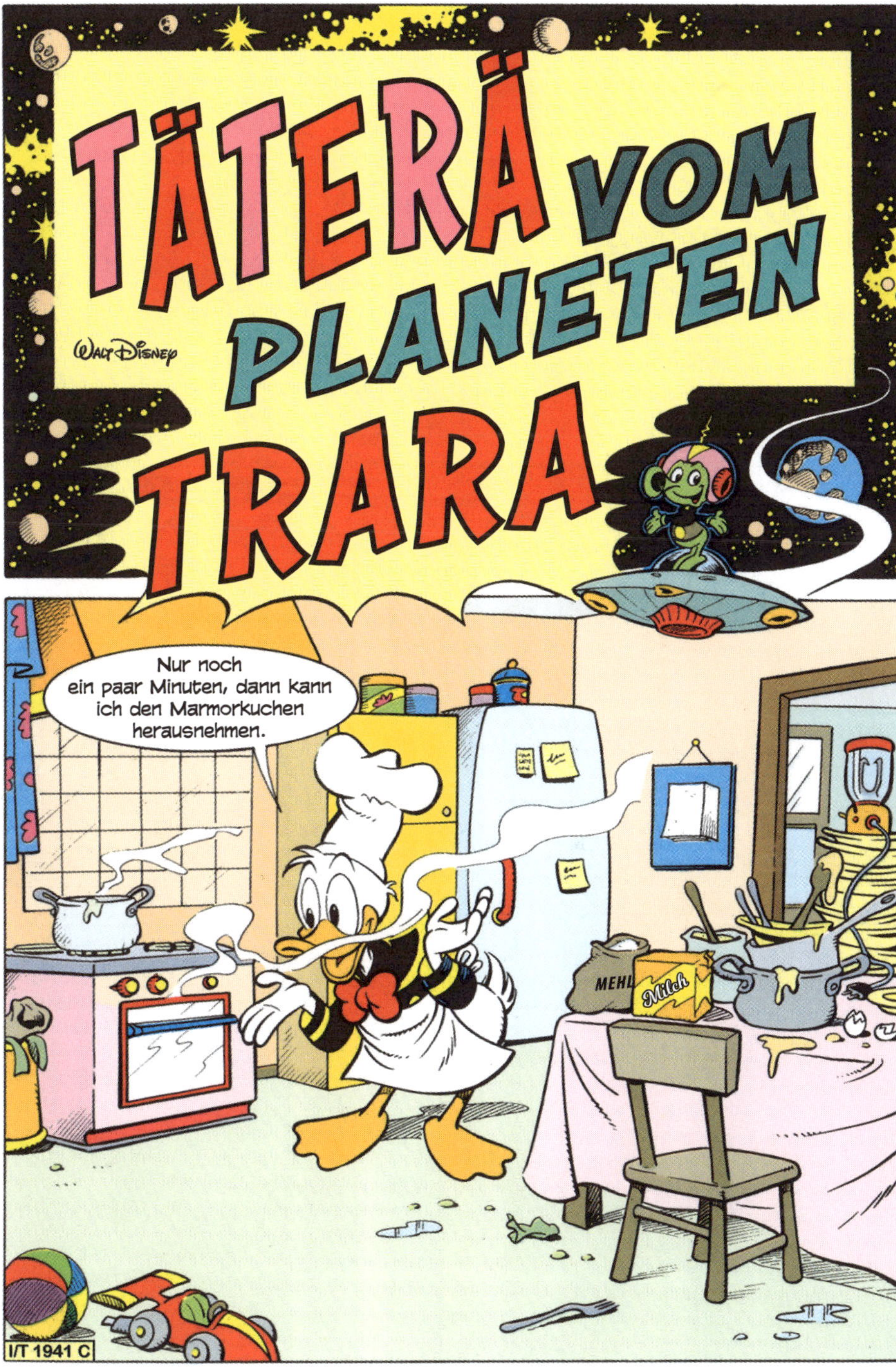
TÄTERÄ VOM PLANETEN TRARA
WALT DISNEY
Nur noch ein paar Minuten, dann kann ich den Marmorkuchen herausnehmen.
MEHL
Milch
I/T 1941 C

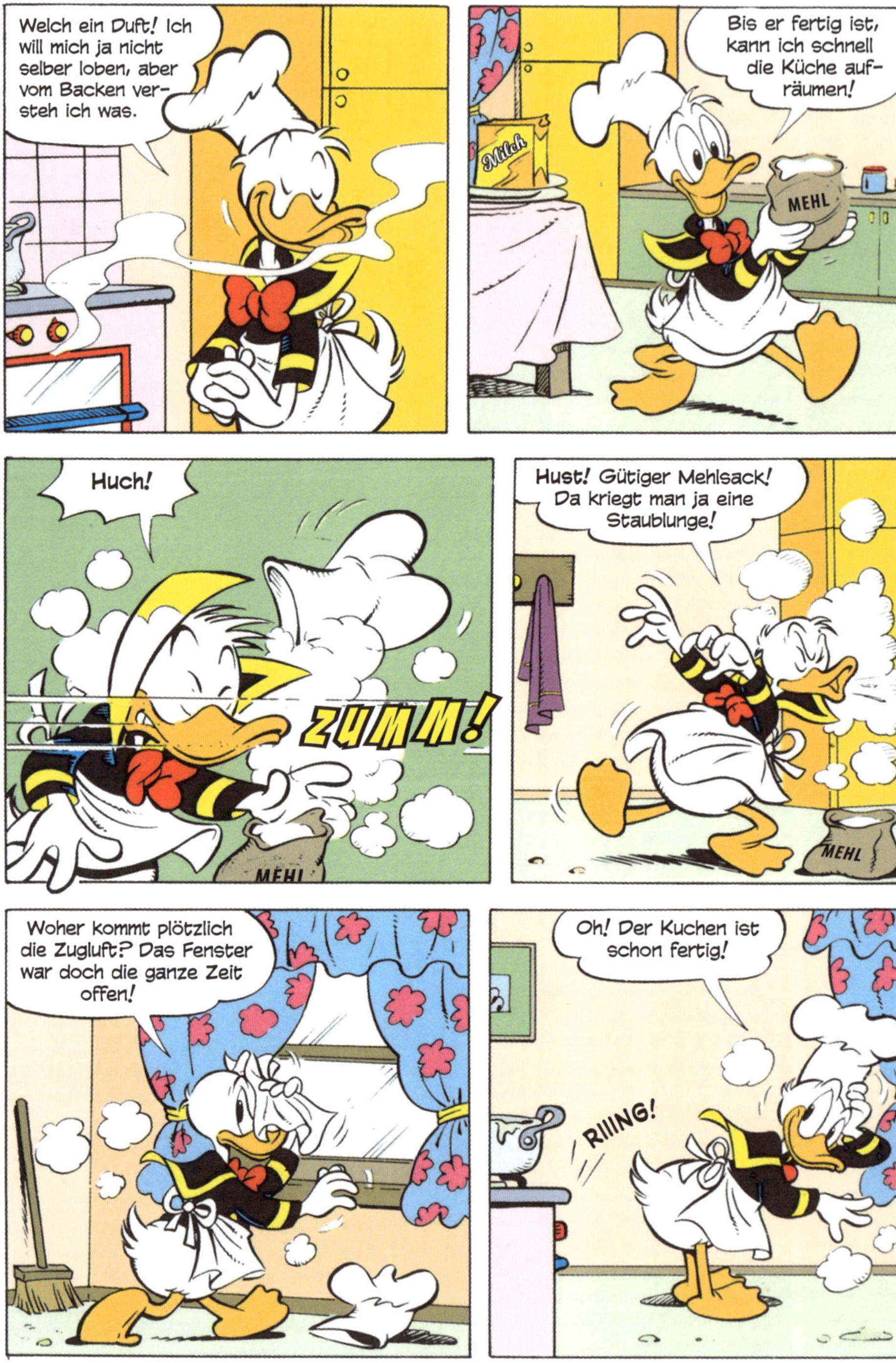
Welch ein Duft! Ich will mich ja nicht selber loben, aber vom Backen versteh ich was.
Bis er fertig ist, kann ich schnell die Küche aufräumen!
Milch
MEHL
Huch!
ZUMM!
MEHL
Hust! Gütiger Mehlsack! Da kriegt man ja eine Staublunge!
MEHL
Woher kommt plötzlich die Zugluft? Das Fenster war doch die ganze Zeit offen!
Oh! Der Kuchen ist schon fertig!
RIIING!

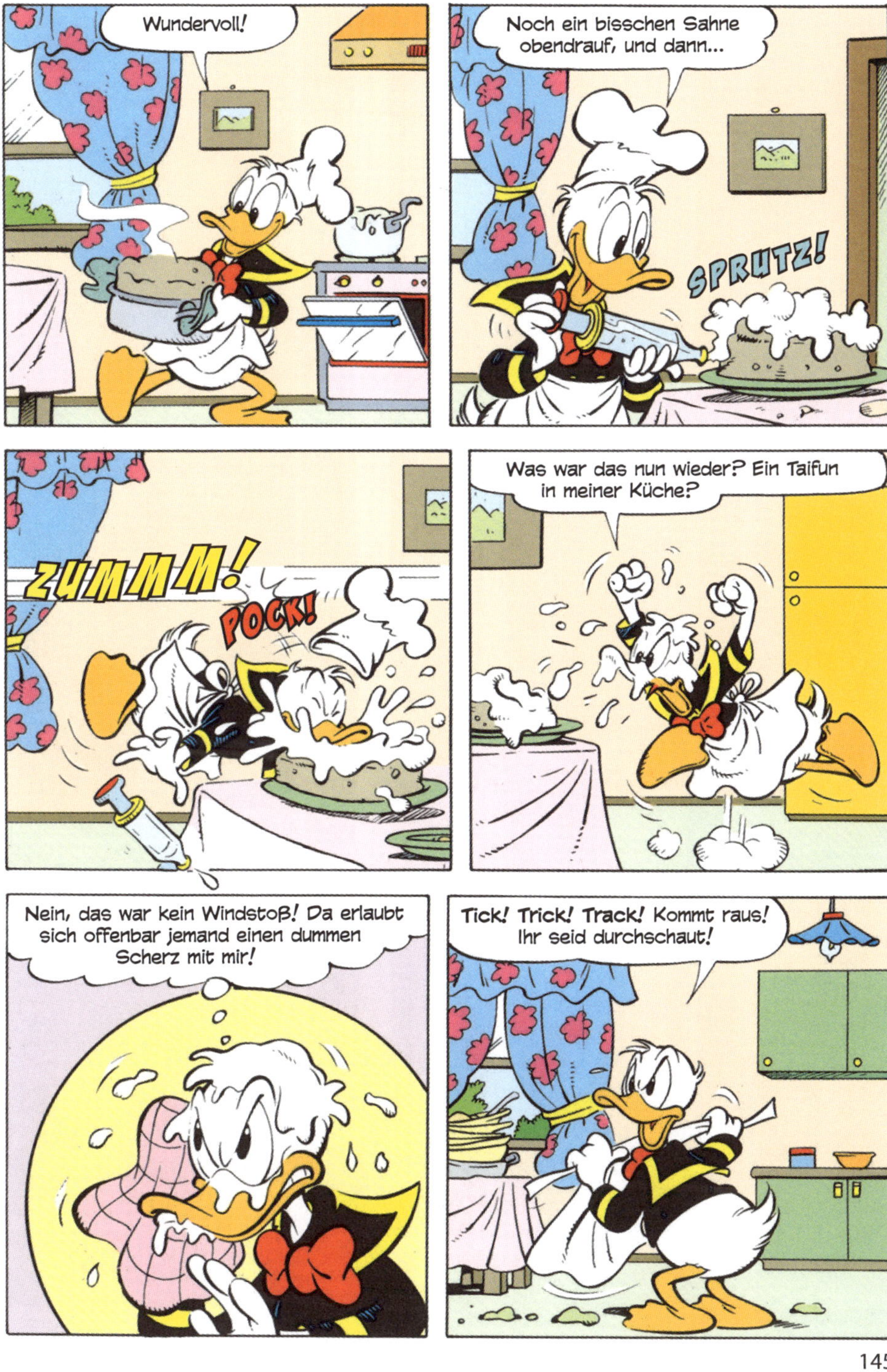
Wundervoll!
Noch ein bisschen Sahne obendrauf, und dann...
SPRUTZ!
ZUMMMM!
POCK!
Was war das nun wieder? Ein Taifun in meiner Küche?
Nein, das war kein Windstoß! Da erlaubt sich offenbar jemand einen dummen Scherz mit mir!
Tick! Trick! Track! Kommt raus! Ihr seid durchschaut!

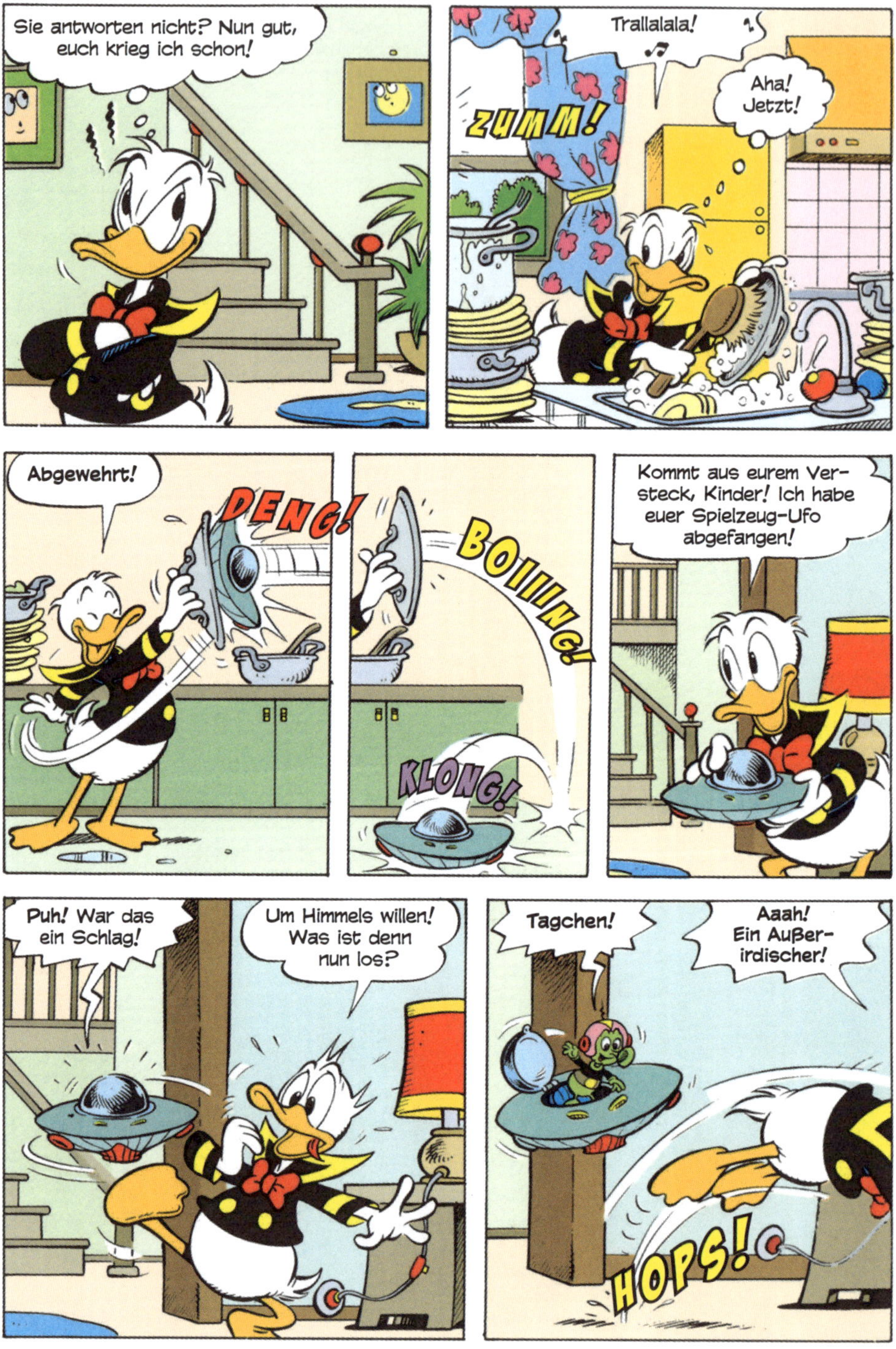
Sie antworten nicht? Nun gut, euch krieg ich schon!
Trallalala!
ZUMM!
Aha! Jetzt!
Abgewehrt!
DENG!
BOIIING!
KLONG!
Kommt aus eurem Versteck, Kinder! Ich habe euer Spielzeug-Ufo abgefangen!
Puh! War das ein Schlag!
Um Himmels willen! Was ist denn nun los?
Tagchen!
Aaah! Ein Außerirdischer!
HOPS!

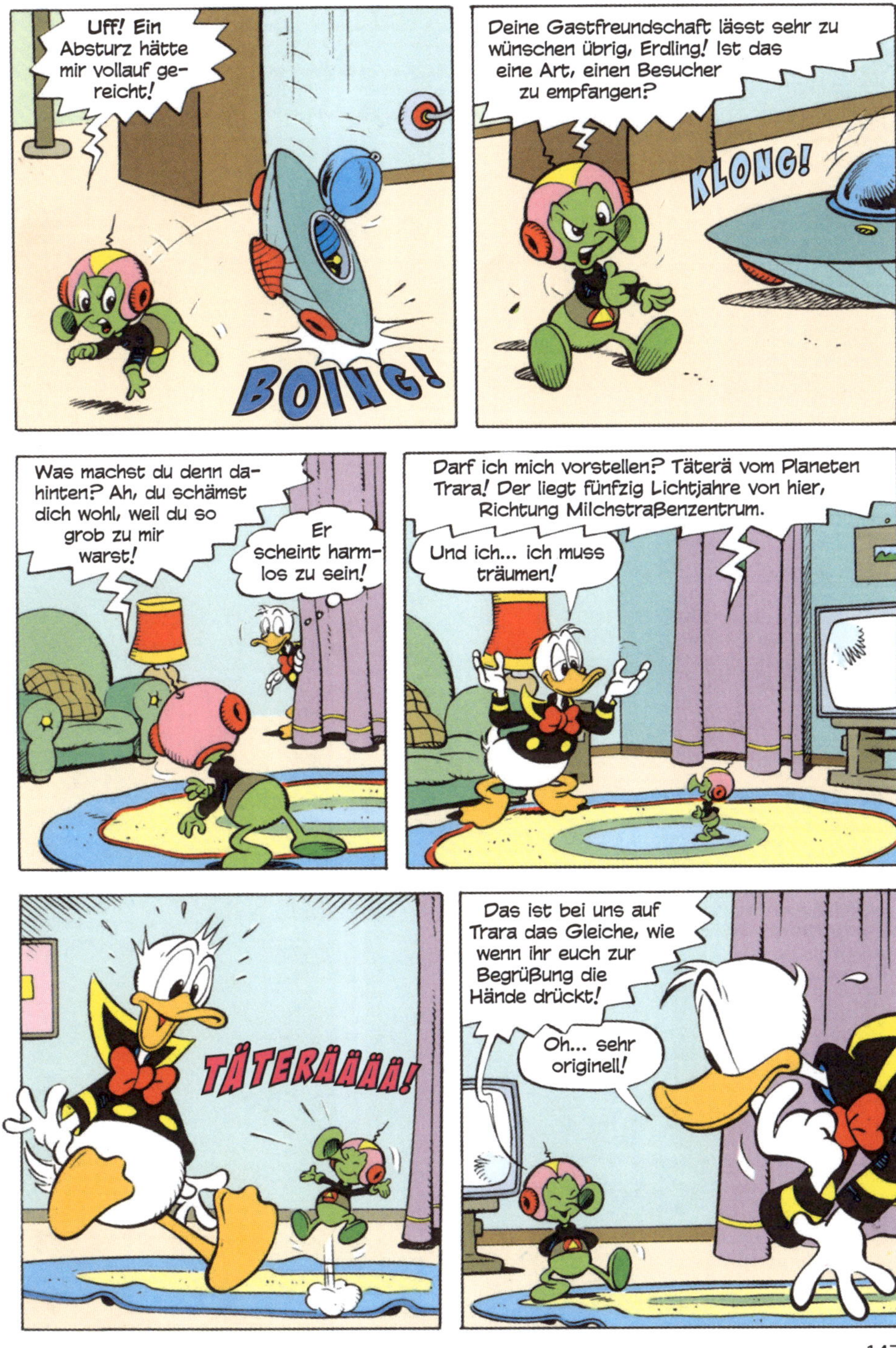

Uff! Ein Absturz hätte mir vollauf gereicht!
BOING!
Deine Gastfreundschaft lässt sehr zu wünschen übrig, Erdling! Ist das eine Art, einen Besucher zu empfangen?
KLONG!
Was machst du denn dahinten? Ah, du schämst dich wohl, weil du so grob zu mir warst!
Er scheint harmlos zu sein!
Darf ich mich vorstellen? Täterä vom Planeten Trara! Der liegt fünfzig Lichtjahre von hier, Richtung Milchstraßenzentrum.
Und ich... ich muss träumen!
TÄTERÄÄÄÄ!
Das ist bei uns auf Trara das Gleiche, wie wenn ihr euch zur Begrüßung die Hände drückt!
Oh... sehr originell!

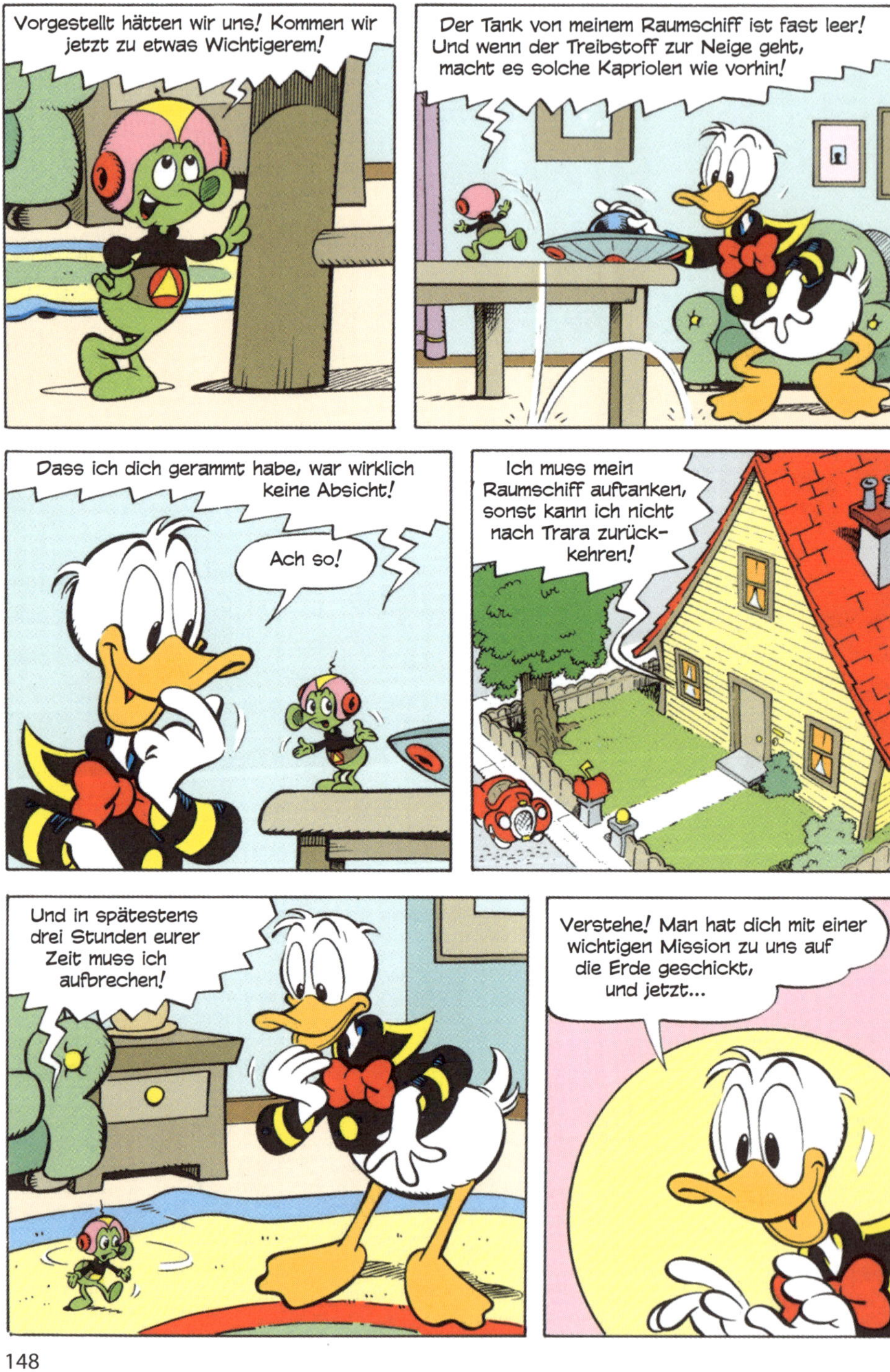
Vorgestellt hätten wir uns! Kommen wir jetzt zu etwas Wichtigerem!
Der Tank von meinem Raumschiff ist fast leer! Und wenn der Treibstoff zur Neige geht, macht es solche Kapriolen wie vorhin!
Dass ich dich gerammt habe, war wirklich keine Absicht!
Ach so!
Ich muss mein Raumschiff auftanken, sonst kann ich nicht nach Trara zurückkehren!
Und in spätestens drei Stunden eurer Zeit muss ich aufbrechen!
Verstehe! Man hat dich mit einer wichtigen Mission zu uns auf die Erde geschickt, und jetzt...

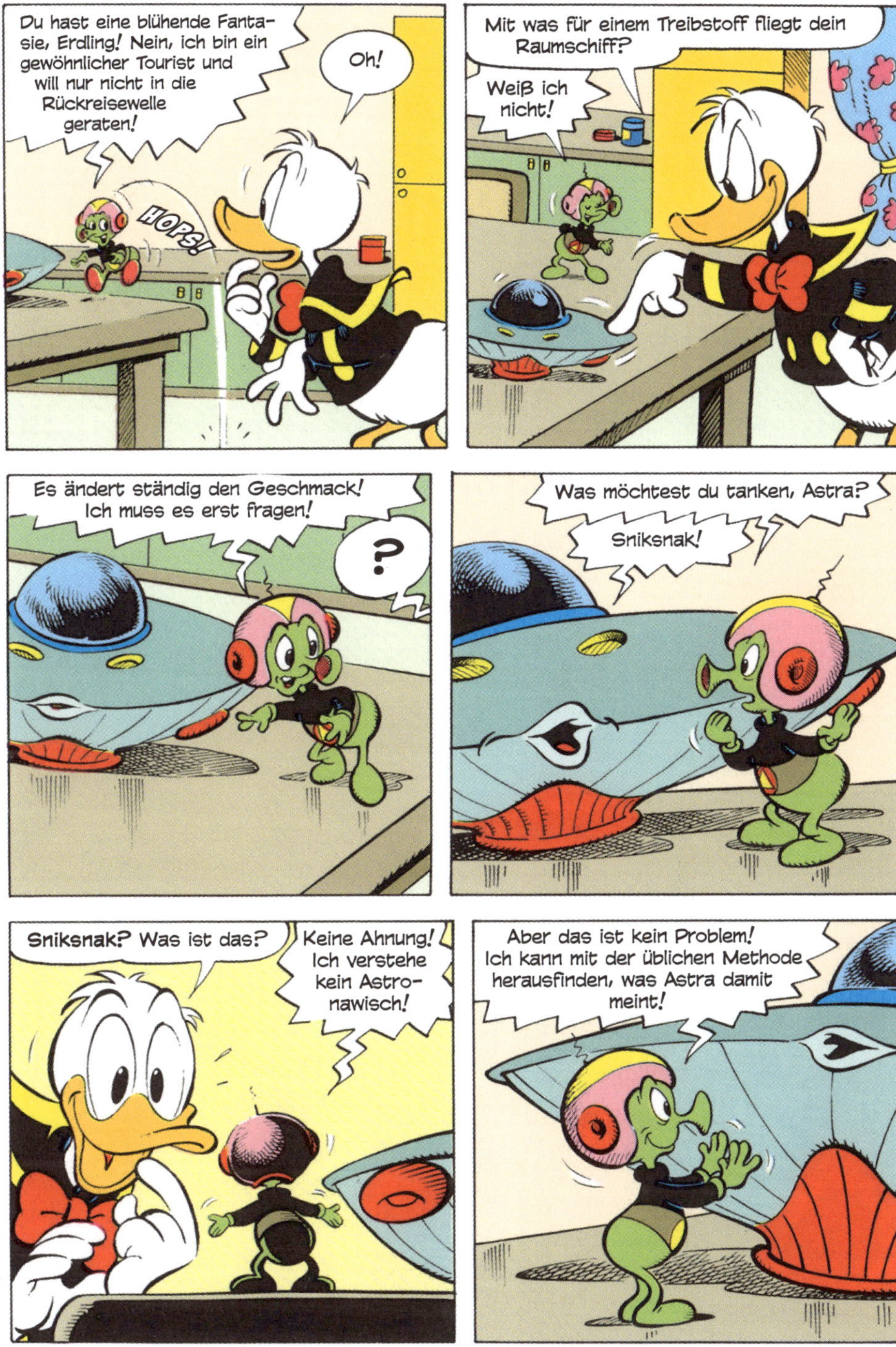
Du hast eine blühende Fantasie, Erdling! Nein, ich bin ein gewöhnlicher Tourist und will nur nicht in die Rückreisewelle geraten!
Oh!
HOPS!
Mit was für einem Treibstoff fliegt dein Raumschiff?
Weiß ich nicht!
Es ändert ständig den Geschmack! Ich muss es erst fragen!
?
Was möchtest du tanken, Astra?
Sniksnak!
Sniksnak? Was ist das?
Keine Ahnung! Ich verstehe kein Astronawisch!
Aber das ist kein Problem! Ich kann mit der üblichen Methode herausfinden, was Astra damit meint!

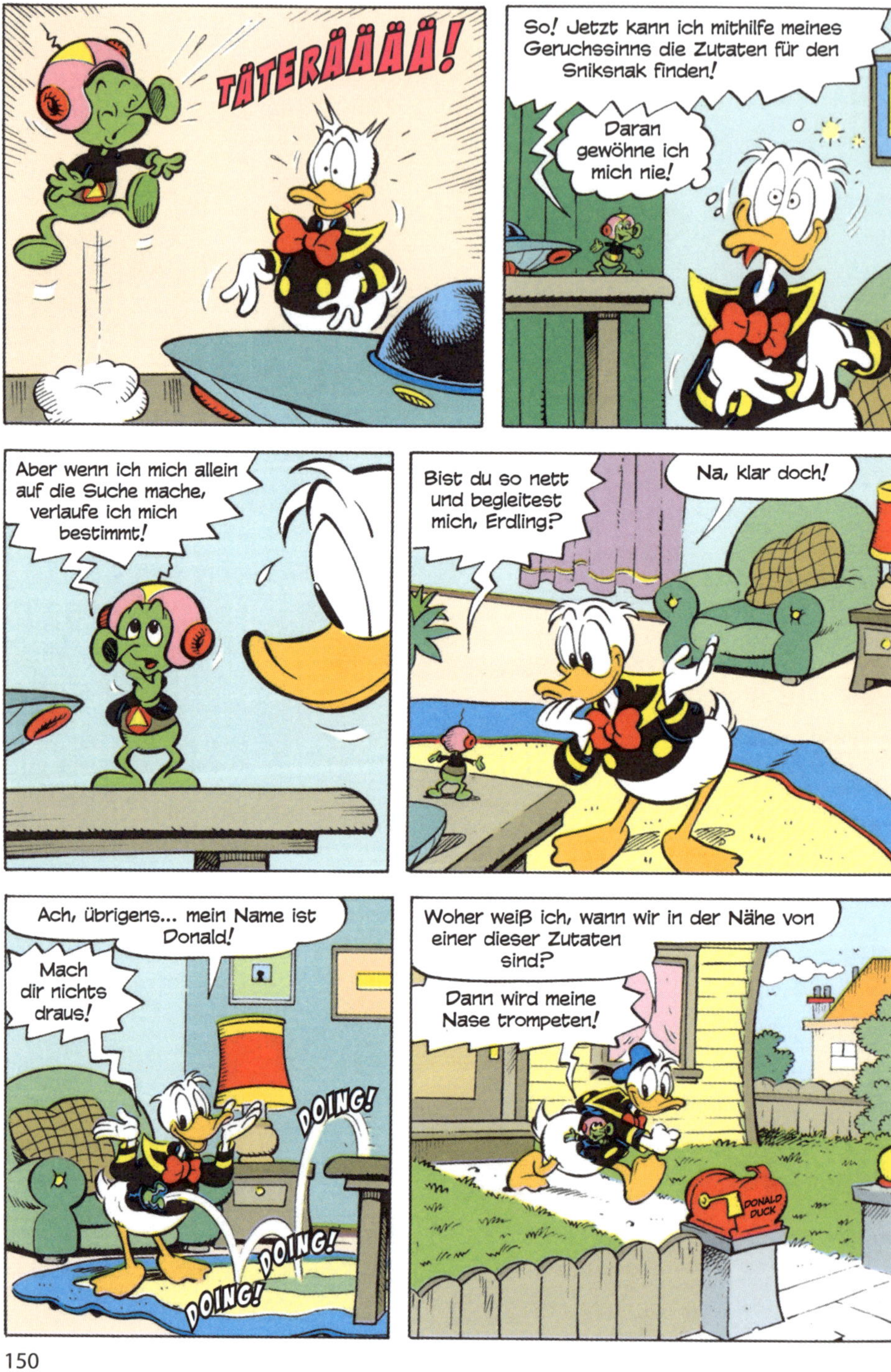
TÄTERÄÄÄÄ!
So! Jetzt kann ich mithilfe meines Geruchssinns die Zutaten für den Sniksnak finden!
Daran gewöhne ich mich nie!
Aber wenn ich mich allein auf die Suche mache, verlaufe ich mich bestimmt!
Bist du so nett und begleitest mich, Erdling?
Na, klar doch!
Ach, übrigens... mein Name ist Donald!
Mach dir nichts draus!
DOING!
DOING!
DOING!
Woher weiß ich, wann wir in der Nähe von einer dieser Zutaten sind?
Dann wird meine Nase trompeten!
DONALD DUCK

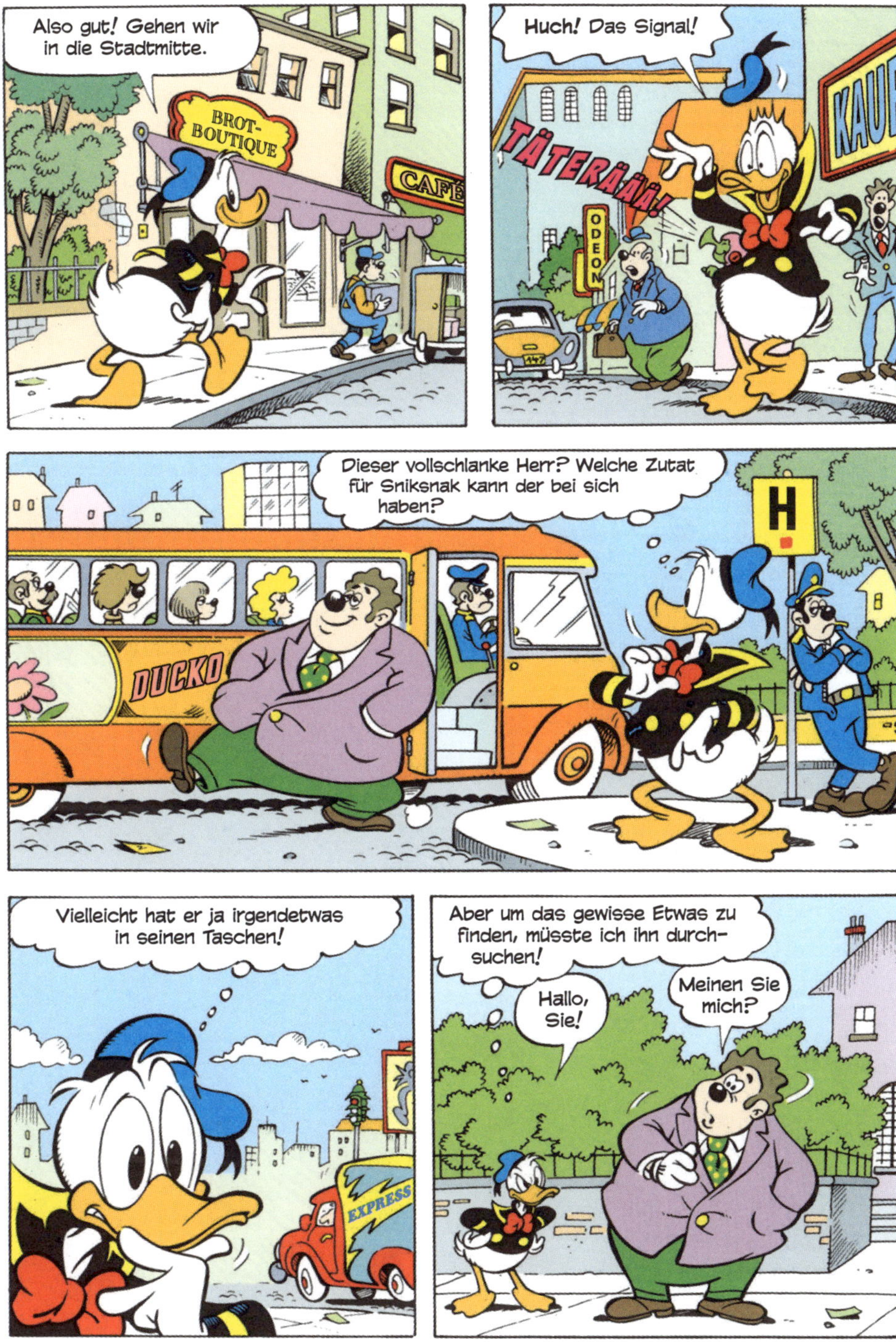
Also gut! Gehen wir in die Stadtmitte.
BROT-BOUTIQUE
CAFÉ
Huch! Das Signal!
TÄTERÄÄÄ!
ODEON
KAUF
Dieser vollschlanke Herr? Welche Zutat für Sniksnak kann der bei sich haben?
DUCKO
H
Vielleicht hat er ja irgendetwas in seinen Taschen!
EXPRESS
Aber um das gewisse Etwas zu finden, müsste ich ihn durchsuchen!
Hallo, Sie!
Meinen Sie mich?

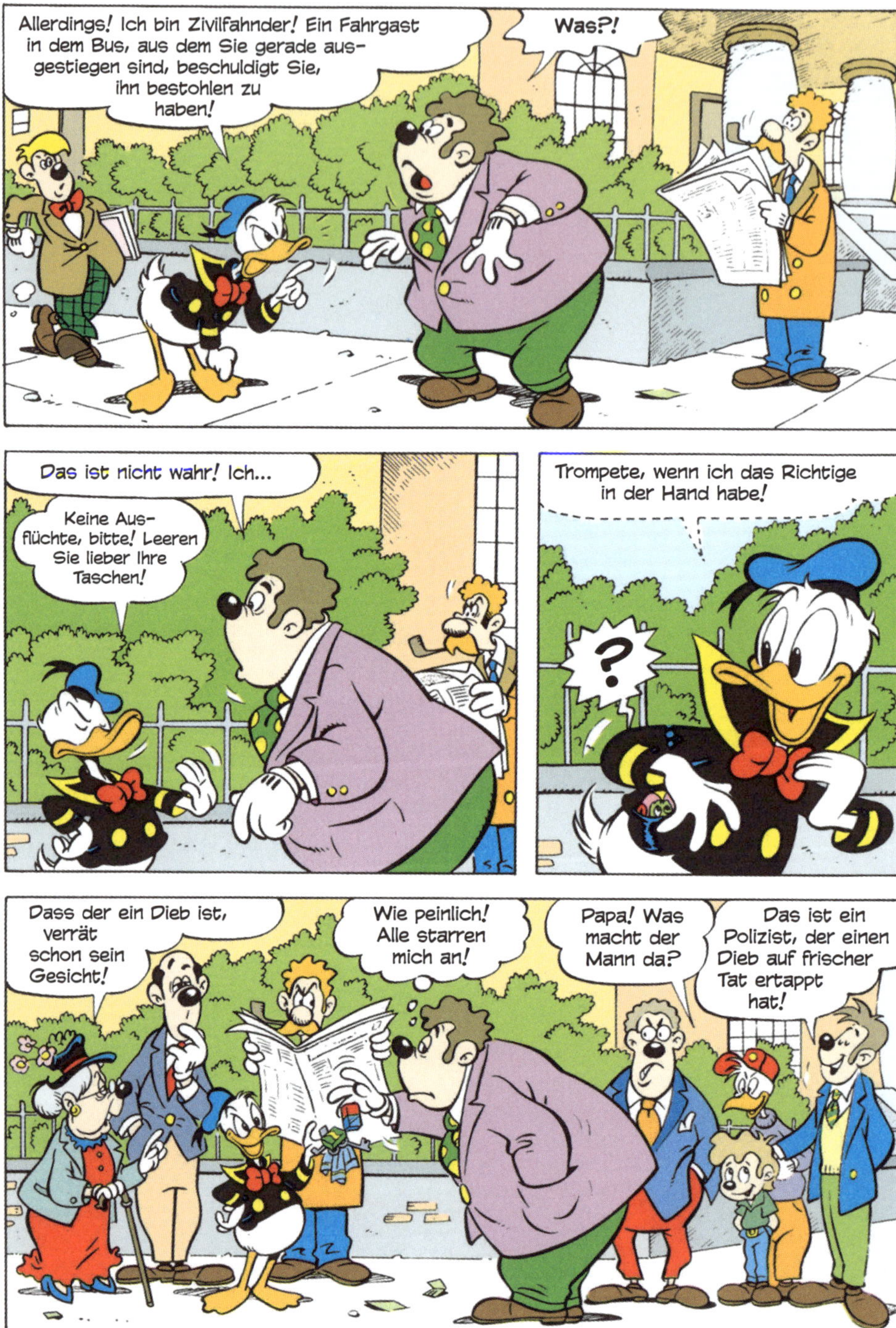
Allerdings! Ich bin Zivilfahnder! Ein Fahrgast in dem Bus, aus dem Sie gerade ausgestiegen sind, beschuldigt Sie, ihn bestohlen zu haben!
Was?!
Das ist nicht wahr! Ich...
Keine Ausflüchte, bitte! Leeren Sie lieber Ihre Taschen!
Trompete, wenn ich das Richtige in der Hand habe!
?
Dass der ein Dieb ist, verrät schon sein Gesicht!
Wie peinlich! Alle starren mich an!
Papa! Was macht der Mann da?
Das ist ein Polizist, der einen Dieb auf frischer Tat ertappt hat!

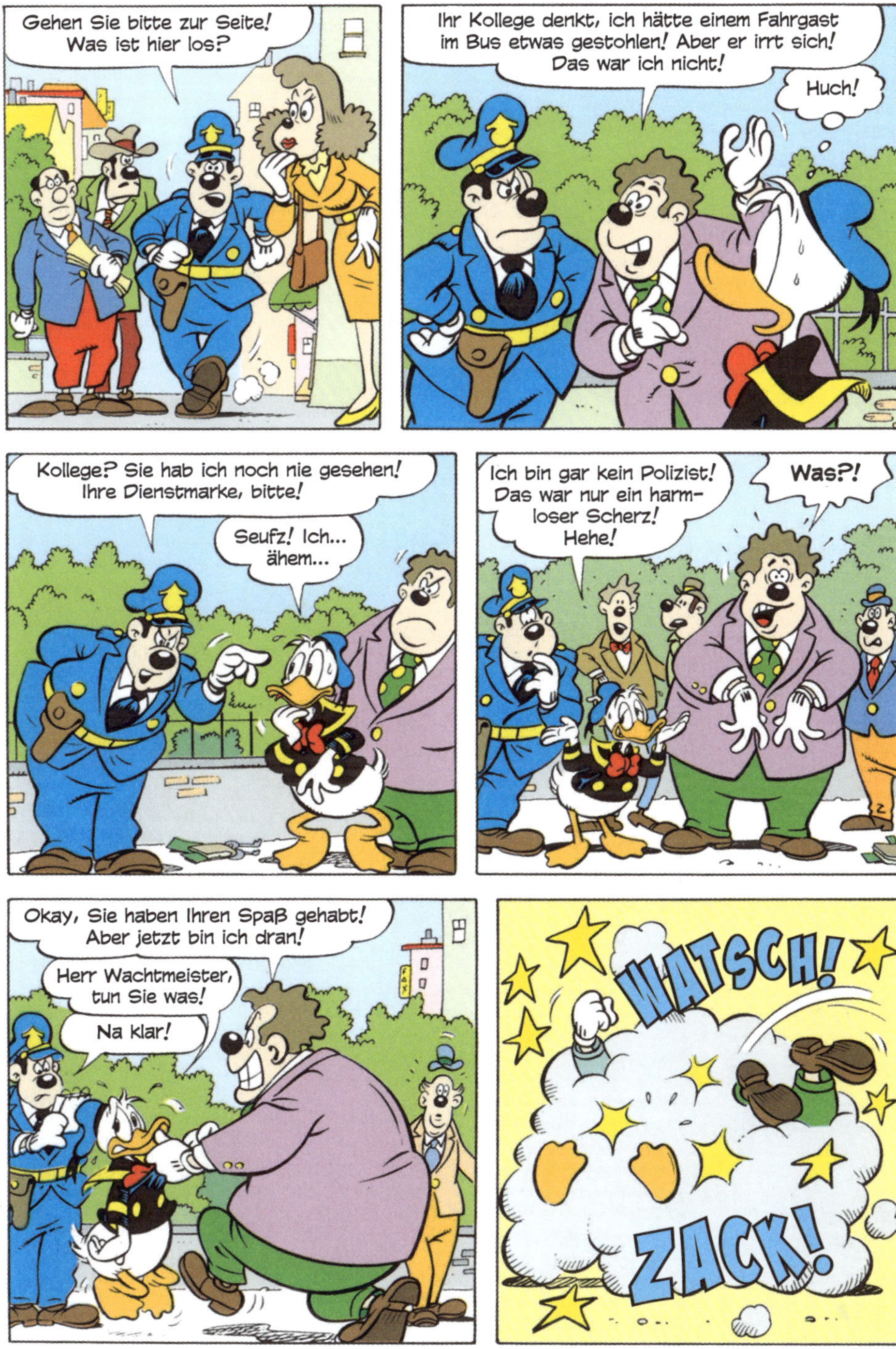
Gehen Sie bitte zur Seite! Was ist hier los?
Ihr Kollege denkt, ich hätte einem Fahrgast im Bus etwas gestohlen! Aber er irrt sich! Das war ich nicht!
Huch!
Kollege? Sie hab ich noch nie gesehen! Ihre Dienstmarke, bitte!
Seufz! Ich... ähem...
Ich bin gar kein Polizist! Das war nur ein harmloser Scherz! Hehe!
Was?!
Okay, Sie haben Ihren Spaß gehabt! Aber jetzt bin ich dran!
Herr Wachtmeister, tun Sie was!
Na klar!
WATSCH!
ZACK!

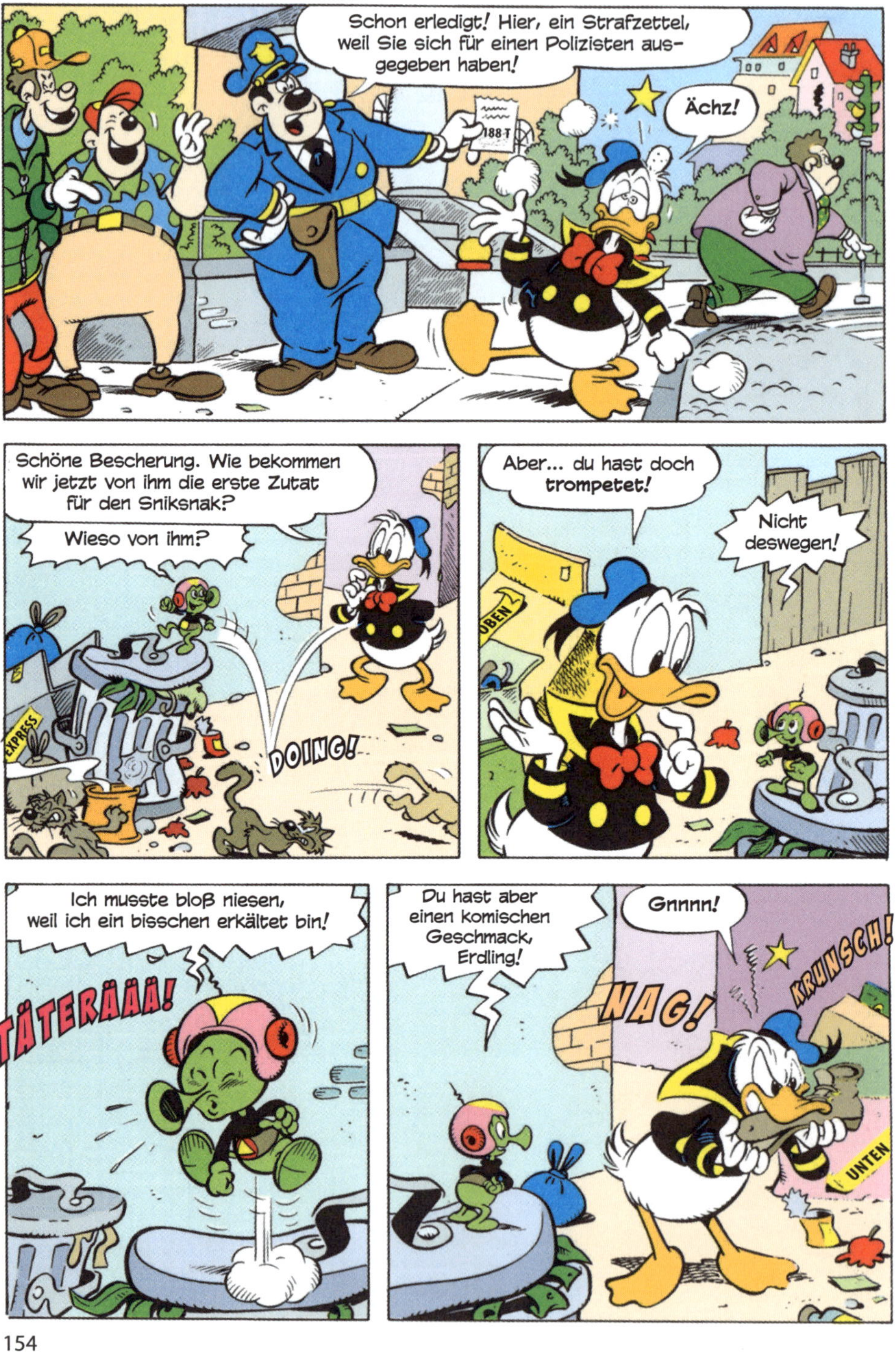
Schon erledigt! Hier, ein Strafzettel, weil Sie sich für einen Polizisten ausgegeben haben!
188 T
Ächz!
Schöne Bescherung. Wie bekommen wir jetzt von ihm die erste Zutat für den Sniksnak?
Wieso von ihm?
EXPRESS
DOING!
Aber... du hast doch **trompetet!**
Nicht deswegen!
OBEN
Ich musste bloß niesen, weil ich ein bisschen erkältet bin!
TÄTERÄÄÄ!
Du hast aber einen komischen Geschmack, Erdling!
Gnnnn!
NAG!
KRUNSCH!
UNTEN

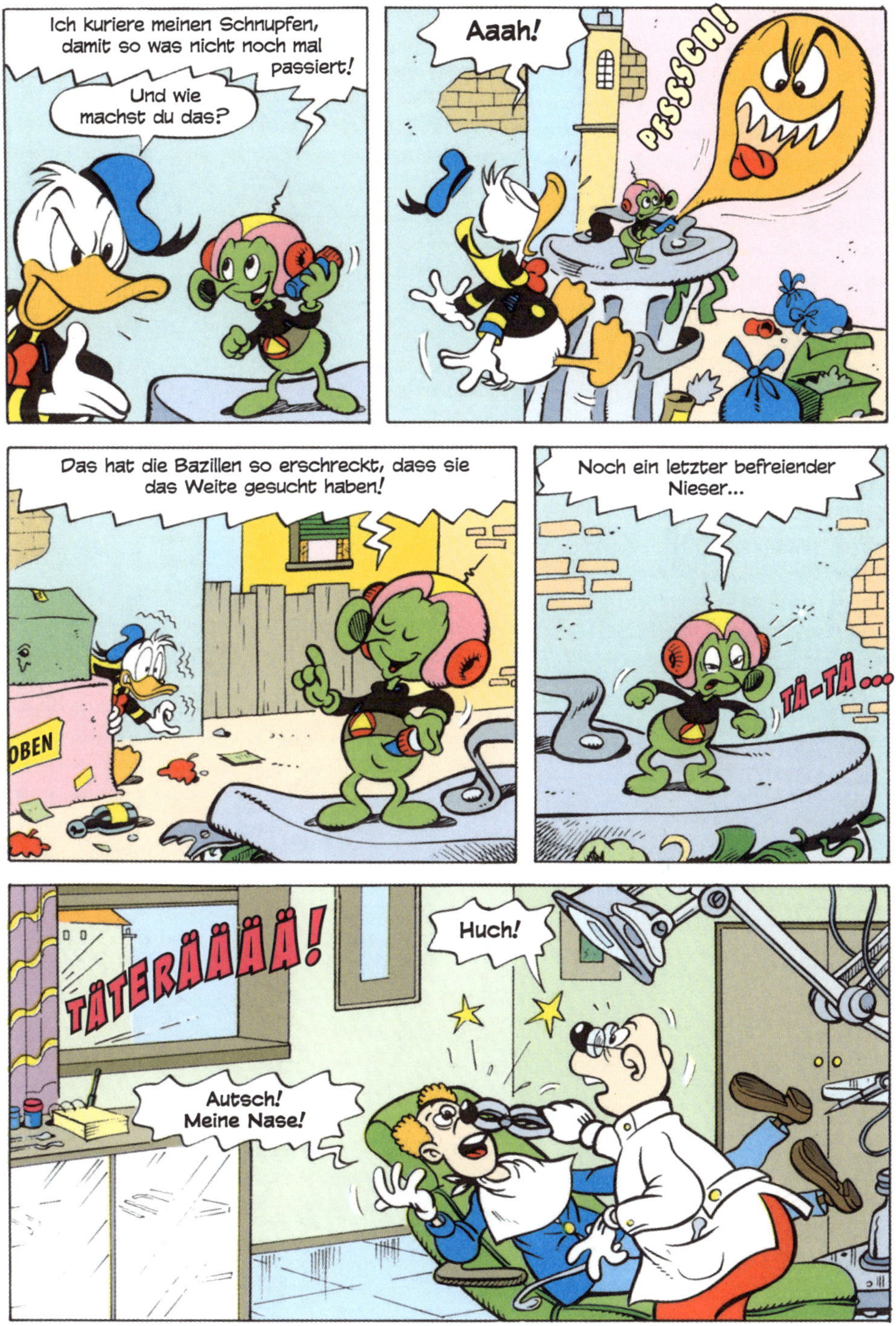
Ich kuriere meinen Schnupfen, damit so was nicht noch mal passiert!
Und wie machst du das?
Aaah!
PSSSCH!
Das hat die Bazillen so erschreckt, dass sie das Weite gesucht haben!
OBEN
Noch ein letzter befreiender Nieser...
TÄ-TÄ...
TÄTERÄÄÄÄ!
Huch!
Autsch! Meine Nase!

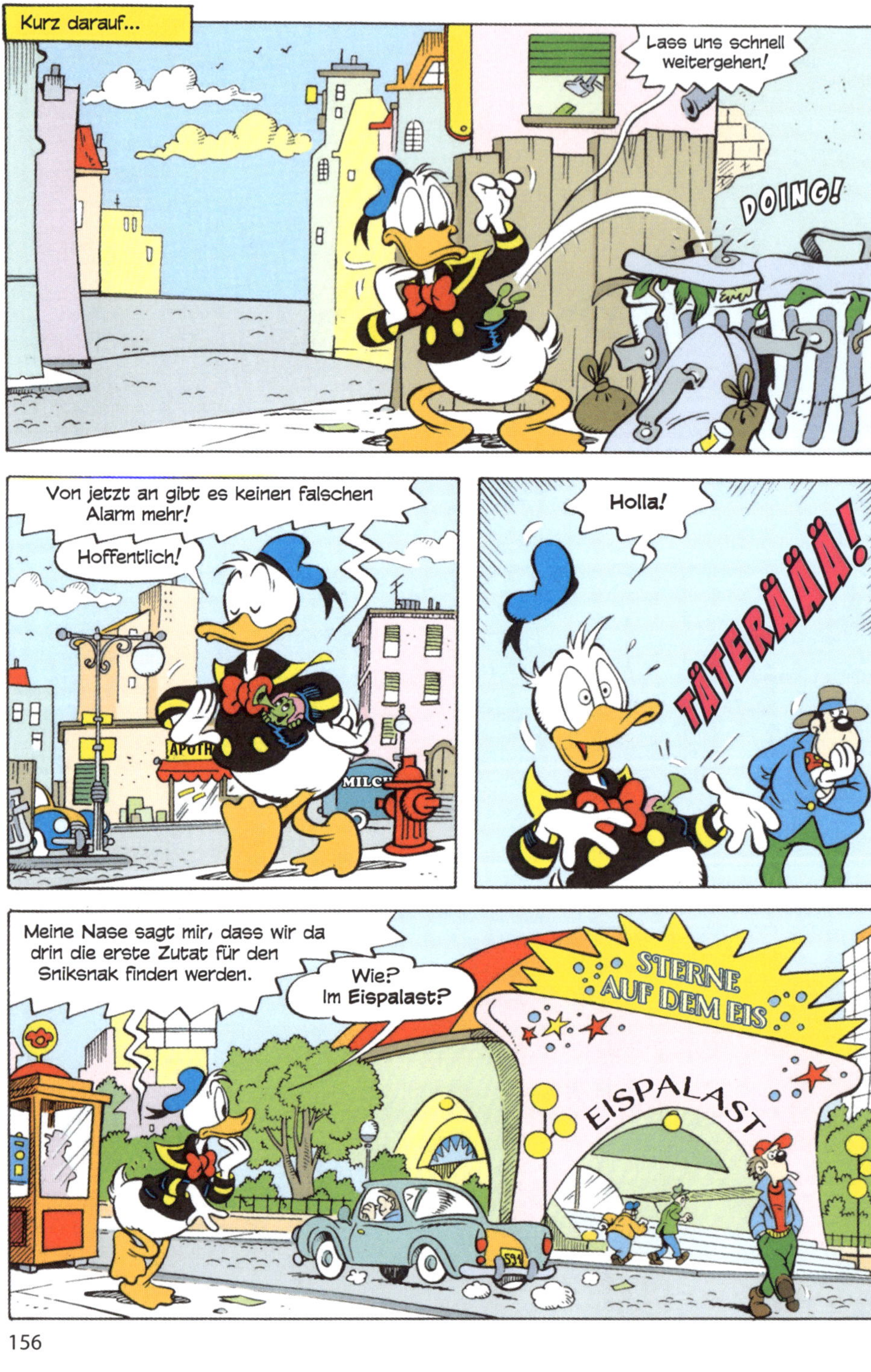
Kurz darauf...
Lass uns schnell weitergehen!
DOING!
Von jetzt an gibt es keinen falschen Alarm mehr!
Hoffentlich!
Holla!
TÄTERÄÄÄ!
Meine Nase sagt mir, dass wir da drin die erste Zutat für den Sniksnak finden werden.
Wie? Im Eispalast?
STERNE AUF DEM EIS
EISPALAST

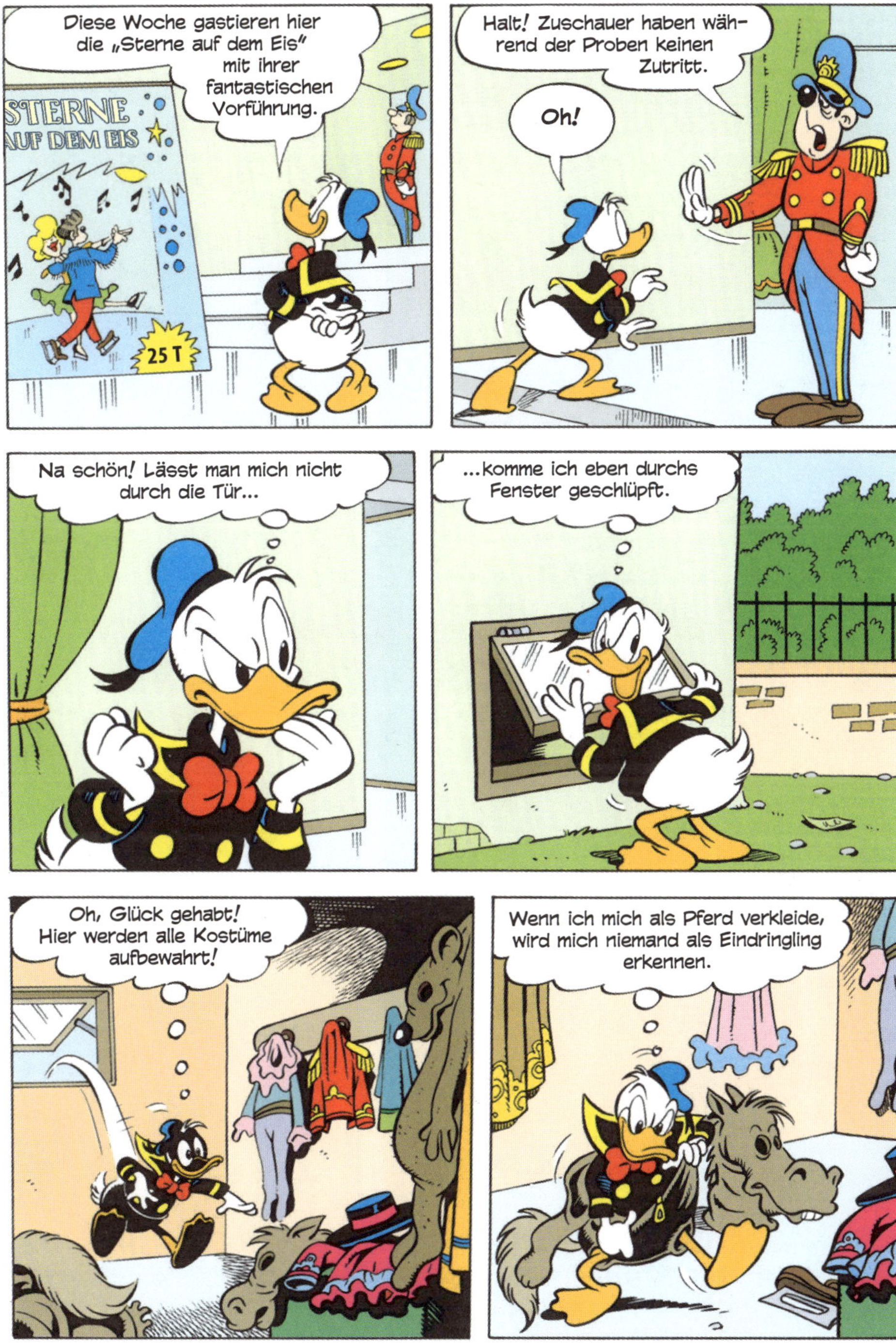
Diese Woche gastieren hier die „Sterne auf dem Eis" mit ihrer fantastischen Vorführung.
STERNE AUF DEM EIS
25 T
Halt! Zuschauer haben während der Proben keinen Zutritt.
Oh!
Na schön! Lässt man mich nicht durch die Tür...
...komme ich eben durchs Fenster geschlüpft.
Oh, Glück gehabt! Hier werden alle Kostüme aufbewahrt!
Wenn ich mich als Pferd verkleide, wird mich niemand als Eindringling erkennen.

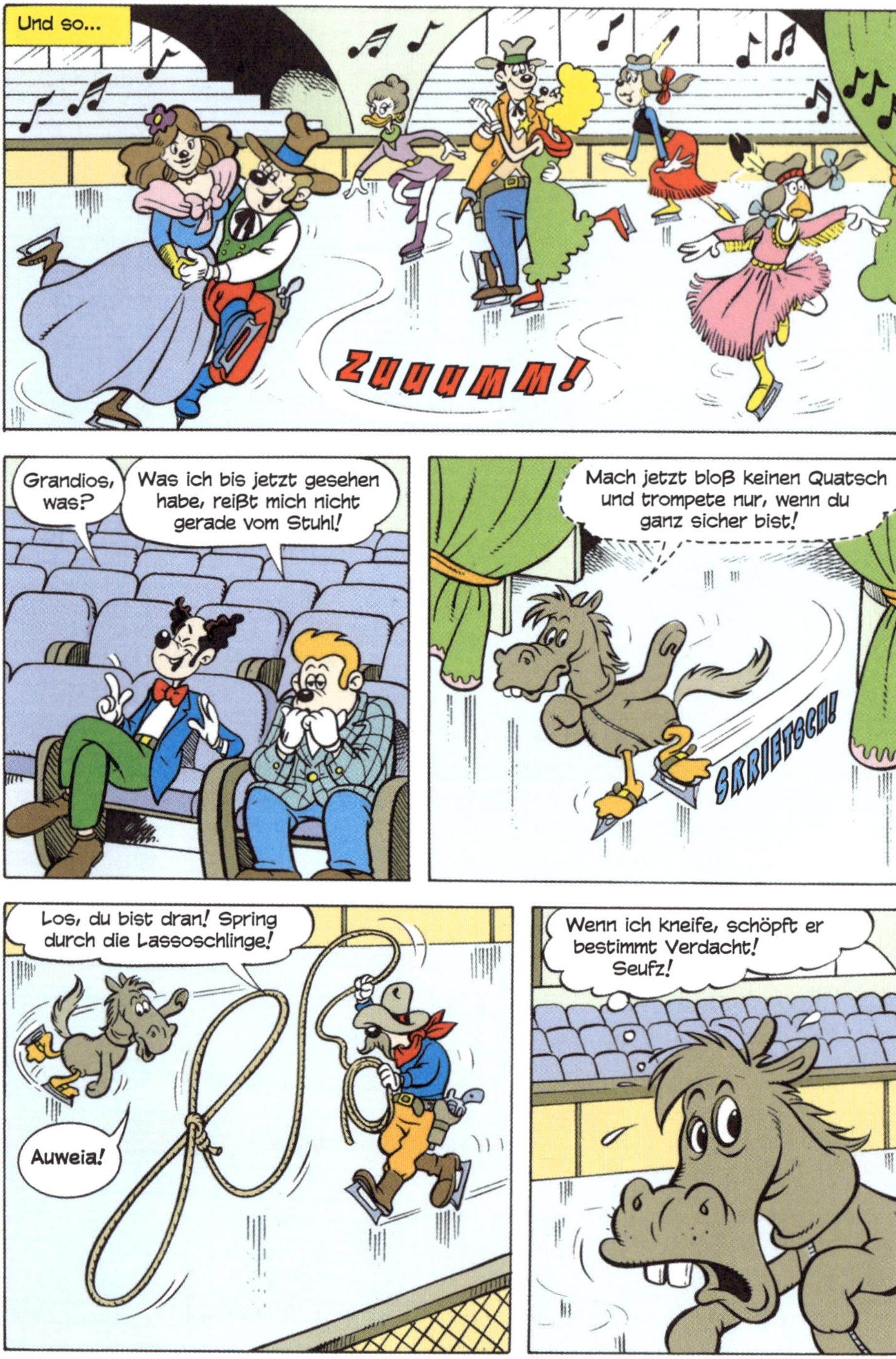
Und so...
ZUUUMM!
Grandios, was?
Was ich bis jetzt gesehen habe, reißt mich nicht gerade vom Stuhl!
Mach jetzt bloß keinen Quatsch und trompete nur, wenn du ganz sicher bist!
SKRIETSCH!
Los, du bist dran! Spring durch die Lassoschlinge!
Auweia!
Wenn ich kneife, schöpft er bestimmt Verdacht! Seufz!

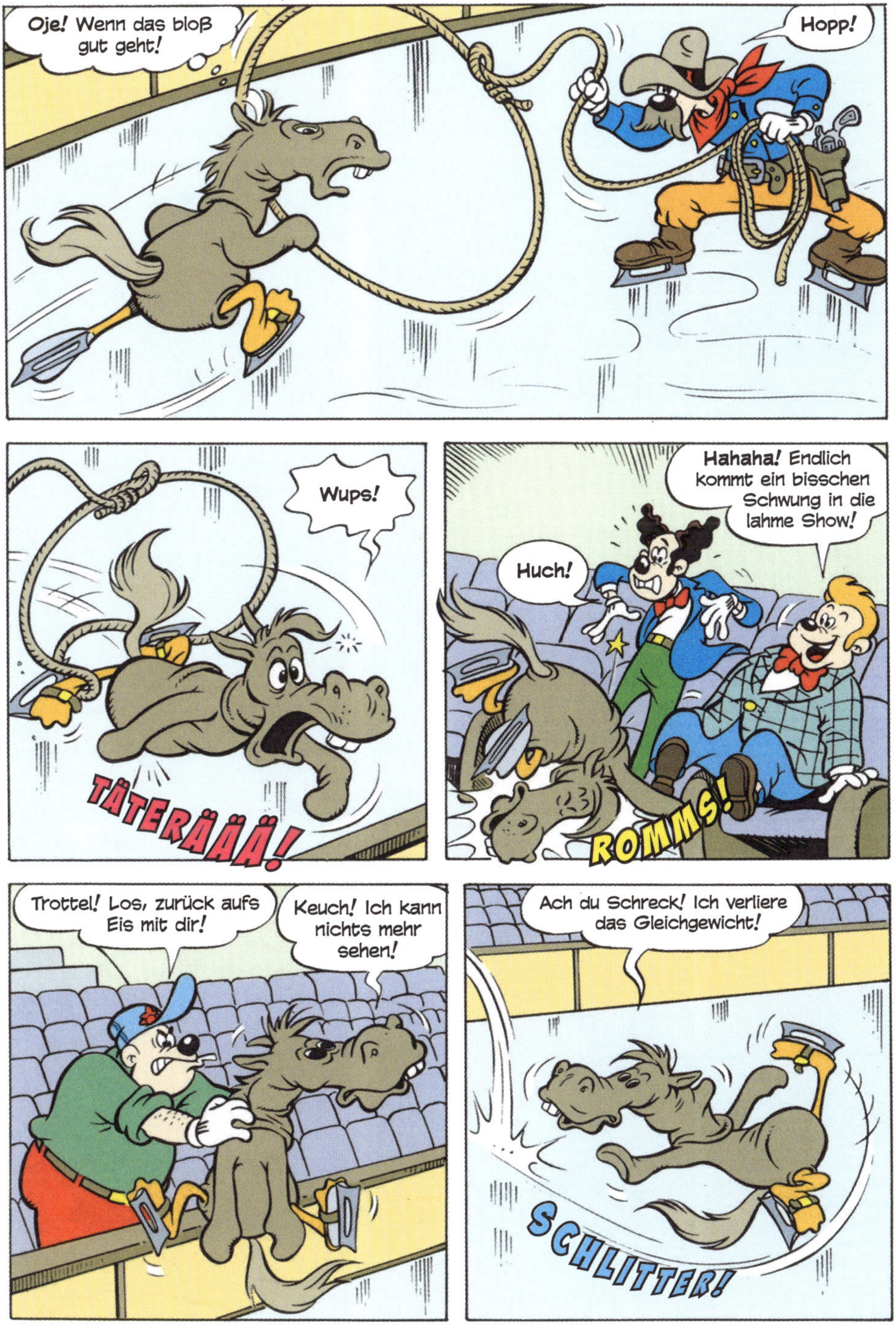
Oje! Wenn das bloß gut geht!
Hopp!
Wups!
TÄTERÄÄÄ!
Hahaha! Endlich kommt ein bisschen Schwung in die lahme Show!
Huch!
ROMMS!
Trottel! Los, zurück aufs Eis mit dir!
Keuch! Ich kann nichts mehr sehen!
Ach du Schreck! Ich verliere das Gleichgewicht!
SCHLITTER!

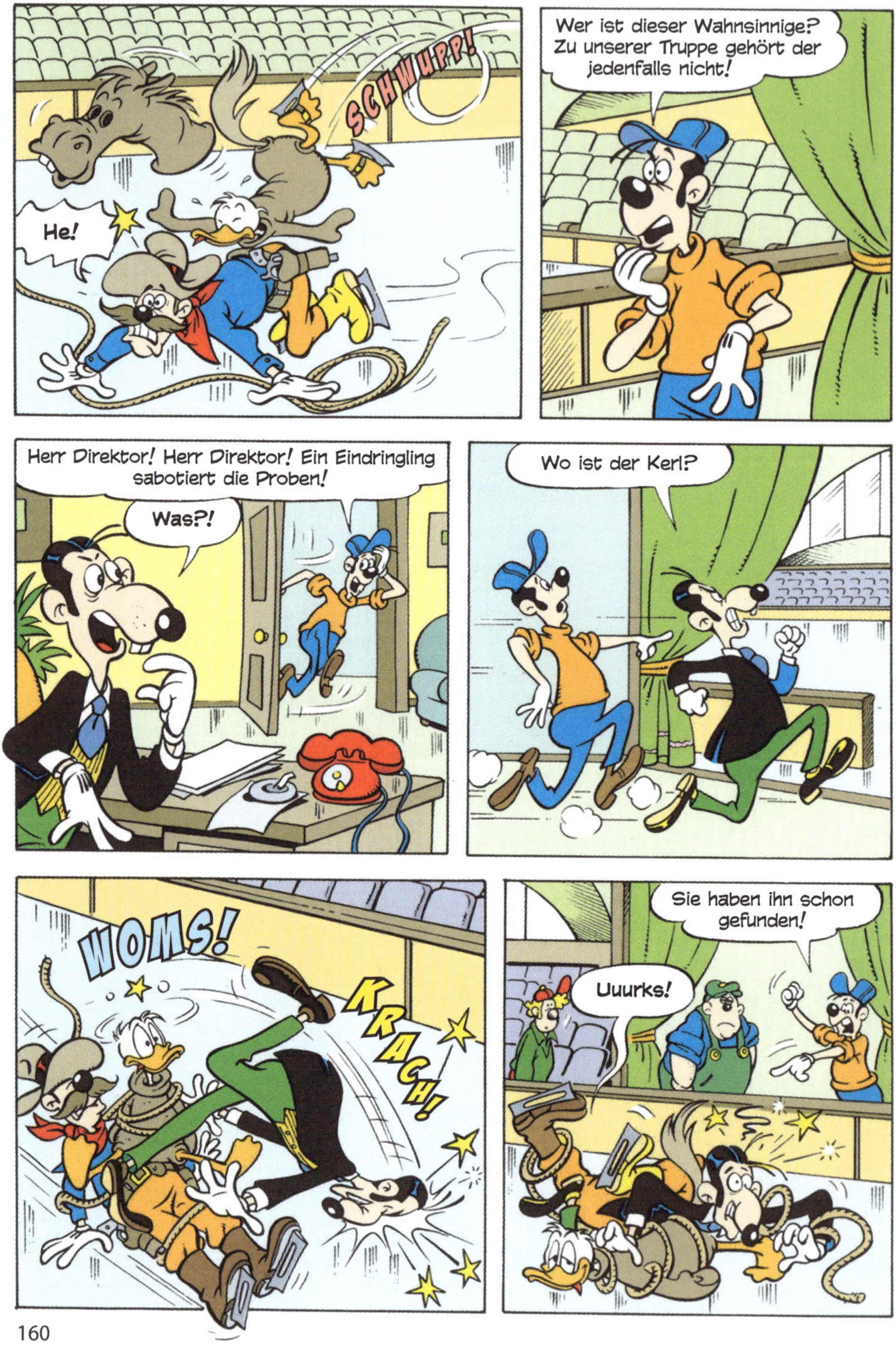
SCHWUPP!
He!
Wer ist dieser Wahnsinnige? Zu unserer Truppe gehört der jedenfalls nicht!
Herr Direktor! Herr Direktor! Ein Eindringling sabotiert die Proben!
Was?!
Wo ist der Kerl?
WOMS!
KRACH!
Sie haben ihn schon gefunden!
Uuurks!

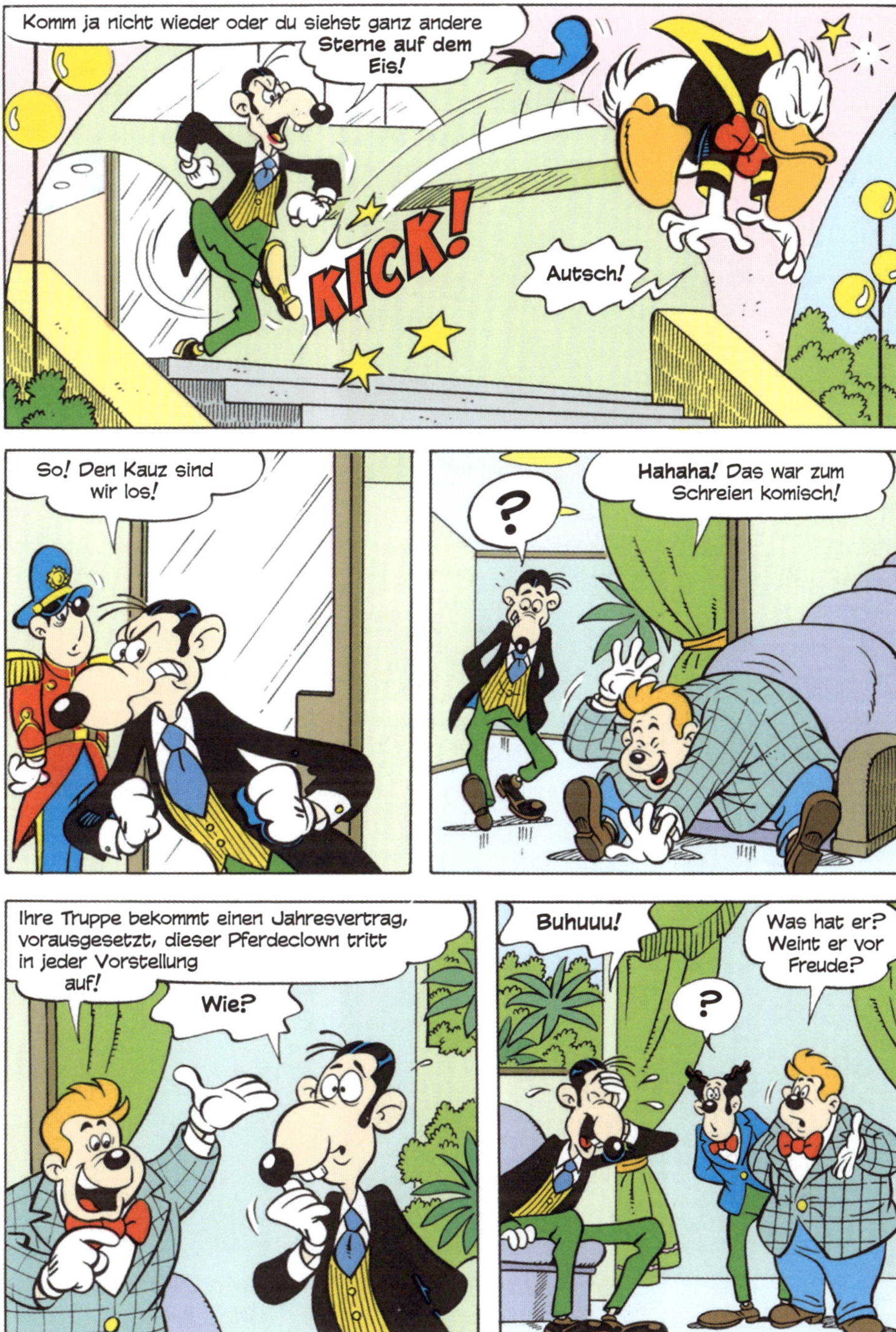
Komm ja nicht wieder oder du siehst ganz andere Sterne auf dem Eis!
KICK!
Autsch!
So! Den Kauz sind wir los!
?
Hahaha! Das war zum Schreien komisch!
Ihre Truppe bekommt einen Jahresvertrag, vorausgesetzt, dieser Pferdeclown tritt in jeder Vorstellung auf!
Wie?
Buhuuu!
?
Was hat er? Weint er vor Freude?

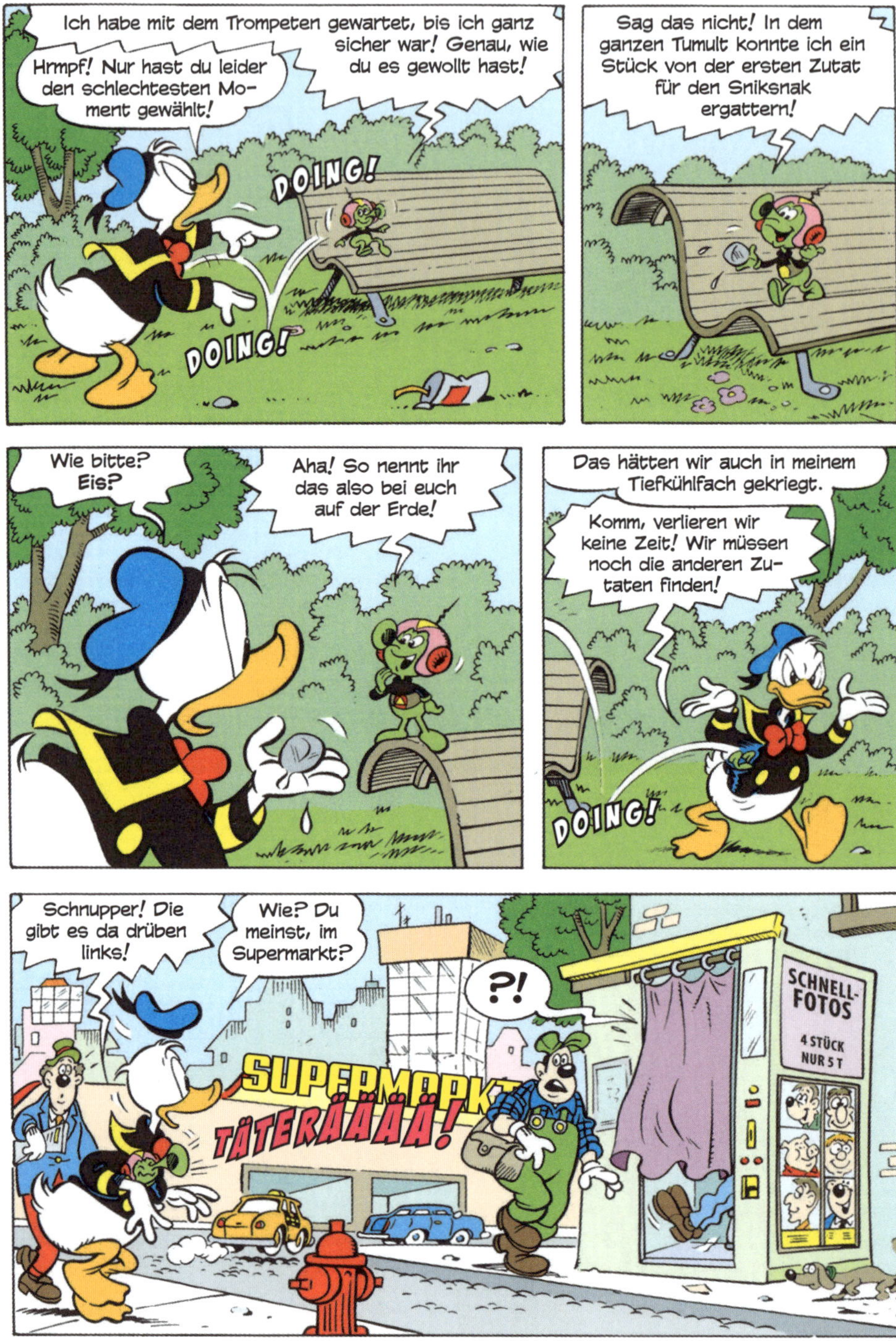

Ich habe mit dem Trompeten gewartet, bis ich ganz sicher war! Genau, wie du es gewollt hast!
Hrmpf! Nur hast du leider den schlechtesten Moment gewählt!
DOING!
DOING!
Sag das nicht! In dem ganzen Tumult konnte ich ein Stück von der ersten Zutat für den Sniksnak ergattern!
Wie bitte? Eis?
Aha! So nennt ihr das also bei euch auf der Erde!
Das hätten wir auch in meinem Tiefkühlfach gekriegt.
Komm, verlieren wir keine Zeit! Wir müssen noch die anderen Zutaten finden!
DOING!
Schnupper! Die gibt es da drüben links!
Wie? Du meinst, im Supermarkt?
?!
SUPERMARKT
TÄTERÄÄÄÄÄ!
SCHNELL-FOTOS
4 STÜCK NUR 5 T

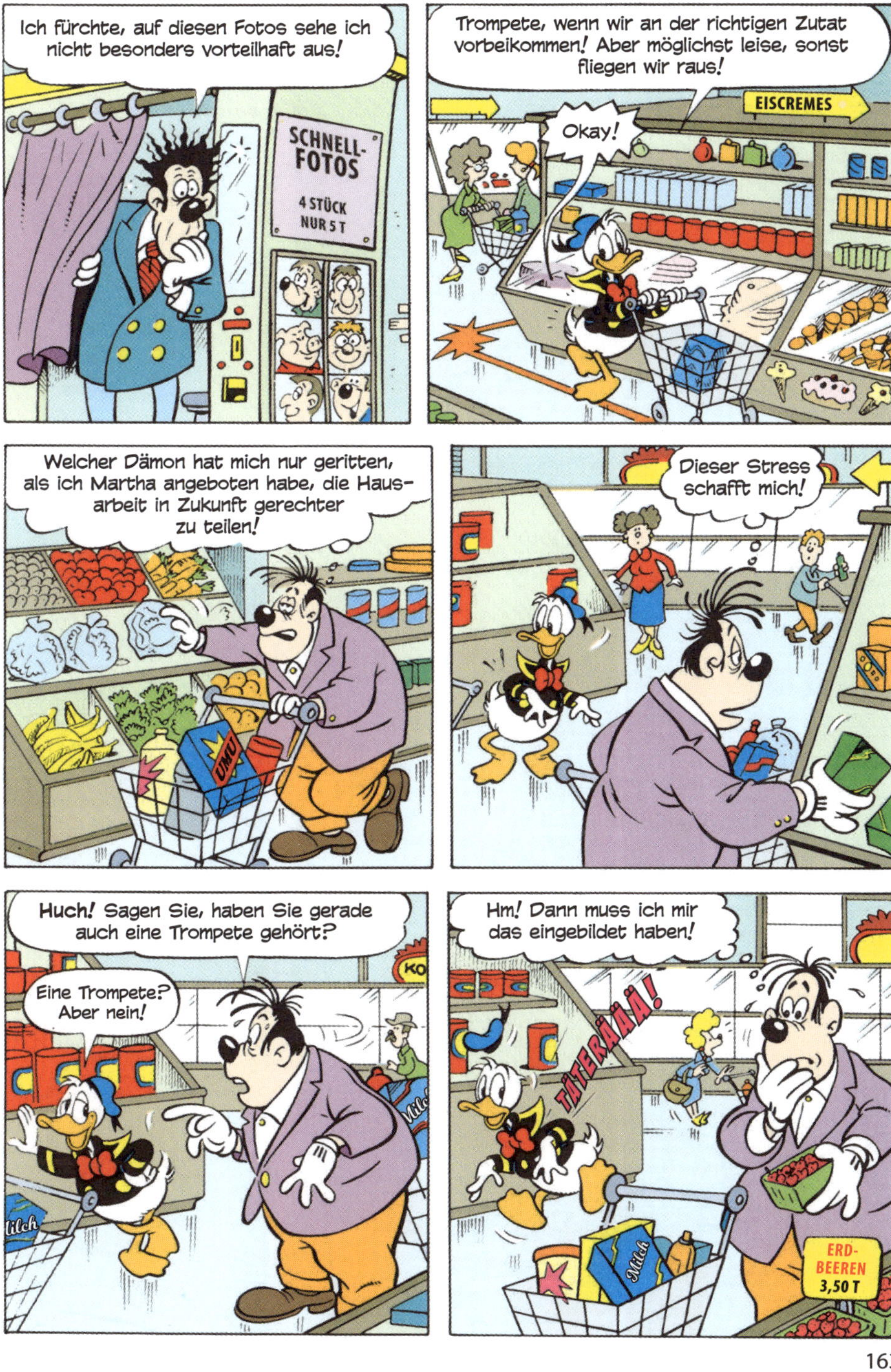
Ich fürchte, auf diesen Fotos sehe ich nicht besonders vorteilhaft aus!
SCHNELL-FOTOS
4 STÜCK NUR 5 T
Trompete, wenn wir an der richtigen Zutat vorbeikommen! Aber möglichst leise, sonst fliegen wir raus!
EISCREMES
Okay!
Welcher Dämon hat mich nur geritten, als ich Martha angeboten habe, die Hausarbeit in Zukunft gerechter zu teilen!
UMU
Dieser Stress schafft mich!
Huch! Sagen Sie, haben Sie gerade auch eine Trompete gehört?
Eine Trompete? Aber nein!
Milch
Milch
Hm! Dann muss ich mir das eingebildet haben!
TÄTERÄÄÄÄ!
Milch
ERD-BEEREN
3,50 T

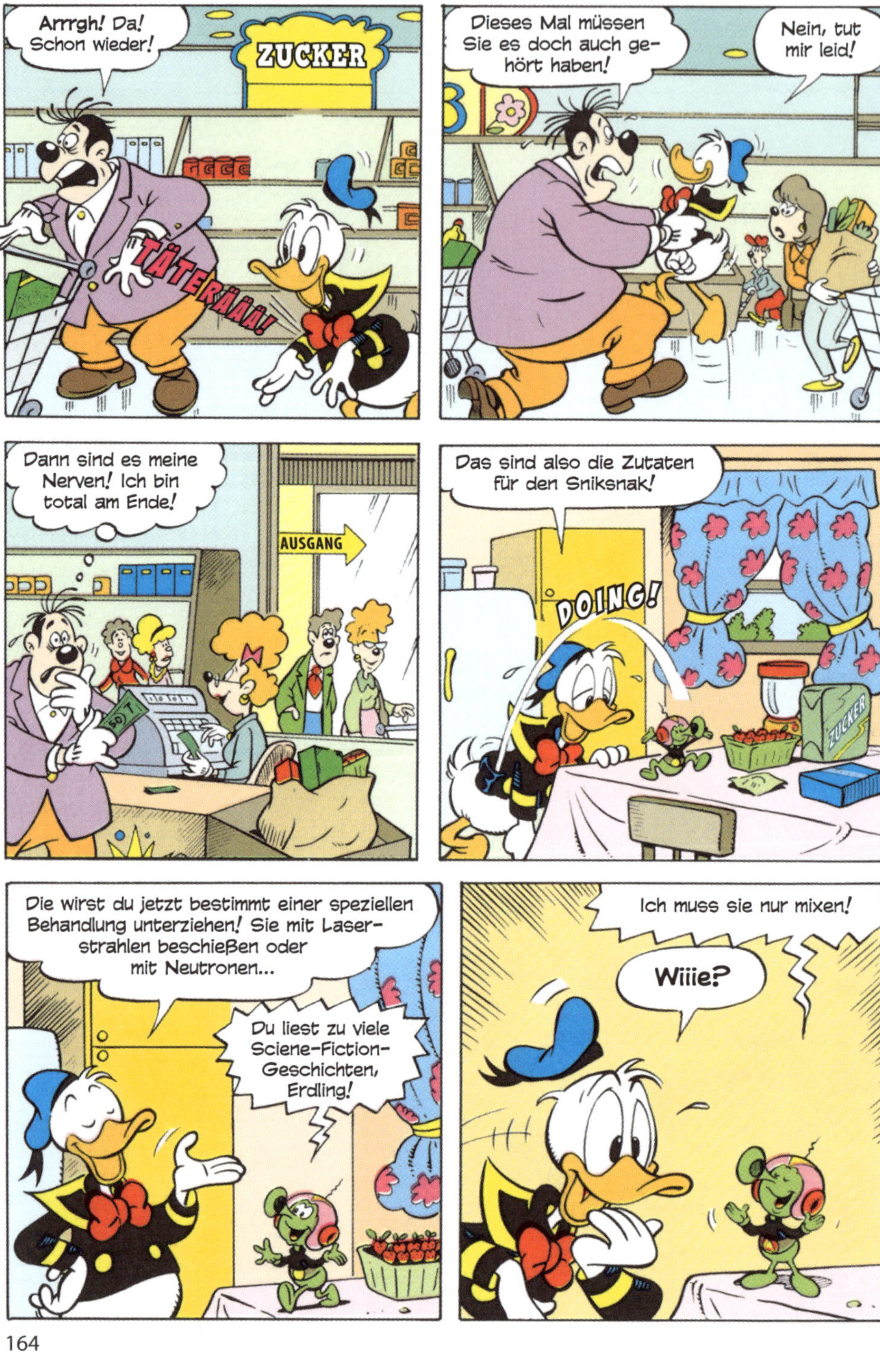
Arrrgh! Da! Schon wieder!
ZUCKER
TÄTERÄÄÄ!
Dieses Mal müssen Sie es doch auch gehört haben!
Nein, tut mir leid!
Dann sind es meine Nerven! Ich bin total am Ende!
AUSGANG
Das sind also die Zutaten für den Sniksnak!
DOING!
ZUCKER
Die wirst du jetzt bestimmt einer speziellen Behandlung unterziehen! Sie mit Laserstrahlen beschießen oder mit Neutronen...
Du liest zu viele Sciene-Fiction-Geschichten, Erdling!
Ich muss sie nur mixen!
Wiiie?

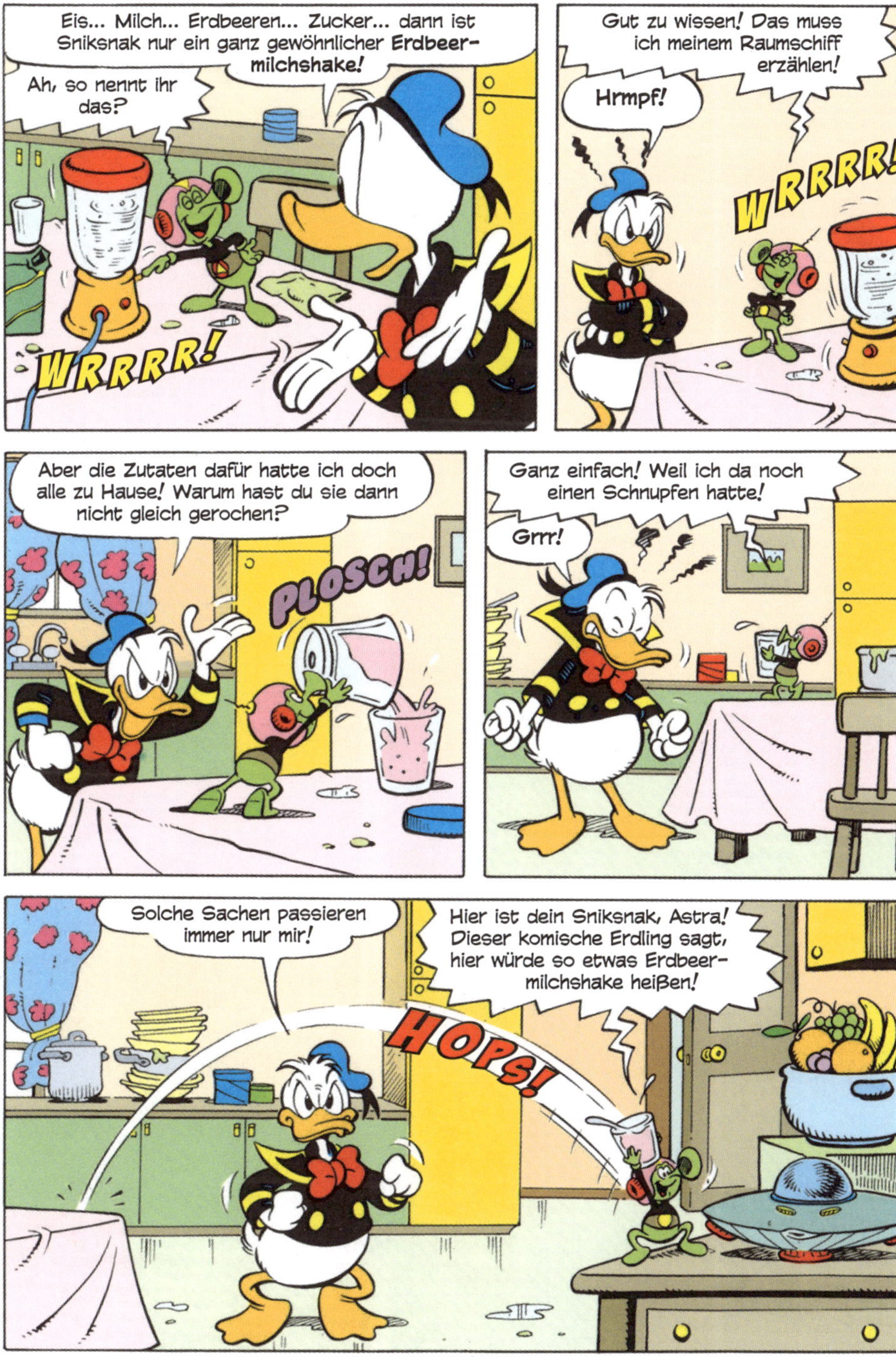

Eis... Milch... Erdbeeren... Zucker... dann ist Sniksnak nur ein ganz gewöhnlicher **Erdbeermilchshake!**
Ah, so nennt ihr das?
WRRRR!
Gut zu wissen! Das muss ich meinem Raumschiff erzählen!
Hrmpf!
WRRRR!
Aber die Zutaten dafür hatte ich doch alle zu Hause! Warum hast du sie dann nicht gleich gerochen?
PLOSCH!
Ganz einfach! Weil ich da noch einen Schnupfen hatte!
Grrr!
Solche Sachen passieren immer nur mir!
Hier ist dein Sniksnak, Astra! Dieser komische Erdling sagt, hier würde so etwas Erdbeermilchshake heißen!
HOPS!

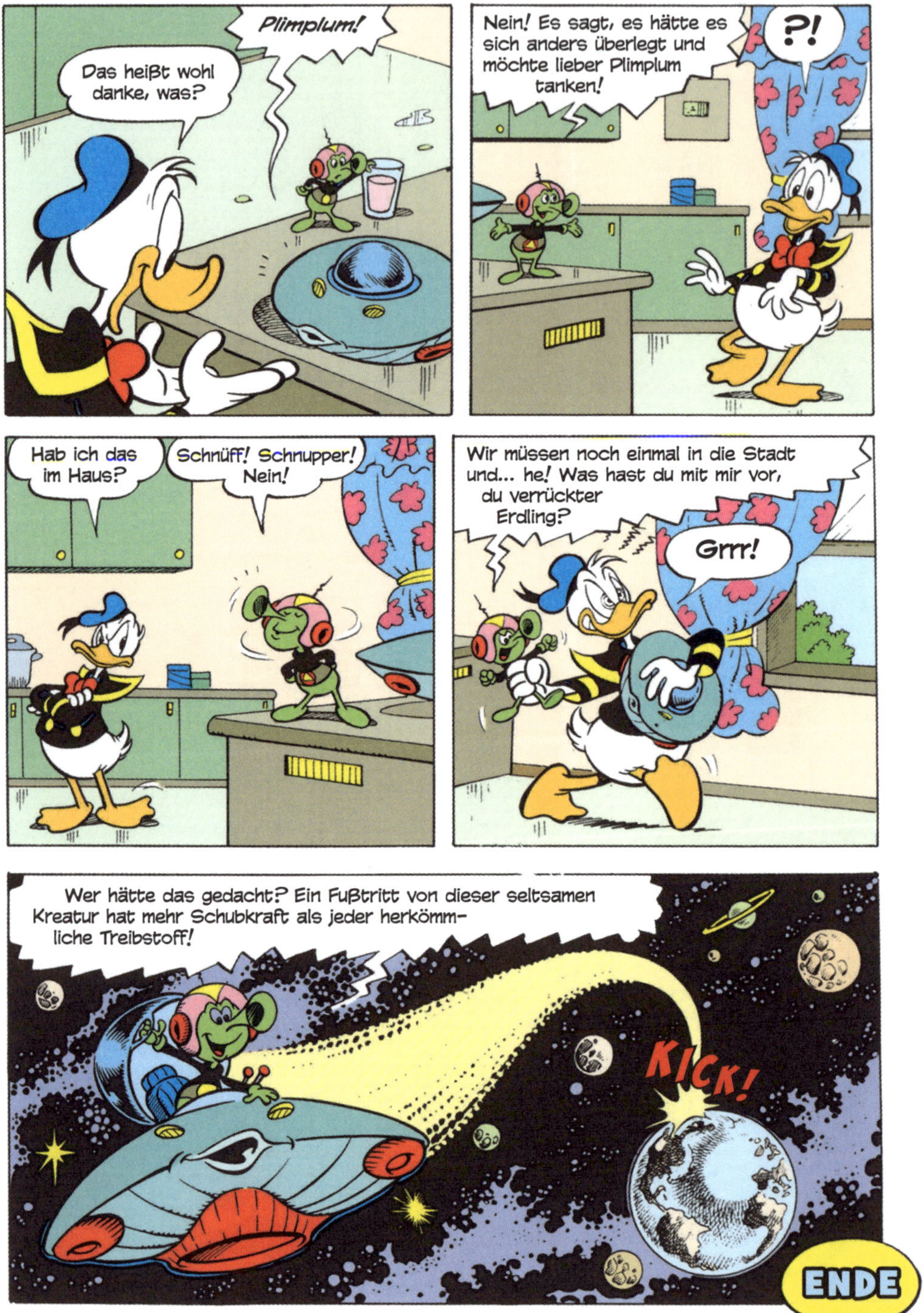
Das heißt wohl danke, was?
Plimplum!
Nein! Es sagt, es hätte es sich anders überlegt und möchte lieber Plimplum tanken!
?!
Hab ich das im Haus?
Schnüff! Schnupper! Nein!
Wir müssen noch einmal in die Stadt und... he! Was hast du mit mir vor, du verrückter Erdling?
Grrr!
Wer hätte das gedacht? Ein Fußtritt von dieser seltsamen Kreatur hat mehr Schubkraft als jeder herkömmliche Treibstoff!
KICK!
ENDE

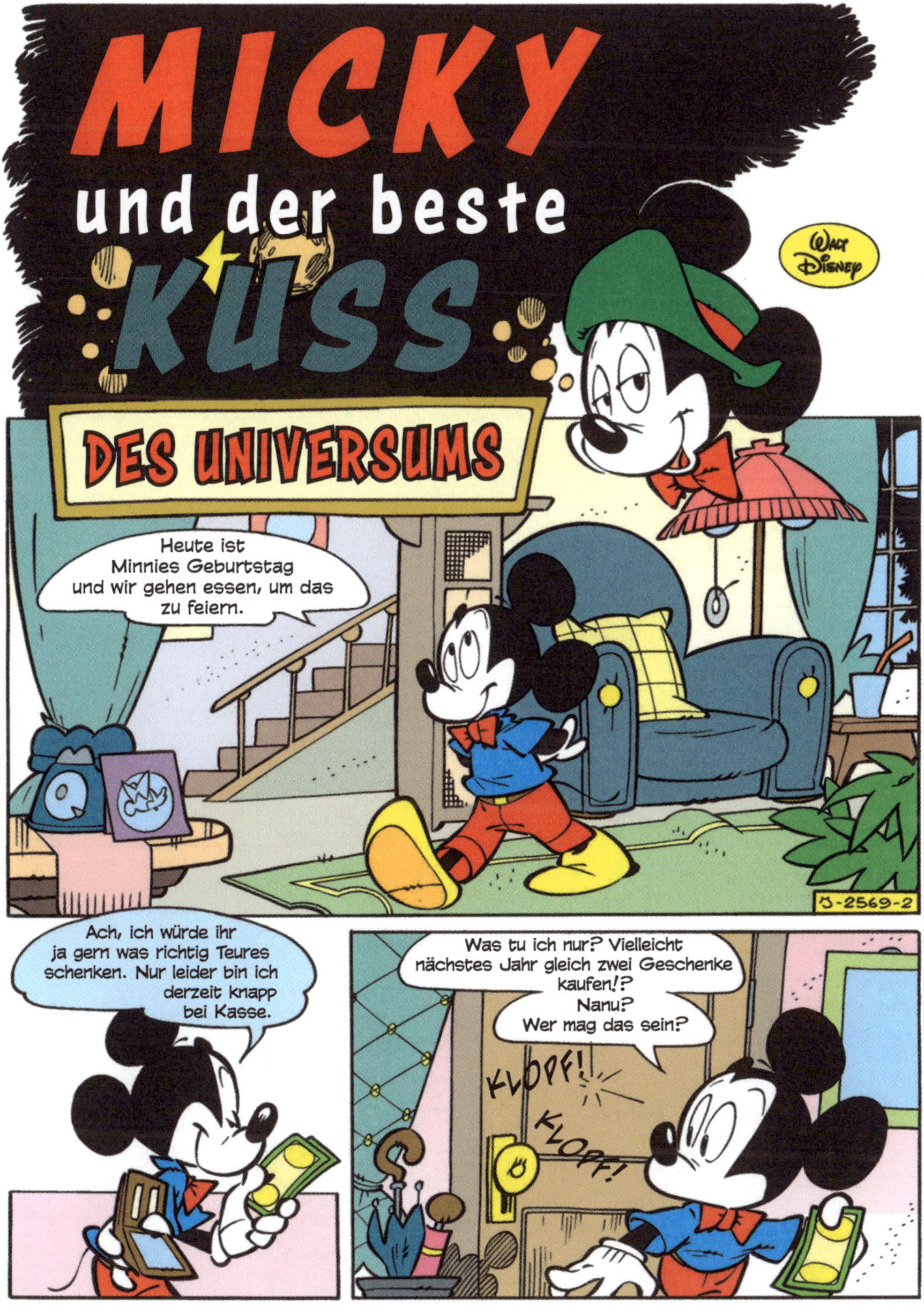
MICKY
und der beste
KUSS
DES UNIVERSUMS
Heute ist Minnies Geburtstag und wir gehen essen, um das zu feiern.
J-2569-2
Ach, ich würde ihr ja gern was richtig Teures schenken. Nur leider bin ich derzeit knapp bei Kasse.
Was tu ich nur? Vielleicht nächstes Jahr gleich zwei Geschenke kaufen!?
Nanu? Wer mag das sein?
KLOPF!
KLOPF!

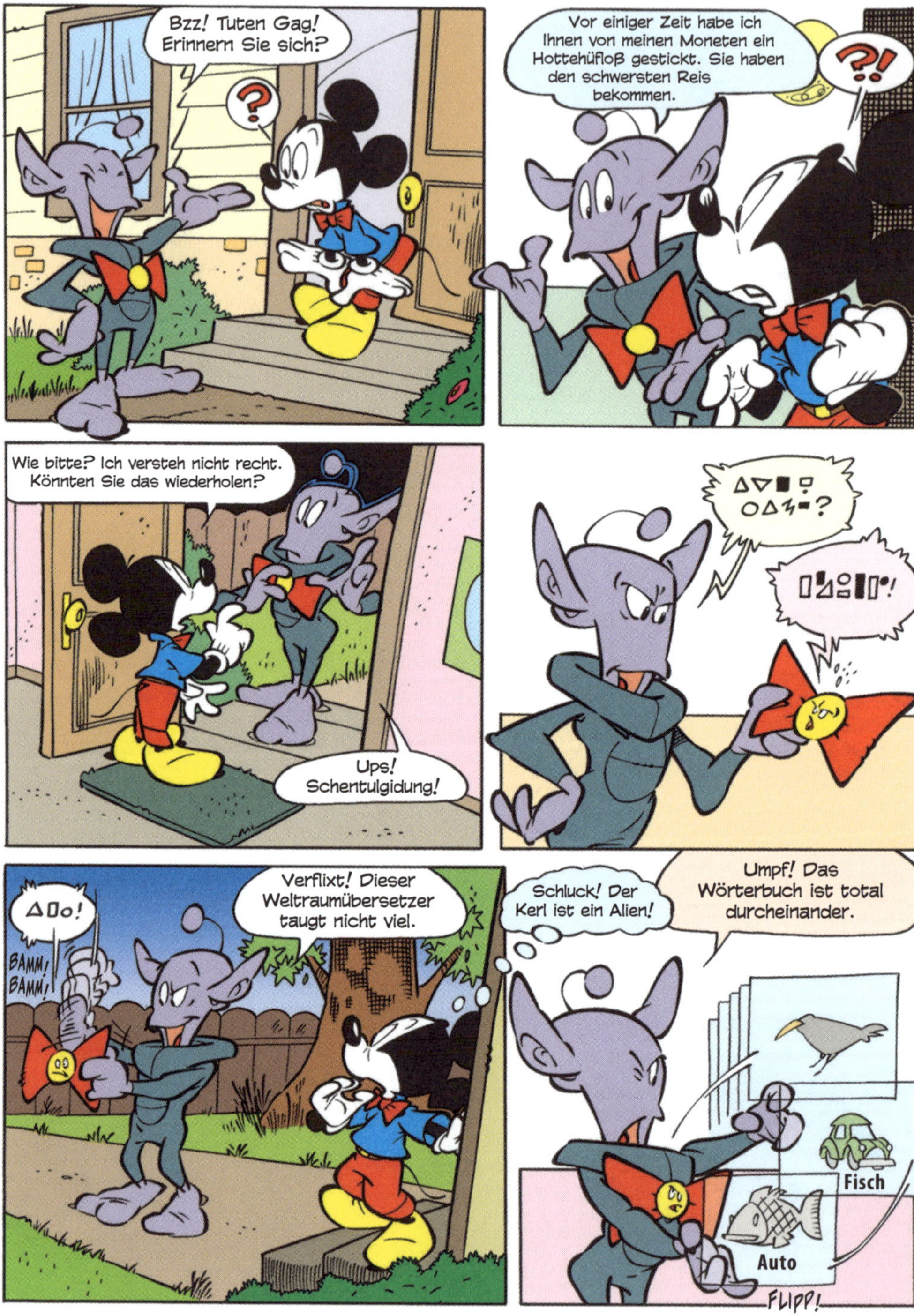

Bzz! Tuten Gag! Erinnern Sie sich?
?
Vor einiger Zeit habe ich Ihnen von meinen Moneten ein Hottehüfloß gestickt. Sie haben den schwersten Reis bekommen.
?!
Wie bitte? Ich versteh nicht recht. Könnten Sie das wiederholen?
Ups! Schentulgidung!
Verflixt! Dieser Weltraumübersetzer taugt nicht viel.
BAMM! BAMM!
Schluck! Der Kerl ist ein Alien!
Umpf! Das Wörterbuch ist total durcheinander.
Fisch
Auto
FLIPP!

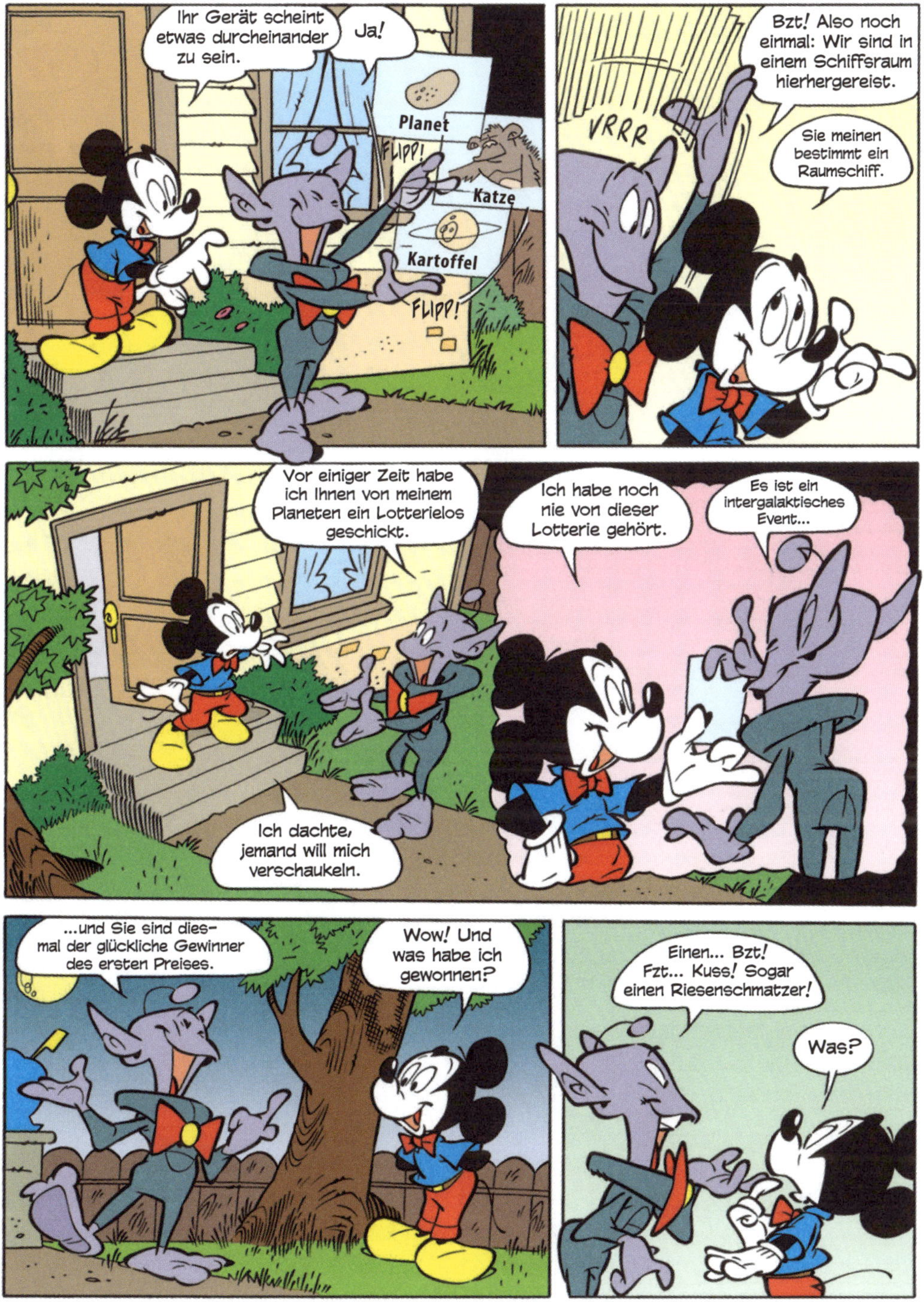
Ihr Gerät scheint etwas durcheinander zu sein.
Ja!
Planet
Katze
Kartoffel
FLIPP!
FLIPP!
Bzt! Also noch einmal: Wir sind in einem Schiffsraum hierhergereist.
VRRR
Sie meinen bestimmt ein Raumschiff.
Vor einiger Zeit habe ich Ihnen von meinem Planeten ein Lotterielos geschickt.
Ich dachte, jemand will mich verschaukeln.
Ich habe noch nie von dieser Lotterie gehört.
Es ist ein intergalaktisches Event...
...und Sie sind diesmal der glückliche Gewinner des ersten Preises.
Wow! Und was habe ich gewonnen?
Einen... Bzt! Fzt... Kuss! Sogar einen Riesenschmatzer!
Was?

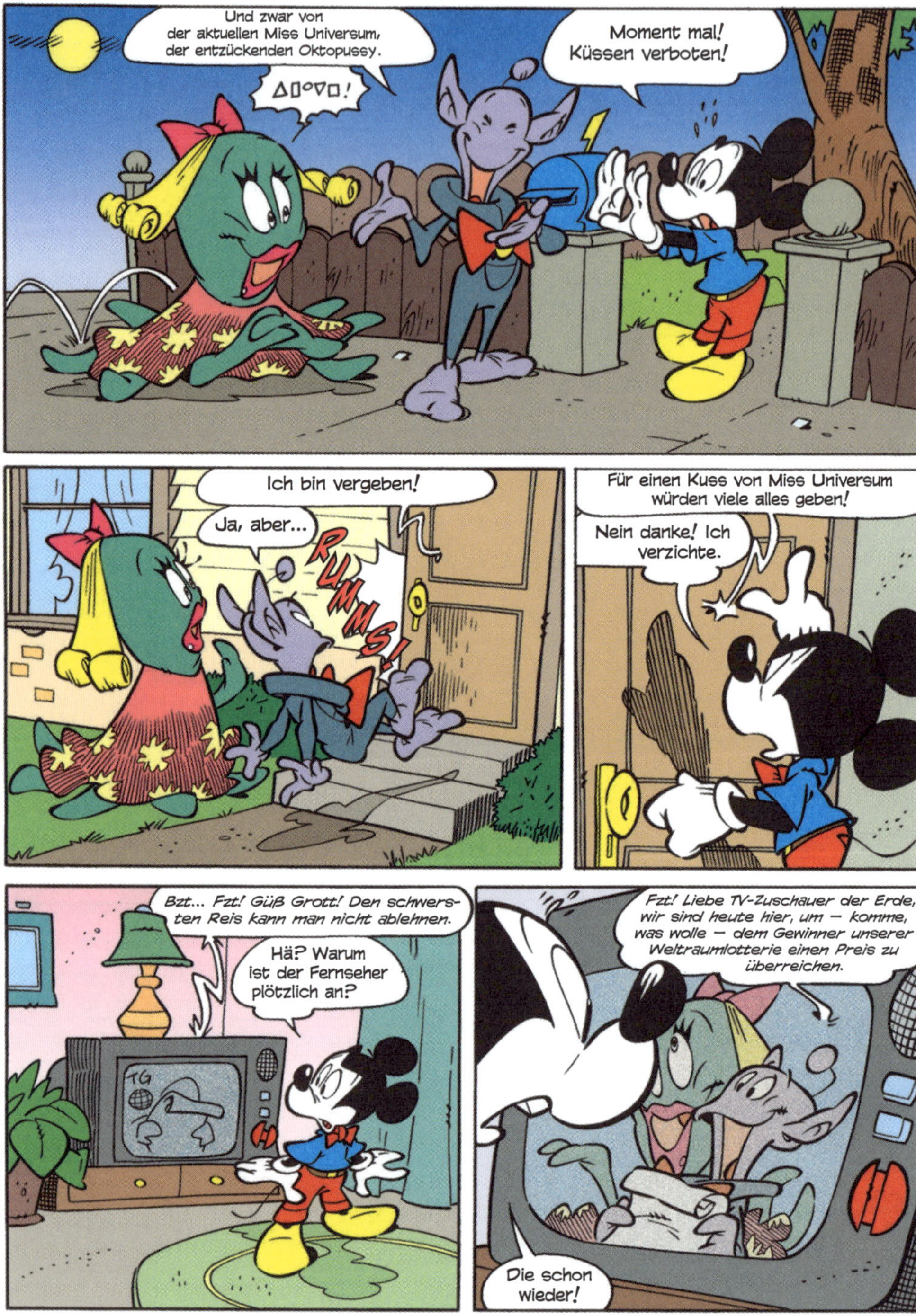
Und zwar von der aktuellen Miss Universum, der entzückenden Oktopussy.
Moment mal! Küssen verboten!
Ich bin vergeben!
Ja, aber...
RUMMS!
Für einen Kuss von Miss Universum würden viele alles geben!
Nein danke! Ich verzichte.
Bzt... Fzt! Güß Grott! Den schwersten Reis kann man nicht ablehnen.
Hä? Warum ist der Fernseher plötzlich an?
Fzt! Liebe TV-Zuschauer der Erde, wir sind heute hier, um – komme, was wolle – dem Gewinner unserer Weltraumlotterie einen Preis zu überreichen.
Die schon wieder!

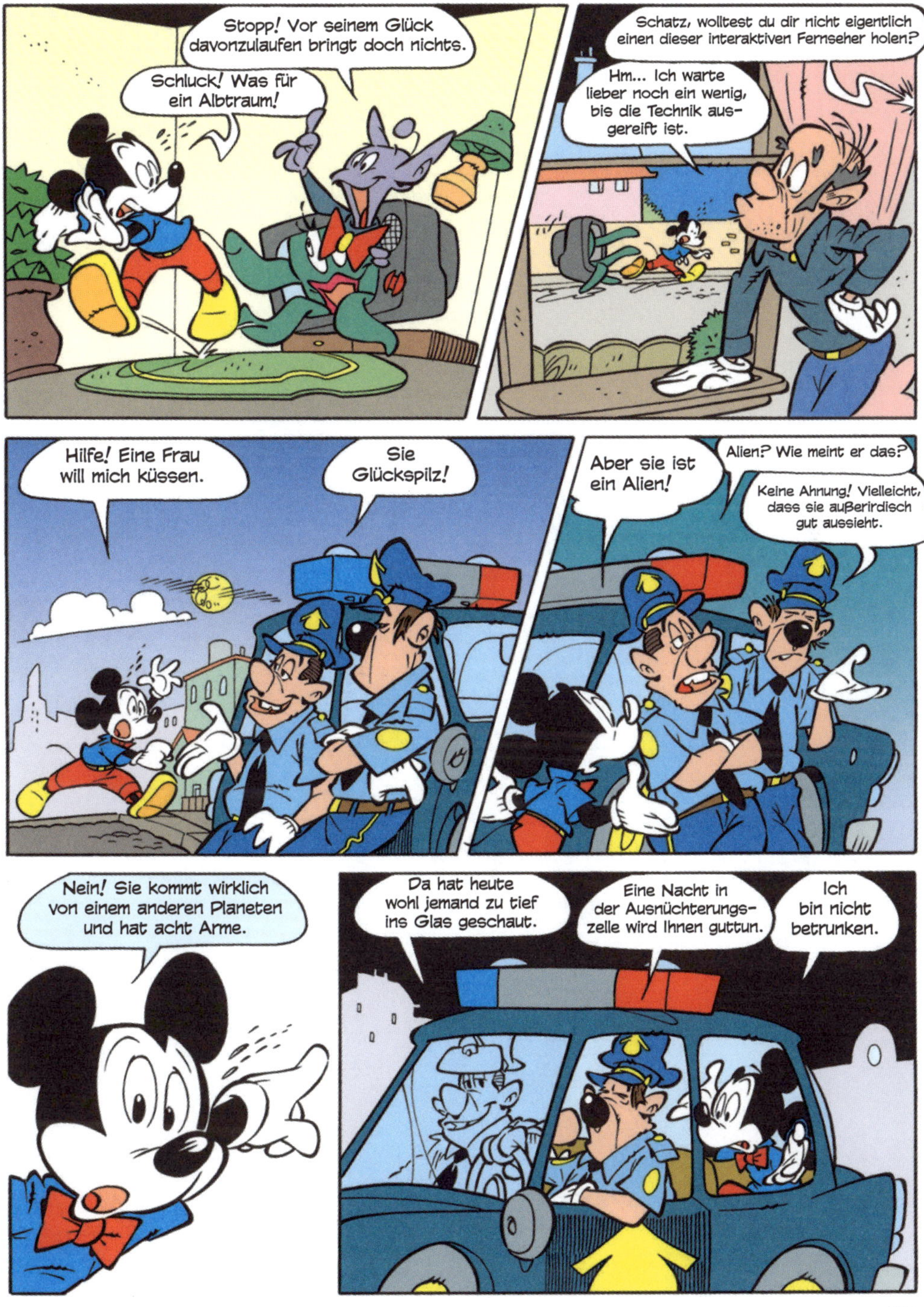
Stopp! Vor seinem Glück davonzulaufen bringt doch nichts.
Schluck! Was für ein Albtraum!
Schatz, wolltest du dir nicht eigentlich einen dieser interaktiven Fernseher holen?
Hm... Ich warte lieber noch ein wenig, bis die Technik ausgereift ist.
Hilfe! Eine Frau will mich küssen.
Sie Glückspilz!
Aber sie ist ein Alien!
Alien? Wie meint er das?
Keine Ahnung! Vielleicht, dass sie außerirdisch gut aussieht.
Nein! Sie kommt wirklich von einem anderen Planeten und hat acht Arme.
Da hat heute wohl jemand zu tief ins Glas geschaut.
Eine Nacht in der Ausnüchterungszelle wird Ihnen guttun.
Ich bin nicht betrunken.

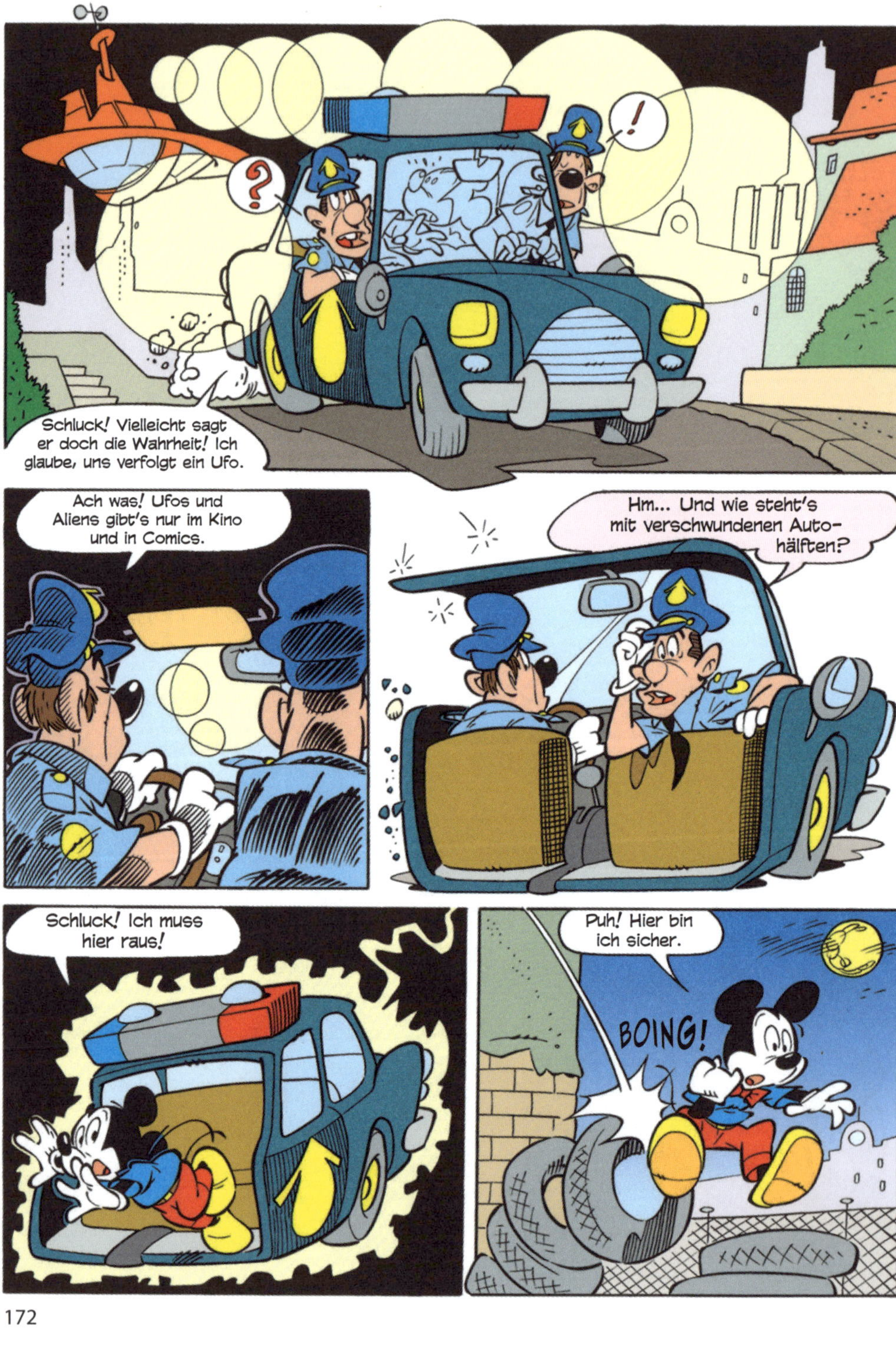
?
!
Schluck! Vielleicht sagt er doch die Wahrheit! Ich glaube, uns verfolgt ein Ufo.
Ach was! Ufos und Aliens gibt's nur im Kino und in Comics.
Hm... Und wie steht's mit verschwundenen Autohälften?
Schluck! Ich muss hier raus!
Puh! Hier bin ich sicher.
BOING!

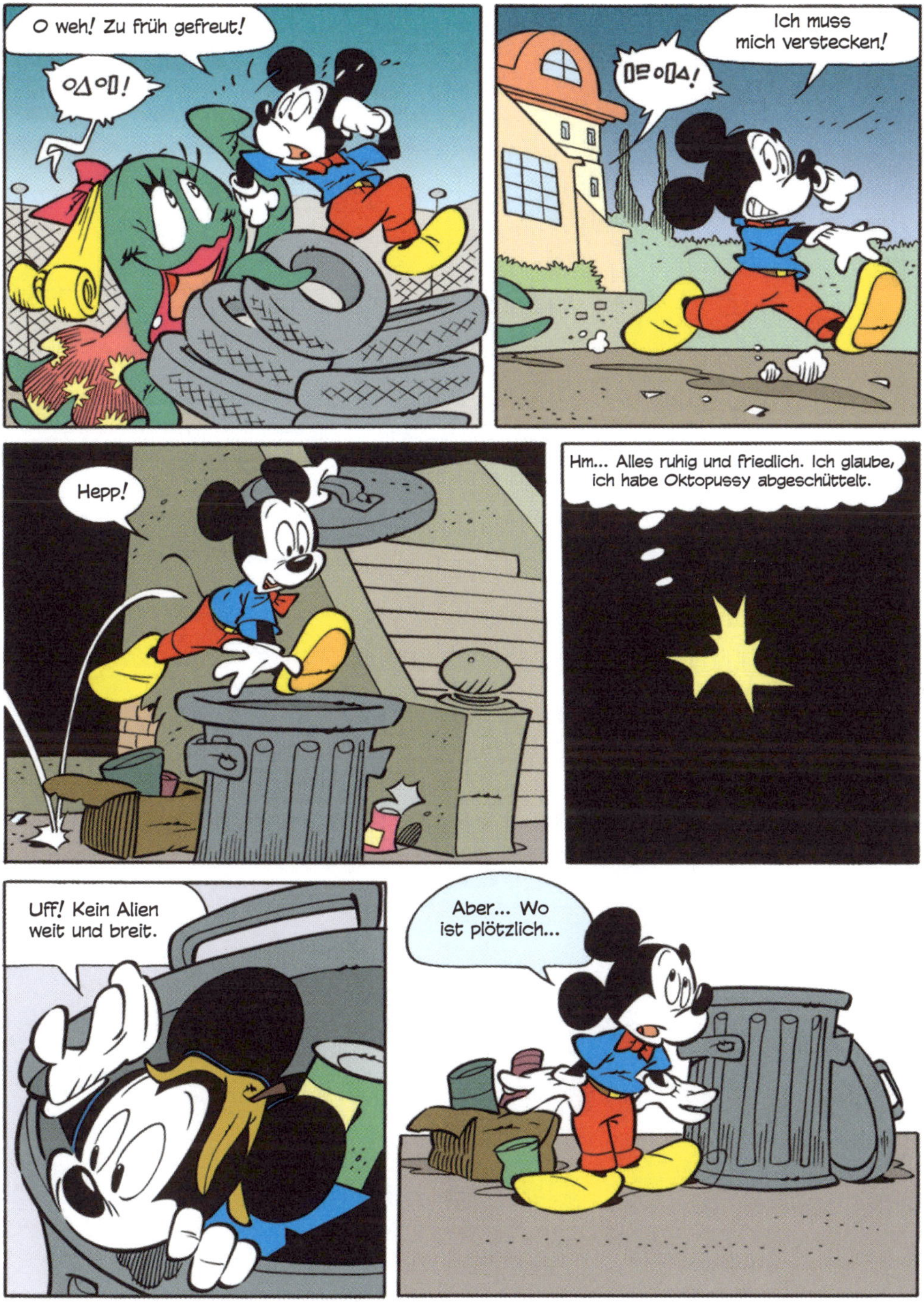
O weh! Zu früh gefreut!
Ich muss mich verstecken!
Hepp!
Hm... Alles ruhig und friedlich. Ich glaube, ich habe Oktopussy abgeschüttelt.
Uff! Kein Alien weit und breit.
Aber... Wo ist plötzlich...

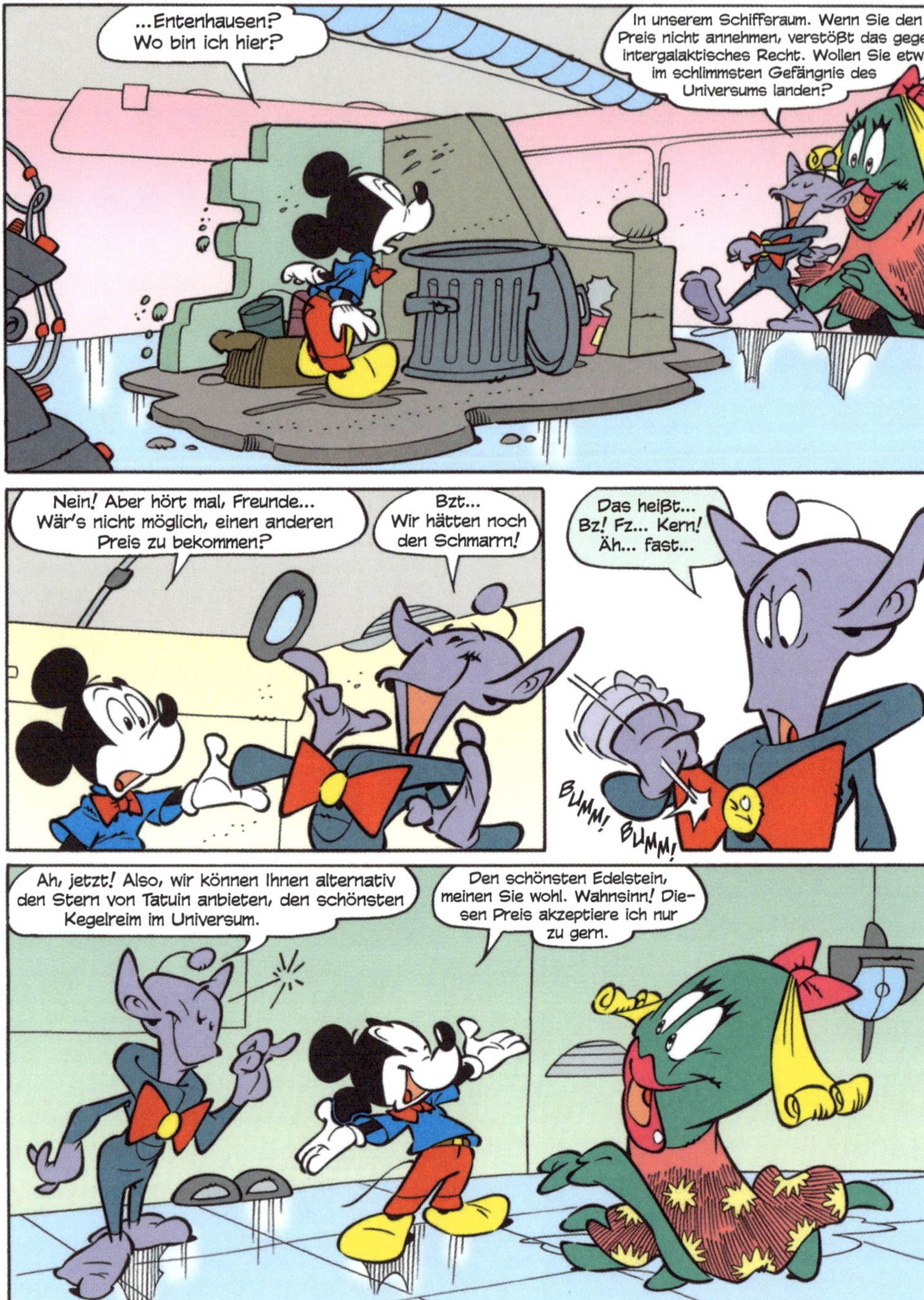
...Entenhausen? Wo bin ich hier?
In unserem Schiffsraum. Wenn Sie den Preis nicht annehmen, verstößt das gegen intergalaktisches Recht. Wollen Sie etwa im schlimmsten Gefängnis des Universums landen?
Nein! Aber hört mal, Freunde... Wär's nicht möglich, einen anderen Preis zu bekommen?
Bzt... Wir hätten noch den Schmarrn!
Das heißt... Bz! Fz... Kern! Äh... fast...
BUMM! BUMM!
Ah, jetzt! Also, wir können Ihnen alternativ den Stern von Tatuin anbieten, den schönsten Kegelreim im Universum.
Den schönsten Edelstein, meinen Sie wohl. Wahnsinn! Diesen Preis akzeptiere ich nur zu gern.

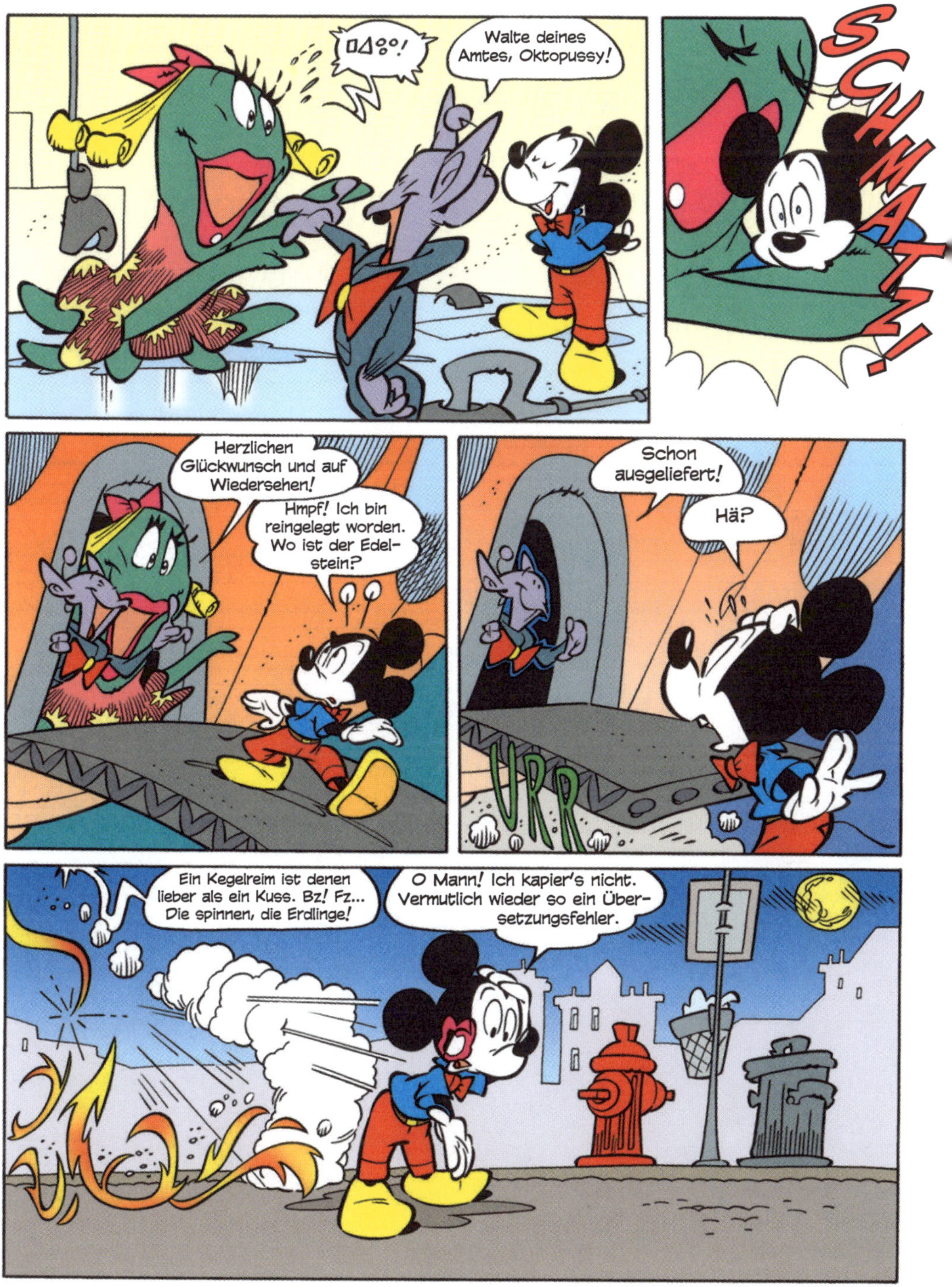

!
Walte deines Amtes, Oktopussy!
SCHMATZ!
Herzlichen Glückwunsch und auf Wiedersehen!
Hmpf! Ich bin reingelegt worden. Wo ist der Edelstein?
Schon ausgeliefert!
Hä?
URR
Ein Kegelreim ist denen lieber als ein Kuss. Bz! Fz... Die spinnen, die Erdlinge!
O Mann! Ich kapier's nicht. Vermutlich wieder so ein Übersetzungsfehler.

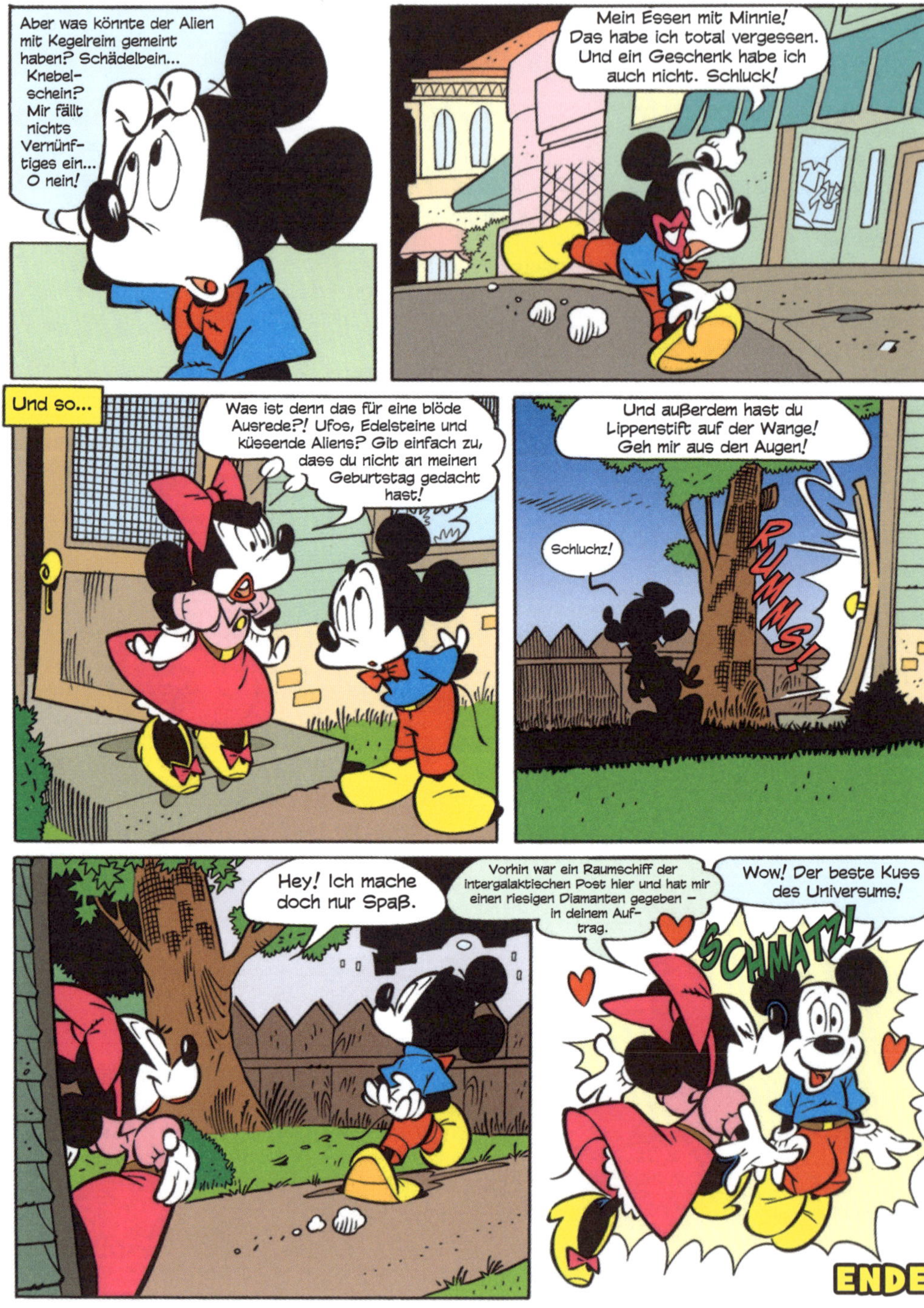
Aber was könnte der Alien mit Kegelreim gemeint haben? Schädelbein... Knebel-schein? Mir fällt nichts Vernünftiges ein... O nein!
Mein Essen mit Minnie! Das habe ich total vergessen. Und ein Geschenk habe ich auch nicht. Schluck!
Und so...
Was ist denn das für eine blöde Ausrede?! Ufos, Edelsteine und küssende Aliens? Gib einfach zu, dass du nicht an meinen Geburtstag gedacht hast!
Und außerdem hast du Lippenstift auf der Wange! Geh mir aus den Augen!
Schluchz!
RUMMS!
Hey! Ich mache doch nur Spaß.
Vorhin war ein Raumschiff der intergalaktischen Post hier und hat mir einen riesigen Diamanten gegeben – in deinem Auf-trag.
Wow! Der beste Kuss des Universums!
SCHMATZ!
ENDE

4 Mit Tieren sprechen

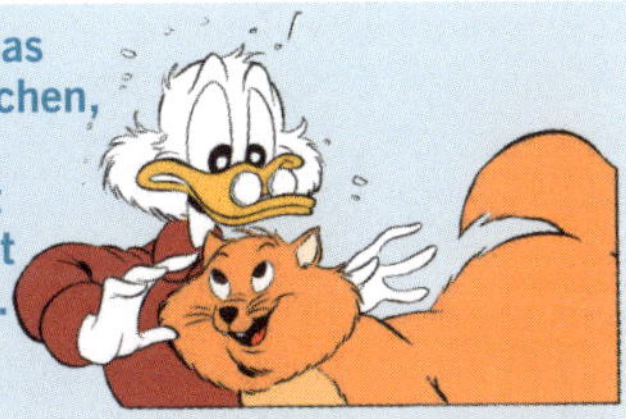

Könnte das Tier sprechen, müsste Dagobert sich nicht wundern.

Wie bereits erwähnt, fällt es uns weltgewandten Entenhausenern nicht sonderlich schwer, neue Sprachen zu erlernen – reisen wir doch gerne und häufig in aller Herren Länder. Eine Sprache ist aber selbst für uns immer noch ein Buch mit sieben Siegeln: die der Tiere. Dabei sind wir jederzeit von tierischen Lauten umgeben. Denken Sie nur an den Hahn, der morgens kräht, an die Vögel, die tagsüber zwitschern, oder an die Wildschweine, die nachts durch unsere Vorgärten grunzen! Wenn Sie genau hinhören, vernehmen Sie überall und pausenlos ein Brummen, Krächzen und Zirpen. Zwar sprechen Katzen, Kühe und all die anderen Tiere ganz offensichtlich nicht unsere Sprache, aber sie verständigen sich. Mithilfe von Lauten, Düften, Aussehen, Körperhaltung – und sogar elektrischen Signalen – teilen sie sich einander mit. Die Frage ist: Worüber sprechen sie?

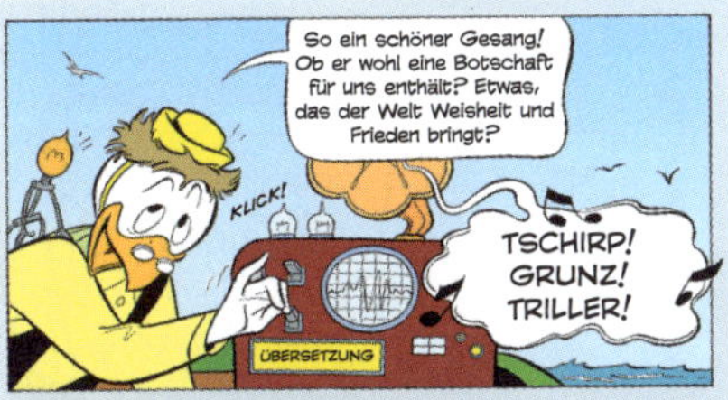

Daniel Düsentrieb erforscht den Gesang der Wale.

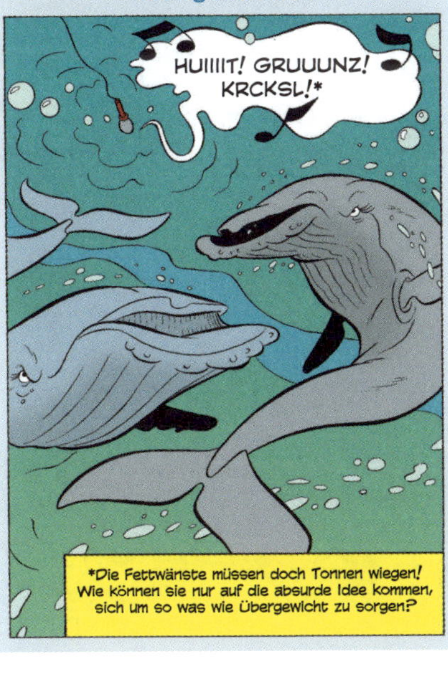

Die Wissenschaft hat in diesem Bereich schon gewaltige Fortschritte gemacht. Und trotzdem bergen der Tanz der Honigbienen, die Gesänge der Wale oder das Pupsen der Heringe für uns noch immer große Geheimnisse. So können wir derzeit nur sagen, dass Tanzen, Singen und Pupsen zwar der Kommunikation dienen, wir deren Inhalt aber nicht voll und ganz entschlüsseln können. So muss man leider festhalten: Wir sind noch sehr weit davon entfernt, mit Tieren ein direktes Gespräch zu führen. Wir erhalten auf die Frage „Wie geht es dir, Miezi?" keine Antwort. Dabei wäre es durchaus sehr hilfreich zu erfahren, was unseren geliebten Vierbeinern den ganzen Tag durch den Kopf geht, was sie bewegt und was sie berührt. Oder interessiert es Sie nicht, was Ihre Katze denkt? Oder was Ihr Hund davon hält, das hundertste Stöckchen zu holen?

Liebe Leserinnen und Leser, wenn man diese Gedanken fortsetzt, so stellt man fest, dass uns die Kommunikation mit der Tierwelt etliche Fortschritte bringen könnte. Der sechste Sinn der Tiere könnte uns vor Naturkatastrophen warnen. Detaillierte und umfangreiche Informationen aus Regionen unserer Welt, an die wir Entenhausener nur schwer herankommen, könnten uns von Vögeln, Fischen oder Insekten übermittelt werden. Und Wissen über die Vergangenheit könnten uns die jahrhundertealten Schildkröten weitergeben, ohne dass wir dafür quer durch die Zeit reisen müssten. Mit den folgenden Bildgeschichten will das *Ducktionary* darum einen kleinen, aber durchaus nützlichen Einblick in die Sprach- und Denkwelt der Tiere geben. Auf dass wir unsere summenden, krächzenden und trötenden Freunde nach der Lektüre ein kleines bisschen besser verstehen mögen.

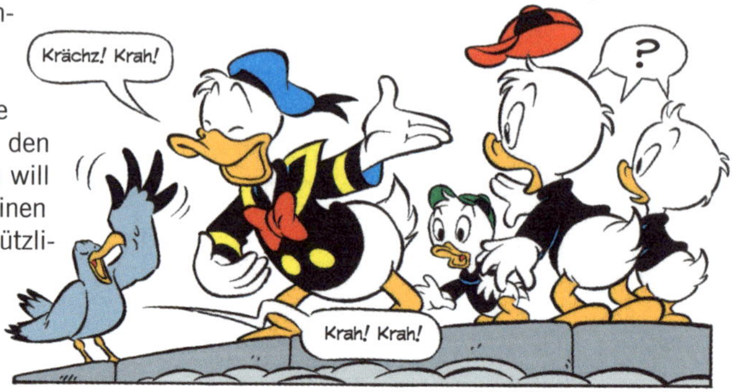

Fischspion, der

['f ɪ ʃ ʃ p j ɔ n] *m*

Eine Art Dolmetschroboter, der die Sprache der Fische versteht. Er wurde im Auftrag von Dagobert Duck von dem weltberühmten Ingenieur Daniel Düsentrieb erfunden und gebaut. Geschäftsmann Duck will damit aus sicherer Quelle erfahren, ob es im Fluss Gold gibt. Das Gerät sieht aus wie ein überdimensionaler Fisch, der an einer Leine ins Wasser gelassen wird. Im Inneren befindet sich ein Aufnahmegerät, das Impulse unter Wasser aufzeichnet. Anfängliche Probleme konnten behoben werden. Erste Tests verliefen erfolgreich. Das Gerät funktioniert einwandfrei.

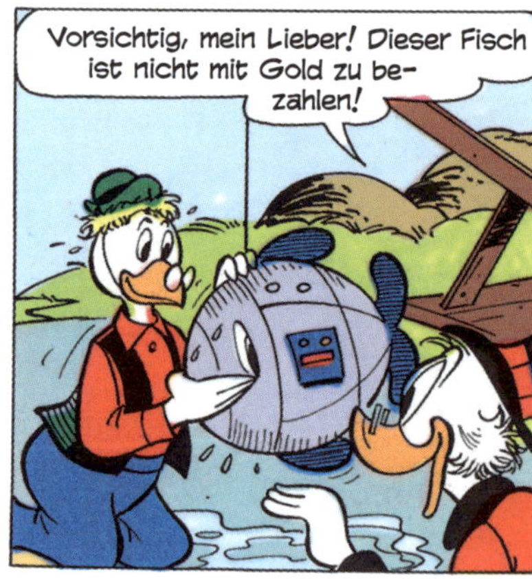

Tierübersetzer, der

['t iː ə r yː b ɐ z ɛ ts ɐ] *m*

Tierübersetzer, der die Sprachbarriere zwischen Mensch und Tier überwindet. Leider wurde das Gerät von seinem Erfinder Daniel Düsentrieb nach aussichtsreicher Testphase vernichtet. Somit wird es uns auch weiterhin unmöglich sein zu erfahren, was Tiere denken. Glaubt man Daniel Düsentrieb, ist das wahrscheinlich auch besser so.

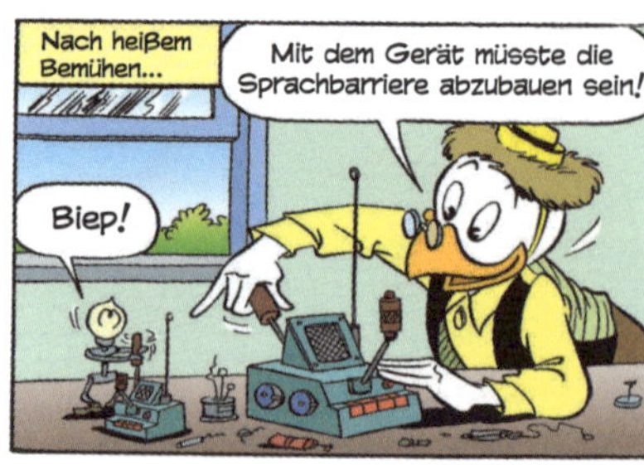

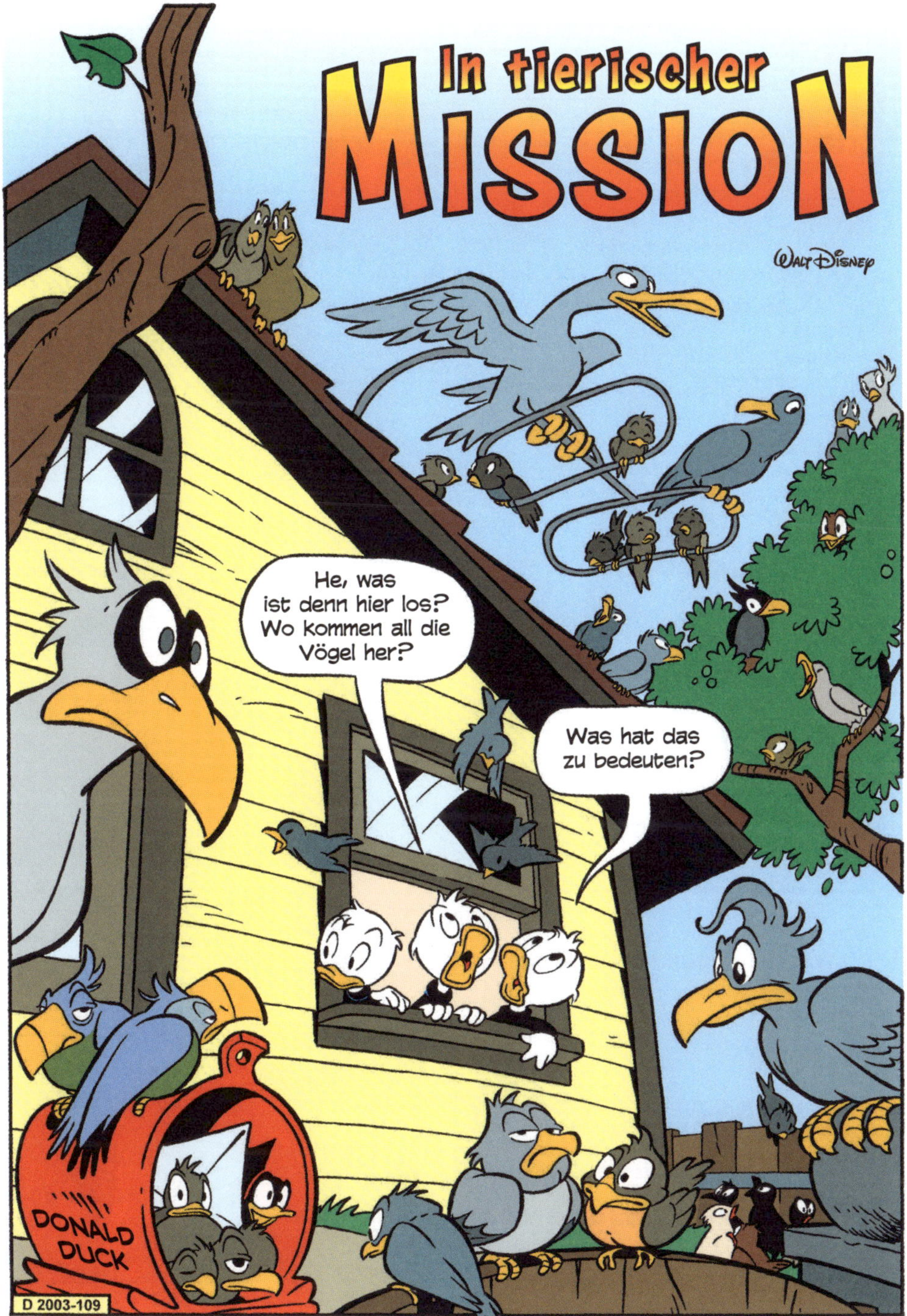
In tierischer
MISSION
WALT DISNEY
He, was ist denn hier los? Wo kommen all die Vögel her?
Was hat das zu bedeuten?
DONALD DUCK
D 2003-109

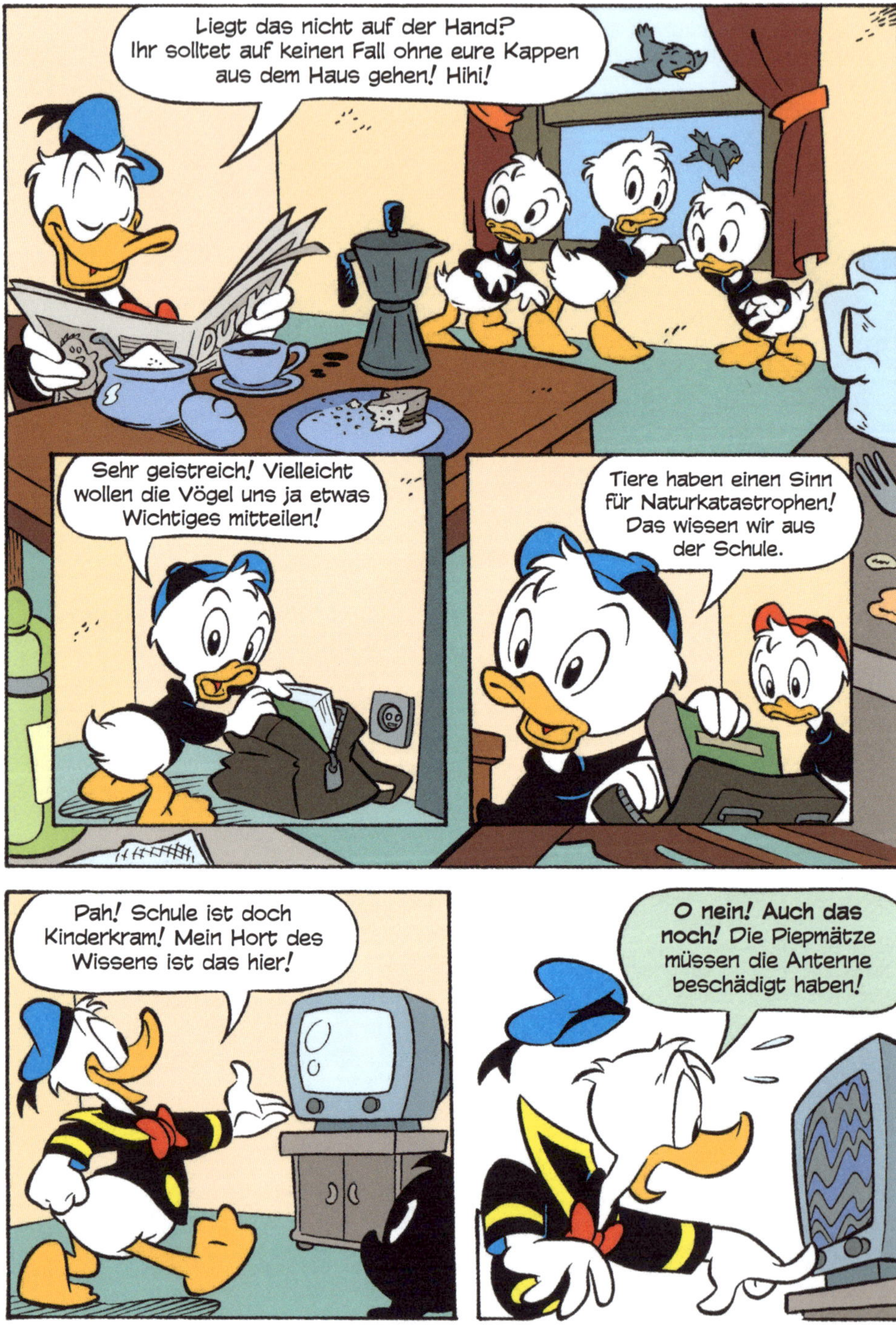
Liegt das nicht auf der Hand? Ihr solltet auf keinen Fall ohne eure Kappen aus dem Haus gehen! Hihi!
Sehr geistreich! Vielleicht wollen die Vögel uns ja etwas Wichtiges mitteilen!
Tiere haben einen Sinn für Naturkatastrophen! Das wissen wir aus der Schule.
Pah! Schule ist doch Kinderkram! Mein Hort des Wissens ist das hier!
O nein! Auch das noch! Die Piepmätze müssen die Antenne beschädigt haben!

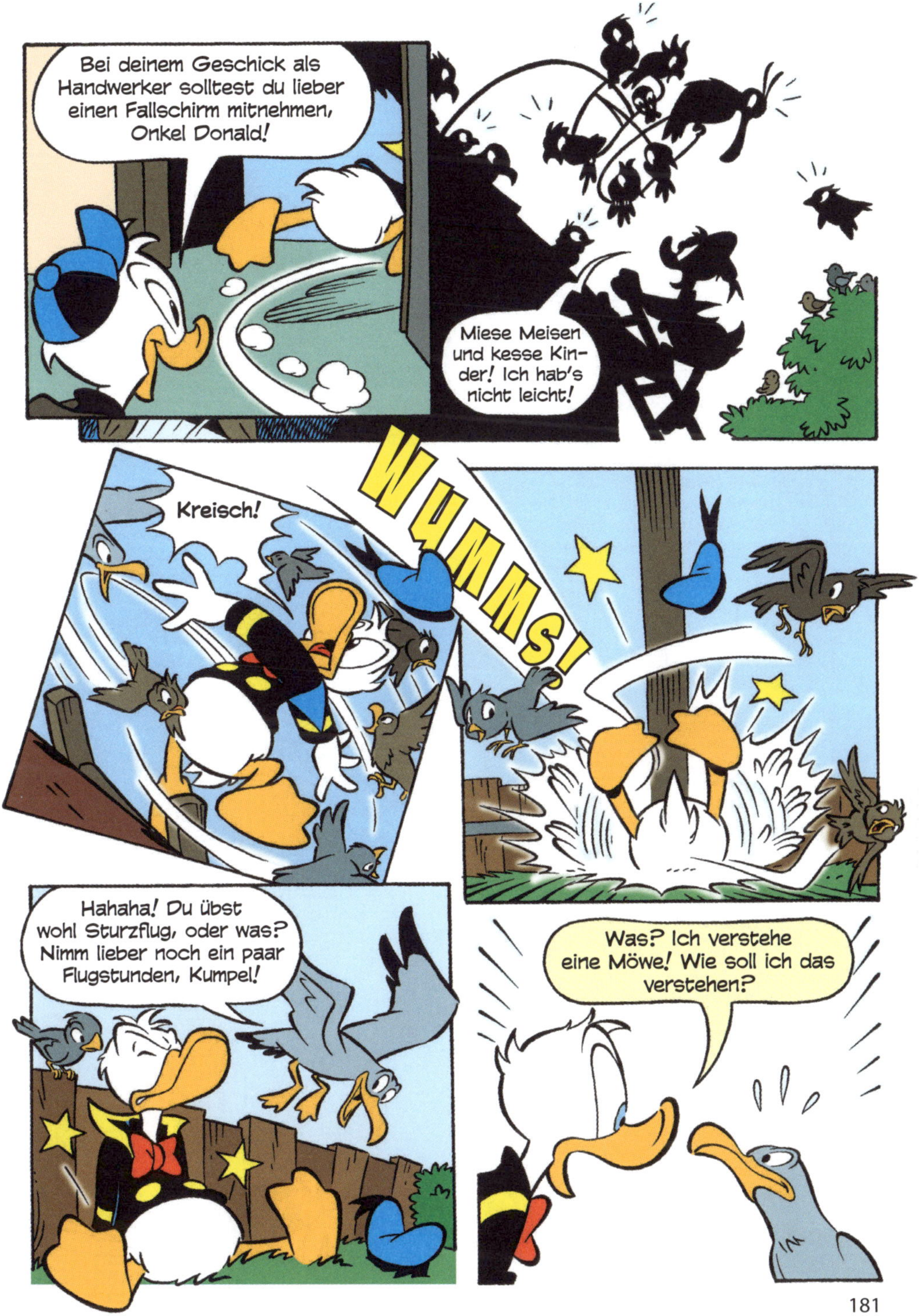
Bei deinem Geschick als Handwerker solltest du lieber einen Fallschirm mitnehmen, Onkel Donald!
Miese Meisen und kesse Kinder! Ich hab's nicht leicht!
Kreisch!
WUMMS!
Hahaha! Du übst wohl Sturzflug, oder was? Nimm lieber noch ein paar Flugstunden, Kumpel!
Was? Ich verstehe eine Möwe! Wie soll ich das verstehen?

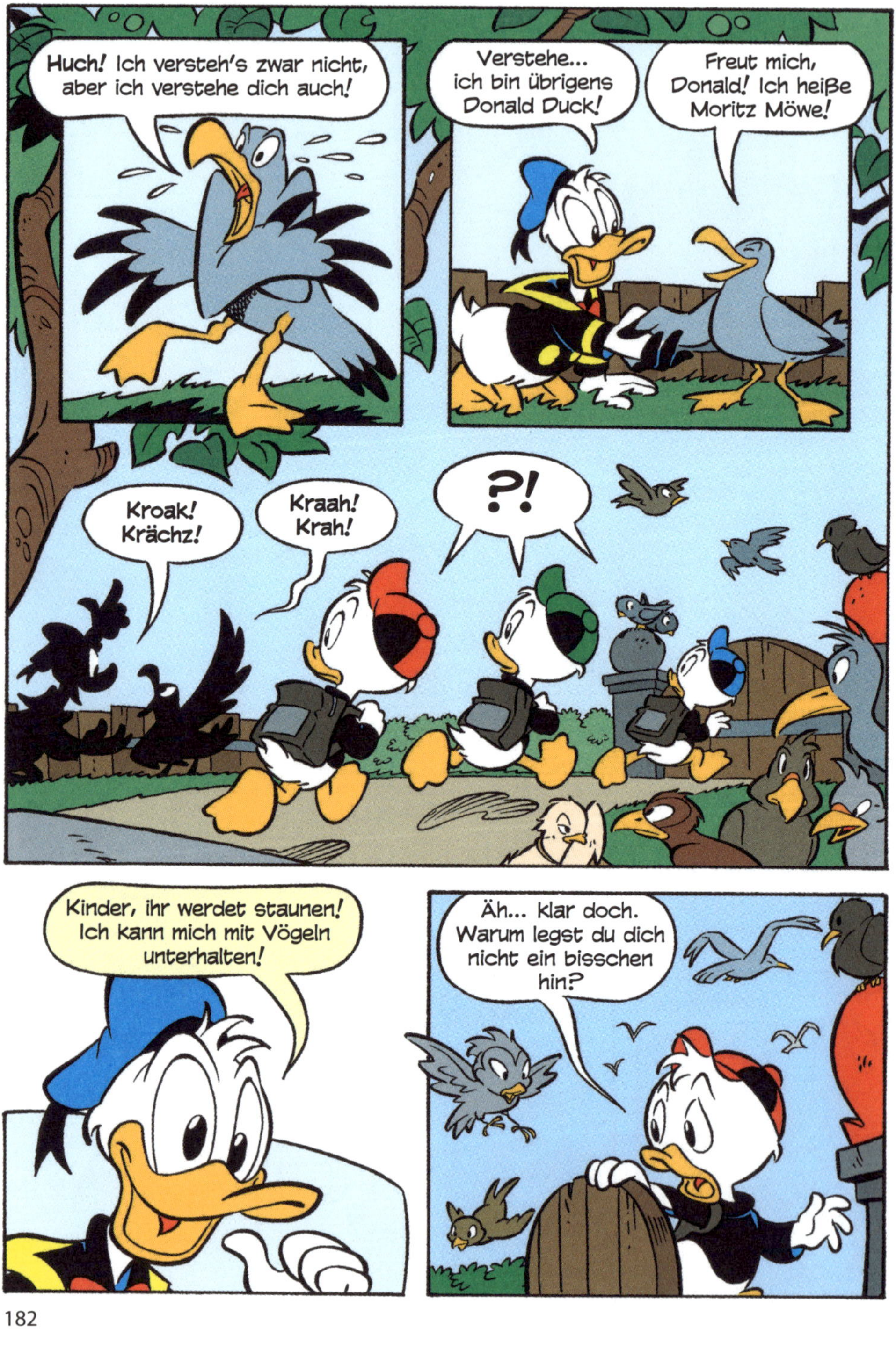

Huch! Ich versteh's zwar nicht, aber ich verstehe dich auch!
Verstehe... ich bin übrigens Donald Duck!
Freut mich, Donald! Ich heiße Moritz Möwe!
Kroak! Krächz!
Kraah! Krah!
?!
Kinder, ihr werdet staunen! Ich kann mich mit Vögeln unterhalten!
Äh... klar doch. Warum legst du dich nicht ein bisschen hin?

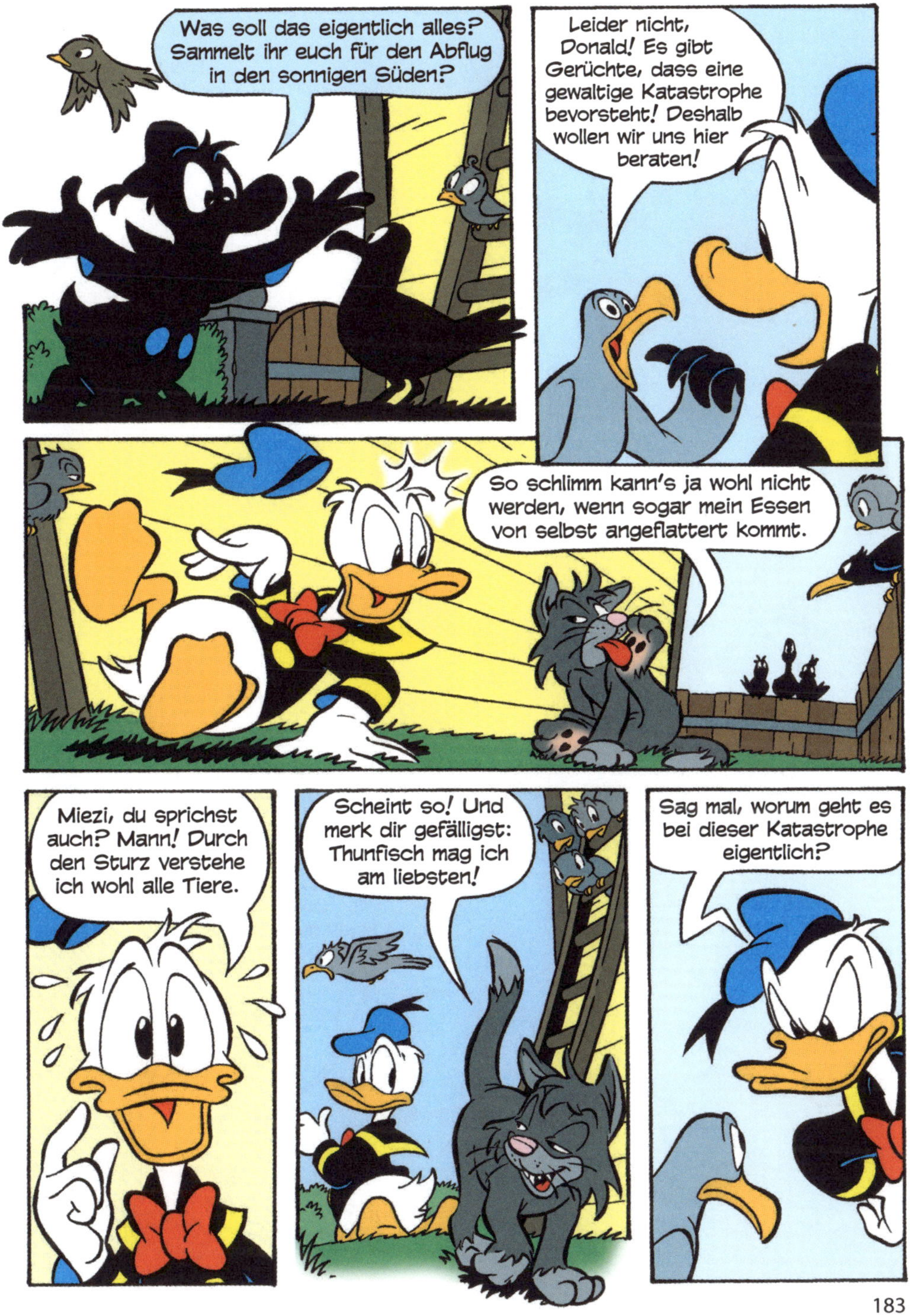

Was soll das eigentlich alles? Sammelt ihr euch für den Abflug in den sonnigen Süden?
Leider nicht, Donald! Es gibt Gerüchte, dass eine gewaltige Katastrophe bevorsteht! Deshalb wollen wir uns hier beraten!
So schlimm kann's ja wohl nicht werden, wenn sogar mein Essen von selbst angeflattert kommt.
Miezi, du sprichst auch? Mann! Durch den Sturz verstehe ich wohl alle Tiere.
Scheint so! Und merk dir gefälligst: Thunfisch mag ich am liebsten!
Sag mal, worum geht es bei dieser Katastrophe eigentlich?

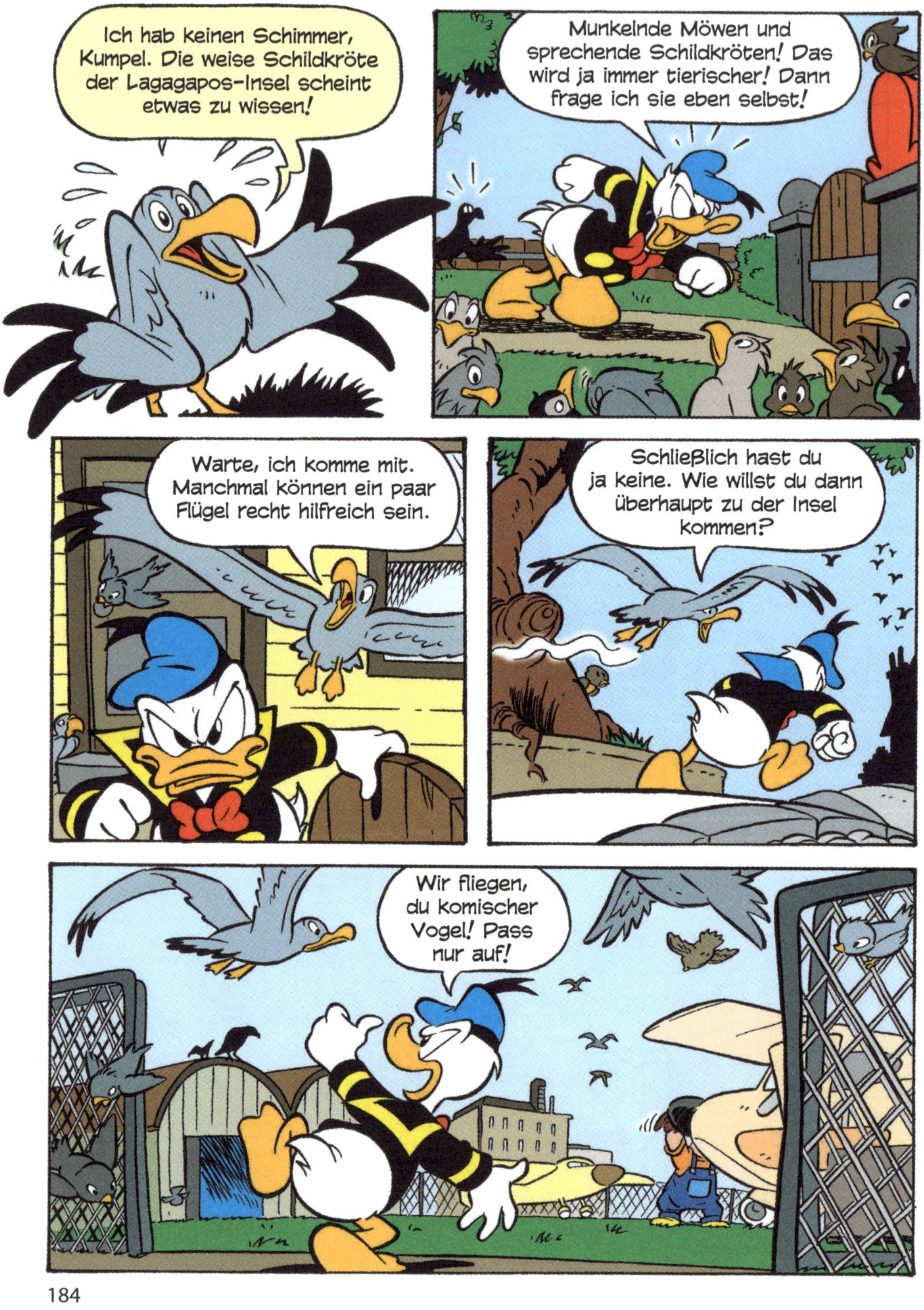

Ich hab keinen Schimmer, Kumpel. Die weise Schildkröte der Lagagapos-Insel scheint etwas zu wissen!
Munkelnde Möwen und sprechende Schildkröten! Das wird ja immer tierischer! Dann frage ich sie eben selbst!
Warte, ich komme mit. Manchmal können ein paar Flügel recht hilfreich sein.
Schließlich hast du ja keine. Wie willst du dann überhaupt zu der Insel kommen?
Wir fliegen, du komischer Vogel! Pass nur auf!

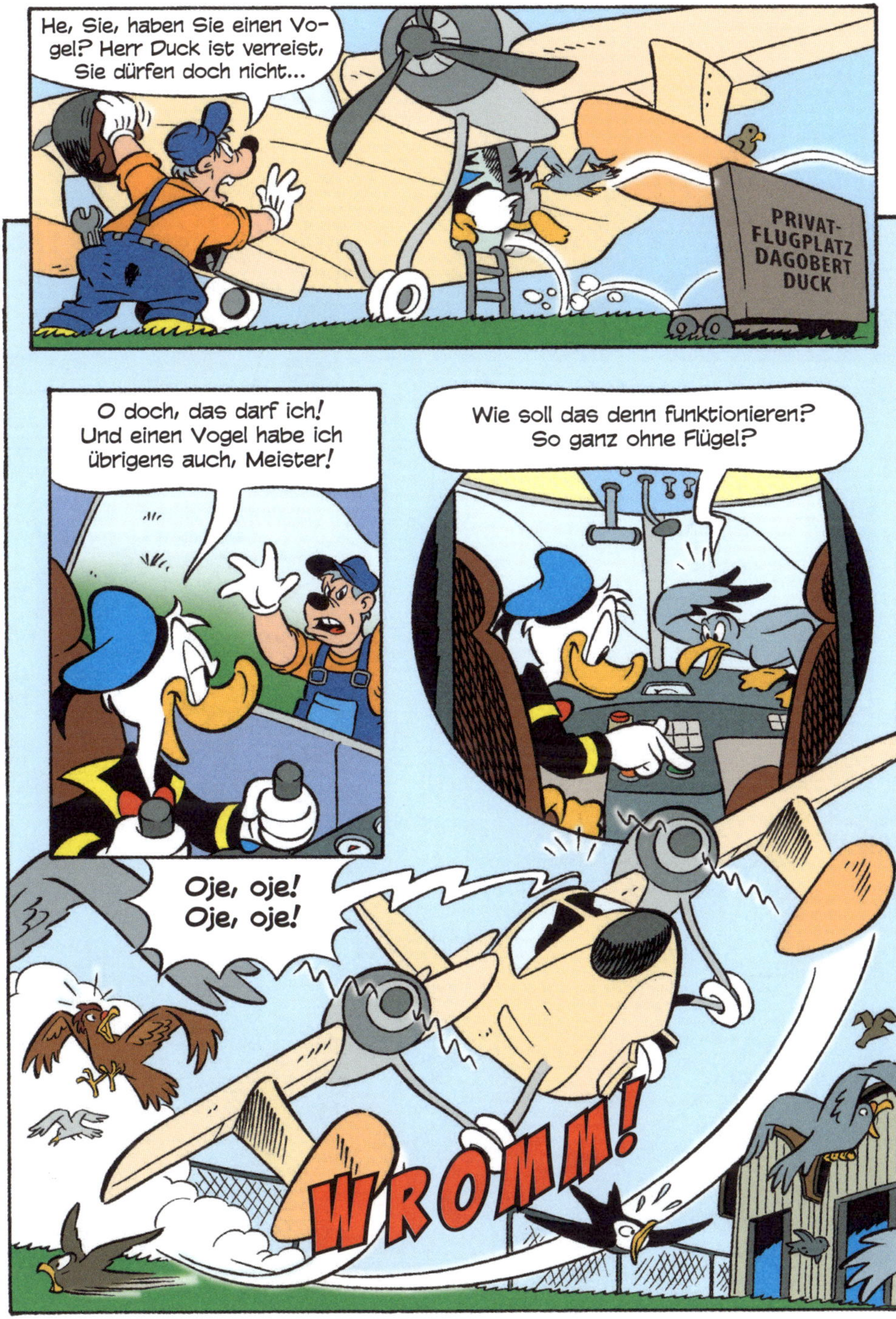
He, Sie, haben Sie einen Vogel? Herr Duck ist verreist, Sie dürfen doch nicht...
PRIVAT-FLUGPLATZ DAGOBERT DUCK
O doch, das darf ich! Und einen Vogel habe ich übrigens auch, Meister!
Wie soll das denn funktionieren? So ganz ohne Flügel?
Oje, oje! Oje, oje!
WROMM!

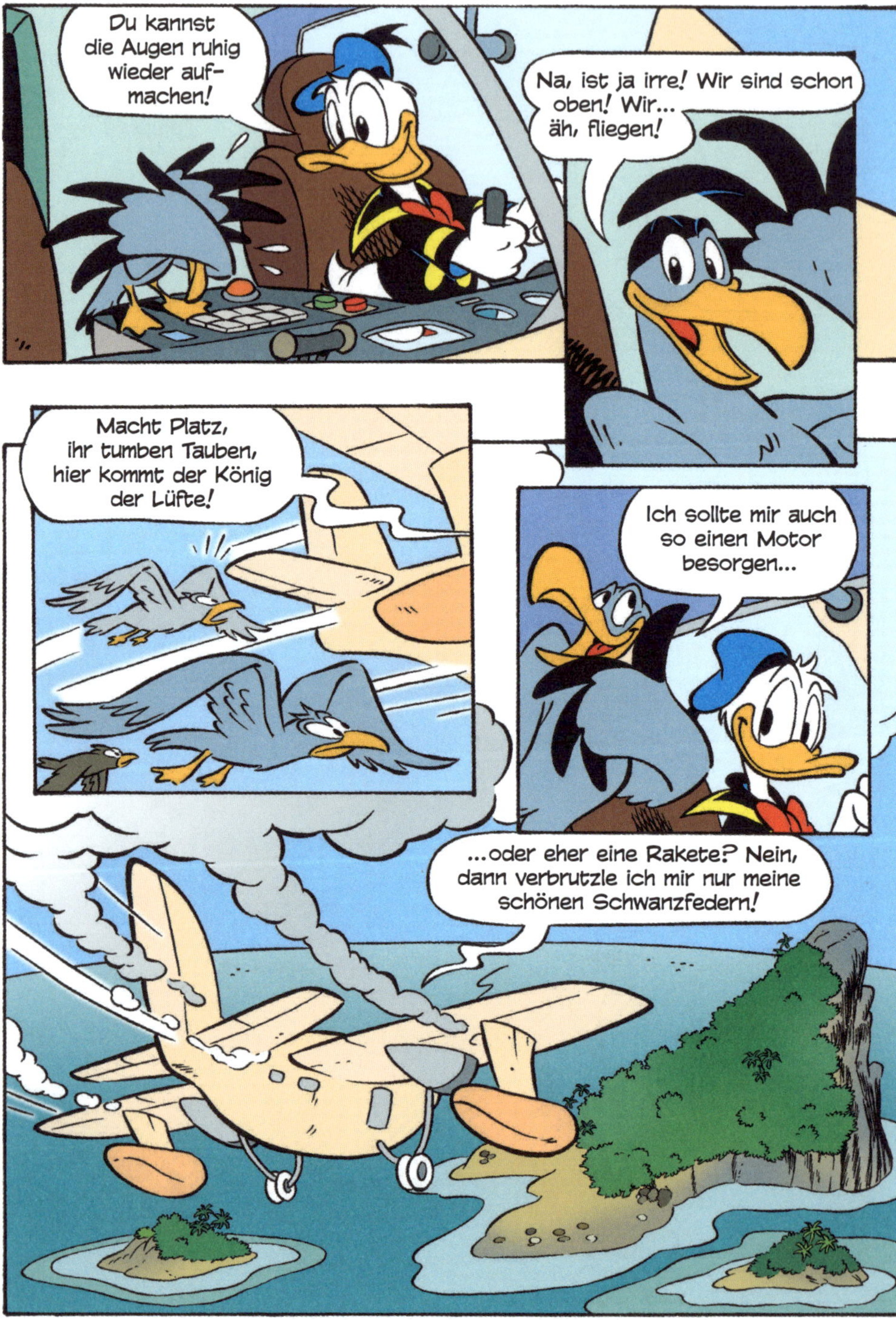
Du kannst die Augen ruhig wieder auf- machen!
Na, ist ja irre! Wir sind schon oben! Wir... äh, fliegen!
Macht Platz, ihr tumben Tauben, hier kommt der König der Lüfte!
Ich sollte mir auch so einen Motor besorgen...
...oder eher eine Rakete? Nein, dann verbrutzle ich mir nur meine schönen Schwanzfedern!

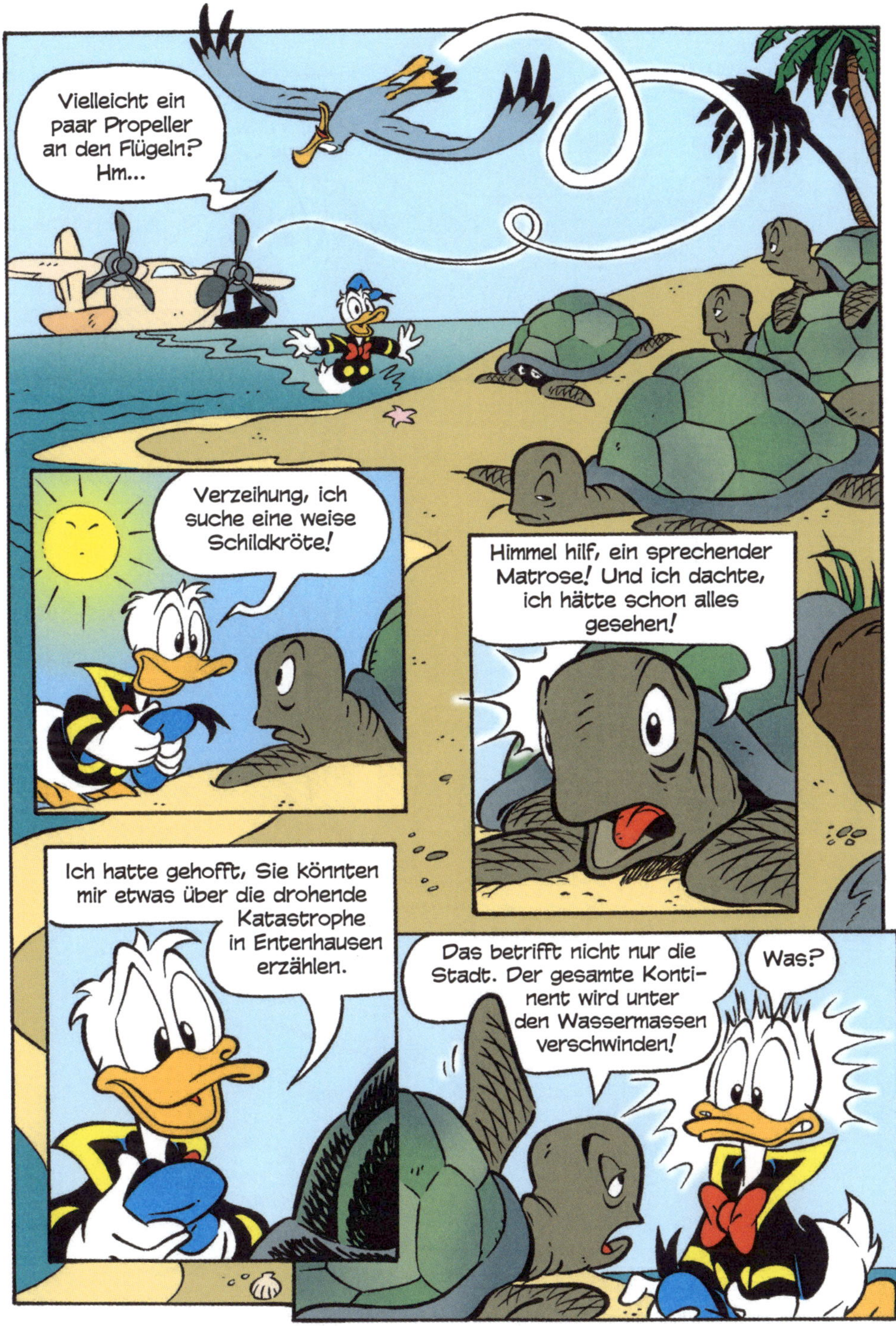
Vielleicht ein paar Propeller an den Flügeln? Hm...
Verzeihung, ich suche eine weise Schildkröte!
Himmel hilf, ein sprechender Matrose! Und ich dachte, ich hätte schon alles gesehen!
Ich hatte gehofft, Sie könnten mir etwas über die drohende Katastrophe in Entenhausen erzählen.
Das betrifft nicht nur die Stadt. Der gesamte Kontinent wird unter den Wassermassen verschwinden!
Was?

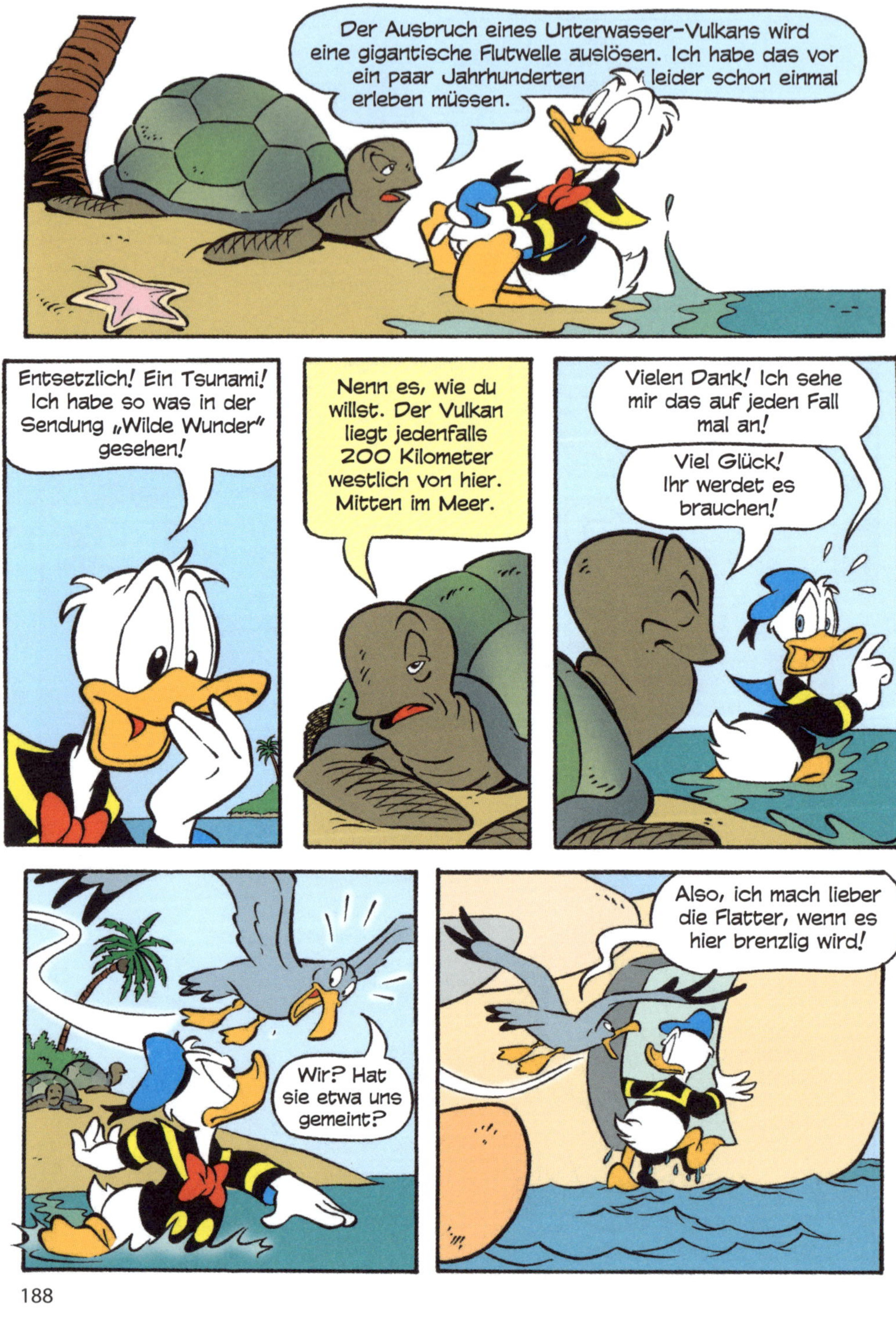
Der Ausbruch eines Unterwasser-Vulkans wird eine gigantische Flutwelle auslösen. Ich habe das vor ein paar Jahrhunderten leider schon einmal erleben müssen.
Entsetzlich! Ein Tsunami! Ich habe so was in der Sendung „Wilde Wunder" gesehen!
Nenn es, wie du willst. Der Vulkan liegt jedenfalls 200 Kilometer westlich von hier. Mitten im Meer.
Vielen Dank! Ich sehe mir das auf jeden Fall mal an!
Viel Glück! Ihr werdet es brauchen!
Wir? Hat sie etwa uns gemeint?
Also, ich mach lieber die Flatter, wenn es hier brenzlig wird!

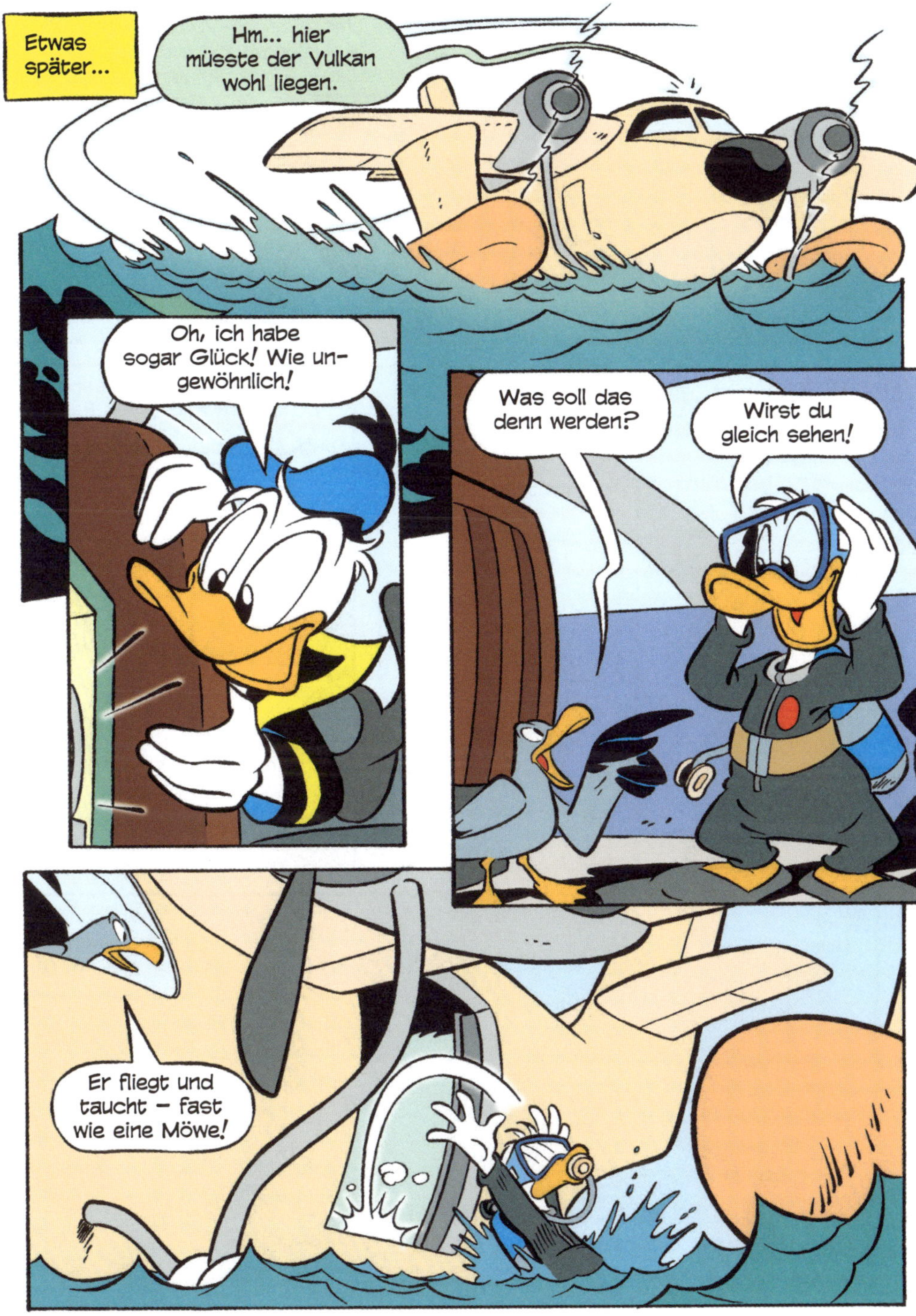
Etwas später...
Hm... hier müsste der Vulkan wohl liegen.
Oh, ich habe sogar Glück! Wie ungewöhnlich!
Was soll das denn werden?
Wirst du gleich sehen!
Er fliegt und taucht – fast wie eine Möwe!

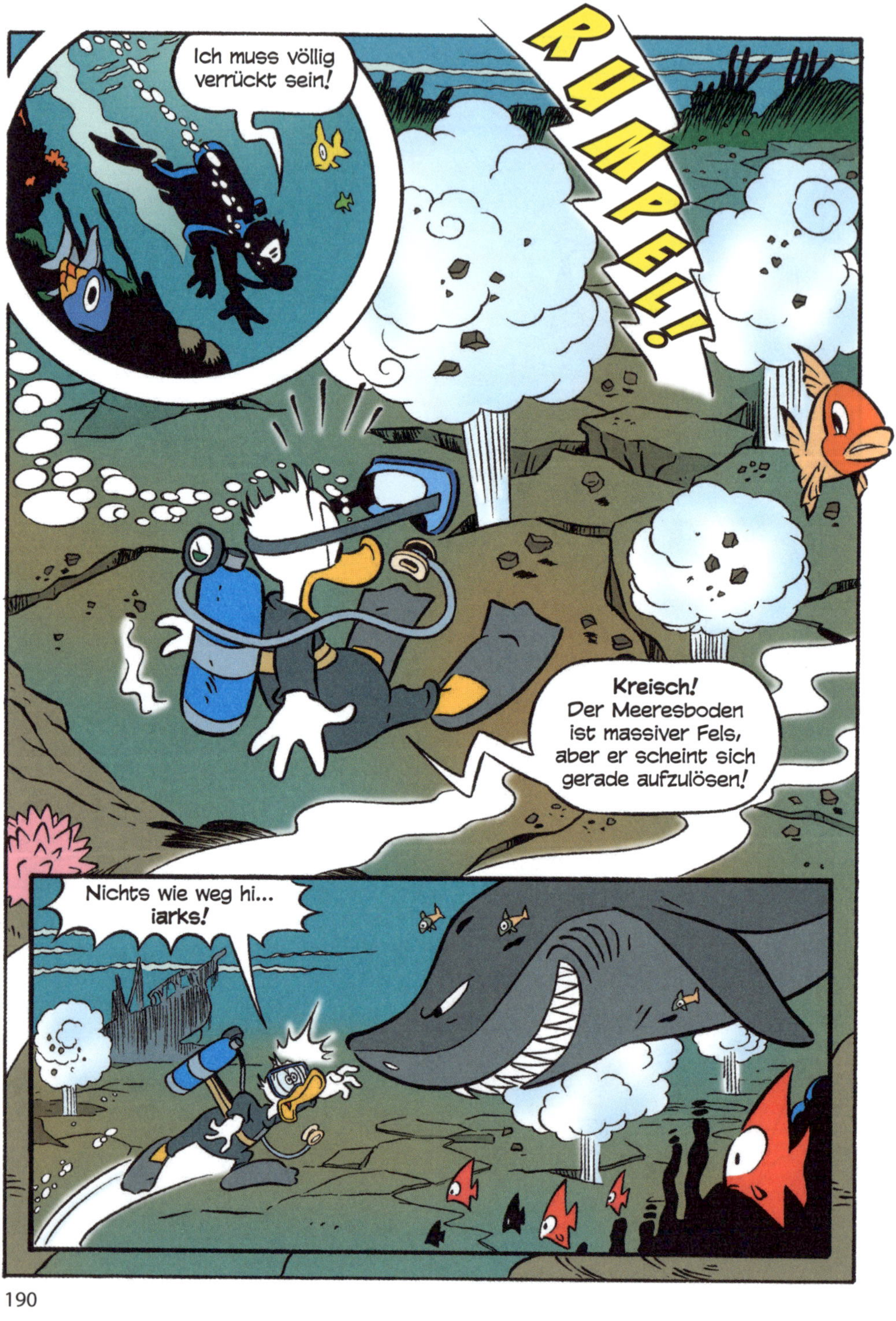
RUMPEL!
Ich muss völlig verrückt sein!
Kreisch! Der Meeresboden ist massiver Fels, aber er scheint sich gerade aufzulösen!
Nichts wie weg hi... iarks!

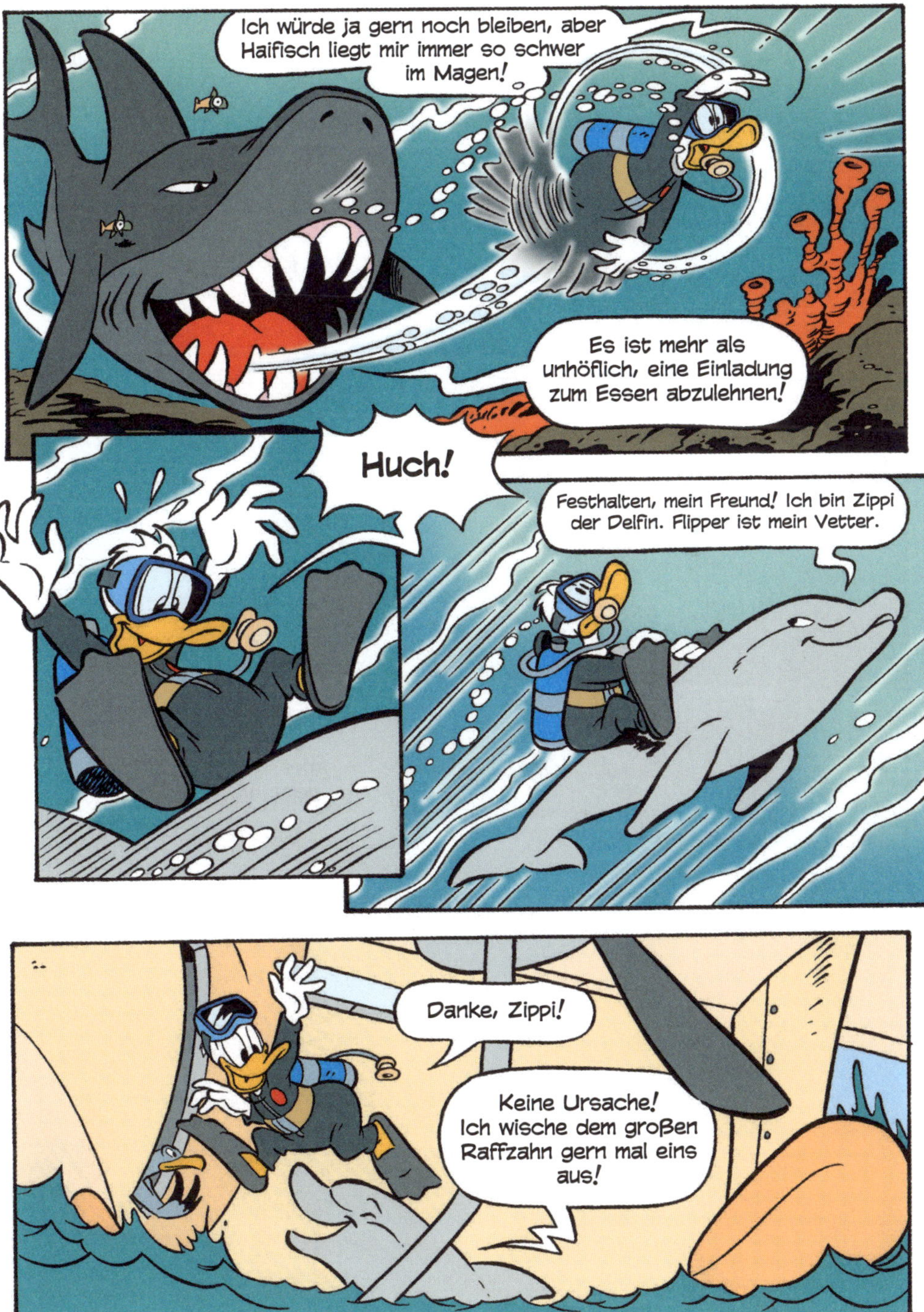
Ich würde ja gern noch bleiben, aber Haifisch liegt mir immer so schwer im Magen!
Es ist mehr als unhöflich, eine Einladung zum Essen abzulehnen!
Huch!
Festhalten, mein Freund! Ich bin Zippi der Delfin. Flipper ist mein Vetter.
Danke, Zippi!
Keine Ursache! Ich wische dem großen Raffzahn gern mal eins aus!

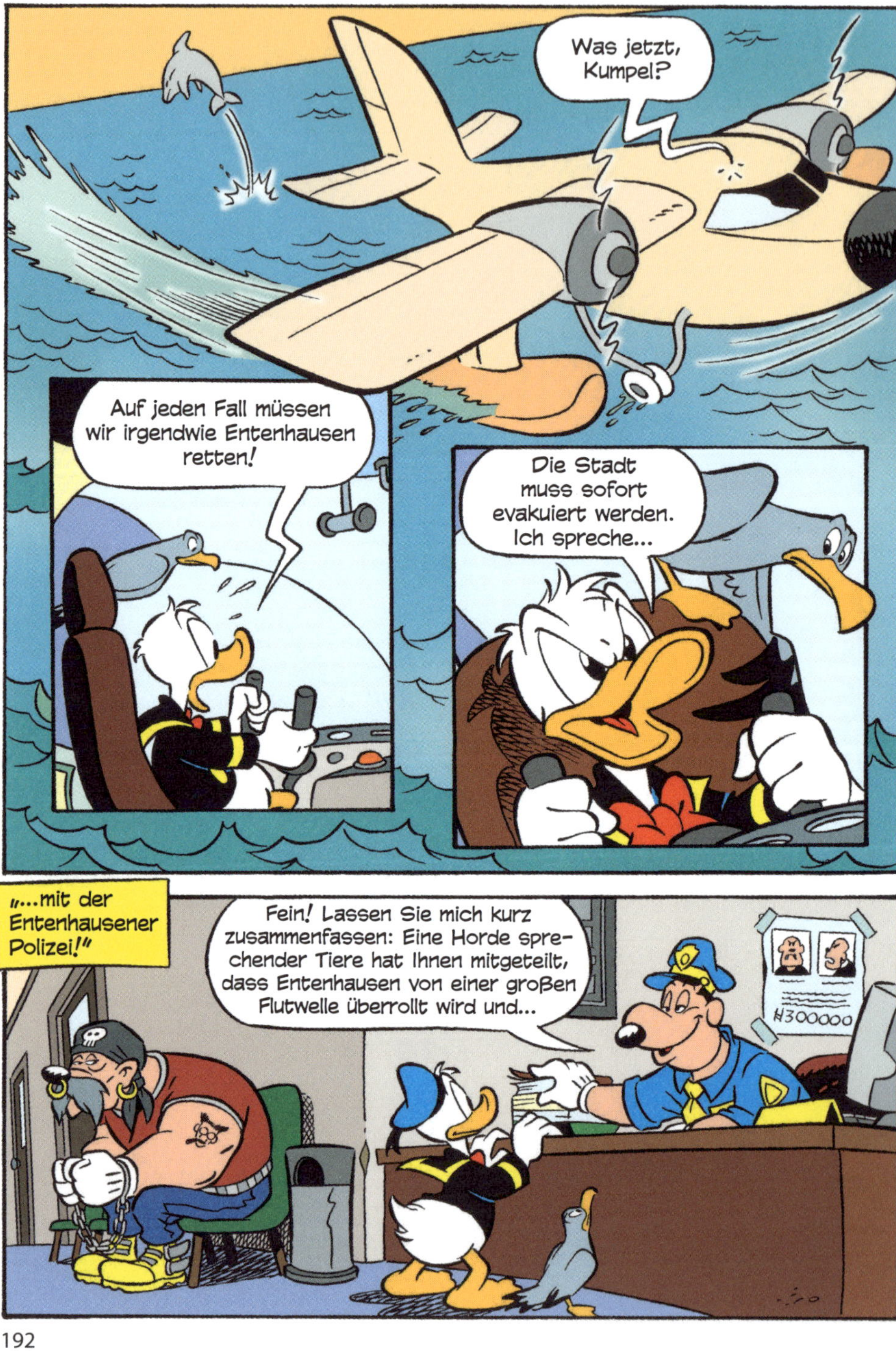
Was jetzt, Kumpel?
Auf jeden Fall müssen wir irgendwie Entenhausen retten!
Die Stadt muss sofort evakuiert werden. Ich spreche...
"...mit der Entenhausener Polizei!"
Fein! Lassen Sie mich kurz zusammenfassen: Eine Horde sprechender Tiere hat Ihnen mitgeteilt, dass Entenhausen von einer großen Flutwelle überrollt wird und...
Ŧ300000

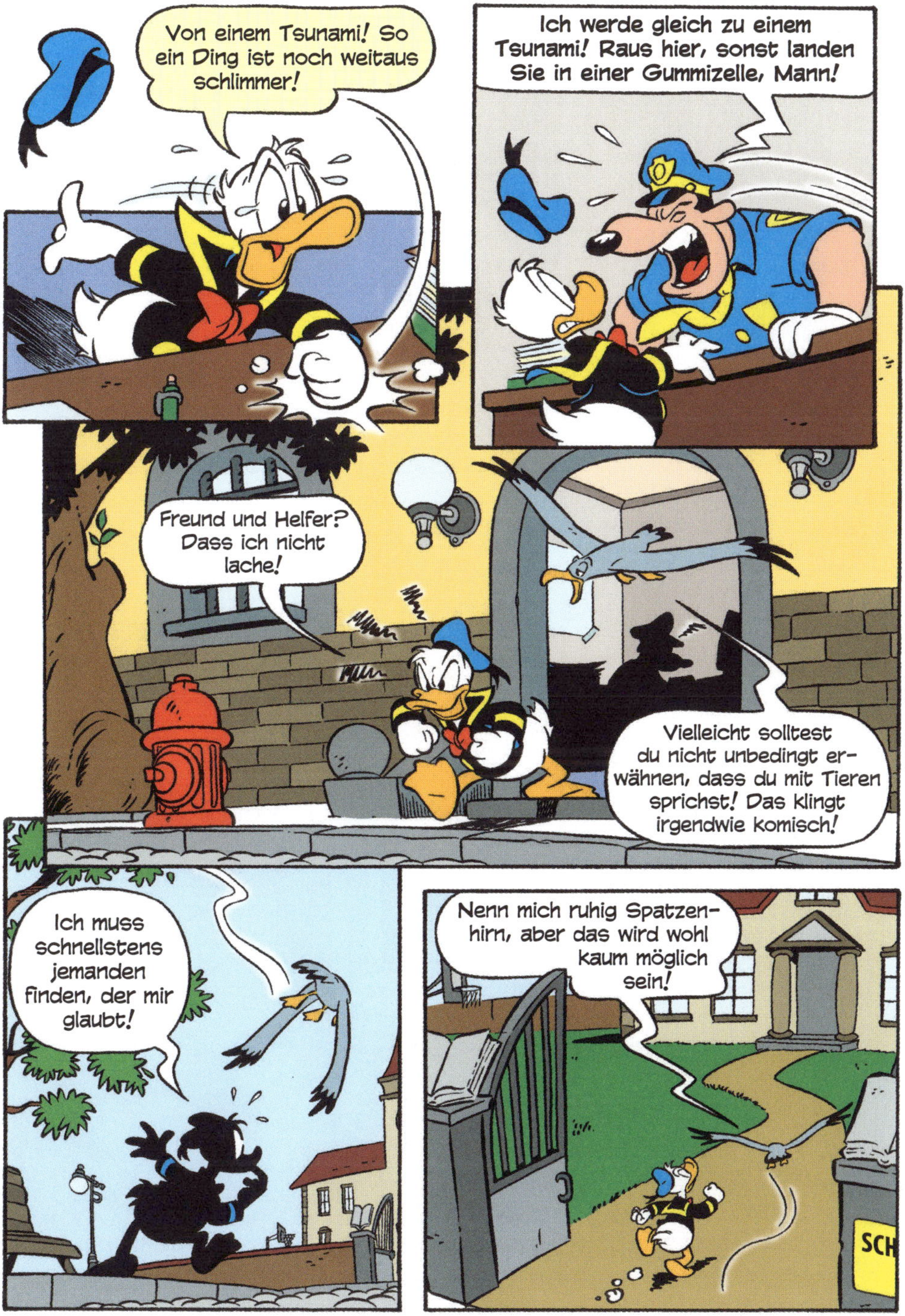
Von einem Tsunami! So ein Ding ist noch weitaus schlimmer!
Ich werde gleich zu einem Tsunami! Raus hier, sonst landen Sie in einer Gummizelle, Mann!
Freund und Helfer? Dass ich nicht lache!
Vielleicht solltest du nicht unbedingt erwähnen, dass du mit Tieren sprichst! Das klingt irgendwie komisch!
Ich muss schnellstens jemanden finden, der mir glaubt!
Nenn mich ruhig Spatzenhirn, aber das wird wohl kaum möglich sein!
SCH

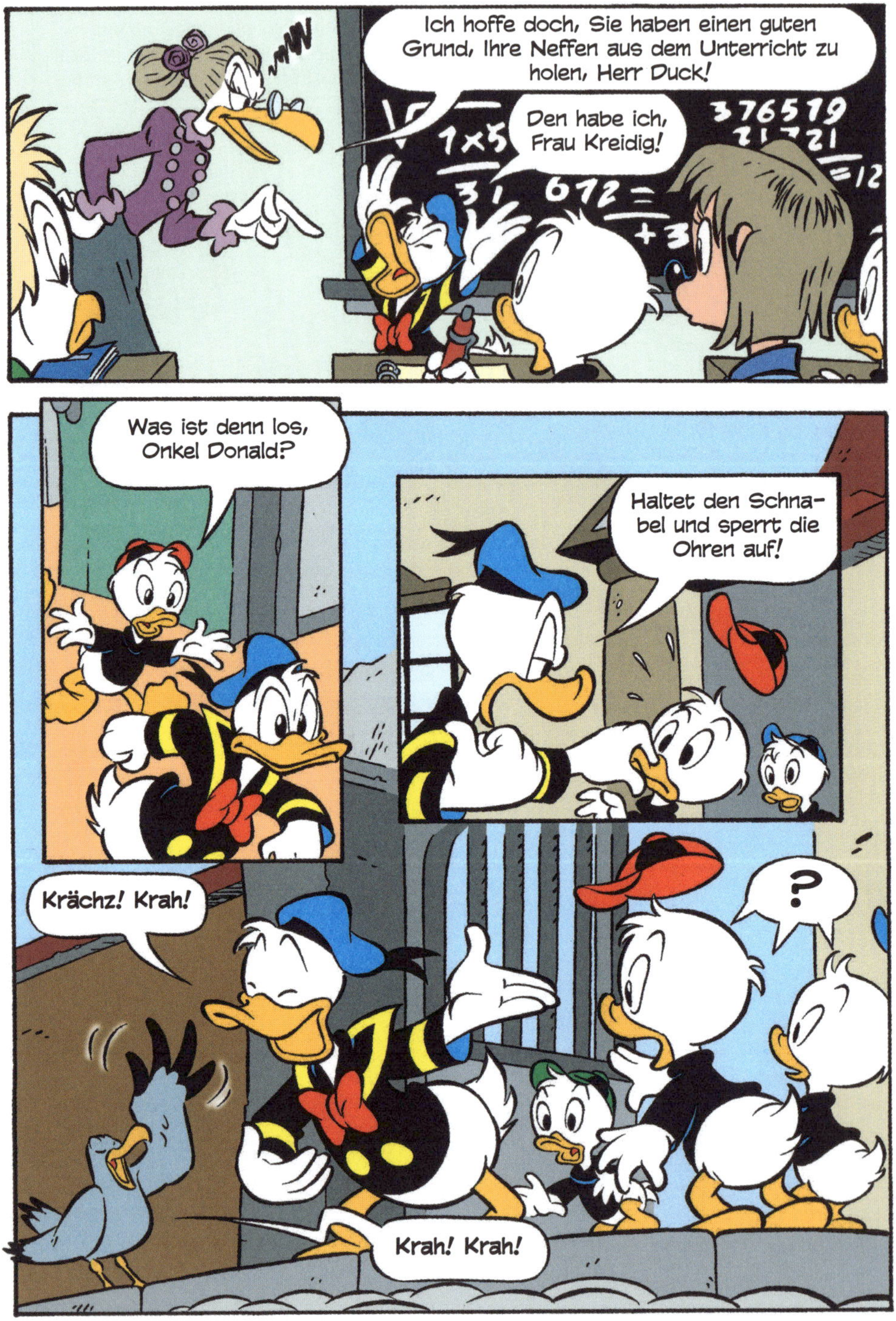
Ich hoffe doch, Sie haben einen guten Grund, Ihre Neffen aus dem Unterricht zu holen, Herr Duck!
Den habe ich, Frau Kreidig!
Was ist denn los, Onkel Donald?
Haltet den Schnabel und sperrt die Ohren auf!
Krächz! Krah!
?
Krah! Krah!

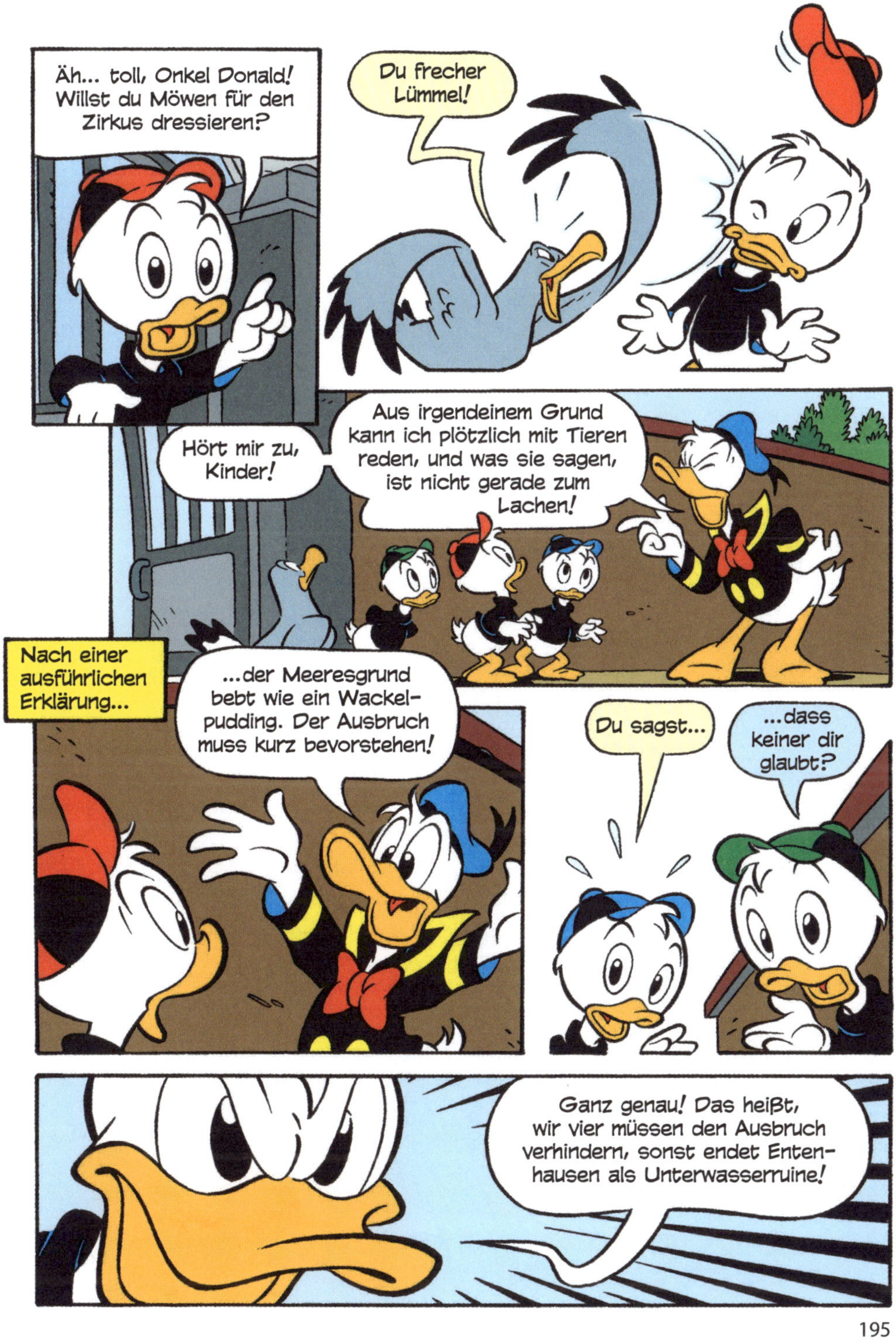
Äh... toll, Onkel Donald! Willst du Möwen für den Zirkus dressieren?
Du frecher Lümmel!
Hört mir zu, Kinder!
Aus irgendeinem Grund kann ich plötzlich mit Tieren reden, und was sie sagen, ist nicht gerade zum Lachen!
Nach einer ausführlichen Erklärung...
...der Meeresgrund bebt wie ein Wackelpudding. Der Ausbruch muss kurz bevorstehen!
Du sagst...
...dass keiner dir glaubt?
Ganz genau! Das heißt, wir vier müssen den Ausbruch verhindern, sonst endet Entenhausen als Unterwasserruine!

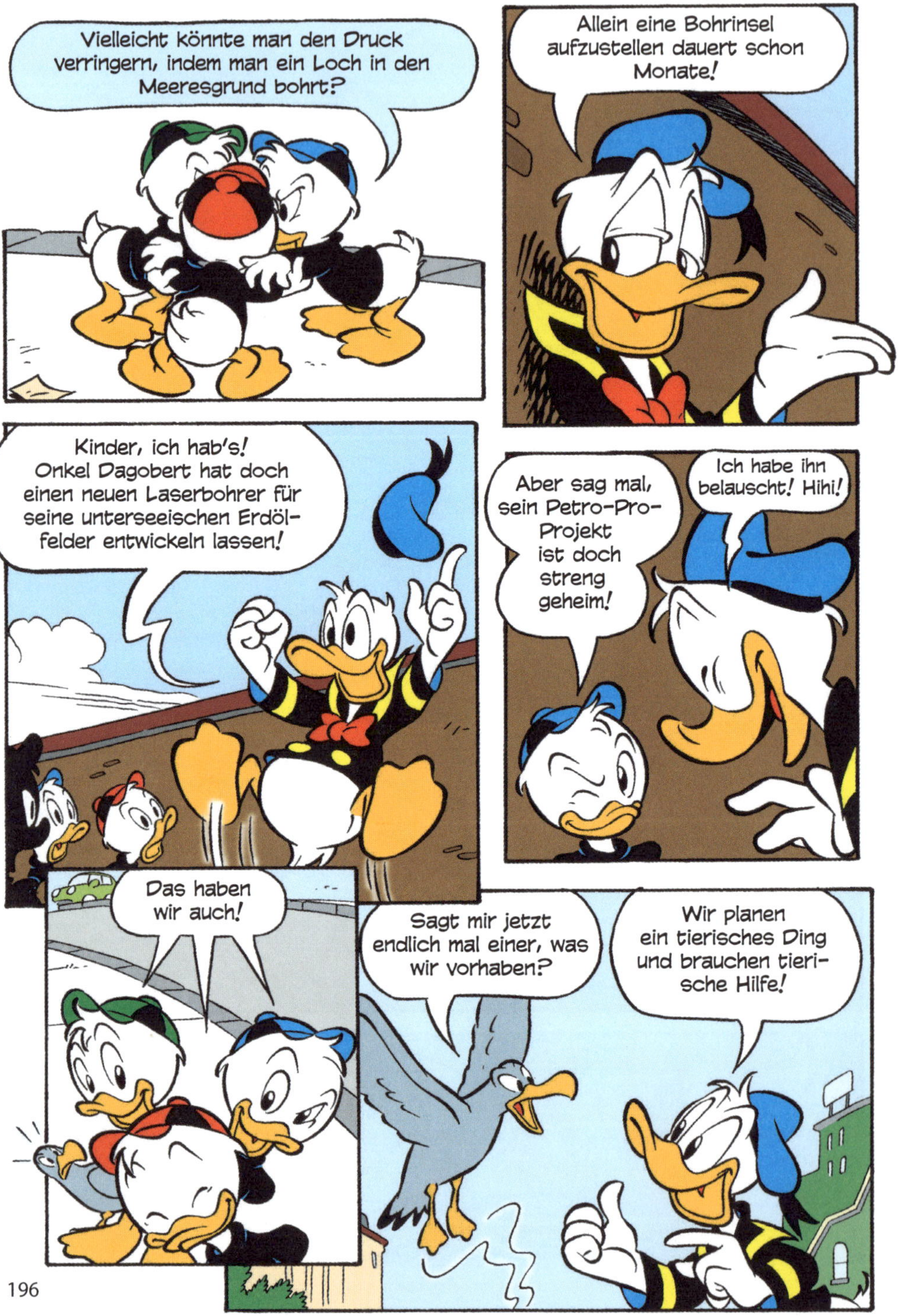
Vielleicht könnte man den Druck verringern, indem man ein Loch in den Meeresgrund bohrt?
Allein eine Bohrinsel aufzustellen dauert schon Monate!
Kinder, ich hab's! Onkel Dagobert hat doch einen neuen Laserbohrer für seine unterseeischen Erdöl-felder entwickeln lassen!
Aber sag mal, sein Petro-Pro-Projekt ist doch streng geheim!
Ich habe ihn belauscht! Hihi!
Das haben wir auch!
Sagt mir jetzt endlich mal einer, was wir vorhaben?
Wir planen ein tierisches Ding und brauchen tieri-sche Hilfe!

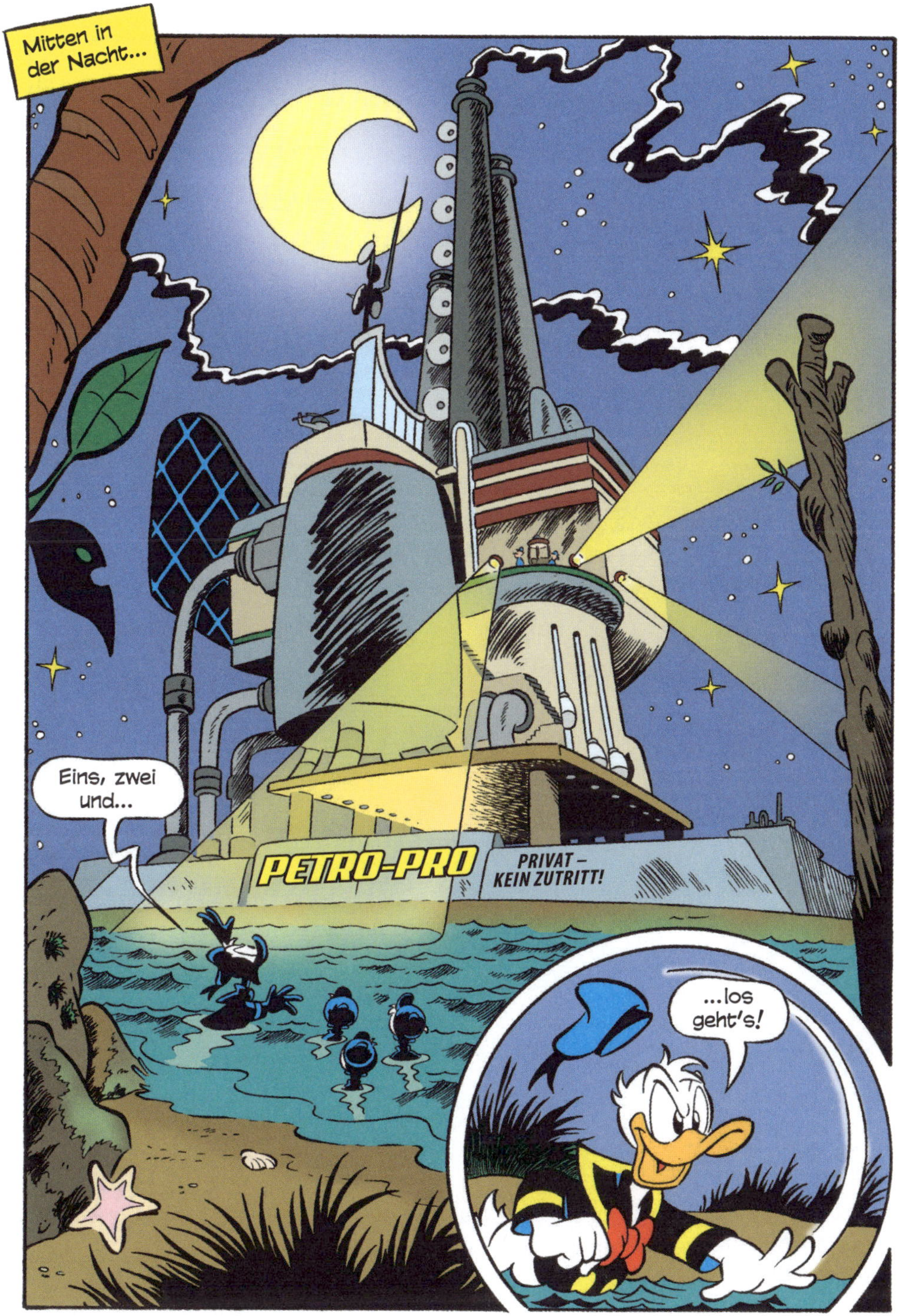
Mitten in der Nacht...
Eins, zwei und...
PETRO-PRO
PRIVAT – KEIN ZUTRITT!
...los geht's!

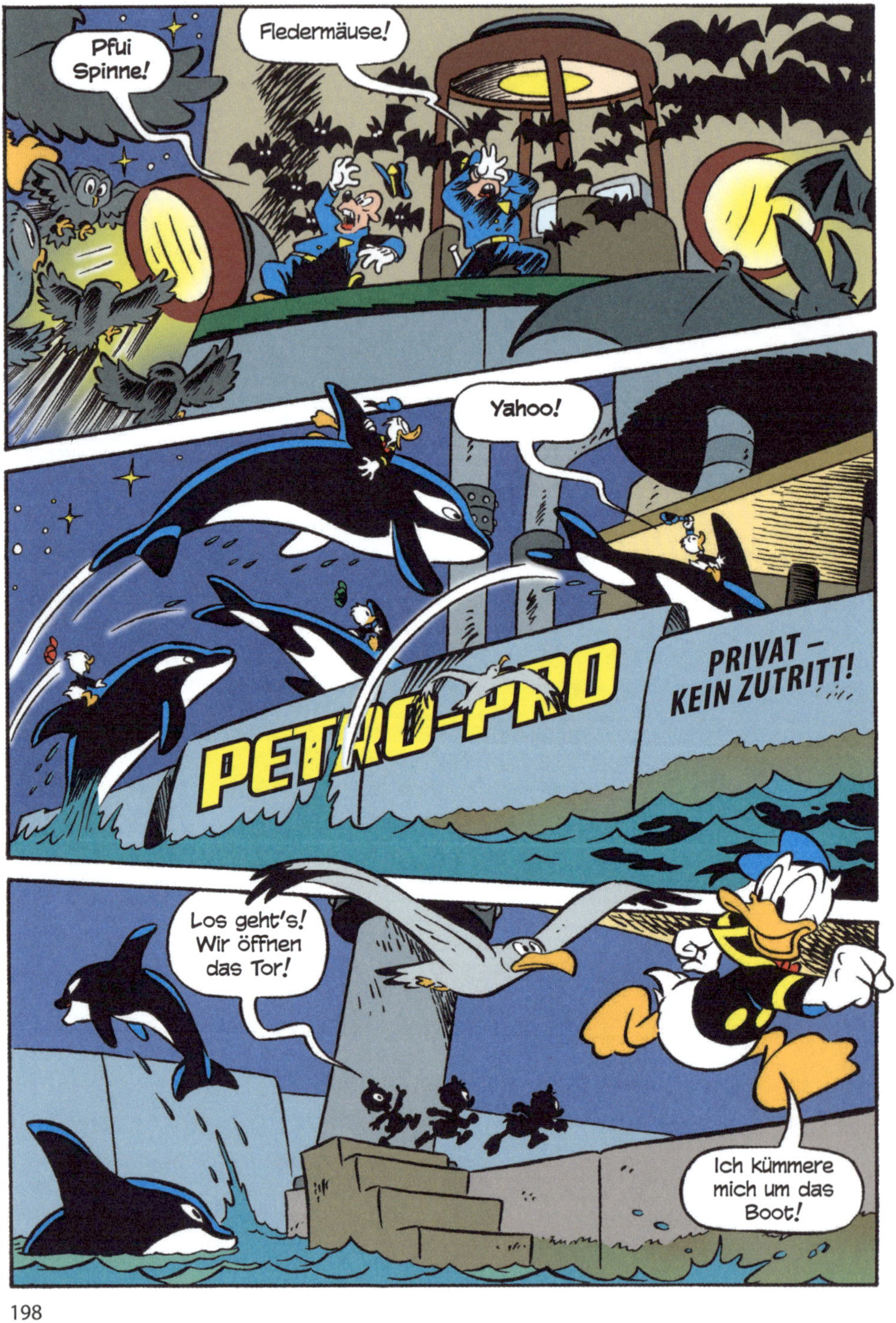
Pfui Spinne!
Fledermäuse!
Yahoo!
PETRO-PRO
PRIVAT – KEIN ZUTRITT!
Los geht's! Wir öffnen das Tor!
Ich kümmere mich um das Boot!

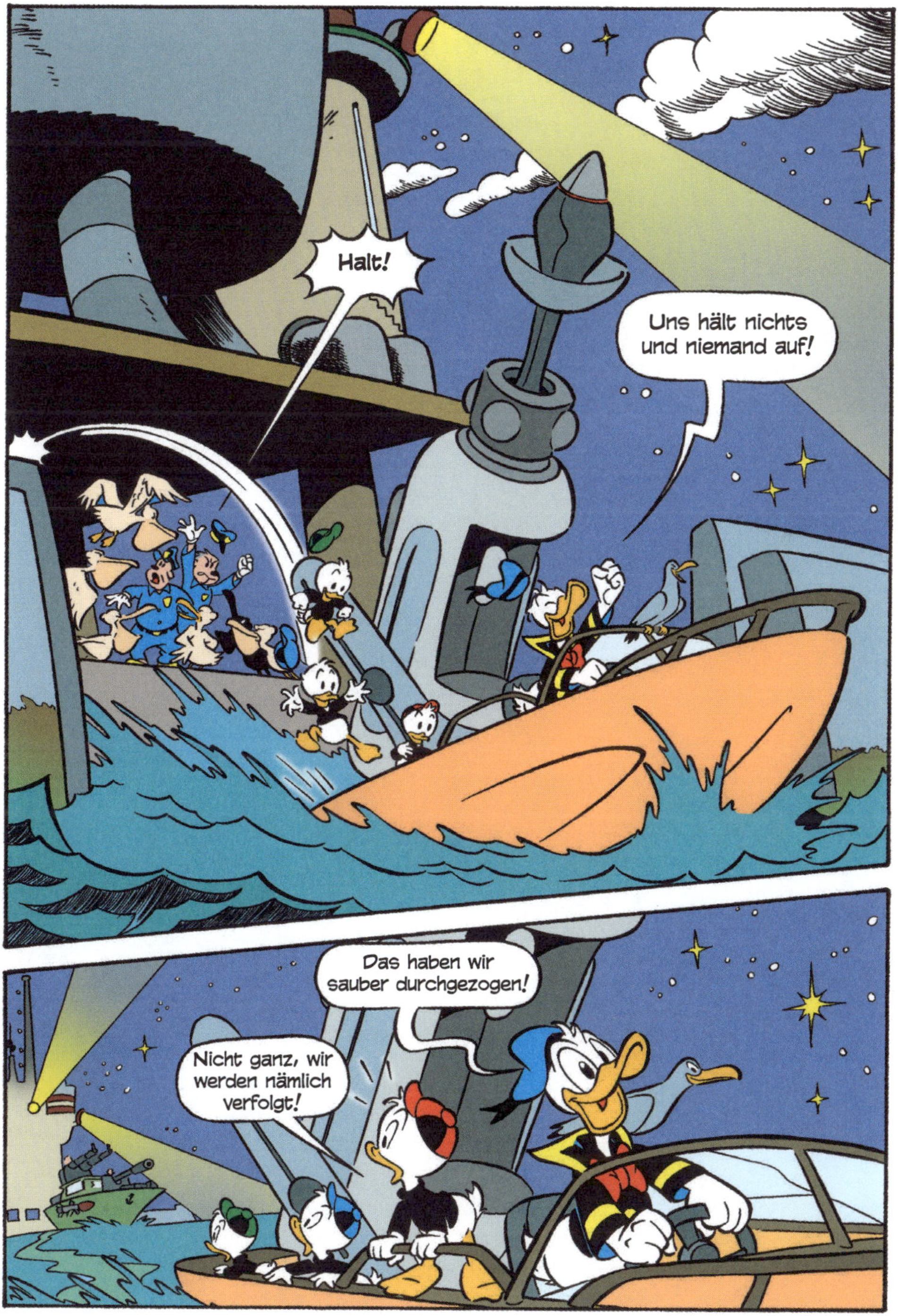
Halt!
Uns hält nichts und niemand auf!
Das haben wir sauber durchgezogen!
Nicht ganz, wir werden nämlich verfolgt!

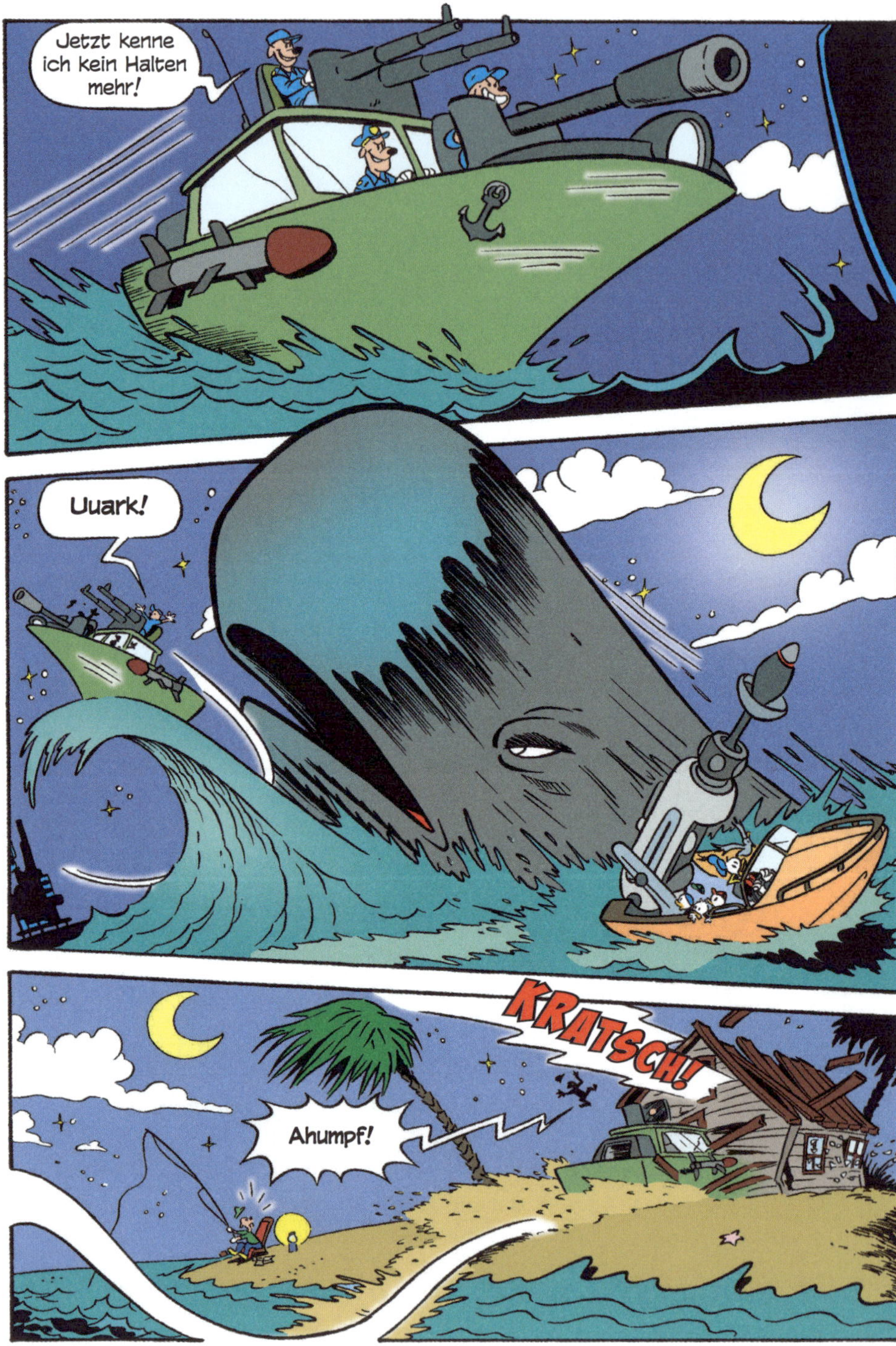
Jetzt kenne ich kein Halten mehr!
Uuark!
KRATSCH!
Ahumpf!

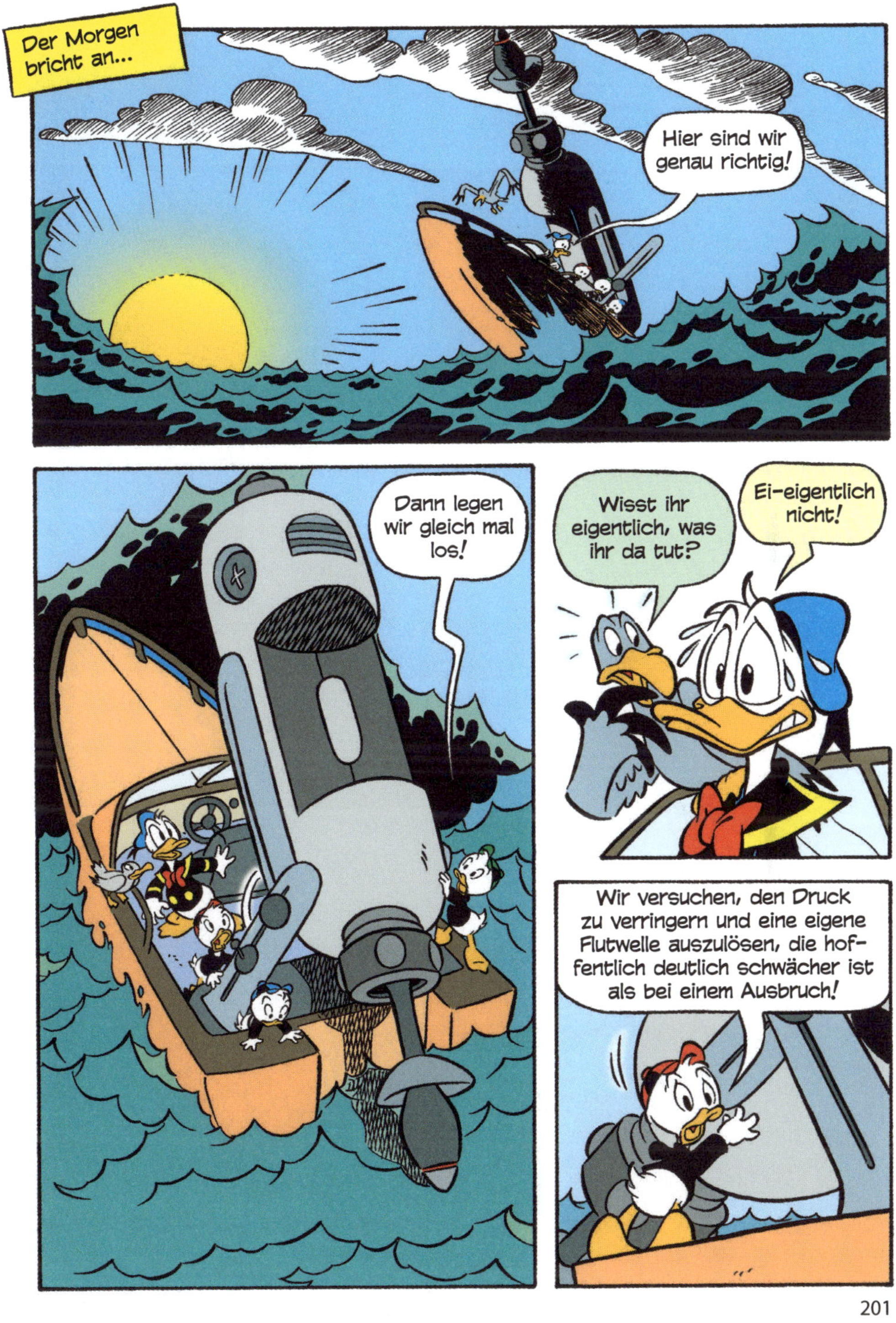
Der Morgen bricht an...
Hier sind wir genau richtig!
Dann legen wir gleich mal los!
Wisst ihr eigentlich, was ihr da tut?
Ei-eigentlich nicht!
Wir versuchen, den Druck zu verringern und eine eigene Flutwelle auszulösen, die hoffentlich deutlich schwächer ist als bei einem Ausbruch!

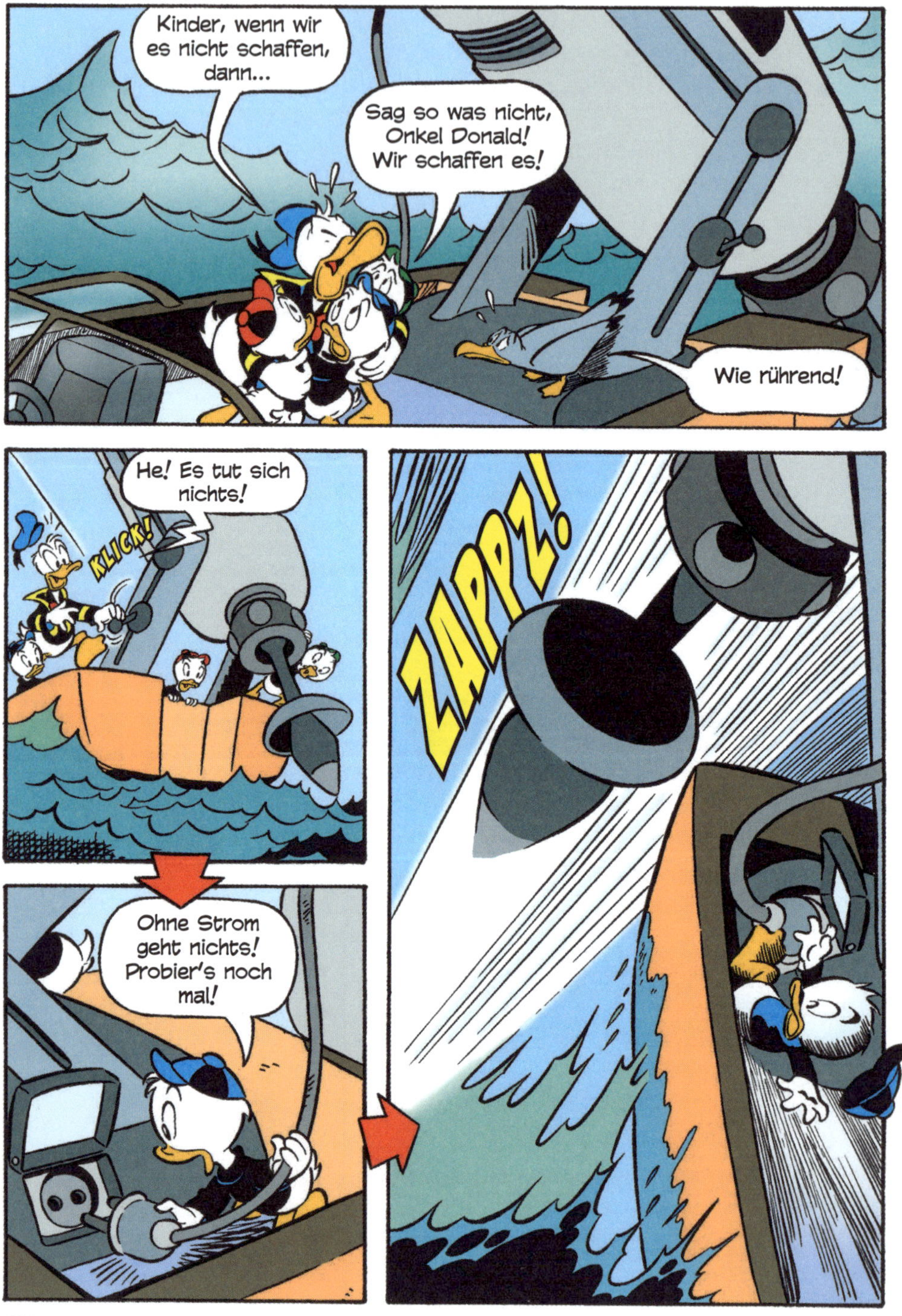

Kinder, wenn wir es nicht schaffen, dann...
Sag so was nicht, Onkel Donald! Wir schaffen es!
Wie rührend!
He! Es tut sich nichts!
KLICK!
ZAPPZ!
Ohne Strom geht nichts! Probier's noch mal!

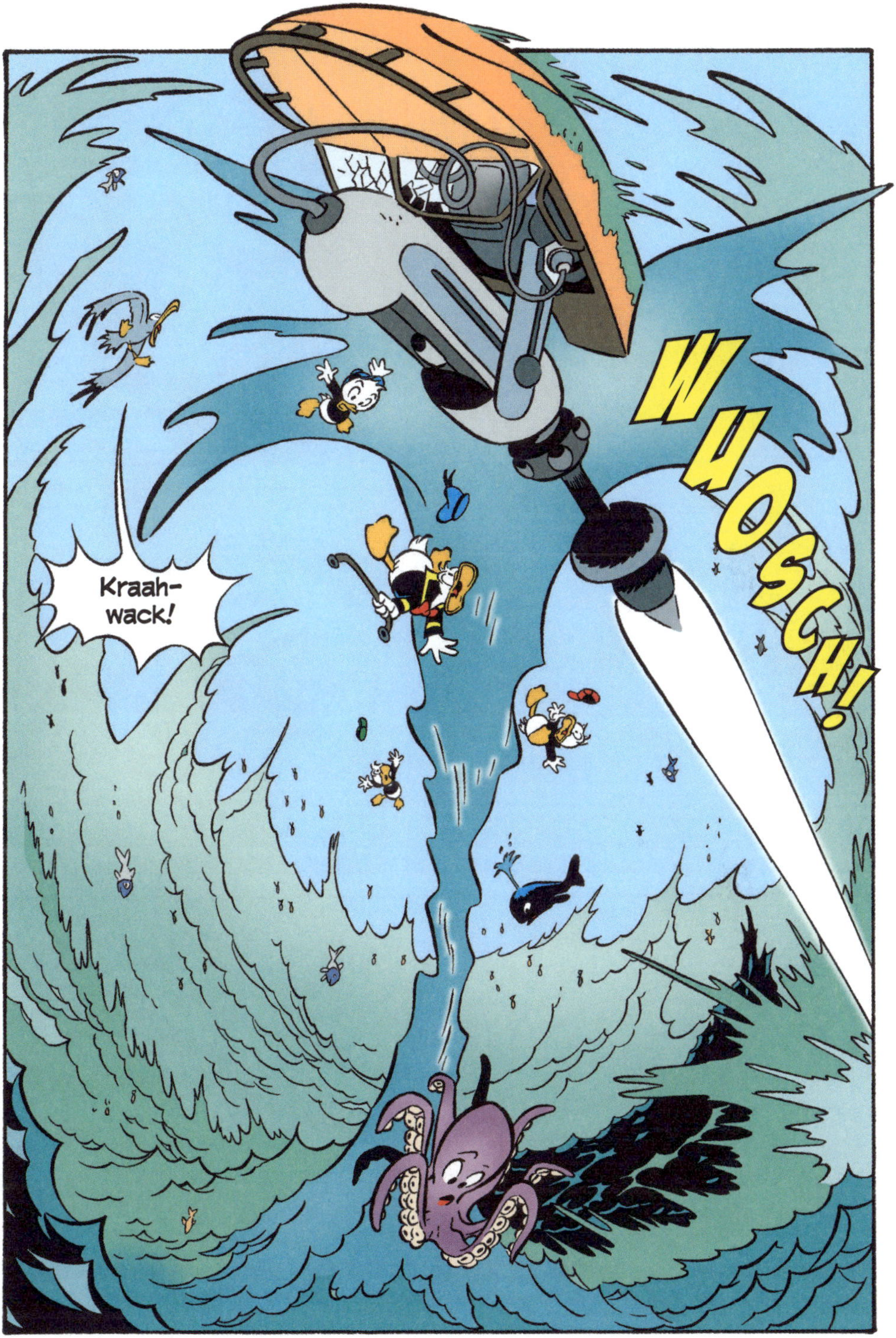
Kraah-
wack!
WUOSCH!

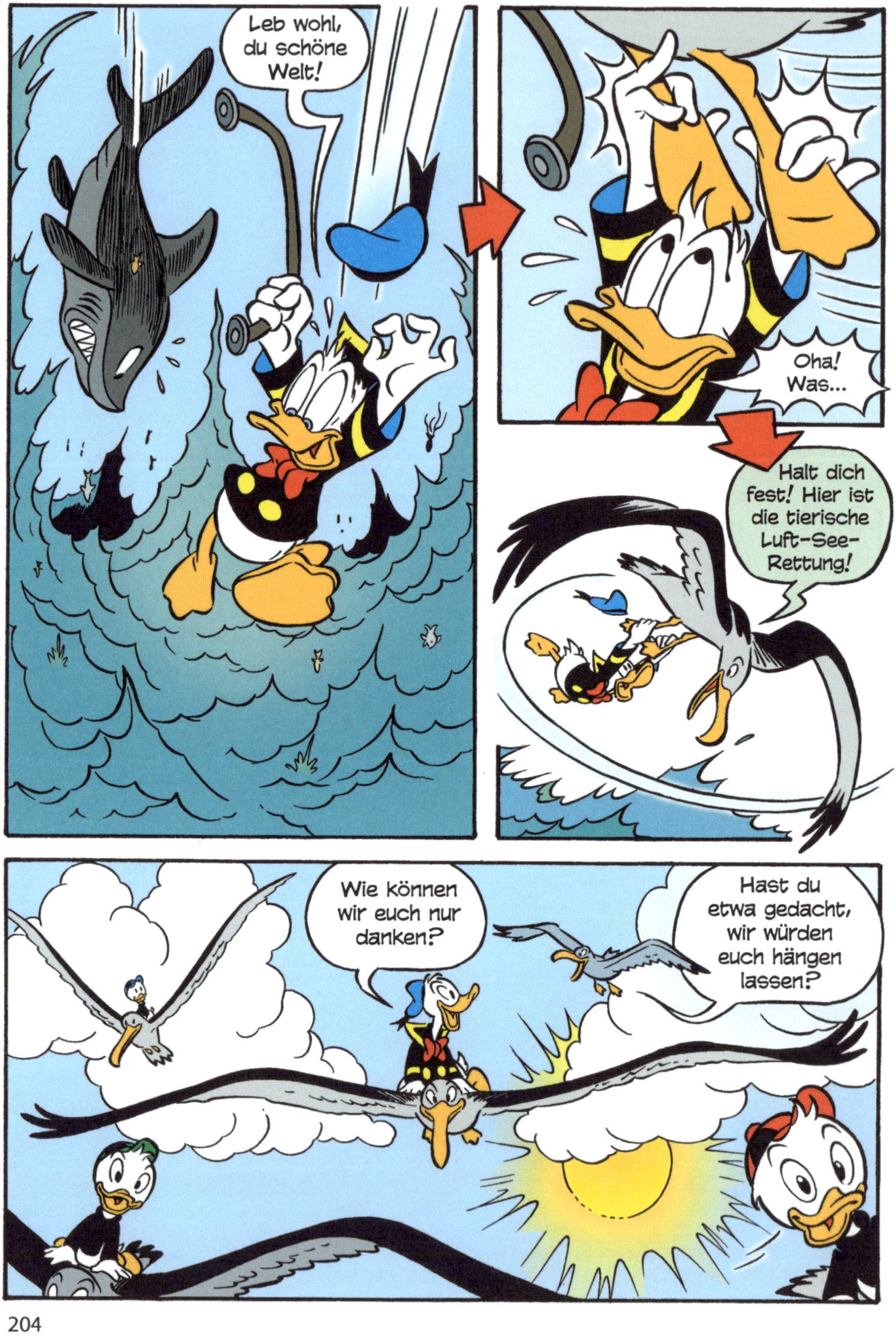
Leb wohl, du schöne Welt!
Oha! Was...
Halt dich fest! Hier ist die tierische Luft-See-Rettung!
Wie können wir euch nur danken?
Hast du etwa gedacht, wir würden euch hängen lassen?

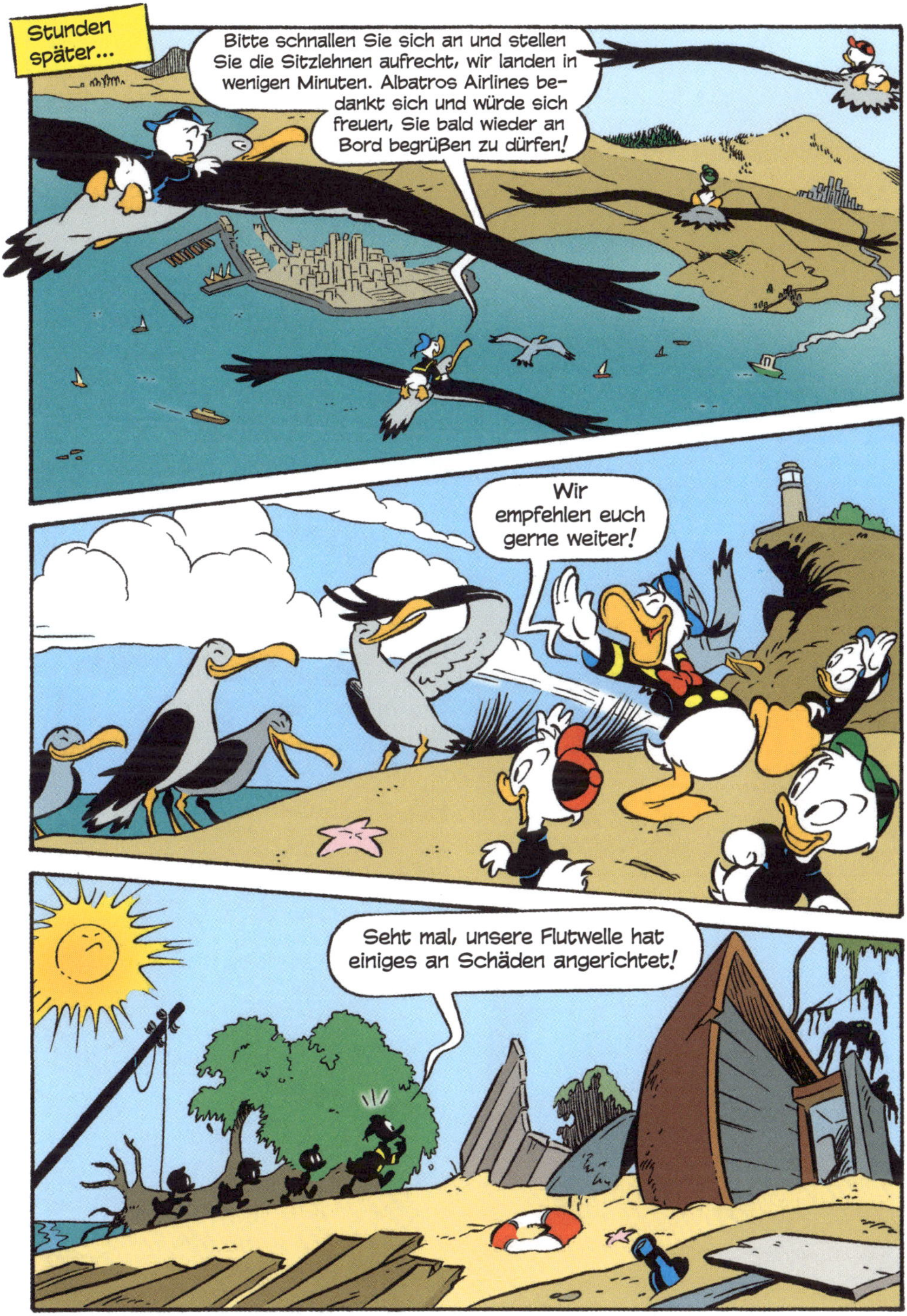
Stunden später...
Bitte schnallen Sie sich an und stellen Sie die Sitzlehnen aufrecht, wir landen in wenigen Minuten. Albatros Airlines bedankt sich und würde sich freuen, Sie bald wieder an Bord begrüßen zu dürfen!
Wir empfehlen euch gerne weiter!
Seht mal, unsere Flutwelle hat einiges an Schäden angerichtet!

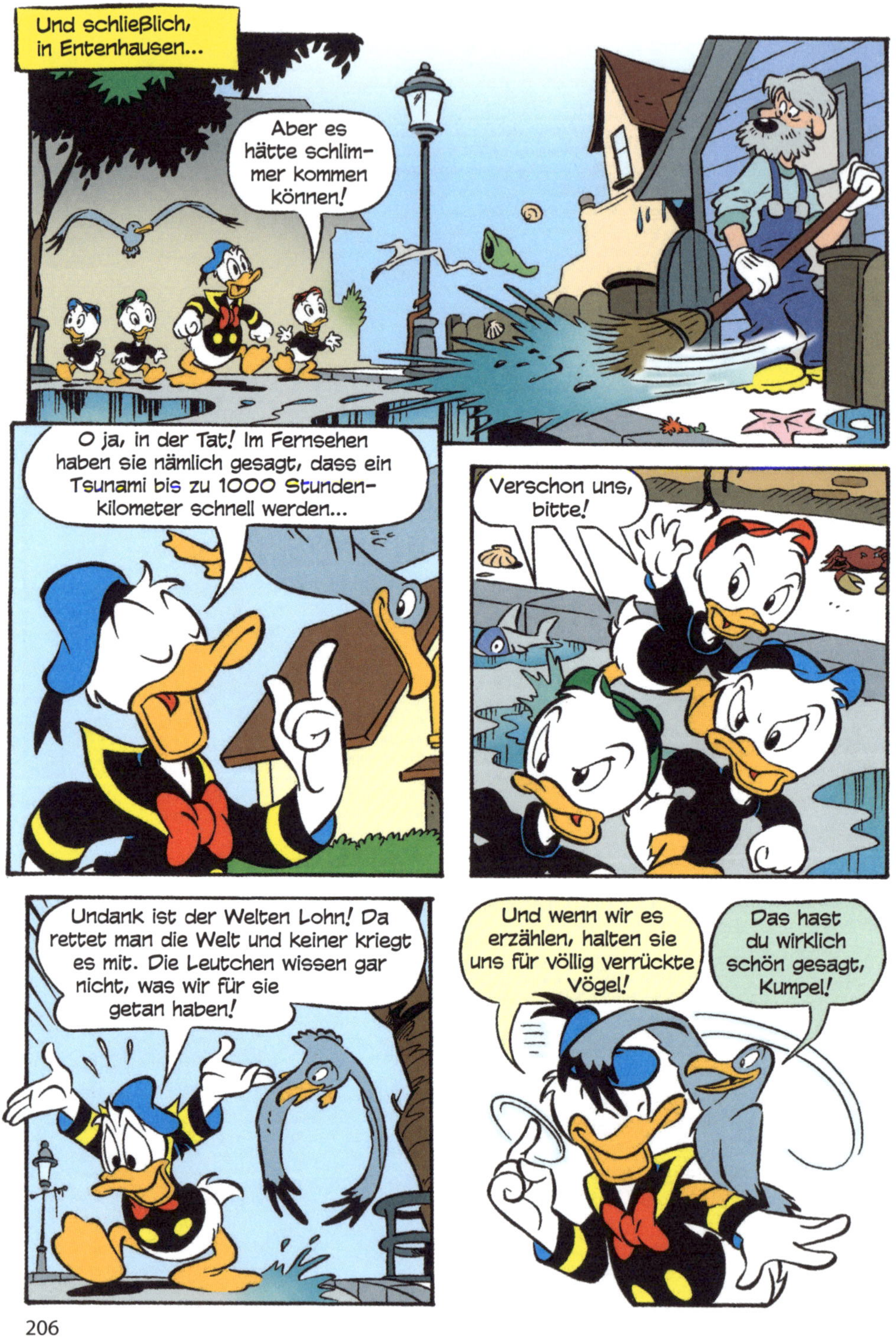
Und schließlich, in Entenhausen...
Aber es hätte schlimmer kommen können!
O ja, in der Tat! Im Fernsehen haben sie nämlich gesagt, dass ein Tsunami bis zu 1000 Stundenkilometer schnell werden...
Verschon uns, bitte!
Undank ist der Welten Lohn! Da rettet man die Welt und keiner kriegt es mit. Die Leutchen wissen gar nicht, was wir für sie getan haben!
Und wenn wir es erzählen, halten sie uns für völlig verrückte Vögel!
Das hast du wirklich schön gesagt, Kumpel!

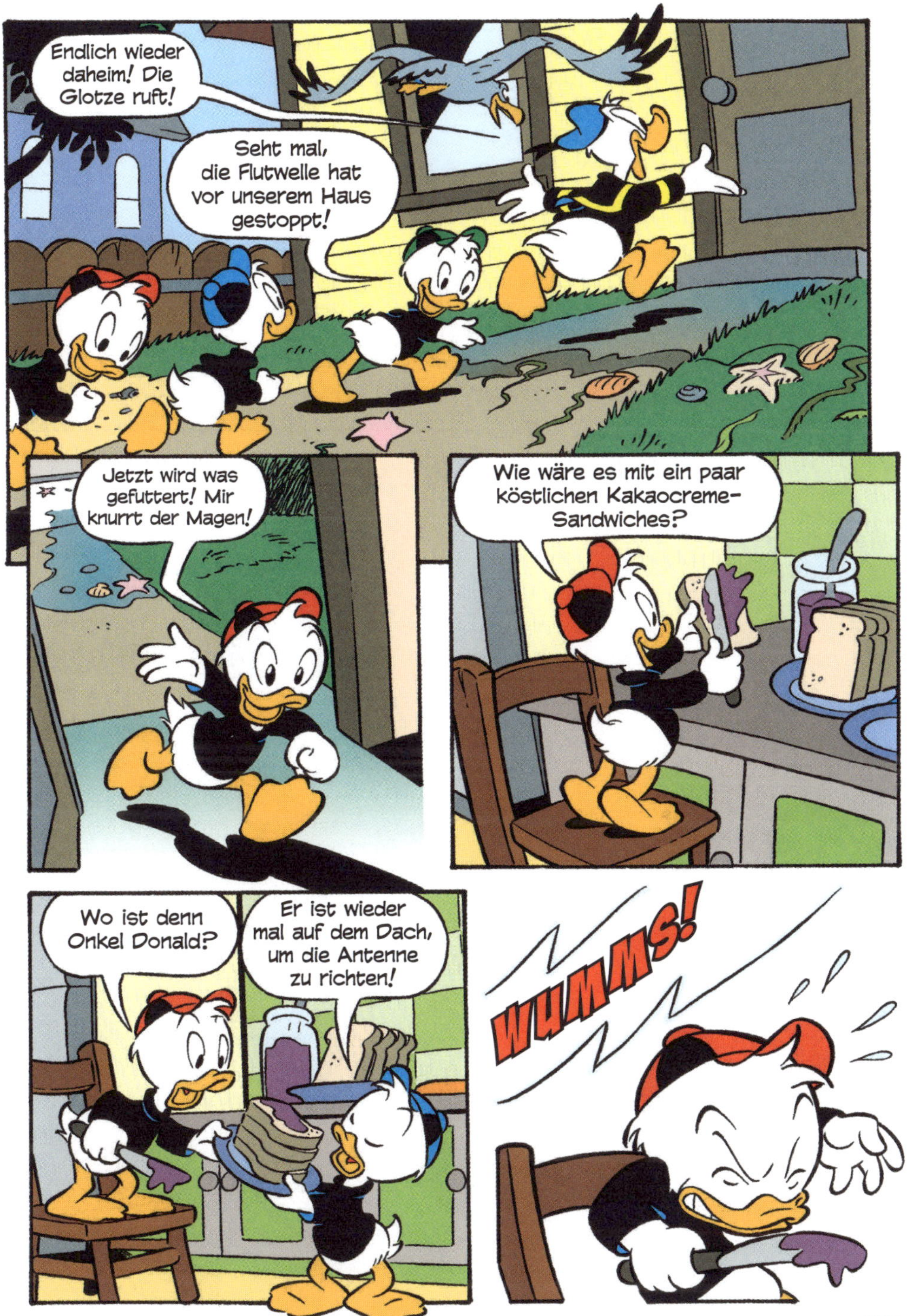
Endlich wieder daheim! Die Glotze ruft!
Seht mal, die Flutwelle hat vor unserem Haus gestoppt!
Jetzt wird was gefuttert! Mir knurrt der Magen!
Wie wäre es mit ein paar köstlichen Kakaocreme-Sandwiches?
Wo ist denn Onkel Donald?
Er ist wieder mal auf dem Dach, um die Antenne zu richten!
WUMMS!

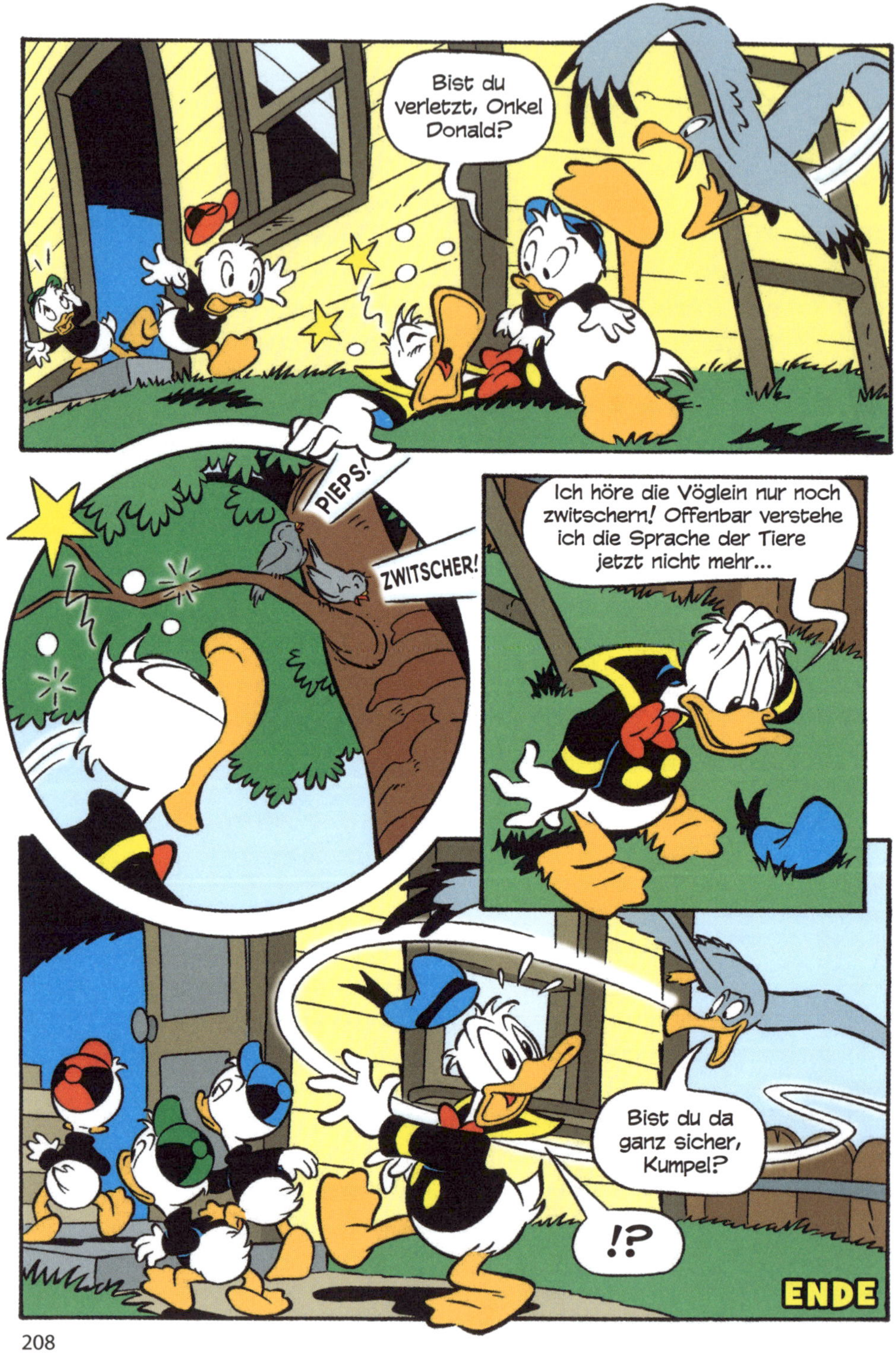
Bist du verletzt, Onkel Donald?
PIEPS!
ZWITSCHER!
Ich höre die Vöglein nur noch zwitschern! Offenbar verstehe ich die Sprache der Tiere jetzt nicht mehr...
Bist du da ganz sicher, Kumpel?
!?
ENDE

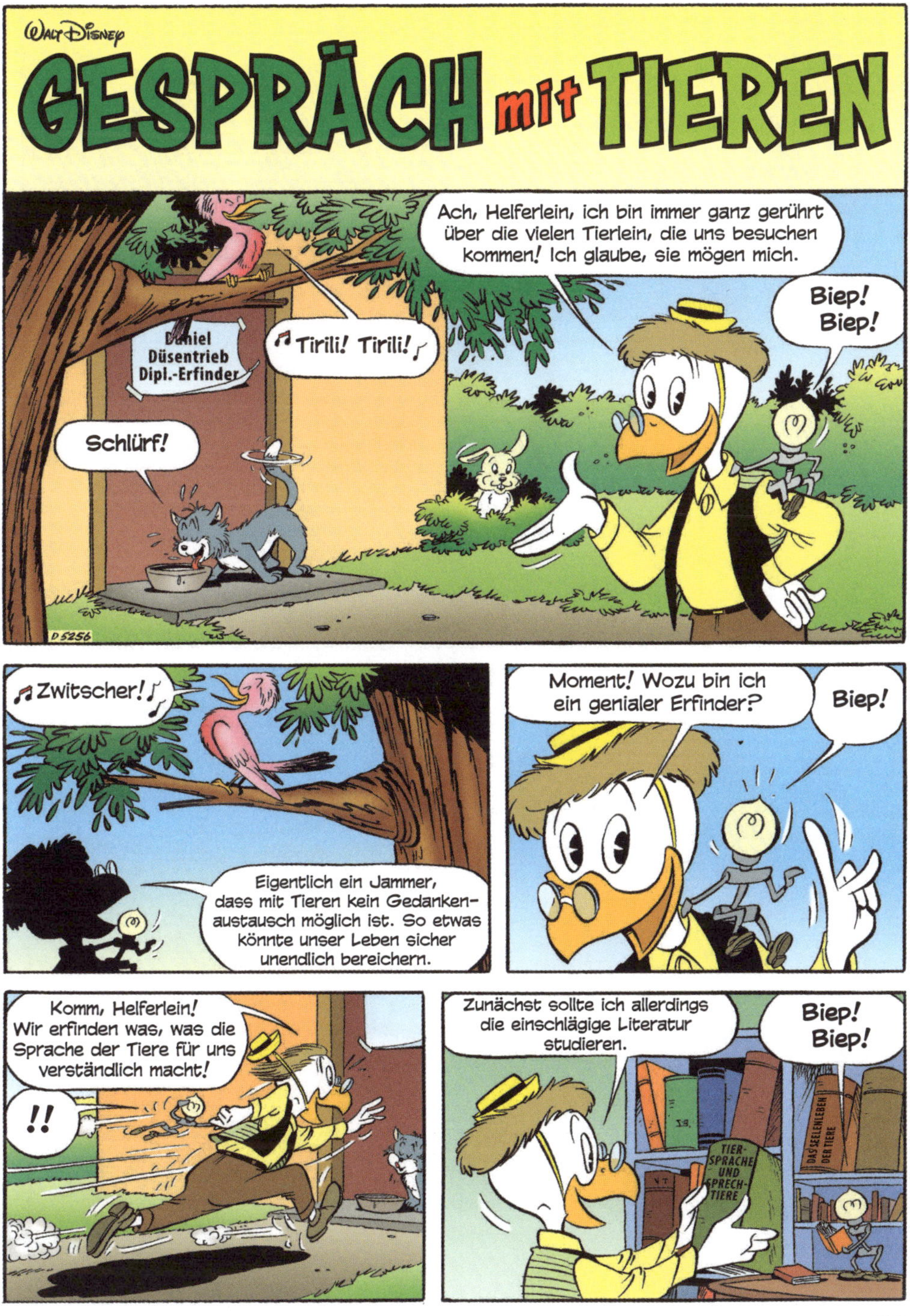
Walt Disney
GESPRÄCH mit TIEREN
Ach, Helferlein, ich bin immer ganz gerührt über die vielen Tierlein, die uns besuchen kommen! Ich glaube, sie mögen mich.
Biep! Biep!
Tirili! Tirili!
Daniel Düsentrieb Dipl.-Erfinder
Schlürf!
D 5256
Zwitscher!
Eigentlich ein Jammer, dass mit Tieren kein Gedanken-austausch möglich ist. So etwas könnte unser Leben sicher unendlich bereichern.
Moment! Wozu bin ich ein genialer Erfinder?
Biep!
Komm, Helferlein! Wir erfinden was, was die Sprache der Tiere für uns verständlich macht!
!!
Zunächst sollte ich allerdings die einschlägige Literatur studieren.
Biep! Biep!
TIER-SPRACHE UND SPRECH-TIERE
DAS SEELENLEBEN DER TIERE

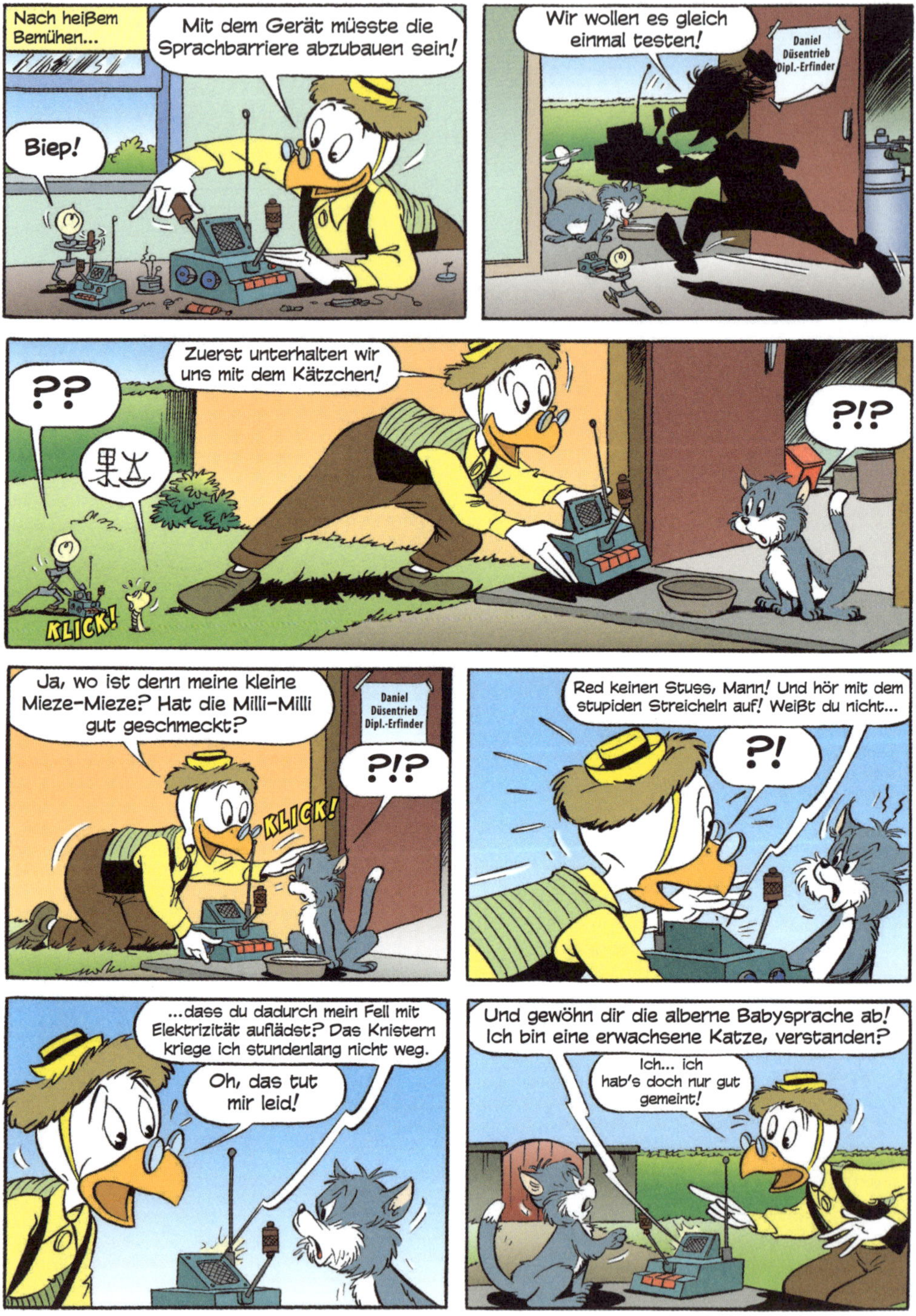

Nach heißem Bemühen...
Mit dem Gerät müsste die Sprachbarriere abzubauen sein!
Biep!
Wir wollen es gleich einmal testen!
Daniel Düsentrieb Dipl.-Erfinder
Zuerst unterhalten wir uns mit dem Kätzchen!
??
?!?
KLICK!
Ja, wo ist denn meine kleine Mieze-Mieze? Hat die Milli-Milli gut geschmeckt?
Daniel Düsentrieb Dipl.-Erfinder
?!?
KLICK!
Red keinen Stuss, Mann! Und hör mit dem stupiden Streicheln auf! Weißt du nicht...
?!
...dass du dadurch mein Fell mit Elektrizität aufLädst? Das Knistern kriege ich stundenlang nicht weg.
Oh, das tut mir leid!
Und gewöhn dir die alberne Babysprache ab! Ich bin eine erwachsene Katze, verstanden?
Ich... ich hab's doch nur gut gemeint!

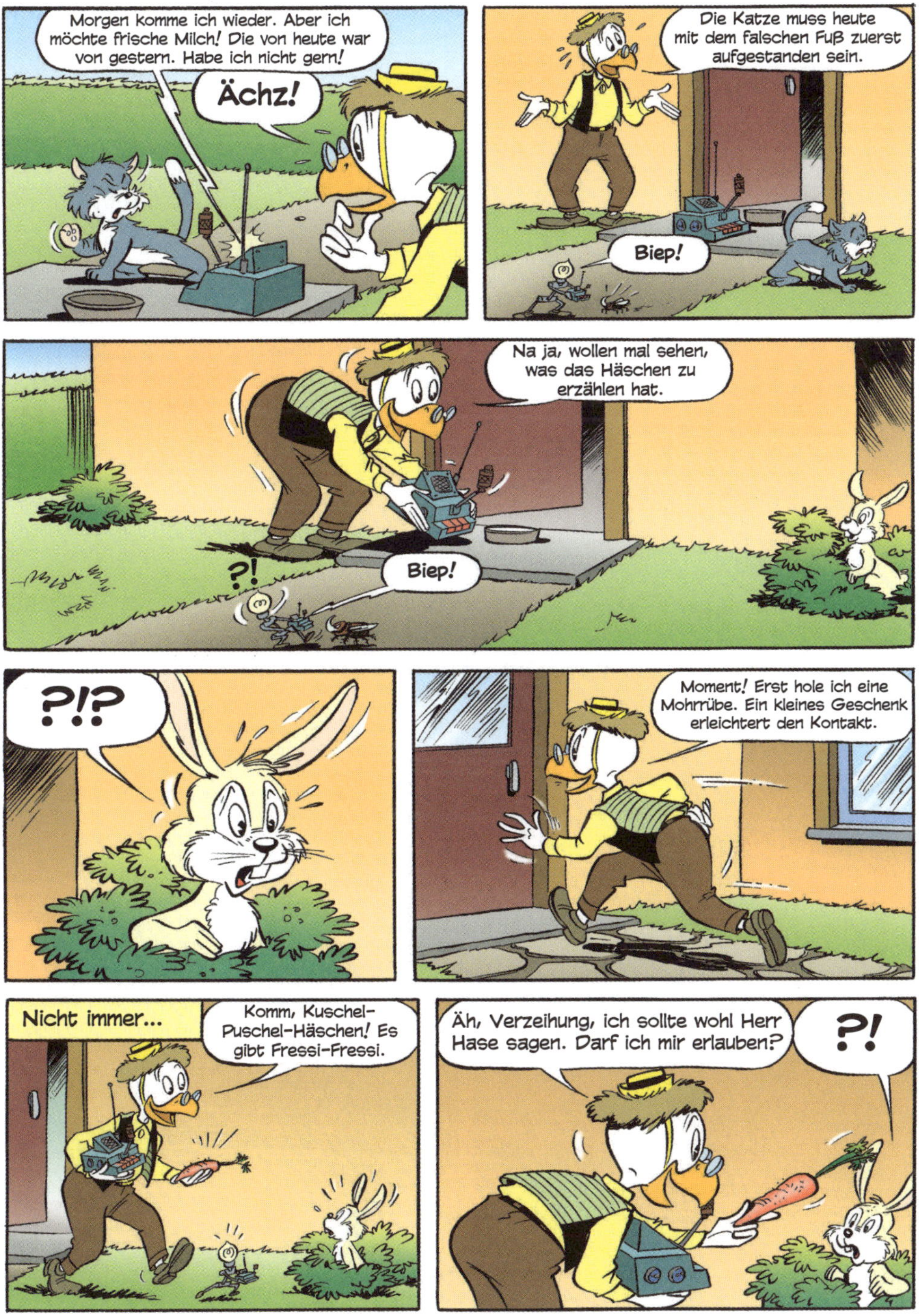

Morgen komme ich wieder. Aber ich möchte frische Milch! Die von heute war von gestern. Habe ich nicht gern!
Ächz!
Die Katze muss heute mit dem falschen Fuß zuerst aufgestanden sein.
Biep!
Na ja, wollen mal sehen, was das Häschen zu erzählen hat.
?!
Biep!
?!?
Moment! Erst hole ich eine Mohrrübe. Ein kleines Geschenk erleichtert den Kontakt.
Nicht immer...
Komm, Kuschel-Puschel-Häschen! Es gibt Fressi-Fressi.
Äh, Verzeihung, ich sollte wohl Herr Hase sagen. Darf ich mir erlauben?
?!

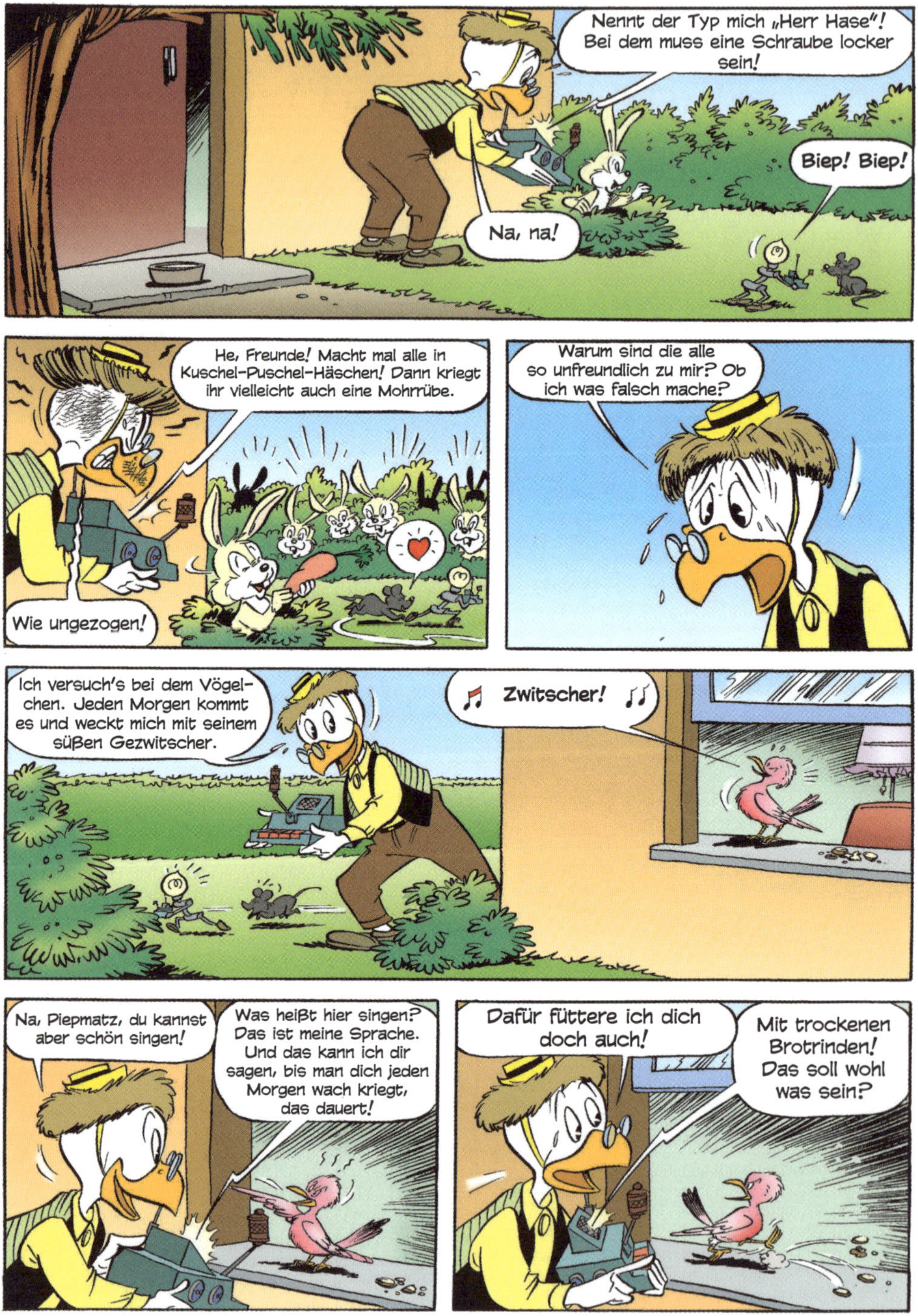
Nennt der Typ mich „Herr Hase"! Bei dem muss eine Schraube locker sein!
Na, na!
Biep! Biep!
He, Freunde! Macht mal alle in Kuschel-Puschel-Häschen! Dann kriegt ihr vielleicht auch eine Mohrrübe.
Wie ungezogen!
Warum sind die alle so unfreundlich zu mir? Ob ich was falsch mache?
Ich versuch's bei dem Vögelchen. Jeden Morgen kommt es und weckt mich mit seinem süßen Gezwitscher.
Zwitscher!
Na, Piepmatz, du kannst aber schön singen!
Was heißt hier singen? Das ist meine Sprache. Und das kann ich dir sagen, bis man dich jeden Morgen wach kriegt, das dauert!
Dafür füttere ich dich doch auch!
Mit trockenen Brotrinden! Das soll wohl was sein?

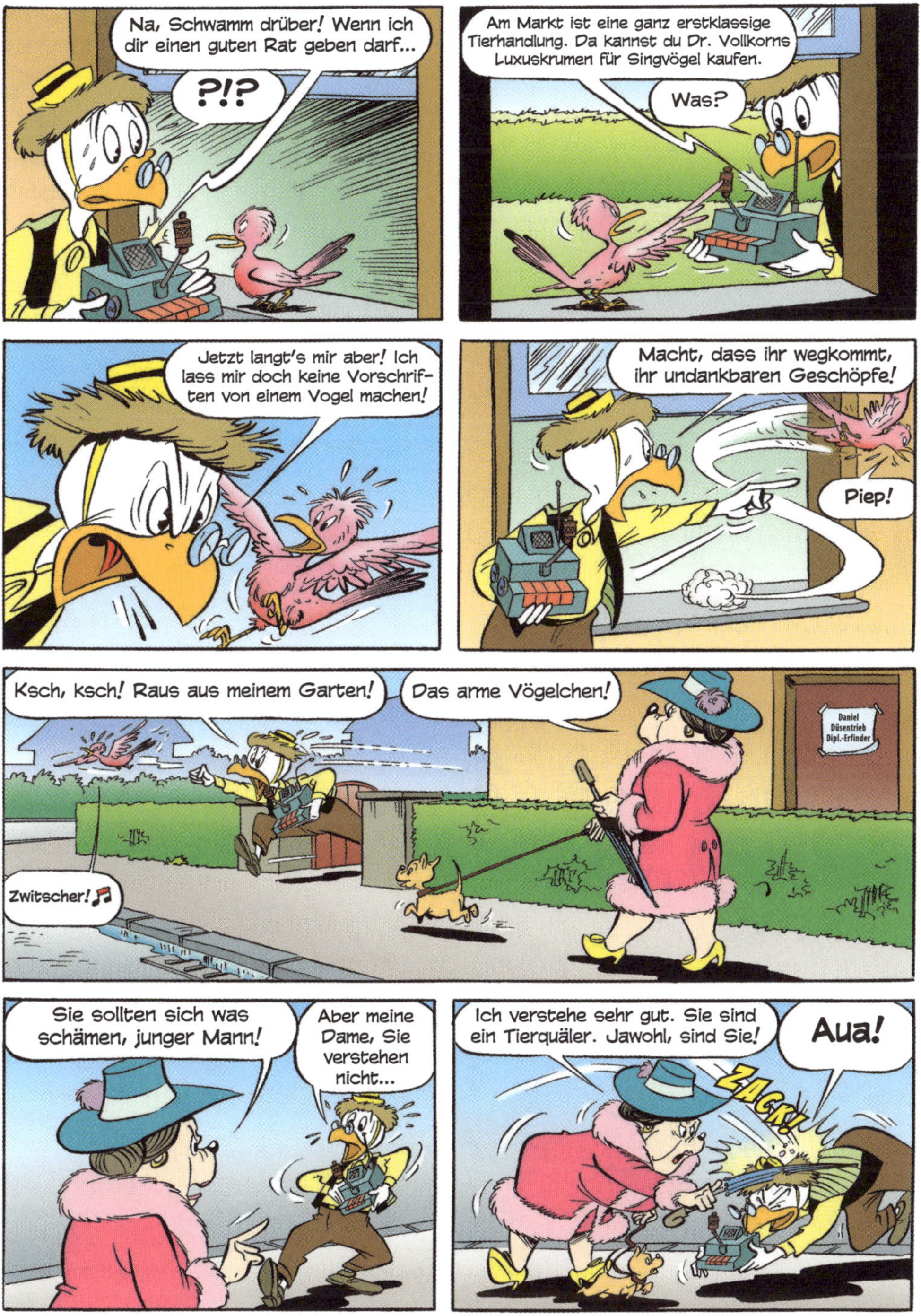
Na, Schwamm drüber! Wenn ich dir einen guten Rat geben darf...
?!?
Am Markt ist eine ganz erstklassige Tierhandlung. Da kannst du Dr. Vollkorns Luxuskrumen für Singvögel kaufen.
Was?
Jetzt langt's mir aber! Ich lass mir doch keine Vorschriften von einem Vogel machen!
Macht, dass ihr wegkommt, ihr undankbaren Geschöpfe!
Piep!
Ksch, ksch! Raus aus meinem Garten!
Das arme Vögelchen!
Daniel Düsentrieb Dipl.-Erfinder
Zwitscher!
Sie sollten sich was schämen, junger Mann!
Aber meine Dame, Sie verstehen nicht...
Ich verstehe sehr gut. Sie sind ein Tierquäler. Jawohl, sind Sie!
Aua!
ZACK!

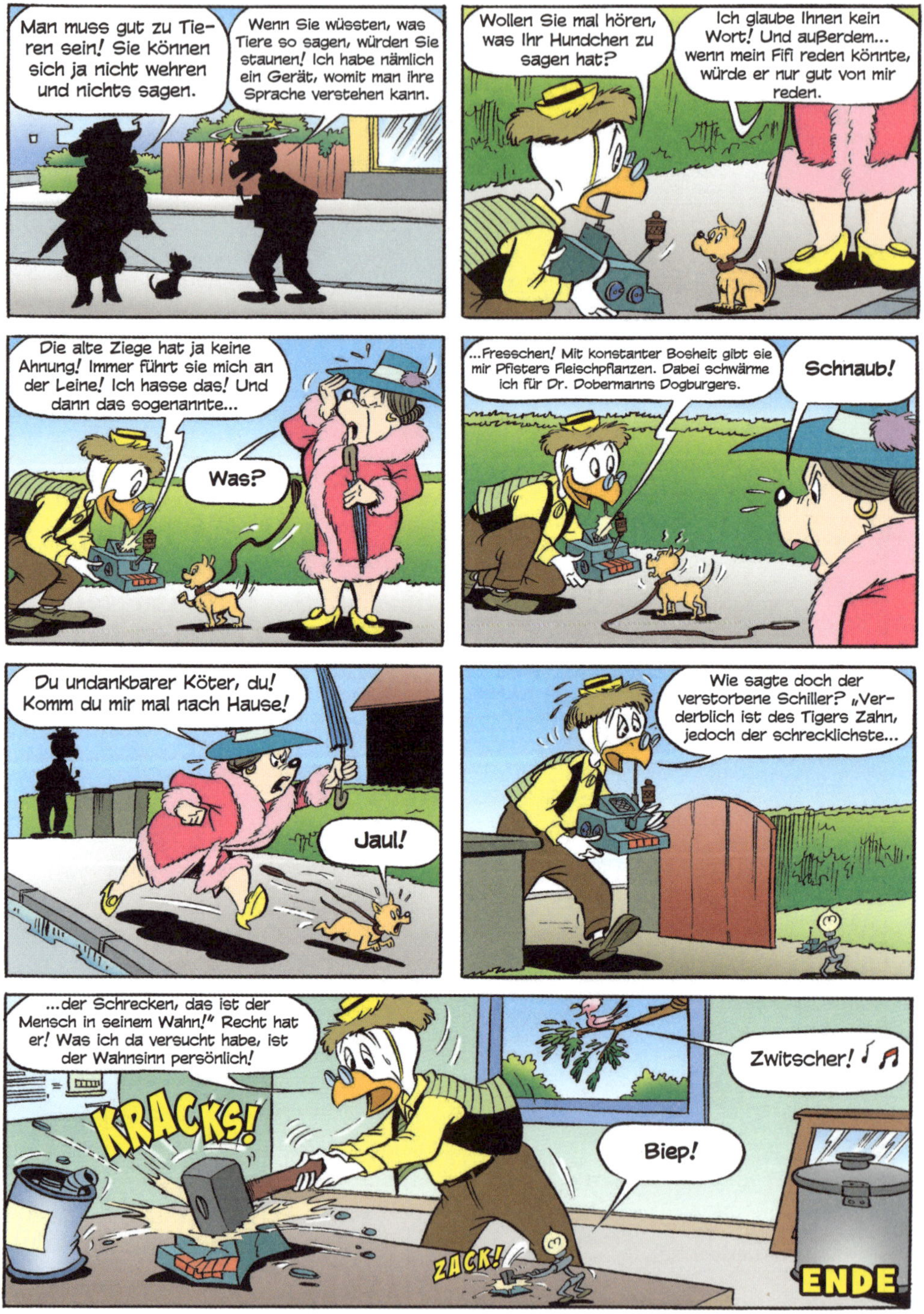

Man muss gut zu Tieren sein! Sie können sich ja nicht wehren und nichts sagen.
Wenn Sie wüssten, was Tiere so sagen, würden Sie staunen! Ich habe nämlich ein Gerät, womit man ihre Sprache verstehen kann.
Wollen Sie mal hören, was Ihr Hundchen zu sagen hat?
Ich glaube Ihnen kein Wort! Und außerdem... wenn mein Fifi reden könnte, würde er nur gut von mir reden.
Die alte Ziege hat ja keine Ahnung! Immer führt sie mich an der Leine! Ich hasse das! Und dann das sogenannte...
Was?
...Fresschen! Mit konstanter Bosheit gibt sie mir Pfisters Fleischpflanzen. Dabei schwärme ich für Dr. Dobermanns Dogburgers.
Schnaub!
Du undankbarer Köter, du! Komm du mir mal nach Hause!
Jaul!
Wie sagte doch der verstorbene Schiller? „Verderblich ist des Tigers Zahn, jedoch der schrecklichste...
...der Schrecken, das ist der Mensch in seinem Wahn!" Recht hat er! Was ich da versucht habe, ist der Wahnsinn persönlich!
KRACKS!
Zwitscher!
Biep!
ZACK!
ENDE

FISCH GEFLÜSTER

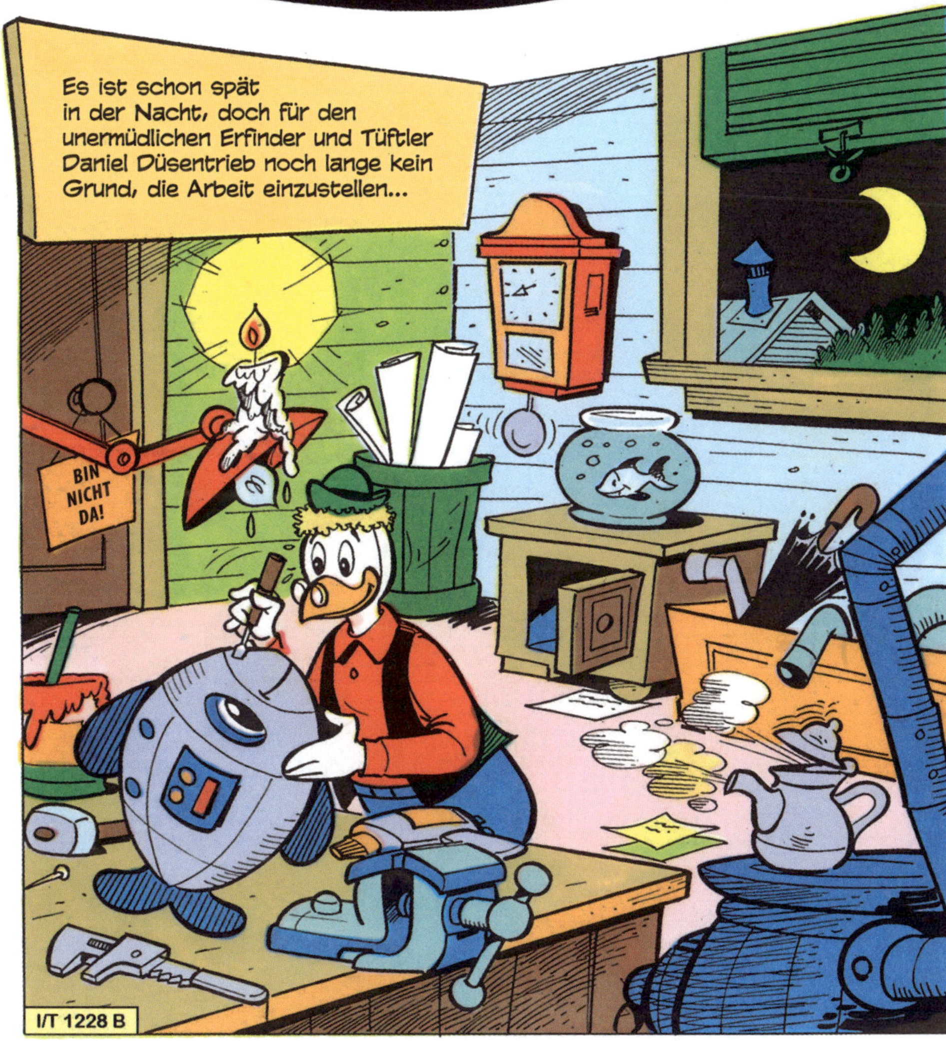

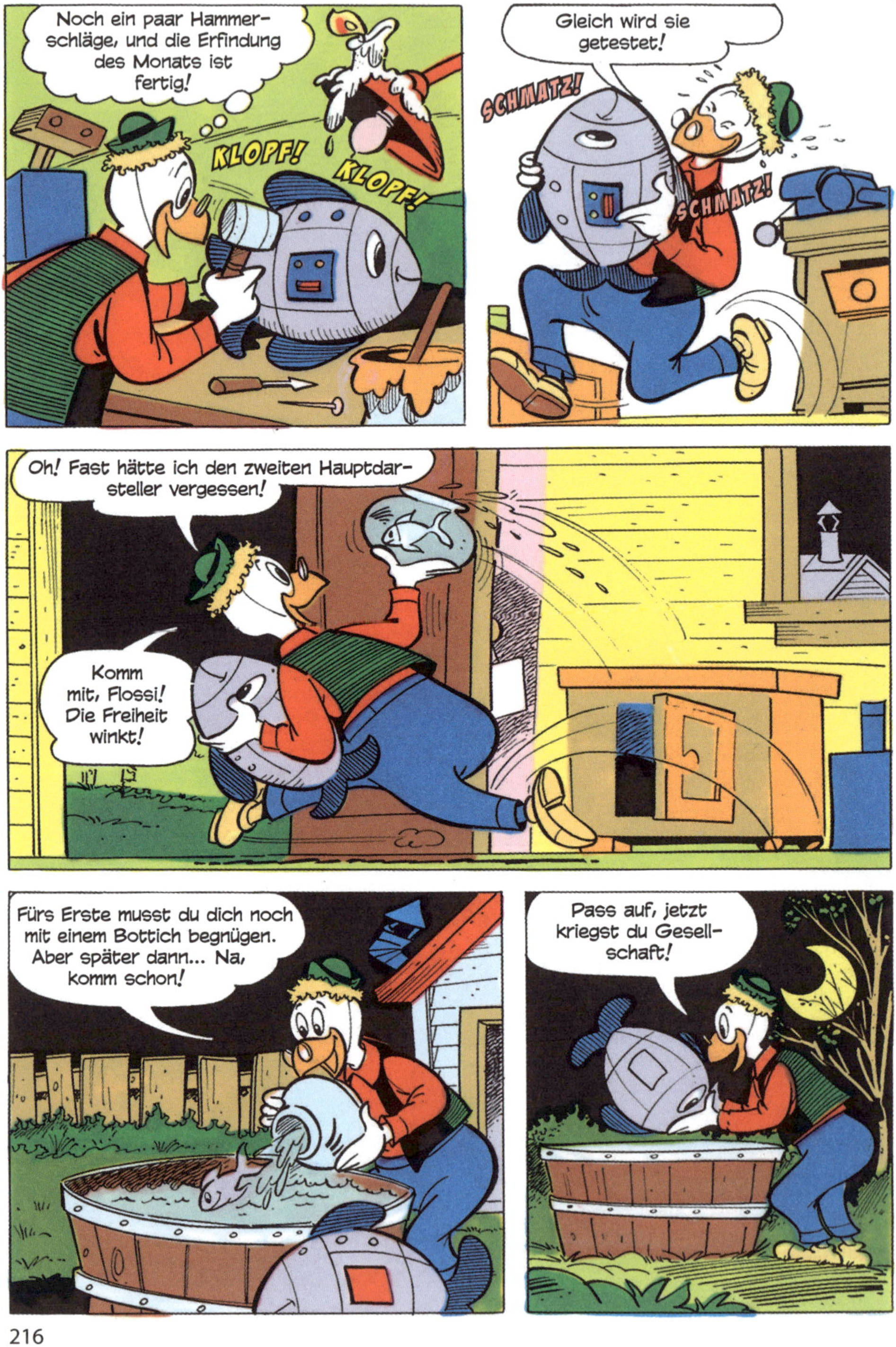
Noch ein paar Hammerschläge, und die Erfindung des Monats ist fertig!
KLOPF!
KLOPF!
Gleich wird sie getestet!
SCHMATZ!
SCHMATZ!
Oh! Fast hätte ich den zweiten Hauptdarsteller vergessen!
Komm mit, Flossi! Die Freiheit winkt!
Fürs Erste musst du dich noch mit einem Bottich begnügen. Aber später dann... Na, komm schon!
Pass auf, jetzt kriegst du Gesellschaft!

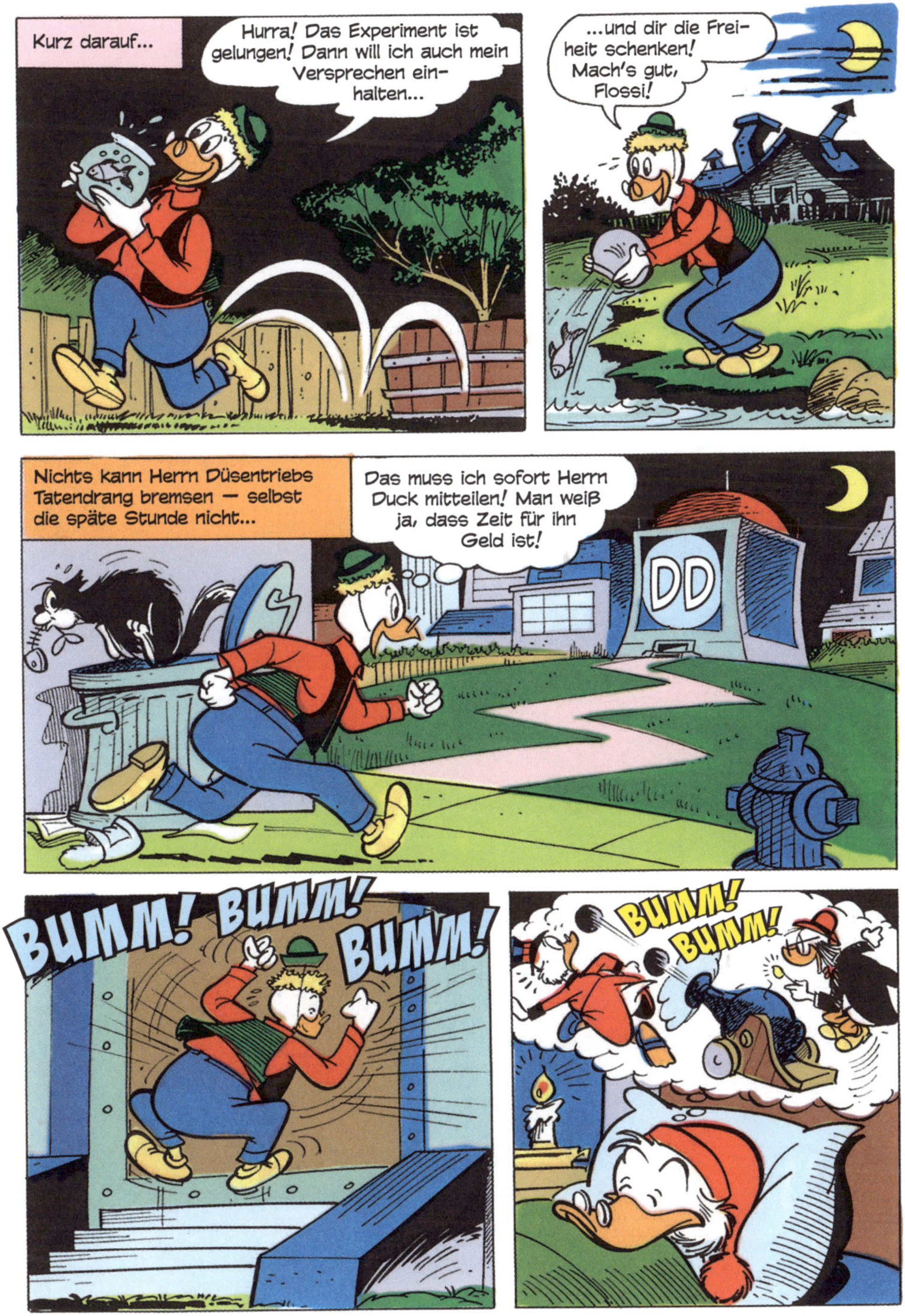
Kurz darauf...
Hurra! Das Experiment ist gelungen! Dann will ich auch mein Versprechen einhalten...
...und dir die Freiheit schenken! Mach's gut, Flossi!
Nichts kann Herrn Düsentriebs Tatendrang bremsen – selbst die späte Stunde nicht...
Das muss ich sofort Herrn Duck mitteilen! Man weiß ja, dass Zeit für ihn Geld ist!
DD
BUMM! BUMM! BUMM!
BUMM! BUMM!

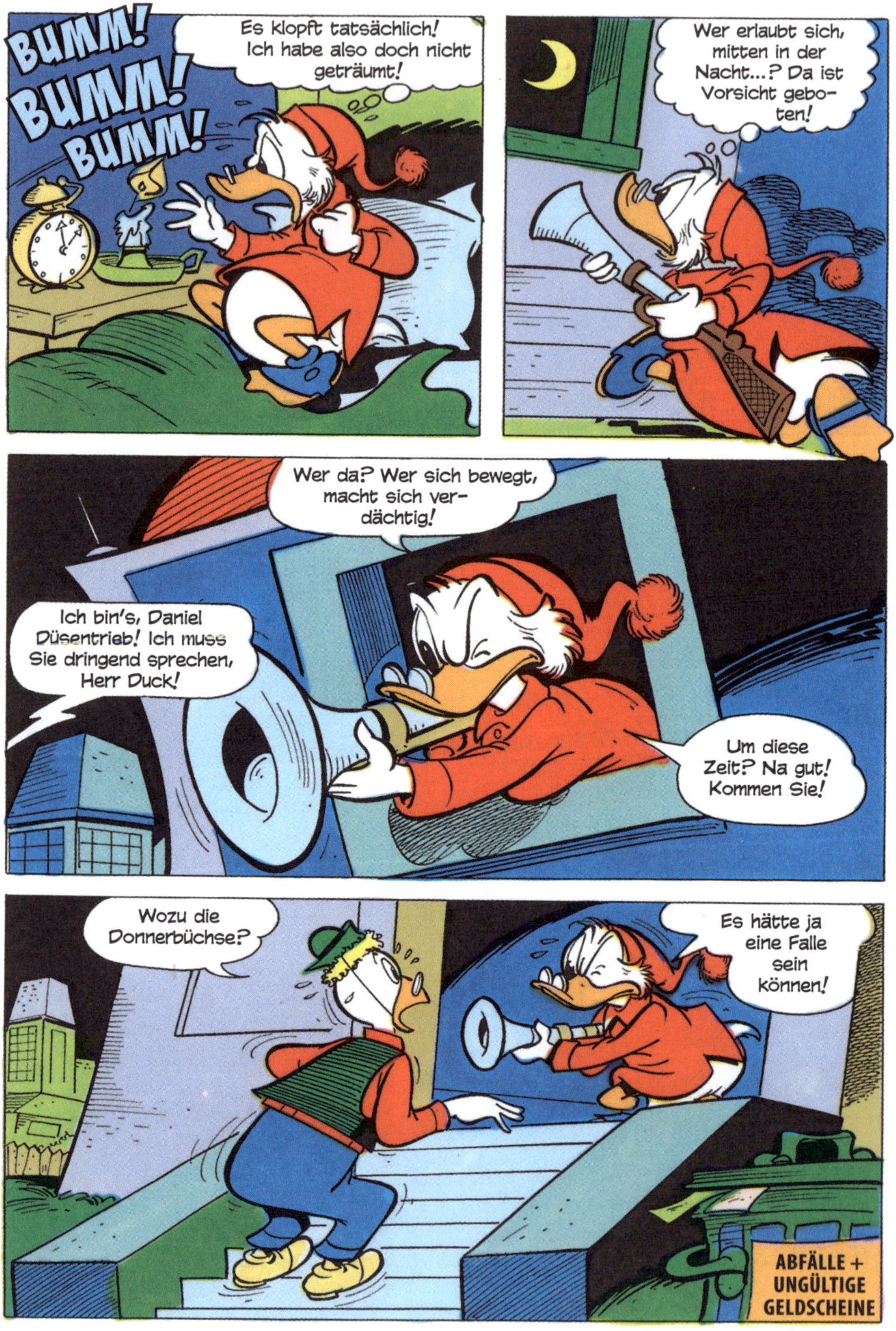
BUMM! BUMM! BUMM!
Es klopft tatsächlich! Ich habe also doch nicht geträumt!
Wer erlaubt sich, mitten in der Nacht...? Da ist Vorsicht geboten!
Wer da? Wer sich bewegt, macht sich verdächtig!
Ich bin's, Daniel Düsentrieb! Ich muss Sie dringend sprechen, Herr Duck!
Um diese Zeit? Na gut! Kommen Sie!
Wozu die Donnerbüchse?
Es hätte ja eine Falle sein können!
ABFÄLLE + UNGÜLTIGE GELDSCHEINE

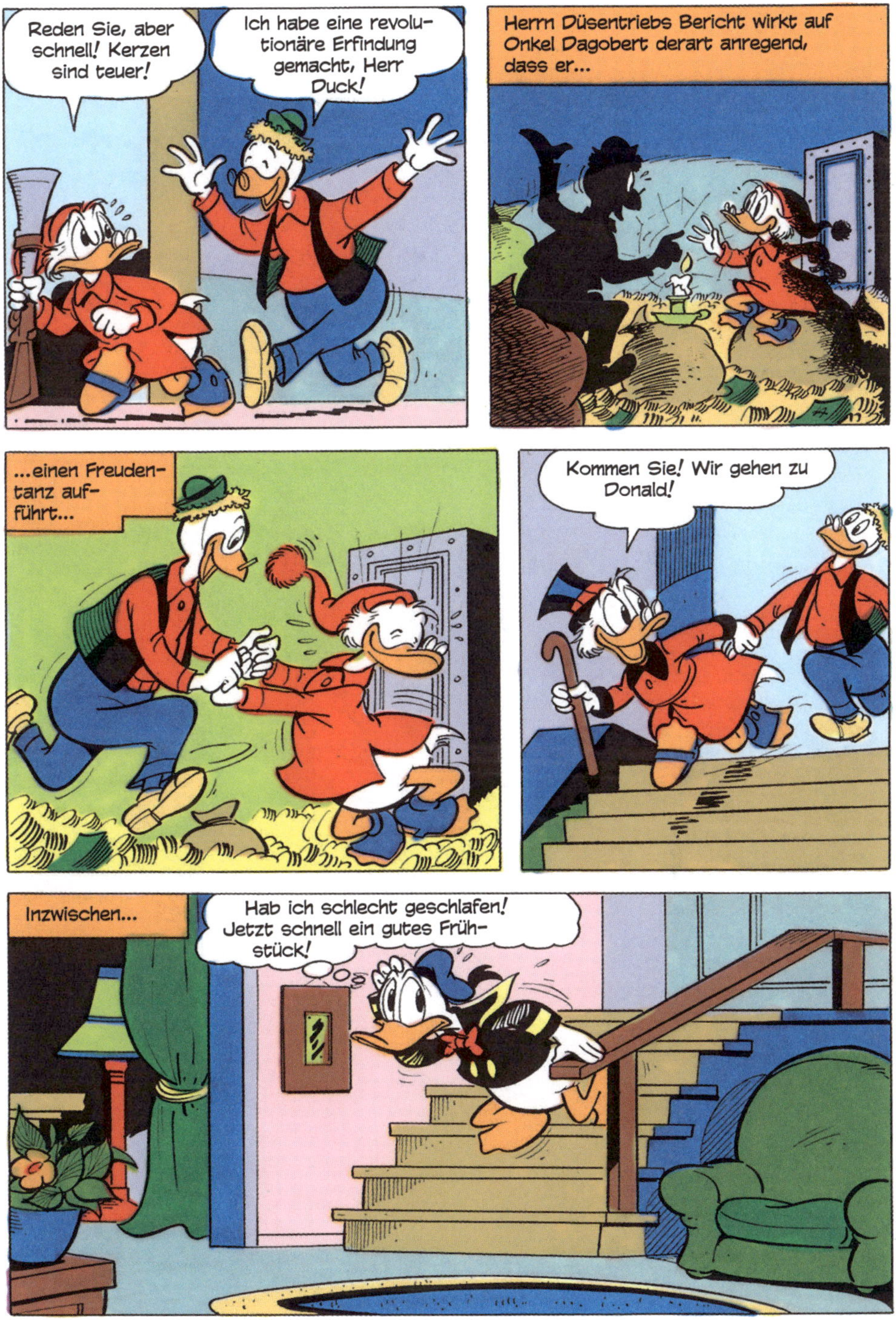
Reden Sie, aber schnell! Kerzen sind teuer!
Ich habe eine revolutionäre Erfindung gemacht, Herr Duck!
Herrn Düsentriebs Bericht wirkt auf Onkel Dagobert derart anregend, dass er…
…einen Freudentanz aufführt…
Kommen Sie! Wir gehen zu Donald!
Inzwischen…
Hab ich schlecht geschlafen! Jetzt schnell ein gutes Frühstück!

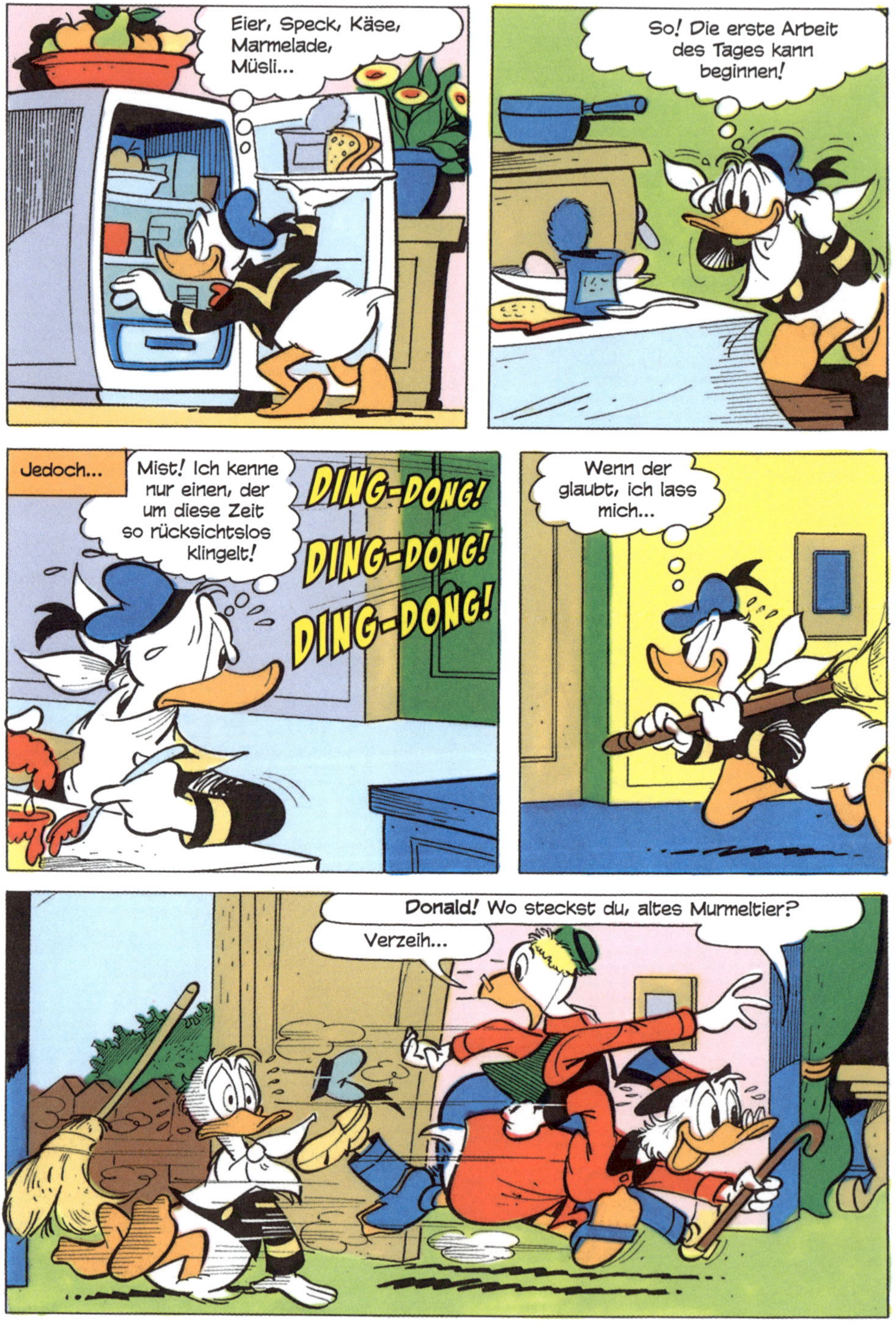

Eier, Speck, Käse, Marmelade, Müsli...
So! Die erste Arbeit des Tages kann beginnen!
Jedoch...
Mist! Ich kenne nur einen, der um diese Zeit so rücksichtslos klingelt!
DING-DONG! DING-DONG! DING-DONG!
Wenn der glaubt, ich lass mich...
Donald! Wo steckst du, altes Murmeltier?
Verzeih...

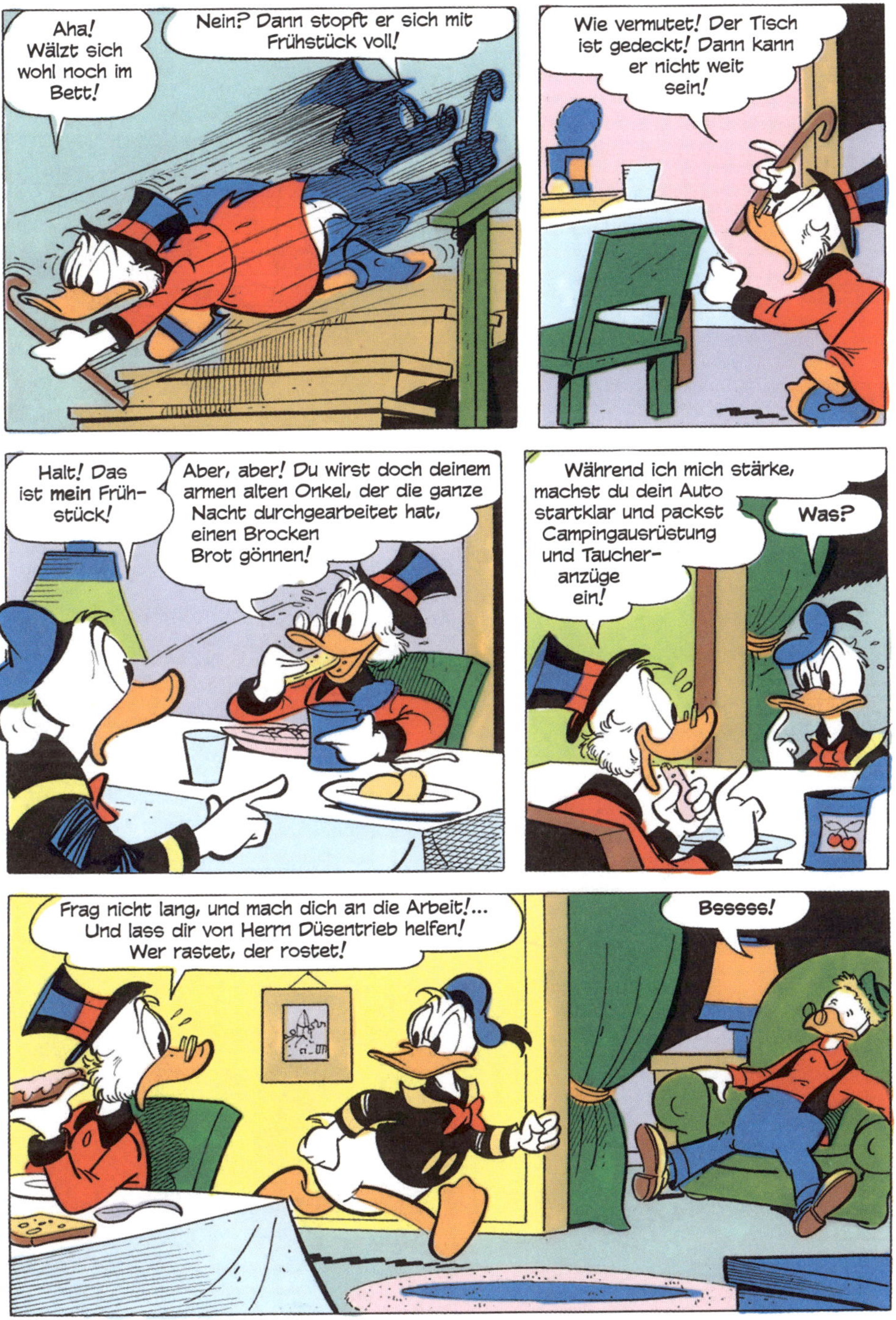
Aha! Wälzt sich wohl noch im Bett!
Nein? Dann stopft er sich mit Frühstück voll!
Wie vermutet! Der Tisch ist gedeckt! Dann kann er nicht weit sein!
Halt! Das ist mein Früh-stück!
Aber, aber! Du wirst doch deinem armen alten Onkel, der die ganze Nacht durchgearbeitet hat, einen Brocken Brot gönnen!
Während ich mich stärke, machst du dein Auto startklar und packst Campingausrüstung und Taucher-anzüge ein!
Was?
Frag nicht lang, und mach dich an die Arbeit!... Und lass dir von Herrn Düsentrieb helfen! Wer rastet, der rostet!
Bsssss!

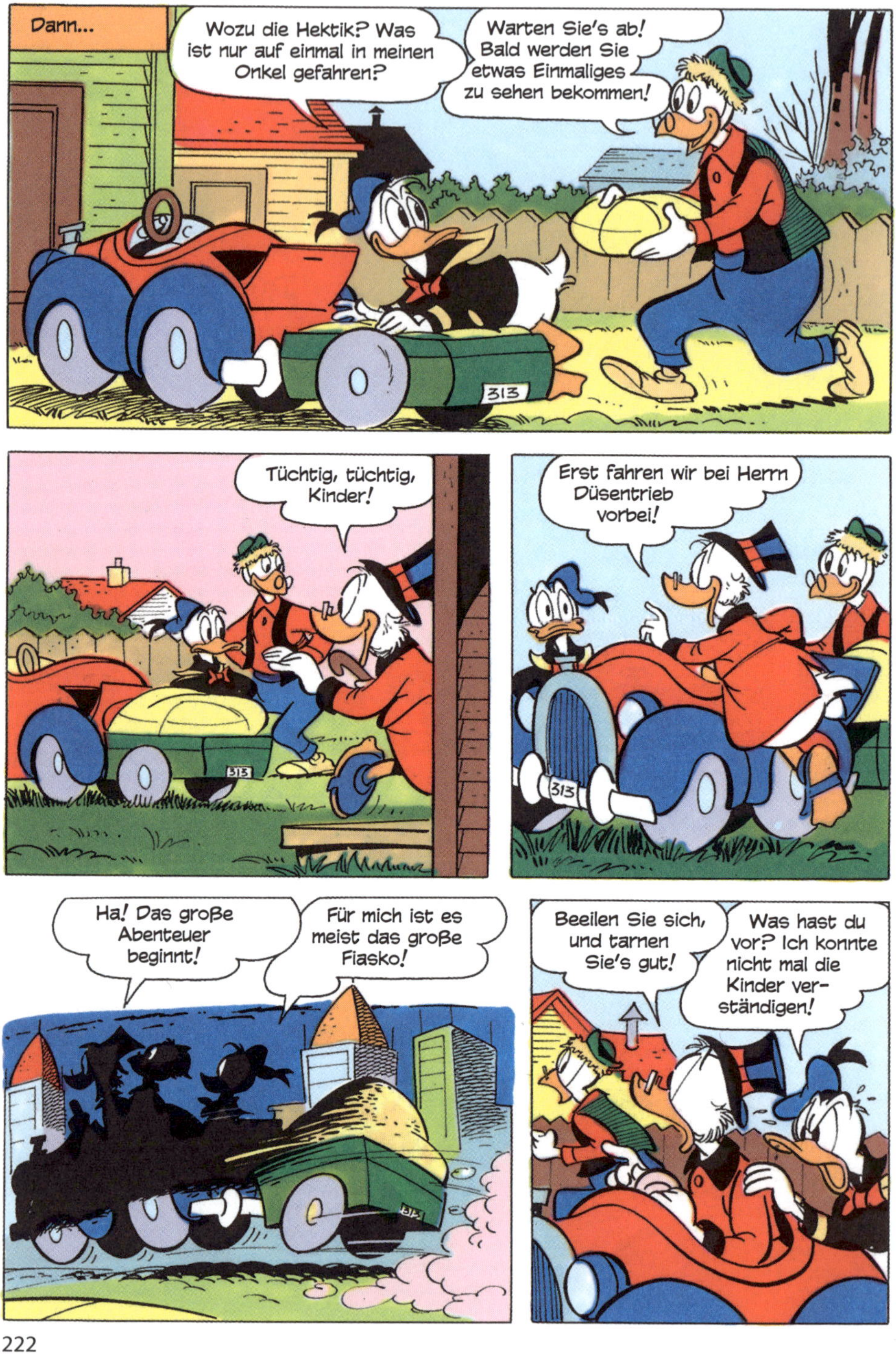
Dann...
Wozu die Hektik? Was ist nur auf einmal in meinen Onkel gefahren?
Warten Sie's ab! Bald werden Sie etwas Einmaliges zu sehen bekommen!
313
Tüchtig, tüchtig, Kinder!
Erst fahren wir bei Herrn Düsentrieb vorbei!
Ha! Das große Abenteuer beginnt!
Für mich ist es meist das große Fiasko!
Beeilen Sie sich, und tarnen Sie's gut!
Was hast du vor? Ich konnte nicht mal die Kinder verständigen!

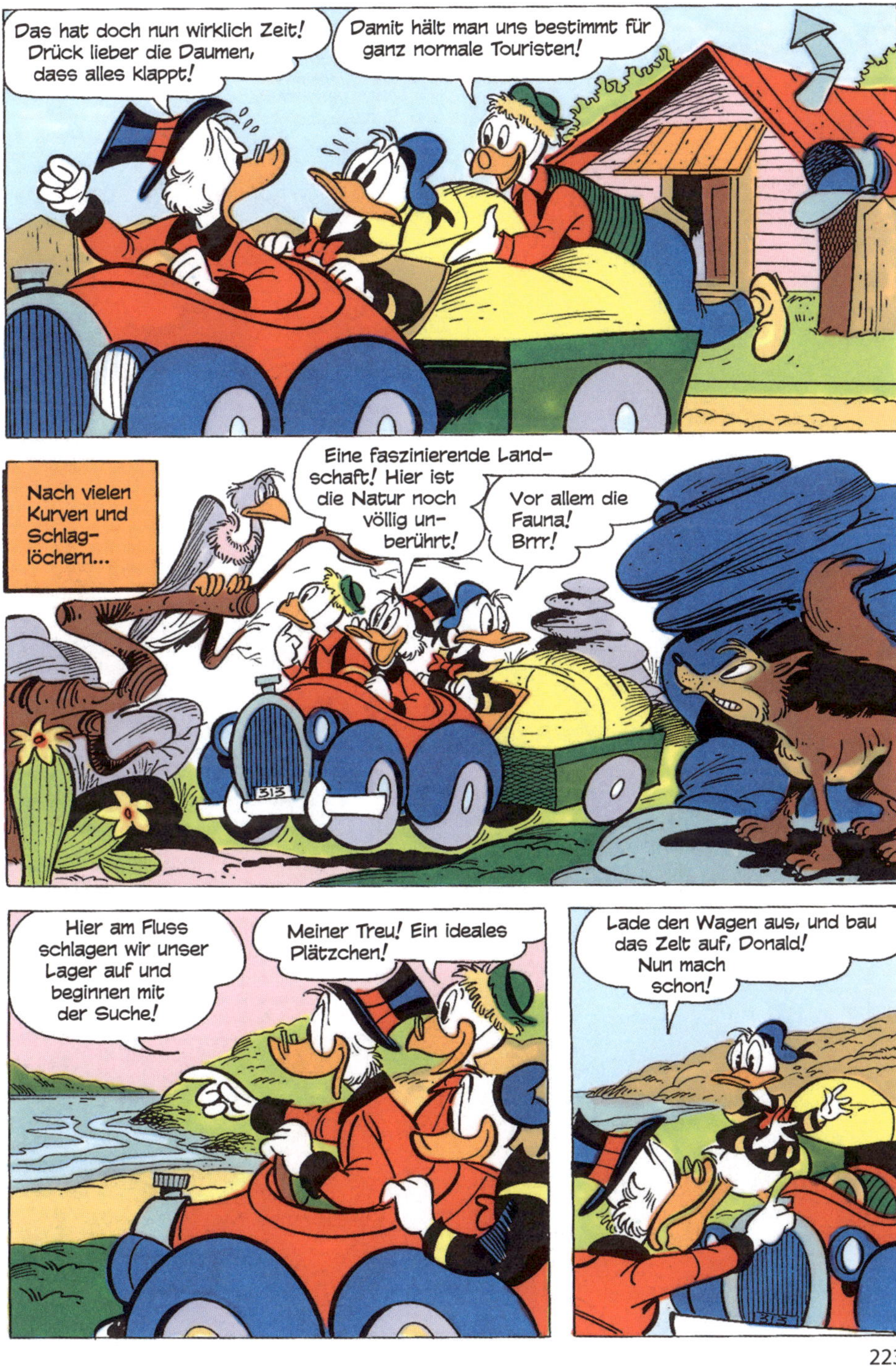

Das hat doch nun wirklich Zeit! Drück lieber die Daumen, dass alles klappt!
Damit hält man uns bestimmt für ganz normale Touristen!
Nach vielen Kurven und Schlaglöchern...
Eine faszinierende Landschaft! Hier ist die Natur noch völlig unberührt!
Vor allem die Fauna! Brrr!
Hier am Fluss schlagen wir unser Lager auf und beginnen mit der Suche!
Meiner Treu! Ein ideales Plätzchen!
Lade den Wagen aus, und bau das Zelt auf, Donald! Nun mach schon!

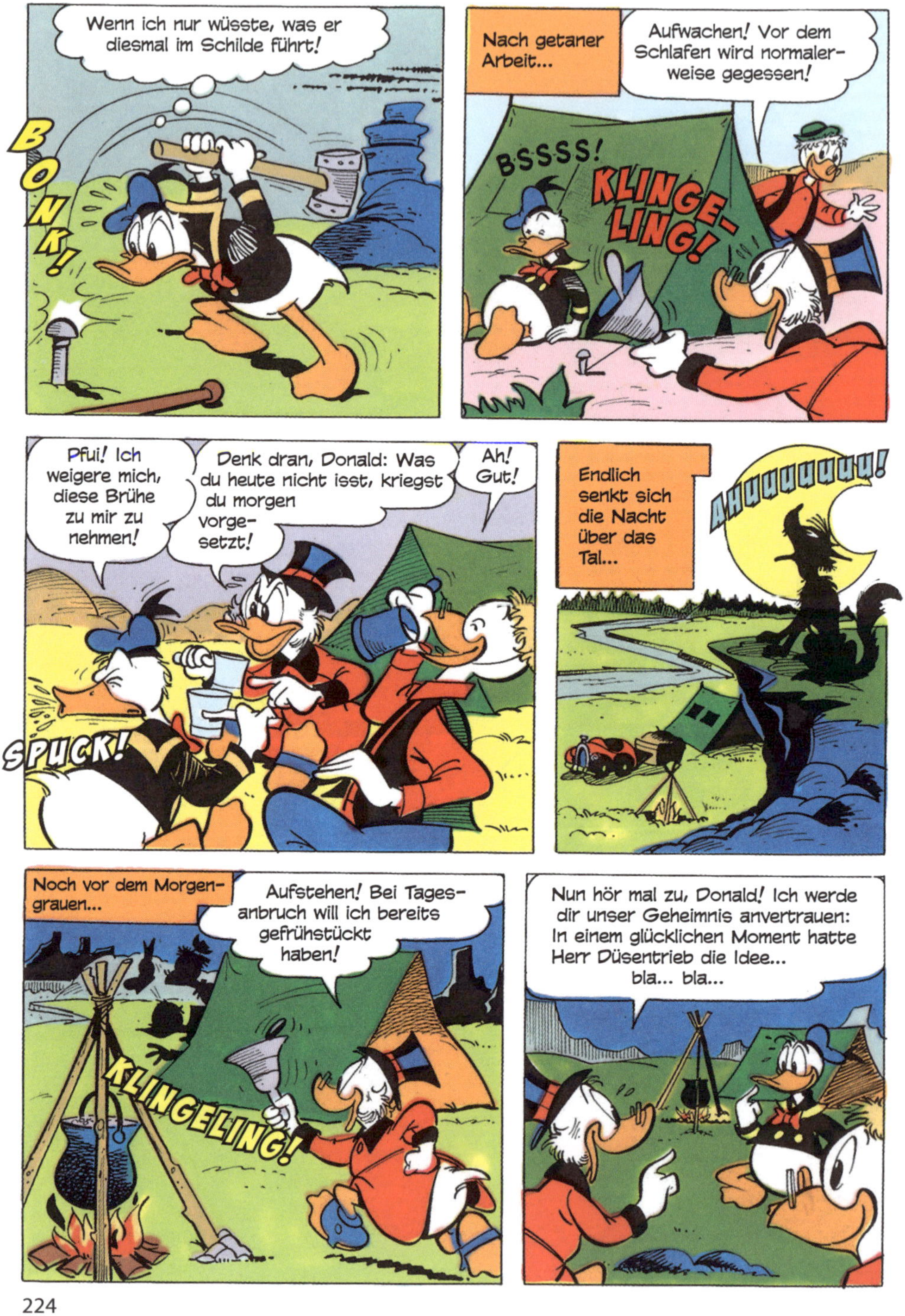
Wenn ich nur wüsste, was er diesmal im Schilde führt!
BONK!
Nach getaner Arbeit...
Aufwachen! Vor dem Schlafen wird normalerweise gegessen!
BSSSS!
KLINGE-LING!
Pfui! Ich weigere mich, diese Brühe zu mir zu nehmen!
Denk dran, Donald: Was du heute nicht isst, kriegst du morgen vorgesetzt!
Ah! Gut!
SPUCK!
Endlich senkt sich die Nacht über das Tal...
AHUUUUUUUU!
Noch vor dem Morgengrauen...
Aufstehen! Bei Tagesanbruch will ich bereits gefrühstückt haben!
KLINGELING!
Nun hör mal zu, Donald! Ich werde dir unser Geheimnis anvertrauen: In einem glücklichen Moment hatte Herr Düsentrieb die Idee... bla... bla...

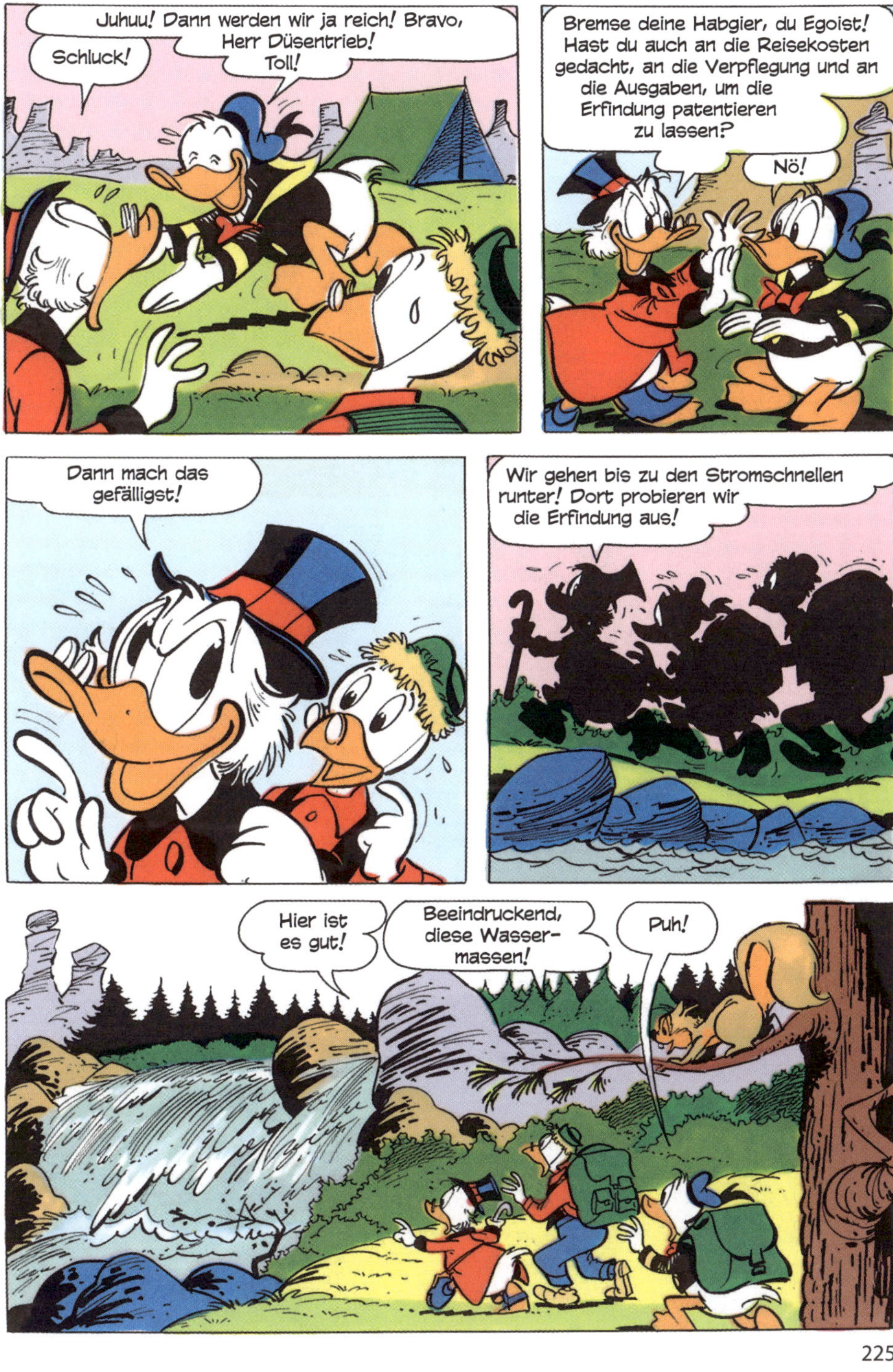
Schluck!
Juhuu! Dann werden wir ja reich! Bravo, Herr Düsentrieb! Toll!
Bremse deine Habgier, du Egoist! Hast du auch an die Reisekosten gedacht, an die Verpflegung und an die Ausgaben, um die Erfindung patentieren zu lassen?
Nö!
Dann mach das gefälligst!
Wir gehen bis zu den Stromschnellen runter! Dort probieren wir die Erfindung aus!
Hier ist es gut!
Beeindruckend, diese Wassermassen!
Puh!

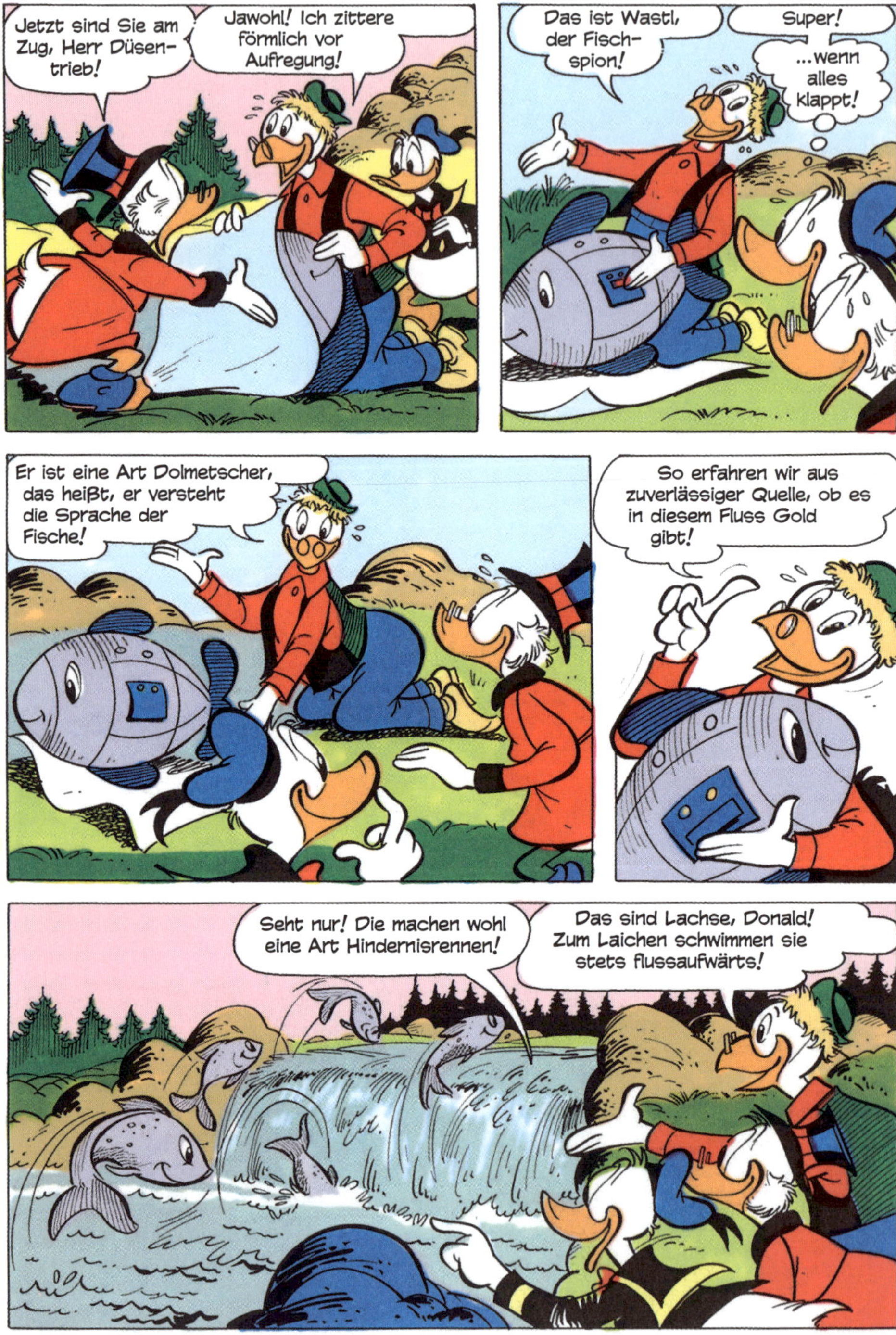
Jetzt sind Sie am Zug, Herr Düsentrieb!
Jawohl! Ich zittere förmlich vor Aufregung!
Das ist Wastl, der Fischspion!
Super!
...wenn alles klappt!
Er ist eine Art Dolmetscher, das heißt, er versteht die Sprache der Fische!
So erfahren wir aus zuverlässiger Quelle, ob es in diesem Fluss Gold gibt!
Seht nur! Die machen wohl eine Art Hindernisrennen!
Das sind Lachse, Donald! Zum Laichen schwimmen sie stets flussaufwärts!

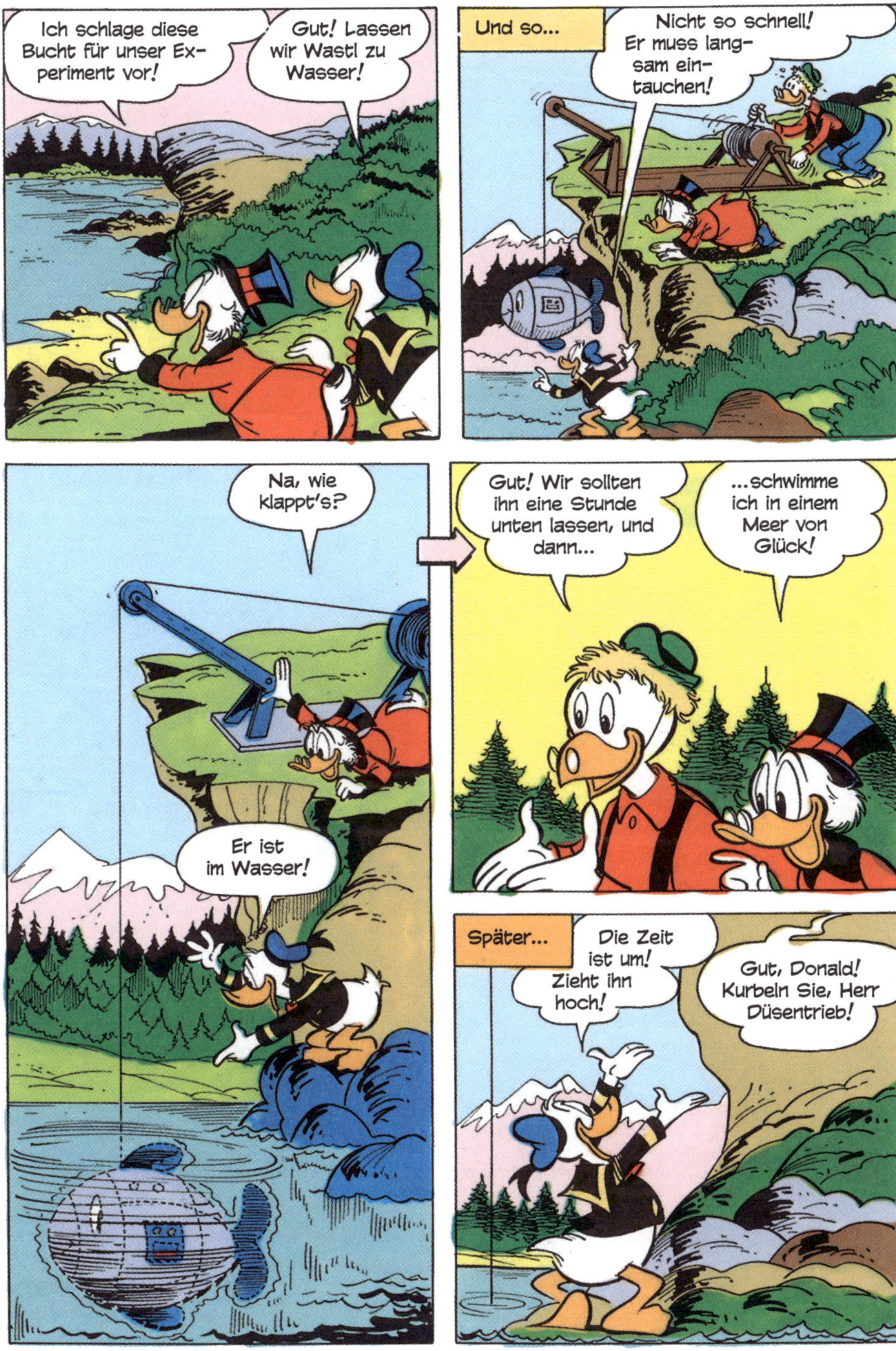
Ich schlage diese Bucht für unser Experiment vor!
Gut! Lassen wir Wastl zu Wasser!
Und so...
Nicht so schnell! Er muss langsam eintauchen!
Na, wie klappt's?
Er ist im Wasser!
Gut! Wir sollten ihn eine Stunde unten lassen, und dann...
...schwimme ich in einem Meer von Glück!
Später...
Die Zeit ist um! Zieht ihn hoch!
Gut, Donald! Kurbeln Sie, Herr Düsentrieb!

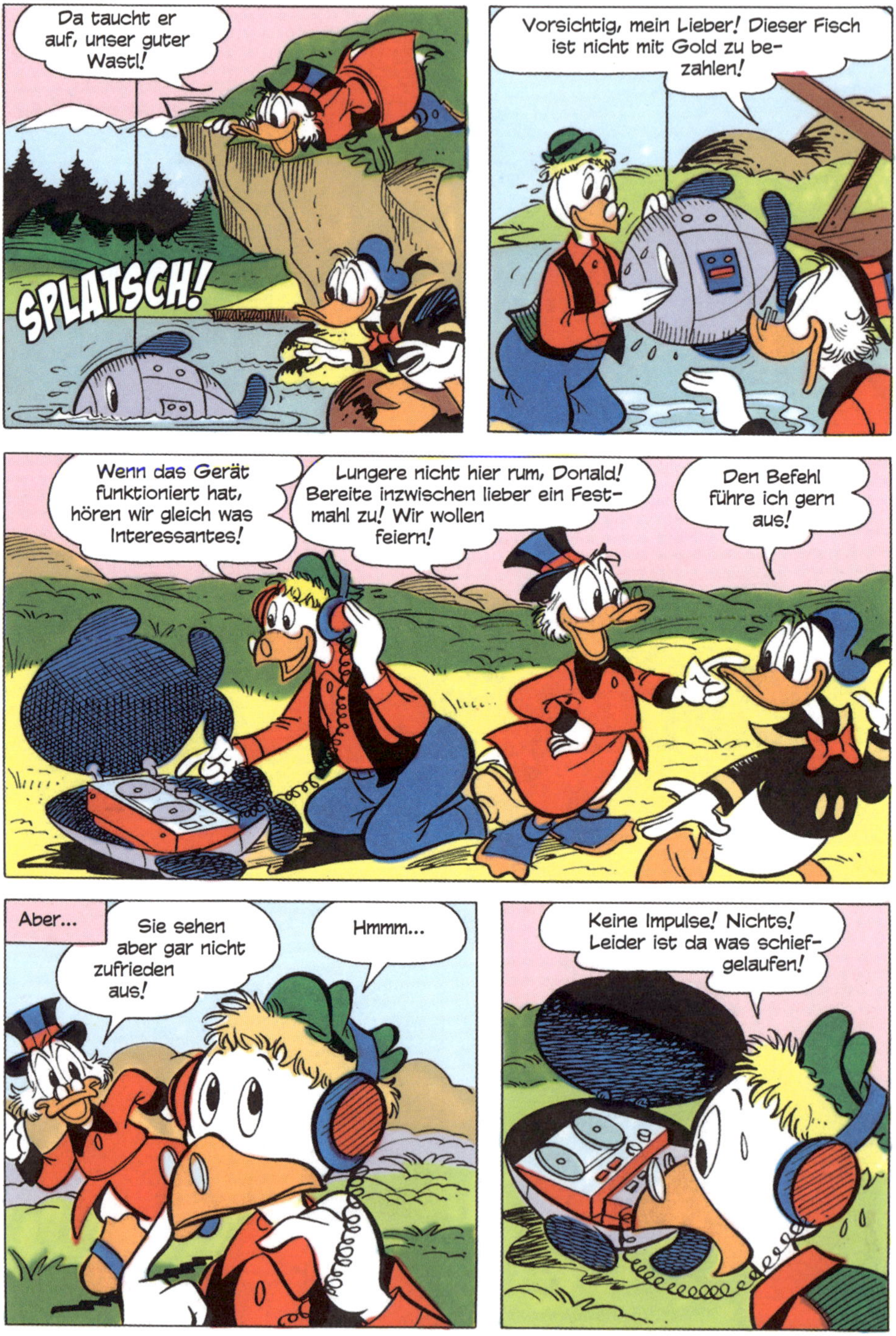
Da taucht er auf, unser guter Wastl!
SPLATSCH!
Vorsichtig, mein Lieber! Dieser Fisch ist nicht mit Gold zu bezahlen!
Wenn das Gerät funktioniert hat, hören wir gleich was Interessantes!
Lungere nicht hier rum, Donald! Bereite inzwischen lieber ein Festmahl zu! Wir wollen feiern!
Den Befehl führe ich gern aus!
Aber...
Sie sehen aber gar nicht zufrieden aus!
Hmmm...
Keine Impulse! Nichts! Leider ist da was schiefgelaufen!

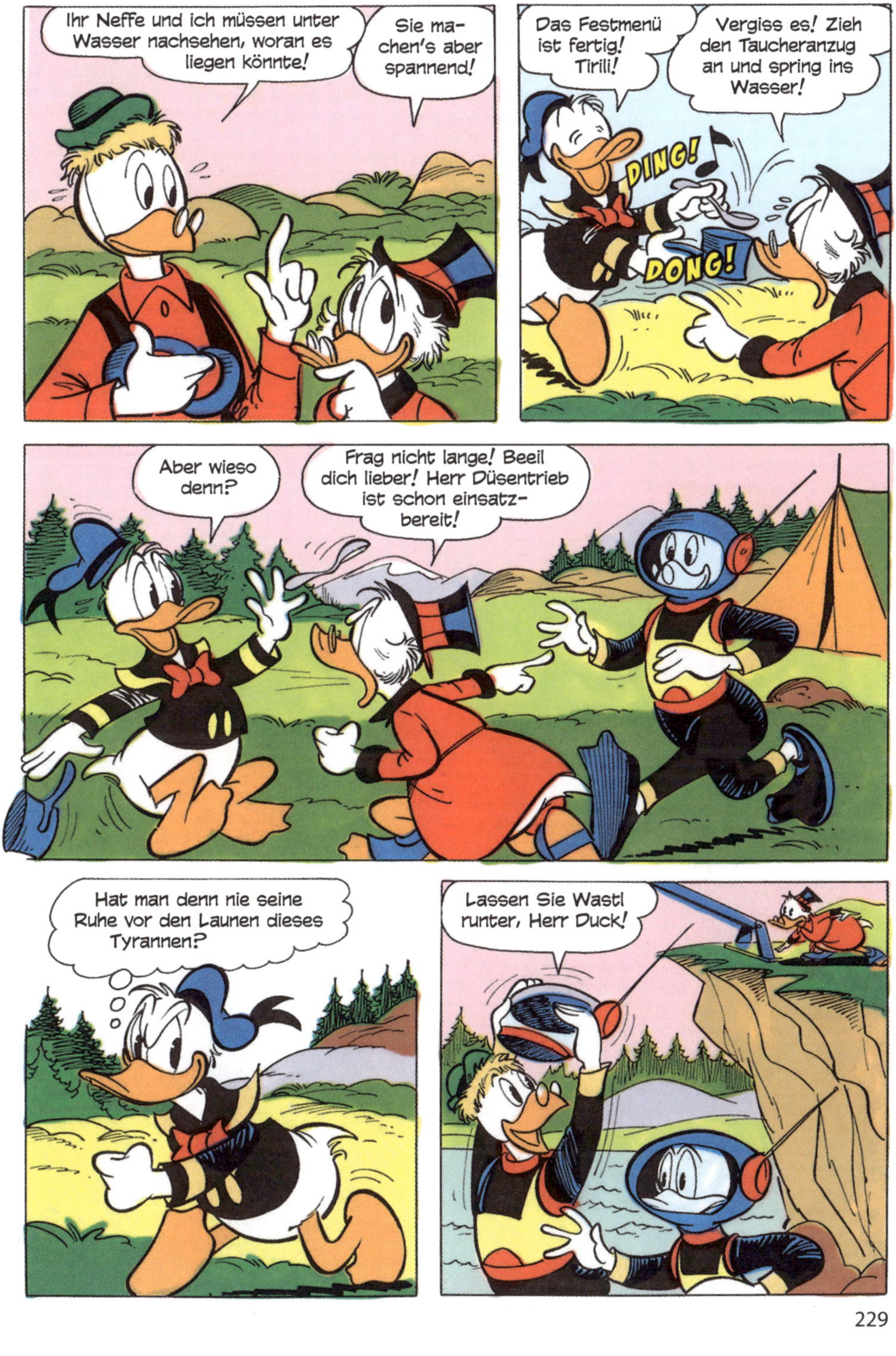
Ihr Neffe und ich müssen unter Wasser nachsehen, woran es liegen könnte!
Sie machen's aber spannend!
Das Festmenü ist fertig! Tirili!
Vergiss es! Zieh den Taucheranzug an und spring ins Wasser!
DING!
DONG!
Aber wieso denn?
Frag nicht lange! Beeil dich lieber! Herr Düsentrieb ist schon einsatzbereit!
Hat man denn nie seine Ruhe vor den Launen dieses Tyrannen?
Lassen Sie Wastl runter, Herr Duck!

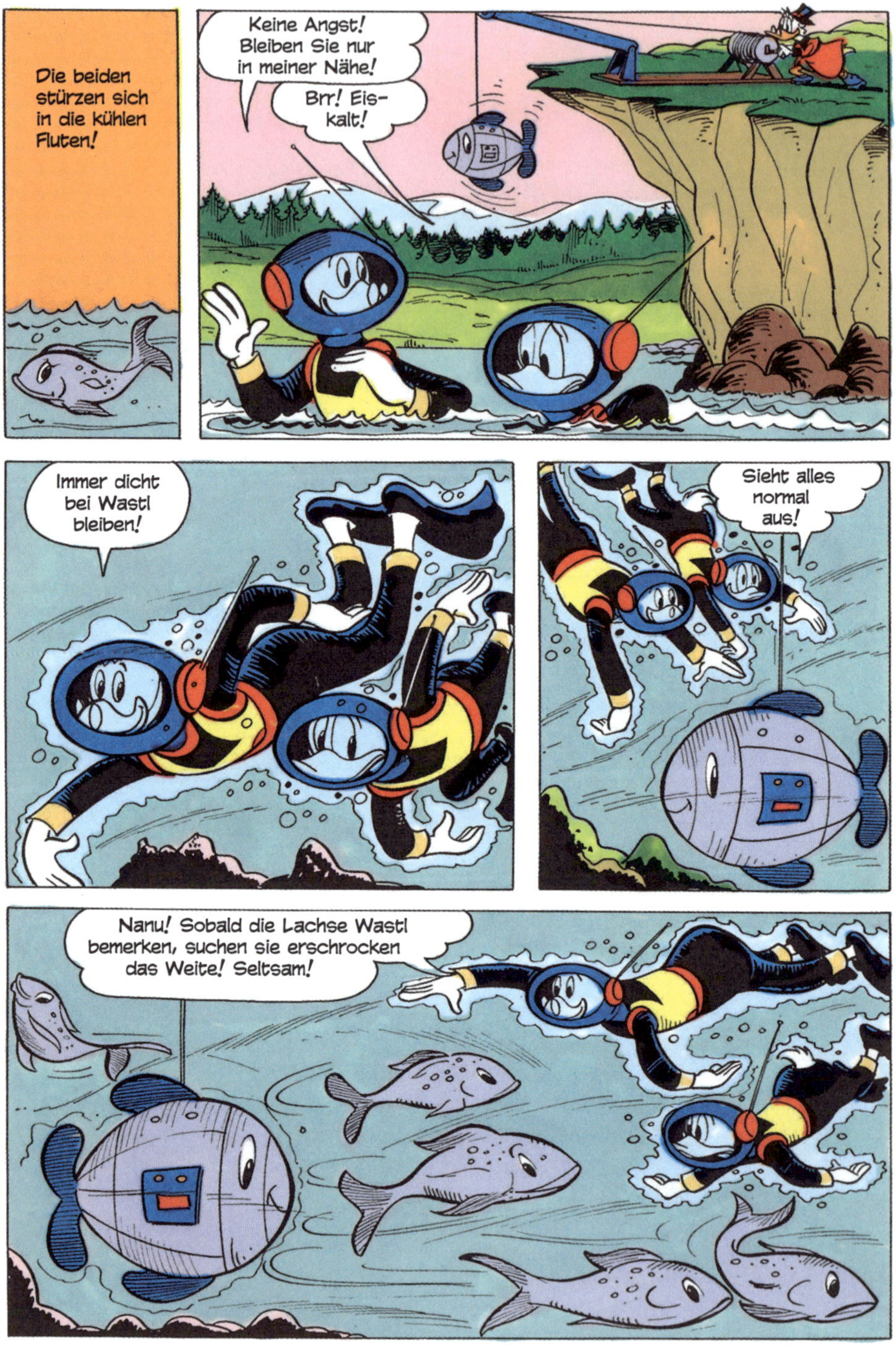
Die beiden stürzen sich in die kühlen Fluten!
Keine Angst! Bleiben Sie nur in meiner Nähe!
Brr! Eis-kalt!
Immer dicht bei Wastl bleiben!
Sieht alles normal aus!
Nanu! Sobald die Lachse Wastl bemerken, suchen sie erschrocken das Weite! Seltsam!

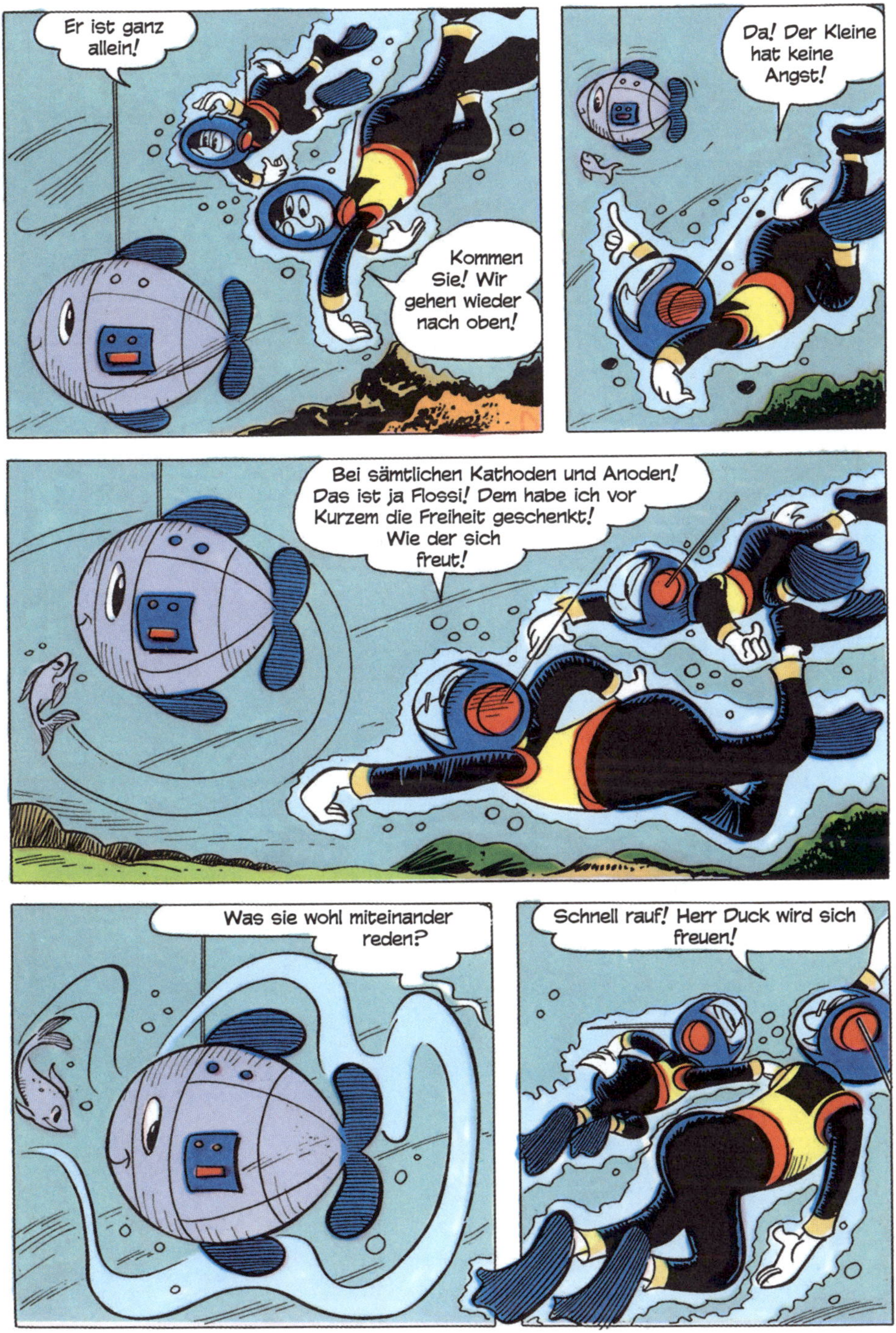
Er ist ganz allein!
Kommen Sie! Wir gehen wieder nach oben!
Da! Der Kleine hat keine Angst!
Bei sämtlichen Kathoden und Anoden! Das ist ja Flossi! Dem habe ich vor Kurzem die Freiheit geschenkt! Wie der sich freut!
Was sie wohl miteinander reden?
Schnell rauf! Herr Duck wird sich freuen!

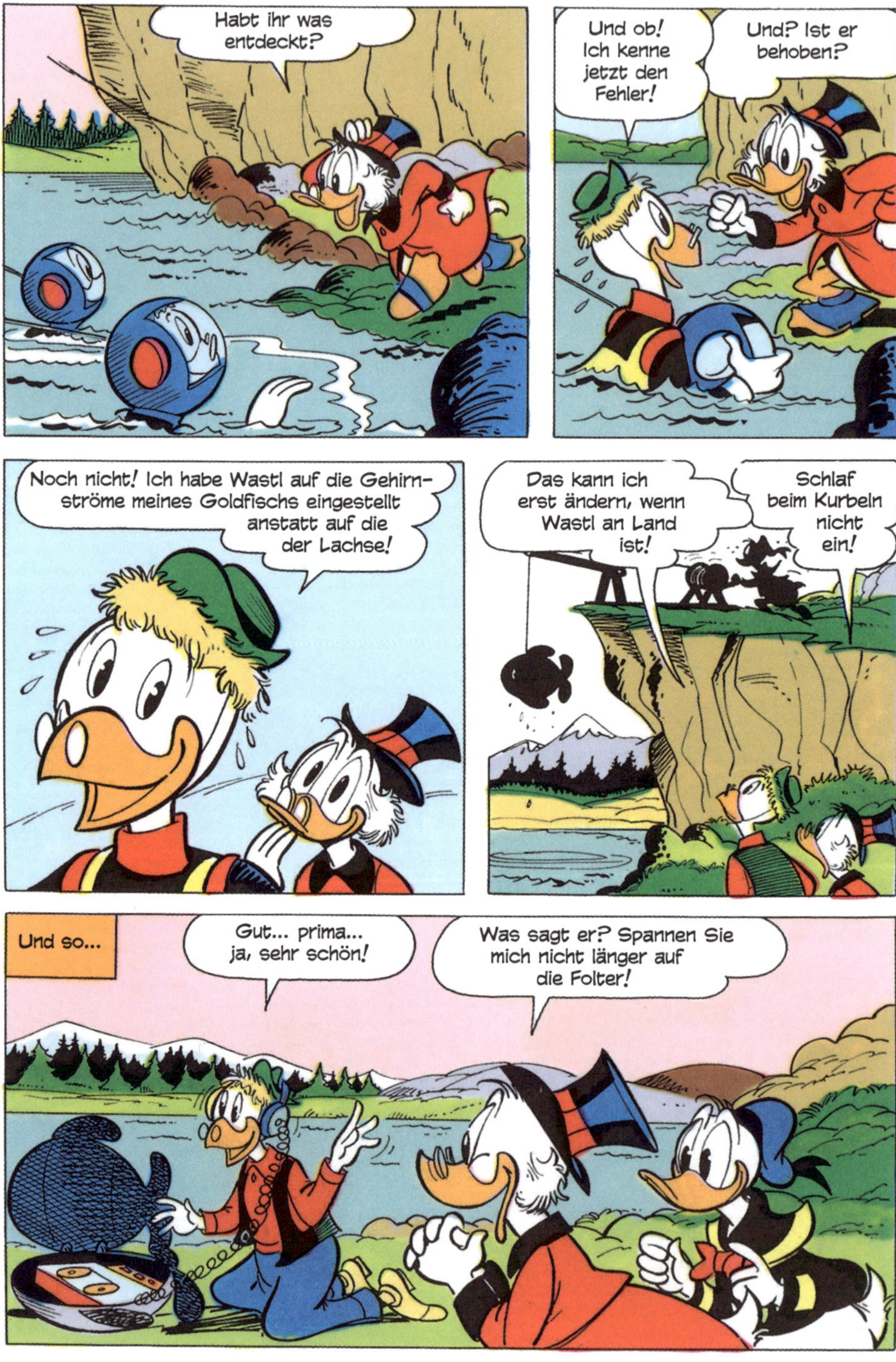
Habt ihr was entdeckt?
Und ob! Ich kenne jetzt den Fehler!
Und? Ist er behoben?
Noch nicht! Ich habe Wastl auf die Gehirnströme meines Goldfischs eingestellt anstatt auf die der Lachse!
Das kann ich erst ändern, wenn Wastl an Land ist!
Schlaf beim Kurbeln nicht ein!
Und so...
Gut... prima... ja, sehr schön!
Was sagt er? Spannen Sie mich nicht länger auf die Folter!

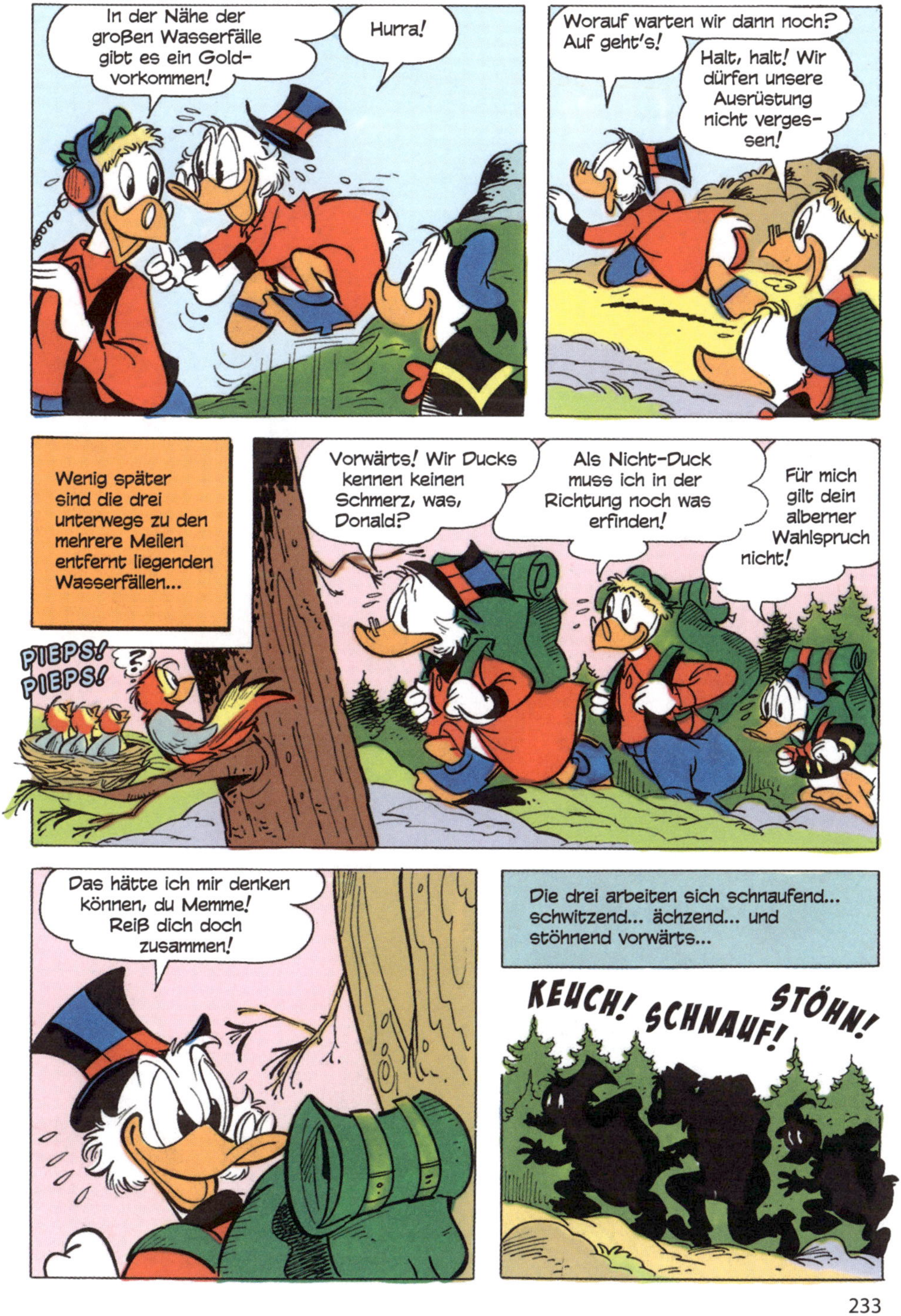

In der Nähe der großen Wasserfälle gibt es ein Goldvorkommen!
Hurra!
Worauf warten wir dann noch? Auf geht's!
Halt, halt! Wir dürfen unsere Ausrüstung nicht vergessen!
Wenig später sind die drei unterwegs zu den mehrere Meilen entfernt liegenden Wasserfällen...
Vorwärts! Wir Ducks kennen keinen Schmerz, was, Donald?
Als Nicht-Duck muss ich in der Richtung noch was erfinden!
Für mich gilt dein alberner Wahlspruch nicht!
PIEPS! PIEPS!
Das hätte ich mir denken können, du Memme! Reiß dich doch zusammen!
Die drei arbeiten sich schnaufend... schwitzend... ächzend... und stöhnend vorwärts...
KEUCH! SCHNAUF! STÖHN!

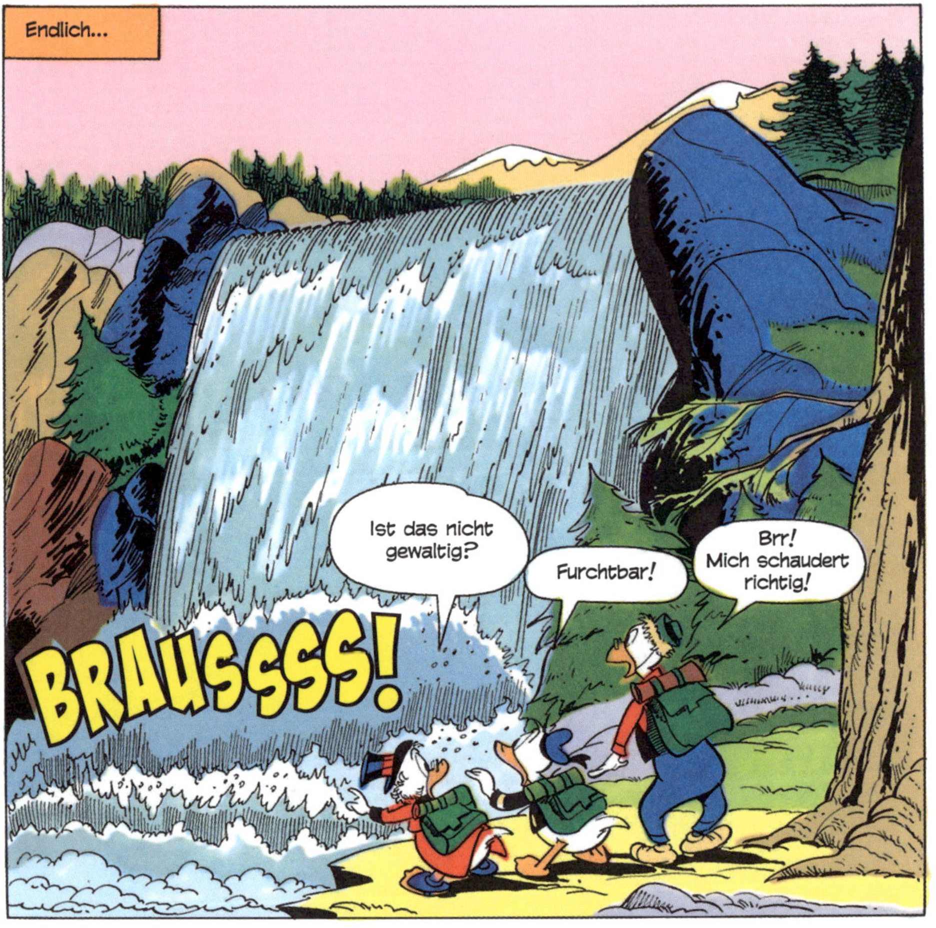
Endlich...
Ist das nicht gewaltig?
Furchtbar!
Brr! Mich schaudert richtig!
BRAUSSSS!

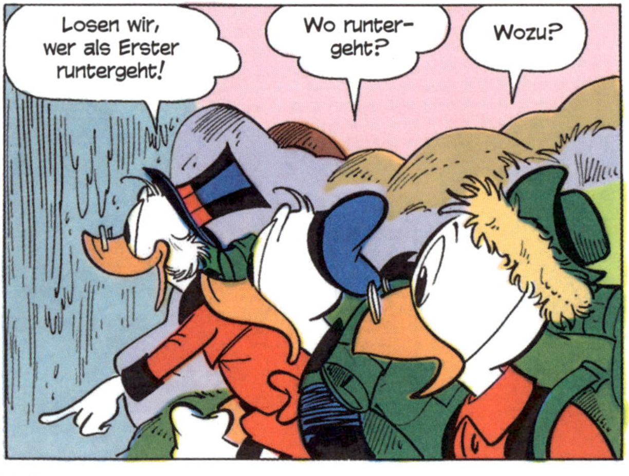
Losen wir, wer als Erster runtergeht!
Wo runter-geht?
Wozu?

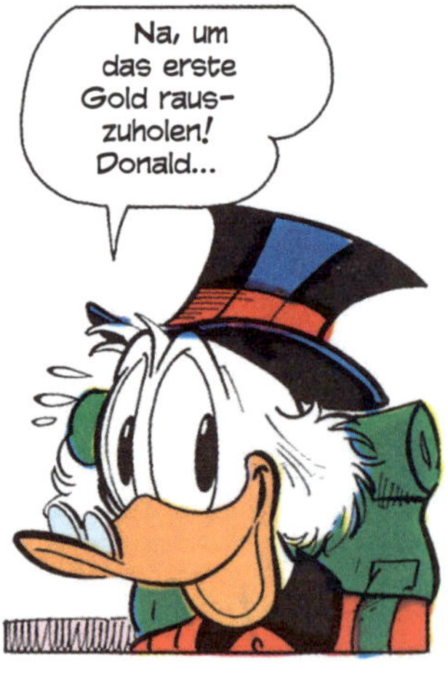
Na, um das erste Gold raus-zuholen! Donald...

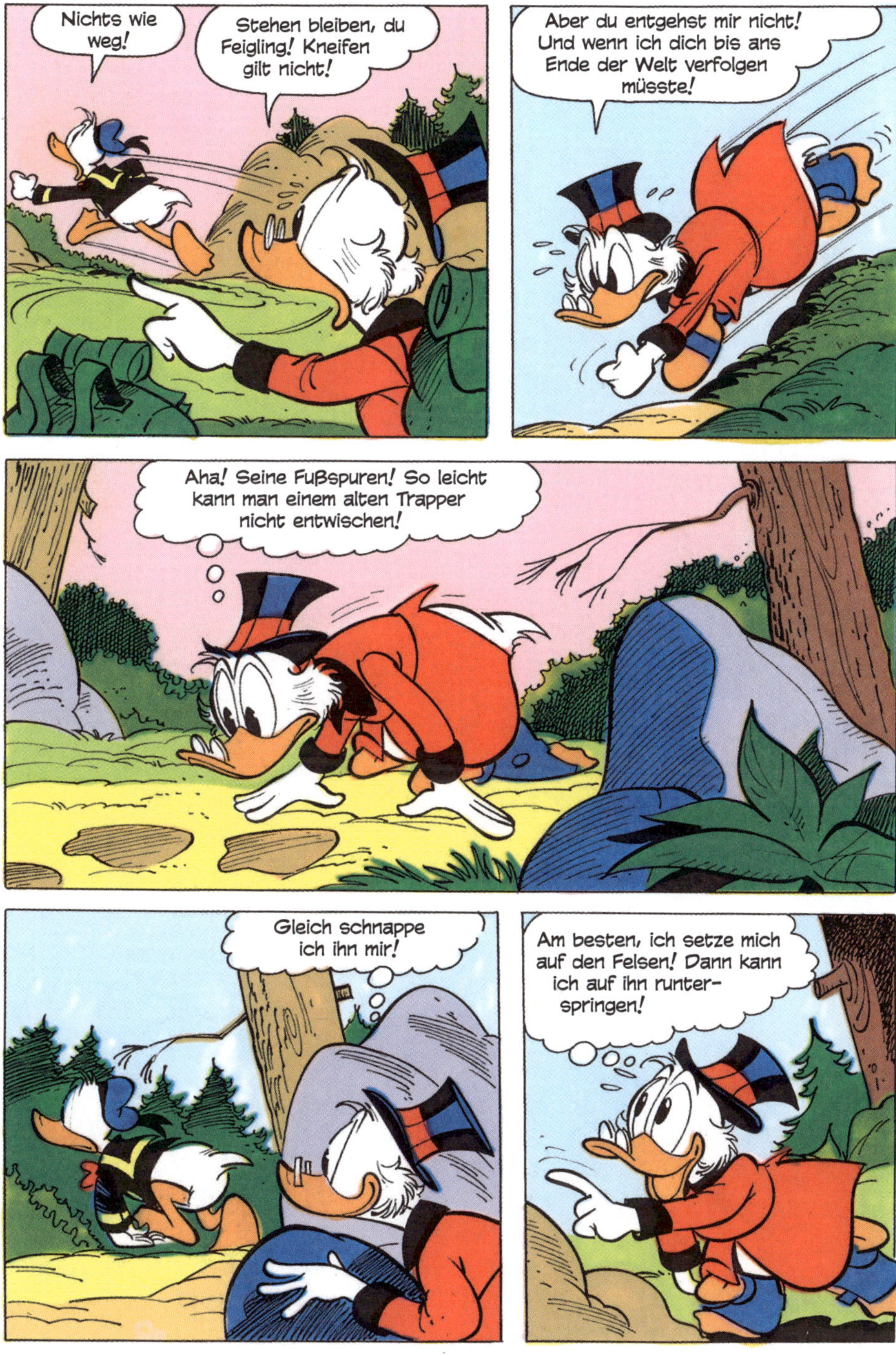

Nichts wie weg!
Stehen bleiben, du Feigling! Kneifen gilt nicht!
Aber du entgehst mir nicht! Und wenn ich dich bis ans Ende der Welt verfolgen müsste!
Aha! Seine Fußspuren! So leicht kann man einem alten Trapper nicht entwischen!
Gleich schnappe ich ihn mir!
Am besten, ich setze mich auf den Felsen! Dann kann ich auf ihn runter-springen!

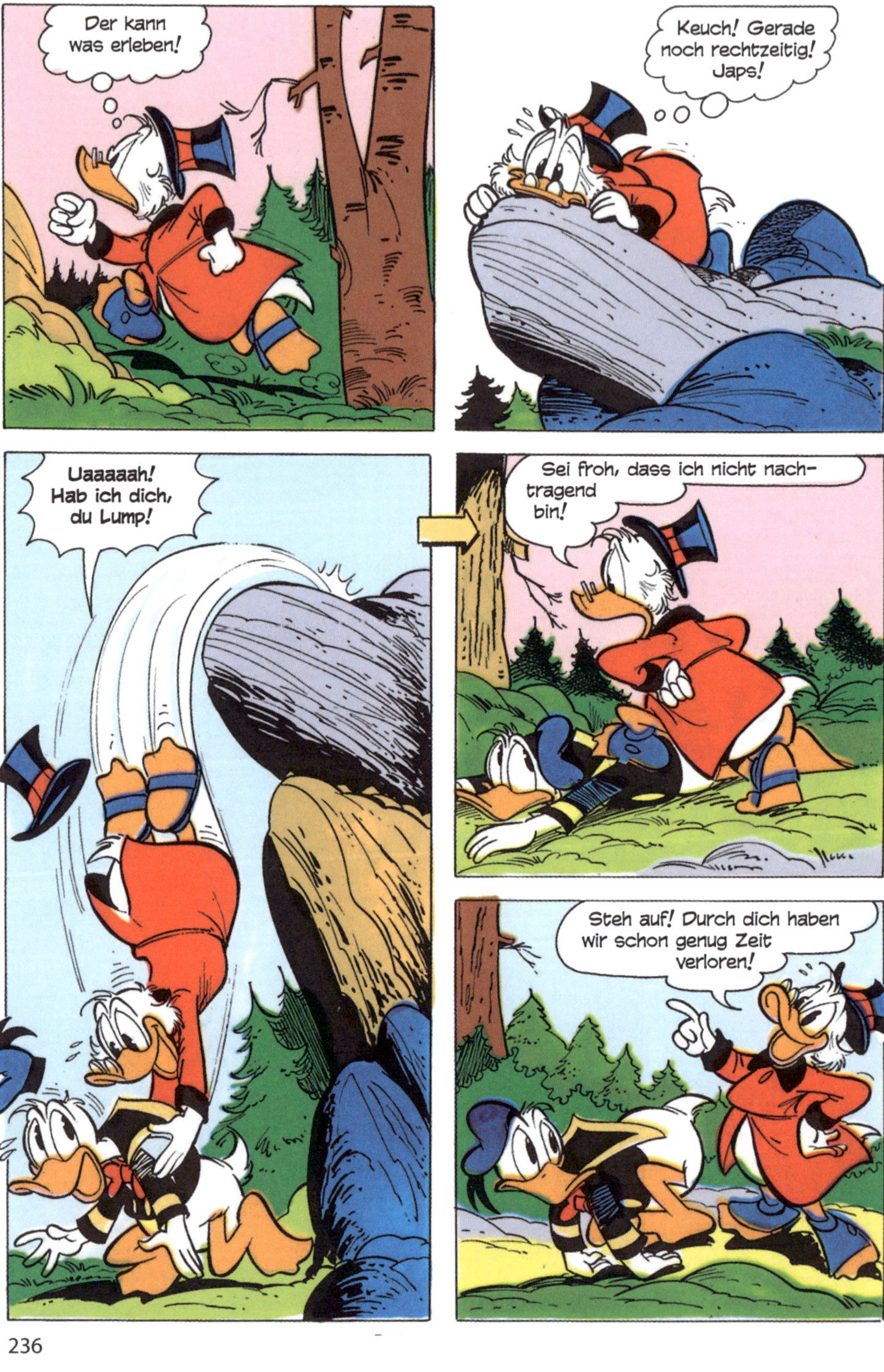
Der kann
was erleben!
Keuch! Gerade
noch rechtzeitig!
Japs!
Uaaaaah!
Hab ich dich,
du Lump!
Sei froh, dass ich nicht nach-
tragend
bin!
Steh auf! Durch dich haben
wir schon genug Zeit
verloren!

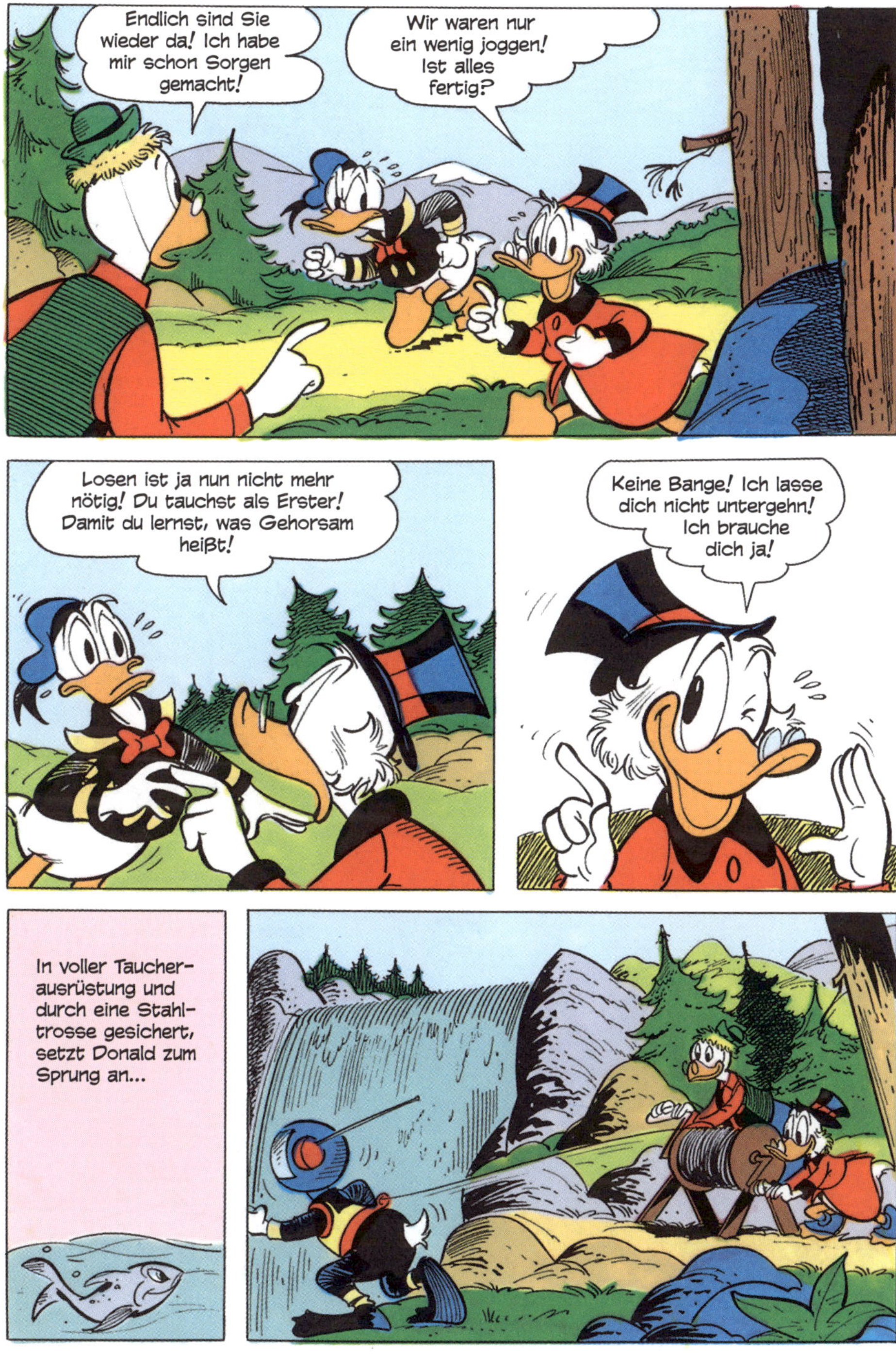

Endlich sind Sie wieder da! Ich habe mir schon Sorgen gemacht!
Wir waren nur ein wenig joggen! Ist alles fertig?
Losen ist ja nun nicht mehr nötig! Du tauchst als Erster! Damit du lernst, was Gehorsam heißt!
Keine Bange! Ich lasse dich nicht untergehn! Ich brauche dich ja!
In voller Taucherausrüstung und durch eine Stahltrosse gesichert, setzt Donald zum Sprung an...

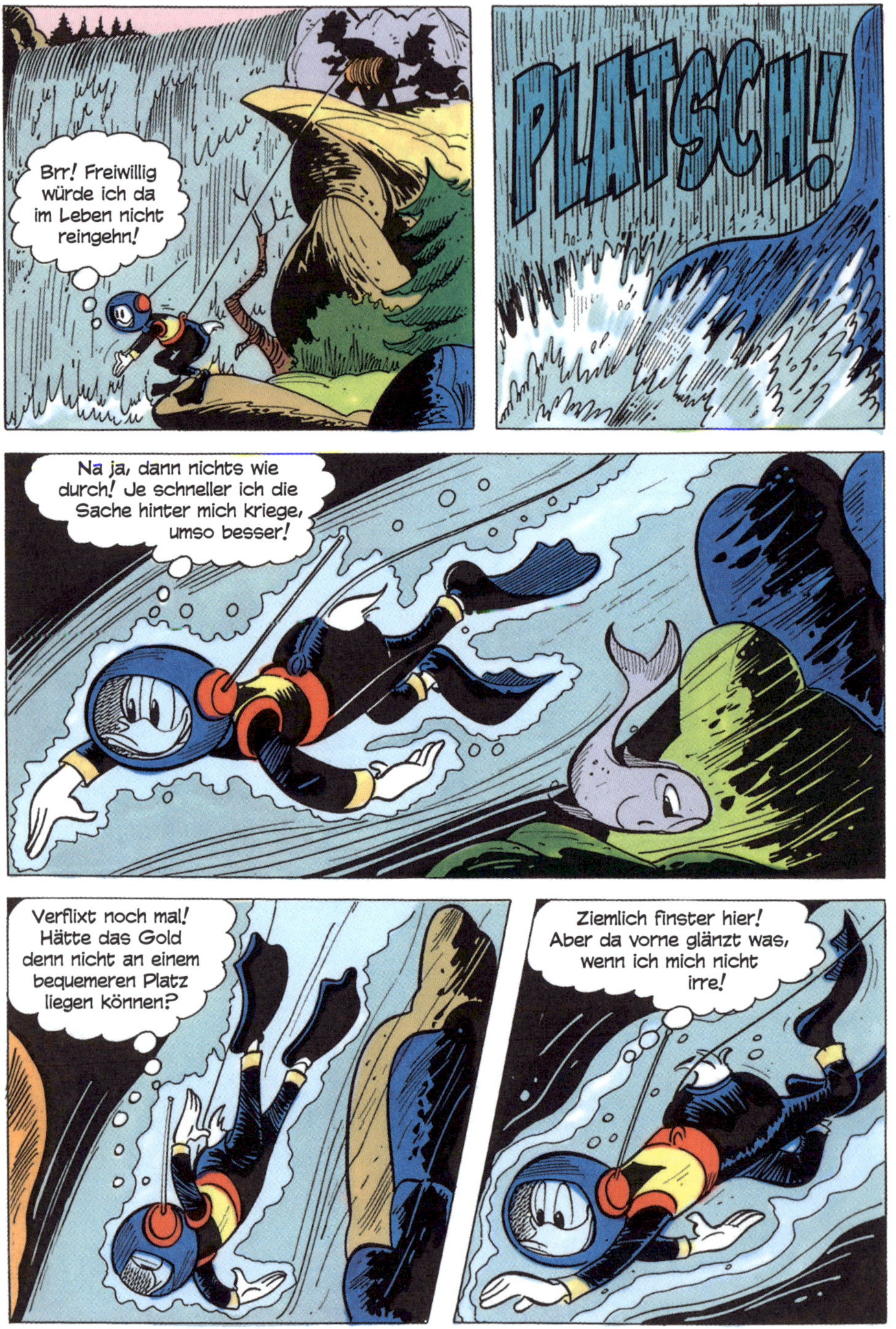
Brr! Freiwillig würde ich da im Leben nicht reingehn!
PLATSCH!
Na ja, dann nichts wie durch! Je schneller ich die Sache hinter mich kriege, umso besser!
Verflixt noch mal! Hätte das Gold denn nicht an einem bequemeren Platz liegen können?
Ziemlich finster hier! Aber da vorne glänzt was, wenn ich mich nicht irre!

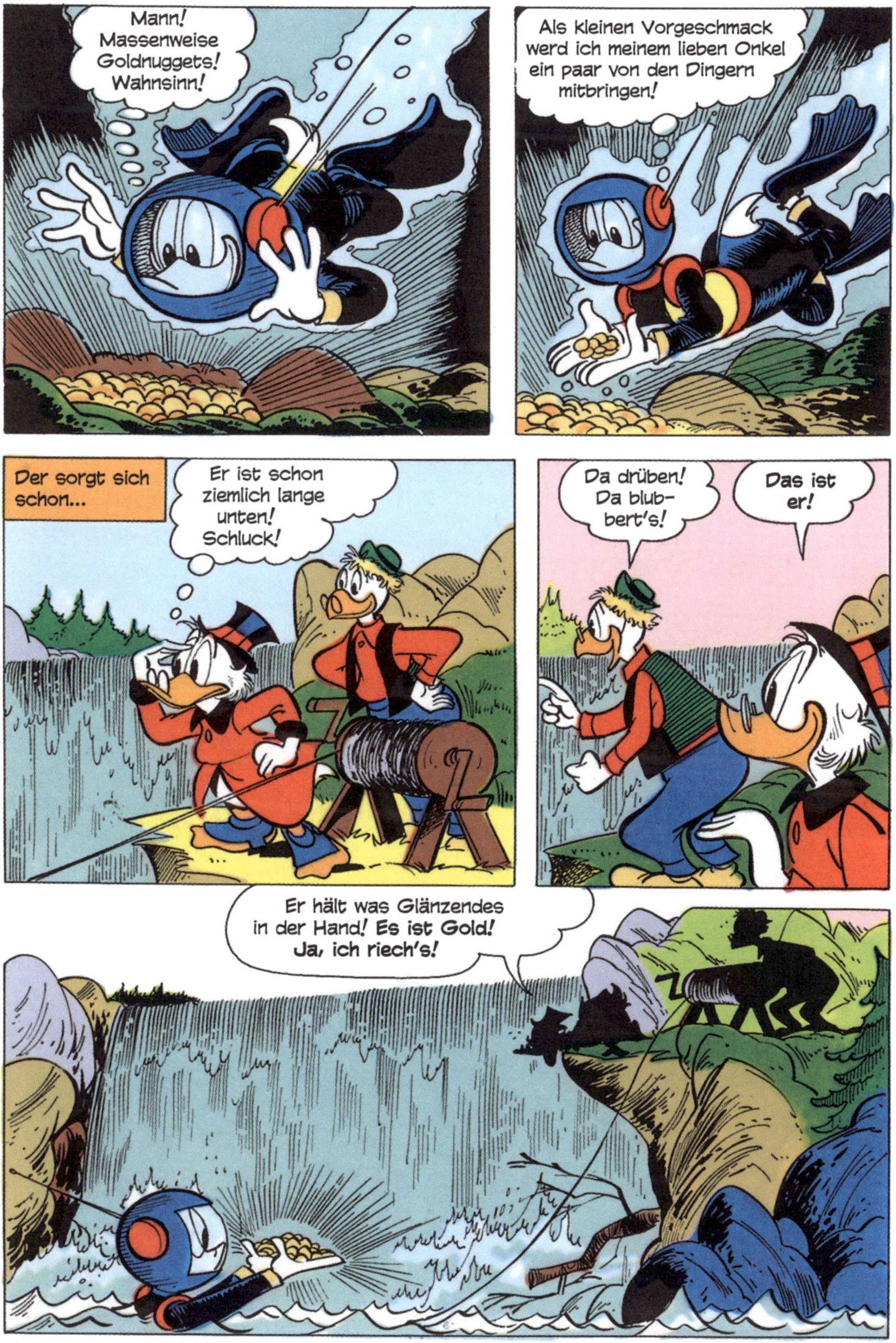
Mann! Massenweise Goldnuggets! Wahnsinn!
Als kleinen Vorgeschmack werd ich meinem lieben Onkel ein paar von den Dingern mitbringen!
Der sorgt sich schon...
Er ist schon ziemlich lange unten! Schluck!
Da drüben! Da blubbert's!
Das ist er!
Er hält was Glänzendes in der Hand! Es ist Gold! Ja, ich riech's!

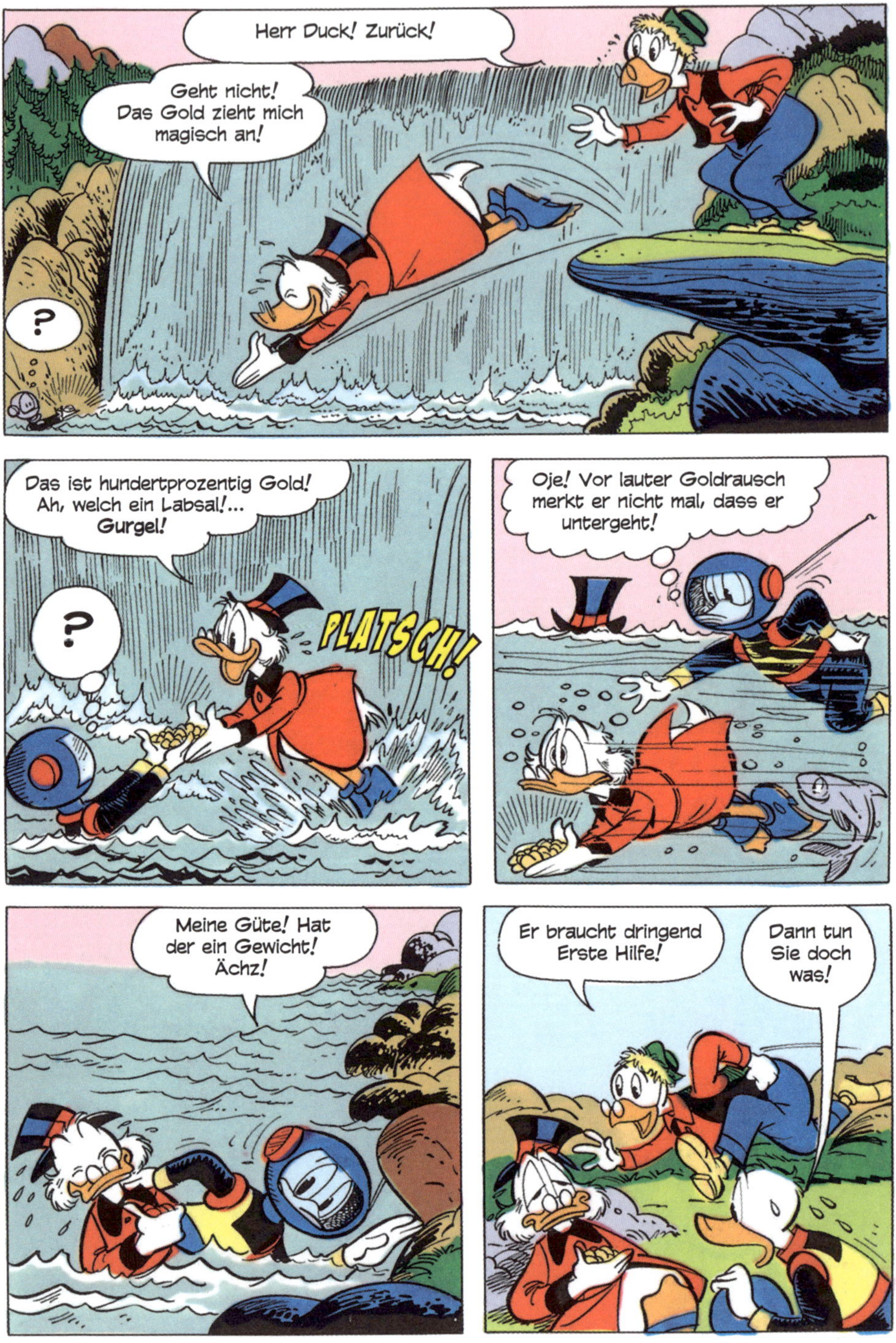
Herr Duck! Zurück!
Geht nicht! Das Gold zieht mich magisch an!
?
Das ist hundertprozentig Gold! Ah, welch ein Labsal!... Gurgel!
?
PLATSCH!
Oje! Vor lauter Goldrausch merkt er nicht mal, dass er untergeht!
Meine Güte! Hat der ein Gewicht! Ächz!
Er braucht dringend Erste Hilfe!
Dann tun Sie doch was!

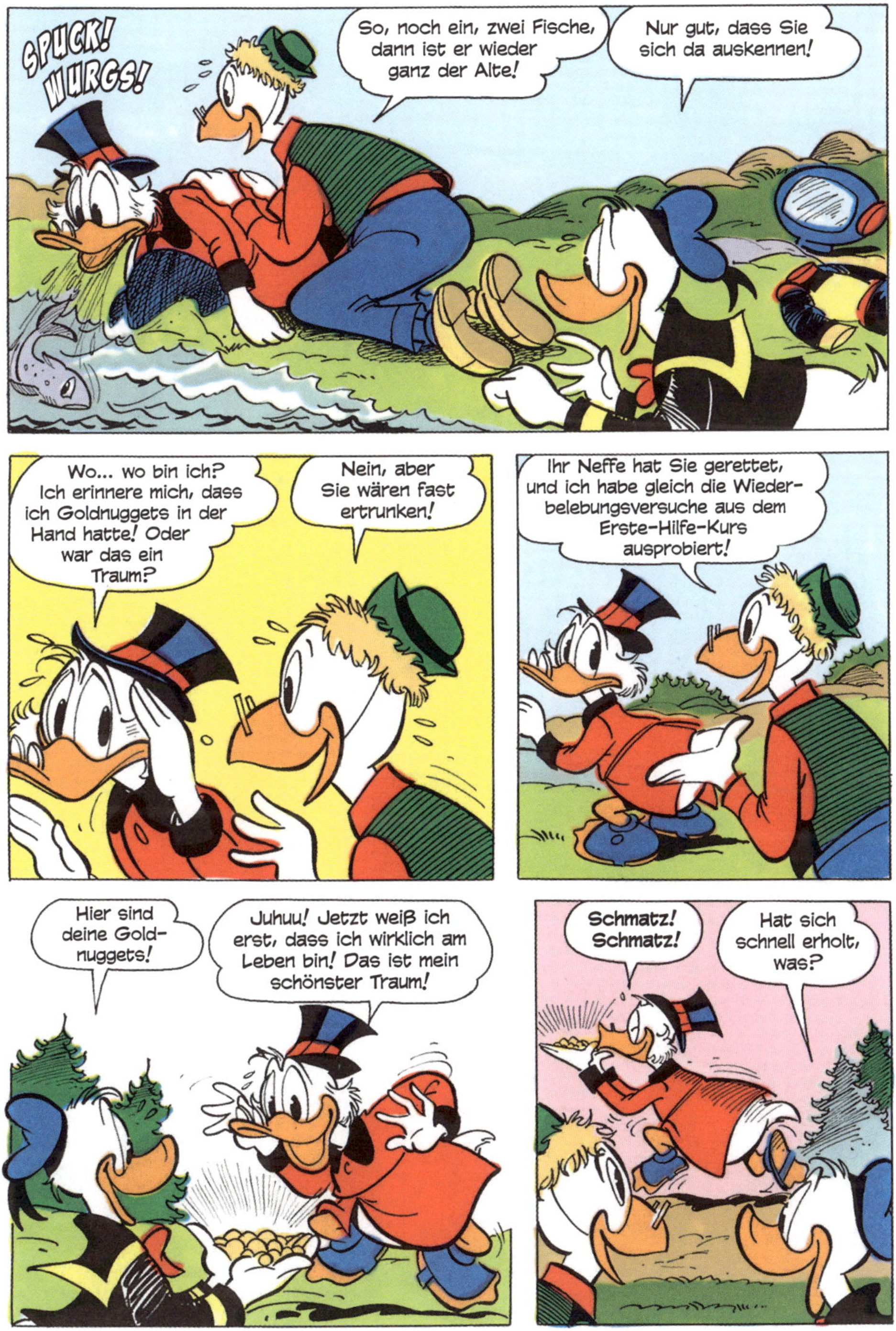
SPUCK! WURGS!
So, noch ein, zwei Fische, dann ist er wieder ganz der Alte!
Nur gut, dass Sie sich da auskennen!
Wo... wo bin ich? Ich erinnere mich, dass ich Goldnuggets in der Hand hatte! Oder war das ein Traum?
Nein, aber Sie wären fast ertrunken!
Ihr Neffe hat Sie gerettet, und ich habe gleich die Wiederbelebungsversuche aus dem Erste-Hilfe-Kurs ausprobiert!
Hier sind deine Goldnuggets!
Juhuu! Jetzt weiß ich erst, dass ich wirklich am Leben bin! Das ist mein schönster Traum!
Schmatz! Schmatz!
Hat sich schnell erholt, was?

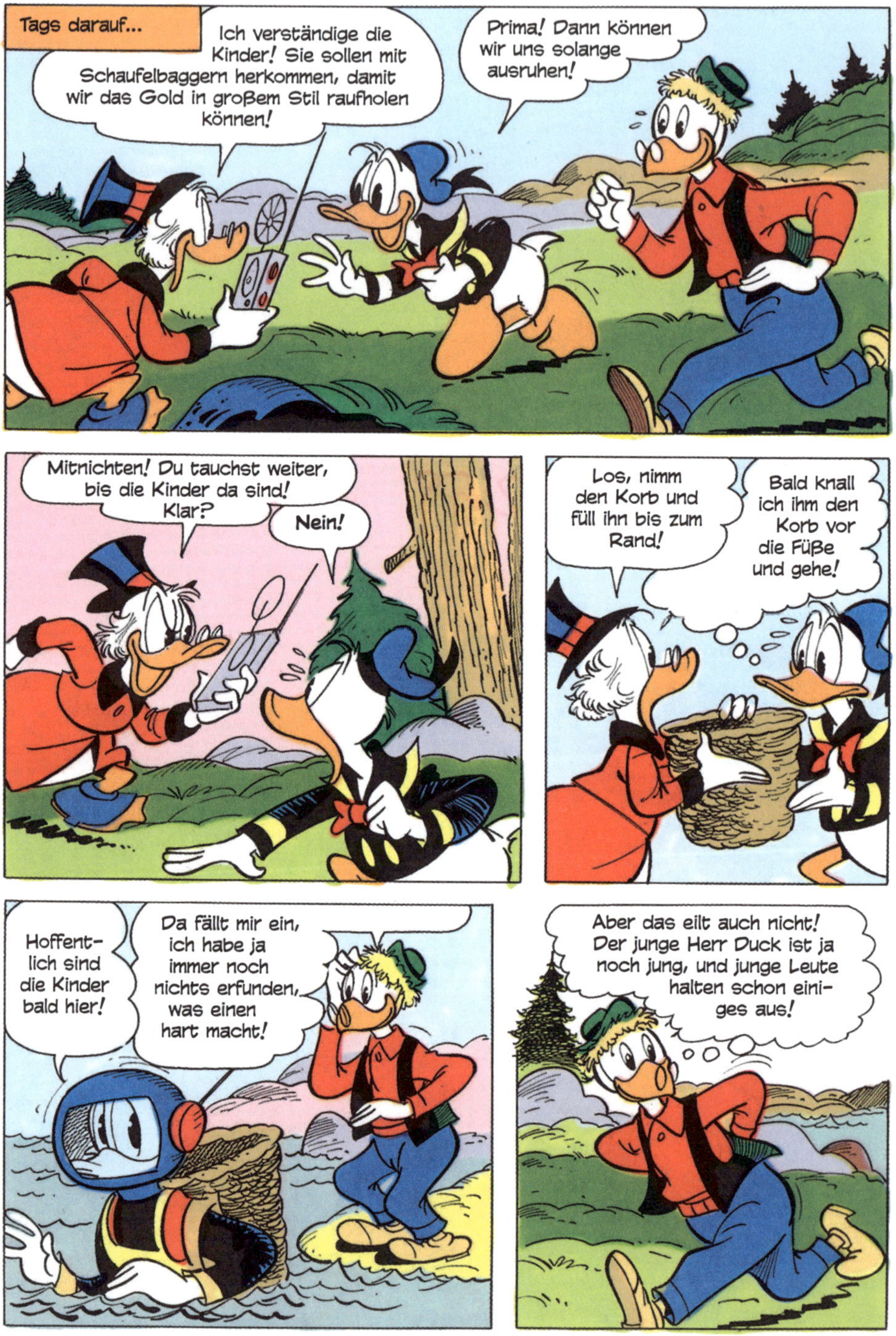
Tags darauf...
Ich verständige die Kinder! Sie sollen mit Schaufelbaggern herkommen, damit wir das Gold in großem Stil raufholen können!
Prima! Dann können wir uns solange ausruhen!
Mitnichten! Du tauchst weiter, bis die Kinder da sind! Klar?
Nein!
Los, nimm den Korb und füll ihn bis zum Rand!
Bald knall ich ihm den Korb vor die Füße und gehe!
Hoffentlich sind die Kinder bald hier!
Da fällt mir ein, ich habe ja immer noch nichts erfunden, was einen hart macht!
Aber das eilt auch nicht! Der junge Herr Duck ist ja noch jung, und junge Leute halten schon einiges aus!

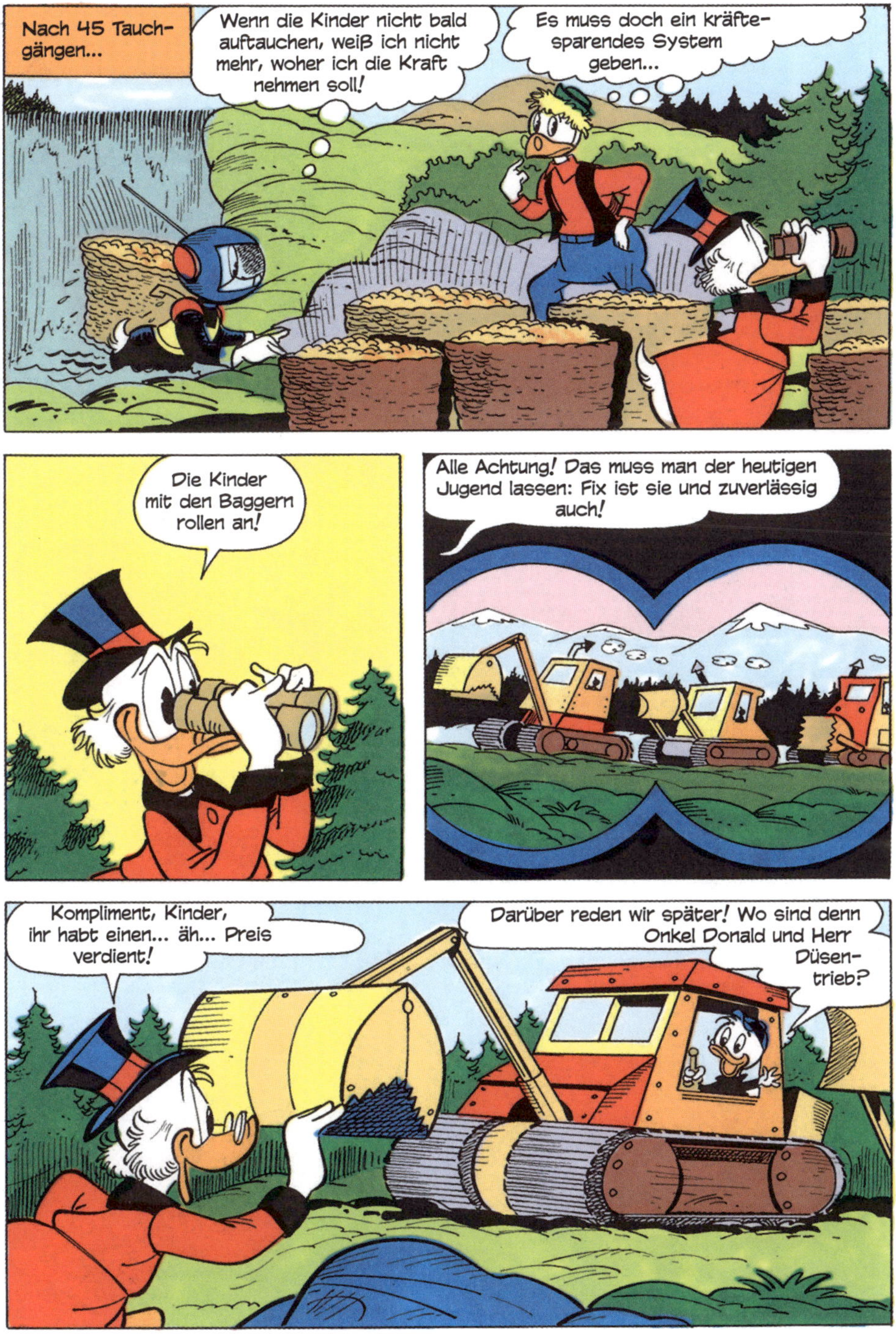
Nach 45 Tauchgängen...
Wenn die Kinder nicht bald auftauchen, weiß ich nicht mehr, woher ich die Kraft nehmen soll!
Es muss doch ein kräftesparendes System geben...
Die Kinder mit den Baggern rollen an!
Alle Achtung! Das muss man der heutigen Jugend lassen: Fix ist sie und zuverlässig auch!
Kompliment, Kinder, ihr habt einen... äh... Preis verdient!
Darüber reden wir später! Wo sind denn Onkel Donald und Herr Düsentrieb?

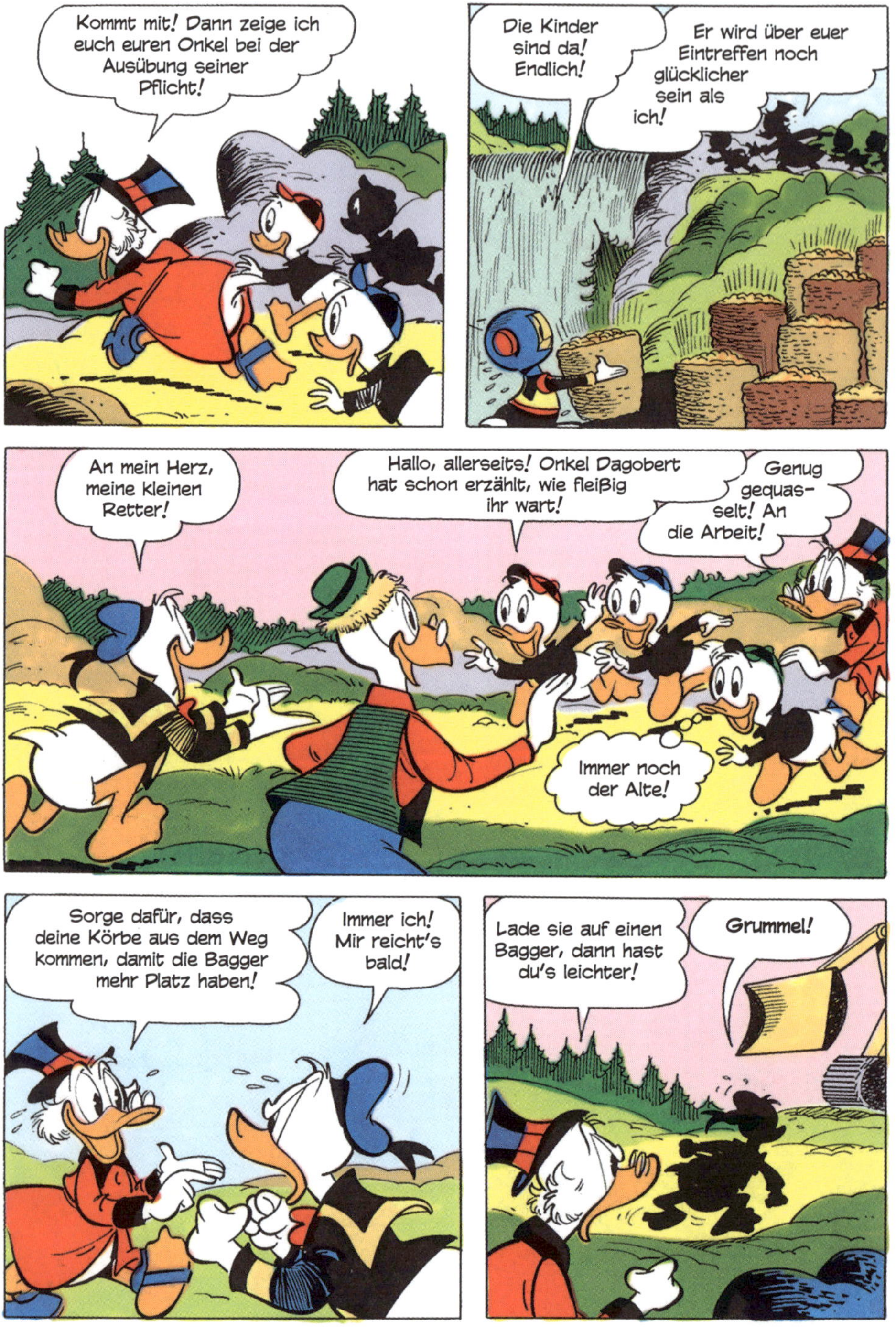
Kommt mit! Dann zeige ich euch euren Onkel bei der Ausübung seiner Pflicht!
Die Kinder sind da! Endlich!
Er wird über euer Eintreffen noch glücklicher sein als ich!
An mein Herz, meine kleinen Retter!
Hallo, allerseits! Onkel Dagobert hat schon erzählt, wie fleißig ihr wart!
Genug gequasselt! An die Arbeit!
Immer noch der Alte!
Sorge dafür, dass deine Körbe aus dem Weg kommen, damit die Bagger mehr Platz haben!
Immer ich! Mir reicht's bald!
Lade sie auf einen Bagger, dann hast du's leichter!
Grummel!

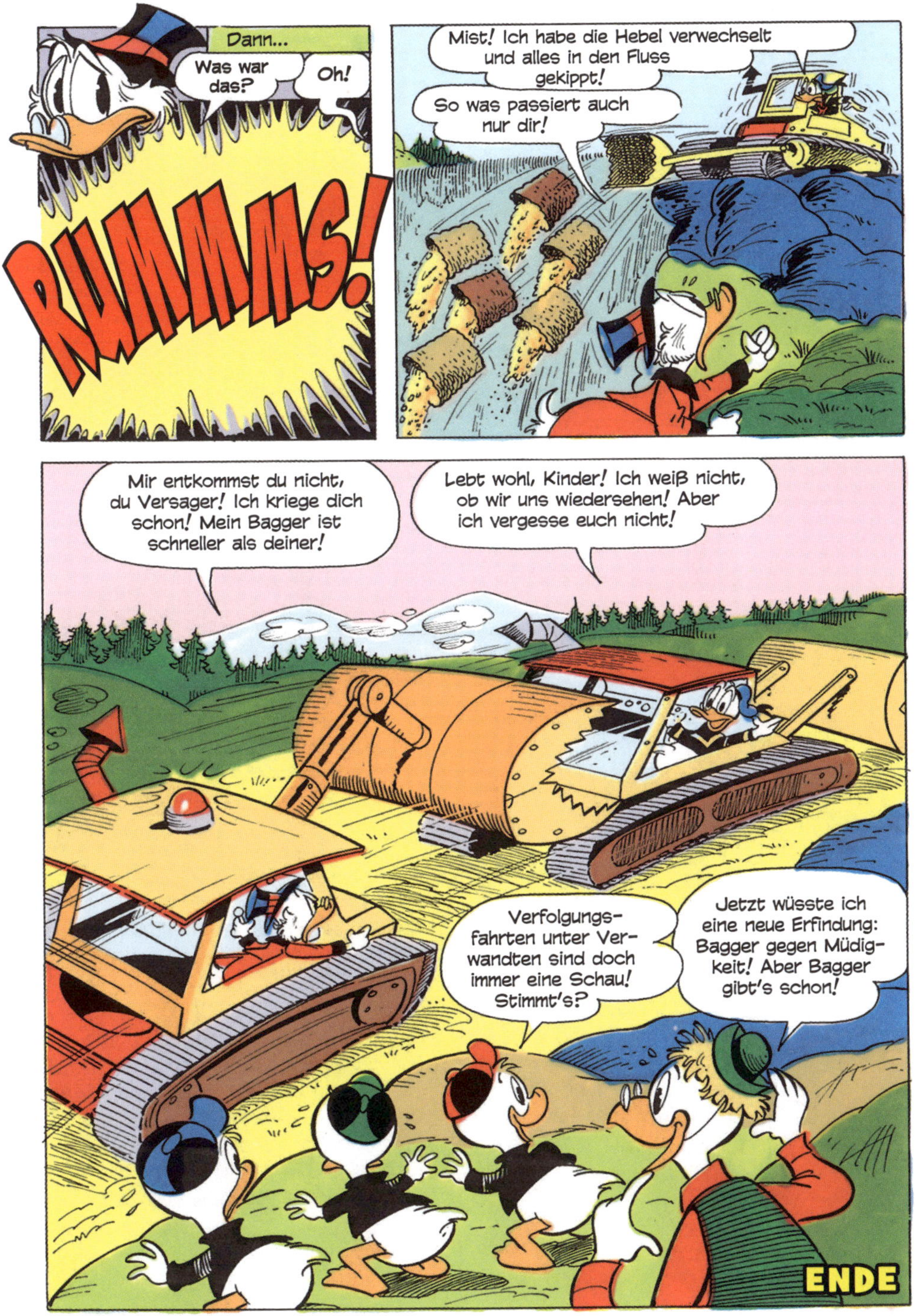
Dann...
Was war das?
Oh!
RUMMMS!
Mist! Ich habe die Hebel verwechselt und alles in den Fluss gekippt!
So was passiert auch nur dir!
Mir entkommst du nicht, du Versager! Ich kriege dich schon! Mein Bagger ist schneller als deiner!
Lebt wohl, Kinder! Ich weiß nicht, ob wir uns wiedersehen! Aber ich vergesse euch nicht!
Verfolgungsfahrten unter Verwandten sind doch immer eine Schau! Stimmt's?
Jetzt wüsste ich eine neue Erfindung: Bagger gegen Müdigkeit! Aber Bagger gibt's schon!
ENDE

5 Der Technik sei Dank

Wenn es um fortschrittliche Technik geht, fällt uns Entenhausenern auf Anhieb ein Name ein: Daniel Düsentrieb. Der Diplom-Ingenieur und Berufserfinder hat in den vergangenen Jahrzehnten in seiner kleinen Werkstatt unzählige Erfindungen getätigt, darunter das Dunkellicht, das in taghellen Räumen nächtliche Dunkelheit verbreitet, der Regenbogenspanner, der auf spektakuläre Weise Naturschönheit inszeniert, oder der Roboter Helferlein, der aus einer Glühbirne gefertigt wurde und selbstständig Reparaturen durchführen kann. Und auch wenn viele von Düsentriebs Werken schon nach kurzem Einsatz gravierende Schwachstellen offenbaren – seine Genialität und seine Erfindungen sind doch weit über die Grenzen unserer Stadt hinaus bekannt. Die epochemachenden Innovationen bringen nicht nur die Bewohner Entenhausens immer wieder zum Staunen, nein, sie ziehen weltweit Aufmerksamkeit auf sich. Gar nicht auszudenken, welche welt-, ach, was sage ich, universumsbewegenden Erfindungen uns heute noch zur Verfügung stünden, müsste der Ingenieur nicht immer wieder wenig herausfordernde, ja, sogar banale Aufträge erledgen, nur um seine stets klamme Kasse zumindest etwas aufzufüllen. So vergeudet er mit diesen Nichtigkeiten kostbare Zeit und Hirnschmalz, die an anderer Stelle dann eben nicht zum Einsatz kommen können. Zum Glück schmälern die Reparaturen von Haushalts- und anderen Kleingeräten nicht das Vergnügen an seinem Beruf. Und so kommen wir am Ende doch noch in den Genuss zahlreicher genialer Erfindungen. Denn in seiner verbleibenden Zeit löst der Erfinder nicht nur Probleme, die andere gerne hätten, sondern auch solche, die unseren Alltag in der Vor-Daniel-Düsentrieb-Zeit deutlich erschwerten.

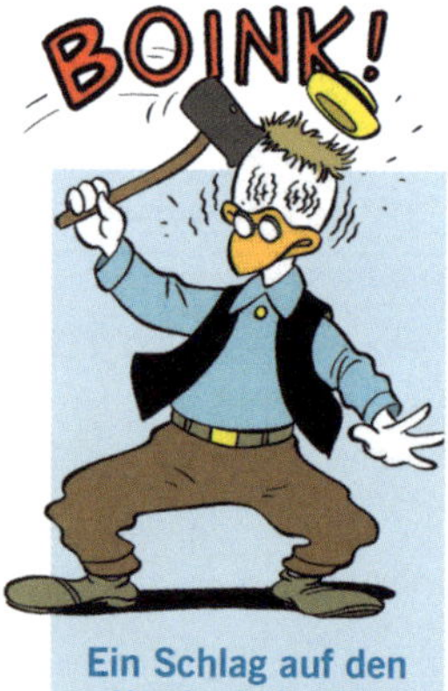

Ein Schlag auf den Kopf erhöht das Denkvermögen.

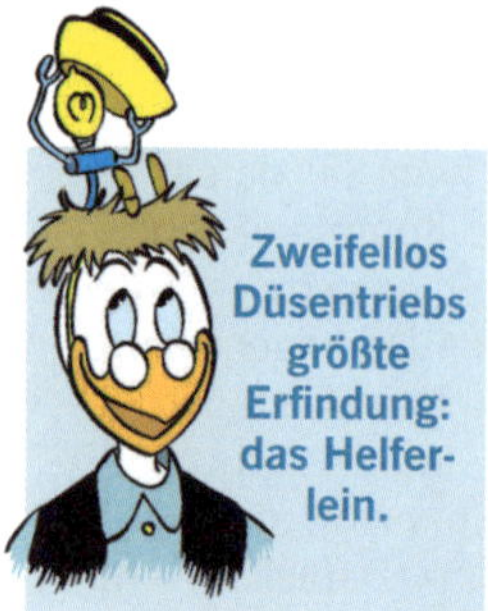

Zweifellos Düsentriebs größte Erfindung: das Helferlein.

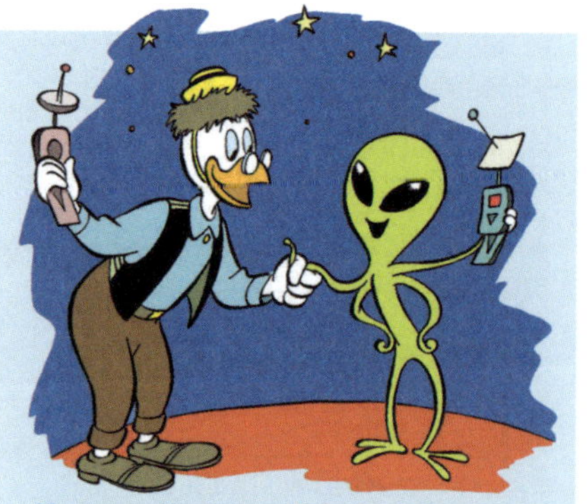

Kommunikation mit Außerirdischen? Kein Problem für Daniel Düsentrieb.

Eine Herausforderung, der er sich dabei in all den Jahren immer wieder gestellt hat, ist das Phänomen der Sprache, oder besser gesagt: das Phänomen der Sprachbarriere. So hat das nimmermüde Genie nicht nur den Fischspion oder den Tierübersetzer erfunden, sondern auch zahlreiche weitere Geräte, die dem Benutzer helfen sollen, entweder besser zu verstehen oder besser verstanden zu werden. Das Erfindergenie hat dabei nicht nur die zwischenmenschliche Kommunikation im Blick. Ihn interessieren auch die Möglichkeiten zum sprachlichen Austausch mit Tieren (wie Sie bereits lesen konnten) sowie die Kommunikation zwischen Mensch und Pflanze (wie Sie gleich sehen werden). Kurz: Der Ingenieur ist an jedwedem sprachlichen Austausch zwischen Lebewesen interessiert. Und so verwundert es auch nicht, dass es uns Entenhausenern dank Daniel Düsentrieb – dem Ingeniör ist bekanntlich nichts zu schwör – mittlerweile möglich ist, nicht nur Menschen aus aller Herren Länder zu verstehen, sondern auch Pflanzen. Und Sie werden erstaunt feststellen: Selbst die vermeintlich schweigsamsten Wesen unseres Planeten haben uns so einiges mitzuteilen.

Babbler, der

['b a b l ɐ] *m*

Ein automatischer Übersetzer, der ursprünglich ausschließlich in Daniel Düsentriebs Zeitmaschine enthalten war, damit man sich am Zielort verständlich machen konnte. In der überarbeiteten Version ähnelt das Gerät überdimensionalen Kopfhörern, die auf die Ohren aufgesetzt werden. Eine Antenne empfängt eintreffende Geräusche, die ausgewertet werden. Falls es sich bei den Geräuschen um Sprache handelt, erzeugt das Gerät unmittelbar im Kopf des Trägers die für ein Verständnis nötigen Gehirnströme. Einige Bauteile des Babblers sind höchst ungewöhnlich, von manchen haben Techniker hierzulande noch nie gehört. Der Hauptschaltkreis des Babblers enthält Rhodium-Kristalle, ein sehr teures Metall. Der geschätzte Verkaufspreis liegt bei 15.000 Talern. Ersetzt man Rhodium durch Silizium, kann man den Preis auf 999 Taler senken. Allerdings kommt es durch das billige Silizium zu Störungen, die dazu führen können, dass der Träger seine Muttersprache vergisst.

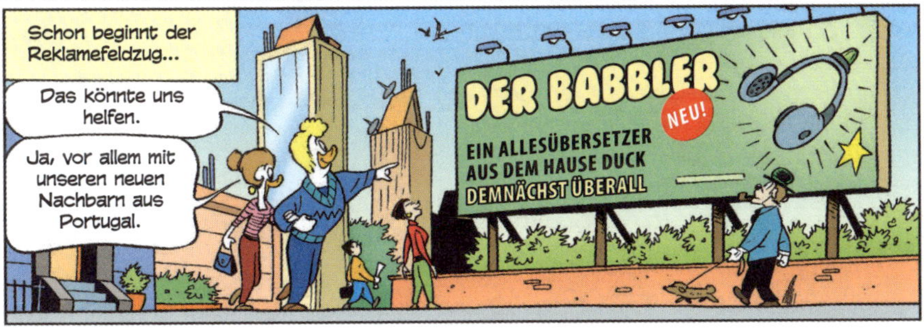

Transflorator, der

[t r a n s f l o 'r a t ɔ r] *m*

Eine Maschine, die es dem Benutzer ermöglicht, die Sprache der Pflanzen zu verstehen. Dieses auf den ersten Blick so unscheinbare Gerät – es sieht aus wie eine Blüte, die ans Hemd oder an die Jacke gesteckt wird – übersetzt die biochemischen Vorgänge in einem floralen Organismus in gesprochene Sprache.

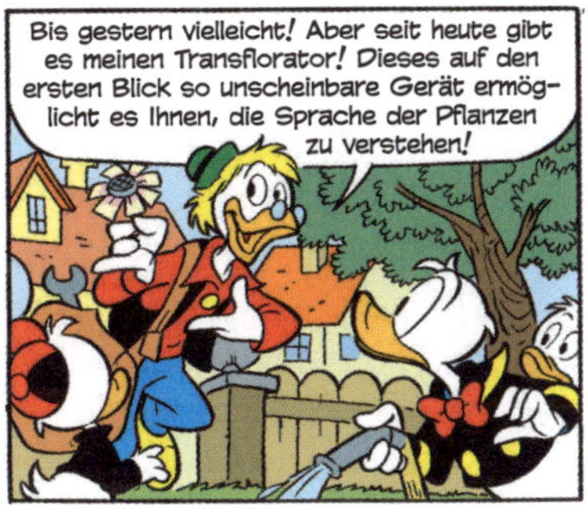

Der BABBLER

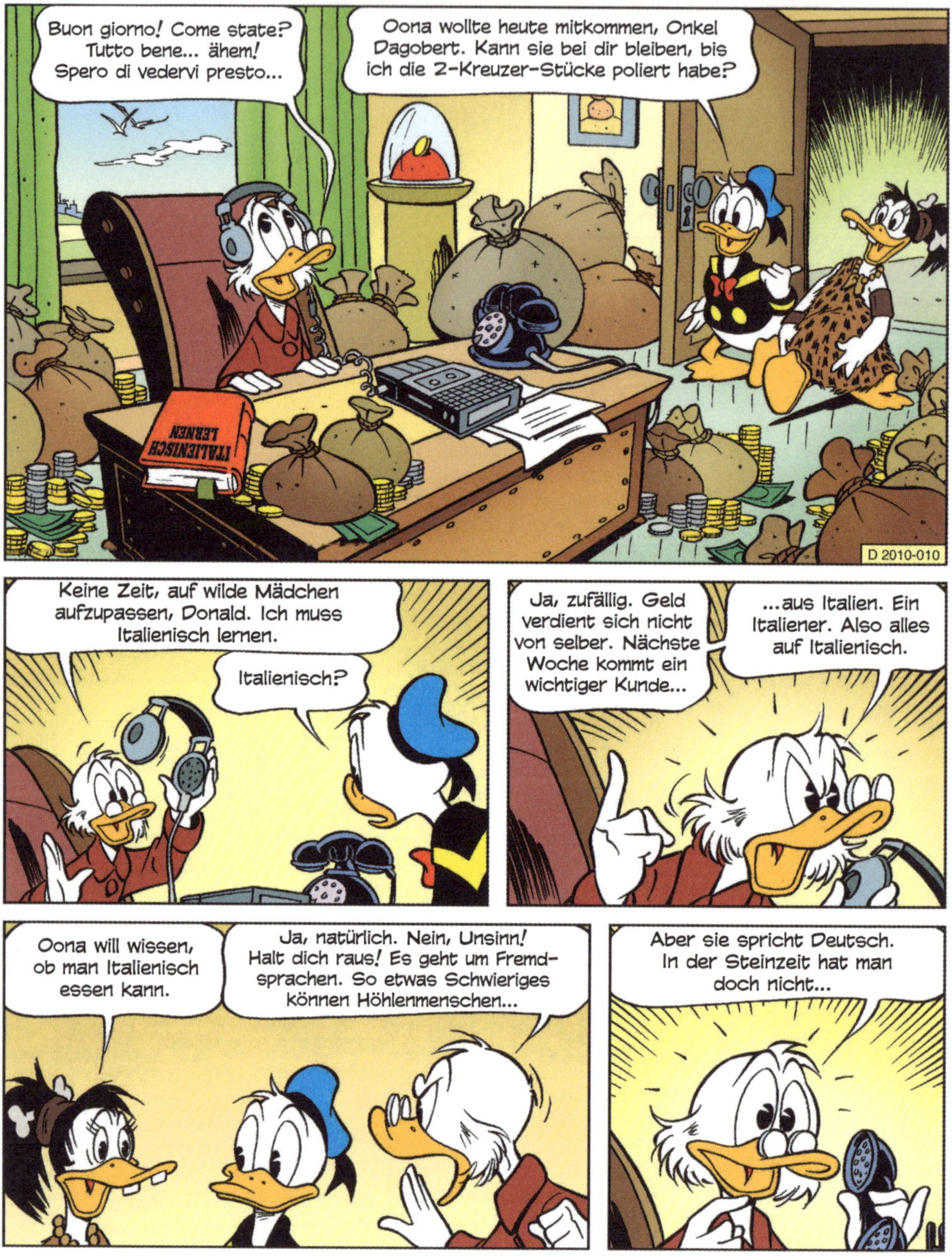
Buon giorno! Come state? Tutto bene... ähem! Spero di vedervi presto...
Oona wollte heute mitkommen, Onkel Dagobert. Kann sie bei dir bleiben, bis ich die 2-Kreuzer-Stücke poliert habe?
D 2010-010
Keine Zeit, auf wilde Mädchen aufzupassen, Donald. Ich muss Italienisch lernen.
Italienisch?
Ja, zufällig. Geld verdient sich nicht von selber. Nächste Woche kommt ein wichtiger Kunde...
...aus Italien. Ein Italiener. Also alles auf Italienisch.
Oona will wissen, ob man Italienisch essen kann.
Ja, natürlich. Nein, Unsinn! Halt dich raus! Es geht um Fremdsprachen. So etwas Schwieriges können Höhlenmenschen...
Aber sie spricht Deutsch. In der Steinzeit hat man doch nicht...

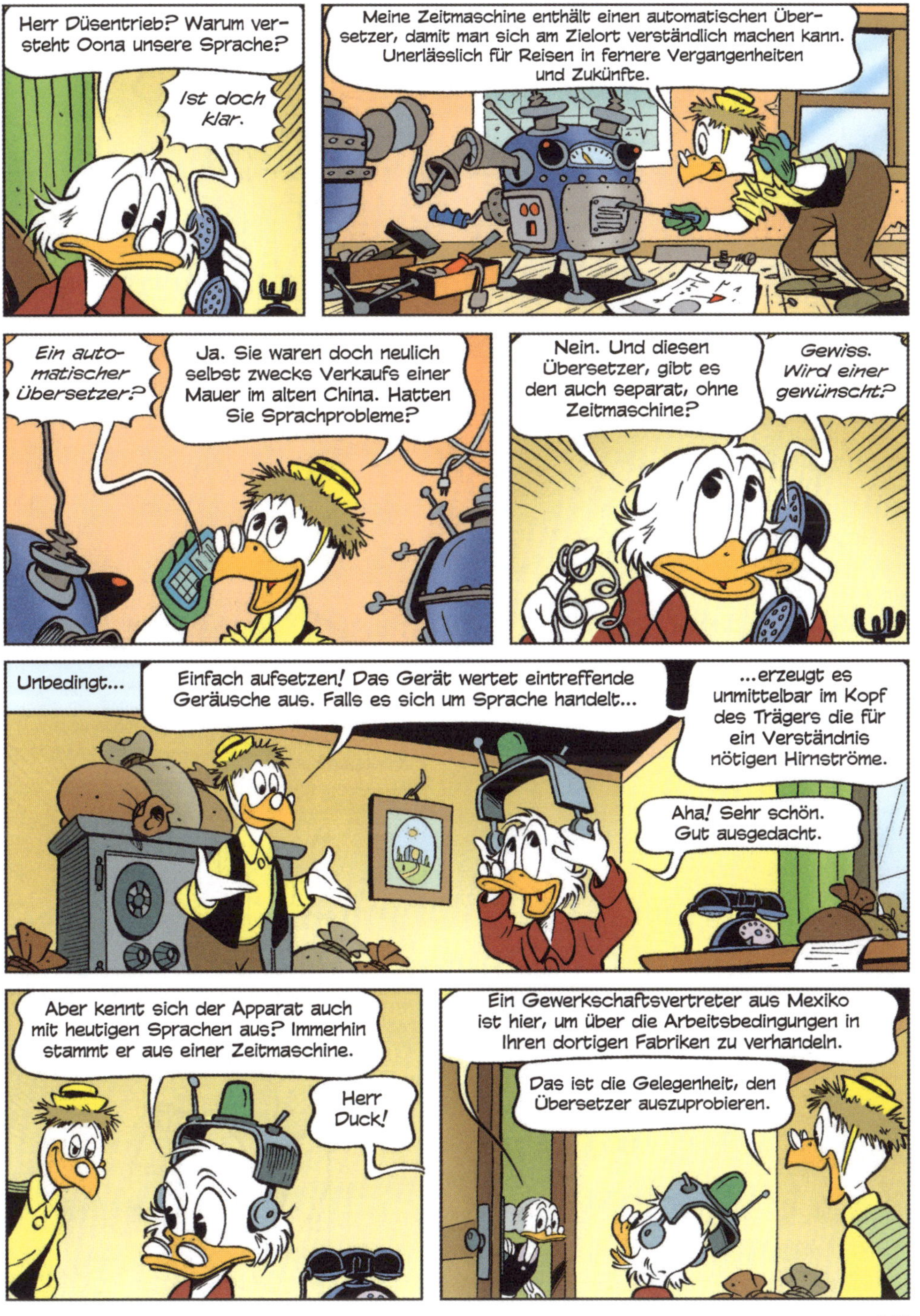
Herr Düsentrieb? Warum versteht Oona unsere Sprache?
Ist doch klar.
Meine Zeitmaschine enthält einen automatischen Übersetzer, damit man sich am Zielort verständlich machen kann. Unerlässlich für Reisen in fernere Vergangenheiten und Zukünfte.
Ein automatischer Übersetzer?
Ja. Sie waren doch neulich selbst zwecks Verkaufs einer Mauer im alten China. Hatten Sie Sprachprobleme?
Nein. Und diesen Übersetzer, gibt es den auch separat, ohne Zeitmaschine?
Gewiss. Wird einer gewünscht?
Unbedingt...
Einfach aufsetzen! Das Gerät wertet eintreffende Geräusche aus. Falls es sich um Sprache handelt...
...erzeugt es unmittelbar im Kopf des Trägers die für ein Verständnis nötigen Hirnströme.
Aha! Sehr schön. Gut ausgedacht.
Aber kennt sich der Apparat auch mit heutigen Sprachen aus? Immerhin stammt er aus einer Zeitmaschine.
Herr Duck!
Ein Gewerkschaftsvertreter aus Mexiko ist hier, um über die Arbeitsbedingungen in Ihren dortigen Fabriken zu verhandeln.
Das ist die Gelegenheit, den Übersetzer auszuprobieren.

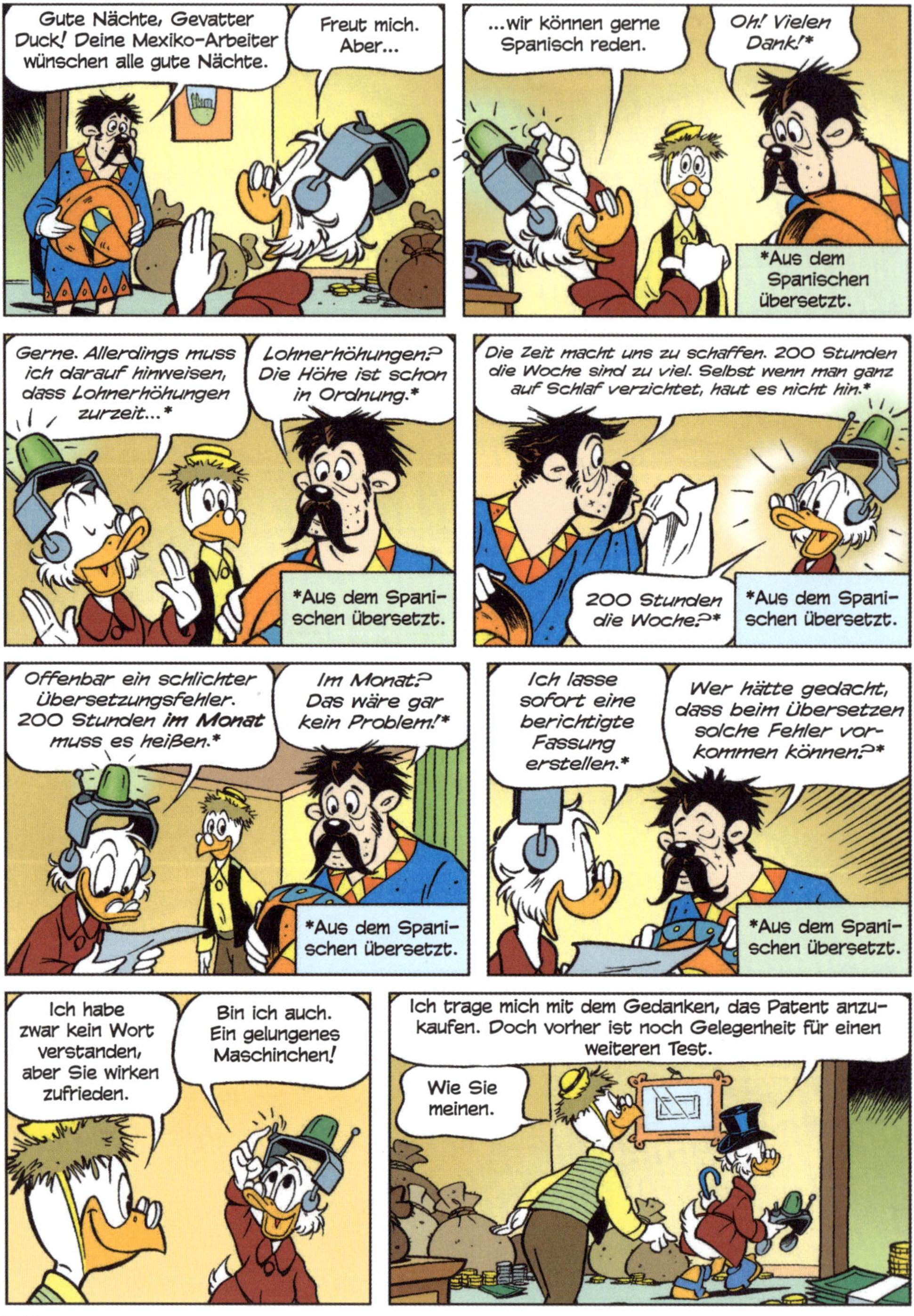
Gute Nächte, Gevatter Duck! Deine Mexiko-Arbeiter wünschen alle gute Nächte.
Freut mich. Aber...
...wir können gerne Spanisch reden.
Oh! Vielen Dank!*
*Aus dem Spanischen übersetzt.
Gerne. Allerdings muss ich darauf hinweisen, dass Lohnerhöhungen zurzeit...*
Lohnerhöhungen? Die Höhe ist schon in Ordnung.*
*Aus dem Spanischen übersetzt.
Die Zeit macht uns zu schaffen. 200 Stunden die Woche sind zu viel. Selbst wenn man ganz auf Schlaf verzichtet, haut es nicht hin.*
200 Stunden die Woche?*
*Aus dem Spanischen übersetzt.
Offenbar ein schlichter Übersetzungsfehler. 200 Stunden im Monat muss es heißen.*
Im Monat? Das wäre gar kein Problem!*
*Aus dem Spanischen übersetzt.
Ich lasse sofort eine berichtigte Fassung erstellen.*
Wer hätte gedacht, dass beim Übersetzen solche Fehler vorkommen können?*
*Aus dem Spanischen übersetzt.
Ich habe zwar kein Wort verstanden, aber Sie wirken zufrieden.
Bin ich auch. Ein gelungenes Maschinchen!
Ich trage mich mit dem Gedanken, das Patent anzukaufen. Doch vorher ist noch Gelegenheit für einen weiteren Test.
Wie Sie meinen.

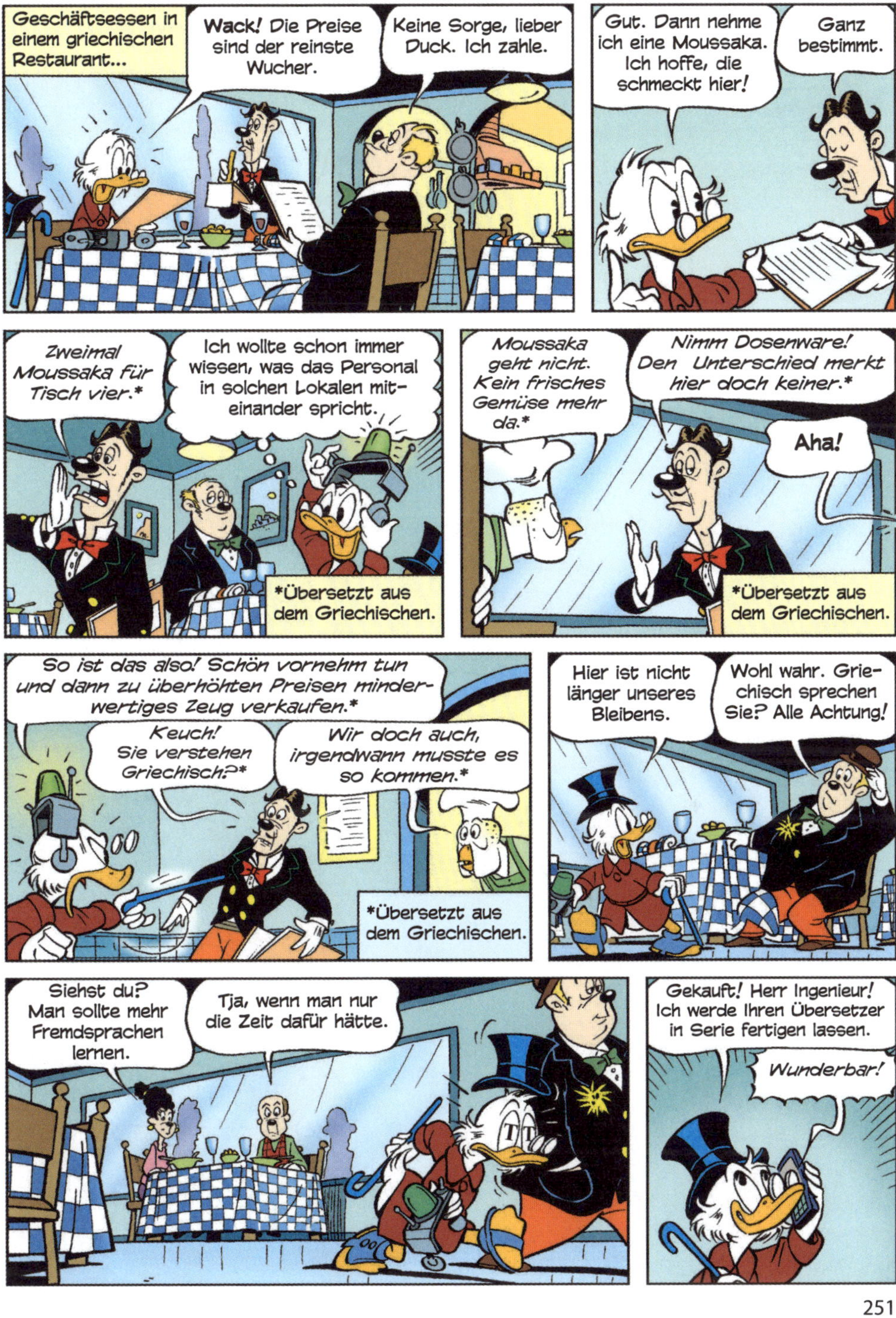
Geschäftsessen in einem griechischen Restaurant...
Wack! Die Preise sind der reinste Wucher.
Keine Sorge, lieber Duck. Ich zahle.
Gut. Dann nehme ich eine Moussaka. Ich hoffe, die schmeckt hier!
Ganz bestimmt.
Zweimal Moussaka für Tisch vier.*
Ich wollte schon immer wissen, was das Personal in solchen Lokalen miteinander spricht.
*Übersetzt aus dem Griechischen.
Moussaka geht nicht. Kein frisches Gemüse mehr da.*
Nimm Dosenware! Den Unterschied merkt hier doch keiner.*
Aha!
*Übersetzt aus dem Griechischen.
So ist das also! Schön vornehm tun und dann zu überhöhten Preisen minderwertiges Zeug verkaufen.*
Keuch! Sie verstehen Griechisch?*
Wir doch auch, irgendwann musste es so kommen.*
*Übersetzt aus dem Griechischen.
Hier ist nicht länger unseres Bleibens.
Wohl wahr. Griechisch sprechen Sie? Alle Achtung!
Siehst du? Man sollte mehr Fremdsprachen lernen.
Tja, wenn man nur die Zeit dafür hätte.
Gekauft! Herr Ingenieur! Ich werde Ihren Übersetzer in Serie fertigen lassen.
Wunderbar!

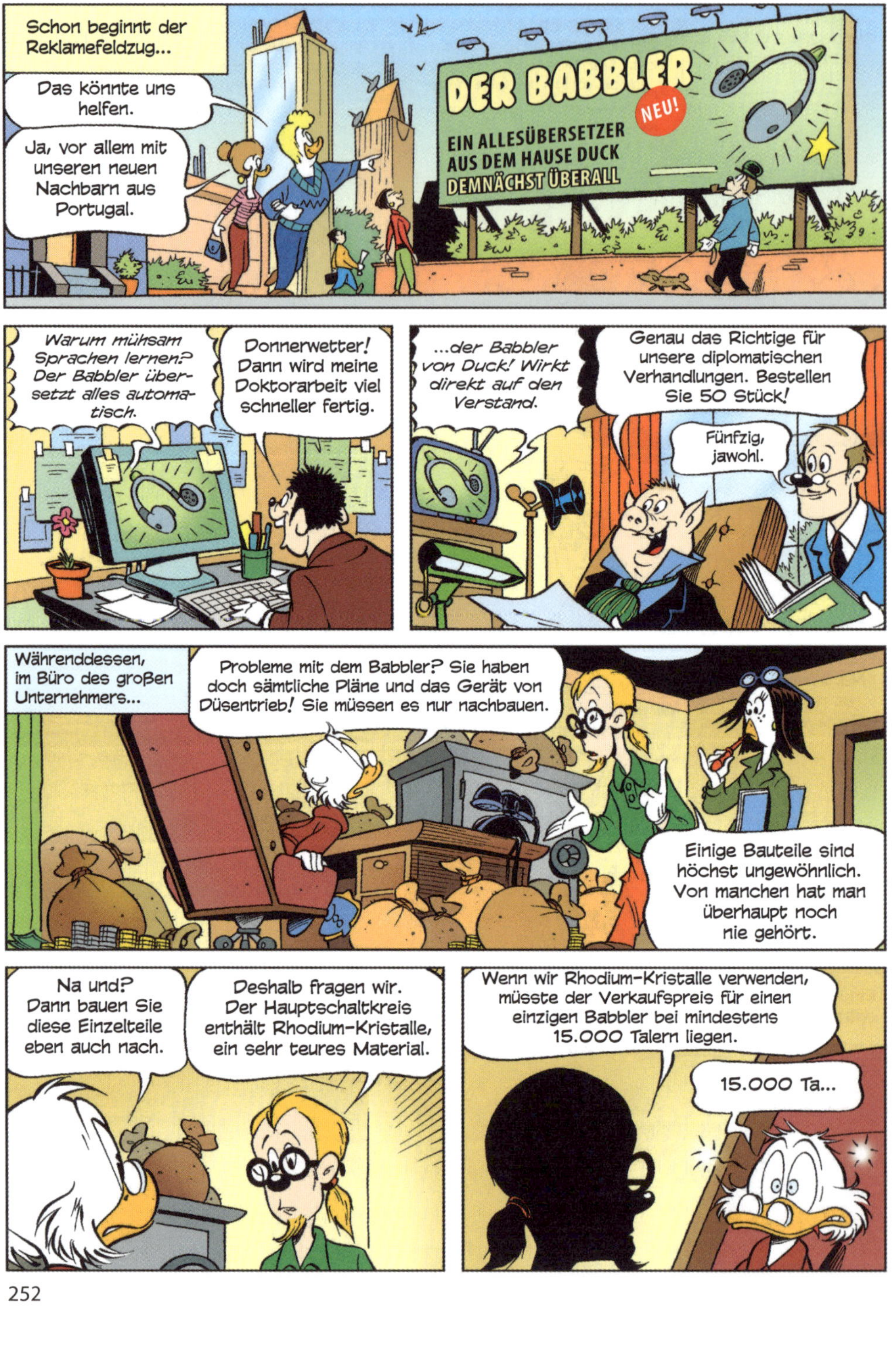

Schon beginnt der Reklamefeldzug...
Das könnte uns helfen.
Ja, vor allem mit unseren neuen Nachbarn aus Portugal.
DER BABBLER
NEU!
EIN ALLESÜBERSETZER AUS DEM HAUSE DUCK
DEMNÄCHST ÜBERALL
Warum mühsam Sprachen lernen? Der Babbler übersetzt alles automatisch.
Donnerwetter! Dann wird meine Doktorarbeit viel schneller fertig.
...der Babbler von Duck! Wirkt direkt auf den Verstand.
Genau das Richtige für unsere diplomatischen Verhandlungen. Bestellen Sie 50 Stück!
Fünfzig, jawohl.
Währenddessen, im Büro des großen Unternehmers...
Probleme mit dem Babbler? Sie haben doch sämtliche Pläne und das Gerät von Düsentrieb! Sie müssen es nur nachbauen.
Einige Bauteile sind höchst ungewöhnlich. Von manchen hat man überhaupt noch nie gehört.
Na und? Dann bauen Sie diese Einzelteile eben auch nach.
Deshalb fragen wir. Der Hauptschaltkreis enthält Rhodium-Kristalle, ein sehr teures Material.
Wenn wir Rhodium-Kristalle verwenden, müsste der Verkaufspreis für einen einzigen Babbler bei mindestens 15.000 Talern liegen.
15.000 Ta...

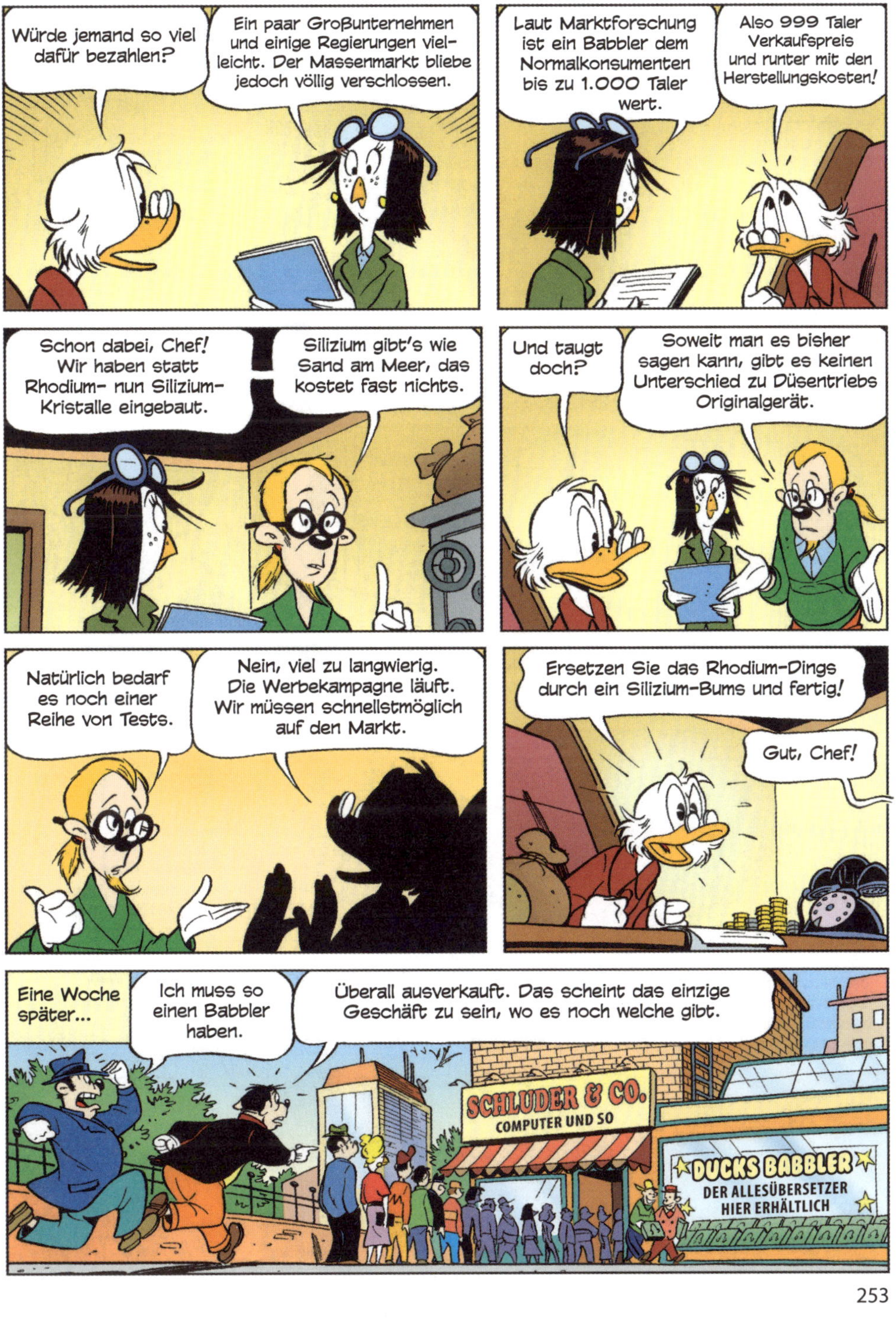
Würde jemand so viel dafür bezahlen?
Ein paar Großunternehmen und einige Regierungen vielleicht. Der Massenmarkt bliebe jedoch völlig verschlossen.
Laut Marktforschung ist ein Babbler dem Normalkonsumenten bis zu 1.000 Taler wert.
Also 999 Taler Verkaufspreis und runter mit den Herstellungskosten!
Schon dabei, Chef! Wir haben statt Rhodium- nun Silizium-Kristalle eingebaut.
Silizium gibt's wie Sand am Meer, das kostet fast nichts.
Und taugt doch?
Soweit man es bisher sagen kann, gibt es keinen Unterschied zu Düsentriebs Originalgerät.
Natürlich bedarf es noch einer Reihe von Tests.
Nein, viel zu langwierig. Die Werbekampagne läuft. Wir müssen schnellstmöglich auf den Markt.
Ersetzen Sie das Rhodium-Dings durch ein Silizium-Bums und fertig!
Gut, Chef!
Eine Woche später...
Ich muss so einen Babbler haben.
Überall ausverkauft. Das scheint das einzige Geschäft zu sein, wo es noch welche gibt.
SCHLUDER & CO.
COMPUTER UND SO
DUCKS BABBLER
DER ALLESÜBERSETZER
HIER ERHÄLTLICH

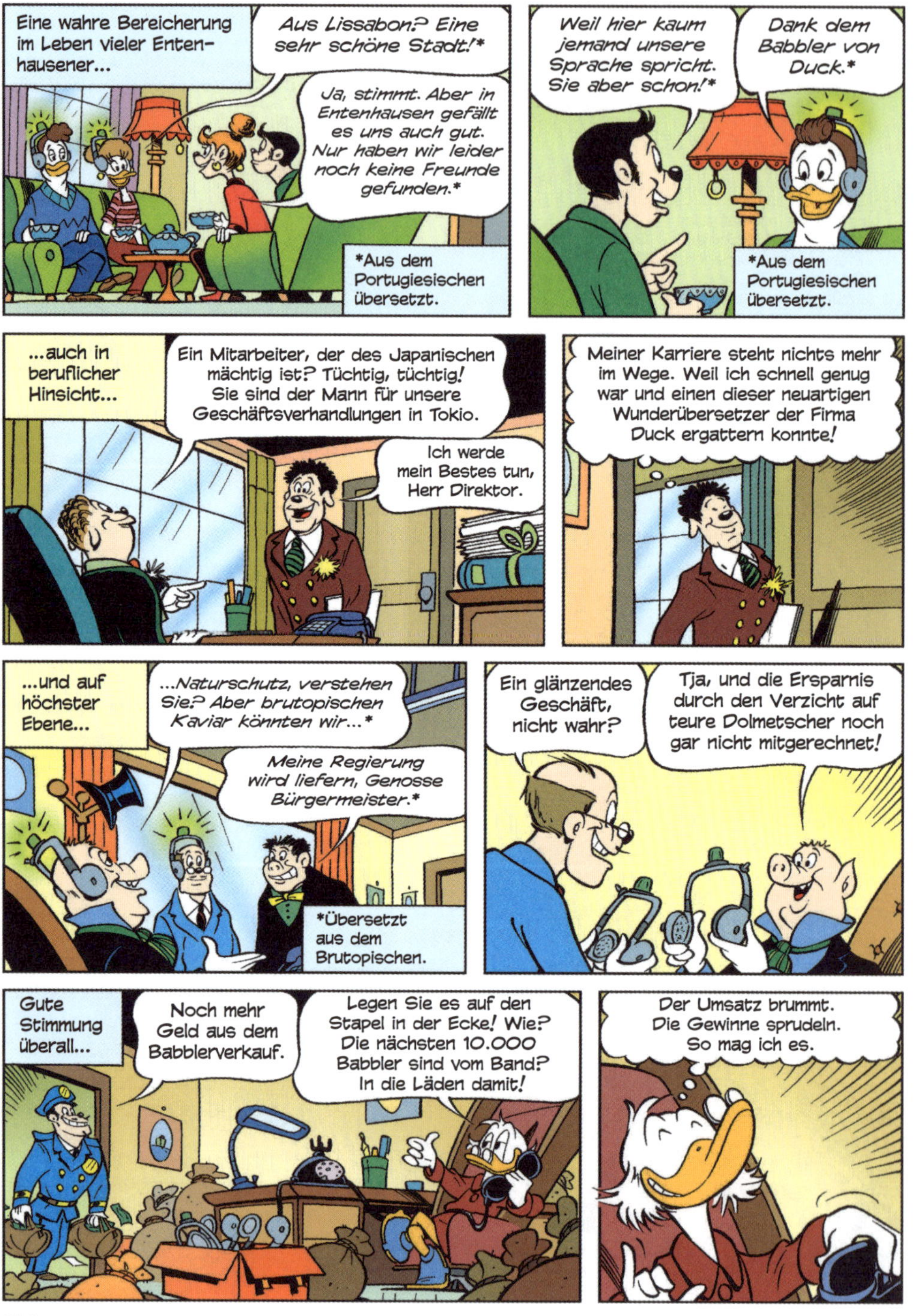
Eine wahre Bereicherung im Leben vieler Entenhausener...
Aus Lissabon? Eine sehr schöne Stadt!*
Ja, stimmt. Aber in Entenhausen gefällt es uns auch gut. Nur haben wir leider noch keine Freunde gefunden.*
*Aus dem Portugiesischen übersetzt.
Weil hier kaum jemand unsere Sprache spricht. Sie aber schon!*
Dank dem Babbler von Duck.*
*Aus dem Portugiesischen übersetzt.
...auch in beruflicher Hinsicht...
Ein Mitarbeiter, der des Japanischen mächtig ist? Tüchtig, tüchtig! Sie sind der Mann für unsere Geschäftsverhandlungen in Tokio.
Ich werde mein Bestes tun, Herr Direktor.
Meiner Karriere steht nichts mehr im Wege. Weil ich schnell genug war und einen dieser neuartigen Wunderübersetzer der Firma Duck ergattern konnte!
...und auf höchster Ebene...
...Naturschutz, verstehen Sie? Aber brutopischen Kaviar könnten wir...*
Meine Regierung wird liefern, Genosse Bürgermeister.*
*Übersetzt aus dem Brutopischen.
Ein glänzendes Geschäft, nicht wahr?
Tja, und die Ersparnis durch den Verzicht auf teure Dolmetscher noch gar nicht mitgerechnet!
Gute Stimmung überall...
Noch mehr Geld aus dem Babblerverkauf.
Legen Sie es auf den Stapel in der Ecke! Wie? Die nächsten 10.000 Babbler sind vom Band? In die Läden damit!
Der Umsatz brummt. Die Gewinne sprudeln. So mag ich es.

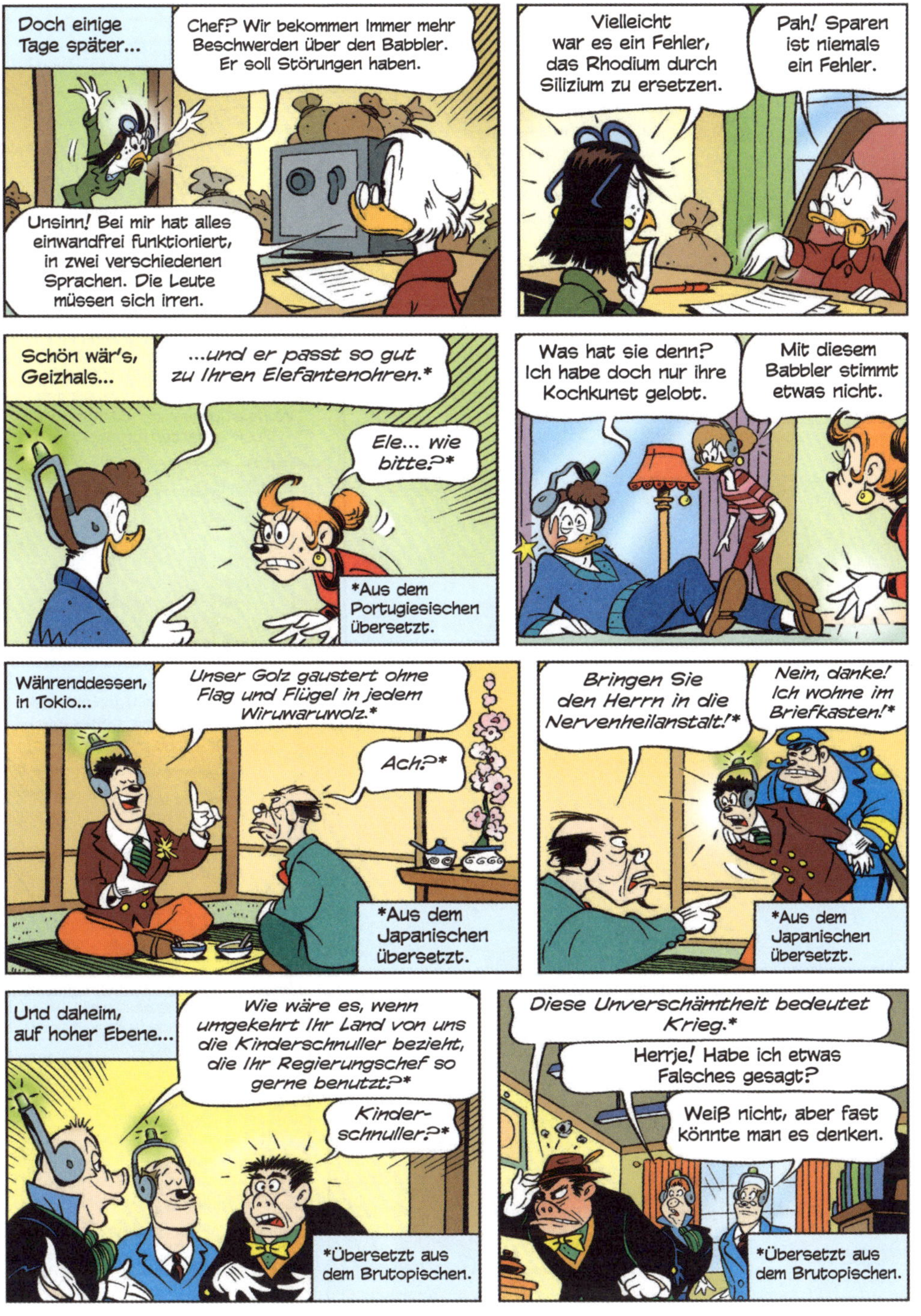

Doch einige Tage später...
Chef? Wir bekommen immer mehr Beschwerden über den Babbler. Er soll Störungen haben.
Unsinn! Bei mir hat alles einwandfrei funktioniert, in zwei verschiedenen Sprachen. Die Leute müssen sich irren.
Vielleicht war es ein Fehler, das Rhodium durch Silizium zu ersetzen.
Pah! Sparen ist niemals ein Fehler.
Schön wär's, Geizhals...
...und er passt so gut zu Ihren Elefantenohren.*
Ele... wie bitte?*
*Aus dem Portugiesischen übersetzt.
Was hat sie denn? Ich habe doch nur ihre Kochkunst gelobt.
Mit diesem Babbler stimmt etwas nicht.
Währenddessen, in Tokio...
Unser Golz gaustert ohne Flag und Flügel in jedem Wiruwaruwolz.*
Ach?*
*Aus dem Japanischen übersetzt.
Bringen Sie den Herrn in die Nervenheilanstalt!*
Nein, danke! Ich wohne im Briefkasten!*
*Aus dem Japanischen übersetzt.
Und daheim, auf hoher Ebene...
Wie wäre es, wenn umgekehrt Ihr Land von uns die Kinderschnuller bezieht, die Ihr Regierungschef so gerne benutzt?*
Kinder-schnuller?*
*Übersetzt aus dem Brutopischen.
Diese Unverschämtheit bedeutet Krieg.*
Herrje! Habe ich etwas Falsches gesagt?
Weiß nicht, aber fast könnte man es denken.
*Übersetzt aus dem Brutopischen.

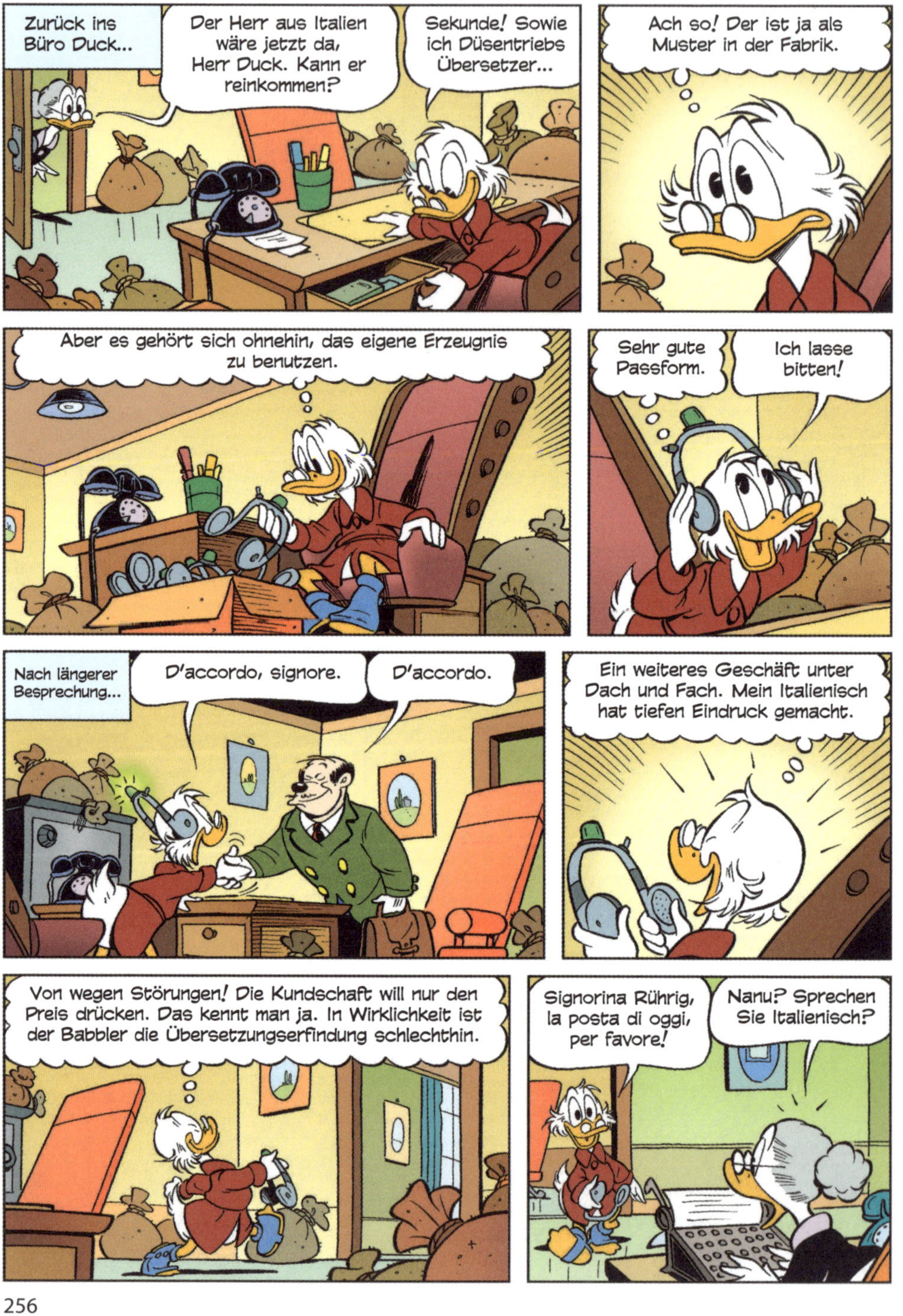
Zurück ins Büro Duck...
Der Herr aus Italien wäre jetzt da, Herr Duck. Kann er reinkommen?
Sekunde! Sowie ich Düsentriebs Übersetzer...
Ach so! Der ist ja als Muster in der Fabrik.
Aber es gehört sich ohnehin, das eigene Erzeugnis zu benutzen.
Sehr gute Passform.
Ich lasse bitten!
Nach längerer Besprechung...
D'accordo, signore.
D'accordo.
Ein weiteres Geschäft unter Dach und Fach. Mein Italienisch hat tiefen Eindruck gemacht.
Von wegen Störungen! Die Kundschaft will nur den Preis drücken. Das kennt man ja. In Wirklichkeit ist der Babbler die Übersetzungserfindung schlechthin.
Signorina Rührig, la posta di oggi, per favore!
Nanu? Sprechen Sie Italienisch?

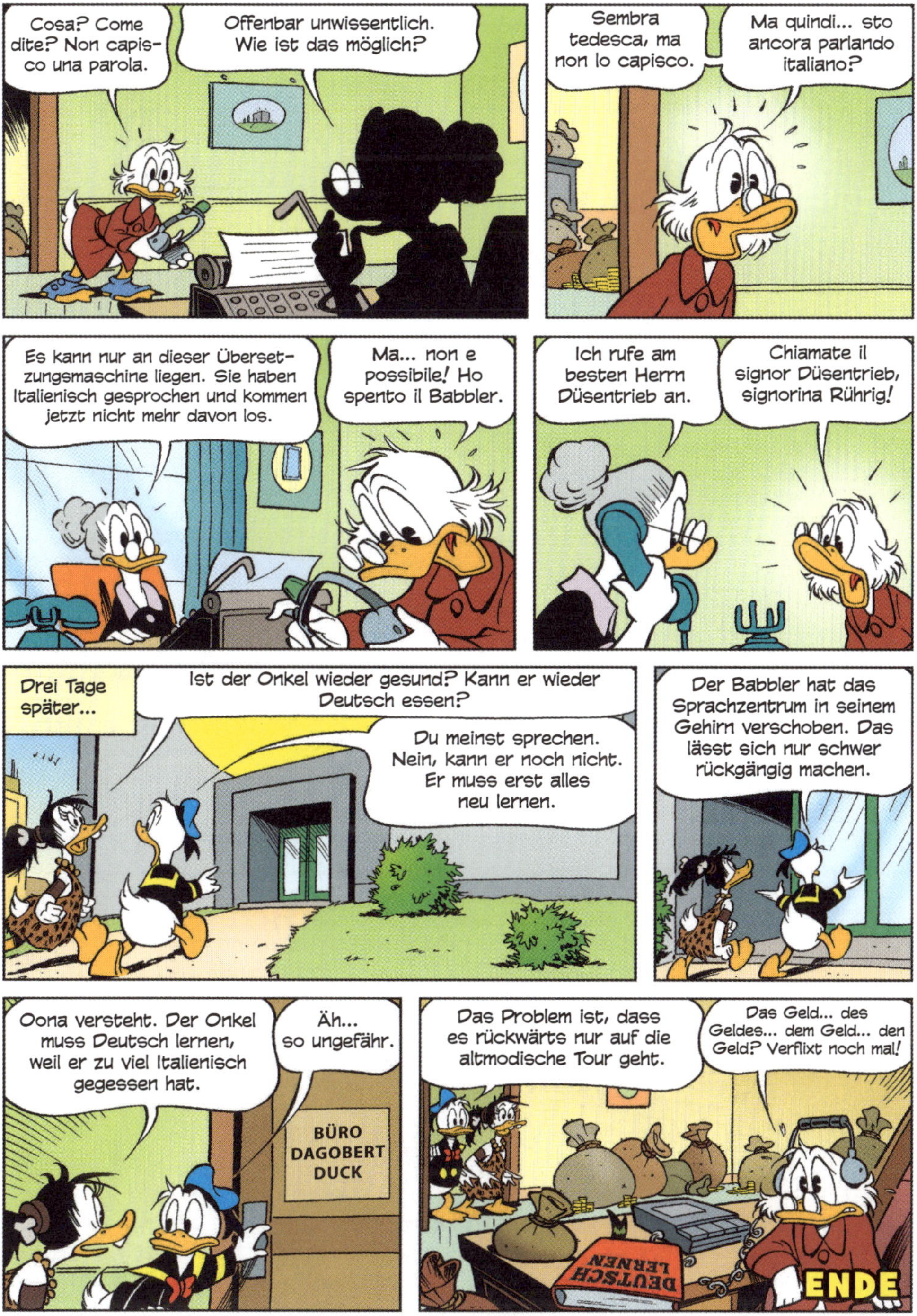

Cosa? Come dite? Non capisco una parola.
Offenbar unwissentlich. Wie ist das möglich?
Sembra tedesca, ma non lo capisco.
Ma quindi... sto ancora parlando italiano?
Es kann nur an dieser Übersetzungsmaschine liegen. Sie haben Italienisch gesprochen und kommen jetzt nicht mehr davon los.
Ma... non e possibile! Ho spento il Babbler.
Ich rufe am besten Herrn Düsentrieb an.
Chiamate il signor Düsentrieb, signorina Rührig!
Drei Tage später...
Ist der Onkel wieder gesund? Kann er wieder Deutsch essen?
Du meinst sprechen. Nein, kann er noch nicht. Er muss erst alles neu lernen.
Der Babbler hat das Sprachzentrum in seinem Gehirn verschoben. Das lässt sich nur schwer rückgängig machen.
Oona versteht. Der Onkel muss Deutsch lernen, weil er zu viel Italienisch gegessen hat.
Äh... so ungefähr.
BÜRO DAGOBERT DUCK
Das Problem ist, dass es rückwärts nur auf die altmodische Tour geht.
Das Geld... des Geldes... dem Geld... den Geld? Verflixt noch mal!
DEUTSCH LERNEN
ENDE

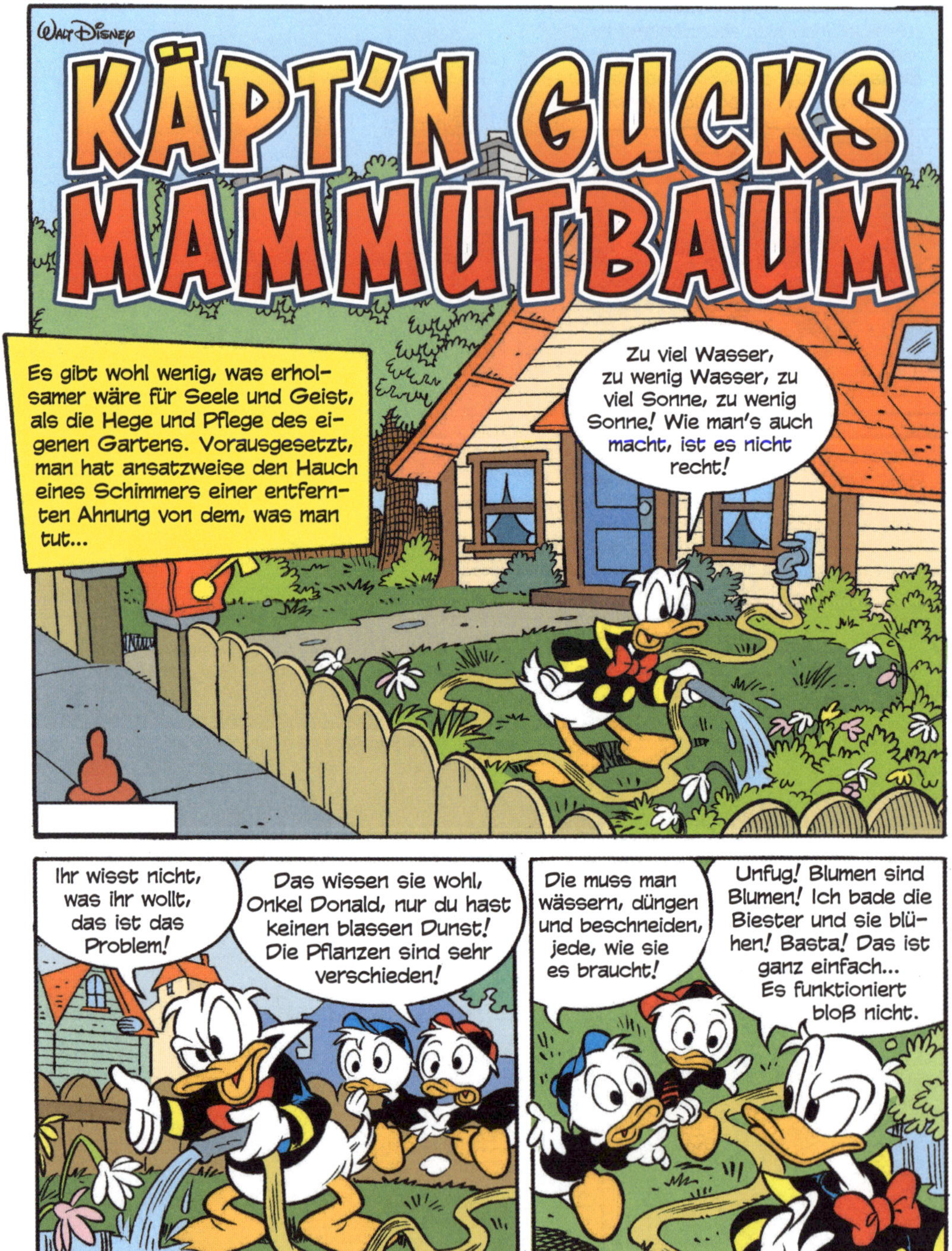
Walt Disney
KÄPT'N GUCKS MAMMUTBAUM
Es gibt wohl wenig, was erholsamer wäre für Seele und Geist, als die Hege und Pflege des eigenen Gartens. Vorausgesetzt, man hat ansatzweise den Hauch eines Schimmers einer entfernten Ahnung von dem, was man tut...
Zu viel Wasser, zu wenig Wasser, zu viel Sonne, zu wenig Sonne! Wie man's auch macht, ist es nicht recht!
Ihr wisst nicht, was ihr wollt, das ist das Problem!
Das wissen sie wohl, Onkel Donald, nur du hast keinen blassen Dunst! Die Pflanzen sind sehr verschieden!
Die muss man wässern, düngen und beschneiden, jede, wie sie es braucht!
Unfug! Blumen sind Blumen! Ich bade die Biester und sie blühen! Basta! Das ist ganz einfach... Es funktioniert bloß nicht.

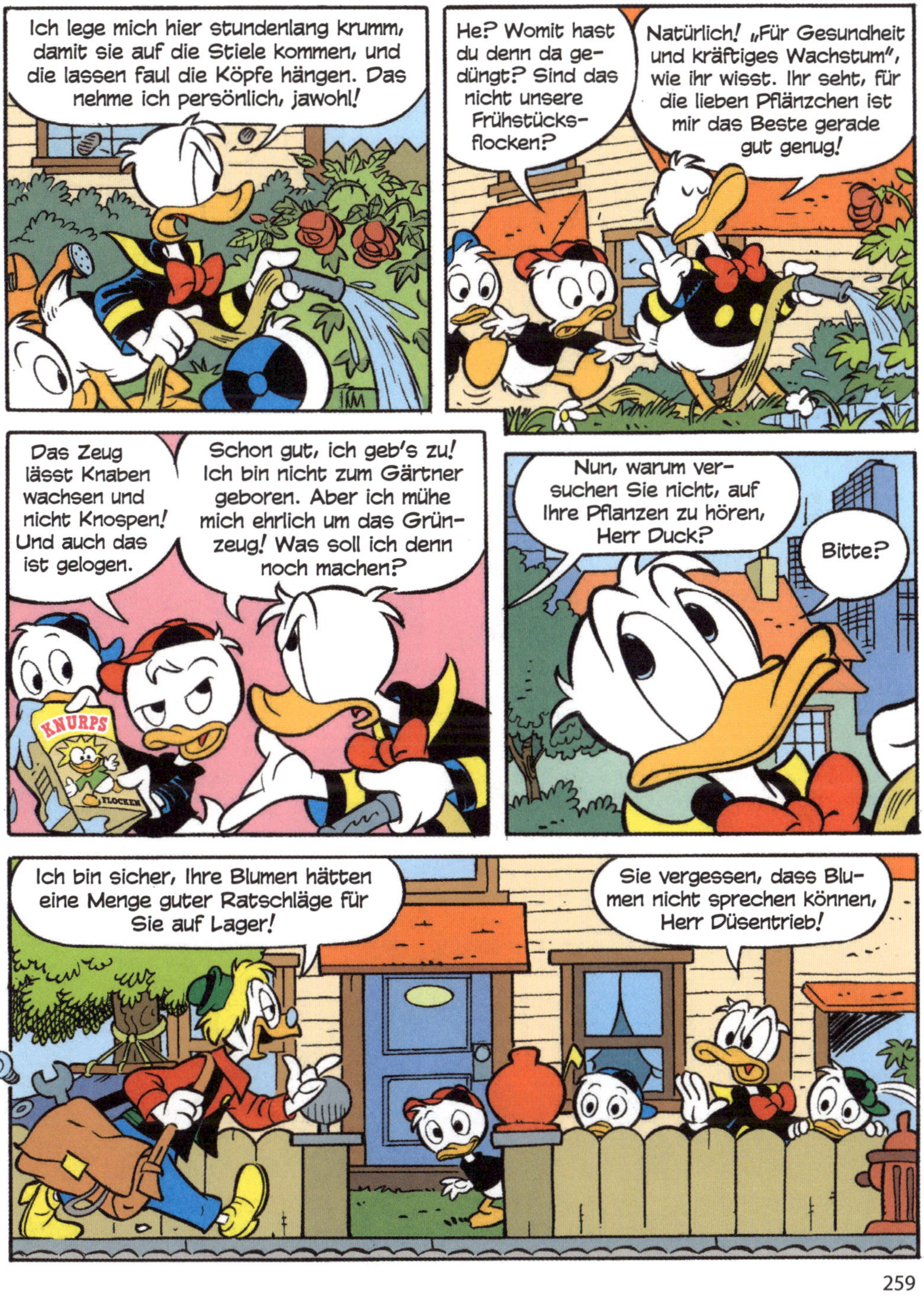

Ich lege mich hier stundenlang krumm, damit sie auf die Stiele kommen, und die lassen faul die Köpfe hängen. Das nehme ich persönlich, jawohl!
He? Womit hast du denn da gedüngt? Sind das nicht unsere Frühstücksflocken?
Natürlich! „Für Gesundheit und kräftiges Wachstum", wie ihr wisst. Ihr seht, für die lieben Pflänzchen ist mir das Beste gerade gut genug!
Das Zeug lässt Knaben wachsen und nicht Knospen! Und auch das ist gelogen.
Schon gut, ich geb's zu! Ich bin nicht zum Gärtner geboren. Aber ich mühe mich ehrlich um das Grünzeug! Was soll ich denn noch machen?
KNURPS
FLOCKEN
Nun, warum versuchen Sie nicht, auf Ihre Pflanzen zu hören, Herr Duck?
Bitte?
Ich bin sicher, Ihre Blumen hätten eine Menge guter Ratschläge für Sie auf Lager!
Sie vergessen, dass Blumen nicht sprechen können, Herr Düsentrieb!

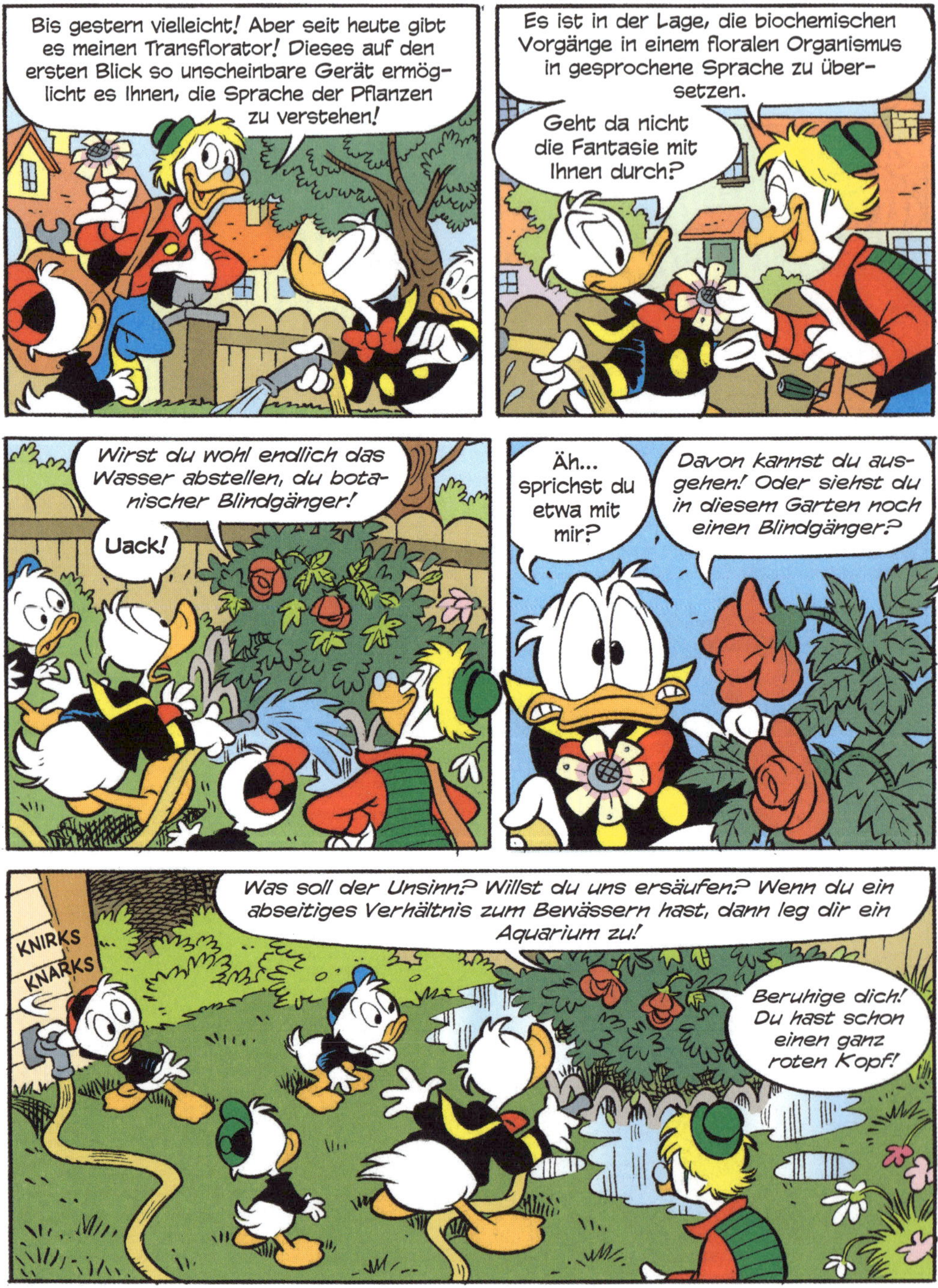
Bis gestern vielleicht! Aber seit heute gibt es meinen Transflorator! Dieses auf den ersten Blick so unscheinbare Gerät ermöglicht es Ihnen, die Sprache der Pflanzen zu verstehen!
Es ist in der Lage, die biochemischen Vorgänge in einem floralen Organismus in gesprochene Sprache zu übersetzen.
Geht da nicht die Fantasie mit Ihnen durch?
Wirst du wohl endlich das Wasser abstellen, du botanischer Blindgänger!
Uack!
Äh... sprichst du etwa mit mir?
Davon kannst du ausgehen! Oder siehst du in diesem Garten noch einen Blindgänger?
Was soll der Unsinn? Willst du uns ersäufen? Wenn du ein abseitiges Verhältnis zum Bewässern hast, dann leg dir ein Aquarium zu!
KNIRKS
KNARKS
Beruhige dich! Du hast schon einen ganz roten Kopf!

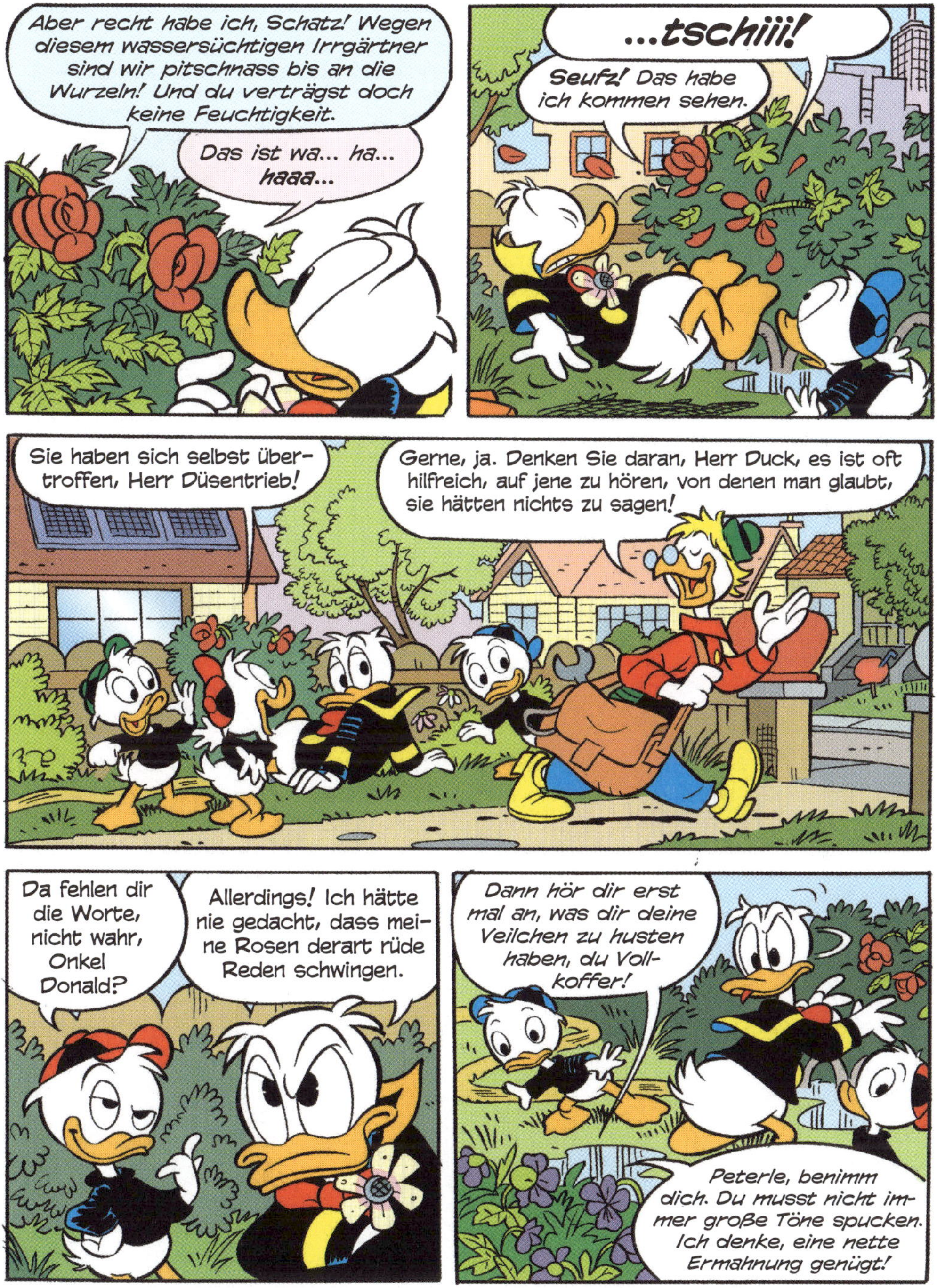
Aber recht habe ich, Schatz! Wegen diesem wassersüchtigen Irrgärtner sind wir pitschnass bis an die Wurzeln! Und du verträgst doch keine Feuchtigkeit.
Das ist wa... ha... haaa...
...tschiii!
Seufz! Das habe ich kommen sehen.
Sie haben sich selbst übertroffen, Herr Düsentrieb!
Gerne, ja. Denken Sie daran, Herr Duck, es ist oft hilfreich, auf jene zu hören, von denen man glaubt, sie hätten nichts zu sagen!
Da fehlen dir die Worte, nicht wahr, Onkel Donald?
Allerdings! Ich hätte nie gedacht, dass meine Rosen derart rüde Reden schwingen.
Dann hör dir erst mal an, was dir deine Veilchen zu husten haben, du Vollkoffer!
Peterle, benimm dich. Du musst nicht immer große Töne spucken. Ich denke, eine nette Ermahnung genügt!

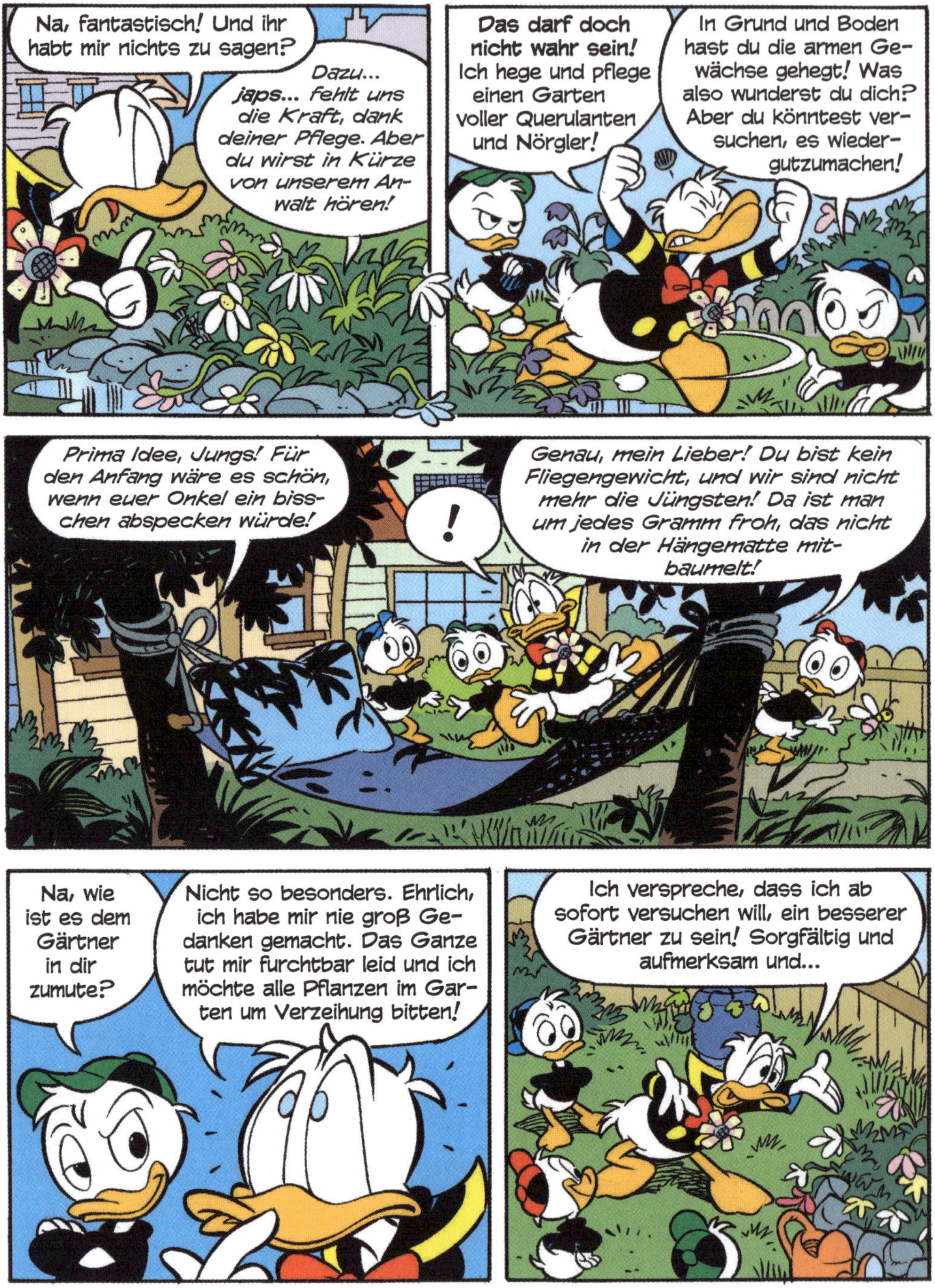
Na, fantastisch! Und ihr habt mir nichts zu sagen?
Dazu... japs... fehlt uns die Kraft, dank deiner Pflege. Aber du wirst in Kürze von unserem Anwalt hören!
Das darf doch nicht wahr sein! Ich hege und pflege einen Garten voller Querulanten und Nörgler!
In Grund und Boden hast du die armen Gewächse gehegt! Was also wunderst du dich? Aber du könntest versuchen, es wiedergutzumachen!
Prima Idee, Jungs! Für den Anfang wäre es schön, wenn euer Onkel ein bisschen abspecken würde!
!
Genau, mein Lieber! Du bist kein Fliegengewicht, und wir sind nicht mehr die Jüngsten! Da ist man um jedes Gramm froh, das nicht in der Hängematte mitbaumelt!
Na, wie ist es dem Gärtner in dir zumute?
Nicht so besonders. Ehrlich, ich habe mir nie groß Gedanken gemacht. Das Ganze tut mir furchtbar leid und ich möchte alle Pflanzen im Garten um Verzeihung bitten!
Ich verspreche, dass ich ab sofort versuchen will, ein besserer Gärtner zu sein! Sorgfältig und aufmerksam und...

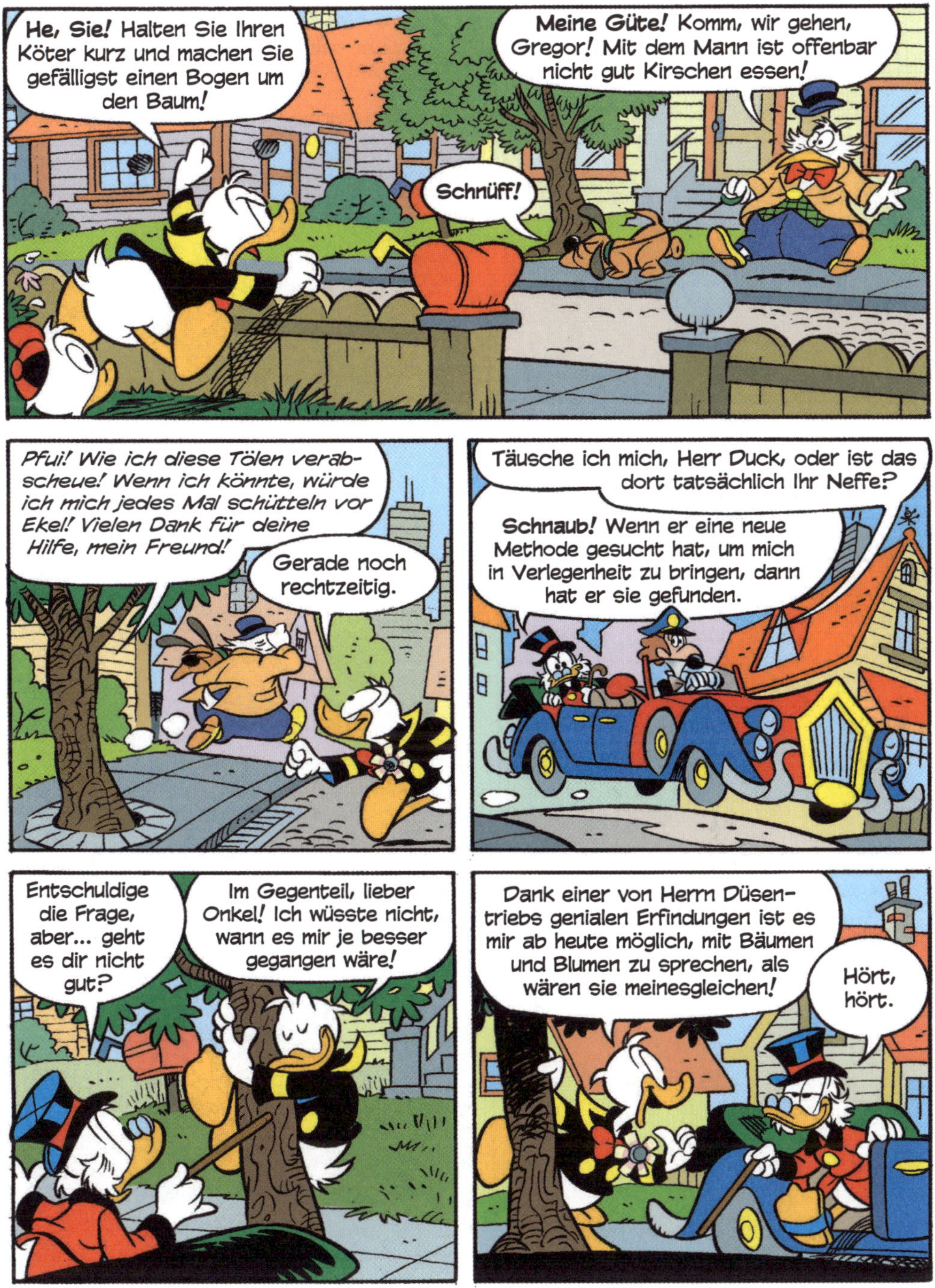
He, Sie! Halten Sie Ihren Köter kurz und machen Sie gefälligst einen Bogen um den Baum!
Meine Güte! Komm, wir gehen, Gregor! Mit dem Mann ist offenbar nicht gut Kirschen essen!
Schnüff!
Pfui! Wie ich diese Tölen verabscheue! Wenn ich könnte, würde ich mich jedes Mal schütteln vor Ekel! Vielen Dank für deine Hilfe, mein Freund!
Gerade noch rechtzeitig.
Täusche ich mich, Herr Duck, oder ist das dort tatsächlich Ihr Neffe?
Schnaub! Wenn er eine neue Methode gesucht hat, um mich in Verlegenheit zu bringen, dann hat er sie gefunden.
Entschuldige die Frage, aber... geht es dir nicht gut?
Im Gegenteil, lieber Onkel! Ich wüsste nicht, wann es mir je besser gegangen wäre!
Dank einer von Herrn Düsentriebs genialen Erfindungen ist es mir ab heute möglich, mit Bäumen und Blumen zu sprechen, als wären sie meinesgleichen!
Hört, hört.

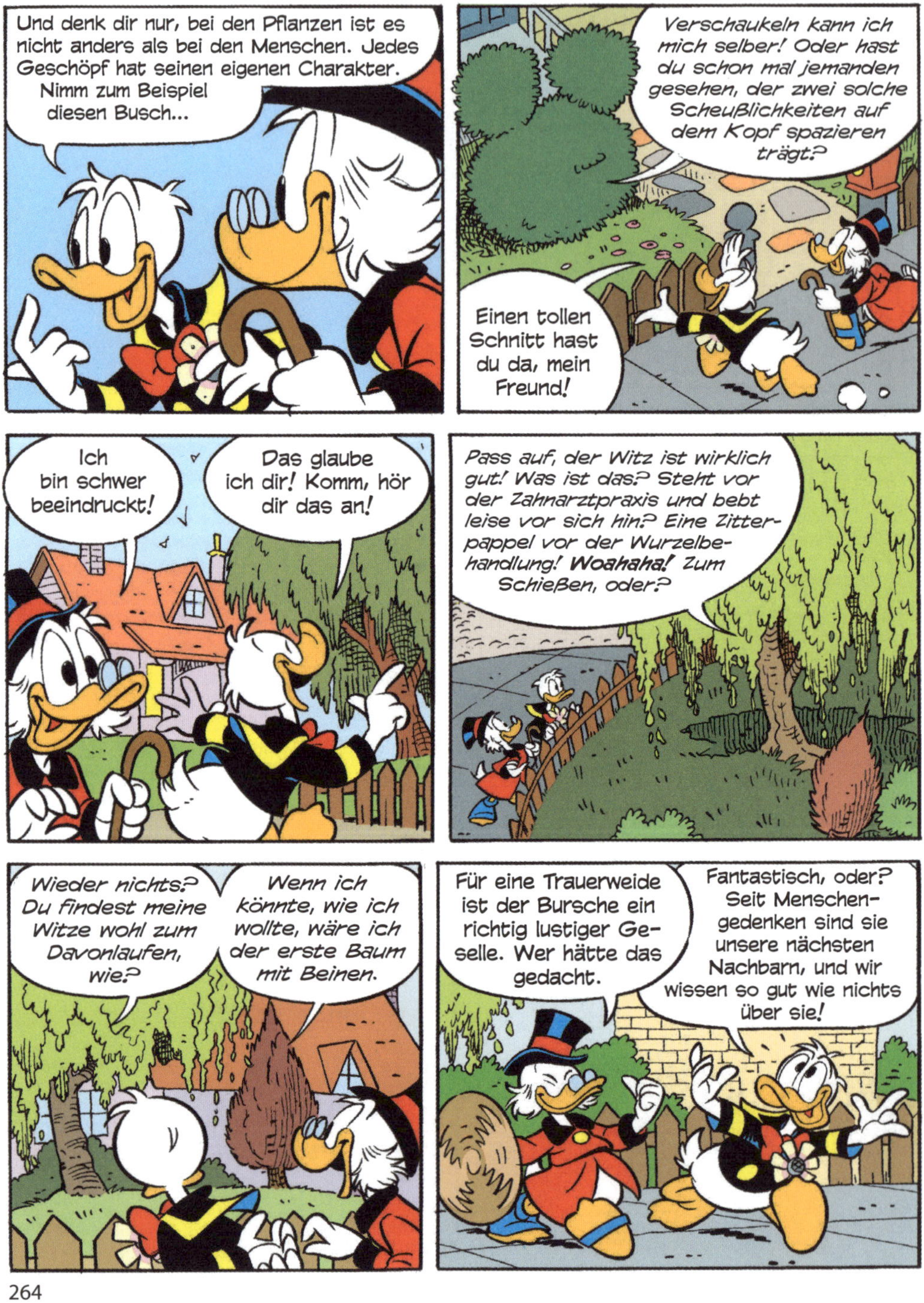
Und denk dir nur, bei den Pflanzen ist es nicht anders als bei den Menschen. Jedes Geschöpf hat seinen eigenen Charakter. Nimm zum Beispiel diesen Busch...
Einen tollen Schnitt hast du da, mein Freund!
Verschaukeln kann ich mich selber! Oder hast du schon mal jemanden gesehen, der zwei solche Scheußlichkeiten auf dem Kopf spazieren trägt?
Ich bin schwer beeindruckt!
Das glaube ich dir! Komm, hör dir das an!
Pass auf, der Witz ist wirklich gut! Was ist das? Steht vor der Zahnarztpraxis und bebt leise vor sich hin? Eine Zitterpappel vor der Wurzelbehandlung! **Woahaha!** Zum Schießen, oder?
Wieder nichts? Du findest meine Witze wohl zum Davonlaufen, wie?
Wenn ich könnte, wie ich wollte, wäre ich der erste Baum mit Beinen.
Für eine Trauerweide ist der Bursche ein richtig lustiger Geselle. Wer hätte das gedacht.
Fantastisch, oder? Seit Menschengedenken sind sie unsere nächsten Nachbarn, und wir wissen so gut wie nichts über sie!

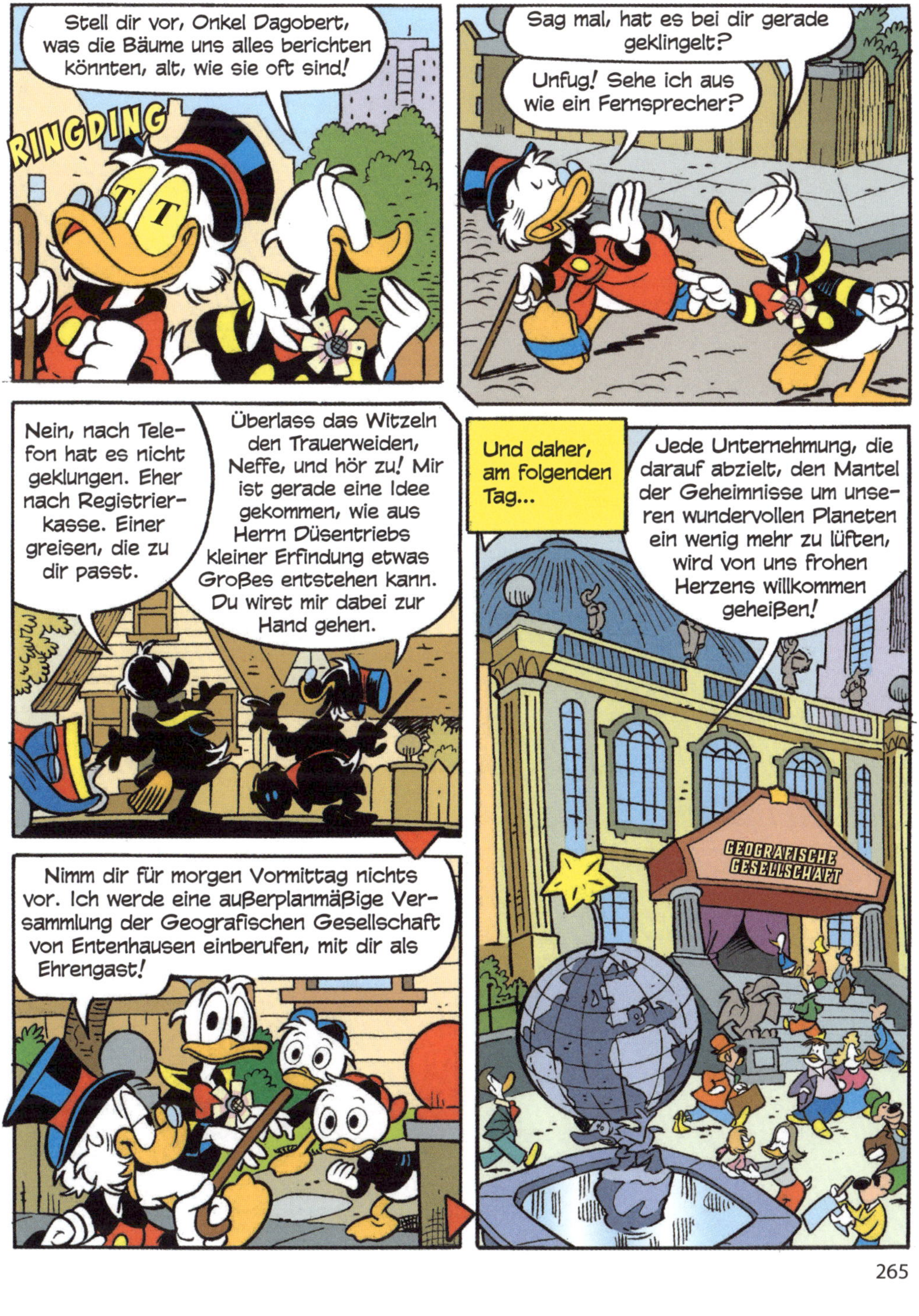
Stell dir vor, Onkel Dagobert, was die Bäume uns alles berichten könnten, alt, wie sie oft sind!
RINGDING
Sag mal, hat es bei dir gerade geklingelt?
Unfug! Sehe ich aus wie ein Fernsprecher?
Nein, nach Telefon hat es nicht geklungen. Eher nach Registrierkasse. Einer greisen, die zu dir passt.
Überlass das Witzeln den Trauerweiden, Neffe, und hör zu! Mir ist gerade eine Idee gekommen, wie aus Herrn Düsentriebs kleiner Erfindung etwas Großes entstehen kann. Du wirst mir dabei zur Hand gehen.
Nimm dir für morgen Vormittag nichts vor. Ich werde eine außerplanmäßige Versammlung der Geografischen Gesellschaft von Entenhausen einberufen, mit dir als Ehrengast!
Und daher, am folgenden Tag...
Jede Unternehmung, die darauf abzielt, den Mantel der Geheimnisse um unseren wundervollen Planeten ein wenig mehr zu lüften, wird von uns frohen Herzens willkommen geheißen!
GEOGRAFISCHE GESELLSCHAFT

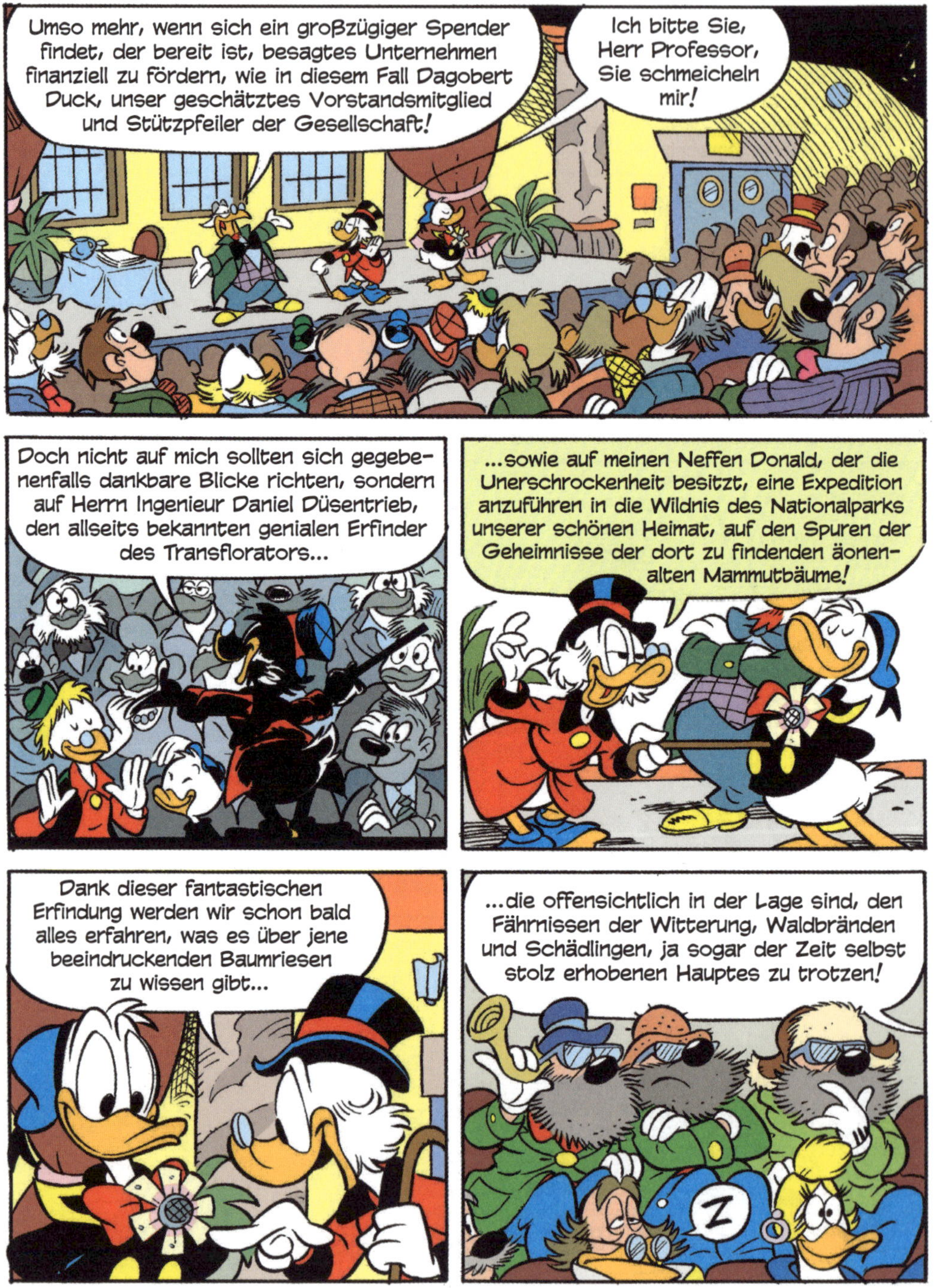
Umso mehr, wenn sich ein großzügiger Spender findet, der bereit ist, besagtes Unternehmen finanziell zu fördern, wie in diesem Fall Dagobert Duck, unser geschätztes Vorstandsmitglied und Stützpfeiler der Gesellschaft!
Ich bitte Sie, Herr Professor, Sie schmeicheln mir!
Doch nicht auf mich sollten sich gegebenenfalls dankbare Blicke richten, sondern auf Herrn Ingenieur Daniel Düsentrieb, den allseits bekannten genialen Erfinder des Transflorators...
...sowie auf meinen Neffen Donald, der die Unerschrockenheit besitzt, eine Expedition anzuführen in die Wildnis des Nationalparks unserer schönen Heimat, auf den Spuren der Geheimnisse der dort zu findenden äonenalten Mammutbäume!
Dank dieser fantastischen Erfindung werden wir schon bald alles erfahren, was es über jene beeindruckenden Baumriesen zu wissen gibt...
...die offensichtlich in der Lage sind, den Fährnissen der Witterung, Waldbränden und Schädlingen, ja sogar der Zeit selbst stolz erhobenen Hauptes zu trotzen!
Z

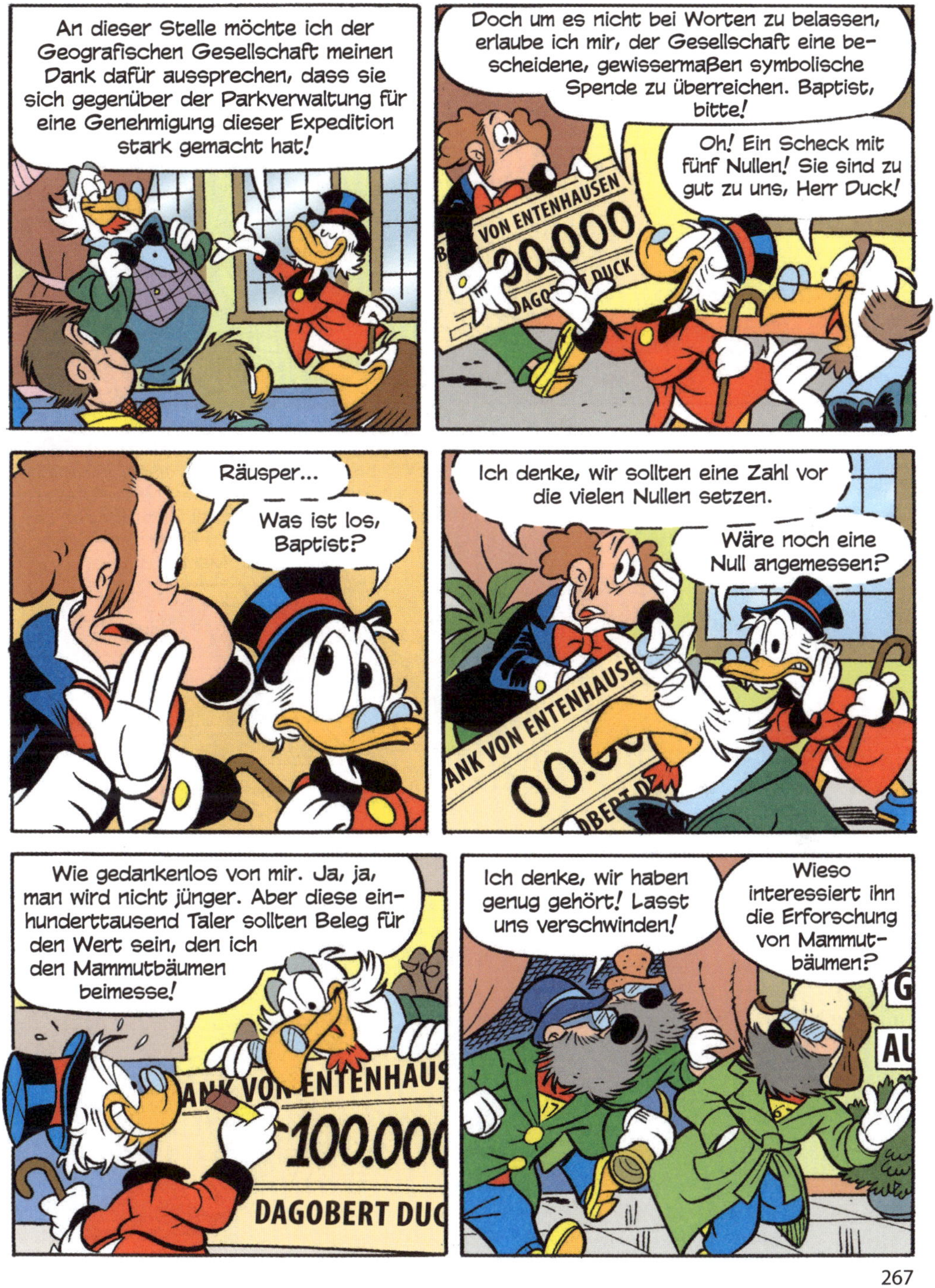

An dieser Stelle möchte ich der Geografischen Gesellschaft meinen Dank dafür aussprechen, dass sie sich gegenüber der Parkverwaltung für eine Genehmigung dieser Expedition stark gemacht hat!
Doch um es nicht bei Worten zu belassen, erlaube ich mir, der Gesellschaft eine bescheidene, gewissermaßen symbolische Spende zu überreichen. Baptist, bitte!
Oh! Ein Scheck mit fünf Nullen! Sie sind zu gut zu uns, Herr Duck!
VON ENTENHAUSEN
00.000
Räusper...
Was ist los, Baptist?
Ich denke, wir sollten eine Zahl vor die vielen Nullen setzen.
Wäre noch eine Null angemessen?
ANK VON ENTENHAUSE
Wie gedankenlos von mir. Ja, ja, man wird nicht jünger. Aber diese einhunderttausend Taler sollten Beleg für den Wert sein, den ich den Mammutbäumen beimesse!
ANK VON ENTENHAUS
100.000
DAGOBERT DUC
Ich denke, wir haben genug gehört! Lasst uns verschwinden!
Wieso interessiert ihn die Erforschung von Mammutbäumen?

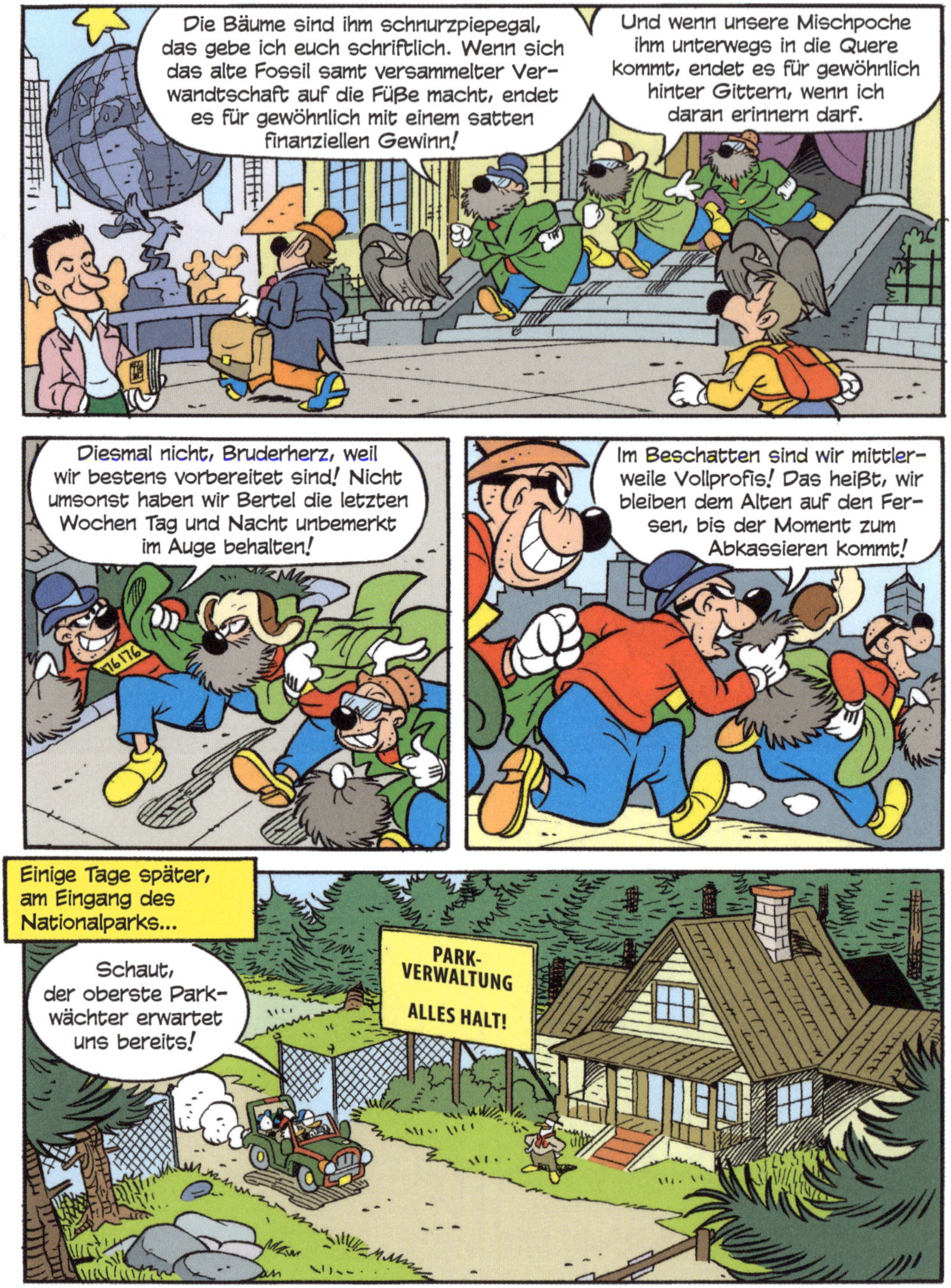
Die Bäume sind ihm schnurzpiepegal, das gebe ich euch schriftlich. Wenn sich das alte Fossil samt versammelter Verwandtschaft auf die Füße macht, endet es für gewöhnlich mit einem satten finanziellen Gewinn!
Und wenn unsere Mischpoche ihm unterwegs in die Quere kommt, endet es für gewöhnlich hinter Gittern, wenn ich daran erinnern darf.
Diesmal nicht, Bruderherz, weil wir bestens vorbereitet sind! Nicht umsonst haben wir Bertel die letzten Wochen Tag und Nacht unbemerkt im Auge behalten!
176176
Im Beschatten sind wir mittlerweile Vollprofis! Das heißt, wir bleiben dem Alten auf den Fersen, bis der Moment zum Abkassieren kommt!
Einige Tage später, am Eingang des Nationalparks...
Schaut, der oberste Parkwächter erwartet uns bereits!
PARK-VERWALTUNG
ALLES HALT!

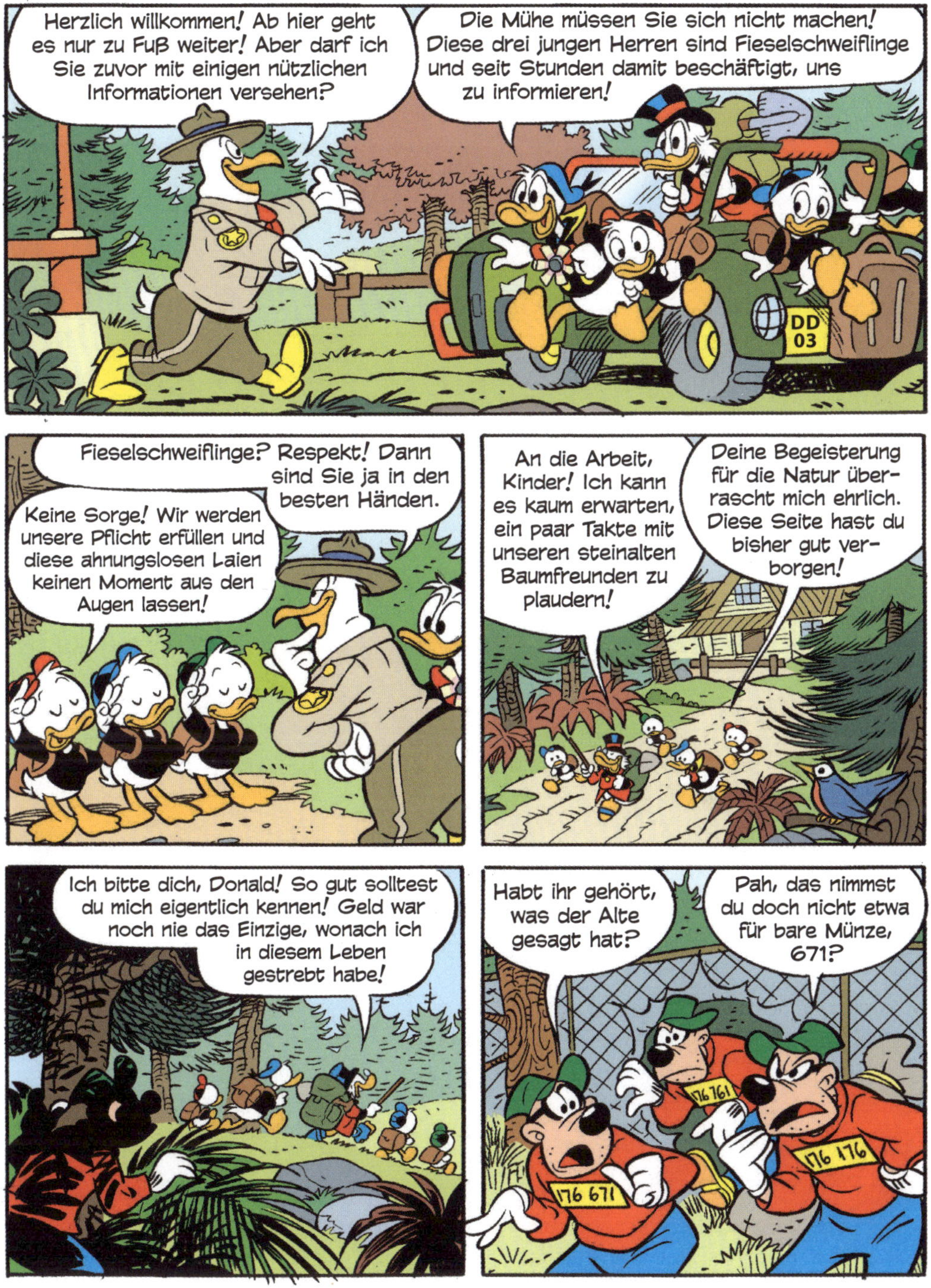
Herzlich willkommen! Ab hier geht es nur zu Fuß weiter! Aber darf ich Sie zuvor mit einigen nützlichen Informationen versehen?
Die Mühe müssen Sie sich nicht machen! Diese drei jungen Herren sind Fieselschweiflinge und seit Stunden damit beschäftigt, uns zu informieren!
DD 03
Fieselschweiflinge? Respekt! Dann sind Sie ja in den besten Händen.
Keine Sorge! Wir werden unsere Pflicht erfüllen und diese ahnungslosen Laien keinen Moment aus den Augen lassen!
An die Arbeit, Kinder! Ich kann es kaum erwarten, ein paar Takte mit unseren steinalten Baumfreunden zu plaudern!
Deine Begeisterung für die Natur überrascht mich ehrlich. Diese Seite hast du bisher gut verborgen!
Ich bitte dich, Donald! So gut solltest du mich eigentlich kennen! Geld war noch nie das Einzige, wonach ich in diesem Leben gestrebt habe!
Habt ihr gehört, was der Alte gesagt hat?
Pah, das nimmst du doch nicht etwa für bare Münze, 671?
176 761
176 176
176 671

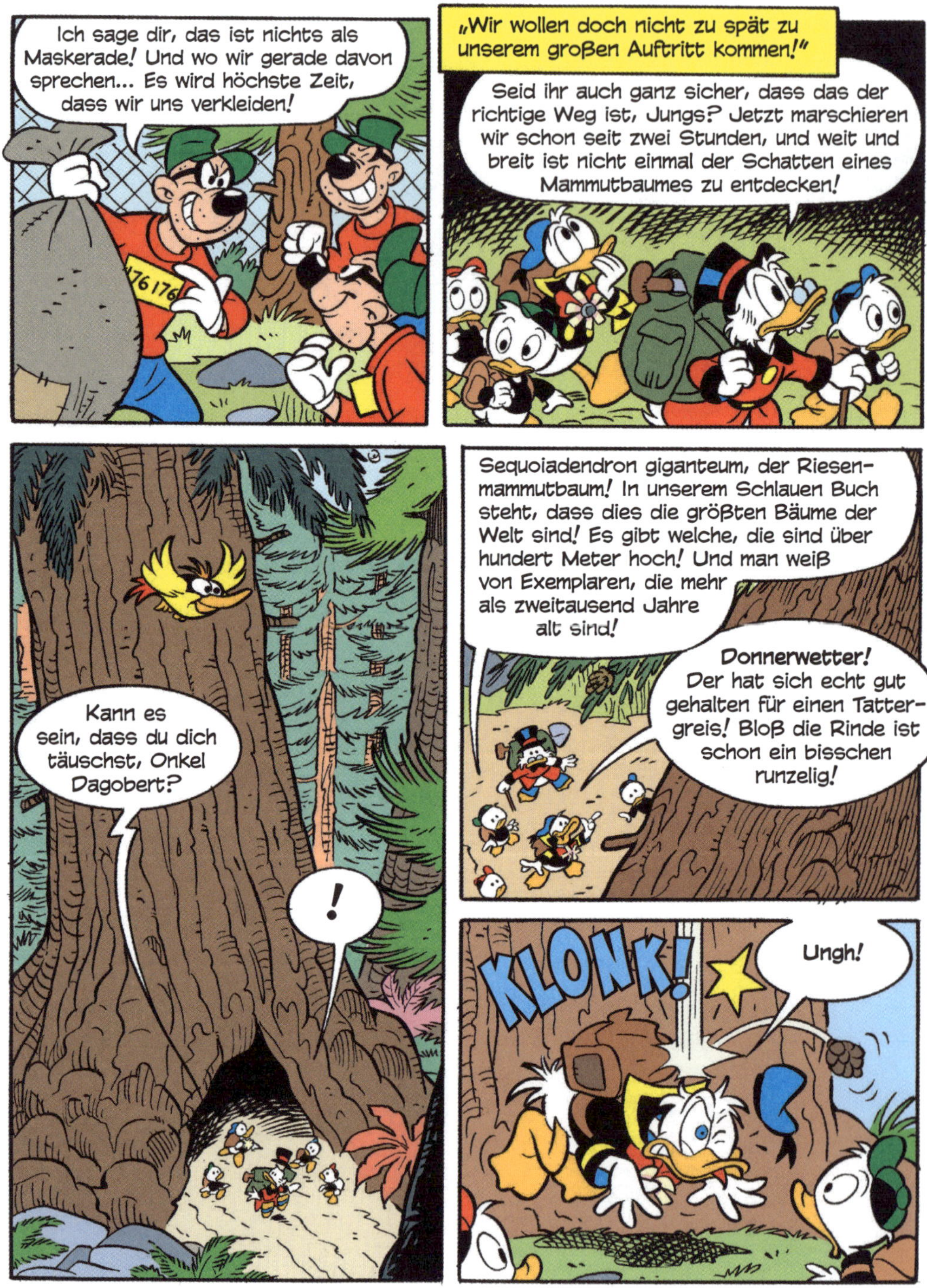
Ich sage dir, das ist nichts als Maskerade! Und wo wir gerade davon sprechen... Es wird höchste Zeit, dass wir uns verkleiden!
176 176
„Wir wollen doch nicht zu spät zu unserem großen Auftritt kommen!"
Seid ihr auch ganz sicher, dass das der richtige Weg ist, Jungs? Jetzt marschieren wir schon seit zwei Stunden, und weit und breit ist nicht einmal der Schatten eines Mammutbaumes zu entdecken!
Kann es sein, dass du dich täuschst, Onkel Dagobert?
!
Sequoiadendron giganteum, der Riesenmammutbaum! In unserem Schlauen Buch steht, dass dies die größten Bäume der Welt sind! Es gibt welche, die sind über hundert Meter hoch! Und man weiß von Exemplaren, die mehr als zweitausend Jahre alt sind!
Donnerwetter! Der hat sich echt gut gehalten für einen Tattergreis! Bloß die Rinde ist schon ein bisschen runzelig!
KLONK!
Ungh!

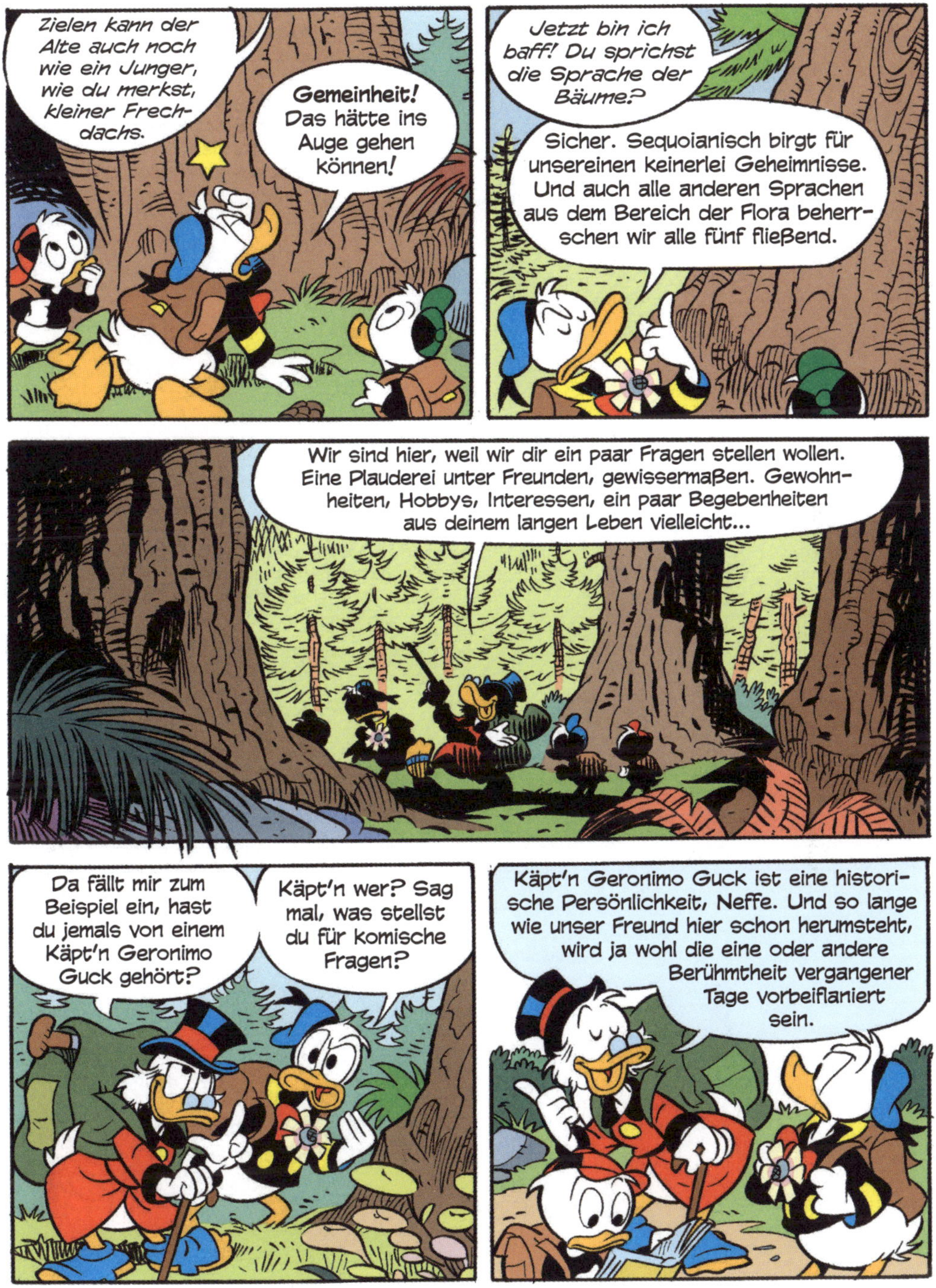
Zielen kann der Alte auch noch wie ein Junger, wie du merkst, kleiner Frechdachs.
Gemeinheit! Das hätte ins Auge gehen können!
Jetzt bin ich baff! Du sprichst die Sprache der Bäume?
Sicher. Sequoianisch birgt für unsereinen keinerlei Geheimnisse. Und auch alle anderen Sprachen aus dem Bereich der Flora beherrschen wir alle fünf fließend.
Wir sind hier, weil wir dir ein paar Fragen stellen wollen. Eine Plauderei unter Freunden, gewissermaßen. Gewohnheiten, Hobbys, Interessen, ein paar Begebenheiten aus deinem langen Leben vielleicht…
Da fällt mir zum Beispiel ein, hast du jemals von einem Käpt'n Geronimo Guck gehört?
Käpt'n wer? Sag mal, was stellst du für komische Fragen?
Käpt'n Geronimo Guck ist eine historische Persönlichkeit, Neffe. Und so lange wie unser Freund hier schon herumsteht, wird ja wohl die eine oder andere Berühmtheit vergangener Tage vorbeiflaniert sein.

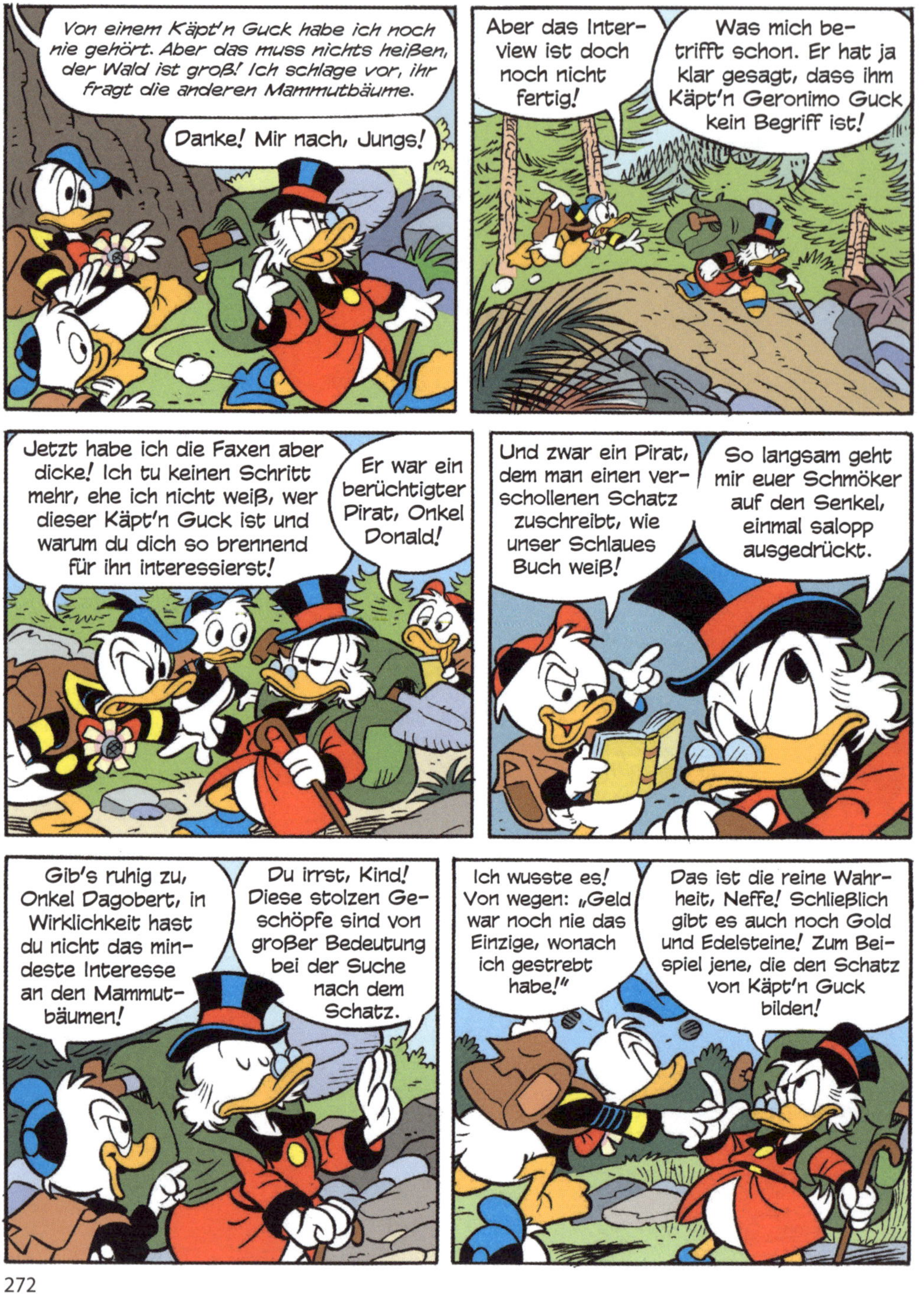

Von einem Käpt'n Guck habe ich noch nie gehört. Aber das muss nichts heißen, der Wald ist groß! Ich schlage vor, ihr fragt die anderen Mammutbäume.
Danke! Mir nach, Jungs!
Aber das Interview ist doch noch nicht fertig!
Was mich betrifft schon. Er hat ja klar gesagt, dass ihm Käpt'n Geronimo Guck kein Begriff ist!
Jetzt habe ich die Faxen aber dicke! Ich tu keinen Schritt mehr, ehe ich nicht weiß, wer dieser Käpt'n Guck ist und warum du dich so brennend für ihn interessierst!
Er war ein berüchtigter Pirat, Onkel Donald!
Und zwar ein Pirat, dem man einen verschollenen Schatz zuschreibt, wie unser Schlaues Buch weiß!
So langsam geht mir euer Schmöker auf den Senkel, einmal salopp ausgedrückt.
Gib's ruhig zu, Onkel Dagobert, in Wirklichkeit hast du nicht das mindeste Interesse an den Mammutbäumen!
Du irrst, Kind! Diese stolzen Geschöpfe sind von großer Bedeutung bei der Suche nach dem Schatz.
Ich wusste es! Von wegen: „Geld war noch nie das Einzige, wonach ich gestrebt habe!"
Das ist die reine Wahrheit, Neffe! Schließlich gibt es auch noch Gold und Edelsteine! Zum Beispiel jene, die den Schatz von Käpt'n Guck bilden!

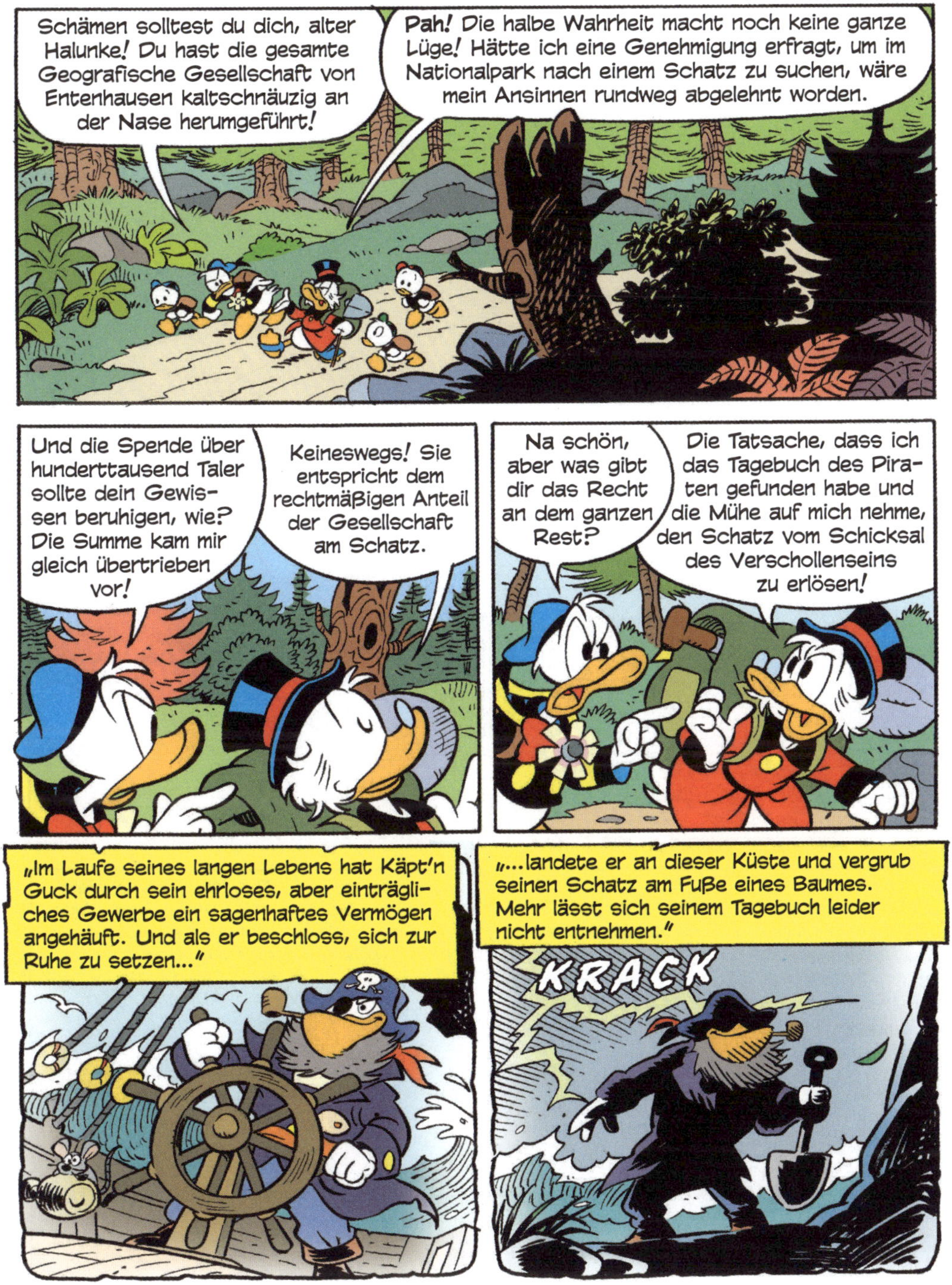
Schämen solltest du dich, alter Halunke! Du hast die gesamte Geografische Gesellschaft von Entenhausen kaltschnäuzig an der Nase herumgeführt!
Pah! Die halbe Wahrheit macht noch keine ganze Lüge! Hätte ich eine Genehmigung erfragt, um im Nationalpark nach einem Schatz zu suchen, wäre mein Ansinnen rundweg abgelehnt worden.
Und die Spende über hunderttausend Taler sollte dein Gewissen beruhigen, wie? Die Summe kam mir gleich übertrieben vor!
Keineswegs! Sie entspricht dem rechtmäßigen Anteil der Gesellschaft am Schatz.
Na schön, aber was gibt dir das Recht an dem ganzen Rest?
Die Tatsache, dass ich das Tagebuch des Piraten gefunden habe und die Mühe auf mich nehme, den Schatz vom Schicksal des Verschollenseins zu erlösen!
„Im Laufe seines langen Lebens hat Käpt'n Guck durch sein ehrloses, aber einträgliches Gewerbe ein sagenhaftes Vermögen angehäuft. Und als er beschloss, sich zur Ruhe zu setzen..."
„...landete er an dieser Küste und vergrub seinen Schatz am Fuße eines Baumes. Mehr lässt sich seinem Tagebuch leider nicht entnehmen."
KRACK

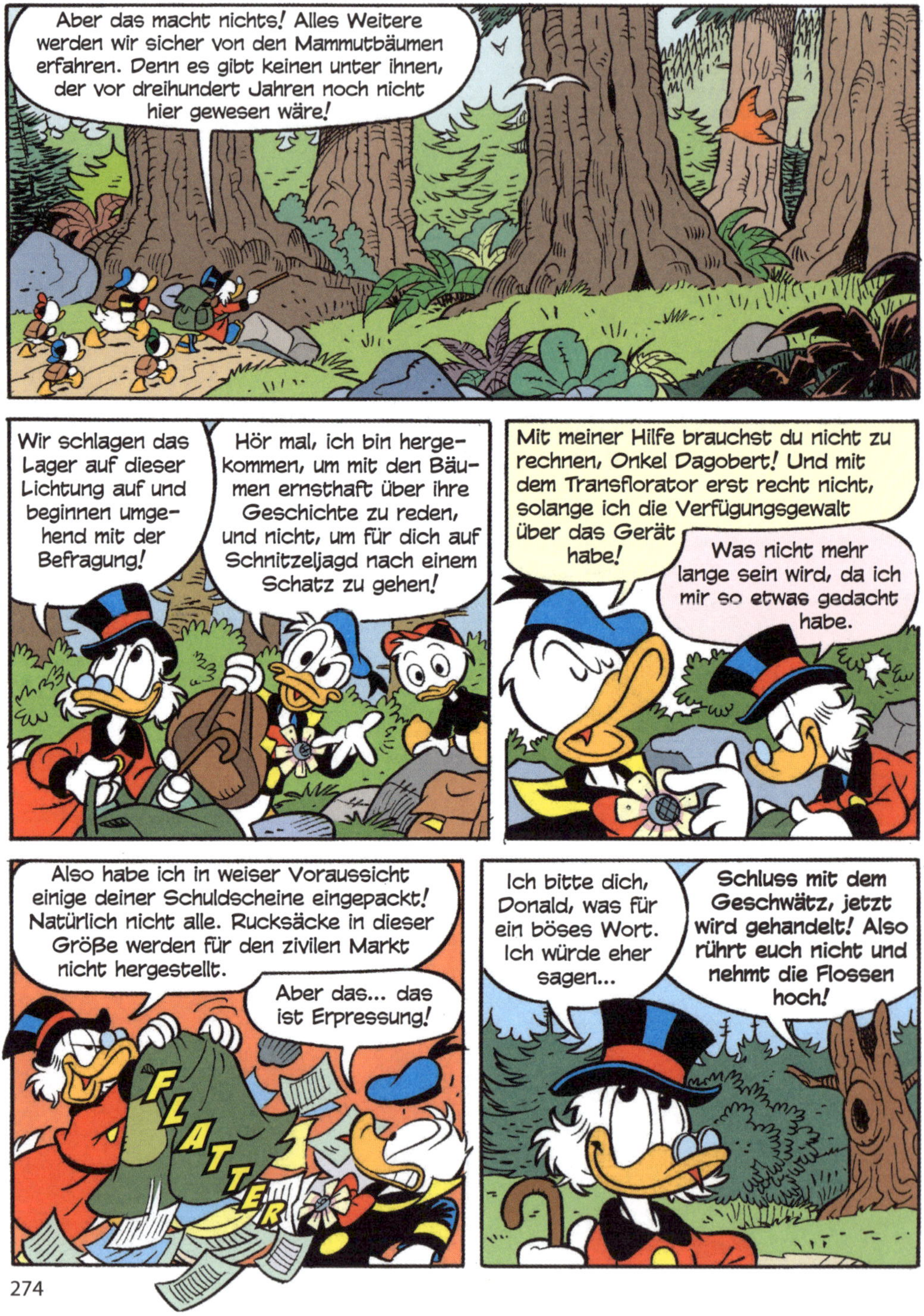
Aber das macht nichts! Alles Weitere werden wir sicher von den Mammutbäumen erfahren. Denn es gibt keinen unter ihnen, der vor dreihundert Jahren noch nicht hier gewesen wäre!
Wir schlagen das Lager auf dieser Lichtung auf und beginnen umgehend mit der Befragung!
Hör mal, ich bin hergekommen, um mit den Bäumen ernsthaft über ihre Geschichte zu reden, und nicht, um für dich auf Schnitzeljagd nach einem Schatz zu gehen!
Mit meiner Hilfe brauchst du nicht zu rechnen, Onkel Dagobert! Und mit dem Transflorator erst recht nicht, solange ich die Verfügungsgewalt über das Gerät habe!
Was nicht mehr lange sein wird, da ich mir so etwas gedacht habe.
Also habe ich in weiser Voraussicht einige deiner Schuldscheine eingepackt! Natürlich nicht alle. Rucksäcke in dieser Größe werden für den zivilen Markt nicht hergestellt.
Aber das... das ist Erpressung!
FLATTER
Ich bitte dich, Donald, was für ein böses Wort. Ich würde eher sagen...
Schluss mit dem Geschwätz, jetzt wird gehandelt! Also rührt euch nicht und nehmt die Flossen hoch!

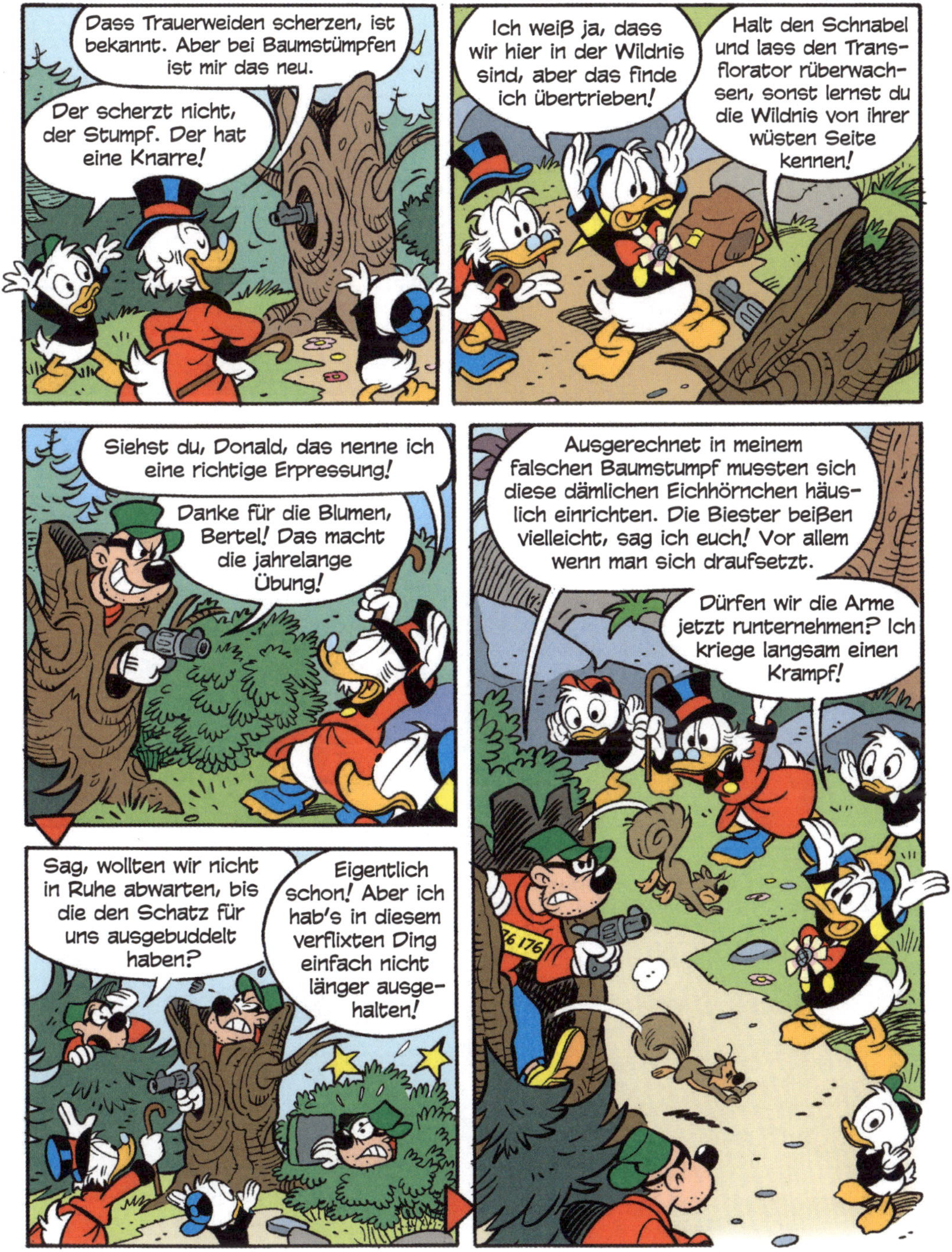
Dass Trauerweiden scherzen, ist bekannt. Aber bei Baumstümpfen ist mir das neu.
Der scherzt nicht, der Stumpf. Der hat eine Knarre!
Ich weiß ja, dass wir hier in der Wildnis sind, aber das finde ich übertrieben!
Halt den Schnabel und lass den Transflorator rüberwachsen, sonst lernst du die Wildnis von ihrer wüsten Seite kennen!
Siehst du, Donald, das nenne ich eine richtige Erpressung!
Danke für die Blumen, Bertel! Das macht die jahrelange Übung!
Sag, wollten wir nicht in Ruhe abwarten, bis die den Schatz für uns ausgebuddelt haben?
Eigentlich schon! Aber ich hab's in diesem verflixten Ding einfach nicht länger ausgehalten!
Ausgerechnet in meinem falschen Baumstumpf mussten sich diese dämlichen Eichhörnchen häuslich einrichten. Die Biester beißen vielleicht, sag ich euch! Vor allem wenn man sich draufsetzt.
Dürfen wir die Arme jetzt runternehmen? Ich kriege langsam einen Krampf!
176 176

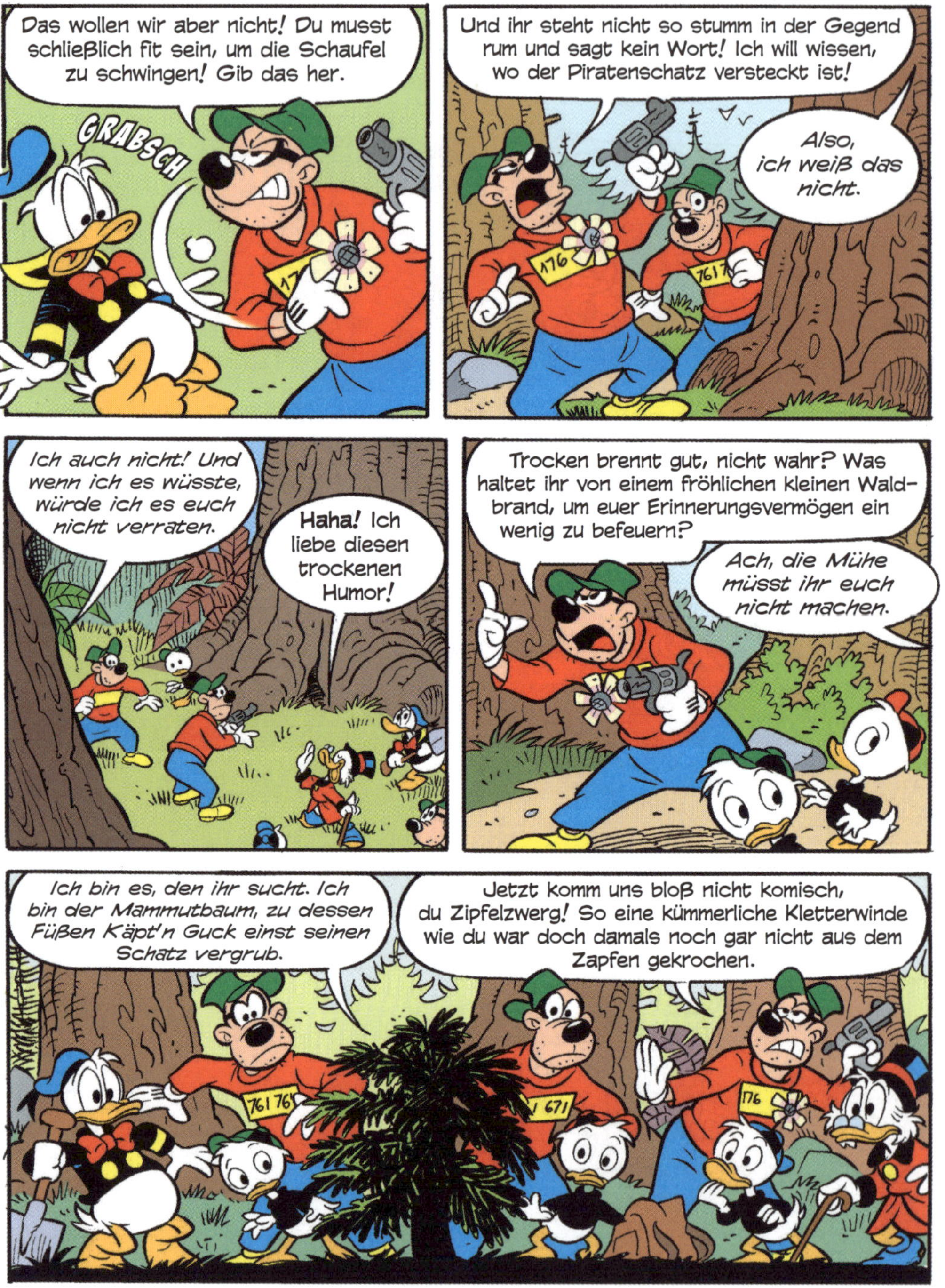

Das wollen wir aber nicht! Du musst schließlich fit sein, um die Schaufel zu schwingen! Gib das her.
GRABSCH
Und ihr steht nicht so stumm in der Gegend rum und sagt kein Wort! Ich will wissen, wo der Piratenschatz versteckt ist!
Also, ich weiß das nicht.
Ich auch nicht! Und wenn ich es wüsste, würde ich es euch nicht verraten.
Haha! Ich liebe diesen trockenen Humor!
Trocken brennt gut, nicht wahr? Was haltet ihr von einem fröhlichen kleinen Waldbrand, um euer Erinnerungsvermögen ein wenig zu befeuern?
Ach, die Mühe müsst ihr euch nicht machen.
Ich bin es, den ihr sucht. Ich bin der Mammutbaum, zu dessen Füßen Käpt'n Guck einst seinen Schatz vergrub.
Jetzt komm uns bloß nicht komisch, du Zipfelzwerg! So eine kümmerliche Kletterwinde wie du war doch damals noch gar nicht aus dem Zapfen gekrochen.

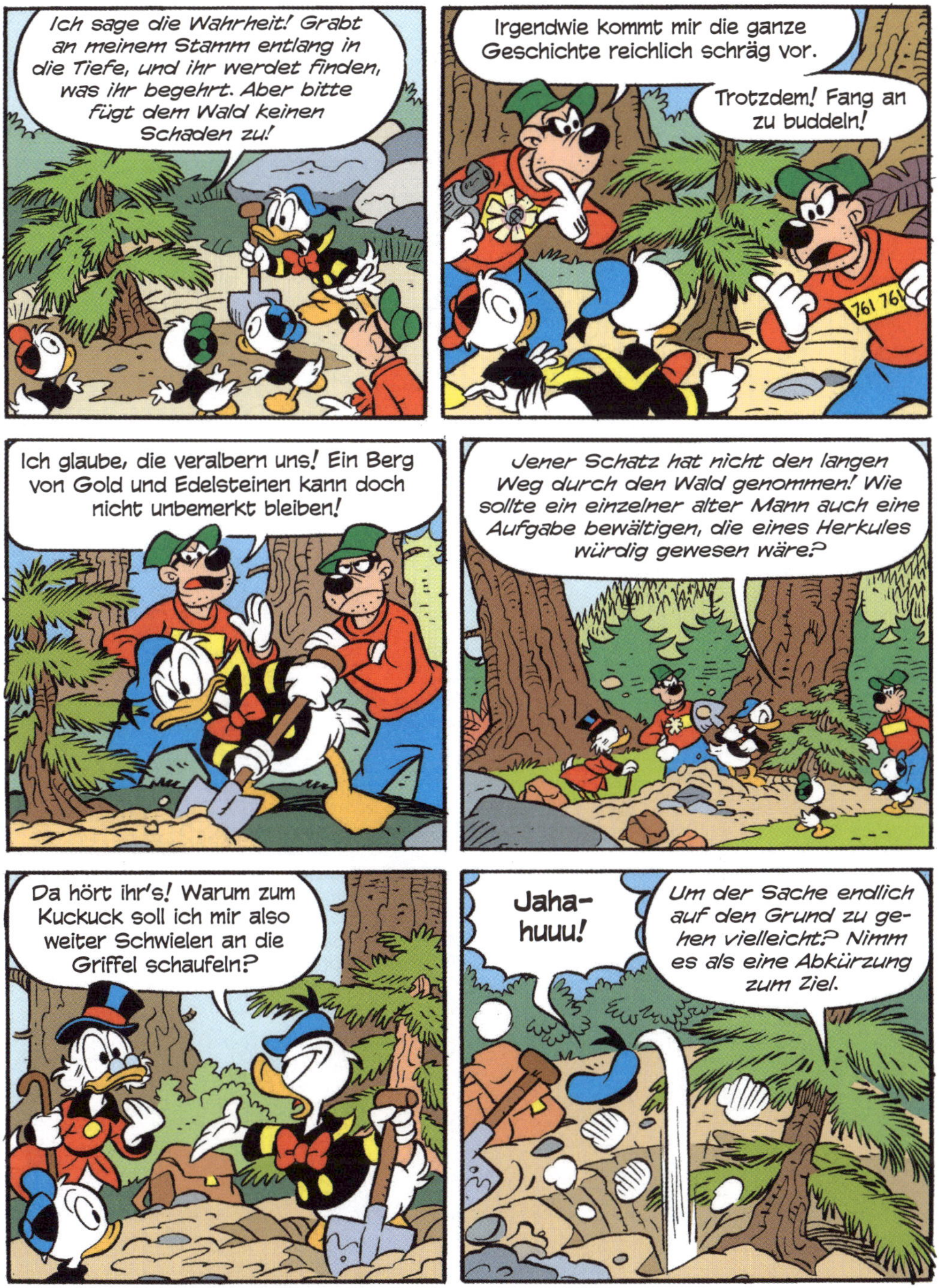
Ich sage die Wahrheit! Grabt an meinem Stamm entlang in die Tiefe, und ihr werdet finden, was ihr begehrt. Aber bitte fügt dem Wald keinen Schaden zu!
Irgendwie kommt mir die ganze Geschichte reichlich schräg vor.
Trotzdem! Fang an zu buddeln!
761 761
Ich glaube, die veralbern uns! Ein Berg von Gold und Edelsteinen kann doch nicht unbemerkt bleiben!
Jener Schatz hat nicht den langen Weg durch den Wald genommen! Wie sollte ein einzelner alter Mann auch eine Aufgabe bewältigen, die eines Herkules würdig gewesen wäre?
Da hört ihr's! Warum zum Kuckuck soll ich mir also weiter Schwielen an die Griffel schaufeln?
Jaha-huuu!
Um der Sache endlich auf den Grund zu gehen vielleicht? Nimm es als eine Abkürzung zum Ziel.

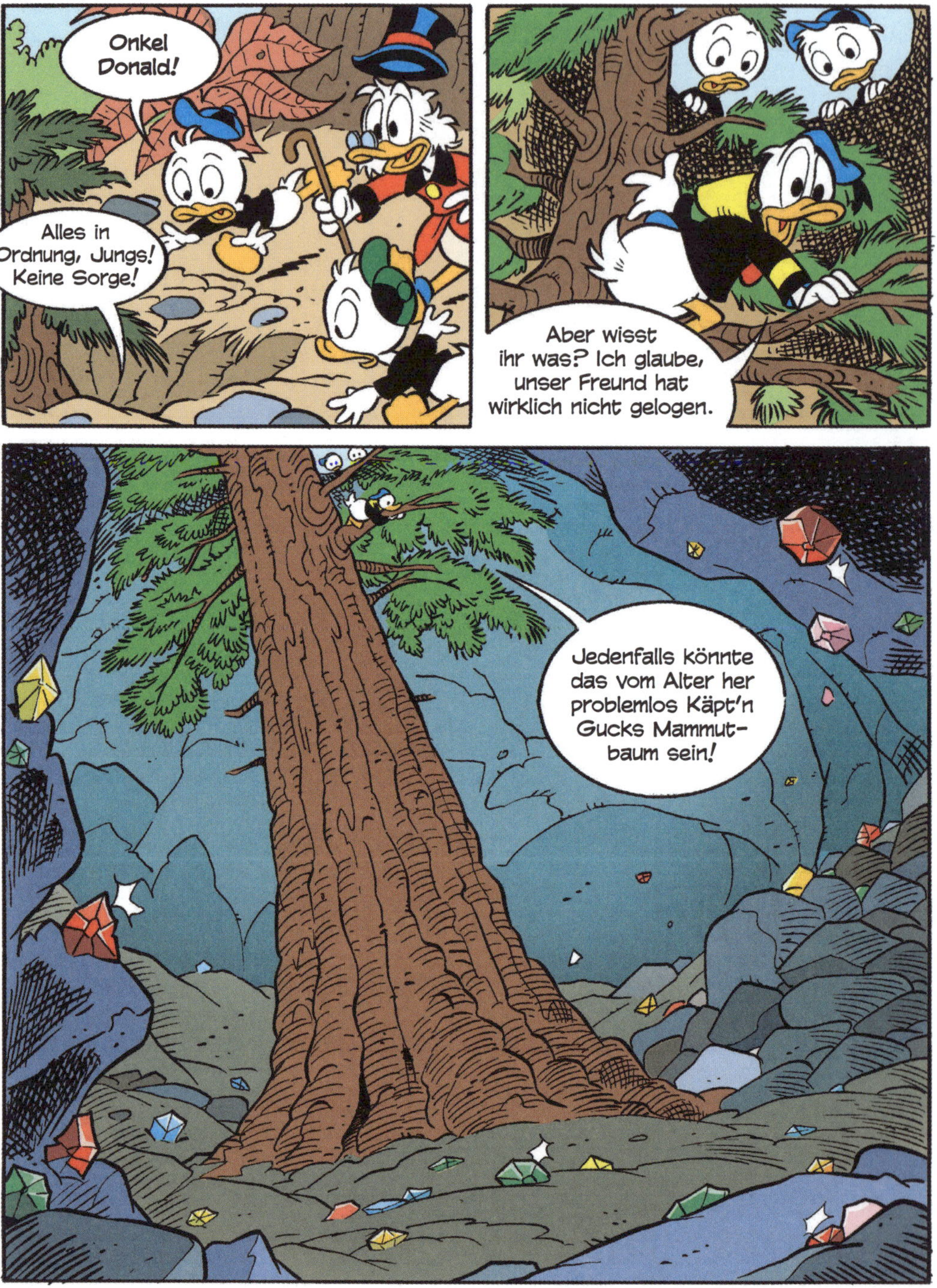
Onkel Donald!
Alles in Ordnung, Jungs! Keine Sorge!
Aber wisst ihr was? Ich glaube, unser Freund hat wirklich nicht gelogen.
Jedenfalls könnte das vom Alter her problemlos Käpt'n Gucks Mammutbaum sein!

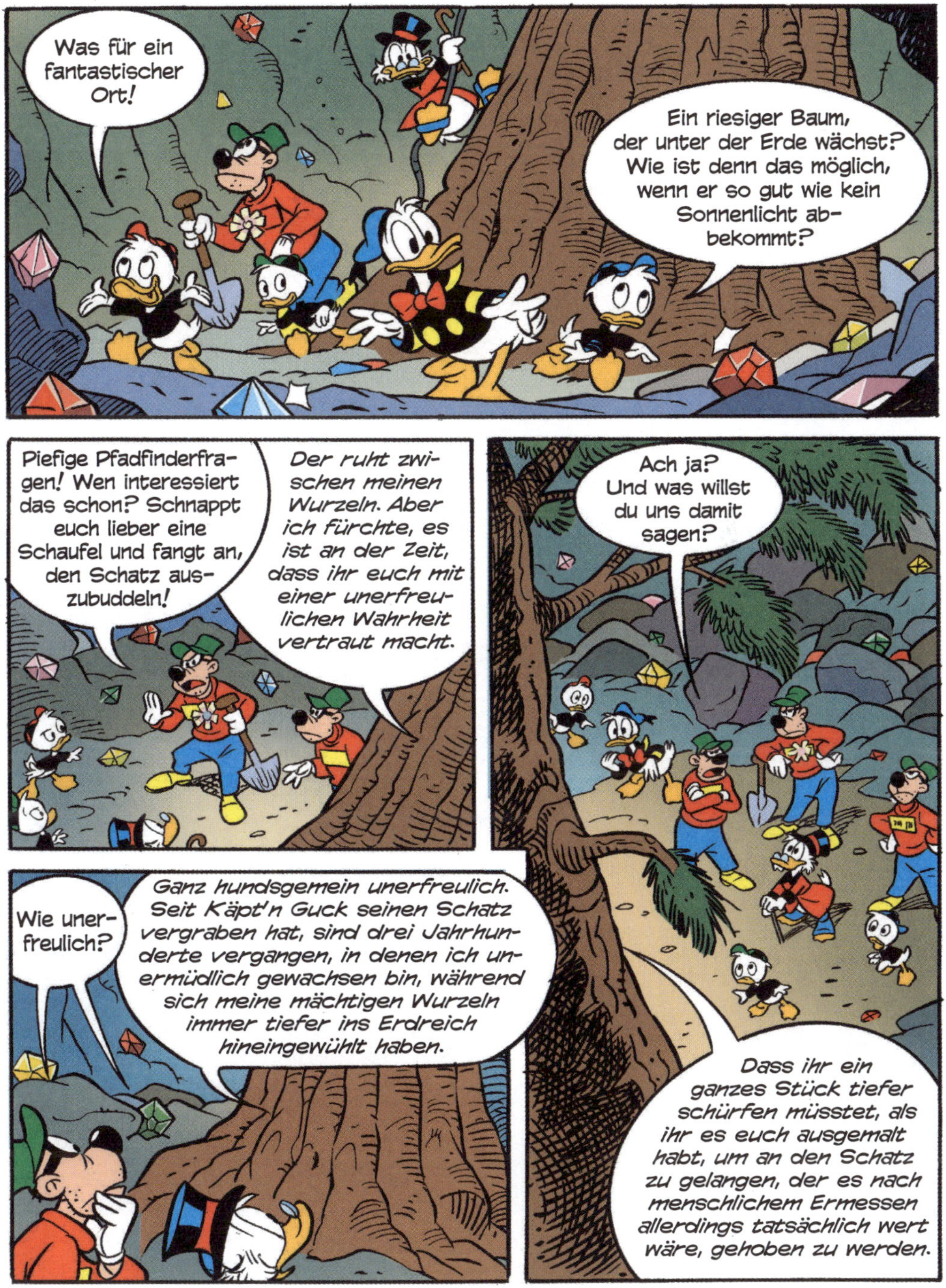
Was für ein fantastischer Ort!
Ein riesiger Baum, der unter der Erde wächst? Wie ist denn das möglich, wenn er so gut wie kein Sonnenlicht abbekommt?
Piefige Pfadfinderfragen! Wen interessiert das schon? Schnappt euch lieber eine Schaufel und fangt an, den Schatz auszubuddeln!
Der ruht zwischen meinen Wurzeln. Aber ich fürchte, es ist an der Zeit, dass ihr euch mit einer unerfreulichen Wahrheit vertraut macht.
Ach ja? Und was willst du uns damit sagen?
Wie unerfreulich?
Ganz hundsgemein unerfreulich. Seit Käpt'n Guck seinen Schatz vergraben hat, sind drei Jahrhunderte vergangen, in denen ich unermüdlich gewachsen bin, während sich meine mächtigen Wurzeln immer tiefer ins Erdreich hineingewühlt haben.
Dass ihr ein ganzes Stück tiefer schürfen müsstet, als ihr es euch ausgemalt habt, um an den Schatz zu gelangen, der es nach menschlichem Ermessen allerdings tatsächlich wert wäre, gehoben zu werden.

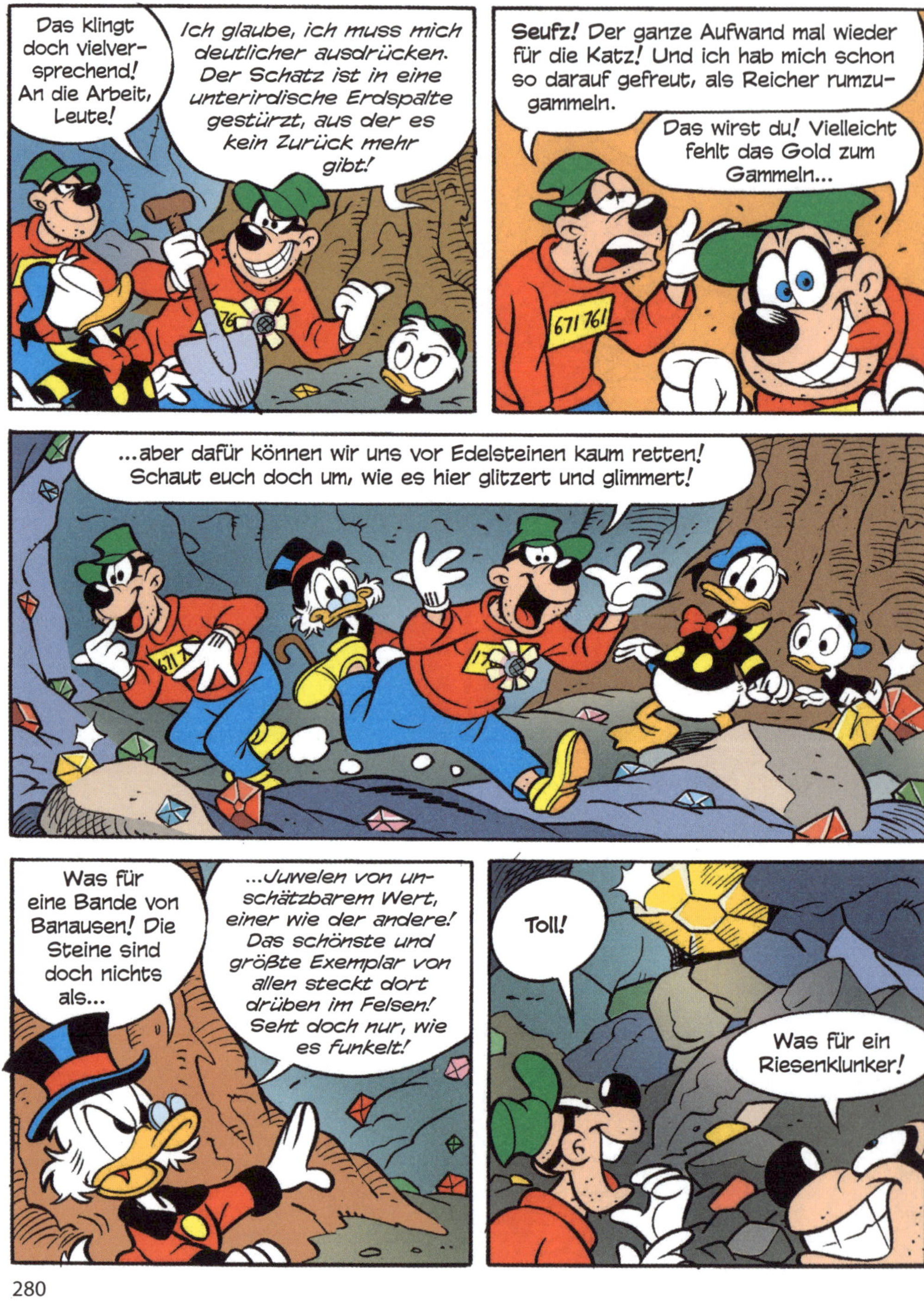

Das klingt doch vielversprechend! An die Arbeit, Leute!
Ich glaube, ich muss mich deutlicher ausdrücken. Der Schatz ist in eine unterirdische Erdspalte gestürzt, aus der es kein Zurück mehr gibt!
Seufz! Der ganze Aufwand mal wieder für die Katz! Und ich hab mich schon so darauf gefreut, als Reicher rumzugammeln.
Das wirst du! Vielleicht fehlt das Gold zum Gammeln...
671 761
...aber dafür können wir uns vor Edelsteinen kaum retten! Schaut euch doch um, wie es hier glitzert und glimmert!
Was für eine Bande von Banausen! Die Steine sind doch nichts als...
...Juwelen von unschätzbarem Wert, einer wie der andere! Das schönste und größte Exemplar von allen steckt dort drüben im Felsen! Seht doch nur, wie es funkelt!
Toll!
Was für ein Riesenklunker!

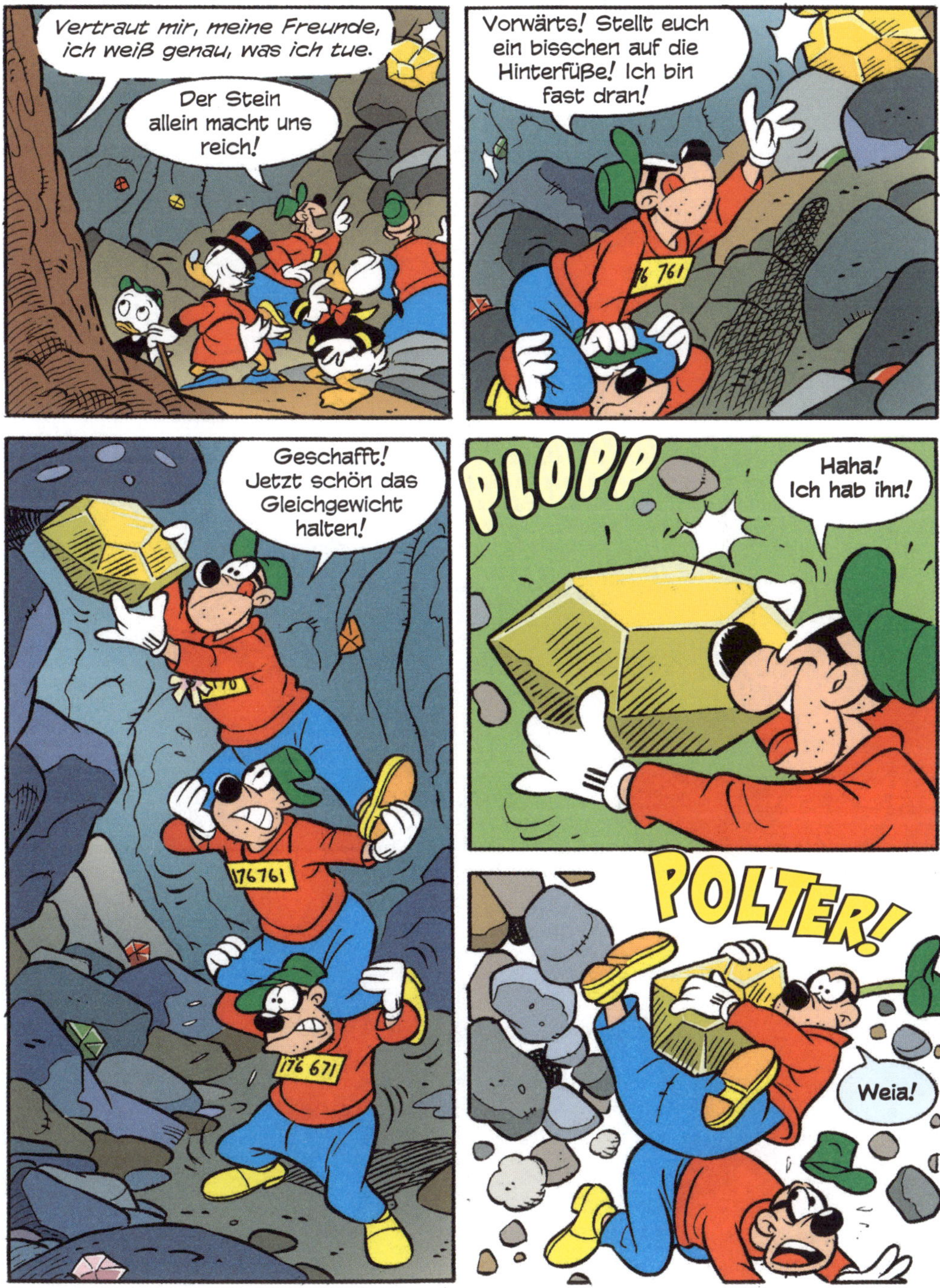
Vertraut mir, meine Freunde, ich weiß genau, was ich tue.
Der Stein allein macht uns reich!
Vorwärts! Stellt euch ein bisschen auf die Hinterfüße! Ich bin fast dran!
76 761
Geschafft! Jetzt schön das Gleichgewicht halten!
176761
176 671
PLOPP
Haha! Ich hab ihn!
POLTER!
Weia!

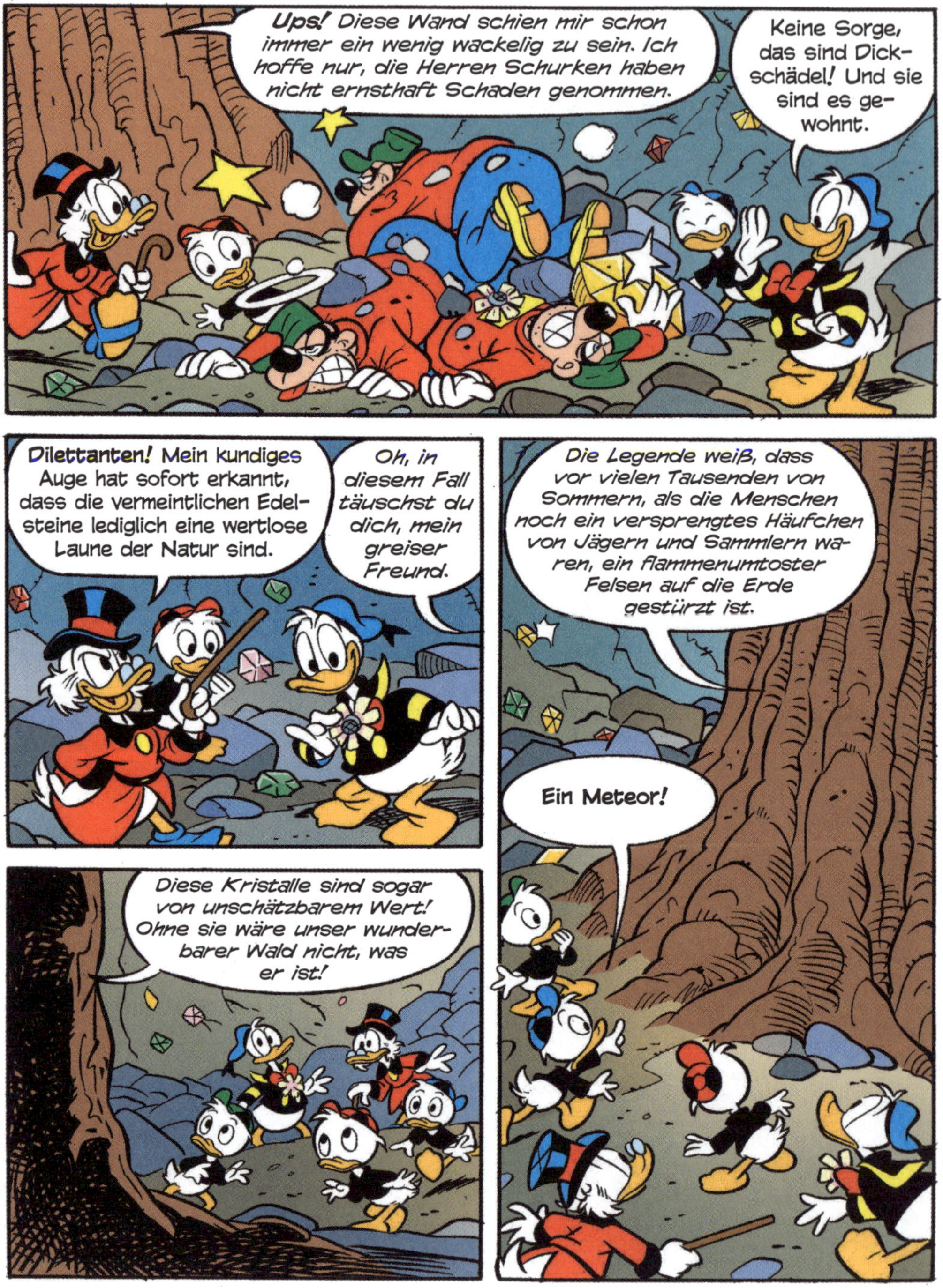
Ups! Diese Wand schien mir schon immer ein wenig wackelig zu sein. Ich hoffe nur, die Herren Schurken haben nicht ernsthaft Schaden genommen.
Keine Sorge, das sind Dickschädel! Und sie sind es gewohnt.
Dilettanten! Mein kundiges Auge hat sofort erkannt, dass die vermeintlichen Edelsteine lediglich eine wertlose Laune der Natur sind.
Oh, in diesem Fall täuschst du dich, mein greiser Freund.
Diese Kristalle sind sogar von unschätzbarem Wert! Ohne sie wäre unser wunderbarer Wald nicht, was er ist!
Die Legende weiß, dass vor vielen Tausenden von Sommern, als die Menschen noch ein versprengtes Häufchen von Jägern und Sammlern waren, ein flammenumtoster Felsen auf die Erde gestürzt ist.
Ein Meteor!

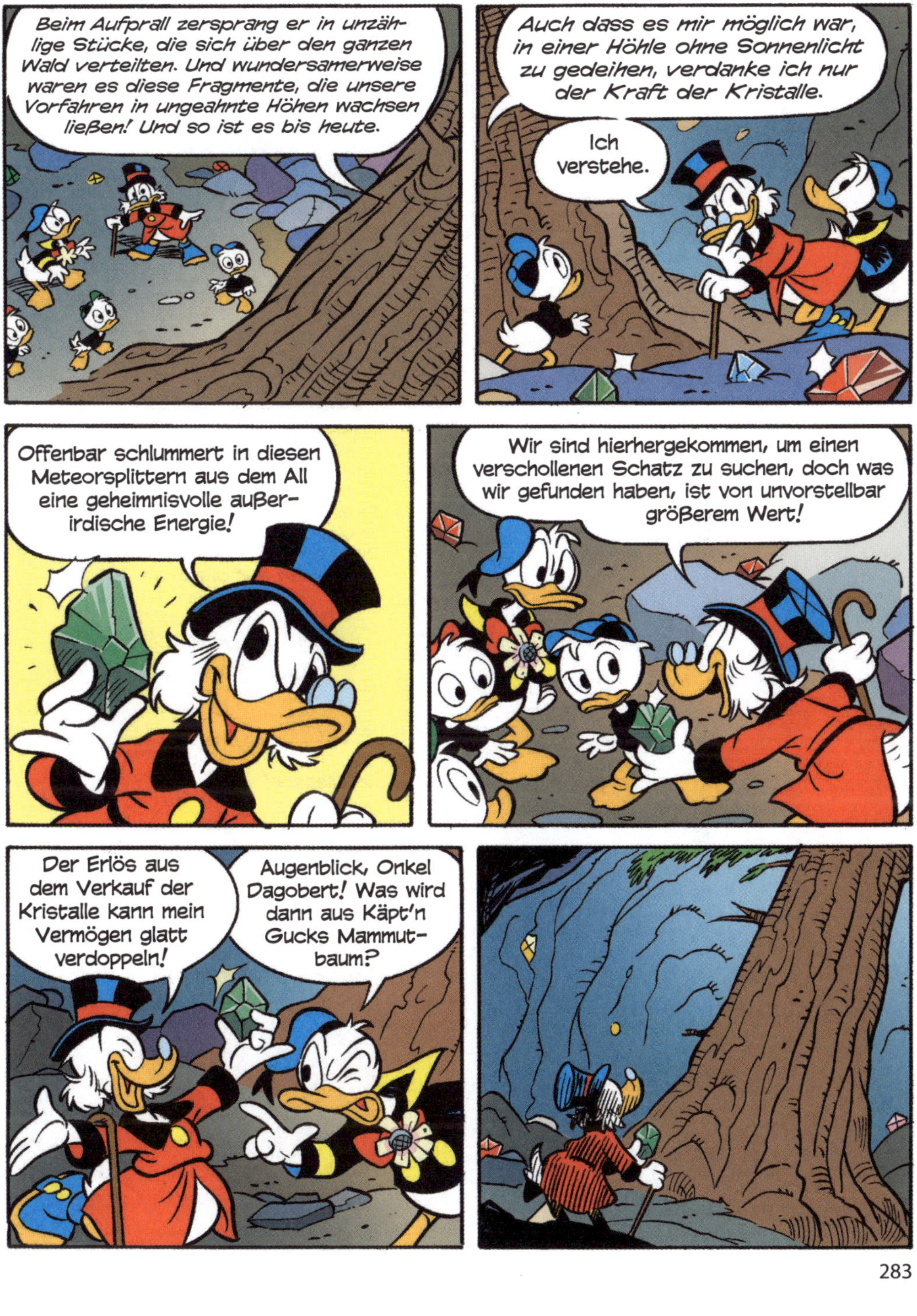
Beim Aufprall zersprang er in unzählige Stücke, die sich über den ganzen Wald verteilten. Und wundersamerweise waren es diese Fragmente, die unsere Vorfahren in ungeahnte Höhen wachsen ließen! Und so ist es bis heute.
Auch dass es mir möglich war, in einer Höhle ohne Sonnenlicht zu gedeihen, verdanke ich nur der Kraft der Kristalle.
Ich verstehe.
Offenbar schlummert in diesen Meteorsplittern aus dem All eine geheimnisvolle außerirdische Energie!
Wir sind hierhergekommen, um einen verschollenen Schatz zu suchen, doch was wir gefunden haben, ist von unvorstellbar größerem Wert!
Der Erlös aus dem Verkauf der Kristalle kann mein Vermögen glatt verdoppeln!
Augenblick, Onkel Dagobert! Was wird dann aus Käpt'n Gucks Mammutbaum?

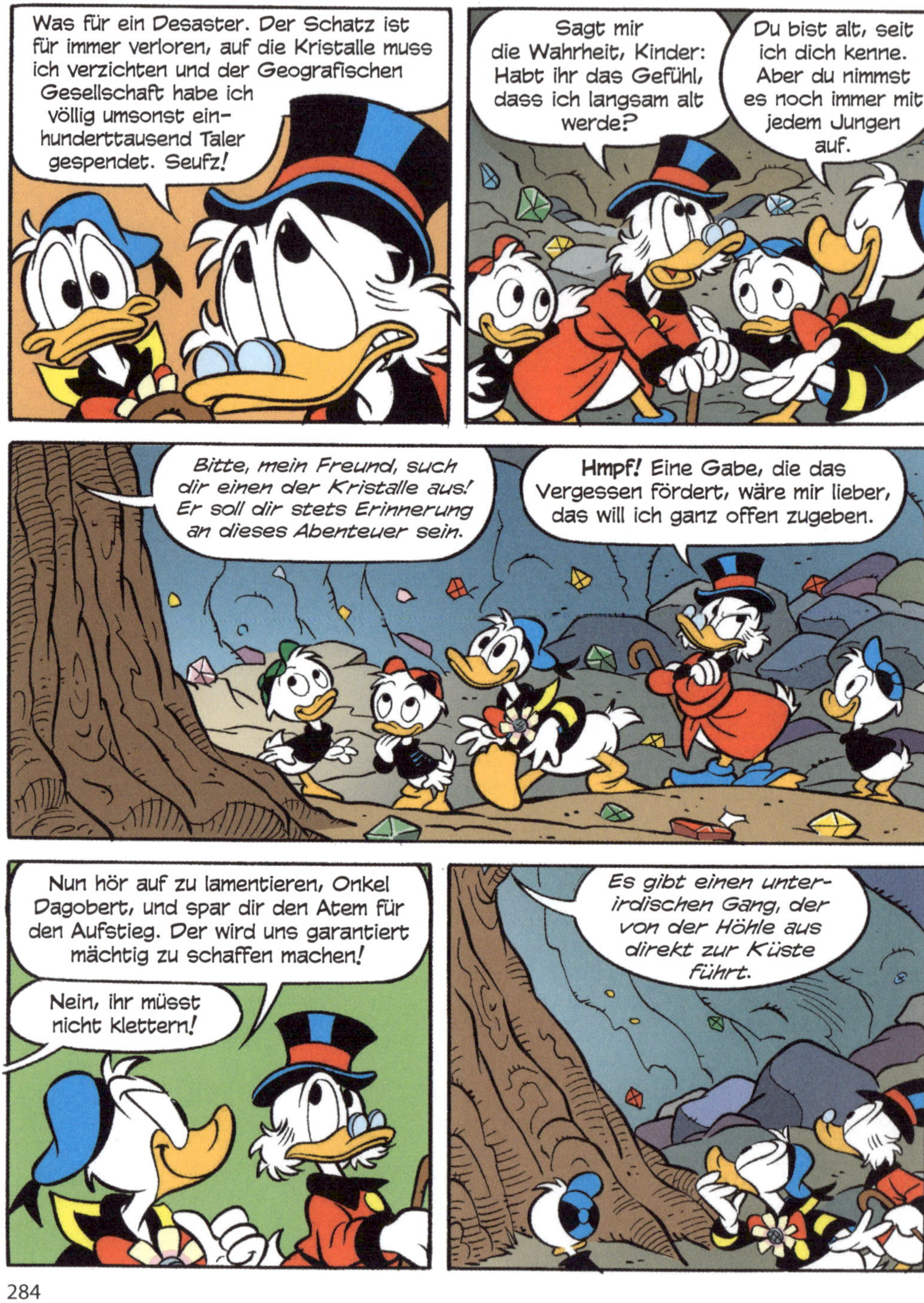
Was für ein Desaster. Der Schatz ist für immer verloren, auf die Kristalle muss ich verzichten und der Geografischen Gesellschaft habe ich völlig umsonst einhunderttausend Taler gespendet. Seufz!
Sagt mir die Wahrheit, Kinder: Habt ihr das Gefühl, dass ich langsam alt werde?
Du bist alt, seit ich dich kenne. Aber du nimmst es noch immer mit jedem Jungen auf.
Bitte, mein Freund, such dir einen der Kristalle aus! Er soll dir stets Erinnerung an dieses Abenteuer sein.
Hmpf! Eine Gabe, die das Vergessen fördert, wäre mir lieber, das will ich ganz offen zugeben.
Nun hör auf zu lamentieren, Onkel Dagobert, und spar dir den Atem für den Aufstieg. Der wird uns garantiert mächtig zu schaffen machen!
Nein, ihr müsst nicht klettern!
Es gibt einen unterirdischen Gang, der von der Höhle aus direkt zur Küste führt.

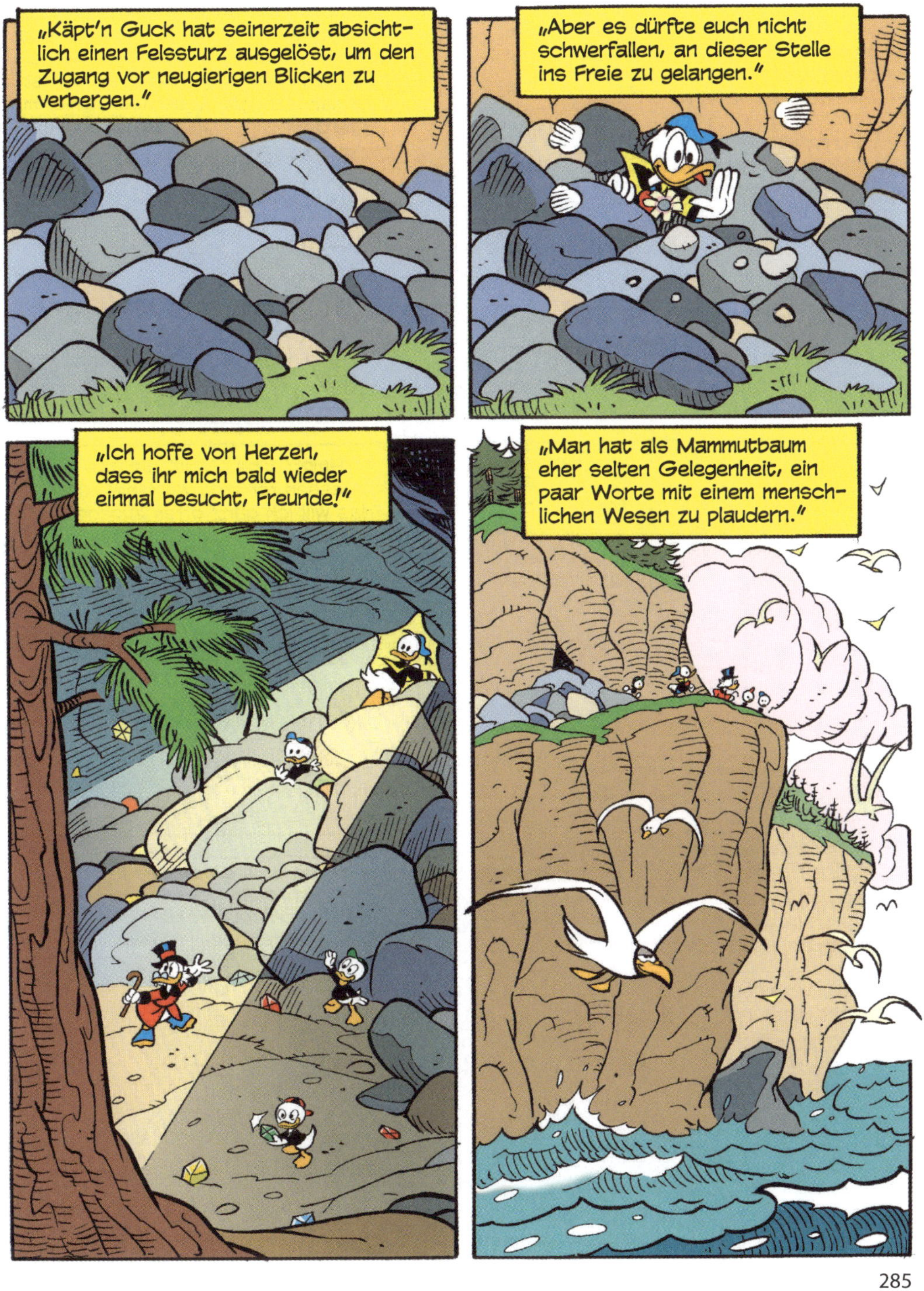
„Käpt'n Guck hat seinerzeit absichtlich einen Felssturz ausgelöst, um den Zugang vor neugierigen Blicken zu verbergen."
„Aber es dürfte euch nicht schwerfallen, an dieser Stelle ins Freie zu gelangen."
„Ich hoffe von Herzen, dass ihr mich bald wieder einmal besucht, Freunde!"
„Man hat als Mammutbaum eher selten Gelegenheit, ein paar Worte mit einem menschlichen Wesen zu plaudern."

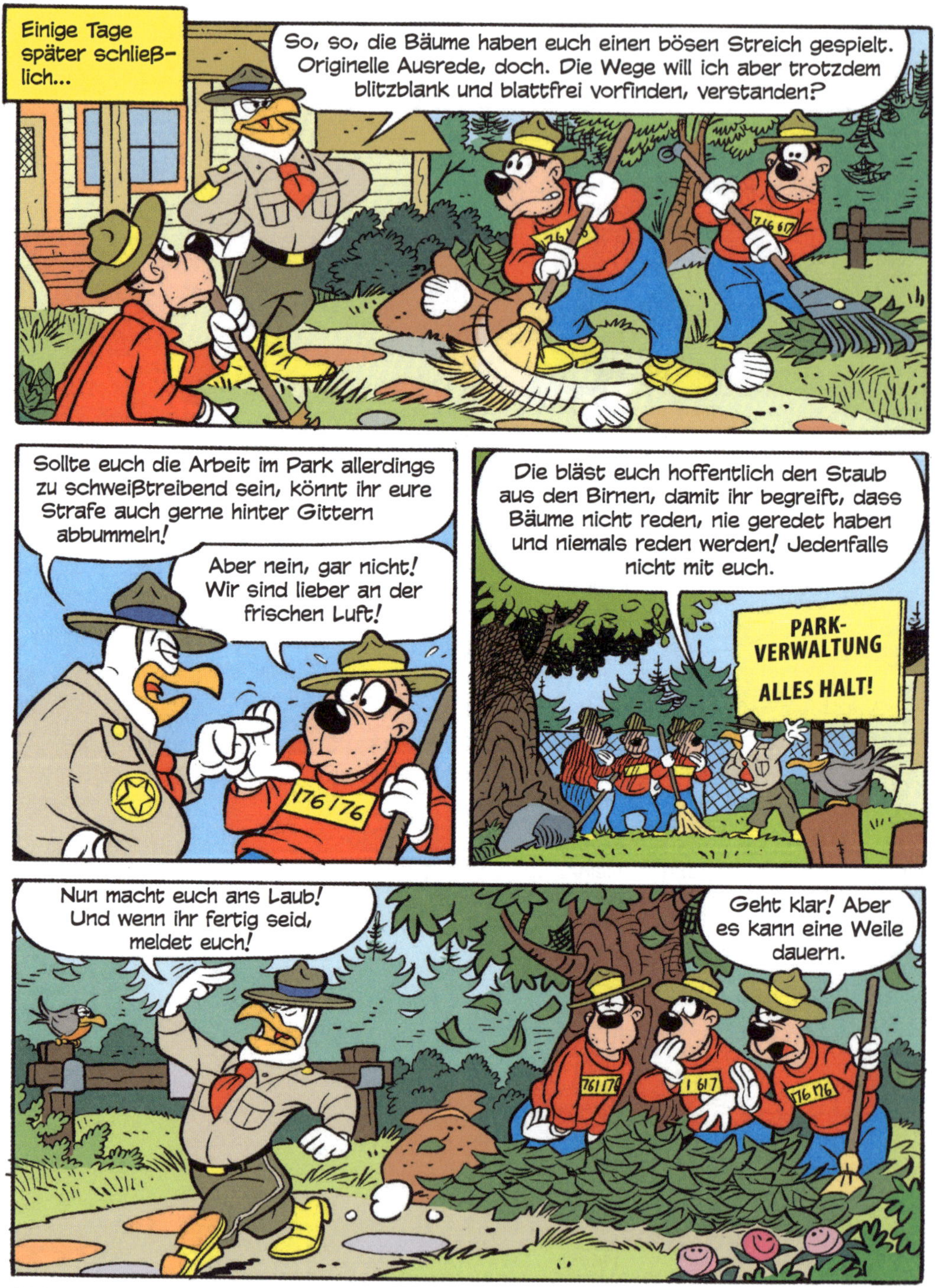
Einige Tage später schließlich...
So, so, die Bäume haben euch einen bösen Streich gespielt. Originelle Ausrede, doch. Die Wege will ich aber trotzdem blitzblank und blattfrei vorfinden, verstanden?
Sollte euch die Arbeit im Park allerdings zu schweißtreibend sein, könnt ihr eure Strafe auch gerne hinter Gittern abbummeln!
Aber nein, gar nicht! Wir sind lieber an der frischen Luft!
176 176
Die bläst euch hoffentlich den Staub aus den Birnen, damit ihr begreift, dass Bäume nicht reden, nie geredet haben und niemals reden werden! Jedenfalls nicht mit euch.
PARK-VERWALTUNG
ALLES HALT!
Nun macht euch ans Laub! Und wenn ihr fertig seid, meldet euch!
Geht klar! Aber es kann eine Weile dauern.

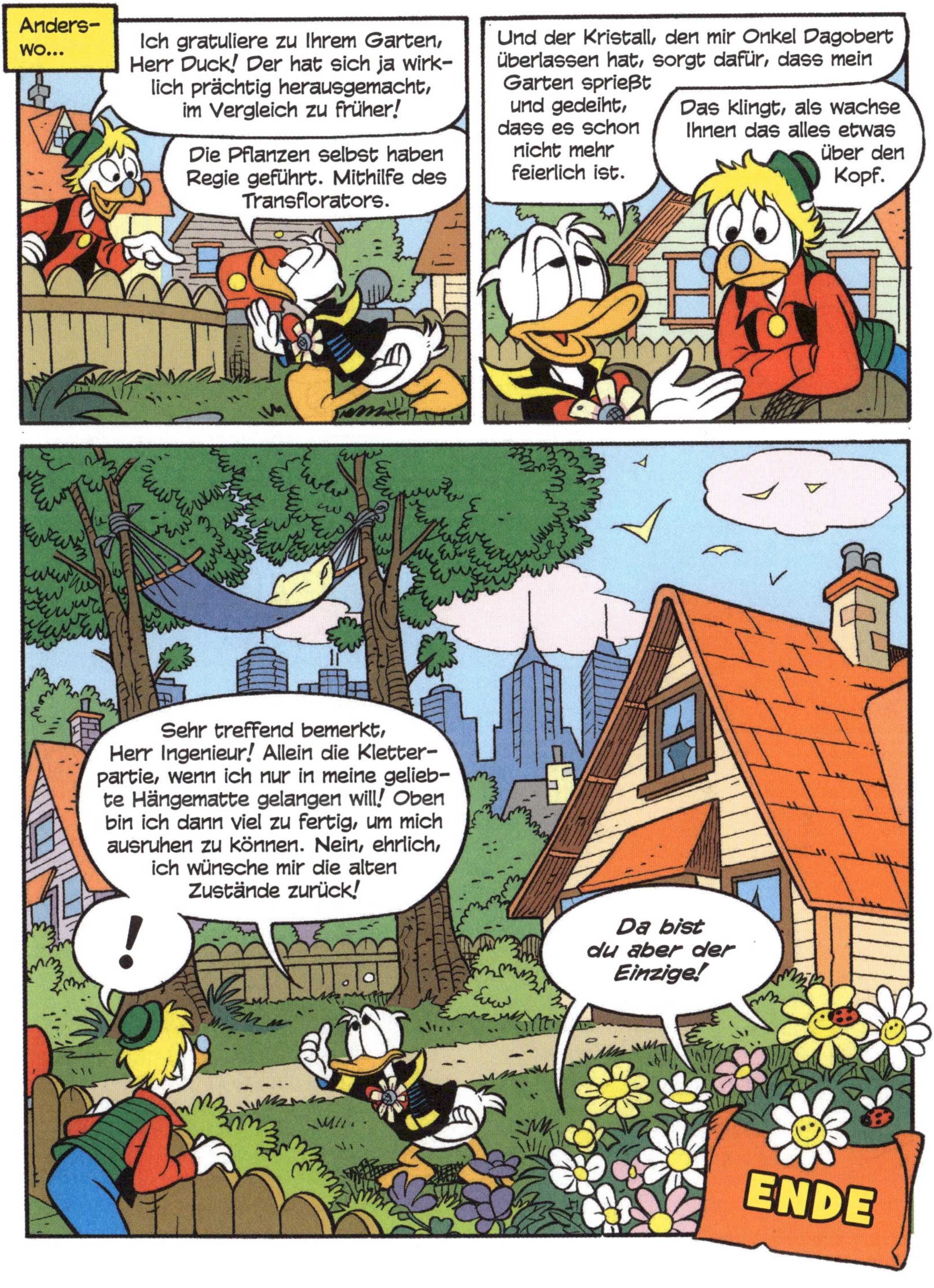
Anders-wo...
Ich gratuliere zu Ihrem Garten, Herr Duck! Der hat sich ja wirklich prächtig herausgemacht, im Vergleich zu früher!
Die Pflanzen selbst haben Regie geführt. Mithilfe des Transflorators.
Und der Kristall, den mir Onkel Dagobert überlassen hat, sorgt dafür, dass mein Garten sprießt und gedeiht, dass es schon nicht mehr feierlich ist.
Das klingt, als wachse Ihnen das alles etwas über den Kopf.
Sehr treffend bemerkt, Herr Ingenieur! Allein die Kletterpartie, wenn ich nur in meine geliebte Hängematte gelangen will! Oben bin ich dann viel zu fertig, um mich ausruhen zu können. Nein, ehrlich, ich wünsche mir die alten Zustände zurück!
!
Da bist du aber der Einzige!
ENDE

6 Ein Missverständnis kommt selten allein

Mit Sicherheit kennen Sie, liebe Leserinnen und Leser, die folgende Situation: Sie haben etwas deutlich formuliert. Doch der Angesprochene tut entweder genau das Gegenteil von dem, was Sie gesagt haben, oder – noch schlimmer - er lehrt Sie Mores. „Was ist passiert?“, werden Sie jetzt verdutzt fragen. Ganz einfach: Sie sind einem klassischen Missverständnis aufgesessen.

Diese kleinen Irrtümer in der Verständigung sind meist nicht weiter schlimm. Sie widerfahren uns Tag für Tag und gehören zur Sprache einfach dazu. Das gilt besonders für Menschen, die sich in einer fremden Sprache zurechtfinden müssen, aber auch für alle, die sich in ihrer Muttersprache sicher fühlen. Gründe für Missverständnisse sind so zahlreich wie

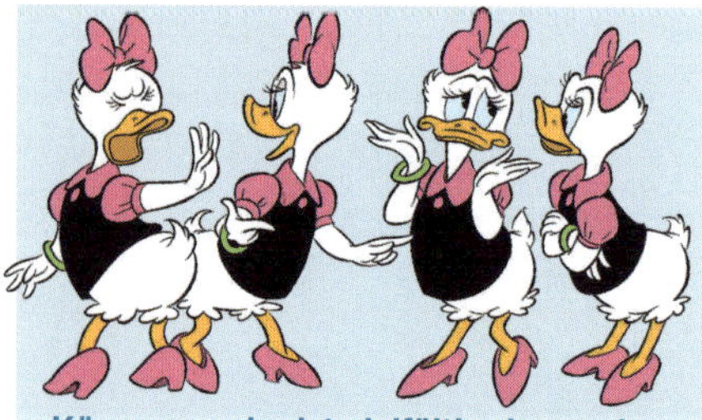

Körpersprache ist vielfältig, kann aber leicht missverstanden werden.

die Missverständnisse selbst. Da werden Gesichtsausdrücke, Betonung oder Wörter falsch gedeutet, der Zusammenhang einer Aussage weggelassen oder die Doppeldeutigkeit von Wörtern nicht erkannt. Nicht selten sind Missverständnisse der Kern von Witzen. Beispiel gefällig? Was ist dreimal sieben? Feiner Sand.

Im Alltag werden wir uns solcherlei Missverständnissen oft gar nicht erst bewusst. Das mag daran liegen, dass die meisten dieser kleinen Missverständnisse keine schwerwiegenden Folgen haben. Und doch gibt es Ausnahmen, die geradewegs in eine Katastrophe führen können.

Denken Sie nur an Donald Duck, den wir – ohne Frage – als den Meister der Missverständnisse bezeichnen dürfen. Kein anderer Bewohner Entenhausens versteht so oft und so gänzlich miss wie unser vom Pech verfolgter Freund. Es kann durchaus passieren, dass er in der Autowerkstatt aufgefordert wird, den Wagen um die Ecke zu bringen. Doch statt ein paar Meter weiter zu parken, greift Donald entschlossen zum Vorschlaghammer und zerlegt seinen 313. Sie mögen sich fragen, woran das liegt. Nun, die Antworten sind so vielfältig, dass eine Aufzählung den Rahmen dieses Buchs sprengen würde. Erwähnt sei an dieser Stelle nur, dass Donald Duck – stets in gutem Glauben, ohnehin alles (besser) zu wissen –, Anweisungen oder Erklärungen nicht mit der nötigen Konzentration folgt, um dann wenig später munter in das nächste Uglück zu laufen.

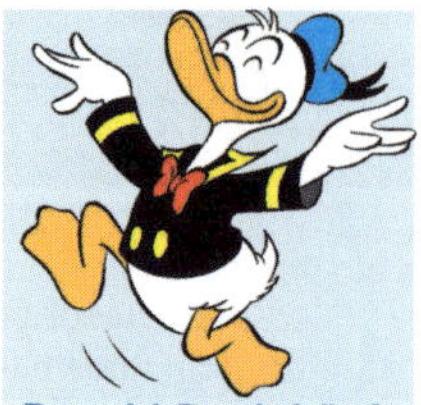

Donald Duck hüpft leichtfüßig von Missverständnis zu Missverständnis.

Die beiden folgenden Bildgeschichten zeigen getreu dem Motto dieses Buchs *„Verba docent, exempla trahunt“*, wie Missverständnisse im Duck’schen Sinne zustande kommen und welche manchmal hochexplosiven Konsequenzen sich daraus ergeben können. Im Umkehrschluss kann der geneigte Leser aus den Beispielen lernen, wie Missverständnisse vermieden werden können, um das alltägliche Zusammenleben etwas friedfertiger zu gestalten. Vielleicht werden Sie zukünftig kurz innehalten und einmal mehr nachfragen, bevor Sie gleich lautstark explodieren. Denn die in diesem Standardwerk der Sprache zusammengestellten Exempel zeigen zwar, dass ein Missverständnis selten allein kommt, es aber durch richtige Kommunikation oftmals vermieden werden kann. Was wir vom ehrenwerten Donald Duck aber vor allem lernen sollten, ist, dass wir grundsätzlich nicht darauf vertrauen können, dass unser Gegenüber uns verstanden hat und andersherum, wir ihn verstanden haben. Einfache Annahmen können Wissen nicht ersetzen. Nur zu glauben, man hätte verstanden, führt nicht selten zu Komplikationen. In diesem Sinne sollten wir am Ende vielleicht froh darüber sein, dass ein Verständnis überhaupt möglich ist.

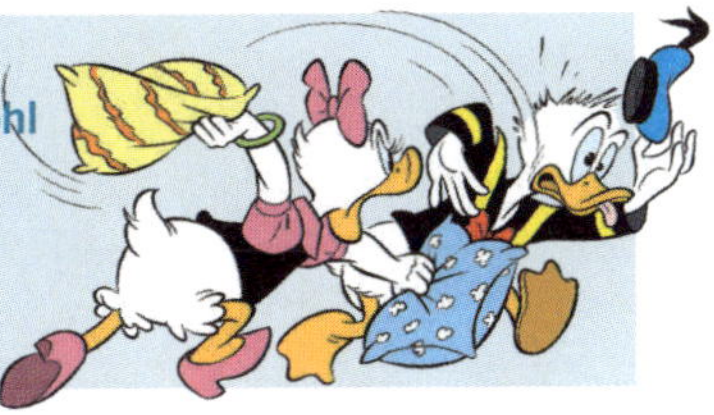

Hier wurde wohl jemand gründlich missverstanden.

Kubistanisch, das

['kubista:nɪʃ] *n*

Die Sprache Kubistans, einem Land, mit dem Dagobert Duck geschäftliche Beziehungen pflegt. Ein Sprachbeispiel aus der Gebrauchsanweisung von Dagobert Ducks Wundermehl, mit dem Backen kinderleicht sein soll: „Umlüx cyzk bcojfsk gu!" Übersetzung unbekannt.

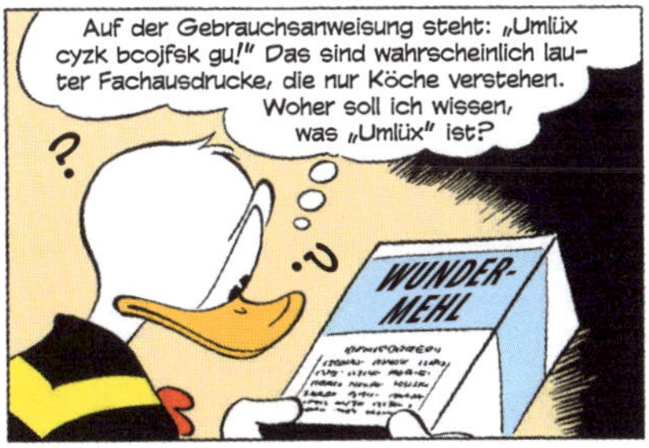

Lärm, der

[lɛrm] *m*

Laute, durchdringende Geräusche, die als störend und unangenehm empfunden werden. Dabei ist das Lärmempfinden von Mensch zu Mensch verschieden. Das Wort Lärm ist die gekürzte Form von Alarm, was auf das italienische „all'arme" zurückgeht, was so viel heißt wie „zu den Waffen".

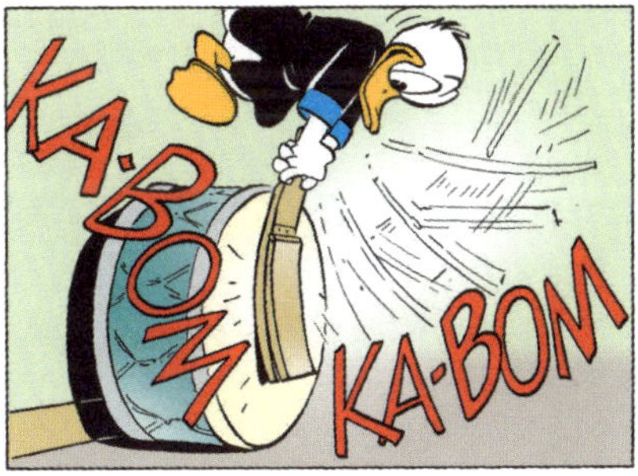

Missverständnis, das

['mɪsfɛrʃtɛntnɪs] *n*

Eine falsche Deutung oder Auslegung einer Aussage oder Handlung. Jemand versteht die Äußerung eines anderen nicht so, wie dieser sie gemeint hat.

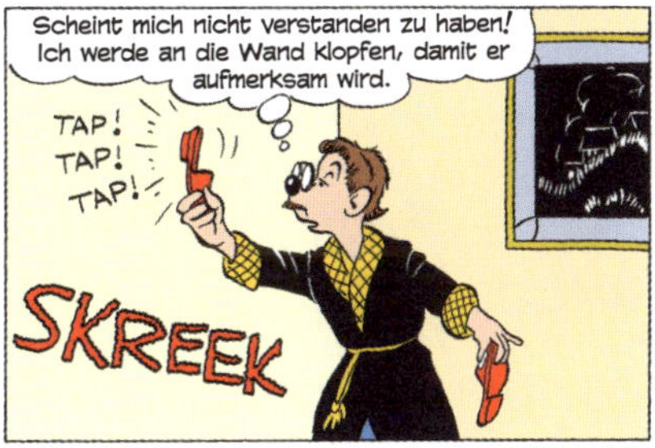

DAS WUNDERMEHL

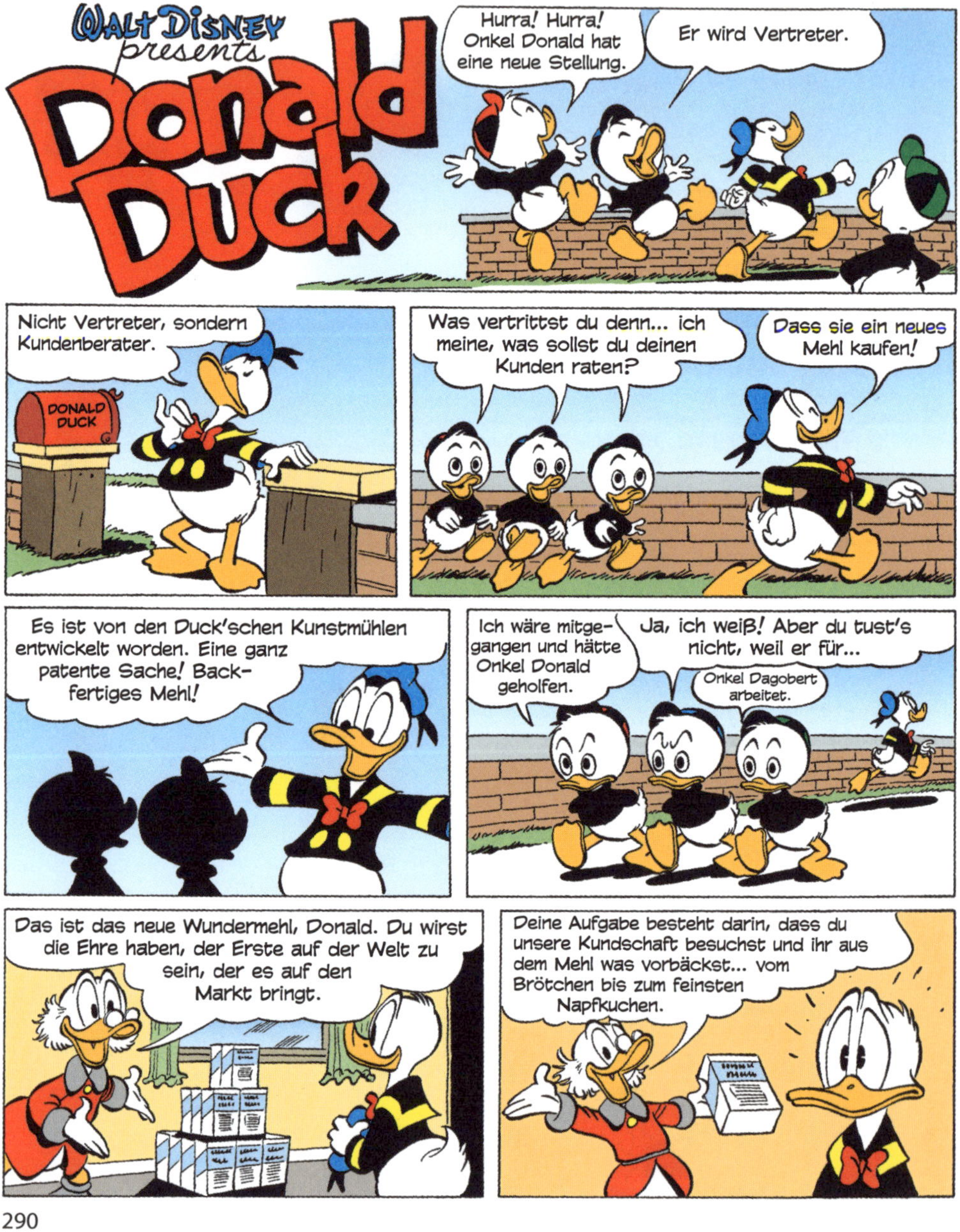

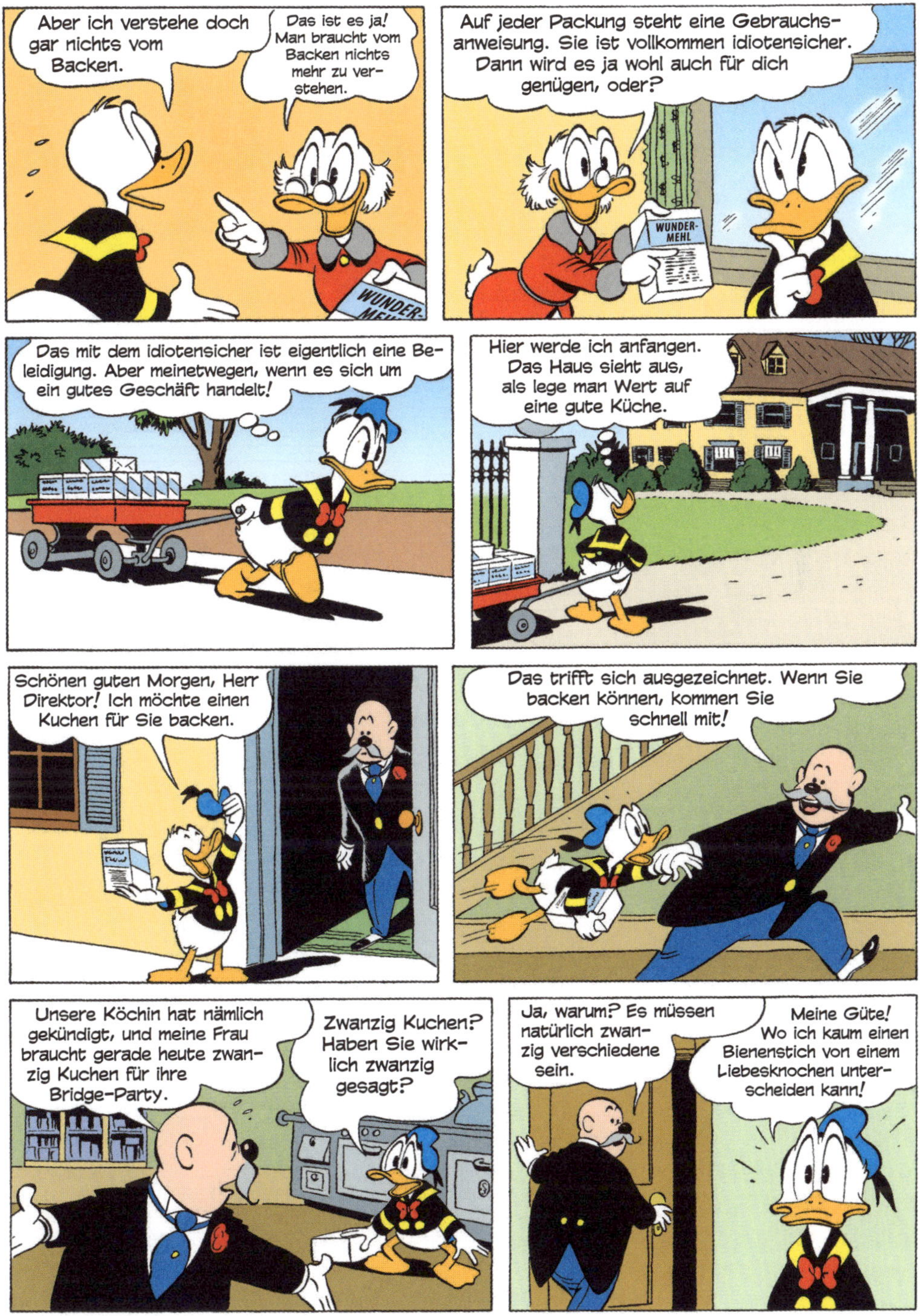
Aber ich verstehe doch gar nichts vom Backen.
Das ist es ja! Man braucht vom Backen nichts mehr zu verstehen.
WUNDER-MEHL
Auf jeder Packung steht eine Gebrauchsanweisung. Sie ist vollkommen idiotensicher. Dann wird es ja wohl auch für dich genügen, oder?
WUNDER-MEHL
Das mit dem idiotensicher ist eigentlich eine Beleidigung. Aber meinetwegen, wenn es sich um ein gutes Geschäft handelt!
Hier werde ich anfangen. Das Haus sieht aus, als lege man Wert auf eine gute Küche.
Schönen guten Morgen, Herr Direktor! Ich möchte einen Kuchen für Sie backen.
Das trifft sich ausgezeichnet. Wenn Sie backen können, kommen Sie schnell mit!
Unsere Köchin hat nämlich gekündigt, und meine Frau braucht gerade heute zwanzig Kuchen für ihre Bridge-Party.
Zwanzig Kuchen? Haben Sie wirklich zwanzig gesagt?
Ja, warum? Es müssen natürlich zwanzig verschiedene sein.
Meine Güte! Wo ich kaum einen Bienenstich von einem Liebesknochen unterscheiden kann!

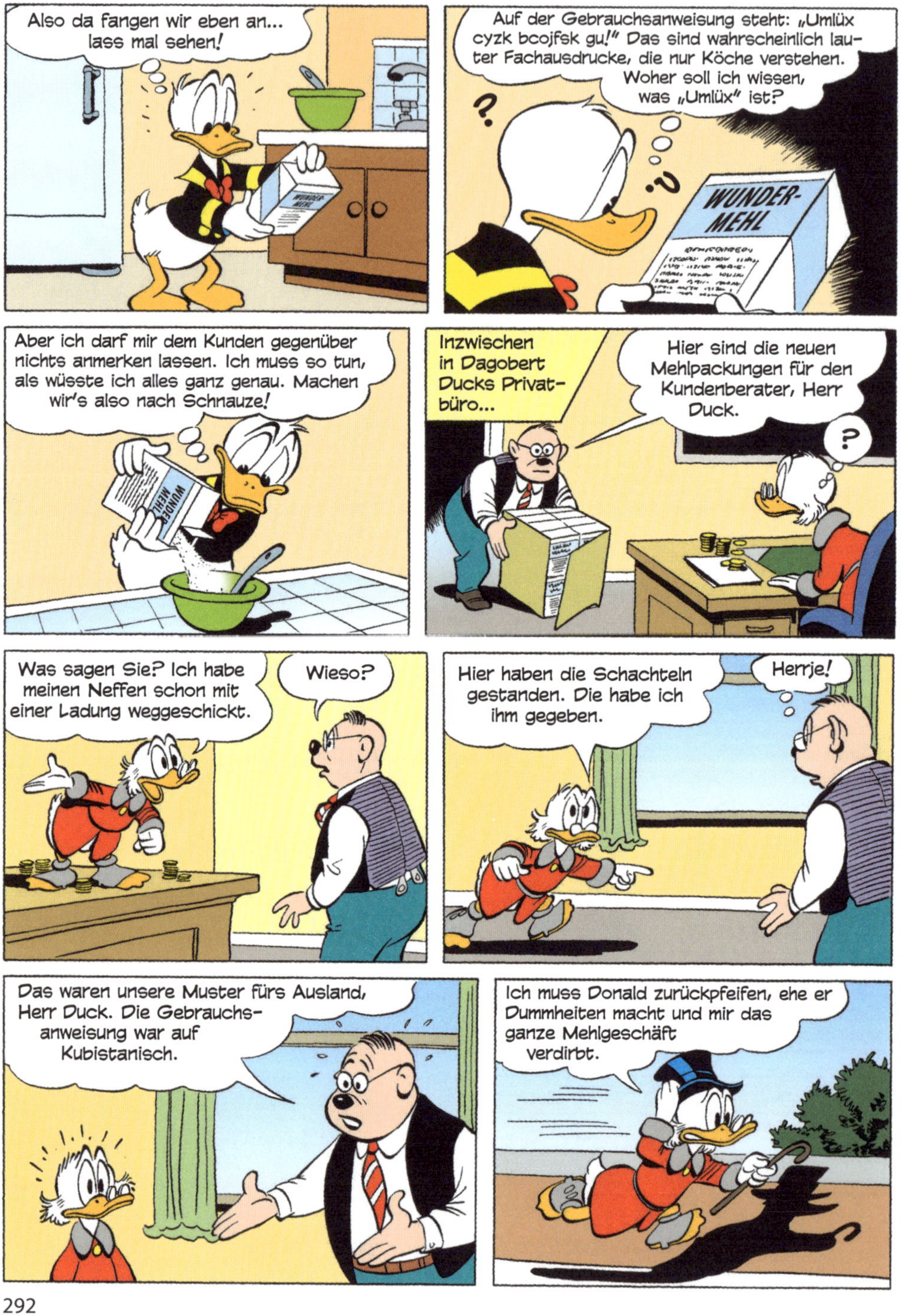

Also da fangen wir eben an... lass mal sehen!
Auf der Gebrauchsanweisung steht: „Umlüx cyzk bcojfsk gu!" Das sind wahrscheinlich lauter Fachausdrucke, die nur Köche verstehen. Woher soll ich wissen, was „Umlüx" ist?
WUNDER-MEHL
Aber ich darf mir dem Kunden gegenüber nichts anmerken lassen. Ich muss so tun, als wüsste ich alles ganz genau. Machen wir's also nach Schnauze!
Inzwischen in Dagobert Ducks Privatbüro...
Hier sind die neuen Mehlpackungen für den Kundenberater, Herr Duck.
Was sagen Sie? Ich habe meinen Neffen schon mit einer Ladung weggeschickt.
Wieso?
Hier haben die Schachteln gestanden. Die habe ich ihm gegeben.
Herrje!
Das waren unsere Muster fürs Ausland, Herr Duck. Die Gebrauchsanweisung war auf Kubistanisch.
Ich muss Donald zurückpfeifen, ehe er Dummheiten macht und mir das ganze Mehlgeschäft verdirbt.

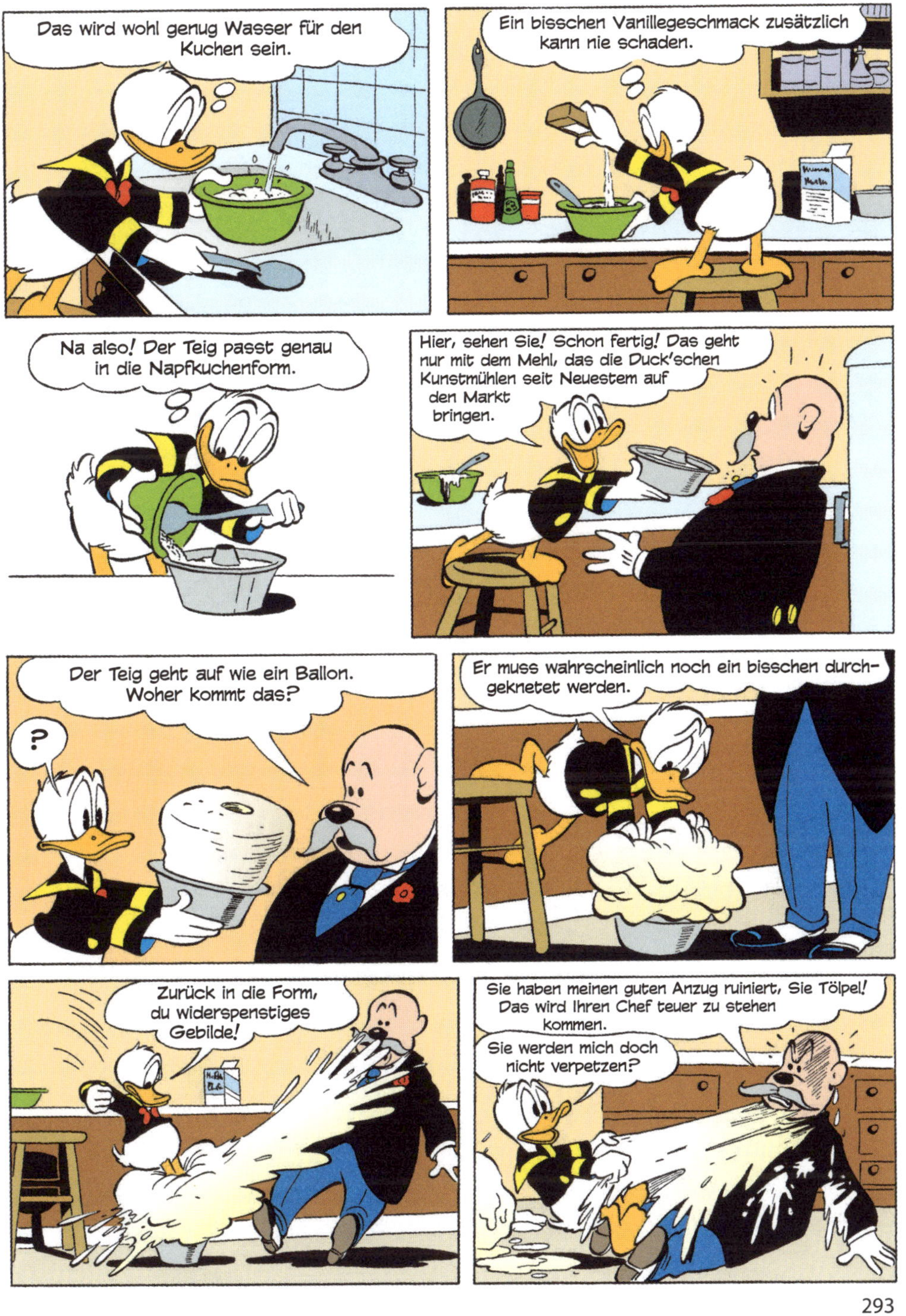
Das wird wohl genug Wasser für den Kuchen sein.
Ein bisschen Vanillegeschmack zusätzlich kann nie schaden.
Na also! Der Teig passt genau in die Napfkuchenform.
Hier, sehen Sie! Schon fertig! Das geht nur mit dem Mehl, das die Duck'schen Kunstmühlen seit Neuestem auf den Markt bringen.
Der Teig geht auf wie ein Ballon. Woher kommt das?
?
Er muss wahrscheinlich noch ein bisschen durchgeknetet werden.
Zurück in die Form, du widerspenstiges Gebilde!
Sie haben meinen guten Anzug ruiniert, Sie Tölpel! Das wird Ihren Chef teuer zu stehen kommen.
Sie werden mich doch nicht verpetzen?

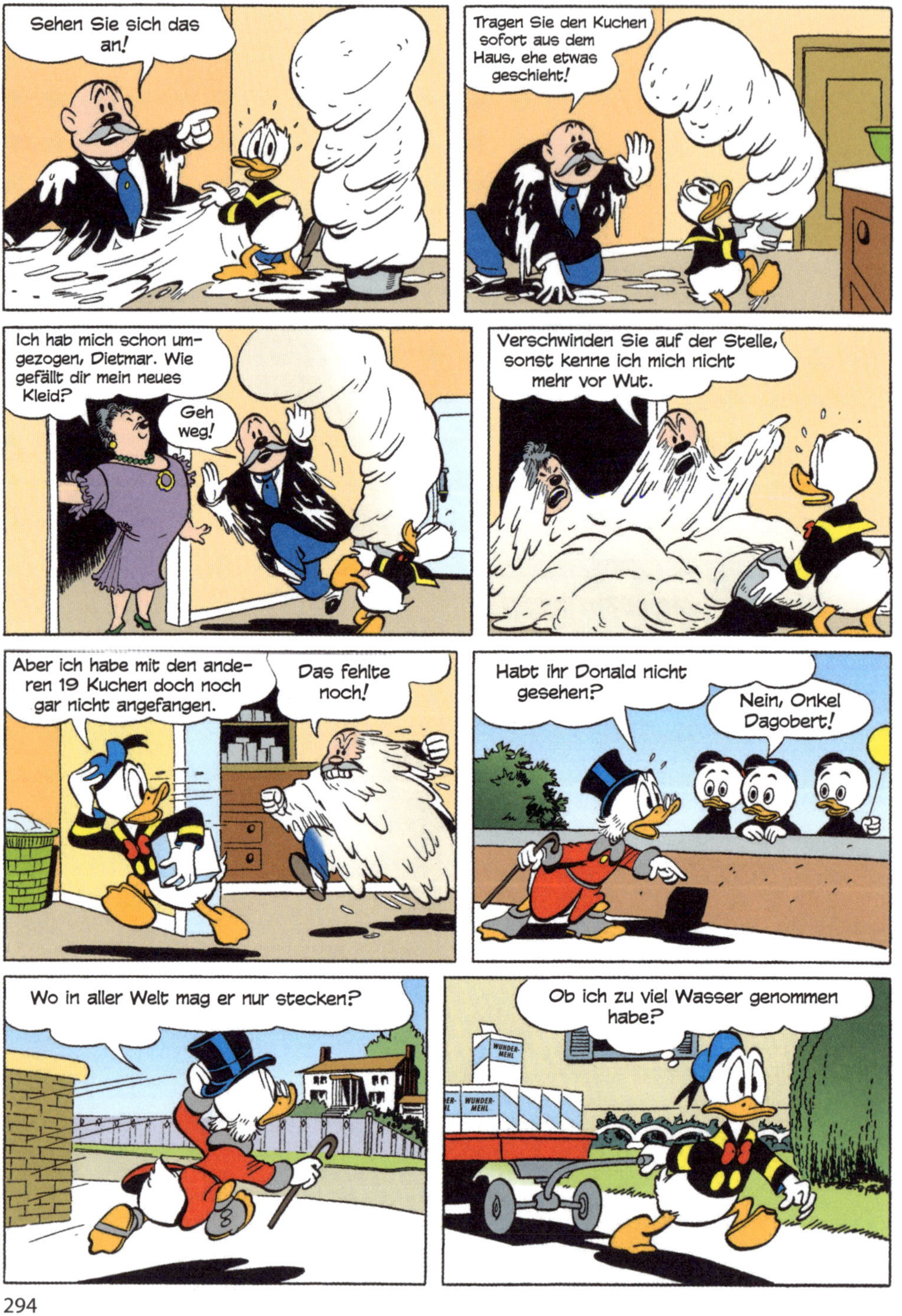
Sehen Sie sich das an!
Tragen Sie den Kuchen sofort aus dem Haus, ehe etwas geschieht!
Ich hab mich schon umgezogen, Dietmar. Wie gefällt dir mein neues Kleid?
Geh weg!
Verschwinden Sie auf der Stelle, sonst kenne ich mich nicht mehr vor Wut.
Aber ich habe mit den anderen 19 Kuchen doch noch gar nicht angefangen.
Das fehlte noch!
Habt ihr Donald nicht gesehen?
Nein, Onkel Dagobert!
Wo in aller Welt mag er nur stecken?
Ob ich zu viel Wasser genommen habe?
WUNDER-MEHL
WUNDER-MEHL

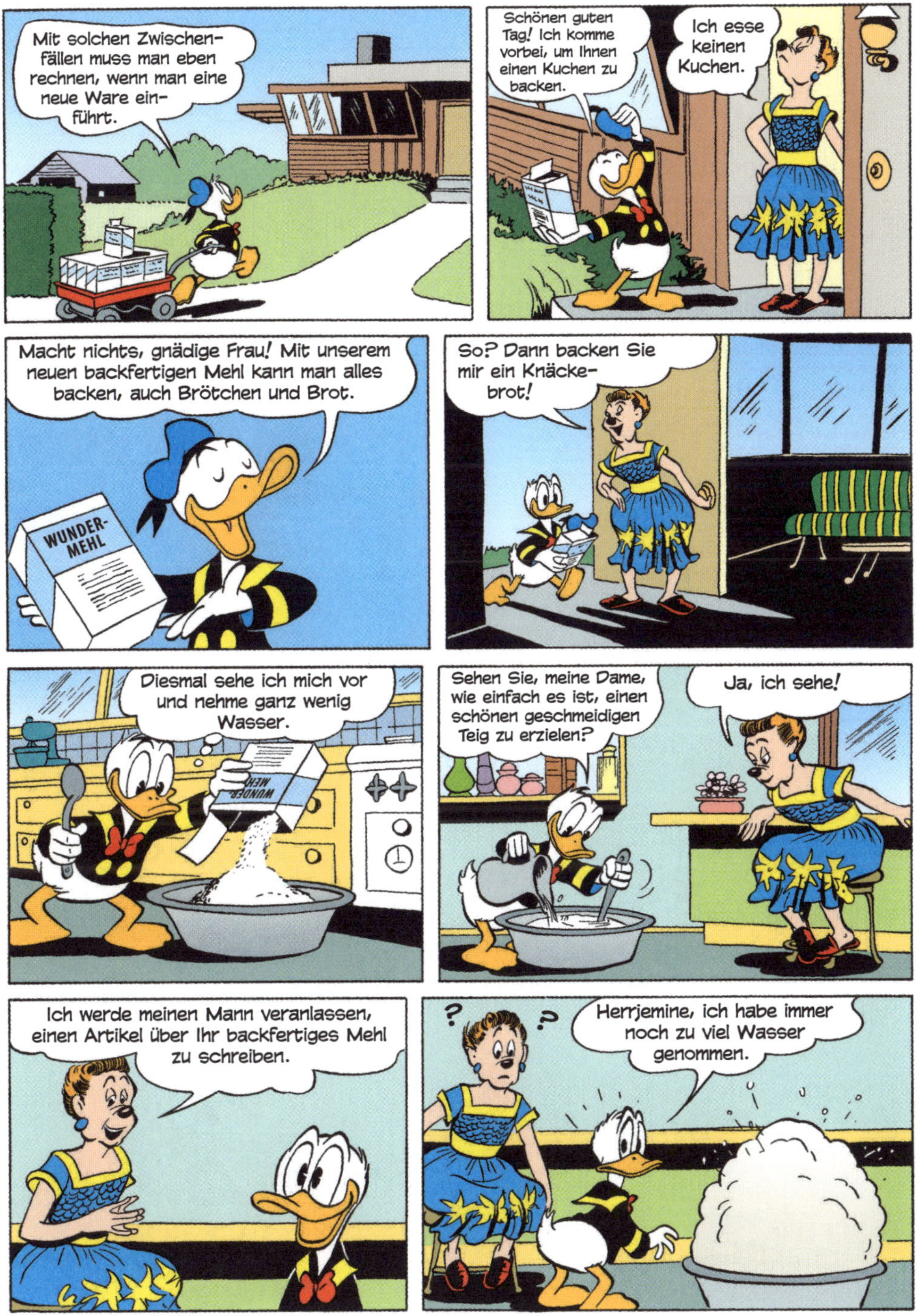

Mit solchen Zwischenfällen muss man eben rechnen, wenn man eine neue Ware einführt.
Schönen guten Tag! Ich komme vorbei, um Ihnen einen Kuchen zu backen.
Ich esse keinen Kuchen.
Macht nichts, gnädige Frau! Mit unserem neuen backfertigen Mehl kann man alles backen, auch Brötchen und Brot.
WUNDER-MEHL
So? Dann backen Sie mir ein Knäckebrot!
Diesmal sehe ich mich vor und nehme ganz wenig Wasser.
Sehen Sie, meine Dame, wie einfach es ist, einen schönen geschmeidigen Teig zu erzielen?
Ja, ich sehe!
Ich werde meinen Mann veranlassen, einen Artikel über Ihr backfertiges Mehl zu schreiben.
? ?
Herrjemine, ich habe immer noch zu viel Wasser genommen.

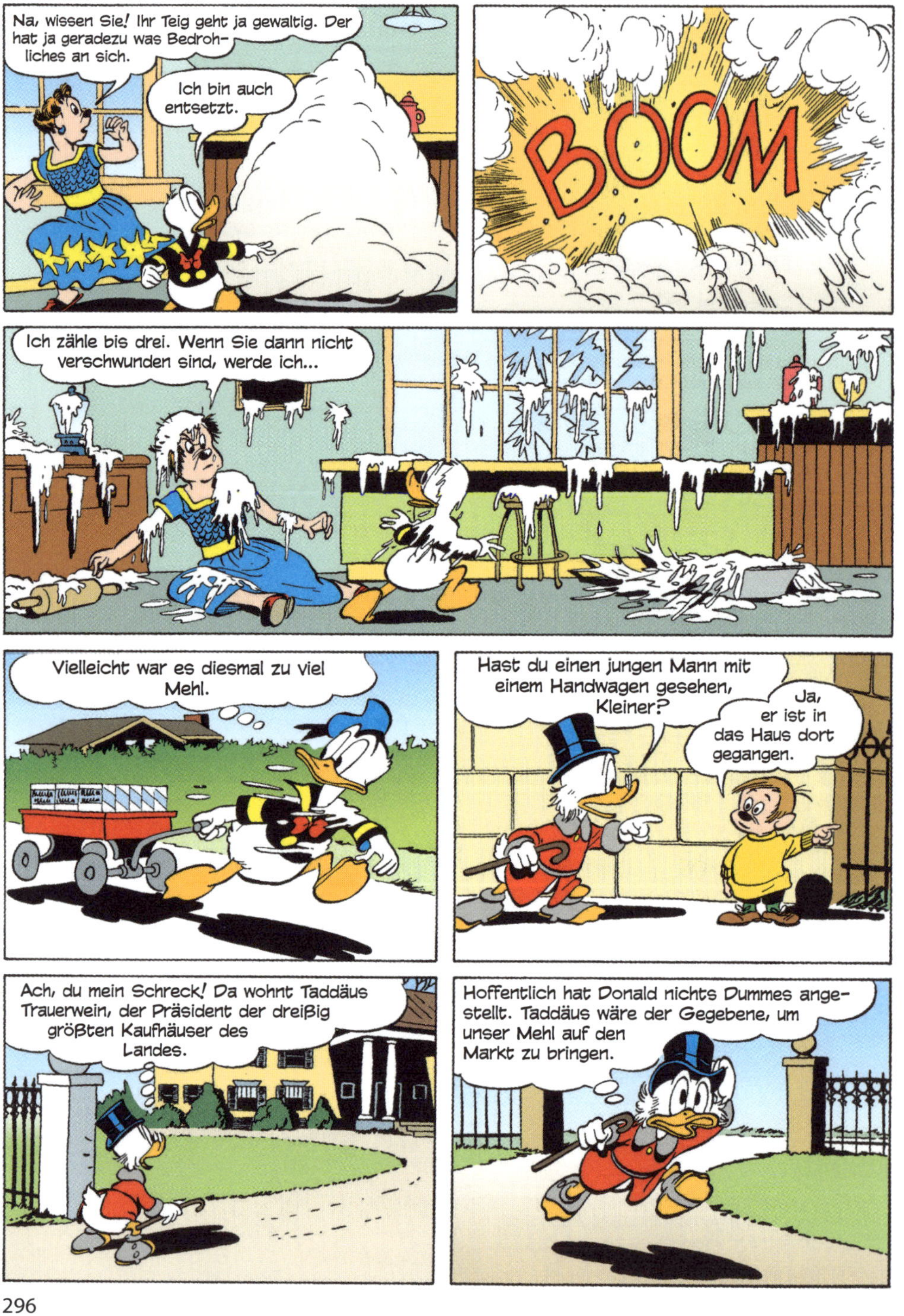
Na, wissen Sie! Ihr Teig geht ja gewaltig. Der hat ja geradezu was Bedrohliches an sich.
Ich bin auch entsetzt.
BOOM
Ich zähle bis drei. Wenn Sie dann nicht verschwunden sind, werde ich...
Vielleicht war es diesmal zu viel Mehl.
Hast du einen jungen Mann mit einem Handwagen gesehen, Kleiner?
Ja, er ist in das Haus dort gegangen.
Ach, du mein Schreck! Da wohnt Taddäus Trauerwein, der Präsident der dreißig größten Kaufhäuser des Landes.
Hoffentlich hat Donald nichts Dummes angestellt. Taddäus wäre der Gegebene, um unser Mehl auf den Markt zu bringen.

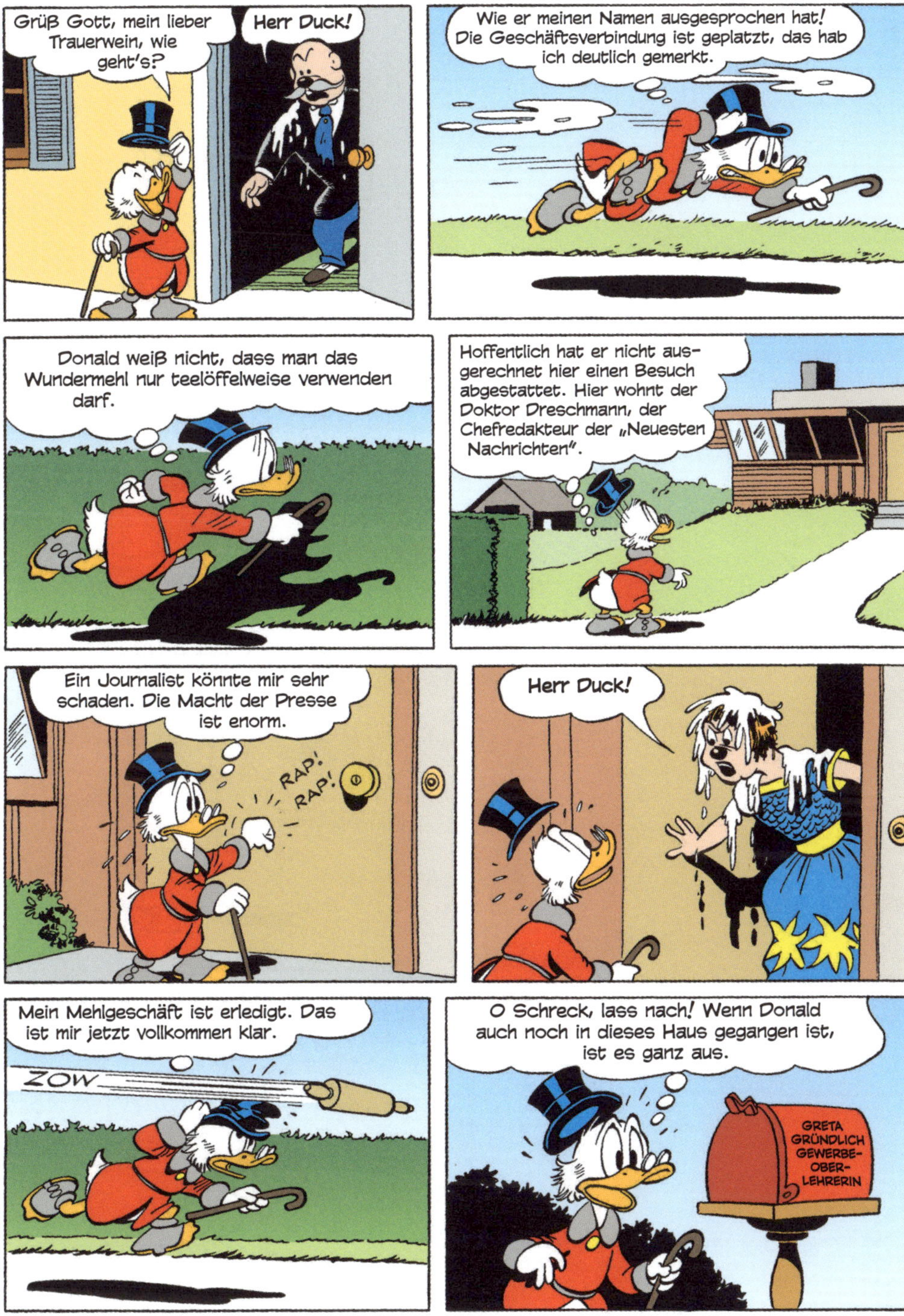
Grüß Gott, mein lieber Trauerwein, wie geht's?
Herr Duck!
Wie er meinen Namen ausgesprochen hat! Die Geschäftsverbindung ist geplatzt, das hab ich deutlich gemerkt.
Donald weiß nicht, dass man das Wundermehl nur teelöffelweise verwenden darf.
Hoffentlich hat er nicht ausgerechnet hier einen Besuch abgestattet. Hier wohnt der Doktor Dreschmann, der Chefredakteur der „Neuesten Nachrichten".
Ein Journalist könnte mir sehr schaden. Die Macht der Presse ist enorm.
RAP! RAP!
Herr Duck!
Mein Mehlgeschäft ist erledigt. Das ist mir jetzt vollkommen klar.
ZOW
O Schreck, lass nach! Wenn Donald auch noch in dieses Haus gegangen ist, ist es ganz aus.
GRETA GRÜNDLICH GEWERBE-OBER-LEHRERIN

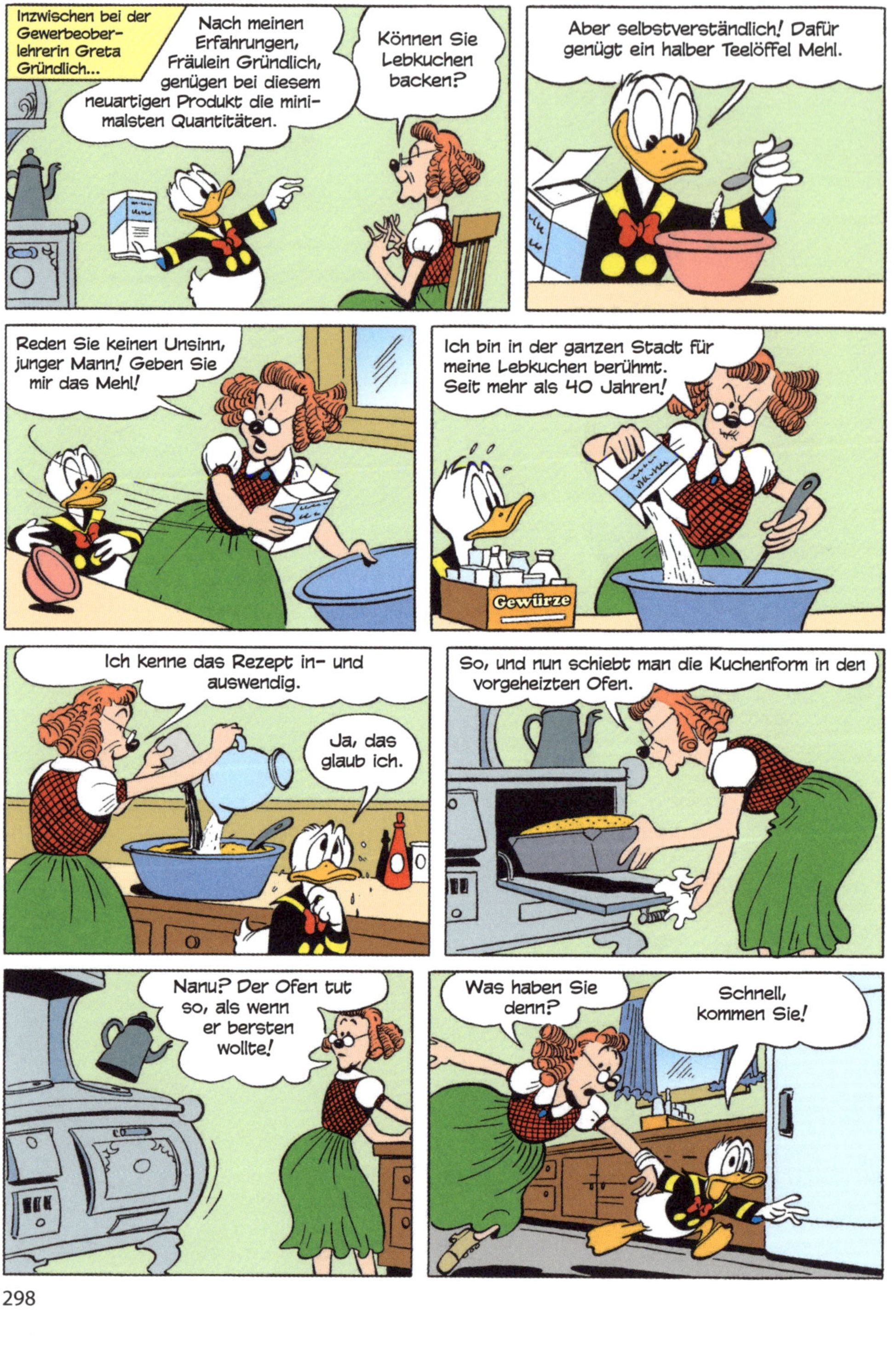
Inzwischen bei der Gewerbeoberlehrerin Greta Gründlich...
Nach meinen Erfahrungen, Fräulein Gründlich, genügen bei diesem neuartigen Produkt die minimalsten Quantitäten.
Können Sie Lebkuchen backen?
Aber selbstverständlich! Dafür genügt ein halber Teelöffel Mehl.
Reden Sie keinen Unsinn, junger Mann! Geben Sie mir das Mehl!
Ich bin in der ganzen Stadt für meine Lebkuchen berühmt. Seit mehr als 40 Jahren!
Gewürze
Ich kenne das Rezept in- und auswendig.
Ja, das glaub ich.
So, und nun schiebt man die Kuchenform in den vorgeheizten Ofen.
Nanu? Der Ofen tut so, als wenn er bersten wollte!
Was haben Sie denn?
Schnell, kommen Sie!

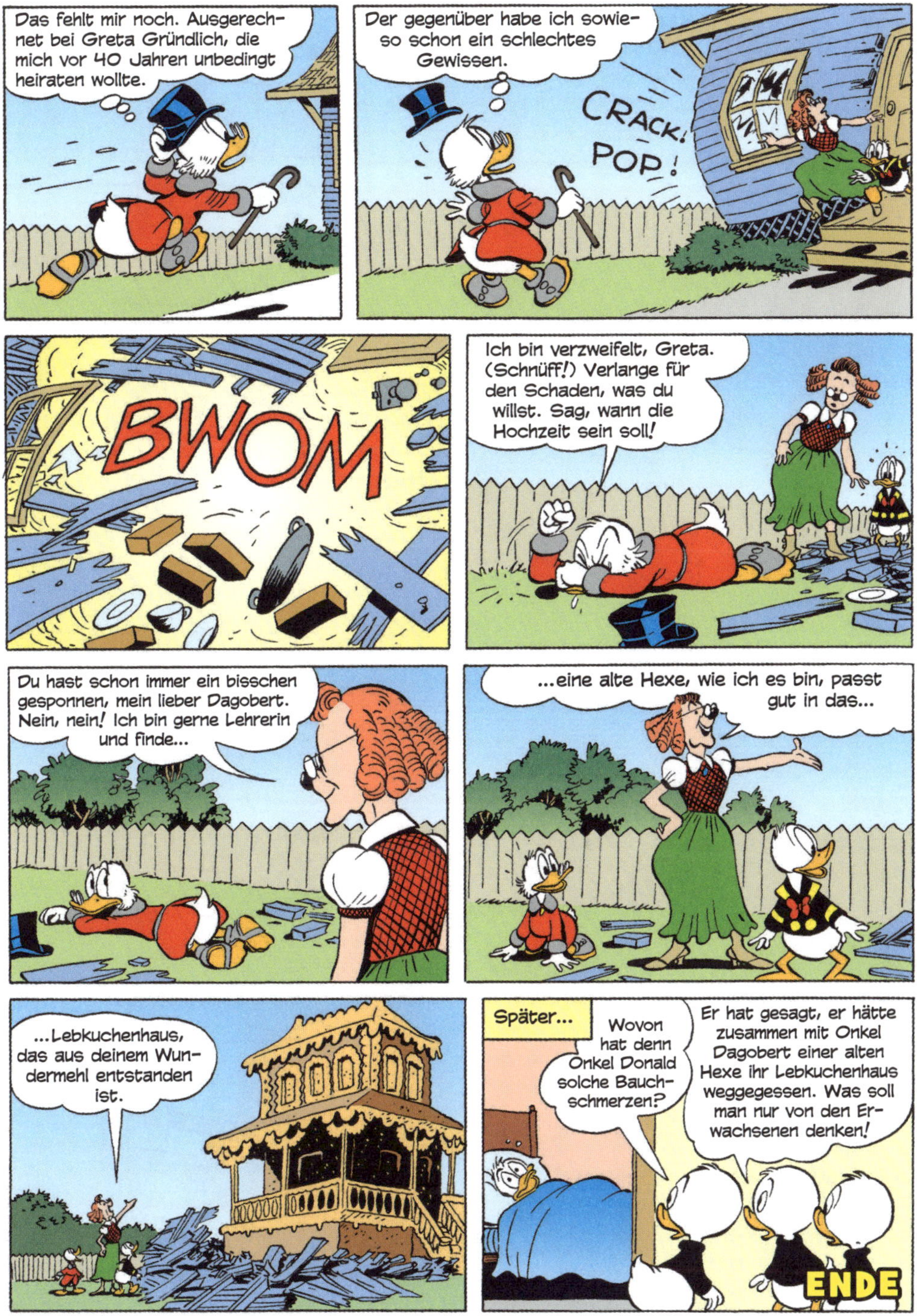

Das fehlt mir noch. Ausgerechnet bei Greta Gründlich, die mich vor 40 Jahren unbedingt heiraten wollte.
Der gegenüber habe ich sowieso schon ein schlechtes Gewissen.
CRACK!
POP!
BWOM
Ich bin verzweifelt, Greta. (Schnüff!) Verlange für den Schaden, was du willst. Sag, wann die Hochzeit sein soll!
Du hast schon immer ein bisschen gesponnen, mein lieber Dagobert. Nein, nein! Ich bin gerne Lehrerin und finde...
...eine alte Hexe, wie ich es bin, passt gut in das...
...Lebkuchenhaus, das aus deinem Wundermehl entstanden ist.
Später...
Wovon hat denn Onkel Donald solche Bauchschmerzen?
Er hat gesagt, er hätte zusammen mit Onkel Dagobert einer alten Hexe ihr Lebkuchenhaus weggegessen. Was soll man nur von den Erwachsenen denken!
ENDE

NÄCHTLICHE RUHESTÖRUNG

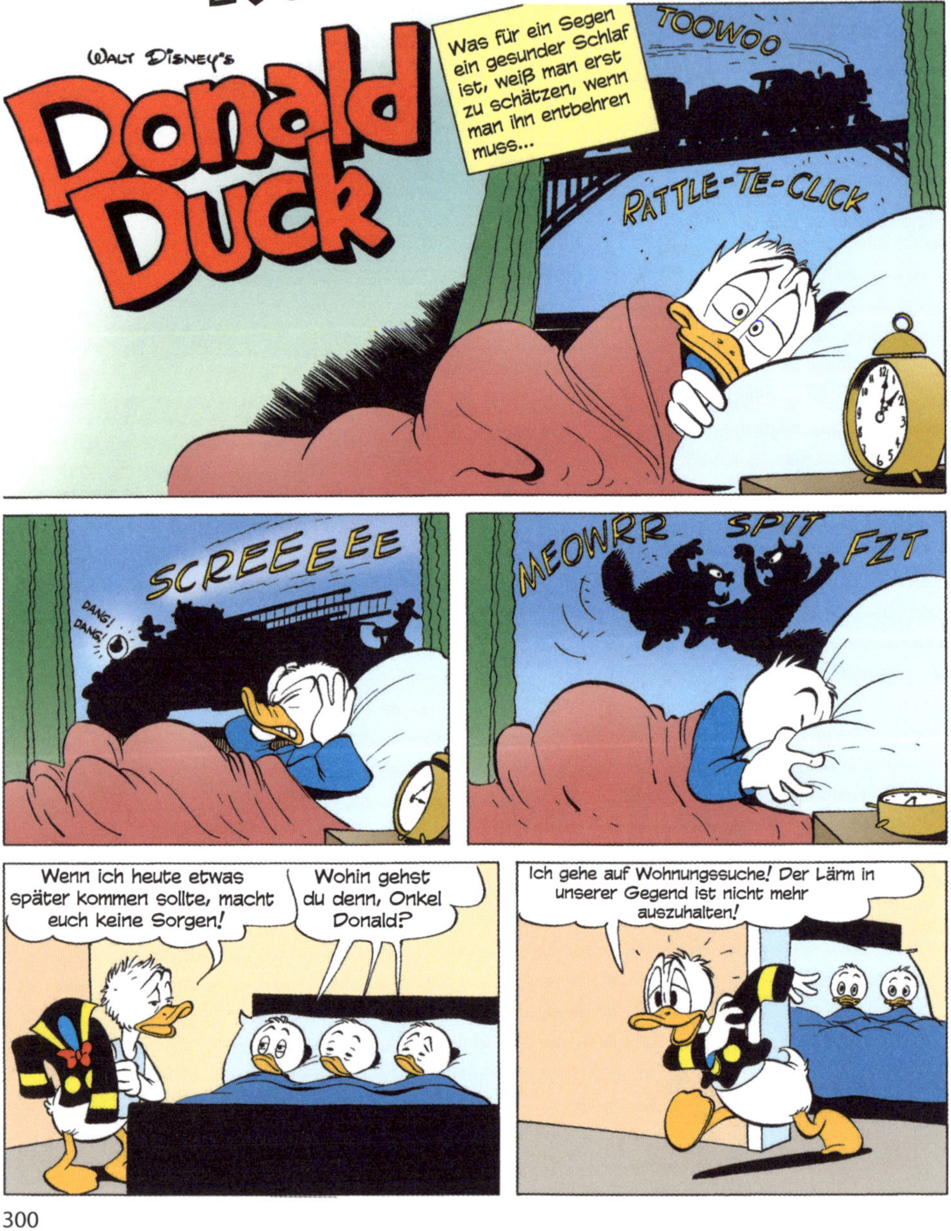

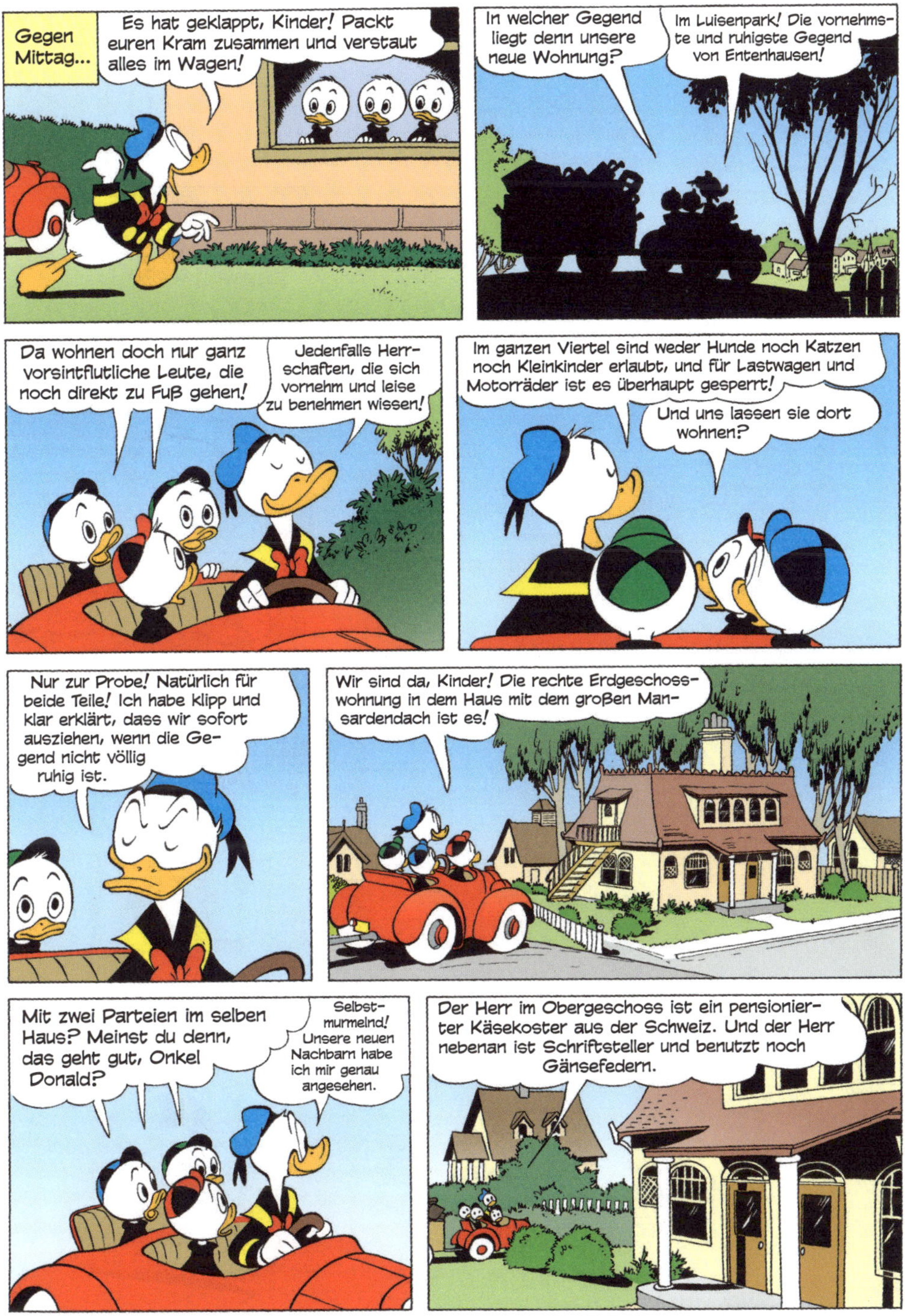
Gegen Mittag...
Es hat geklappt, Kinder! Packt euren Kram zusammen und verstaut alles im Wagen!
In welcher Gegend liegt denn unsere neue Wohnung?
Im Luisenpark! Die vornehmste und ruhigste Gegend von Entenhausen!
Da wohnen doch nur ganz vorsintflutliche Leute, die noch direkt zu Fuß gehen!
Jedenfalls Herrschaften, die sich vornehm und leise zu benehmen wissen!
Im ganzen Viertel sind weder Hunde noch Katzen noch Kleinkinder erlaubt, und für Lastwagen und Motorräder ist es überhaupt gesperrt!
Und uns lassen sie dort wohnen?
Nur zur Probe! Natürlich für beide Teile! Ich habe klipp und klar erklärt, dass wir sofort ausziehen, wenn die Gegend nicht völlig ruhig ist.
Wir sind da, Kinder! Die rechte Erdgeschosswohnung in dem Haus mit dem großen Mansardendach ist es!
Mit zwei Parteien im selben Haus? Meinst du denn, das geht gut, Onkel Donald?
Selbstmurmelnd! Unsere neuen Nachbarn habe ich mir genau angesehen.
Der Herr im Obergeschoss ist ein pensionierter Käsekoster aus der Schweiz. Und der Herr nebenan ist Schriftsteller und benutzt noch Gänsefedern.

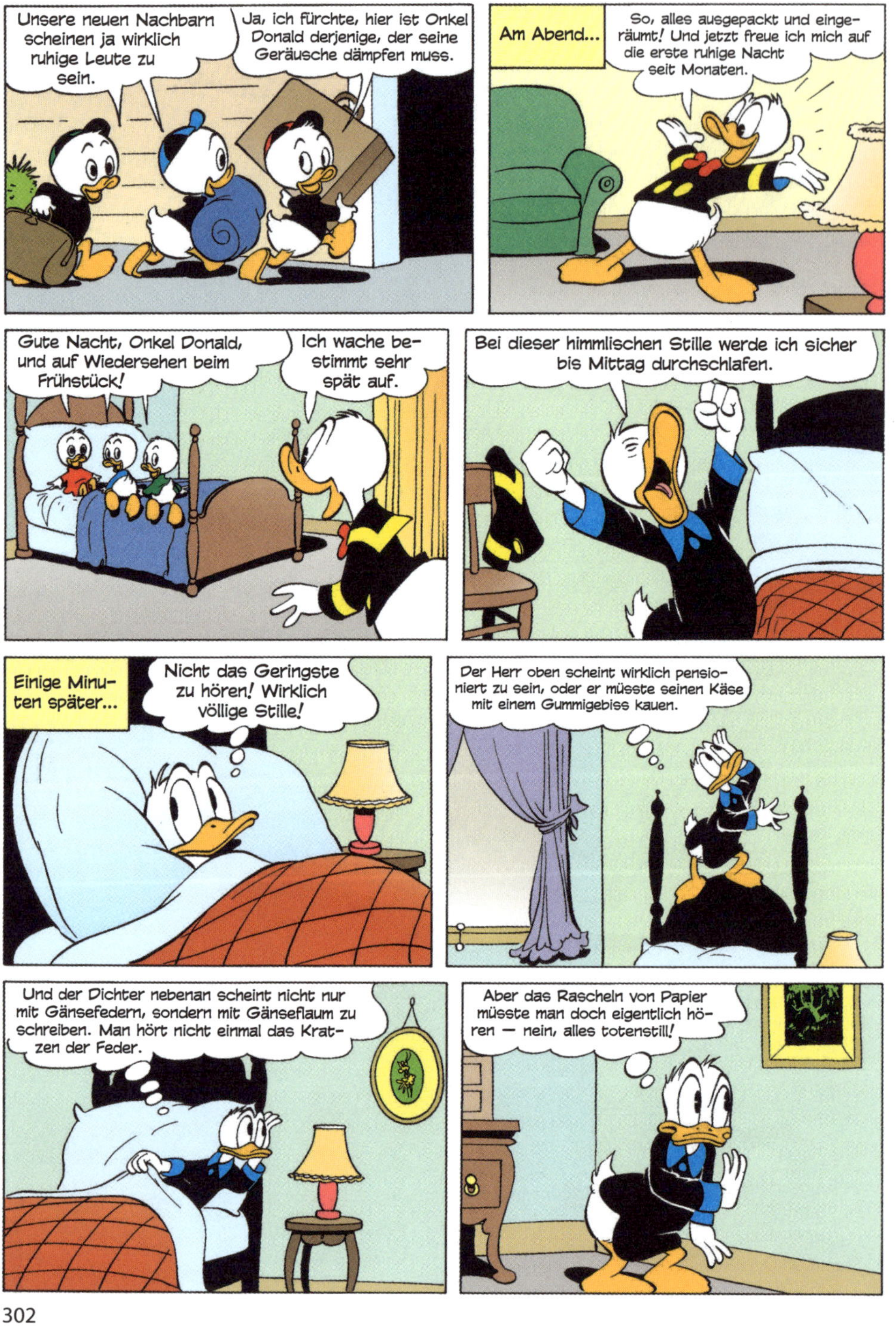
Unsere neuen Nachbarn scheinen ja wirklich ruhige Leute zu sein.
Ja, ich fürchte, hier ist Onkel Donald derjenige, der seine Geräusche dämpfen muss.
Am Abend...
So, alles ausgepackt und eingeräumt! Und jetzt freue ich mich auf die erste ruhige Nacht seit Monaten.
Gute Nacht, Onkel Donald, und auf Wiedersehen beim Frühstück!
Ich wache bestimmt sehr spät auf.
Bei dieser himmlischen Stille werde ich sicher bis Mittag durchschlafen.
Einige Minuten später...
Nicht das Geringste zu hören! Wirklich völlige Stille!
Der Herr oben scheint wirklich pensioniert zu sein, oder er müsste seinen Käse mit einem Gummigebiss kauen.
Und der Dichter nebenan scheint nicht nur mit Gänsefedern, sondern mit Gänseflaum zu schreiben. Man hört nicht einmal das Kratzen der Feder.
Aber das Rascheln von Papier müsste man doch eigentlich hören – nein, alles totenstill!

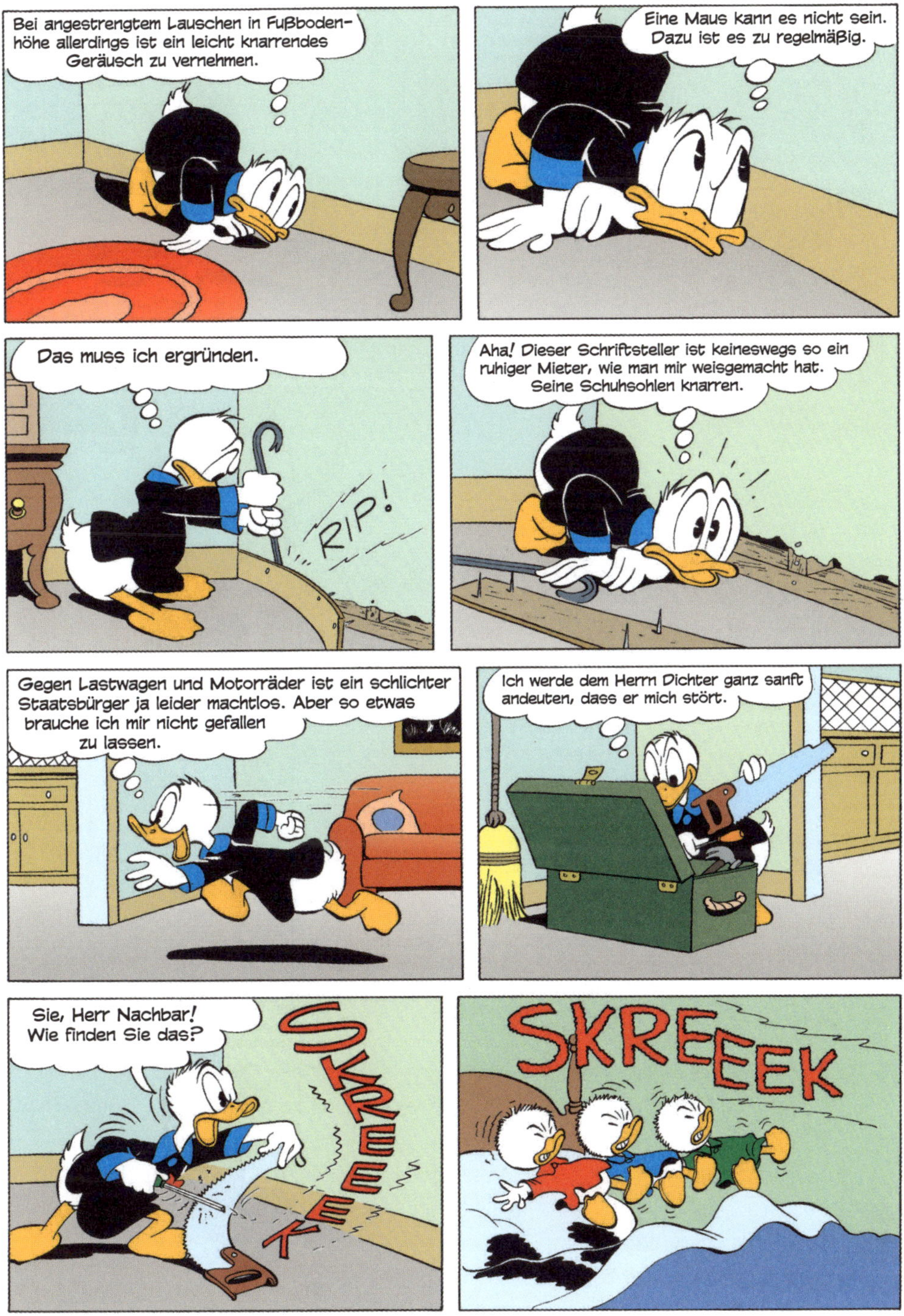
Bei angestrengtem Lauschen in Fußbodenhöhe allerdings ist ein leicht knarrendes Geräusch zu vernehmen.
Eine Maus kann es nicht sein. Dazu ist es zu regelmäßig.
Das muss ich ergründen.
RIP!
Aha! Dieser Schriftsteller ist keineswegs so ein ruhiger Mieter, wie man mir weisgemacht hat. Seine Schuhsohlen knarren.
Gegen Lastwagen und Motorräder ist ein schlichter Staatsbürger ja leider machtlos. Aber so etwas brauche ich mir nicht gefallen zu lassen.
Ich werde dem Herrn Dichter ganz sanft andeuten, dass er mich stört.
Sie, Herr Nachbar! Wie finden Sie das?
SKREEEEK
SKREEEK

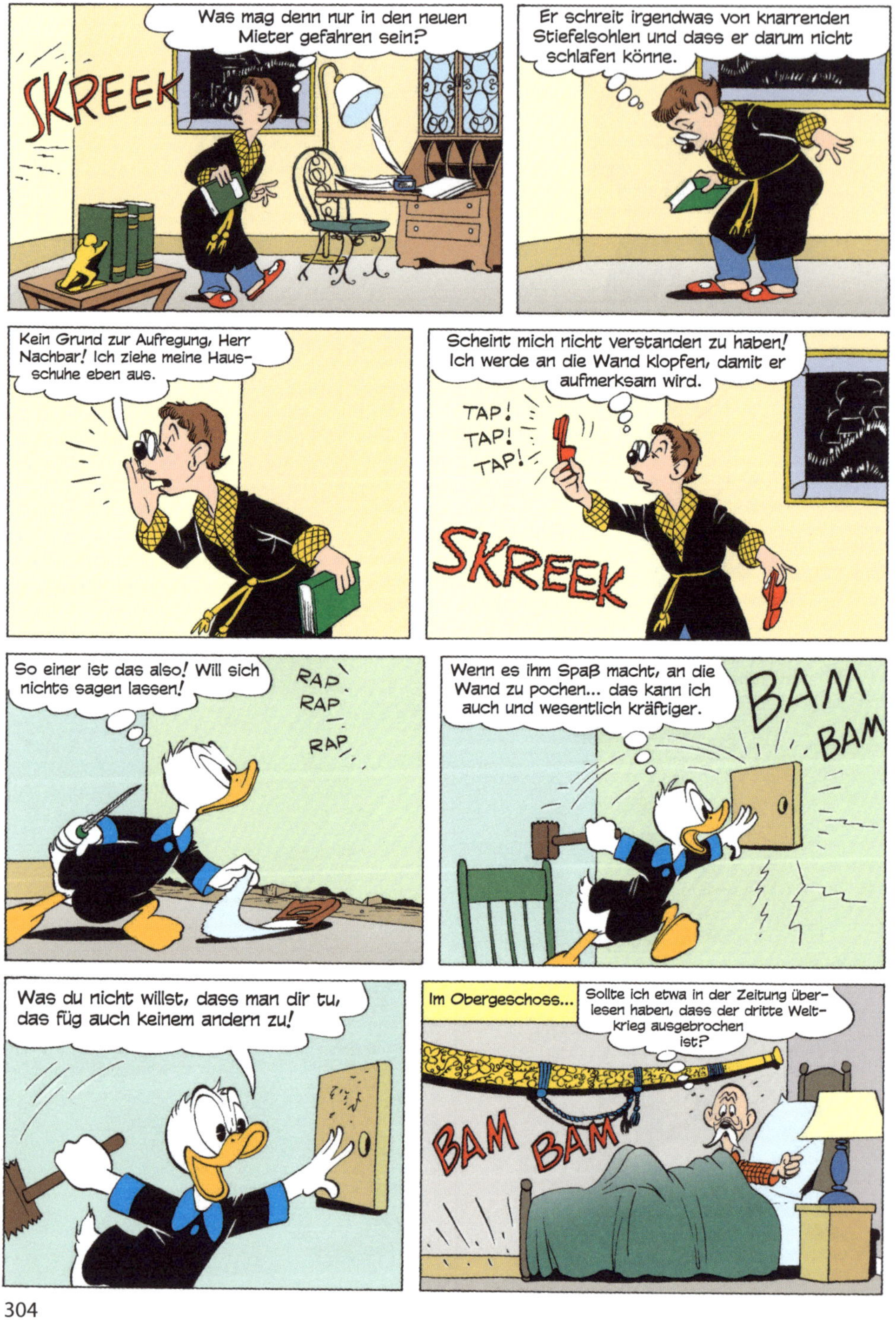

Was mag denn nur in den neuen Mieter gefahren sein?
SKREEK
Er schreit irgendwas von knarrenden Stiefelsohlen und dass er darum nicht schlafen könne.
Kein Grund zur Aufregung, Herr Nachbar! Ich ziehe meine Hausschuhe eben aus.
Scheint mich nicht verstanden zu haben! Ich werde an die Wand klopfen, damit er aufmerksam wird.
TAP! TAP! TAP!
SKREEK
So einer ist das also! Will sich nichts sagen lassen!
RAP RAP RAP
Wenn es ihm Spaß macht, an die Wand zu pochen... das kann ich auch und wesentlich kräftiger.
BAM BAM
Was du nicht willst, dass man dir tu, das füg auch keinem andern zu!
Im Obergeschoss...
Sollte ich etwa in der Zeitung überlesen haben, dass der dritte Weltkrieg ausgebrochen ist?
BAM BAM

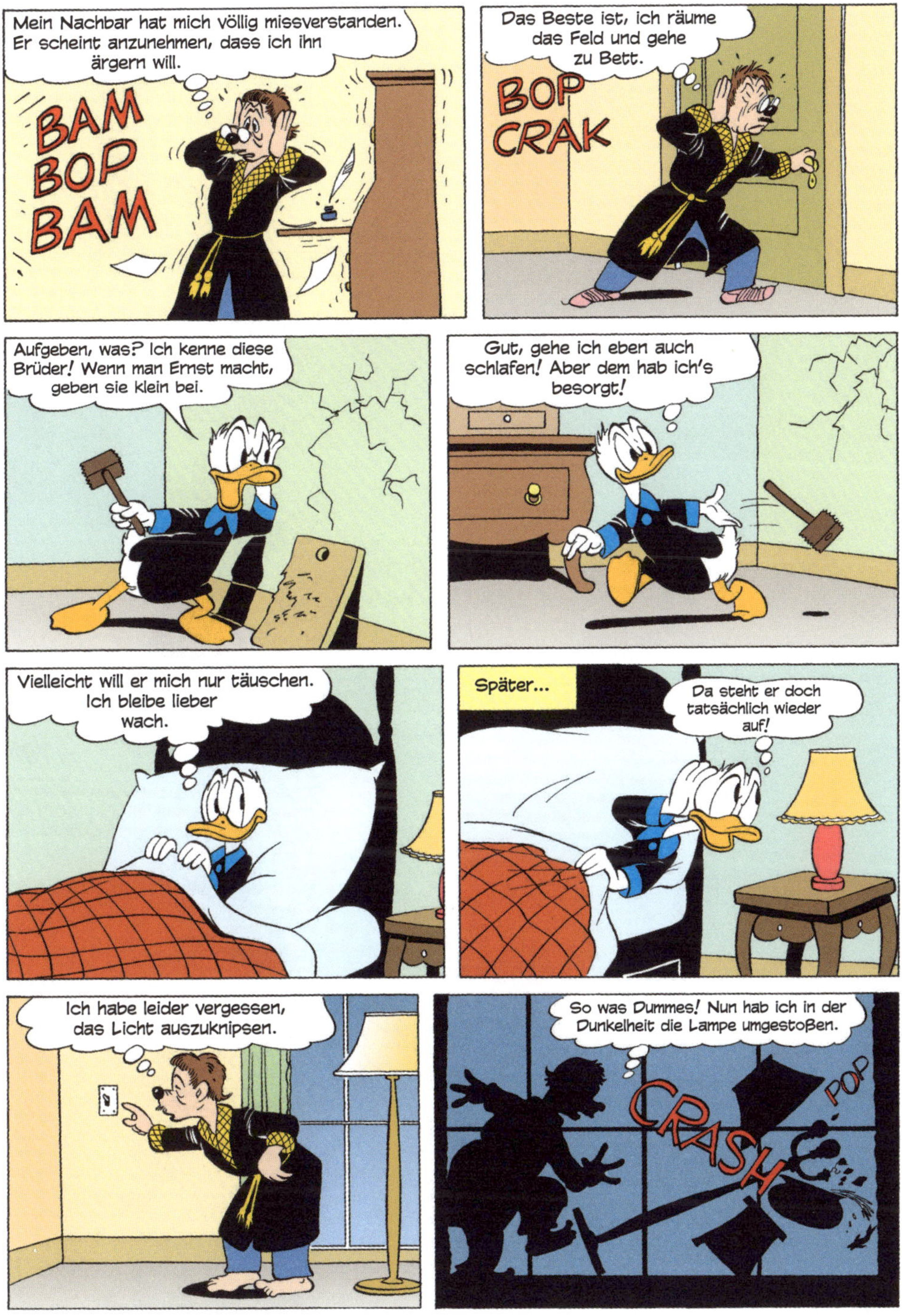
Mein Nachbar hat mich völlig missverstanden. Er scheint anzunehmen, dass ich ihn ärgern will.
BAM BOP BAM
Das Beste ist, ich räume das Feld und gehe zu Bett.
BOP CRAK
Aufgeben, was? Ich kenne diese Brüder! Wenn man Ernst macht, geben sie klein bei.
Gut, gehe ich eben auch schlafen! Aber dem hab ich's besorgt!
Vielleicht will er mich nur täuschen. Ich bleibe lieber wach.
Später...
Da steht er doch tatsächlich wieder auf!
Ich habe leider vergessen, das Licht auszuknipsen.
So was Dummes! Nun hab ich in der Dunkelheit die Lampe umgestoßen.
CRASH
POP

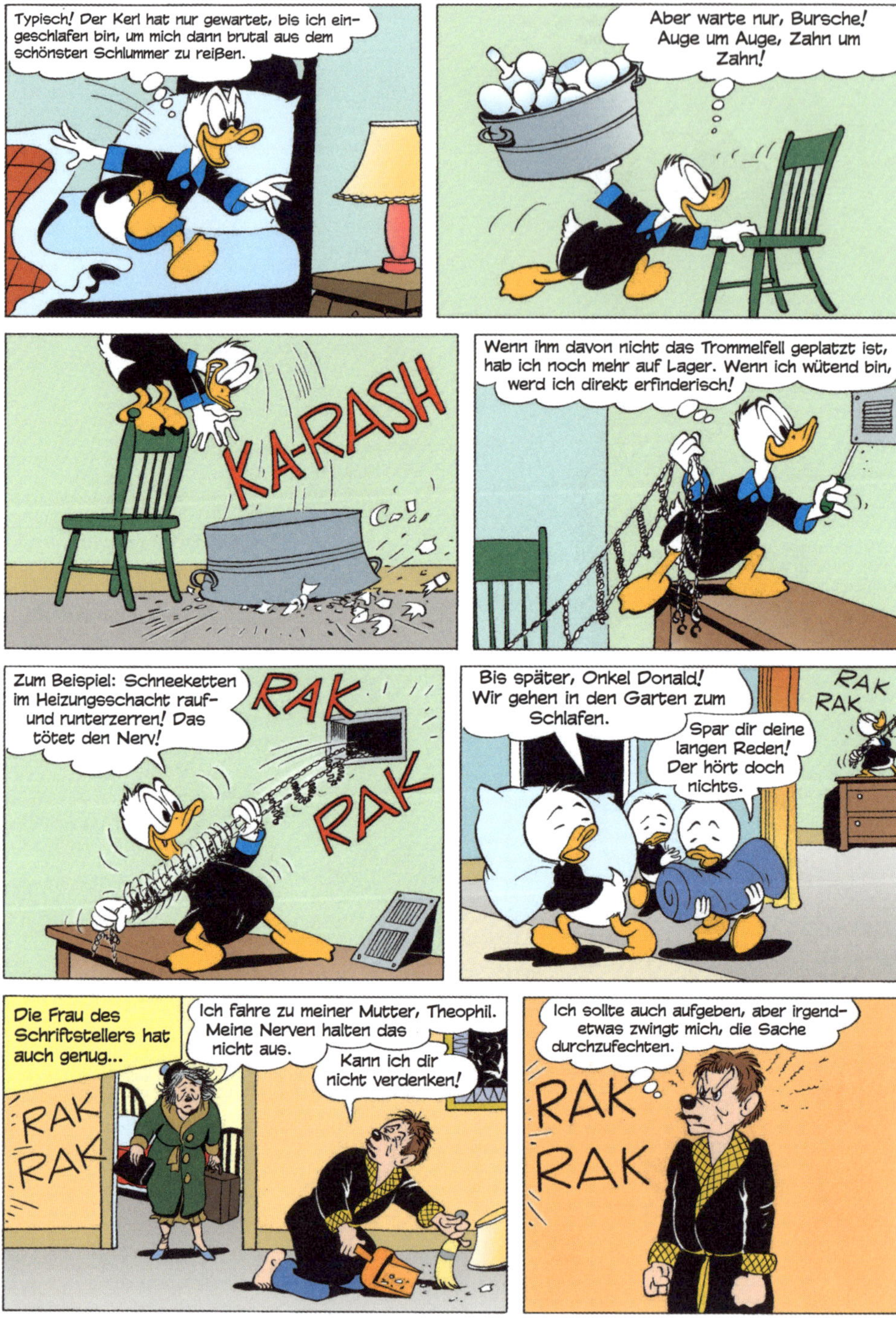
Typisch! Der Kerl hat nur gewartet, bis ich eingeschlafen bin, um mich dann brutal aus dem schönsten Schlummer zu reißen.
Aber warte nur, Bursche! Auge um Auge, Zahn um Zahn!
KA-RASH
Wenn ihm davon nicht das Trommelfell geplatzt ist, hab ich noch mehr auf Lager. Wenn ich wütend bin, werd ich direkt erfinderisch!
Zum Beispiel: Schneeketten im Heizungsschacht rauf- und runterzerren! Das tötet den Nerv!
RAK
RAK
Bis später, Onkel Donald! Wir gehen in den Garten zum Schlafen.
Spar dir deine langen Reden! Der hört doch nichts.
RAK
RAK
Die Frau des Schriftstellers hat auch genug...
Ich fahre zu meiner Mutter, Theophil. Meine Nerven halten das nicht aus.
Kann ich dir nicht verdenken!
RAK
RAK
Ich sollte auch aufgeben, aber irgendetwas zwingt mich, die Sache durchzufechten.
RAK
RAK

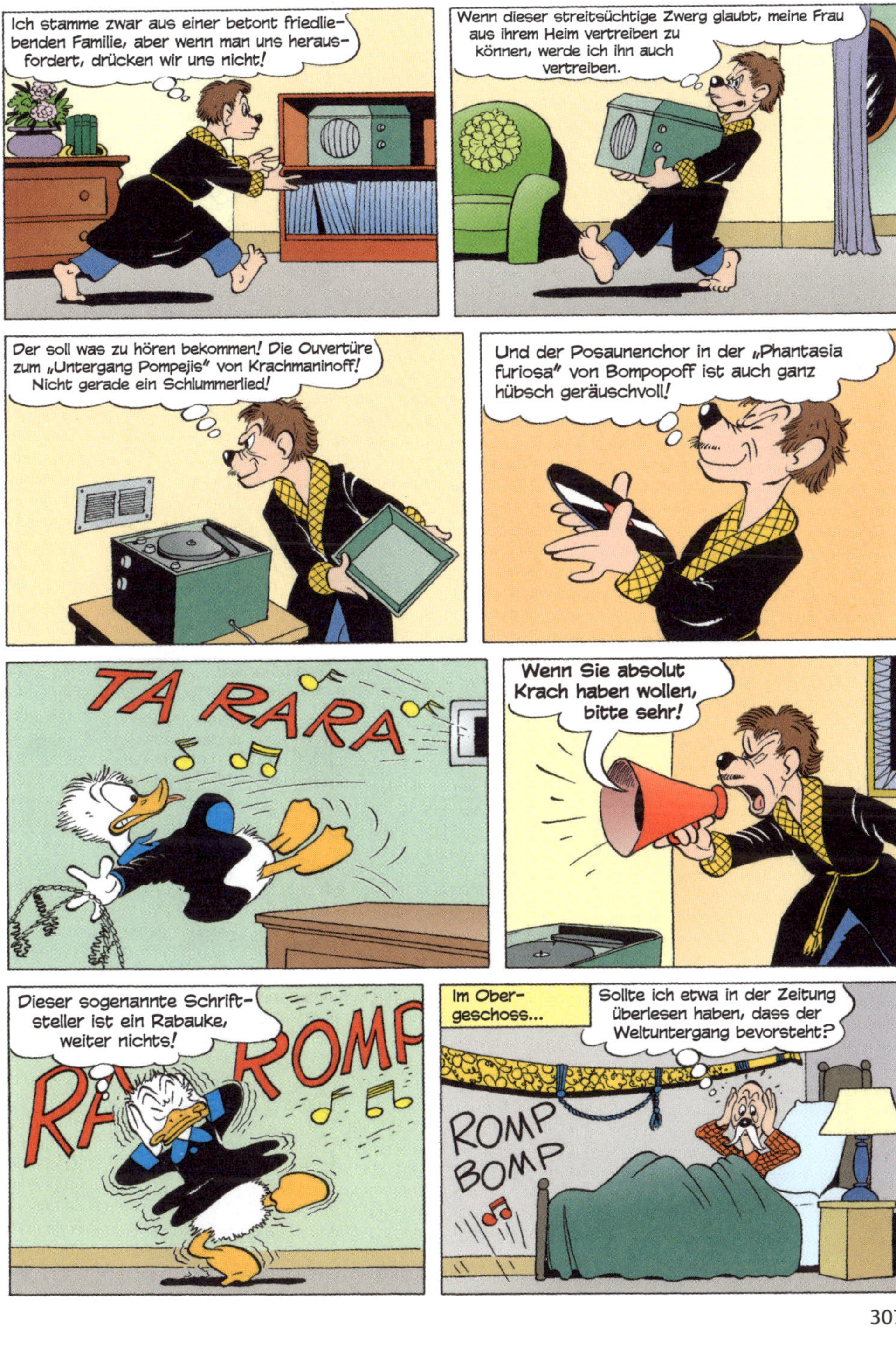
Ich stamme zwar aus einer betont friedliebenden Familie, aber wenn man uns herausfordert, drücken wir uns nicht!
Wenn dieser streitsüchtige Zwerg glaubt, meine Frau aus ihrem Heim vertreiben zu können, werde ich ihn auch vertreiben.
Der soll was zu hören bekommen! Die Ouvertüre zum „Untergang Pompejis" von Krachmaninoff! Nicht gerade ein Schlummerlied!
Und der Posaunenchor in der „Phantasia furiosa" von Bompopoff ist auch ganz hübsch geräuschvoll!
TA RARA RARA
Wenn Sie absolut Krach haben wollen, bitte sehr!
Dieser sogenannte Schriftsteller ist ein Rabauke, weiter nichts!
ROMP
Im Obergeschoss...
Sollte ich etwa in der Zeitung überlesen haben, dass der Weltuntergang bevorsteht?
ROMP
BOMP

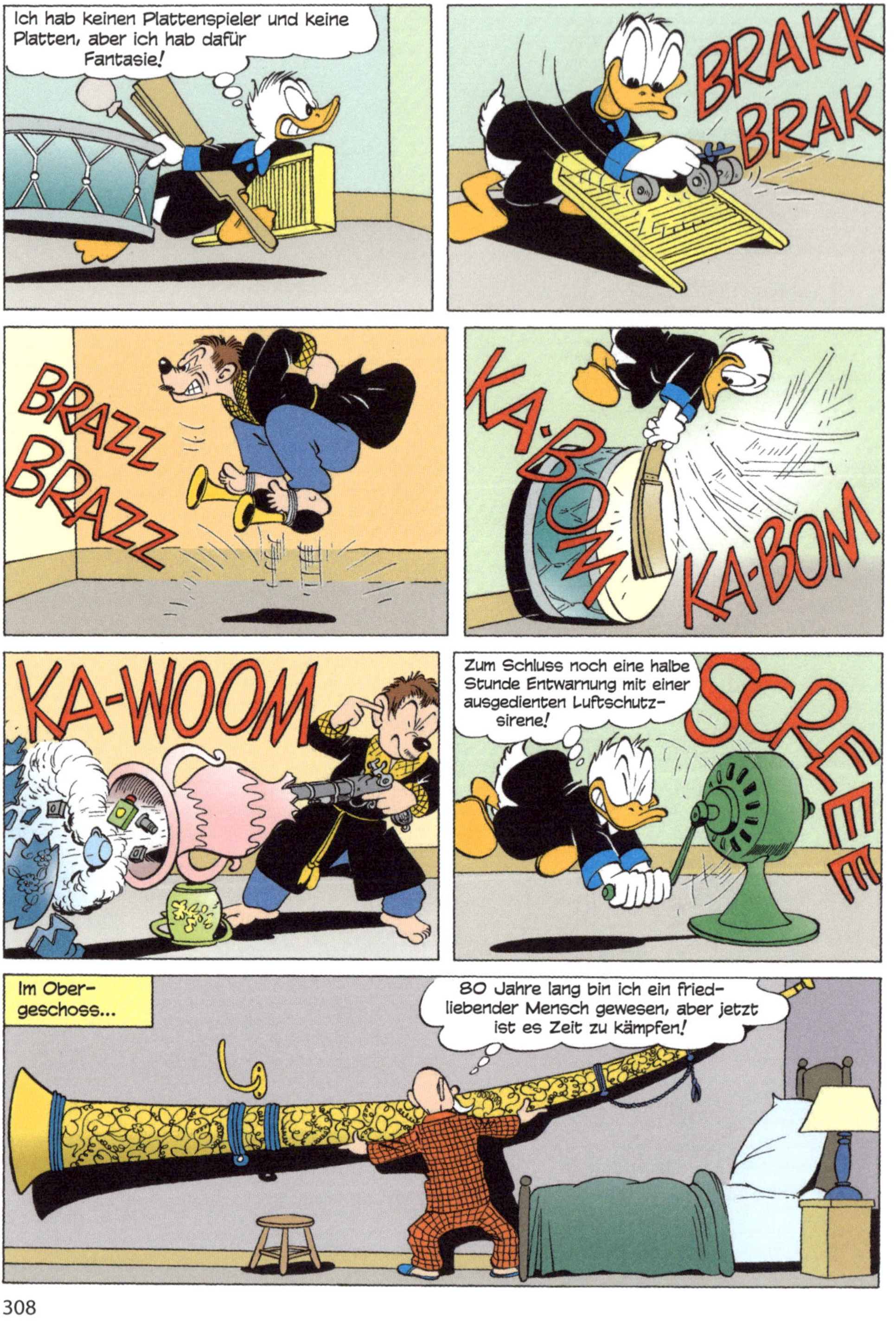
Ich hab keinen Plattenspieler und keine Platten, aber ich hab dafür Fantasie!
BRAKK BRAK
BRAZZ BRAZZ
KA-BOM KA-BOM
KA-WOOM
Zum Schluss noch eine halbe Stunde Entwarnung mit einer ausgedienten Luftschutz-sirene!
SCREEE
Im Ober-geschoss...
80 Jahre lang bin ich ein fried-liebender Mensch gewesen, aber jetzt ist es Zeit zu kämpfen!

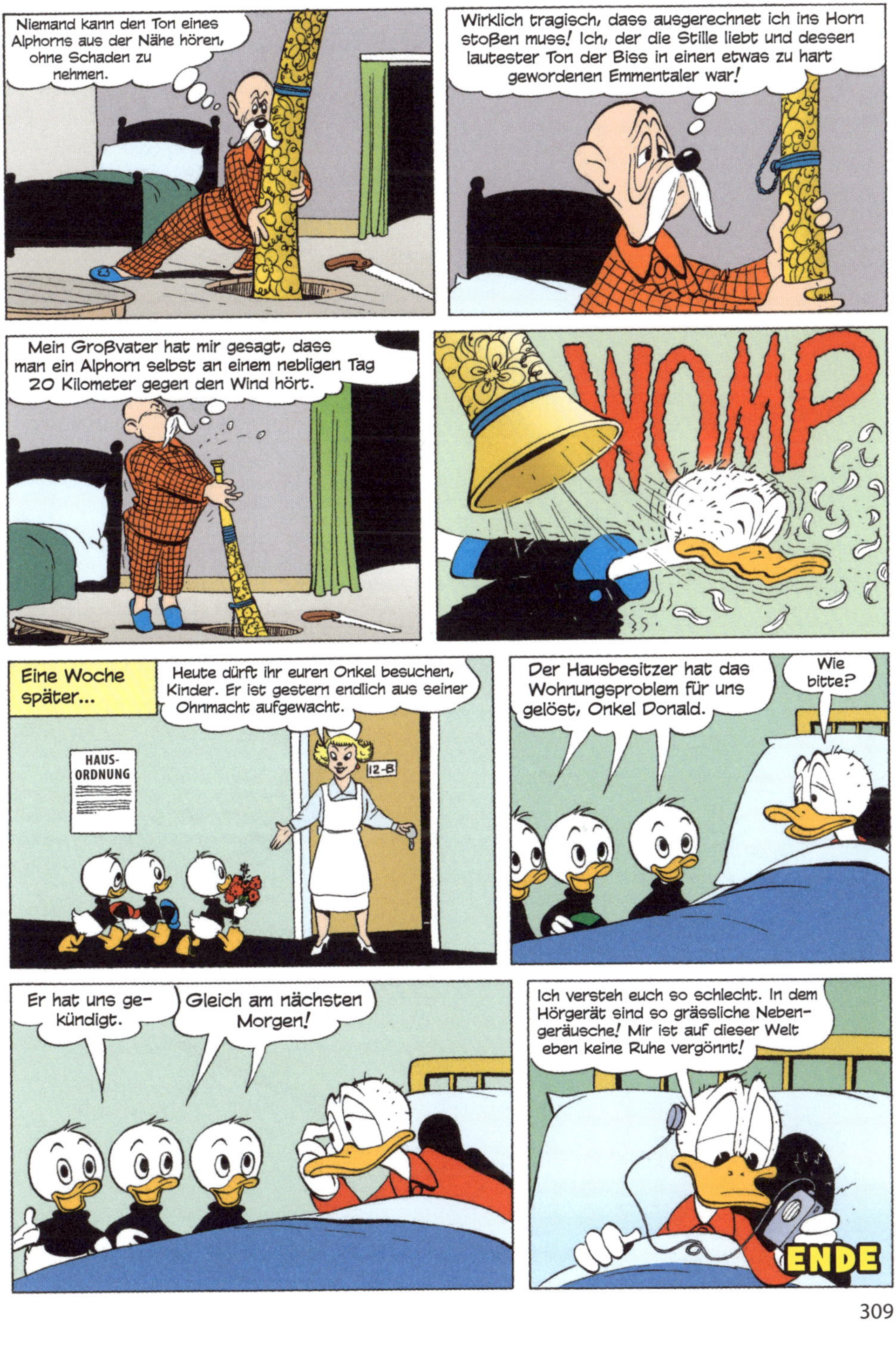
Niemand kann den Ton eines Alphorns aus der Nähe hören, ohne Schaden zu nehmen.
Wirklich tragisch, dass ausgerechnet ich ins Horn stoßen muss! Ich, der die Stille liebt und dessen lautester Ton der Biss in einen etwas zu hart gewordenen Emmentaler war!
Mein Großvater hat mir gesagt, dass man ein Alphorn selbst an einem nebligen Tag 20 Kilometer gegen den Wind hört.
WOMP
Eine Woche später...
Heute dürft ihr euren Onkel besuchen, Kinder. Er ist gestern endlich aus seiner Ohnmacht aufgewacht.
HAUS-ORDNUNG
12-B
Der Hausbesitzer hat das Wohnungsproblem für uns gelöst, Onkel Donald.
Wie bitte?
Er hat uns ge-kündigt.
Gleich am nächsten Morgen!
Ich versteh euch so schlecht. In dem Hörgerät sind so grässliche Neben-geräusche! Mir ist auf dieser Welt eben keine Ruhe vergönnt!
ENDE

Lautmalerei: Kompendium der Onomatopöien

AHUUUU [a:'hu:u:] das Heulen eines einsamen Wolfes
BAM [bæm] *engl.* **1** hämmern, an eine Wand schlagen **2** Klaps auf den Allerwertesten
BANG [bæŋ] *engl.* Gewehr-, Pistolen- oder Kanonenschuss
BONK [bɔŋk] einen Hering mit dem Hammer in den Boden schlagen
BOOM [bu:m] *engl.* Explosion
BRAUS [braʊs] rauschender Wasserfall
BSSS [bss] schlafen
BUMM [bʊm] lautes Klopfen gegen eine Tür oder Wand
CHOMP [tʃɔmp] *engl.* laut kauen
CHONK [tʃɔŋk] *engl.* in den Schnee stürzen
CHR [çr] **1** schnarchen **2** schlafen
DENG [dɛŋ] ein kleines Ufo knallt gegen einen Topfdeckel
DING-DONG ['dɪŋdɔŋ] Türklingeln
DOING [dɔɪŋ] wie ein Flummi auf und ab hüpfen
FLAPP [flap] Postkarten fallen herunter
FLUPP [flʊp] ein Pfeil mit Saugnapf wird abgeschossen
GNIEK [gni:k] ein Tor öffnet sich quietschend
GRRR [grrr] Ausdruck des Ärgers, der Verstimmung
HOPS [hɔps] hopsen
HÜPF [hʏpf] hüpfen
HUSCH [hʊʃ] jemand oder etwas eilt davon
KA-RACH [ka'rax] eine Tür wird laut aufgestoßen
KA-ROMMS [ka'rɔms] **1** Unfall **2** Explosion
KA-WOOM [ka'vu:m] *engl.* Explosion
KEUCH [kɔɪç] bei körperlicher Anstrengung keuchen
KICK [kɪk] **1** einen Tritt in den Hintern geben **2** jemanden zum Mond schießen
KLACKE-DI-KLACK ['klakədi'klak] Stepptanz auf dem Tisch
KLANG [klaŋ] **1** mit einem Hammer auf einen Goldbarren schlagen **2** mit einem Löffel gegen eine Pfanne hauen
KLIMPER ['klɪmpɐ] klingende Münzen
KLING [klɪŋ] **1** Münzen **2** Türklingel
KLINGEL ['klɪŋl] **1** Türklingel **2** Münzen
KLONK [klɔŋk] ein Schlag auf den Kopf
KNARZ [knarts] Holz biegt sich
KNUFF [knʊf] Kinnhaken
KNURPS [knʊrps] Geräusch beim Essen
KRACH [krax] lautes Geräusch
KRACKS [kraks] **1** etwas zersplittert **2** mit dem Hammer etwas kaputt hauen
KRATSCH [kratʃ] eine Holzhütte stürzt ein
KRATZ [kʀats] sich am Kopf kratzen
KRRRKS [krrks] elektrischer Kurzschluss
KRUNSCH [krʊnʃ] einen Schuh essen
KRZ-ZZZ [krts ts] Lautsprecher
NAG [na:k] an einem Schuh nagen
PFSSSCH [pfʃʃʃ] Luft entweicht
PIEPS [pi:ps] Geräusch eines Vogels
PLATSCH [platʃ] ins Wasser springen
PLOPP [plɔp] **1** eine zu fest sitzende Krone vom Kopf nehmen **2** einen Edelstein aus der Wand brechen
PLUMPS [plʊmps] in Ohnmacht fallen
POCK [pɔk] mit dem Kopf in einer Sahnetorte landen
POLTER ['pɔltɐ] Steine stürzen herab
POOOOT [po:t] Posaune
PRASSEL ['pʀasl] Talerregen, herunterfallende Münzen
RATTER ['ratɐ] **1** altmodische Kasse **2** einen Rollladen herunterlassen
RATTLE-TE-CLICK [rætl-te'klɪk] *engl.* Zug, der über Gleise fährt
RIIING [ʀɪ:ŋ] das Klingeln eines Weckers, zum Beispiel wenn der Kuchen fertig ist
ROMS [rɔms] lautes Geräusch
RUMPEL ['rʊmpl] Erdbeben
SCHEPPER ['ʃɛpɐ] eine Maschine zerfällt in ihre Einzelteile
SCHLITTER ['ʃlɪtɐ] über Eis oder über eine andere rutschige Fläche schlittern
SCHLÜRF [ʃlʏrf] schlürfen, trinken
SCHLURPS [ʃlu:rps] etwas wird eingesaugt
SCHNAUF [ʃnaʊf] laut atmen, zum Beispiel bei körperlicher Anstrengung
SCHWUPP [ʃvʊp] jemand fällt hin
SKREEEK [skri:k] *engl.* auf einer Säge musizieren
SKRIETSCH [skri:tʃ] mit Schlittschuhen auf Eis abbremsen
SLAM [slæm] *engl.* Tür, Fenster zuschlagen, zuwerfen
SMACK [smæk] *engl.* laut schmatzen
SPLATSCH [splatʃ] ein Roboter, Boot wird ins Wasser gelassen
SPLOOK [splu:k] *engl.* eine Lawine begräbt jemanden unter sich
SPRAZZEL ['ʃpratsɛl] elektrischer Kurzschluss
SPRUTZ [ʃprʊts] Schlagsahne wird auf die Torte gespritzt
SPUCK [ʃpʊk] ausspucken
STÖHN [ʃtø:n] stöhnen
SWOOSH [swu:ʃ] *engl.* eine Schneewehe rauscht herab und begräbt jemanden unter sich
TICK [tɪk] **1** das Ticken einer Uhr **2** auf einer altertümlichen Kasse tippen
TILING [ti'lɪŋ] klingende Münzen
TIPPSEL ['tɪpsl] eine Katze, die auf Zehenspitzen läuft
TIRILI [tiri'li:] Vogelgezwitscher
TOOWOO [tu:'wu:] *engl.* das Hupen eines Zuges
TSCHACK [tʃak] jemand aus den Schuhen boxen
TUUUT [tu:t] lautes, energisches Hupen
VRRR [frrr] Motorengeräusch
WATSCH [vatʃ] Keilerei, Schlägerei
WROMM [vrɔm] Motorengeräusch
WRRRR [vrrr] das Geräusch eines Mixers
WRUMM [vrʊm] ein Auto braust davon
WUMMS [vʊms] jemand stürzt zu Boden
WURGS [vʊrks] würgen
ZACK [tsak] **1** Fußtritt **2** Keilerei **3** Schlag auf den Kopf
ZISCH [tsɪʃ] jemand läuft sehr schnell
ZUMM [tsʊm] ein Ufo rast vorbei
ZWITSCHER ['tsvɪtʃɐ] Vogelgezwitscher
ZWOING [tsvɔɪŋ] jemanden mit einem Katapult in die Luft schießen

Körpersprache: Enten-Mimik zum Nachschlagen

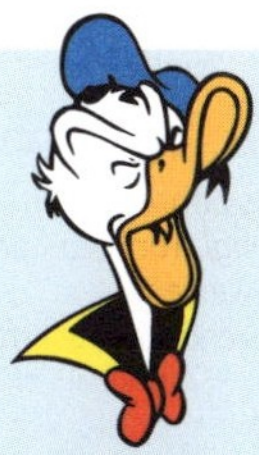
zornig

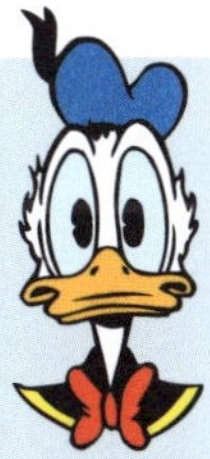
verdutzt

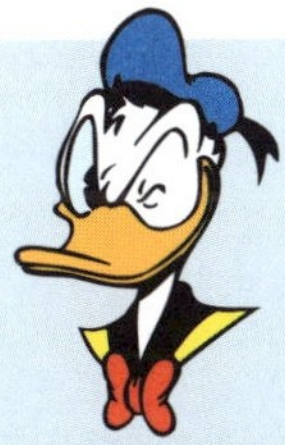
verschmitzt

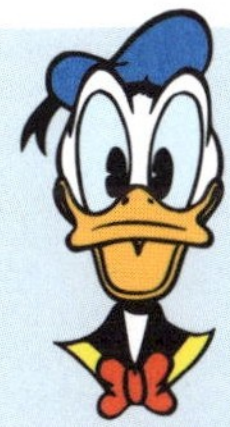
zuversichtlich

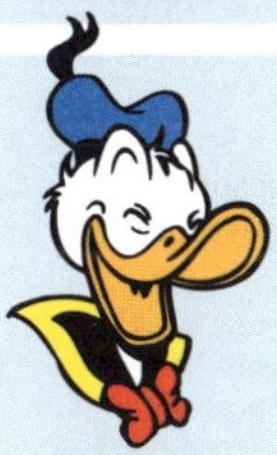
fröhlich

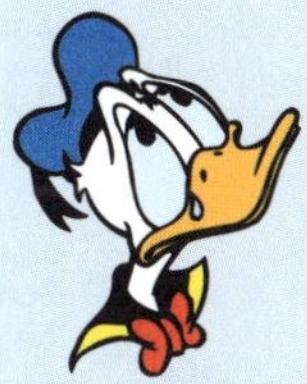
betrübt

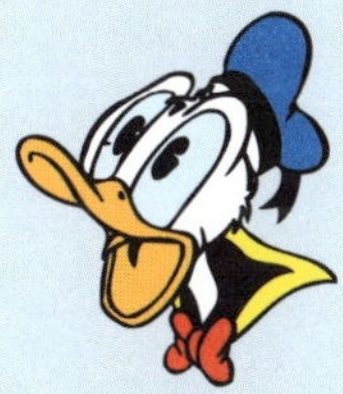
entgeistert

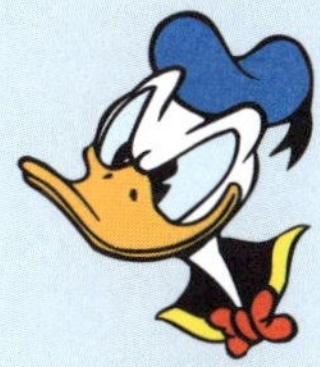
streitlustig

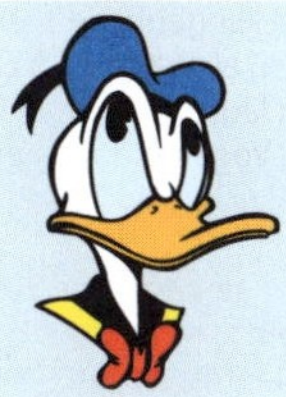
grübelnd

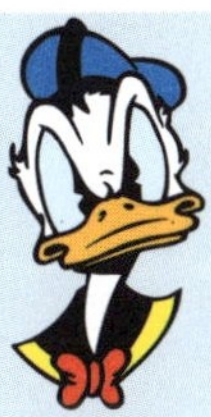
gereizt

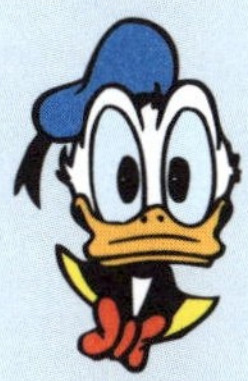
entzückt

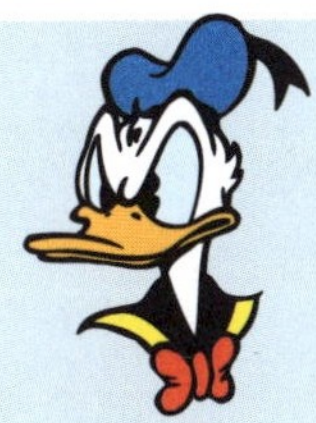
grimmig

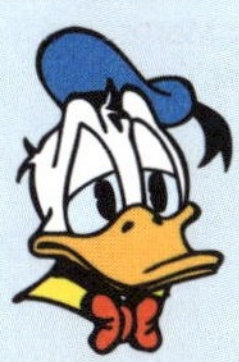
bedröppelt

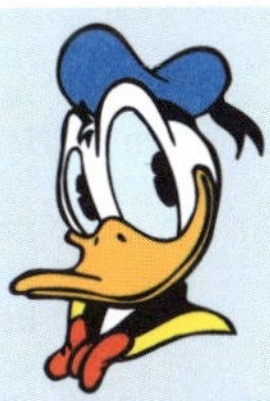
frohgemut

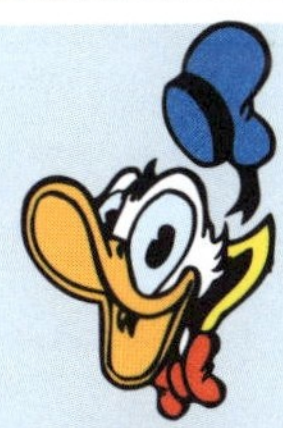
mitgerissen

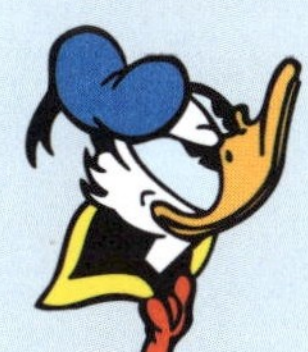
schadenfroh

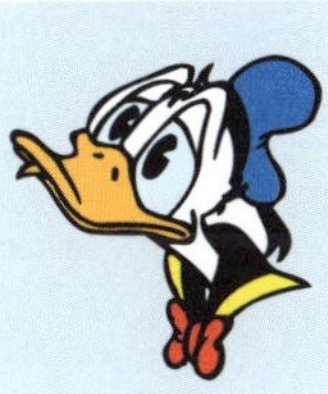
platt

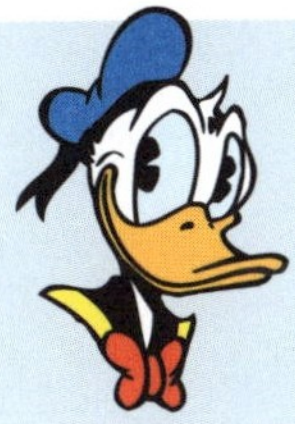
schelmisch

Quellenverzeichnis

Die Dolmetsch-Pille (I TL 1031-A)
Originaltitel:
Zio Paperone e i traduttori simultanei
Autor: Rodolfo Cimino
Zeichner: Luciano Gatto
Erstveröffentlichung: Topolino (libretto) 1031, August 1975 (Italien)
Deutsche Erstveröffentlichung:
Lustiges Taschenbuch 129, Juli 1988

Echt exotisch (H 94202)
Originaltitel: Chinees restaurant
Autor: Kirsten de Graaff, Mau Heymans
Zeichner: Mau Heymans
Übersetzer: Gerd Syllwasschy
Erstveröffentlichung: Donald Duck 3/1997, Januar 1997 (Niederlande)
Deutsche Erstveröffentlichung:
Micky Maus Genial 3/2016, September 2016

Ärger mit dem Unidolm (D 98213)
Originaltitel: The Power Of Babble
Autor: Sarah Kinney
Zeichner: Francisco Rodriguez Peinado
Erstveröffentlichung: Andrés Önd 15/1999, April 1999 (Island)
Deutsche Erstveröffentlichung:
Micky Maus 37/1999, September 1999

Daniel Düsentrieb und der Erfinderkongress
(I TL 1938-C)
Originaltitel: Archimede kai la congreso de inventistoj
Autor: Piergiorgio Ruggeri
Zeichner: Claudio Sciarrone
Übersetzer: Sérgio Presta
Erstveröffentlichung:
Topolino (libretto) 1938, Januar 1993 (Italien)
Deutsche Erstveröffentlichung

Donald speaks English
(F JM 2579-1)
Originaltitel: Donald speaks English
Autor: Jean-Paul Jennequin
Zeichner: Philippe Larbier
Übersetzer: Dominik Madecki
Erstveröffentlichung:
Le Journal de Mickey 2579, November 2001 (Frankreich)
Deutsche Erstveröffentlichung

Die Krone des Dschingis Khan
(W US 14-02)
Originaltitel:
The Lost Crown of Genghis Khan
Autor & Zeichner: Carl Barks
Übersetzer: Dr. Erika Fuchs
Erstveröffentlichung:
Uncle Scrooge 14, Juni 1956 (USA)
Deutsche Erstveröffentlichung: Micky Maus 45-47/1961, November 1961

Die Diktatur der Stille (I TL 2640-7)
Originaltitel: Topolino e la città taciturna
Autor & Zeichner: Casty
Übersetzer: Susanne Walter
Erstveröffentlichung: Topolino (libretto) 2640, Juli 2006 (Italien)
Deutsche Erstveröffentlichung:
Alles über Micky Maus 1, Oktober 2013

Trommeltalk
(B 760239)
Originaltitel: Se Comunicando
Zeichner: Euclides K. Miyaura
Übersetzer: Sérgio Presta
Erstveröffentlichung: Zé Carioca 1473, Februar 1980 (Brasilien)
Deutsche Erstveröffentlichung

Insel im All (W US 29-01)
Originaltitel: Island in the Sky
Autor & Zeichner: Carl Barks
Übersetzer: Dr. Erika Fuchs
Erstveröffentlichung: Uncle Scrooge 29, März 1960 (USA)
Deutsche Erstveröffentlichung:
Micky Maus 29-31/1962, Juli 1962

Das Mond-Team
(I TL 2278-05)
Originaltitel: Il traduttore
Zeichner: Lorenzo Chiavini
Übersetzer: Sérgio Presta
Erstveröffentlichung: Topolino (libretto) 2278, Juli 1999 (Italien)
Deutsche Erstveröffentlichung

Täterä vom Planeten Trara
(I TL 1941-C)
Originaltitel:
Paperino e il catastrofico Perepek
Autor: Carlo Panaro
Zeichner: Giovanni Romanini
Erstveröffentlichung: Topolino (libretto) 1941, Februar 1993 (Italien)
Deutsche Erstveröffentlichung:
Donald Duck 466, Februar 1994

Micky und der beste Kuss des Universums
(I TL 2569-2)
Originaltitel:
Topolino e il bacio spaziale
Autor: Casty
Zeichner: Luigi Piras
Übersetzer: Sérgio Presta
Erstveröffentlichung:
Topolino (libretto) 2569, Februar 2005 (Italien)
Deutsche Erstveröffentlichung

In tierischer Mission (D 2003-109)
Originaltitel: Making Waves
Autor: Paul Halas
Zeichner: Francisco Rodriguez Peinado
Übersetzer: Gerd Syllwasschy
Erstveröffentlichung:
Lustiges Taschenbuch 331, November 2004 (Deutschland)

Gespräch mit Tieren (D 5256)
Originaltitel: Animal Talk
Autor: Jim Kenner
Zeichner: Santiago Scalabroni Ceballos
Erstveröffentlichung: Kalle Anka & C:o 29/1980, Juli 1980 (Schweden)
Deutsche Erstveröffentlichung:
Micky Maus 30/1980, Juli 1980

Fischgeflüster (I TL 1228-B)
Originaltitel:
Zio Paperone e il bla... bla... dei salmoni
Zeichner: Franco Lostaffa
Erstveröffentlichung: Topolino (libretto) 1228, Juni 1979 (Italien)
Deutsche Erstveröffentlichung:
Donald Duck 133, Dezember 1980

Der Babbler (D 2010-010)
Originaltitel: Babelduck
Autor: Olaf Moriarty Solstrand
Zeichner: Andrea Ferraris
Übersetzer: Harry Nützel
Erstveröffentlichung:
Aku Ankka Lataamo - Lukuhaaste! 13/2015, März 2015 (Finnland)
Deutsche Erstveröffentlichung:
Der Große Duckhaus, November 2015

Käpten Gucks Mammutbaum
(I TL 2903-1)
Originaltitel:
Zio Paperone e la sequoia del capitano
Autor: Francesco Artibani
Zeichner: Alessandro Perina
Erstveröffentlichung: Topolino (libretto) 2903, Juli 2011 (Italien)
Deutsche Erstveröffentlichung:
Lustiges Taschenbuch 470, Juli 2015

Das Wundermehl (W WDC 164-01)
Originaltitel: Flour Follies
Autor & Zeichner: Carl Barks
Übersetzer: Dr. Erika Fuchs
Erstveröffentlichung:
Walt Disney's Comics and Stories 164, Mai 1954 (USA)
Deutsche Erstveröffentlichung:
Micky Maus 3/1955, Februar 1955

Nächtliche Ruhestörung
(W WDC 178-02)
Originaltitel: Donald's Raucous Role
Autor & Zeichner: Carl Barks
Übersetzer: Dr. Erika Fuchs
Erstveröffentlichung:
Walt Disney's Comics and Stories 178, Juli 1955 (USA)
Deutsche Erstveröffentlichung:
Micky Maus 9/1956, Mai 1956

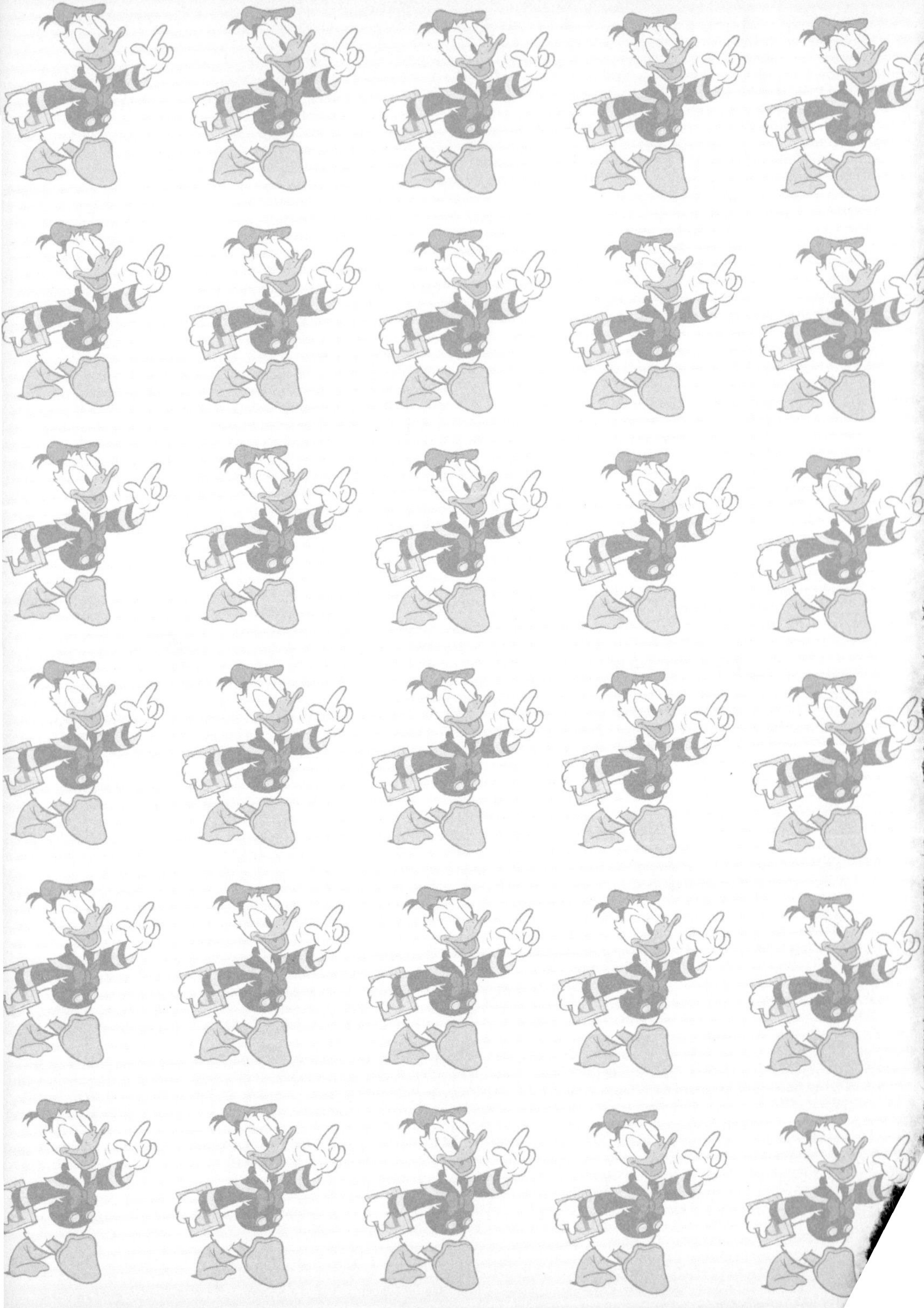